83111

KURT HILDEBRANDT

 KU-245-662

LEIBNIZ

UND

DAS REICH DER GNADE

HAAG

MARTINUS NIJHOFF

1953

EDINBURGH UNIVERSITY LIBRARY
WITHDRAWN
EX BIBL. UNIV. EDINBURGEN

Copyright 1953 by Martinus Nijhoff, The Hague, Netherlands
All rights reserved, including the right to translate or to reproduce
this book or parts thereof in any form.

PRINTED IN THE NETHERLANDS

LEIBNIZ
UND
DAS REICH DER GNADE

Max und Eva Hildebrandt
zur Erinnerung an ihr Hochzeitsfeier
am 7. 9. 1942 im Hause Laimun.

INHALT

EINLEITUNG 1

ERSTER TEIL. LEBEN UND WERK

LEIPZIG UND MAINZ
Harmonie 15
Monade 18
Sprache 25
Politik 35

PARIS UND LONDON
Westliche Aufklärung 45
Individuation 50

AMT IN HANNOVER UND SÜDLICHE REISEN
Reich und Abendland 61
Réunion und Union 65
Naturgeschichte 76
Geschichtsschreibung 81
Reise nach Wien und Italien 84

EUROPÄISCHE AUSWIRKUNG
Sophie Charlotte und die Theodicee 92
Akademiegründung Erziehung Mission 110

WENDUNG GEGEN DIE REINE VERSTANDESAUFKLÄRUNG
Auseinandersetzung mit Locke 136
Auseinandersetzung mit Newton 156
Das Ende 199

ZWEITER TEIL. DIE VOLLENDETE LEHRE

DIE HAUPTGEDANKEN
Die schöpferische Kraft 211
Mensch und Gott 222
Der schöpferische Mensch 242
Das Reich der Gnade 258

BEGRÜNDUNG UND SYSTEMATISIERUNG DER LEHRE

Geschichtliche Erinnerung 286
Vernunft und Glaube 294
Gut und Übel 303
Freiheit 312
Körper und Seele 319
Ratio und Weltschau 332
Wesen und Erscheinung 336
Ethik und Moral 367

DRITTER TEIL. WIRKUNG UND GEGENWIRKUNG

DAS REICH DER ZWECKE UND DES SCHÖNEN

Herder und die Kritik der Urteilskraft 381
Kontinuität und Gestalt 389
Die Lehre von der Kunst 402

DIE ENTWICKLUNG DER RELIGIONS-IDEE

Schiller und Fichte 418
Hölderlins und Schellings Wendung zur Identitäts-
lehre. 430
Herders Metakritik 442
Hölderlins mythischer Gott 446
Schellings Religionsphilosophie 457
Übergang zur Gegenwart 473
Glaube und Vernunft 479

SCHLUSS 491

NAMENVERZEICHNIS 501

ZEITTAFEL 505

EINLEITUNG

Viel, schwerlich zuviel, wird heute von der Kultur, der Bildungseinheit des Abendlandes gesprochen. Nicht wenige allerdings empfehlen heute, die ganze überschwer gewordene und wenig versprechende Last abzuwerfen. Wenn aber wirklich der Menschheit der Marsch durch die Eiswüste des Nihilismus beschieden wäre, würde sie den ohne hinreichendes Gepäck überstehen? Zwar kann ihr das bloße „Es war einmal" der Geschichte nichts helfen: Nur was von Kräften gegenwärtig ist, kann uns in die Zukunft tragen. Aber wir werden uns der gegenwärtigen Kräfte und des künftigen Sinnes nicht bewußt ohne Rückblick auf unsere Vergangenheit. Wir beleben diese, wenn wir ausstoßen, was verjährt und tot ist.

Wir Deutschen sind im gegenwärtigen Verfall versucht, unsere gesamte Vergangenheit zu verurteilen, weil sie uns ins Verderben geführt hat — oder Trost darin zu fühlen, was wir an Wissenschaft und Technik, an Kunst und Philosophie, an Dichtung und Religion Unvergängliches beigetragen haben. Aber eins hat sich heute gezeigt: das, was die Welt heute am meisten braucht, haben wir am wenigsten gefunden — das Maaß. Und wenn wir die Gründe dafür in der Ungunst unserer Geschichte, in der Politik der andern Völker sehen, die das gültige Maaß auch nicht fanden, so ist unser Auftrag um so sichtbarer, uns auf daß wahre Maaß zu besinnen. Wohl trägt Wissenschaft und Technik bei atemberaubenden Fortschritten die Kritik in sich selbst und stößt das Überholte und Irrige aus — nur jenes Eine fehlt ihr ganz: das Maaß des Lebens. Sie weiß nichts vom rechten Gebrauch ihrer Errungenschaften, denn sie verzichtet, Gut und Böse zu sondern, zu werten, weil sie in ihrem Streben grenzenlos, maaßlos ist. Wenn aber zwischen Aufbau und Vernichtung nicht unterschieden wird, so überwiegt die Vernichtung. Nur die Besinnung auf ewige Werte verheißt uns, das Maaß zu finden. Nicht in Logik und Mathematik, nur in der Geistesgeschichte, im menschlichen Bilde stellt es sich dem endlichen Menschen dar. Aus den beiden ursprünglichen Aufgaben des Lebens ist es zu verstehen: das Bild des Menschen auf zu richten und die ihm anvertraute Erde, die Erde als Raum unseres Handelns und als Wurzelboden der Menschenwelt verantwortlich zu verwalten. Unsrer maßlosen Zeit gelang es endlich die Kräfte zu entwickeln, welche die Erde selbst bedrohen: Die abendländische Menschheit steht vor der Entscheidung, unterzugehen oder sich zu verjüngen. Darum ist es heilsam, sich in der Geschichte solcher Verjüngungen bewußt zu werden. Was aber heißt Abendland? Ein verengender Mißbrauch des Wortes hat sich mit einer modernen Lehre vom notwendigen, längst begonnenen Untergang des Abendlandes verhängnisvoll verbunden. Abendland sei die Karolingische Verschmelzung des Frankenreiches mit der römischen Kirche, sei das spätere Mittel- und Westeuropa. Und diese Verengung sei schon vorgezeichnet durch die Trennung ins West- und Oströmische Reich, durch Augustus und Antonius. Dieser Begriff wirft Griechentum, griechisch-orthodoxe Kirche, Osteuropa mit den Türken als Morgenland zusammen, um es einer beschränkten abendländischen Seele ohne Zukunftsmöglichkeit entgegenzusetzen. So fand die Lehre von einer naturgesetzlich auf 1000 Jahre begrenzten abendländischen Seele Glauben, der jede Verständnismöglichkeit für alle frühern Kulturkreise, auch für Antike und Frühchristentum unbedingt verschlossen sei. Dogmatisch ist damit jede Verjüngungsmöglichkeit verneint, und die erzieherische Kraft des Gedächtnisses ausgehöhlt. Der Nationalismus war die Ursache der Sprengung des Abendlandes, die Drohung des Unterganges, während umgekehrt in der ganzen Umfänglichkeit der abendländischen Erde und Seele die Möglichkeit einer Wiedergeburt geborgen ist.

Das echte Abendland ist die Kultur der Randländer des Mittelmeeres, die später im Wesentlichen auf Europa, auf das christliche Weltreich überging. Wie darf man als Morgenland den wichtigsten Teil, den Ursprung des geistigen Abendlandes, das Griechentum ausschalten? Es ist unwahr, daß wir dem Ursprung des Abendlandes, der Welt Homers fremd sein müssen. Wo finden wir unser Heimatsgefühl schöner als im Odysseus, der sich nach zwanzigjährigem Irren im fremden Land ausgesetzt glaubt und plötzlich seine Heimatinsel wiedererkennt? Und wo findet nach einem Jahrhundert des Hasses und der Rachsucht der Geist das heilige Maaß, die Seele ihre Heimat schöner als in der Versöhnung Achills mit dem Vater seines Todfeindes? Das Selbstbewußtsein des Abendlandes erwacht in Kleinasien, in Homer und Thales. Luther nennt die Heimat der drei Weisen, also Chaldäa, das Morgenland, sodaß Bethlehem schon zum Abendland gehört. Die Provinz Oriens umfaßt in Diokletians Reichsteilung Palästina und Syrien, und die orientalischen Provinzen reichen nicht weiter als bis zu Thrazien. Die Ottonen und Staufen versuchten das Römische Reich sogar mit dem „Morgenland" zu verbinden und die Kreuzzüge waren eine fruchtbare Begegnung zwischen dem Westen und Osten. Zwar blieb bei der großen Verjüngung des Abendlandes, der Renaissance, die Osthälfte Europas zurück, aber dennoch geschah sie aus der Verbindung der griechischen und lateinischen Antike, nach vielen Vermittlungen durch die arabische Kultur. Drei Gestalten können uns diese Synthese der schöpferischen Kräfte des Abendlandes verbildlichen: Dante, Leibniz, Goethe. Dante ist der Erwecker jener großen europäischen Verjüngung. Durch Vergil Erbe des griechisch-römischen Reiches, durch die griechische Philosophie großer Denker, von arabischer Phantasie angeregt, durchglüht er den Minnesang mit Platonischem Eros. Sein abendländisches Reich ist keine erobernde Zwangsmacht, sondern das Gebäude höchster Humanitas, das auch in andern Völkern dem göttlichen Leben dienen kann. Nachdem sein Traum durch selbstsüchtige Herrschaftsgebilde Europas gescheitert war, verkörperte sich die geistig-wissenschaftliche Bildungseinheit Europas am stärksten in Leibniz. Er wurde der Vorläufer einer zweiten geistigen Verjüngung Europas, deren Träger Lessing, Winckelmann, Herder, Goethe, Schiller, Hölderlin sind. Seit Diltey ist man gewöhnt, diese Verjüngung die Deutsche Bewegung zu nennen, doch ist deren Sinn, die Deutschen zu erinnern, daß sie nur als Träger einer europäischen Bewegung sich vollenden, indem sie die nationale Enge überwinden — die Ausländer zu erinnern, daß sie den abendländischen Geist, die seelische Heimat wiederherstellen in Gemeinschaft mit den Deutschen. Dilthey meint die zweite europäische Renaissance, soweit sie von Deutschen

ausgeht. Dante und Goethe war es beschieden, als Dichter das
Menschenbild zu verleiblichen, das den Menschen, nicht bloß
den forschenden Verstand ergreift. Wenn aber für die Gegen-
wart das Weltbild des noch ans kirchliche Dogma gebundenen
Dichters und das des weltlichen auseinanderfallen, so ist es
Leibniz, der die Denkenden lehrt, die Verwandtschaft beider
Dichter im Grunde der abendländischen Weltschau zu begreifen.
Leibniz ist nicht Dichter wie jene, aber er ist der Vermittler,
weil er Platon, dem höchsten Denker des Abendlandes folgt und
Vergil liebt. Nicht daß er ein großer Metaphysiker Logiker
Mathematiker Physiker Psychologe Historiker Staatsmann ist,
sondern daß er auf allen diesen Gebieten schöpferisch-tätig ist,
sie metaphysisch-schöpferisch und persönlich zusammenfaßt,
macht ihn zur gewaltigen aber schwer verständlichen Gestalt.

Der Name Leibniz ist jedem Gebildeten geläufig, aber seine
Gestalt ist im Volke so wenig lebendig wie kaum irgend eine
andere eines großen Deutschen oder Europäers. D e r M a n n ,
der alsbald nach der europäischen Katastrophe, deren Riß
mitten durch das deutsche Volk hindurchging, die ihm die
schwersten Leiden der Zerrissenheit, des fruchtlosen Streites
auflud, wieder die Keimkräfte des 17. Jahrhunderts wunderbar
zusammenfaßte, dem es gelang, im europäischen Zusammenhange
die deutsche Kultur von Neuem zu beleben, so daß sie mit der
Italiens, Hollands, Frankreichs, Englands wieder wetteifern
konnte, dessen Geist alsdann neben der westlichen Aufklärung
das 18. Jahrhundert beherrschte: er wurde im 19. Jahrhundert
zu einem fast leeren geschichtlichen Klange. Nicht, daß ihn heute
die Philosophie-Geschichte neu entdecken müsste. Schon um
die Wende unseres Jahthunderts haben Forscher die Größe
seines Geistes aufgezeigt. Dilthey hat ihn in einer seiner schönsten
Abhandlungen als eine unbeschreiblich geniale Natur gefeiert,
eben als geistigen Herrscher des 18. Jahrhunderts. Mahnke sah in
ihm den großen Metaphysiker, den Verwandten Goethes, dessen
Größe sich gerade darin zeigte, daß so viele Fachmänner ganz
anderer Richtungen sein Werk für ihre Sondergebiete in Anspruch nehmen wollten. Andere priesen ihn als einen der schöpferischen Geister des neuen Europa: dennoch blieben diese Urteile
in den Kreisen der Fachliteratur, Fachwissenschaft, und Leibniz
trat nicht aus der Fläche wissenschaftlicher Eingliederung

plastisch ins lebendige Bewußtsein des Volkes und der Völker. Ist vielleicht diese Leibniz-Entfremdung der wahre Fortschritt vom abendländischen Menschen zum Weltbürger, von geschichtlich gebundener Schau zur reinen Wissenschaft, vom sinnlich gebundenen Menschen zur freien Abstraktion? Ist nicht die Idee „Abendland" der alte Rest von Selbstsucht, der den Weltfrieden verhindert und feindliche Spannung wachhält? Ist Kant nicht der größte Philosoph, der Retter, der den abstrakten Wert aufrichtet, damit alle Selbstsüchte des Einzelnen, der Nationen und des Abendlandes ausgerottet werden?

Das klingt überzeugend. Nur eins ist vergessen — das Eine, was not ist: das Maaß. Diese Verallgemeinerung, diese Abstraktion ist selber maaßlos.

Die Erneuung des westlichen Abendlandes durch die Renaissance brachte wohl eine gewisse Bildungseinheit in der Kunst, aber zugleich durch die Naturphilosophie und Mystik ebenso fruchtbare wie verwirrende Gärungen. Diesem vielstrahligen Reichtum gebenüber erstand ein neues Maß, das Ideal der exakten Wissenschaft, das sich der gesamten geschichtlichen Tradition entledigen zu sollen glaubte. Descartes verwirft das Erbe des antiken und mittelalterlichen Abendlandes und begründet die Methode der reinen Ratio, der Rechnung. Der Gehalt des Geistes ist mathematisches Denken und der Verlauf des körperlichen Geschehens ist mathematisch bestimmt. Im unerhörten Erfolg dieser Methode scheint nachträglich Demokrit über Platon gesiegt zu haben. Aber die Einheit des Prinzipes begründet zugleich einen unüberbrückbaren Gegensatz von Geist und Körper. Das Maß der reinen Ratio errichtet kein lebendiges Menschenbild. Leibniz und Newton sind die Größten der mathematischen Methode, dennoch widersetzt sich Leibniz der Einseitigkeit, in ihr allein das Maß zu finden: Er stellt statt dessen die Kontinuität, die Tradition her. Kant vollendet Descartes Methode und zieht zugleich ihre Grenze: das Sittengesetz steht höher als das mathematische. Wie Leibniz ordnet er so die mechanistische Welterkenntnis dem idealistischen Prinzip unter. Dennoch wendet er sich im Kritizismus unbedingt gegen Leibniz. Wie aber will er eine Ethik begründen, das Menschbild aufrichten, wenn es keine (theoretische) Erkenntnis gibt als die mechanistische, wenn er nichts weiß vom lebendigen Du, von

schöpferischen Seelen? Das kann nicht geschehen aus reiner
abstrakter Vernunft ohne geschichtliche Ueberlieferung, in der
Leibniz bewußt wurzelt. Kant ist sich dieser Unmöglichkeit
bewußt und greift deshalb auf die metaphysischen Ideen von
Leibniz zurück, nur daß er sie nicht wie dieser fast bewiesene
Hypothesen nennt sondern praktische Postulate, die allein aus
moralischem Bedürfnis gerechtfertigt seien. Sie schweben jetzt
als transzendente Annahmen — Gott, Freiheit, Unsterblichkeit—
über der Welt. Sie, das Leibniz-Erbe, geben Kants Anhängern
den idealen Schwung, während sich auf den eigentlichen Kritizismus nur die mechanistische Wissenschaft gründet.

Die Erfolge der exakten Wissenschaft und Technik sind so
ungeheuer, daß ihre Methode unangreifbar bleibt, aber sie bleibt
es nur soweit sie vom lebendigen Maß und Wert des Menschen
absieht. In der Zeit von Darwin und Helmholtz war man so
überzeugt, die mechanistische Welterklärung grundsätzlich
vollendet zu haben, daß die philosophische Weiterforschung
nicht mehr lockte. Die große Weltschau von Dante und Leibniz
war vergessen. Jenes Ideal der exakten Wissenschaft als solcher
wurde Ersatz für das Heiligtum der Religion, für die Schöpfung
der Kunst, und in der Begeisterung für dies Ideal lebte damals
die Jugend-Generation, die heute alt ist. Aber sie hörte daneben
auch den enthusiastischen Gegenruf Nietzsches, der das Ideal
bloßer Fachwissenschaft kritisierte und seine Heimat wieder
im Ursprunge des Abendlandes, bei Vorsokratikern und Tragi-
kern fand. Aus diesem Erlebnis versprach er der Mitwelt ein
neues Menschenbild zu errichten und zog die reine Wissenschaft
vor den Richterstuhl des Lebens. Aber da er die Gemeinschaft
nicht fand, in der er wurzeln konnte, so schalt er mit gellender
Stimme die Kultur überhaupt, das Christentum, die Platonische
Ethik, den bewußten Geist und die Logik. Er ersehnte die höchste
Menschlichkeit, aber in sich selber fand er das Maß nicht. Dann
lehrte Diltey die philosophisch-historische Besinnung. Geisteswissenschaft ist echte Wissenschaft auch ohne sich den Grundsätzen exakter Naturwissenschaft zu unterwerfen. Seelisches
Verstehen ist andres als mechanistisches Erklären. Nicht die
Mathematik sondern das Erlebnis ist Grundgegebenheit, die
er für die Gemeinschaft ausgedrückt fand in der Dichtung.
Doch war damit keine Synthese aus der falschen Antithese

hergestellt. Besteht doch auch heute noch die fast tragikomische Lage, daß Naturwissenschaft und Geisteswissenschaft mit einer Gesinnung, der ein Körnchen von gegenseitiger Furcht und Geringschätzung zugleich beigemischt ist, sich von einander fernhalten und als Niemandsland den fruchtbaren Boden räumen, auf dem einst schöpferisches Leben und echte Philosophie gedieh. Doch mehren sich die Zeichen gegenseitigen Verstehens, denn Kants Erbe hatte die Folge, daß gerade die strengen Vertreter ihrer Fächer deren methodische Grenzen erkannten. Aus der Illusion der mechanistischen Biologie erhob sich die neue Ganzheitslehre. Die objektivste Physik mußte das erkennende Subjekt einbeziehen. Die französische Philosophie griff auf die schöpferische Kraft des deutschen Idealismus zurück. Logik und Mathematik fand zurück zur Platonischen Wesensschau. Und von der Beschränkung auf das Ewig-Ideelle, Unwirkliche aus sucht man von Neuem auf dem Wege der menschlichen Existenz zum Urquell des Seins zu dringen. Immerhin ist zweifelhaft, ob es dieser Wissenschaft, die sich oft im Kreise des Kritizismus hält, gelingt, die Flutwelle des Nihilismus einzudämmen. Kant macht wie Descartes den Sprung vom denkenden Ich zum Weltgesetz. Das ist übermenschlich. Weil es nur Gedanken des Kopfes, nicht des Herzens sind, hemmt es die zeugende Liebe, die geistige Gemeinschaft. Der unendliche Aufstieg vom engen Selbst bis zur Repräsentation der Welt im Selbst ist für uns Menschen gebunden an viele Stationen, die man etwa gliedern kann in Einzel-Selbst — Heimat — Nation — Kulturkreis (Abendland) — Menschheit. Ohne geschichtliche Ueberlieferung gib es keine geistige Größe. Wohl ist der Nationalismus heute die große Weltgefahr, aber Nationalismus heißt nicht Verwurzelung in der Nation, sondern unbedingte, selbstsüchtige Wertung der eigenen Nation. Unser Geist ist an die Nation, an die große Spracheinheit gebunden, solange es keine schöpferische große Dichtung aus reiner Vernunft und im Esperanto gibt. Es ist der Fehler eines oberflächlich-begrifflichen Denkens, daß es von der Idee der Nation überspringt zum Begriff des Internationalen, Weltbürgerlichen, und die Idee ,,Abendland" überspringt, ein Fehler, der nur möglich ist, weil diese Nationen ihre Gemeinschaft vernachlässigt, ihre Idee vergessen haben. Leibniz schrieb lateinisch und französisch, um sich der abendländischen

Gesellschaft vernehmlich zu machen. Aber er schrieb auch deutsch und der Stil seiner deutschen Abhandlungen wird immer klassischer. Er hat damals, fast bis heute, das Schönste über die deutsche Sprache gesagt, denn aus ihrem Geiste lebte er.

Mit seiner Logistik und Mathematik hat er auch die internationale Sprache gesprochen. Auch ist seine abendländische Idee nicht angreifend, nicht einmal abwehrend, in sich verschlossen. Die Russen sogar haben Teil an ihr, soweit sie sich nicht als Asiaten sondern als Erben von Byzanz und dessen Christentum fühlen. Aber auch zu den beiden fremden Kulturkreisen, Indien und China sucht er über Rom, Moskau, Petersburg eine gegenseitige Verbindung. Man rühmt Goethe wegen seines Begriffes der Weltliteratur, aber seine Welt ist wesentlich das Abendland, und das Bewußtsein der 3000 Jahre, das er fordert, ist eben das Zeitalter von dessen Kultur. Wo er dessen Kreis überschreitet, ist er auf den zuerst von Leibniz gewiesenen Wegen. Nachdem die Methoden einer populären Aufklärung durch Kants Kritik gereinigt sind, haben wir Kant und Leibniz nicht gegeneinander auszuspielen, sondern das beiden Gemeinsame zu finden und zu wahren. Beiden gemein ist der ideelle Ausgang vom Selbst, beiden der Zug ins Universale — aber während dies bei Kant zum unerkennbaren Abstraktum wird, füllt es Leibniz mit Kräften und Erlebnissen des geschichtlichen und des gegenwärtigen Menschen. Wie konnte er dennoch so ins Dunkel treten! Die historischen Gründe dafür sind bekannt. In seinem Streben, nicht ein rein-rationales System zu erfinden, sondern im Miterleben seiner Umwelt und Vorwelt lebendig zu wirken, verzettelte sich seine Darstellung in eine Unmenge persönlicher Korrespondenzen. Die methodische Darstellung der „Monadologie" ist kein lesbares, mitreißendes Werk, sie ist nur paragraphenmäßig zu studieren. Daher konnte sein illegitimer Erbe Christian Wolff seine schöpferischen Sichten mit dem reinen Vernunftsystem der deutschen Aufklärung verschmelzen und so das Wesentliche, Schöpferische unkenntlich machen. Darum wurde, trotz Lessing und Herder, in jener Zeit Leibniz als bloßer Vertreter der Verstandesaufklärung verdächtigt. Als aber mit Kants Kritizismus wieder die rationale Wissenschaft siegte, schien Leibniz der fruchtbaren rational-empirischen Forschung von Descartes — Locke — Newton

gegenüber der unkritische Gedankendichter. Nachdem man sein
Wesen aufgeteilt hatte in Ratio und Phantasie, konnte er von
beiden Seiten diskreditiert werden. Die spätere Zeit, die sich
selber als polare Spannung zwischen Romantik und Aufklärung
deutete, hatte kein Interesse daran, Leibniz aus jener Verknüpfung mit dem Wolffischen Rationalismus zu lösen. Seit Hegels
und Goethes Tode erstarb der Glaube an metaphysische Systeme,
und Leibniz trat ins Dunkel. Er wurde zum altfränkischen Po-
lyhistor mit der Perücke, der sich unglücklicher Weise in die
Politik gemengt hatte, statt fleißig im Rahmen der Problemlage
jener Zeit zu arbeiten.

Seitdem der Ertrag der „Zurück-zu-Kant-Bewegung" fragwür-
dig wurde, ist die Besinnung an der Zeit, ob Kants kritische
Entscheidung gegen Leibniz richtig war. Es war ein Schick-
salstag des europäischen Geistes, als ein halbes Jahrhundert
nach Leibniz Tode dessen großes Werk „Nouveaux essais sur
l'entendement humain" aus dem Nachlaß veröffentlicht wurde.
Die beiden sachverständigsten Leser lasen das Werk in ver-
schiedenem Sinne. Kant begann seine kritische Wandlung.
Er fand bei Leibniz seinen idealistischen Grundgedanken und
die Kritik am reinen Empirismus. Weil er im Jahrhundert der
populären Aufklärung vor allem die Gefahr kritiklosen Denkens
erkannte, so verwandte er Leibniz' Erkenntniskritik einseitig
im Sinn einer streng rationalen Wissenschaft. Newton blieb
sein Ideal, dem er gern in der Metaphysik gefolgt wäre. Damit
nahm er Front gegen die drei Genien der Verjüngung: seinen
größten Freund Hamann, seinen größten Schüler Herder und
den größten europäischen Dichter und Denker Goethe. — War
denn wirklich diese verhängnisvolle Spaltung des deutschen
Geistes in reine Ratio und schöpferisches Denken vonnöten?...
Der andere Leser, Lessing, vermochte Leibniz als Ganzheit zu
fassen und plante, die Essais zu übersetzen. Er sah die drohende
Spaltung, die falsche Frontenbildung voraus und warnte vor
ihr. (1776). Er begriff die Antithese: Gefühlserlebnis, Enthusiasmus — oder rationalistische Forschung. Er erkannte in Leibniz
den großen Menschen, in dem diese Kräfte vereint sind und der
nicht *sich* vom Enthusiasmus scheidet, sondern der im enthusiastischen Erlebnis scheidet, was wahr und was falsch ist. Nun
fangen die Rationalisten an, ihn gering zu schätzen, weil er in

der enthusiastischen Weltschau verharrt und die rein-rationalistische Methode nur als deren Mittel gelten läßt. Das klingt wie eine bewußte Warnung an Kant. Um solche Kritiker vor Einseitigkeit zu bewahren, weist er darauf hin, daß gerade ihre Gegner, die Gefühlsmenschen, Leibniz hassen, weil sie in ihrem Gefühl die ganze Wahrheit zu besitzen glauben und darum den echten Philosophen als Mörder der Wahrheit ansehen. ,,Und wer ist den Enthusiasten gleichwohl verhaßter, als eben dieser Leibniz! Wo ihnen sein Name nur aufstößt, geraten sie in Zuckungen, und weil Wolff einige von Leibnizens Ideen, manchmal ein wenig verkehrt, in ein System verwebt hat, das ganz gewiß nicht Leibnizens System gewesen wäre, so muß der Meister ewig seines Schülers wegen Strafe leiden.'' Während die reinen Rationalisten vom Leben Abstand nehmen, die reinen Enthusiasten ,,Gnade und Segen'' allein im Gefühl finden, geht Lessing auf die gewachsene Einheit, auf Leibniz zurück .... Aber das persönliche Schicksal entscheidet, daß Kant nicht von Lessing lernt. Er begleitet seine Kriegserklärung um der Alleinherrschaft seines Kritizismus willen mit Voltaires friedlicher Mahnung: ,,Laßt uns unser Glück besorgen, in den Garten gehen und arbeiten''. Eine echte Weisheit, solange der Garten nicht zerwühlt und das Gerät vernichtet ist. Wer aber die Anlage eines neuen Gartens plant, der müsste wohl in Leibniz den großen Planer sehen. Bisher war die geistesgeschichtliche Sicht begreiflicher Weise oft vernebelt, denn die Literaturhistoriker fragten fachgemäß die Philosophen um Rat, und diese urteilten meist aus Kantischer Schulung. Darum ist unsre Aufgabe, Leibniz ohne jede Voreingenommenheit durch Kants Grundsätze zu verstehen aus seinem Leben, Geist, Werk — das aber heißt nicht aus seiner bloßen Beziehung zur Auklärungsepoche, sondern aus seiner Verwurzelung im abendländischen Gesamtgeist.

Europa hat seine Ehrenpflicht einer vollständigen kritischen Ausgabe der Werke und Briefe des überreichen Nachlasses noch nicht erfüllt. Nach dem tragischen Verhängnis der Spaltung des europäischen Kernes in Ostfranken und Westfranken war es endlich ein verheißungsvolles Symbol, daß die Berliner und Pariser Akademie sich zu diesem Werk vereinten. Aber der dritte schwere Stoß gegen die Europäische Gemeinschaft, der

erste Weltkrieg, erstickte dies Unternehmen. Welcher politische
Irrtum! Anstelle des verderblichen Streites, wer wem in der
Geschichte böseres Unrecht zugefügt habe, hätte dies gemeinsame Werk zur Heilung der nationalistischen Krankheit Europas
mitwirken können. Die Berliner Akademie begann allein die auf
vierzig monumentale Bände geschätzte Ausgabe, von der sechs
Bände erschienen. Wann wird (wenn das Schicksal nicht sein
veto einlegt) das Werk vollendet, wann von den Forschern die
gewaltige Masse geistig durchdrungen sein? Wir vertrauen,
daß man in den veröffentlichten Werken, Entwürfen, Briefen
und in den Arbeiten, die bisher den ungedruckten Nachlaß
auswerteten, die Gestalt des großen Denkers und Menschen
erkennen kann, den wir heute brauchen. Für den Deutschen,
dem es um diese Gestalt, nicht um die spezielle Forschung zu
tun ist, ist schon die sechsbändige deutsche Ausgabe in der
,,Philosophischen Bibliothek" ein reicher Schatz, dessen Verständnis im lebendigen Zusammenhange ernste Arbeit verlangt
und großen Gewinn verheißt. Unter dem Einfluß der Hegelschen
Epoche sind exakte Naturforschung und geistige Wissenschaft
so gegensätzlich entwickelt, daß sie ihre Sprachen gegenseitig
nicht mehr verstehen. Was seitdem alles durch Einzelforschung
gefördert ist, ist kaum zu schätzen. Allerorten findet man bewußte und unbewußte Tendenzen, die im Werk von Leibniz
ihre Mitte zu suchen scheinen. So näherte sich der Biologe Uexküll, um nur ein Beispiel zu nennen, in seiner Lehre von den vielen
individuellen Umwelten, den Merk- und Wirkwelten, ohne es zu
wissen Leibniz. [1] Als Leibniz' dreihundertjähriger Geburtstag
gefeiert wurde, gestanden die publizierenden Forscher, daß sie
nur Gelegenheitsarbeiten beisteuern könnten, daß aber die

---

[1] Auch ich hatte mich mit dem kategoriellen Schema der fünf Dimensionen
mittels dessen ich den unfruchtbaren Streit zwischen Mechanismus und Vitalismus
zu umgehen versuchte, unbewußt in die Bahn von Leibniz und seiner Deutung begeben. ,,Norm und Entartung des Menschen" ,,Norm und Verfall des Staates"
(Dresden 1920. 4. Auflage Stuttgart 1939). In Platon und Goethe sehe ich die hilf-
reichen Denker, die grundsätzlich auch die exakte Naturwissenschaft unverkürzt
und ohne Mißtrauen in ihr großes Weltbild einbauen. Von der Psychiatrie und Eugenik
ausgehend versuchte ich in philosophischer Besinnung, im Studium Kants und der
Wesensschau Husserls, dann zu Schelling und Hegel geführt, die Ganzheitsbetrachtung, die uns der Antithese Geist oder Natur enthebt. (Vgl. ,,Platon" Berlin 1933)
Immer mehr drängte sich mir das Bild eines Geisteskampfes zwischen Leibniz
und Kant in Philosophie, Theologie und Dichtung, von Hamann und Herder bis in
unsere Tage auf, den ich in den Büchern ,,Hölderlin" (Stuttgart 1939) und ,,Goethe"
(Leipzig 1941), dazu auch ,,Goethes Naturerkenntnis" (Hamburg 1947) mit in die
Untersuchung und Darstellung einbezog.

Einzelforschungen und Sammelwerke nicht die nur im Geist eines Einzelnen gestaltbare Monographie ersetzen könnten. Wann eine solche Monographie, wohl das Lebenswerk eines Forschers möglich sein wird, ist nicht vorauszusehen. Vorläufig ist die Monographie von Kuno Fischer, die 1920 durch einen inhaltreichen Anhang von Kabitz auf den Stand der damaligen Forschung gebracht wurde, nicht zu entbehren. Meine Arbeit kann nur die Vorbereitung dieser Aufgabe sein. Das Biographische ist nur soweit dargestellt, als es unter Absehung vom bloß Privaten dem Wesensverständnis der Gestalt und der Lehre dient, und die Lehre nur soweit, als sie die metaphysische Erkenntnis fördert. Kurt Hubers ,,Leibniz'' (München 1951) konnte ich nur bei der letzten Durchsicht heranziehen. Durch tragisches Geschick blieb er Fragment. Huber stellt ausgezeichnet dar, wie Metaphysik und Einzeldisziplinen sich gegenseitig bedingen und hebt den Unterschied von Leibniz und Kant (den man mir so übel nimmt) scharf heraus. Doch gilt sein Hauptinteresse der Wissenschaftslehre, besonders Logik und Mathematik, obwohl er Leibniz als Metaphysiker deutet. Er bekennt, daß ihm Leibniz' Persönlichkeit im Grunde fremd bleibe. Demgegenüber gilt mir als das Wichtigste, die Metaphysik und ihre gegenseitige Bedingtheit mit der ganzen Persönlichkeit darzustellen.

Der erste Teil entwickelt die Hauptgedanken der Leibnizschen Weltschau, wie sie in lebendiger Wechselwirkung mit seiner Umwelt erscheinen. Der zweite führt sie weiter in den systematischen Zusammenhang. Der dritte verdeutlicht sie durch ihre geschichtliche Auswirkung. Dieser enthielt ursprünglich eine ausführliche Darstellung der Entwicklung der Kritik Kants an Leibniz, die nicht genügend bekannt ist, da Kant sehr oft den Namen nicht nennt und seine wichtigste Polemik Fragment blieb. Ohne Kenntnis dieser Beziehungen ist eine von Kants Kritizismus unabhängige Leibniz-Deutung nur schwer möglich. Ich hoffe, diese Darstellung (die aus verlegerischen Rücksichten zurückgestellt werden mußte) bald als selbständige Abhandlung veröffentlichen zu können.

Ich zitiere meist deutsch. Wo ich nicht eigene Uebersetzungen gebe, sind die von Buchenau und Cassirer (Philosophische Bibliothek), bisweilen auch die von Krüger (Krönersche Auswahl) benutzt.

ERSTER TEIL

LEBEN UND WERK

LEIPZIG UND MAINZ

Harmonie. Der wichtigste und umfassendste Gedanke des Leibnizschen Systems ist die Harmonie, in der sich das Ringen um die Totalität und um die Vollkommenheit vereint. Dieser Begriff weist auf den Gipfel des Humanitäts-Ideals, aber damit werden zugleich alle Einwände gegen ein friedsames, allem notwendigen Kämpfertum abgewandtes Bildungsideal wach. Man findet in dieser Harmonie konziliantes Entgegenkommen, farblose Toleranz, weltbürgerlichen Verzicht auf politische Wirkung des Geistes und persönliches Bekennertum. Befolgen wir die nützliche Regel, wenn ein Begriff zu undeutlich wurde, weil er zu allgemein ist, zuerst zu fragen: gegen welchen Gegensatz richtet er sich?

Gottfried Wilhelm Leibniz wurde 1646 geboren, zwei Jahre vor dem westfälischen Frieden. Und wenn er das Glockenläuten, die Freude über den endlichen Friedensschluß noch nicht bewußt miterleben konnte, so sah er in seiner ganzen Jugend um so mehr die furchtbaren Kriegsfolgen in seinem Vaterlande, das die andern europäischen Mächte zum Schlachtfeld ihrer Interessen mißbraucht hatten. Immer mehr sah er, wie Europa vom Sinn seiner Gemeinschaft abirrte, und immer bewußter bekämpfte er diese Gesinnung Europas. Schuld war die Schwäche des Reiches und der europäischen Gemeinschaft, und diese hatte vornehmlich drei Ursachen: den Krieg um religiöse Dogmen und Institutionen, die Einbeziehung der Fremdmächte in das deutsche Schlachtfeld, die Selbstsucht der dynastischen Staaten. Harmonie durfte das Ideal dessen sein, der die zerstörenden Folgen der Disharmonie überall miterduldete und in immer größerem Rahmen ihre Gründe erkannte. Harmonie heißt ihm, wie die Concordanz seinem großen Vorgänger Nicolas von Cues, nicht Toleranz gegen zerstörende Kräfte, nicht liberales Krompromiß, sondern Zusammenfassung der aufbauenden

Gemeinschaftskräfte. Toleranz heißt ihm nicht, sein Eigenes und Wesenhaftes gefährden, sondern Geringeres preisgeben, um Großes zu erreichen.

Im Kinde äußerte sich die geistige Kraft früh als unstillbarer Wissendurst. Der Vater, Jurist und Professor an der Leipziger Universität, hatte, bevor er starb, von dem sechsjährigen Knaben schon die Überzeugung, daß er zu Großem berufen sei. Als Achtjähriger lernte dieser aus dem bebilderten Livius selbständig Latein: Autodidakt aus erfinderischer Fülle. Geschichtswerke und Dichtungen hatte er schon vorher verschlungen, jetzt wurde dem Wunderkinde die Bibliothek des Vaters geöffnet. Er las Aristoteles und die Scholastiker, dann mit Befriedigung Platon und Plotin. Was andere zu verworrenen Vielwissern macht, ist diesem Genie Stoff und Mittel für den unbeirrbaren Weg zur Höhe: von den Alten empfängt er das sichere Maaß der Größe. Die modernen Schriftsteller scheinen ihm danach schwülstig, nichtssagend, ohne Anmut. ,,Wenn er dann zurückdachte an die Alten, die mit ihren großen, männlichen, kraftvollen, den Dingen gleichsam überlegenen, das ganze menschliche Leben wie in einem Gemälde zusammenfassenden Gedanken, mit ihrer natürlichen, klaren, fließenden, den Dingen angemessenen Form ganz andere Bewegungen in den Gemütern erzeugen!'' — beschreibt er selber im ,,Pacidius'' seine Kindheit. Aus seinen leicht hingeschriebenen lateinischen Hexametern vermuten die Lehrer, daß er sich vom Studium zur Dichtung wenden werde, aber der Zwölfjährige wendet nun seinen ganzen Eifer auf das entgegengesetzte Gebiet: die Logik. Im folgenden Jahre geht ihm schon der Plan der Erfindung auf, der ihn sein Leben hindurch beschäftigt hat. ,,Nun bin ich wie durch eine Art Schickung schon als Knabe auf diese Betrachtungen (Ars combinatoria) geführt worden, die seither, wie es mit ersten Neigungen zu gehen pflegt, stets aufs tiefste meinem Geiste eingeprägt blieben. Zweierlei kam mir dabei erstaunlich zu statten — was gleichwohl sonst oft bedenklich und manchem schädlich ist — erstens, daß ich fast ganz Autodidakt war, sodann aber, daß ich in jeder Wissenschaft, an die ich herantrat, sogleich nach etwas Neuem suchte: häufig noch ehe ich nur ihren bekannten, gewöhnlichen Inhalt ganz verstand. Dadurch aber gewann ich zweierlei: ich füllte meinen Kopf nicht mit leeren Sätzen an, die mehr auf eine gelehrte Autorität als auf wirkliche Gründe hin angenommen sind und die man später nur wieder zu vergessen hat; ferner aber ruhte ich nicht eher, als bis ich in die Fasern und Wurzeln einer jeden Lehre eingedrungen und zu den Prinzipien selbst gelangt war, von denen aus ich dann aus eigener Kraft all das, womit ich es zu tun hatte, aufzufinden vermochte" [1]).

Dieser Plan, der ihm damals aufgeht, ist das ,,Gedankenalphabet", die Ars combinatoria, eine Art Rechenverfahren der Algebra vergleichbar, indem man durch die Auflösung der Begriffe in ihre Elemente und ihre möglichen Neukombinationen das Denken mechanisiert. Die Logik ist für Leibniz nicht nur eine Analyse des Gegebenen, sondern auch eine Methode der Erfindung des Neuen. Für jede ,,Idee" wird dann eine charakteristische Zahl gefunden. Dieser Plan, anklingend an die ars magna Lulli, zugleich Vorläufer der modernen Logistik, klingt übersteigert rationalistisch. Sollte sein harmonisches Weltbild ein bloßes Rechenexempel sein? Es ist in der Tat entscheidend, wie sich dieser Plan einordnet in Leibniz' Gesamtwerk, Gesamtwillen. Nicht zufällig konstruiert er während seines ersten Pariser Aufenthaltes die Rechenmaschine. Pascal hatte eine Maschine erfunden, die addiert und subtrahiert. Die Maschine von Leibniz multipliziert, dividiert, zieht Wurzeln. Der Zweck dieser Maschine ist klar: sie mechanisiert das Rechnen, um dem Geist für höhere Dinge Muße zu gewähren. Bei allem Interesse für die Ars combinatoria hat Leibniz dies Verfahren, in dem manche Forscher den eigentlichen Sinn seines Denkens sehen wollen, für das geistige Geschehen kaum größere Bedeutung beigelegt als einer Art logischer Rechenmaschine. Er selbst nennt diese Erfindung, auf die er hofft, ein Instrument der Vernunft, wie das Fernrohr dem Gesicht, die Magnetnadel dem Schiffer diene. Sie soll als Sternbild auf dem Meere der Forschung und der Experimente den Weg zeigen. Er lobt die Aussichten — in der Hoffnung, andere Forscher für die Ausarbeitung zu gewinnen, die fünf Jahre dauern würde — er selbst hat Größeres zu tun. Wenn aber dies System ausgearbeitet sein wird, werden viele zeitraubende logische Diskussionen fortfallen, denn rein-logische Fragen wird man so sicher beantworten wie Rechenaufgaben [2]).

---

[1]) Gerh. VII 185.
[2]) An Remond 10.1.1714.

Monade. Wenn Leibniz in jener biographischen Erinnerung von einer „Schickung" spricht, so sieht er sich selber historisch, als entscheidende Gestalt und wenigstens dem Keime nach in einer entsprechenden Selbstdeutung wie Goethe in Dichtung und Wahrheit. Andeutungen dieser Selbstgestaltung finden wir oft. Im gleichen Brief an Remond erzählt er, wie er als Knabe jener scholastischen und herkömmlichen Schulphilosophie entwächst, um allmählich durch den entgegengesetzten Irrtum des Mechanismus zur eigenen Metaphysik aufzusteigen. „Als ich mich nun von der trivialen Schulphilosophie befreit hatte, verfiel ich auf die Moderne, und ich erinnere mich noch, daß ich im Alter von fünfzehn Jahren allein in einem Wäldchen nahe bei Leipzig, dem sogenannten Rosental, spazieren ging und bei mir erwog, ob ich die substanziellen Formen beibehalten sollte. Schließlich trug der Mechanismus den Sieg davon und veranlaßte mich, mich der Mathematik zu widmen, in deren Tiefen ich allerdings erst durch meinen Verkehr mit H. Huyghens in Paris eindrang. Als ich aber den letzten Gründen des Mechanismus und der Gesetze der Bewegung selbst nachforschte, war ich ganz überrascht zu sehen, daß es unmöglich war, sie in der Mathematik zu finden und daß ich zu diesem Zwecke zur Metaphysik zurückkehren mußte. Das führte mich zu den Entelechien, d.h. vom Stofflichen zum Förmlichen zurück und brachte mich schließlich, nachdem ich meine Begriffe verschiedentlich verbessert und weitergeführt hatte, zu der Erkenntnis, daß die Monaden, oder die einfachen Substanzen, die einzigen wahrhaften Substanzen sind, während die materiellen Dinge nichts als Erscheinungen sind, die allerdings wohl begründet und untereinander verknüpft sind". Das ist das entscheidende Bekenntnis, von dem die Deutung ausgehen muß. Wie kann man ihm gegenüber das Luftgebilde eines Leibniz verfechten, dessen Wurzel die Mathematik oder gar nur die Arithmetik sei, während ihm die Metaphysik nur als logische Ergänzung diente! In seinen ersten akademischen Jahren allerdings — mit fünfzehn Jahren bezog er die Universität Leipzig — wurde er von der modernen Bewegung, im besonderen der Lehre von Descartes und Hobbes mitgerissen. Sehr lange kann dieser Einfluß nicht bestanden haben. Schon 1669, also dreiundzwanzig jährig, nennt er sich im Brief an Jacob Thomasius ausdrücklich Gegner Descartes

und zwei Jahre später legte er dem Herzog Johann Friedrich
seine Grundsätze dar, die den Begriff der Monade enthalten,
wenn auch das Wort verschweigen.

Descartes, der geniale Mathematiker, empfand sich als Gründer
der neuen Philosophie und sah hochmütig nicht nur auf die
scholastische, sondern auch auf die antike Philosophie herab.
Wirklich ist er die eine Wurzel, die rationale, der ,,Verstandes-
Aufklärung", deren andere der englische Empirismus ist. Sein
Dualismus, der Geist und Körper auseinander reißt, führte ihn
dahin, die gesamte leibhafte Natur, ausgenommen die freie
Willensentscheidung des Menschen, mechanisch aufzufassen.
Tiere sind gefühllose Maschinen. Welche Anschauung konnte
dem pantheistischen Gefühl entschiedener entgegengesetzt sein!
Die Erkenntnis, daß die Wirkung des Körpers auf das Bewußtsein so vollkommen unbegreiflich sei wie die Wirkung des Bewußtseins auf den Körper, wirkte höchst anregend auf die
philosophische Forschung, lastet aber auch als unlösbares Problem bis heute als Alb auf dem philosophischen Denken. Das
Prinzip, nur das unbedingt Sichere, jedem Zweifel Enthobene
anzuerkennen, war ein gesundes Forschungsprinzip für die
exakten Wissenschaften, wirkte sich aber einengend und läh-
mend auf die Wissenschaft von der Seele und auf die Weltweisheit aus. Wie Platon Demokrits Mechanismus als Widersacher
des Geistes und der Seele bekämpfte, aber dessen Einsichten
und Hypothesen als mechanische Mittel in sein beseeltes Weltbild
einbaute, so verfuhr Leibniz mit seinem ersten, aber nicht
einzigen großen Gegner. Es ist nicht schwer, dem mechanistischen Geist der Weltdeutung entgegenzutreten, indem man
zeigt, daß unsere natürliche Erfahrung ein viel weiteres Gebiet
umfaßt als das mathematisch Erfaßbare, rein-quantitativ Erklärbare. Es gibt eine ewige Gegenbewegung, die mit dem Mechanischen überhaupt das rationale Bewußtsein ablehnt und
nur in Gefühl und Instinkt leben will. Warum aber verehrt
Platon den Philosophen der Zahl und der Geometrie Pythagoras?
Warum erkennen Leibniz und Kant das Gesetz der mechanistischen Wissenschaft in seinen Grenzen unbedingt an? Warum
hat Kepler seine Platonische Schau durch so ungeheure Rechnungen — wenn auch modificiert — bewiesen? Nicht die Würde
der Mathematik, nur ihr Alleinrecht in der Erkenntnis bestreiten

sie. Sie sehen in ihr das Vorbild der klaren, deutlichen, sicheren
Erkenntnis und darum einmal — wie Platon im Menon — das
Symbol für unsere metaphysische Erkenntnis überhaupt und
zweitens ein sicheres Gerüst für die Wissenschaft, bei dessen
Preisgabe diese der individuellen Willkür verfällt.

Darum durfte Leibniz dem Schicksal danken, daß er die
moderne mechanistische Wissenschaft in sich aufgenommen
hatte: nur so konnte er sie bewältigen, nicht durch Verwerfung,
sondern durch Einbau in seine Gesamtschau. Nicht ein neues
rationales oder irrationales Prinzip, sondern die Tradition, fast
möchte man sagen, den gesamten Geist der antiken und mittelalterlichen Philosophie in neuer Belebung warf er dieser ein-
seitig-überheblichen Denkweise entgegen. Das bedeutet es, wenn
der kühne Denker seine neue Lehre auf die Entelechie des
Aristoteles, auf die ,,substantiellen Formen'' der Scholastik
zurückzuführen wagt. Diesen galt ja vor allen der Spott der
modernen Wissenschaft, die alles quantitativ, aus mechanischen
Ursachen erklären wollte. Zweckursachen, Sinn des Weltgeschehens galten als Widerspruch gegen die Wissenschaft und
die formae substantiales als lächerliche qualitates occultae.
Gegen diesen rationalen Hochmut durfte Leibniz sich zu den
verspotteten antiken und scholastischen Begriffen nur bekennen,
wenn er die modernen Mittel von Grund aus kritisch beherrschte,
sodaß niemand ihn des Rückschrittes zeihen durfte. Substanz,
das Ewig-Beharrende, das den wechselnden Erscheinungen zu
Grunde liegt, ist der älteste Begriff der abendländischen Philosophie. Formuliert als Gesetz von der Erhaltung des Stoffes
und der Erhaltung der Energie beherrscht er bis in unsre Zeit
die exakte Wissenschaft. In der Lehre von den unveränderlichen
unzerstörbaren Atomen hat Demokrit diesen Begriff auf den
bloßen Stoff eingeengt, aber damit für die weitere Forschung
fruchtbar gemacht. Je mehr aber diese Lehre sich als zweckmäßig für die Betrachtung der leblosen Natur erwies, um so
mehr versagte sie für Leben und Seele. Die Renaissance-Wissen-
schaft sah ein, daß man neben dem Stoff auch die Bewegungsgesetze erkennen müsse, daß auch die Kraft ein konstantes
Quantum, also Substanz sei. Aus diesem Quantum von Kraft
und Stoff das Weltgeschehen, mindestens das gesamte körperliche Geschehen zu erklären, blieb danach das Ideal des Mecha-

nismus bis heute. Das seelische Geschehen lief für den mechanistischen Dualisten nebenher, ohne daß man im Stande war, die Verbindung zu begreifen. (Dies Problem fand auch Kant unlösbar. Er deutete die Natur mechanistisch). Vor diese Entscheidung sah sich Leibniz gestellt und trat an gegen den Mechanismus ebenso wie gegen den Dualismus. Er, der Vielwissende, sah, daß dieser geistige Kampf schon einmal gekämpft war. Der Mechanismus ist keine Vollendung der Aufklärung, die den Glauben an ein sinnvolles Weltgeschehen überwindet, sondern eine zwar wissenschaftliche, aber primitive Metaphysik, die von echter Philosophie überwunden wird. Platon baut den Atomismus in seine Weltlehre ein, bekämpft aber die mechanistische Weltanschauung im Phaidon als größte geistige Gefahr und erringt für zwei Jahrtausende den Sieg über Demokrit. Das ist jene unsterbliche Erklärung am Abend des Sokrates-Todes: Dem Anaxagoras sei es mit seiner Welterklärung gegangen wie jemandem, der zwar zuvor sagt, daß Sokrates alles durch den Geist tue, dann aber, um die Ursache seines Tuns zu erklären, seine Knochen und Gelenke, die Muskeln und Mechanik seiner Bewegungen beschreibe und nun als Ursache dafür, daß er hier auf dem Bette sitze, die Spannung seiner Muskeln und die Beugung seiner Kniee angebe. ,,Und ähnliche Ursachen würde er für unsere jetzige Unterhaltung angeben, indem er sie durch Töne und Luftschwingungen und Stimmen und tausend andere Dinge erklärt, nur aber die wahre Ursache zu nennen vergißt, nämlich: weil die Athener es für besser befanden, mich zu verurteilen, deswegen habe ich wieder für besser befunden, hier zu sitzen und für gerechter, zu bleiben und die Strafe auf mich zu nehmen, die sie befahlen. Denn, beim Hunde! ich dächte doch, längst wären diese Sehnen und Knochen in Megara oder Böotien, fortbewegt durch die Vorstellung des Besten, wenn ich es nicht für gerechter und und schöner gehalten hätte, statt zu fliehen und davon zu laufen, jede Strafe zu dulden, die die Stadt verhängt!''

Diese Stelle hat auf Leibniz einen tiefen Eindruck gemacht, und er gedenkt ihrer ausführlich mehrmals mit Dankbarkeit, ja mit Begeisterung. [1]) ,,Es erinnert mich das an eine schöne Stelle des Sokrates in Platons Phaedon, die ganz wunderbar

---

[1]) In der metaphysischen Abhandlung und in ,,Über das Kontinuitätsprinzip''.

meinen Ansichten über diesen Punkt entspricht, und die ganz ausdrücklich gegen unsere allzu materialistischen Philosophen geschrieben zu sein scheint." Sehr richtig faßt er sie als einen Feldzug gegen den Materialismus, doch auch gegen den Mechanismus der Dualisten auf, aber er versämmt nicht, sogleich auch das Recht der Gegenseite anzuerkennen: „Ich leugne indessen nicht, daß die Naturvorgänge, nachdem die Prinzipien einmal festgestellt, nach den Regeln der mathematischen Mechanik erklärt werden können und müssen; vorausgesetzt nur, daß die bewunderswürdigen Zwecke der ordnenden Vorsehung darüber nicht vergessen werden". Als eigenes Ziel bezeichnet er „die echte Versöhnung zwischen Glauben und Vernunft". Seit diesem Siege Platons über Demokrit ist es unphilosophisch, den Willen dem Mechanismus unterzuordnen. Auf dieser Einsicht beruht der deutsche „Idealismus", wenn Kant auch weit weniger als Leibniz mit Platons Werk vertraut war. (Leibniz wird oft als Determinist bezeichnet — man sieht, wie wenig doch mit solchen Schlagworten gesagt ist, solange man den Zusammenhang nicht durchschaut).

Leibniz, der sich die metaphysischen Grundlagen der Mathematik bewußt macht, erkennt die Enge des Mechanismus darin, daß er sich wesentlich auf die Quantitäten bezieht. Wenn nur Stoff- und Energie-Menge das Konstante, also Substanz sind, dann besteht das Ideal der Forschung darin, zuletzt immer die Zahlen-Gleichungen zu finden. Leibniz aber stellt schon in der Mathematik daneben das Gestalt-Denken. Quantitäten kann man nur durch Vergleich mit einem Maaßgegenstand feststellen, wie ohne die willkürliche Wahl etwa eines Meterstabes kein Messen denkbar ist. Für diese Betrachtungsweise bleibt Stoff- und Energiequantum die wirkliche Sache, der eigentliche Inhalt — die „Form" dagegen das bloße Äußerliche, die zufällige Oberfläche, das „Formelle", die bloße Leerform. Ob Goldkugel oder -würfel bleibt sich gleich. Leibniz bemerkt, daß die Gestalt keines Vergleichs bedarf, sie steht für sich, ist Ausdruck eigenen Wesens. Darum ist die Form nicht Oberfläche, sondern das wahrhaft Substanzielle. Goethe fand die klarste Formulierung: „Geprägte Form, die lebend sich entwickelt" und sah sie wie Leibniz als ewige Substanz an. Die Scholastiker haben Recht mit ihren formae substantiales für die Lebewesen. Trotz Leibniz ist dies echte Form-Verständnis — Form, Eidos als wahre Substanz — durch die mechanische Auffassung und entscheidend durch Kants Kritizismus den modernen Begriffen entrückt. Leibniz verkennt nicht, daß der Begriff der formae substantiales leicht mißbraucht werden kann, aber er dient ihm besonders als Übergang zur Form in der konkreten und überzeugendsten Bedeutung: als Entelechie. Mit diesem Begriff hat Aristoteles die Platonische Lehre des Timaios noch vervollkommnet. Das Meßbare, Quantitative ist nur dynamei, ist nur potentiell, bietet der gestaltenden Kraft nur die Möglichkeit. Erst die Form hebt den Stoff in die Wirklichkeit. Nicht realer „Inhalt" und bloß-ideelle „Form" stehen einander gegenüber, sondern bloßer Stoff und förmliche Wirklichkeit. Das ist am deutlichsten in der Reihe der lebendigen Organismen: denn das Tier ist nicht bloß Quantum von Stoff und Energie, sondern vor allem gestaltende Kraft. Entelechie, das, was ein telos, ein Ziel in sich hat, gestaltet den Leib. Wer diese Schau, die sich den Sinnen ebenso wie die Vernunft aufdrängt, leugnet, kann weder Leibniz noch Goethe verstehen. Aber der Mechanismus behauptet, daß diese Anerkennung des Zieles, des telos, also die Teleologie unwissenschaftlich sei.

Wenn nun die Tier- und Menschenmonade Seele genannt wird, so ist der Einwand naheliegend, wozu das Fremdwort Monade? Daß aber ein neues Wort nötig war und ist, wird im ganzen Umfange nur der verstehen, der die Lehre von Leibniz und die Geistesgeschichte im Zusammenhange überschaut. Seele ist im christlichen Zeitalter zum ewigen Wesen geworden, das dem vergänglichen Leibe entgegengesetzt ist und dessen jenseitigem Dasein jedes Opfer im diesseitigen Leben gebracht werden muß. Seele blieb aber auch für den nicht aufs Jenseits gerichteten Menschen dem Leibe gegenüber das innerliche Gefühl, der derben Realität gegenüber die empfindsame Sensibilität. Einem dem Wirken und Tun zugewandten Geschlecht konnte daher die Seele auch bedenklich werden: es betonte wieder den Leib. Nur aus einseitigen Übertreibungen waren solche Bedenken verständlich, denn wahres Wesen kann nur als Leib-Seele-Einheit erscheinen, Leib nur beseelten Körper bedeuten. Diese Leib-Seele-Einheit ist im Begriff Entelechie aufs Schönste erfaßt. Die Entelechie erscheint im Leibe, den sie selber gestaltet, und

der seelenlose Körper wäre nichts als toter Stoff, bloße „Möglichkeit'' des Leibes. Die Monade steigert diesen Begriff allerdings:
sie ist nicht das seelische Prinzip neben dem körperlichen,
sondern sie ist gleichsam die Einheit der Entelechie mit dem
körperlichen (unendlich klein gedachten) Atom, sie ist also das
Prinzip der antiken Leibhaftigkeit im Gegensatz zum Körper-
Seele-Dualismus.

　Leer sind die Einwände: niemand habe eine Monade gesehen,
ihre Existenz sei nicht erklärt — sie sei also bloße Gedankendichtung. Niemand hat eine Kraft gesehen, niemand ein Atom.
Das Wesen der Monade aber erkennt jeder an, der mit dem Mitmenschen als mit einer Bewußtseinseinheit spricht, ihn also
nicht als bloßes Gerüst von Knochen und Fleisch oder toten Atome „anspricht''. „Erklärt'' kann die Existenz des Bewußtseins
allerdings nicht werden. Leibniz hat erkannt, daß dies grundsätzlich unmöglich ist und sein Beweis dafür steht würdig neben
dem Freiheitsbeweis aus dem Phaidon. Er sagt, wenn man sich
das Gehirn so vergrößert denke, daß man in seinem Maschinen-
werk herumgehen könne wie in einer Mühle, so daß man den
Mechanismus vollkommen durchschaue, so sei man der
Erklärung, wie aus dem mechanischen Geschehen ein Gedanke
hervorgehen könne, um keinen Schritt nähergekommen. Diesen
klaren Gedanken haben die unbedingten Mechanisten nicht
vollziehen können. Descartes und Kant haben die gleiche Einsicht, folgern aber skeptisch daraus die engen Grenzen unsrer
Erkenntnis. Leibniz aber handelte weise, wenn er das, was jeder
Mensch als Grundlage unserer Existenz anerkennt und was die
Wissenschaft doch niemals aus anderen Prinzipien erklären
kann, als die „Substanz'' anerkannte: das Prinzip, das den Leib
gestaltet und in ihm sich als Bewußtseinseinheit ausdrückt.

　Wohl braucht Leibniz den Begriff „Seele'' auch im Sinne der
Zeit-Philosophie, der Cartesianer: dann ist Seele das inaktive,
bloß aufnehmende Bewußtsein, das auf das körperliche Geschehen in keiner Weise einwirken kann. Wie aber die Cartesianer
das Verbindende nur in der Gottheit finden, so findet es Leibniz
auch in der Monade, die also das Identitätsprinzip von Seele
und Körper in sich trägt und „der kleine Gott der Welt'' werden
kann.

　Es widerspricht daher ebenso dem Sinn der Lehre wie dem

Zeugnis von Leibniz Lebenslauf, den Begriff der Monade aus der Zahlenkunde, aus den Differentialen, aus der Kombinatorik, Logistik oder aus dem toten Atom herzuleiten. Nur die umgekehrte Deutung ist möglich und sinnvoll: aus dem Ganzheitserlebnis, aus dem Freiheitserlebnis der Persönlichkeit wächst der Gedanke der Monade, und aus der gleichen allgemeinen Denkform ist auch durch Einschränkung das Differential, ist die unbegrenzt teilbare Materie abzuleiten. Alle Fächer werden durchgebildet im gleichen Ganzheits-Bewußtsein. Höhere Mathematik lernte Leibniz erst in Paris — den Maßstab seines Denkens und Strebens hatte er schon als Kind bei den antiken Schriftstellern gefunden. Aber wenn er Platon so dankbar ist für die klassische Verdeutlichung des Freiheits-Erlebnisses, so ist das keine Unterwerfung unter fremde Autorität, denn Sokrates zeigt es als Erlebnis der Seele, als Kern der Menschlichkeit. Diesen Rückgang auf das Urerlebnis kann man wohl im Sinne des Deutschen Idealismus als Wurzel der Humanität bezeichnen — wenn man mit diesem Wort das Ideal des abendländischen Geistes ausdrückt, ohne es ganz in eine begriffliche Verallgemeinerung verblassen zu lassen.

Sprache. Der politischen Verworrenheit nach dem dreißigjährigen Kriege entsprach die Sprachverwilderung in Deutschland: das Streben nach Harmonie zeigt sich als Läuterung einer vorbildlichen Sprache. Wäre in Wahrheit Gedankenalphabet und Logistik der Grundsatz des Leibnizschen Denkens, so hätte er einem Esperanto zustreben, mindestens das übernationale Latein begünstigen müssen — nun aber ist gerade sein Verhältnis zur deutschen Sprache der schönste Beweis für seine Gesinnung. Und auch dies Verhältnis leitet er nicht ab aus Begriffen über die Sprache, denn es erwächst aus seinem tätigen Leben. So sehr sein Interesse der Philosophie, der Mathematik und vielen Zweigen des Wissens gilt, so ist sein Fachstudium doch das juristische. ,,Ich merkte aber, daß meine früheren Studien der Geschichte und Philosophie mir das Verständnis der Rechtswissenschaft sehr erleichterten; ich war imstande, die Gesetze ohne alle Mühe zu begreifen, darum blieb ich nicht lange an der Theorie haften, ich sah auf sie herab wie auf leichte Arbeit und eilte begierig zu der praktischen Rechtswissenschaft. Unter den

Räten des Leipziger Hofgerichts hatte ich einen Freund. Dieser nahm mich oft mit sich, gab mir Akten zu lesen und zeigte mir an Beispielen, wie man Erkenntnisse abfassen müsse. So drang ich in das Innere dieser Wissenschaft zeitig ein, das Amt des Richters machte mir Freude, die Advokatenkniffe widerten mich an, deshalb habe ich auch nie Prozesse führen wollen. So war ich siebzehn Jahre geworden, und es gereichte mir zur größten Genugtuung, daß ich meine Studien nicht nach fremden Ansichten, sondern nach eigener Neigung geführt hatte.'' Das ist die Freude am irrationalen Prinzip der eigenen Persönlichkeit, da Leibniz sich nicht auf Vernunftprinzipien der Aufklärung, nicht wie Kant allein auf Pflicht beruft, sondern auf persönliche Neigung. Mit fünfzehn Jahren bezog er die Universität, mit siebzehn ist er praktischer Jurist. Charakteristisch für sein ganzes Leben ist schon jetzt der Zug, daß er Richter, nicht Advokat sein will. Einseitig für eine Partei eintreten ist ihm verhaßt: denn aus dem Ganzen, den Gegensätzen will er über den Parteien stehend sich nicht untätig dem Streit fernhalten, sondern die höchste Entscheidung fällen. Es gibt für den Richter, wie er in einer praktischen Abhandlung ausführt, keine unentscheidbaren Fälle, weil die tiefere Einsicht immer eine Unterscheidung und damit Entscheidung finde.

Daß er bei diesen Geschäften nicht mit fremden Sprachen glänzt, sondern die Erkenntnisse in reinem Deutsch abfassen muß, empfindet er froh als Gewinn: das Wesen des deutschen volkstümlichen Stiles geht ihm auf. Das ist für ihn keine Fertigkeit, die er sich leicht aneignet, weil sie nun einmal im Beruf verlangt wird, er sieht auch nicht philosophisch in der Sprache ein Instrument der Ratio, sondern ganz wie später Hamann und Herder sieht er in ihr die Wurzel des Geistes. Dankbar lobt er die Bestrebungen deutscher Vereine, so der ,,fruchtbringenden Geschellschaft'', und einiger Fürsten, aber er findet sie zu sehr auf unterhaltende Literatur, auf die gebildete Gesellschaft beschränkt. Jene siegten nicht, denn Gewicht und Nachdruck fehlte ihnen. Wie Leibniz' weitem Geiste eine Fülle von auschaulichen Bildern zu Gebote steht, so sagt er hier: ,,Denn gleich wie auch ein starker Arm eine Feder so weit nicht werfen kann als einen Stein, also kann auch der herrlichste Verstand mit leichten Waffen nicht genug ausrichten. Es muß also der

Nutzen mit der Annehmlichkeit vereinigt werden, gleichwie
ein Bolzen, so von einer stählernen Armbrust in die Ferne der
Luft getrieben werden soll, sowohl mit Federn beschnürt, als
mit Metall gekrönt zu sein pflegt''. Und auf den Namen ,,frucht-
bringende Gesellschaft'' anspielend, fährt er fort: ,,Denn unser
deutscher Garten muß nicht nur anlachende Lilien und Rosen,
sondern auch süße Äpfel und gesunde Kräuter haben''. In
seiner ,,Ermahnung an die Deutschen'', in der auch diese Sätze
stehen (1683), geht Leibniz aus von ,,Wohlfahrt und Ruhm des
Vaterlandes'', vom Gemeinschaftsbewußtsein der Nation, und
sieht dies vor allem in der Sprache begründet. ,,Das Band der
Sprache, der Sitten, auch sogar des gemeinen Namens vereinigt
die Menschen auf eine so kräftige, wiewohl unsichtbare Weise
und macht gleichsam eine Art der Verwandschaft. Ein Brief,
eine Zeitung, so unsere Nation angeht, kann uns kränken oder
fröhlich machen''. Er klagt über die verderbte Zeit, in der
,,Freigeister'' des Vaterlandes spotten. In diesem vaterländischen
Geiste weist er auf Vorbilder im Ausland, so auf die Sprach-
reinigung in Italien und auf die Pariser Akademie: nicht um
fremdes Wesen nachzuahmen, sondern um von den damals
ausgeprägten ,,Nationen'' zu lernen, wie man Nation wird, und
das dort Gefundene, wie er selbst sagt, als Beute mitzunehmen.
Von seiner höheren Sicht aus findet er die Bestrebungen der
Italiener und Franzosen zu eng, denn sie schaffen nur eine reine
Sprache der gebildeten Gesellschaft, während Leibniz eine
Sprache des ganzen Volkes verlangt — nicht als Ausgleich
und Nivellierung einer jedem schlichten Menschen leicht verständlichen Sprache, sondern im Gegenteil: als Aufnahme der
Fachausdrücke, die die Handwerker und die Gelehrten brauchen.
Wie lassen sich diese scheinbar entgegengesetzten Bedürfnisse
vereinen? Als Vorbild für Herder und Goethe geht Leibniz immer
den Weg genetischer Erklärung, und er begründet in seiner mit
Recht berühmt gewordenen deutschen Schrift ,,Unvorgreifliche
Gedanken betreffend die Ausübung und Verbesserung der deutschen Sprache'' (1697) die Einsicht, von der Herders Verjüngungsbewegung ausgehen wird. Leibniz und Herder finden trotz ihrer
hohen Verehrung der antiken Muster, daß die lateinische Sprache
seitens der Gelehrten, die französische seitens der Fürsten und
der Gesellschaft viel zu stark das deutsche Denken durch-

drungen haben. Leibniz findet, daß dagegen die deutsche Muttersprache „in leiblichen Dingen" reich entwickelt sei. „Ich halte
dafür, daß es keine Sprache in der Welt gibt, die zum Exempel
von Erz- und Bergwerken reichhaltiger und nachdrücklicher
rede als die deutsche. Desgleichen kann man von allen anderen
gemeinen Lebens-Arten und Professionen sagen, als von Jagd-
und Weidwerk, von der Schiffahrt und dergleichen; denn alle
die Europäer, so auf dem großen Weltmeer fahren, haben die
Namen der Winde und viele andere Seeworte von den Deutschen,
nämlich von den Sachsen, Normannen, Osterlingen und Nieder-
ländern entlehnt". — Er gibt zu daß es den Deutschen gerade an
logischen und metaphysischen Kunstwörtern fehle (ein Mangel,
den Wolff dann zum Teil behoben hat), aber es widerspricht
dem herkömmlichen Bilde des Rationalisten, wenn er findet,
dieser Verlust sei zu verschmerzen, „Ja, ich habe zuzeiten unserer
ansehnlichen Hauptsprache zum Lobe angezogen, daß sie nichts
als rechtschaffene Dinge sage und ungegründete Grillen nicht
einmal nennen kann. Daher habe ich bei den Italienern und
Franzosen zu rühmen gepflegt: wir Deutschen hätten einen
sonderbaren Probierstein der Gedanken, den anderen unbekannt, und wenn sie dann begierig gewesen, etwas davon zu
wissen, so habe ich ihnen bedeutet, daß es unsere Sprache selbst
sei, denn was sich darin ohne entlehnte und ungebräuchliche
Worte vernehmlich sagen lasse, das sei wirklich etwas Recht-
schaffenes; aber leere Worte, wo nichts dahinter und gleichsam
nur ein leichter Schaum müssiger Gedanken, nehme die reine
deutsche Sprache nicht an." Dies überraschende Bekenntnis
löst viele Missverständnisse. Er, vielleicht der gelehrteste Mensch
aller Zeiten, der Notwendigkeit der Kunstausdrücke bewußt,
das Latein als europäische Gelehrtensprache anerkennend, ein
voraussetzungsloses Gedankenalphabet suchend: findet dennoch
als Maaßstab des Denkens, gerade der Metaphysik, das reine
Deutsch des gesamten Volkes. Daß die Jugendschrift, auf die
er sich selbst hier bezieht, lateinisch abgefaßt ist, ist solch Widerspruch an der Oberfläche, bestätigt in Wirklichkeit die deutsche
Gesinnung noch mehr. Er hatte (1670) den Auftrag, den Antibar-
barus des italienischen Humanisten Nizolius herauszugeben,
und er fand in dessen klarem Latein das beste Heilmittel gegen
die scholastischen Sophisten, das beste Mittel, „alle jene Dornen

unfruchtbarer Wortmacherei gründlich aus dem Acker der Philosophie auszujäten''. In der Forderung der Volkssprache sah er daher ein Weitergehen auf gleichem Wege. Die lateinische Phrase sei oft Deckmantel der Unklarheit. Nötige man den Gegner in Diskussionen, die Maske abzunehmen und in der Volkssprache zu reden, so müsse er seine Blöße aufdecken und sich zeigen, wie er ist. Hier spricht Leibniz seinen Gedanken vom reinen Deutsch als Probierstein schon aus, wie er ihn ein Menschenalter später wiederholt. Daß er es damals in lateinischer Sprache tat, ergab sich aus der Arbeit, die dem Lob und der Herausgabe des Humanisten dienen soll — dass er gerade hier das Deutsche so lobt, zeigt, wie ursprünglich und wesentlich dies Erlebnis ist. Hier wirkt es um so aufreizender und umstürzender, ebenso wie seine Forderung, die Vorlesungen an der Universität deutsch zu halten. Nie soll man es Leibniz vergessen, daß er in der Zeit der großen nationalen Gefahr den rationalen Einwand mancher hochgeschätzten Männer, man solle sich jetzt mit der Verbesserung der Sprache nicht aufhalten und nur auf die Sache selbst gehen, ernst und überlegen zurückweist. Jede Schulmeisterei liegt seinem Wesen fern, er mäkelt nicht, wenn viel beschäftigte Leute sich dem verwilderten Sprachgebrauch anpassen, aber er schilt in seiner ,,Ermahnung'' die, die Muße für ihr Werk haben und doch den trefflichen Vorbildern der deutschen Sprache nicht folgen. In seiner Ganzheit-Sicht kann er deutsche Sprache, deutsches Schicksal und deutsche Freiheit nicht trennen. Er sieht es lebendig-geschichtlich: fremden Befehlshabern hat man deutsche Heere aus Ländergier gegen Deutsche zu Gebote gestellt, von der Zeit an trägt auch unsere Sprache die Zeichen angehender Dienstbarkeit — jetzt stehen Sprache und Freiheit nahe am Abgrund.

Aber wie zukunftsträchtig ist nun sogleich sein Blick in die Vergangenheit, wenn er politische Geschichte und Entwicklung der Sprachen überschaut. An Griechen, Römern, Franzosen beobachtet er, daß Sprache und Nation, daß Macht und Stil der Rede zusammengehören. Er, in dem man den Gründer eines unbedingten Fortschrittsglaubens zu sehen meint, verkündet vielmehr ein Gesetz der Gezeiten. ,,Ich halte dafür, gleich wie der Mond und das Meer, also habe auch der Völker und der Sprachen Ab- und Aufnehmen ein Verwandtnis.'' Dem Einwand,

daß trotz dieses politischen Verfalles die Zivilisation Fortschritte
mache, entgegnet er: „Wenn man Verstand in Verschwendung
und Zärtlichkeit suchen will, so sei er bei uns hoch gekommen.
Ich will wohl glauben, daß unsere Vorfahren keine Schokolade
gekannt und daß sie, was vom Thee abgekocht wird, für ein
Kräuterbad gehalten haben würden, daß sie weder aus Silber
noch aus Porzellan gegessen, noch die Zimmer mit Tapezereien
bekleidet, noch Trachtenpuppen von Paris haben kommen
lassen: aber daß ihrem Verstand etwas daher abgegangen, damit
bin ich nicht einig." Doch verkennt er nicht, daß Deutschland
durch den dreißigjährigen Krieg, vielleicht auch als Volk der
Mitte und durch die Aufgabe als Träger des übernationalen
Reiches hinter andern Völkern in Formung als Nation zurückgeblieben ist. Dafür ist der Zustand der Sprache entscheidend:
Während bei anderen die „wohl ausgeübte Muttersprache wie
ein rein poliertes Glas gleichsam die Scharfsichtigkeit des
Gemüts befördert und dem Verstand eine durchleuchtende
Klarheit gibt", findet er „unsere Nation gleichsam wie mit einer
düsteren Wolke überzogen. Bei dieser Verwilderung bekommen
gerade die, so einen ungemein durchdringenden Geist haben,
einen Ekel vor deutschen Schriften, schätzen nur das Fremde
(wie eine Voraussage auf Friedrich den Großen), sodaß wir in
Blindheit und Sklaverei geraten". Er hofft, daß mit der Liebe
des Vaterlandes, der Ehre der Nation, dem Glück des Volkes
sich dessen Formung vollziehe: wenn „ein gleichsam erleuchteter
Verstand und daher fließende Sprachrichtigkeit sogar bis auf
den gemeinen Mann herabgestiegen und fast durchgehends
sich spüren lassen" wird. Sieht er freilich auf den zunehmenden
abscheulichen Mischmasch mit der französischen Sprache, so
befürchtet er, das Deutsche werde in Deutschland verloren
gehen wie das Angelsächsische in England. So folgen auf jene
„Ermahnung" nun die Besserungsvorschläge in den „Unvor-
greiflichen Gedanken". Er fügt zu jener Befürchtung den denk-
würdigen Satz: „Gleichwohl wäre es ewig Schade und Schande,
wenn unsere Haupt- und Heldensprache dergestalt durch unsere
Fahrlässigkeit zu Grunde gehen sollte, so fast nichts Gutes
schwanen machen dürfte, weil die Annehmung einer fremden
Sprache gemeiniglich den Verlust der Freiheit und ein fremdes
Joch mit sich geführt hat." Wenn diese Worte den Wettkampf

Winckelmanns und unserer großen Dichter mit dem französischen Geist prophezeien, so bleibt eins doch stärker bei Leibniz: die unmittelbare Verknüpfung dieses geistigen Ringens mit der bewußten Bemühung um die politische Volkwerdung. Diese Forderung begründet er mit geschichtlichen Sichten auf die Ursprünge, die vorausweisen auf die Sprachforschungen Humboldts und der Romantiker. —

Entwicklung ist der Gedanke, der Leibnizens Gesamtschau leitet. Heute ist der Denker mißtrauisch geworden gegen diesen Begriff: denn das mathematische Schema der Kontinuität kann die Schau ganz von dynamischer Gestaltungskraft entleeren. In Leibnizens Metaphysik aber ist, wie gesagt, dies mathematische Schema nur das Gerüst: er ist Gründer der lebendig-genetischen Methode, die Herder und Goethe zu ihrem Leitgedanken erhoben haben. Selbst gegen diese genetische Methode unserer Deutschen Bewegung sind die geistigen Menschen mißtrauisch, seit Darwin sie, scheinbar, in der Biologie zum Siege geführt hat. Es sind zuerst zwei wesensverschiedene Entwicklungs-Gedanken zu unterscheiden: der mechanistische, atomisierende, der aus dem kleinsten Teilchen, dem wesenlosen, dem Beinahe-Nichts, das Lebendige, Ganze aufbauen will, den Menschen aus dem Spaltpilz — und der monadische, der nur aus dem Lebensganzen betrachtend immer wider im Ganzen endet. Darwins Methode und Ziel blieb mechanistisch, sein Entwicklungsgedanke schützt daher nicht vor Verödung. Von Leibniz aus, nicht von Darwin, ist Herders und Goethes genetische Weltschau zu verstehen.

Wenn Leibniz nach den Wurzeln der deutschen Sprache fragt, faßt sein Auge zugleich die europäische Völkergeschichte. Er fordert, was Grimm begonnen und was heute noch nicht abgeschlossen ist, ein Glossarium Etymologicum, und schlägt die Bezeichnung „Sprachquelle" vor. Wie lebendig gesehen! Der geschichtliche Quell unserer Muttersprache, den der Forscher aufspürt, und zugleich der Quell, aus dem unsere erneuerte, gereinigte Muttersprache fließen soll. Das ist keine Forderung aus leeren Gedanken: denn Leibniz zählt sogleich die Männer auf, die in Deutschland, Frankreich, England, Italien, Skandinavien in diesem Sinne arbeiten. Viele Worte der fremden Völker stammen aus dem Deutschen. „Es gibt also die Untersuchung der deutschen Sprache nicht nur ein Licht für uns, sondern auch

für ganz Europa". „Alles auch, was die Schweden, Norweger
und Irländer von ihren Goten und Runen rühmen, ist unser,
und arbeiten sie mit aller ihrer löblichen Mühe für uns." Leibniz
ist überzeugt, daß in der deutschen uralten Sprache, die doch
älter ist als alle griechischen und lateinischen Bücher, der Ursprung der europäischen Völker und Sprachen, zum Teil auch
des alten Gottesdienstes, der Sitten, Rechte, des Adels gegeben
sei: „der Ursprung und Brunnquell des europäischen Wesens
ist großenteils bei uns zu suchen" (das wird von Fichte übersteigert). Diese historische Sicht und etymologische Untersuchung begründen die bestimmten Ratschläge zur Sprachpflege.
Dreierlei: Reichtum, Reinigkeit und Glanz fordert Leibniz
von der deutschen Sprache. Reichtum, das heißt „Überfluß an
bequemen und nachdrücklichen Worten, damit man alles kräftig
und eigentlich vorstellen und gleichsam mit lebenden Farben
abmalen können. Zum Erwerb dieses Reichtums gibt es wieder
drei Mittel. Erstens „die Wiederbringung alter, verlorener Worte,
so von besonderer Güte". Als Vorbilder nennt er, wie für Italien
Dante, so für Deutschland Luther. Schon 1683 (in der Ermahnung)
schreibt er enthusiastisch: „*Daß die heilige Schrift in irgendeiner
Sprache in der Welt besser als in Deutsch lauten könne, kann ich
mir gar nicht einbilden*; so oft ich auch die Offenbarung im Deutschen lese, werde ich *noch weit mehr entzückt, als wenn ich den
Virgil selbst lese, der doch mein Leibbuch ist*; und ich finde nicht
nur in den göttlichen Gedanken einen hohen profetischen Geist,
sondern auch in den Worten selbst eine rechte heroische und,
wenn ich so sagen darf, Virgilianische Majestät". So faßt sich
hier in Bibel und Luther, Virgil und Dante das Abendland zusammen. — Er nennt Theuerdank, Reineke Voß, Hans Sachs.
Bedeutsamer für den angeblichen Aufklärer ist noch, daß er
Paracelsus und — mit Vorsicht — deutsche Mystiker nennt.
„Zwar ist nicht wenig Gutes auch zu diesem Zweck in den
geistreichen Schriften einiger tiefsinniger Gottesgelehrter anzutreffen, ja selbst diejenigen, die sich etwas zu den Träumen der
Schwärmer geneigt, brauchen gewisse schöne Worte und Reden,
die man als güldene Gefäße der Ägypter ihnen abnehmen,
von der Beschmutzung reinigen und dem echten Gebrauch
widmen könnte, welcher Gestalt wir den Griechen und Lateinern
hierin selbst würden Trotz bieten können." Das zweite Mittel

der Bereicherung sei die Einbürgerung von Fremdworten, die die Forderung der Reinigkeit einschränkt. Leibniz fehlt jede pedantische Enge. Wenn Opitz dichte: ,,Daß deine Poesie der meinen Mutter sei'', so habe er damit aus seiner Macht dies Wort ,,Poesie'' einmal für alle Mal für deutsch erklärt. So verzichtet er selbst auch nicht auf das längst deutsch gewordene Wort Nation. Wir dürfen Worte besonders übernehmen aus den Sprachen deutschen Ursprungs. Zumal dem Holländischen gegenüber haben ,,unsere Deutschen guten Fug und Macht, durch gewisse Abgeordnete das Recht der Mutterstadt von dieser deutschen Pflanze oder Kolonie einzusammeln . . . .'' Weit mehr Zurückhaltung zieme vor Latein und den romanischen Sprachen, während wir die griechische nicht zu scheuen brauchen. — Das dritte Mittel ist die Erfindung neuer Worte, die wohl zu loben sei, wenn sie im Ebenmaaß mit der bestehenden Sprache geschehe.

Die zweite Forderung, die Reinigkeit der Sprache, bleibt der ersten, dem Reichtum, untergeordnet. Leibniz spottet über die Puritaner, die ,,Reindünkler'', die ,,Perfektie-Krankheit'', und ein Hauch des Spottes fällt bei aller Anerkennung auch auf die verdienstvollen Sprachgesellschaften. Er verfehmt den Mischmasch, die Aufnahme besonders französischer Redewendungen ins Deutsche, weniger die sinnvolle Aufnahme von Ausdrücken, die im Deutschen noch nicht treffend wiederzugeben sind. Einzelne lateinische Worte sind bei Rechtshandlungen, selbst auf der Kanzel zu gebrauchen, während ein französisches Wort in Gedicht oder Predigt ein Schandfleck ist. Ob Antiqua oder Fraktur vorzuziehen sei, will Leibniz nicht entscheiden, doch unterläßt er den Hinweis nicht, daß ihn die Holländer gebeten haben, seine deutschen Schriften in Antiqua zu drucken, womit er auf deren europäische Bedeutung weist. — Für die dritte Forderung, Glanz und Zierde der deutschen Sprache, will er keine Regeln geben: denn da komme es auf Geist und Verstand des Verfassers, also besonders auf persönliche Vorbilder an. Doch mahnt er dringend, Zweideutigkeiten und häßliche Worte, wo sie nicht sachlich notwendig sind, nicht zu dulden. ,,Es ist freilich in der Sittenlehre mit Sauberkeit der Worte nichts ausgerichtet, es ist aber doch auch solche kein geringes.''

Wie weit aber erfüllt er selber diese schönen Forderungen?

3

Das große deutsche Werk, das wir ewig entbehren, hat er nicht geschrieben. Seine Lehre ist verzettelt in Abhandlungen und Briefen, die mehr in lateinischer und französischer als in deutscher Sprache geschrieben sind. Um so deutlicher wird sein abendländisches Amt. Sein Sinn ist Kraft, Tätigkeit, Wirkung, und diesem Wesen bleibt auch sein Schriftwerk treu. Er will wirken in die Gegenwart, nicht eines künftigen Ruhmes, einer zeitlosen Wissenschaft willen vollkommene Bücher schreiben. Diese Gegenwarts-Wirkung ist nicht Verzicht auf das Ewig-Wesentliche um des Vorübergehend-Zufälligen willen, sondern ringt um die Herstellung der abendländischen Gemeinschaft und des deutschen Volkes in ihr. Für Europas Fürsten, Staatsmänner, Gesellschaft mußte er damals Französisch schreiben, für die europäische Wissenschaft lateinisch. Doch hat er, wo es sich um Geist und Macht des Volkes handelt, auch sich zum Vorbild für den deutschen Stil entwickelt und die Forderungen: Reichtum Reinigkeit und Glanz erfüllt. Wenn diese deutschen Schriften lange vergessen waren, ja in der ersten Gesamtausgabe sogar in Übersetzungen gebracht wurden, so haben sachkundige Denker in seiner Zeit wie in unserer in ihnen einen Meister der deutschen Sprache gefunden, der zwischen Luther und Goethe steht, wenn auch die Ungunst der Zeit ihn hinderte, sich als solchen zu entfalten. Die Überlastung des überall tätigen Staatsmannes und Forschers hat ihn bisweilen veranlaßt, in seinen Briefen im Fahrwasser der damaligen Umgangssprache mitzuschwimmen (75 000 Schriftstücke, 15 000 Briefe von ihm sind erhalten). Aber sein Reichtum an höchst anschaulichen Bildern und an volkstümlichen Sprichwörtern erinnert an Goethe. Ein kleines Beispiel mag an den Unterschied der ,,volkstümlichen" Sprache, des ursprünglichen anschaulichen Ausdrucks von der verwaschenen Umgangssprache erinnern. Ungebildete und Gebildete übernehmen gern, was gewichtig oder rätselhaft ins Ohr fällt ohne jede Anschauung des Sinnes, wie man noch heute oft die sinnlose Redewendung hört: ,,sein Schäfchen (statt Scheepken) im Trockenen haben", während man bei Leibniz die sinnvolle findet: ,,sein Schiffchen im Trockenen haben". —

Seine Gelehrsamkeit führt ihn nicht zur blossen grammatikalischen Läuterung: wie seine ganze Lehre wächst aus dem Bewußten und Unbewußten seiner Seele im deutschen Sprachgeist die nationale Forderung und europäische Leistung, in weitem Lebensgefühl, klarer Anschaulichkeit, feurigem Willen und umfassendem Wissen. Durch seine Sprache erweist er sich als Europäer und Deutscher.

Politik. Die wichtigsten *deutschen* Schriften Leibnizens wenden sich an das Volk, teils um der Sprache, teils um der Verfassung und politischen Sicherung willen. Zum anfänglichen Plan gehörte die politische Tätigkeit nicht, vielmehr wollte er sich in seiner Vaterstadt Leipzig um eine der begehrten Stellen im juristischen Spruchkollegium bewerben, wozu der erste Schritt die Promotion an der dortigen Universität gewesen wäre. Aber seiner großen Jugend wegen stellte man das erst zwanzigjährige Genie hinter einen älteren Bewerber zurück. Seine Antwort auf die Zurücksetzung beleuchtet seinen Charakter und entscheidet sein Schicksal. Als er im Alter auf dies Unrecht der Vaterstadt angeredet wird, rechtfertigt er diese und findet keinen Grund zur Klage. Dennoch sieht er es als glückliches Geschick an, daß er damals anders empfunden hatte. Im Stolz und in der Ungeduld der Jugend wandte er der Vaterstadt und deren Universität den Rücken und promovierte an Nürnbergs Universität Altdorf. „Denn ich hielt es eines jungen Mannes für unwürdig, wie angenagelt an der Scholle zu haften, und mein Geist brannte vor Begierde, größeren Ruhm in den Wissenschaften zu gewinnen und die Welt kennen zu lernen''. Wirklich waren Disputation und Promotion des Zwanzigjährigen in Altdorf ein Triumph, der weithin Aufsehen erregte. Nürnberg bietet ihm, um das außerordentliche Talent zu fesseln, eine Professur in Altdorf an. Aber er will sich nicht einengen und festlegen lassen, er braucht Raum für seine Kräfte. Vorläufig bleibt er in Nürnberg, wo er einen weiten Bekanntenkreis erworben hat. Auch interessiert ihn dort die alchymistische Gesellschaft der Rosenkreuzer. Durch seine Kenntnis solcher Bücher erwirbt er sich das Ansehen eines Adepten und wird Sekretär der Gesellschaft. Er suchte nach klarem Wissen, aber er fand auch in solchen Geheimnissen mißverstandene Wahrheiten und, wie später für Goethe, für das faustische Weltbild Alchymie und Kabbala so fruchtbar wurden, so brauchte Leibniz, dem aufklärerischen Dünkel fern, auch solche Nahrung.

· In Nürnberg aber bereitet ihm das Schicksal die Begegnung, die ihn auf die Höhe seines Wirkens führt. Johann Christian von Boineburg, der deutsche Staatsmann, zieht den genialen Gelehrten an sich. Boineburg wirkte entscheidend auf der Ebene der Reichspolitik, der Europa-Politik mit. 1650 wurde er Minister des Kurfürsten von Mainz, also des Erzkanzlers des Reiches — der Lutheraner war Minister des Erzbischofs. Er konvertierte, aber er diente nicht der Gegenreformation, sondern einer Politik der Toleranz, der deutschen Versöhnung und Einheit. Er hatte freundliche Beziehungen zu Mazarin, denn im Elend nach dem dreißigjährigen Kriege schien es, solange die Raubpolitik Ludwigs des XIV. noch nicht vorauszusehen war, dem deutschen Volke förderlich, zwischen den beiden Großmächten Habsburg und Frankreich zu vermitteln. Auf Anregung des Mainzer Kurfürsten wurde der Rheinische Bund gegründet, eine Allianz zur Aufrechterhaltung des Europäischen Friedens, der 1661 auch der Große Kurfürst beitrat, damit Deutschland nicht den Interessen der Habsburgischen Hausmacht aufgeopfert würde. Als 1663 die große Gefahr aus dem Osten das Deutschtum bedrohte, gelang es Boineburg, auf dem Reichstage zu Regensburg die deutschen Fürsten zur gemeinsamen Abwehr aufzurufen. Das Reichsheer, im Bunde mit französischen Hilfstruppen, errang den entscheidenden Sieg bei St. Gotthard und überwand die dringendste türkische Gefahr. Das war der Höhepunkt der Tätigkeit Boineburgs: ein Kampf für das christliche Europa — Kaiser, Reich, Frankreich vereint im Kampf gegen die Türken, den Erbfeind. Das sind die vaterländischen Ideen, die den Geist des jungen Leibniz formten. Und jetzt, 1667, tritt er in Nürnberg dem Staatsmann dieser Ideen so nahe, der allerdings zur Zeit, erst vierundvierzigjährig, sich vom Staatsdienst zurückgezogen hatte. Er war durch Intrigen gestürzt, verhaftet, und als seine Unschuld erwiesen war, lehnte er stolz das Erbieten des Kurfürsten ab, ihn wieder in sein Amt einzusetzen. Trotzdem blieb er um der deutschen Sache willen mit dem Kurfürsten in Beziehung. In dessen Dienst tritt Leibniz und hält sich von 1667–1672 in Mainz auf, während er gleichzeitig Boineburg dient, der sich bald danach ganz mit dem Kurfürsten aussöhnt. Dieser, Johann Philipp von Schönborn, vertritt nicht partikularistisch die Interessen seines Erzbistums, sondern fühlt sich

als Erzkanzler dem deutschen Reiche verpflichtet. Er nennt sich
gern einen Westerwälder Bauern, ist in religiösen Dingen tolerant
und gehört zu den ersten Fürsten, die die Hexenverbrennung
verbieten. Leibniz nennt ihn einen der hellsehendsten Fürsten,
die Deutschland je gehabt. Seine Reichspolitik ist ähnlich wie
die Boineburgs. Die Stiftung des Rheinischen Bundes ist nicht
antinational, und auch Leibniz muss ihr in gewissem Grade
damals Recht geben. Man muß sich die ganze zerfahrene Lage
der deutschen Reichsverfassung in Erinnerung rufen, weil es
sonst unmöglich ist, den Geist der Leibnizschen Politik — und
fast möchte man sagen, seiner Harmonielehre — zu verstehen.
Es scheint einfach und selbstverständlich, daß, wer dem Reiche
dienen will, die Macht des Kaisers stützen und dessen Rivalen
Frankreich bekämpfen muß. Aber wie verworren ist die wirkliche
Lage: Kaiser und Reich sind zwei Mächte, die in einem gewissen
Interessengegensatz stehen. Der Kaiser vertritt vor allem das
Interesse des Hauses Habsburg, der Hausmacht Österreich,
der undeutschen Länder Böhmen, Ungarn, Spanien, auch der
römischen Kirche, vielleicht der Gegenreformation. Er ist der
natürliche Rivale Frankreichs. Der Kurfürst von Mainz sieht,
daß Deutschland nach dem dreißigjährigen Krieg vor allem
friedlichen Aufbau braucht. Leibniz steht in Mainz im Mittelpunkt des europäischen Mächtespieles. Das deutsche Reich
liegt nicht in Wien, es liegt zwischen Wien und Paris und wird
zerrieben, wenn Frankreich über das wehrlose, ermattete herfällt.
Ja, Leibniz als Protestant mußte noch bedenklicher sein als der
Erzbischof. Selbst wenn der Kaiser über Frankreich siegte —
wäre nicht zu fürchten, dass das deutsche Volk in Habsburgs
Gesamtmonarchie aufginge, und der deutsche Norden der Gegenreformation unterläge? Das sind Schwierigkeiten, die seit der
Reformation die Reichsidee zernagen, die im Wiener Kongreß
ungelöst fortwirkten, die auch Bismarck mit seiner „klein-
deutschen" Lösung nicht überwand. Im Rahmen dieser Reichsidee muß Leibniz als Staatsmann, ja wie ich glaube, auch als
Philosoph, verstanden werden. Er will keine französische, aber
auch keine Habsburgische Universalmonarchie.

Mainz ist seine hohe Schule der Politik. Der ältere Kurfürst
fordert eine stärkere Anlehnung an Frankreich, der jüngere
Boineburg beginnt die französische Gefahr deutlicher zu sehen.

Welchen Weg findet Leibniz? Sein Weg ist der: überall, aus
allen Richtungen nimmt er auf, ebenso dankbar wie empfänglich,
aber wundersam schnell wachsen die Einzel-Stücke zur großen
schöpferischen Idee zusammen. Als junger, zweiundzwanzig-
jähriger Dokter, im Brennpunkt europäischer Politik, findet
er sogleich Gelegenheit, sein Meisterstück zu liefern. Der Thron
von Polen wird frei — deutsches Interesse fordert, daß ein deutscher Fürst ihn besetze. Boineburg vertritt eine deutsche Wahl
in Warschau. Rußland, Frankreich, selbst der deutsche Kaiser
kämpfen für andere Prätendenten. Leibniz schreibt in Boineburgs Sinn eine Werbeschrift, die großes Aufsehen in Europa
erregt. Sein Ideal wird deutlich: Zusammenschluß des Abendlandes, der europäischen Kulturvölker, die gemeinsam durch die
Renaissance erneuert sind, gegen die Barbaren, d.h. vor allem
gegen den Ansturm der Türkei und gegen die Russen, die er
die Türken des Nordens nennt, weil sie damals — vor Peter
dem Großen — noch kaum an europäischer Kultur teilhatten.
Gegen den besonders bedrohlichen russischen Prätendenten
wendet er sich mit einer Unzweideutigkeit, die wenig zum Bildes
des „konzilianten" Leibniz paßt: „Am allerwenigsten aber
geht der R u s s e an. Nehmen wir ihn, — Leibniz schreibt
hinter der Maske eines Polen — so ist geradeswegs alles verloren. Wir geben ihm selbst das Schwert in die Hand, uns zu
morden. Ist er einmal herein, so bringt ihn niemand mehr hinaus.
Mit der Freiheit ist es aus, mit der Gesittung und Bildung. Es
ist ein Barbar von Nation, von Sitte und Erziehung; ohne einen
Begriff von Freiheit, an eine völlig unbeschränkte Regierung
von Jugend auf gewöhnt; er ist ein Feind Polens, das von Rußland im Kriege mit mehr als türkischer Grausamkeit behandelt
wurde. Man kennt jenes Volkes unerhörte Grausamkeit gegen
die Untergebenen, seine Willkür gegen die Besiegten, seine
Barbarei .... Sie sind allen Einsichtigen, ja nur klugen Menschen
ein Grauen ...." Leibniz sagt voraus: Ein deutscher Fürst
werde Polen und damit Europa wohltätig sein: „Die einzige
Einmischung Deutschlands wird die höchst wohltätige und für
Polen notwendige sein, daß deutsche Arbeiter und Handwerker
ins Land ziehen." Diese Lösung sei im Interesse Europas: denn
sie solle „ein Damm sein gegen alle Weltreichgelüste, mögen
sich solche regen wo sie wollen". Der Sinn ist unzweideutig:

weder Rußland, noch Frankreich, noch Habsburg sollen ein Weltreich bilden. Die Kulturvölker Europas sollen zusammenhalten
— im Osten unter Führung der deutschen Kultur. Damals kam
die Schrift zu spät, weder der deutsche noch ein anderer auslän-
discher Anwärter wird gewählt, sondern ein Pole. Einige Jahrzehnte später aber wird ein deutscher Fürst polnischer König.

Das ist für immer das Ideal von Leibniz Politik: eine hohe
deutsche Kultur, ein einiges Abendland in Abwehr gegen asiatische Mächte. Was Boineburg gelungen war, als er Habsburg,
das Reich und Frankreich gegen die Türken einte, bleibt sein
Ziel. Aber Leibniz, der große Vorläufer oder Begründer des deutschen Idealismus, ist Realpolitiker. Die Grundlage jener Politik
mußte der Friede zwischen Habsburg und Frankreich sein,
das Schicksal Europas hing an jenem Ideal und ebenso am
guten Willen Frankreichs. Jetzt muß sich zeigen, ob Leibniz'
Harmonie-Verehrung friedselig die Gegensätze verschleiert,
oder ob er der Mann war, wenn nötig die gegebenen Gegensätze
durchzukämpfen. Er sieht voraus, daß die vermittelnde Politik
seines Mainzer Kurfürsten am Imperialismus Ludwigs XIV.
scheitern muß. Allerdings richtete dieser seine Raubkriege
vorläufig gegen die Niederlande und warb dazu um die Neutralität des Reiches. Boineburg und Leibniz aber machten sich
keine Illusionen, daß Frankreich nach Niederwerfung Hollands
nicht das durch den westfälischen Frieden zerrissene Reich
überfallen würde. Das höhere Ideal Europa mußte vorläufig
zurücktreten hinter das eingeschränkte Ideal: die Sicherung
Deutschlands gegen Frankreich .... Im Jahre 1670 wandte
sich der Herzog von Lothringen an Mainz und Trier um Hilfe
gegen Ludwig, weil er ohne diese gezwungen sei, sich an Frankreich anzuschließen. Sollte man sich, um Ludwigs Expansion
Einhalt zu gebieten, an die antifranzösische Tripelallianz
Schweden-Holland-England anschließen? Darüber verfaßte
Leibniz im Einvernehmen mit Boineburg die ,,Denkschrift
über die Festigung des Reiches'', seine größte (90 Seiten) und
wichtigste politische Schrift, in deutscher Sprache, nicht zur
Veröffentlichung bestimmt, sondern für die geheime Beratung
der Staatsmänner. Leibniz warnt vor dem Beitritt zur Tripelallianz ebenso wie vor dem unmittelbaren Anschluß an Habsburg. Beides würde nur den Angriff Ludwigs auf das Reich selbst

beschleunigen, gegen den dies in keiner Weise gerüstet sei.
Dieser Vorschlag verzichtet auf die vermittelnde Politik des
Rheinischen Bundes und zeigt, daß das deutsche Reich sich
weder auf Schweden-Holland-England, noch auf Habsburg
verlassen darf, sondern vor allem sich selber reformieren und
eine wirkliche staatliche Macht bilden muss. Zuerst Rüstung,
später politische Stellungnahme gegen Frankreichs Angriff.
Der geschichtliche Verlauf gab ihm Recht.

175 Jahre vorher hatte Kaiser Maximilian eine ähnliche
Reform des Reiches versucht. Auch damals bestand beim Erzkanzler, dem Erzbischof von Mainz, ein gewisses Bedenken gegen
die Übermacht des Habsburgers, und die notwendige Reform
scheiterte an der Selbstsucht der deutschen Fürsten. Wieviel
gewaltiger waren jetzt die Schwierigkeiten nach dem gänzlichen
Verfall des Reiches. Treffend sagt Leibniz, das Reich hänge
nur an einem seidenen Faden und dieser könne reißen, wenn
es sich nur bewege. Er fordert eine neue staatliche Grundlage.
Anbetracht der bisher immer wieder notwendigen einmaligen
Bewilligungen von Truppen und Geld durch die Reichstage
erkennt Leibniz, daß erstens ein stehendes Regiment (Reichs-
regierung oder Reichstag), zweitens ein stehendes Heer und
drittens ein ständiger Reichsschatz notwendig sind. Aber er
weiß, daß die Regierung, das consilium perpetuum, zur Zeit
unmöglich ist, denn selbst wenn der Reichstag etwas beschließt,
wird das Wenigste davon ausgeführt. Darum solle vorläufig
anstelle der Reichsreform wenigstens ein Fürstenbund treten,
dem möglichst alle deutschen Reichstände beitreten sollen.
Die sollen gemeinsam ein stehendes Heer von 24 000 Mann
stellen und dessen Erhaltung durch regelmäßige Geldbeiträge
sichern. Wenn der Rheinische Bund zwischen Habsburg und
Frankreich vermitteln wollte, so richtet sich Leibniz gegen die
französische Gefahr. Diese Absicht soll vorläufig geheim bleiben,
da Ludwig viele Parteigänger im Reiche hat. Die Teilnahme des
Kaisers am Bunde wird vorausgesetzt. Auch die Verteidigung
Belgiens wird jetzt ein Ziel des Bundes. Dennoch muß dieser
Reichsbund eine vom Kaiser unabhängige Macht bleiben. Es
fällt ein grelles Licht auf die fast unüberwindlichen inneren
Schwierigkeiten, wenn Leibniz hier, in der Denkschrift über die
Festigung des Reiches, offen sagen muß: „Und wie, wenn

Spanien oder das gesamte Haus Österreich sich mit Frankreich
einmal vertragen sollte, würden sie uns als inermes (Waffenlose)
nicht unter sich teilen?" Der Große Kurfürst von Brandenburg
hatte mehr Vertrauen zum Kaiser — er hat es bitter bereut.

Nirgends finden wir die Idee der europäischen Gemeinschaft
stärker und aktiver ausgesprochen als hier von Leibniz, da er
voraussieht, daß deren schwere Entscheidungsstunde naht.
Manches klingt wie heute für uns gesagt, manches erinnert,
welche Möglichkeiten inzwischen der politische Wahnsinn zer-
schlug. Rom habe genugsam eingesehen, daß „durch Religionskriege nichts zu gewinnen, daß die Gemüter nur verbittert und
die Meinungen entfernt werden". Kaiser und Papst sollen gemeinsam die europäische Eintracht herstellen. Darum sei der
geplante Reichsbund „eines der nützlichsten Vorhaben, so
jemals zum allgemeinen Besten der Christenheit im Werk gewesen. Das Reich ist das Hauptglied, Deutschland das Mittel
von Europa." Nur durch seine Uneinigkeit sei es der Kampfplatz
geworden, auf dem die Ausländer um die Monarchie kämpften.
„Kurz Deutschland wird nicht aufhören, seines und fremden
Blutvergießens Materie zu sein, bis es aufgewacht, sich rekolli-
giert, sich vereinigt und allen procis (Freiern, Erinnerung an
Penelope. Ludwig hatte sich um die deutsche Königskrone
beworben) die Hoffnung, es zu gewinnen, abgeschnitten." Aber
auch die gewünschte europäische Harmonie heißt nicht unbedingter Friede, sondern Zusammenfassung der aktiven Kräfte
gegen die Außenwelt, zur Verteidigung, aber auch zur Koloni-
sation. Durch die Siege des Kaisers über die Türken in Ungarn,
im Bunde mit Polen, hat Gott gezeigt, wohin er seine Waffen
wenden solle. Wenn Polen und Schweden, statt sich gegenseitig zu
bekämpfen, sich gemeinsam gegen den Osten wendeten, so würden sie bis in Severien und in Taurica dringen. England und
Dänemark sollen sich in Nordamerika, Spanien in Südamerika,
Holland in Ostindien ausdehnen. Frankreich ist vom Schicksal bestimmt, einen Gottfried, Balduin, Ludwig den Heiligen
der Christenheit zu geben, das heißt, es solle jetzt Ägypten,
Nordafrika erobern. Das deutsche Reich werde sein Interesse
mit dem von Italien, Schweiz und Holland vereinen. England
werde zwar sich die Herrschaft über das Meer anmaßen, wenn
es aber die „anderen Nationen auch, wie billig, ihre Nahrung

suchen lasse", so werde kein Mensch seine Progresse tadeln.
Aber dann „wird man erst die Früchte des Friedens genießen,
wenn man im Frieden zum Kriege geschickt ist". Trotz der
vorläufigen Neutralität gilt Leibniz' ganzes Trachten der Verteidigung gegen Frankreich. Gelinge der Reichsbund nicht,
dann müsse man an der Rettung Deutschlands verzweifeln ....

Inzwischen greift Ludwig Holland an. Die Tripelallianz hat
sich — wie Leibniz vorausgesehen — nicht bewährt, England
und Schweden haben Holland verraten. Lothringen ist an
Frankreich gefallen. Leibniz schreibt den zweiten Teil der Denkschrift: hat er vorher gewarnt, so stärkt er jetzt die Zuversicht
auf die deutschen Kräfte. Nur geistige Wiedergeburt kann die
Nation retten. Er zeigt die Gefahr der Französierung Deutschlands durch überflüssige Reisen nach Frankreich, Herrschaft
der Mode, durch die diplomatische Wirkung der französischen
Maitressen an den Fürstenhöfen. Er, den man einen Determi-
nisten nennt, setzt alle Hoffnung auf den großen Willen. „Man
darf nicht sagen, es sei unmöglich. Nein! Nein! die Erfahrung
hat etlichemal gewiesen, daß nichts als Ernst und Nachdruck
erfordert wird, auch inveteratissima mala (tief eingewurzelte
Übel) abzuschaffen. Man sehe Nürnberg und etliche wenige andere
Städte an, ob nicht darin noch die alten Trachten gelten, der
meiste Luxus beschnitten, und daß ein solches eine große Ursache ihres noch dauernden Florierens sei?" Er schilt „über
den unnötigen albernen Luxus, der es dahinbringe, daß man
von der Libertät Ludwigs „die Brosamen von dem Brote erbet-
tele, das er uns Blinden vom Maule weggenommen". „Nun, es
liegt nur am Wollen". Dieser geforderte Reichsbund kam nicht
zustande, immerhin aber ein Bündnis zwischen dem Kaiser,
Mainz, Trier, Sachsen und Münster. Im folgenden Jahre schrieb
Leibniz die ebenso energische „Denkschrift für Dänemark zum
Zwecke eines Norddeutschen Bundes mit Einschluß Dänemarks
zur Sicherheit gegen Schweden". Da die Reichs-Reform nicht
möglich erscheint, so muß man sich vorläufig mit einer Union
(Föderation) zufriedengeben, wie ja auch Holland und die Schweiz
aus Bündnissen bestehen. „Besser anfangs wenige, so den Kern
machen und andere an sich ziehen. Deutschland sollte ohnehin
von zwölf Palatinen — festen Säulen — besser als hundert und
aberhundert zerbrechlichen Tischen, Bänken und Stühlen zu

regieren sein." Darum wünscht Leibniz neben dem katholischen Rheinischen Bunde einen protestantischen norddeutschen Bund zwischen Dänemark, Brandenburg, Lüneburg, Kassel, Gottorp — sein organisches Denken, ganz mit der Monadenlehre im Einklang. Ein deutsches Reich um die Monade des Kaisers organisiert wäre sein Ideal — dem widersprechen die religiöse wie die politische Zerrissenheit. Aber das Prinzip bleibt, daß ein organisierender Kern da sein muß, der die anderen an sich zieht. Das ist keine weltbürgerliche Utopie. Wie Platon ein großes föderatives Hellas im Widerstand gegen Perser und Karthager gründen will, so ersehnt Leibniz ein gegen die Barbaren gesichertes Europa. Nicht idealisierend noch moralisierend wägt sein großartiger Sinn für reale Machtverhältnisse der großen und kleinen Staaten Europas (genau schätzt er die von jedem einzelnen zu stellende Truppenzahl) mit kalter Besonnenheit den zu erwartenden Gang der Politik.

Nun aber nahm vorübergehend die Politik Ludwigs XIV. eine Wendung, die eine Rückkehr zum größeren, europäischen Ideal zu ermöglichen schien: Ludwig entzweite sich mit der Türkei. Leibniz wurde an die Stelle geschoben, wo Europa am Scheidewege stand. Er brauchte nur seine Gedanken aus der großen Denkschrift aufzunehmen, daß Frankreich berufen sei, die Raubnester in Nordafrika zu zerstören und im Kriege gegen die Türkei Ägypten zu erobern. Das ist der Sinn des „Ägyptischen Planes", der so lange vom Geheimnis umhüllt blieb. Wie später Bismarck, um der europäischen Einheit zu dienen, so will schon damals Leibniz Frankreich von seinem Drange gegen den Rhein ablenken durch eine Beförderung seiner Kolonialpolitik in Afrika und Asien. Auch diesen Plan faßte Leibniz im Einvernehmen mit Boineburg, ohne Wissen des Mainzer Kurfürsten. Boineburg ließ bei Ludwig anfragen, ob er einen Vertrauensmann in dieser Frage — eben Leibniz — empfangen würde. Der König ist einverstanden, 1672 reist Leibniz nach Paris und tritt damit die für seine Entwicklung so entscheidende fünfjährige Reise nach West-Europa an. Er verfaßt eine große Denkschrift für Ludwig und teilt Boineburg, der jetzt auch den Kurfürsten einweiht, einen kürzeren Auszug mit. Aber die Entscheidung fällt gegen Europa. Der Zorn Ludwigs auf Holland oder die Expansionslust nach dem Rheine ist größer als die ungeheuren Möglichkeiten im Morgenlande. Schon die frivole

Antwort, die Ludwig geben ließ, war entmutigend aber bezeichnend: „Sie wissen, daß heilige Kriege seit Ludwig dem
Heiligen aufgehört haben, Mode zu sein." In der Tat: die Raubkriege, die Ludwig an die Stelle der Kreuzzüge setzte, waren
unheilig und bewirkten das größte Unheil Europas. Und die
Berufung auf die französische Mode, vor der Leibniz eben
gewarnt hatte, bezeichnet aufs klarste die Machtpolitik ohne
jede Schonung Europas. Ludwig hatte sich inzwischen mit der
Türkei wieder verständigt, um den Rachekrieg gegen Holland
zu führen, indem er die Tripelallianz spaltete, England und
Schweden auf seine Seite zog. Der Plan Leibnizens war gescheitert, ehe er ihn dem Könige persönlich vortragen konnte. Ludwig,
der allerchristlichste König, mit den Türken verbündet, die er
gegen Wien hetzt — die Einheit Europas und der Christenheit
war gesprengt, der Kampf zwischen den beiden Kernländern,
Deutschland und Frankreich, für Jahrhunderte beschlossen.

Wer diese politische Lage nicht kennt, mag immerhin glauben,
dieser Plan des jugendlichen Gelehrten, der Weltgeschichte
eine günstige Wendung zu geben, sei als Uebergriff eines Ideologen ins Gebiet der harten Tatsachen lächerlich, wie es Gelehrten-
überheblichkeit des historisch-kritischen 19. Jahrhunderts gegenüber Platons Politik in Sizilien tat. Doch gibt es zu denken,
daß Napoleon, dem es wohl nicht an Verständnis für die Realitäten mangelte, 125 Jahre später im Sinne dieses Leibnizschen
Planes handelte. Wenn es nun aber zu spät war, weil England
der Leibnizschen Voraussage gemäß sich der Herrschaft über
das Mittelmeer versichert hatte, so beleuchtet dieser Mißerfolg
selbst eines Napoleon, dieses „Zuspät" um so heller Leibnizens
Genie. Napoleon selbst, die Größe eines Leibniz besser verstehend
als die meisten Deutschen, wies eben auf jenen ägyptischen Plan
dieses „berühmten Leibniz, geboren für alle großen Pläne" hin.
Alle rückgewandte Erwägung, was hätte kommen können,
„wenn ....", mag zwecklos sein, aber nicht leicht bringt man
den Gedanken zum Schweigen, wie Europas Geschick sich gestaltet hätte, wenn Ludwig XIV. damals auf Leibniz gehört hätte,
wenn damals eine Demarkationslinie die unmittelbaren Interes-
sensphären der europäischen Völker abgegrenzt hätte, wenn
Frankreichs expansive Kräfte sich gegen die Türkei gerichtet
hätten, anstatt mit dieser verbündet Deutschland zu verwüsten.

PARIS UND LONDON

Westliche Aufklärung. Mit diesem weltgeschichtlichen Mißerfolg war Leibniz' politische Tätigkeit vorläufig beendet, zumal
Boineburg und der Kurfürst von Mainz bald danach starben,
aber um der Wissenschaft willen blieb jener noch $4^1/_2$ Jahre
in Westeuropa. Es ist interessant, aber nicht entscheidend,
wieweit er absichtlich, wie weit er unbewußt im Sinne seiner
überpersönlichen Aufgabe handelt. Wie Faust hätte auch er
im Sterben bekennen dürfen, daß er auch im leidenschaftlichen
Erkenntnistriebe instinktiv seinem Volke und der europäischen
Gemeinschaft gedient habe, aber anders als Faust hat er in
Jugend und Alter sich in unvergänglichen Worten zu dieser
Aufgabe bekannt. Wenn politisch für ihn nichts zu tun ist, so
sieht er um so deutlicher, wie durch den dreißigjährigen Krieg
Deutschlands Kultur hinter der modernen und nationalen des
Westens zurückgeblieben ist. Die geistige Wiedergeburt der
deutschen Nation, vielmehr ihre eigentliche Begründung scheint
ihm nicht möglich ohne den wirtschaftlichen Aufschwung, der
gerade damals von Naturwissenschaft, Technik, Wirtschaftskunde
abhängig ist. Gegen das französische Mode-Wesen ist er gefeit,
aber die Mittel des exakten Wissens und der Technik wollte er
in Paris und London erwerben, um seinetwillen und der deutschen Wohlfahrt willen. Niemals verwechselt er Mittel und
Zweck, niemals läßt er sich vom bloßen Nützlichkeitsgedanken
in der Aufklärung verführen. Die führenden westlichen Aufklärer sind Descartes, Hobbes, Spinoza, Locke, Bayle, Newton —
so verschieden sie scheinen, so bilden sie doch zusammen nur die
eine Seite der europäischen Ganzheit. Gegen jeden dieser persönlichen Vertreter nimmt Leibniz, angeblich der konziliante
Harmonisierer, den offenen Kampf auf, soweit sie Geist und
Seele des Abendlandes gefährden. Zu diesem Zweck muß er
aber zuerst ihre Leistungen verstehen, ihre Mittel prüfen, um

seine eigenen Waffen zu schmieden. Unbefangen und dankbar
erkennt er an, was er den Fremden verdankt.

Die geistige Frontbildung zwischen West- und Mitteleuropa,
eine fruchtbare Spannung, eine „harmonische Polarität", mißversteht sich oft als feindliche Spaltung. Dann droht sie nach
der ersten Spaltung des Abendlandes in die lateinische und
griechische Hälfte in eine zweite Spaltung der lateinischen, der
romanisch-germanischen Hälfte auszuarten. Leibniz erstrebt die
Versöhnung und nur gezwungen greift er zu den Waffen. Das
gemeinschaftliche Erbe ist das antike und christliche, aber seit
dem Konzil von Konstanz entwickeln die westlichen Völker
immer stärker den nationalen Staat. Gleichzeitig entwickeln
sie, polar entgegengesetzt, die allgemeingültige, weltbürgerliche
Wissenschaft und Technik. Was bis dahin Universalismus hieß,
war die Idee des abendländischen, christlichen Reiches. Jetzt
wurde zwischen der Selbstsucht der Nationen und dem voraus-
setzungslosen Universalismus das abendländische Ideal, der
griechische Ursprung, das heilige römische Reich, die religiöse
Mystik unterdrückt. Die Deutschen fanden die nationale Kultur-
einheit bis heute nicht, sie suchen noch ihren Charakter, ihre
Form. Ganz anders aufgewühlt durch die großen asiatischen
Einbrüche der Hunnen, Mongolen, Ungarn, Türken stehen sie
unter tieferen Spannungen als die Westnationen. Was diese in den
Kreuzzügen empfingen, war nicht asiatische, sondern arabisch-
griechische Kultur. Aber in dieser Belastung wurden die Deutschen umso stärker von der abendländischen Idee getrieben:
das römische Reich, die religiöse Mystik, die Wiedervereinigung
der lateinischen und griechischen Reichshälfte — so die Ottonen,
so die Staufen.

So liegt es in der Geschichte begründet, daß der Westen stärker
die Pole Nation und rationale Wissenschaft fördert, während
Deutschland in seiner Idee mehr das Vermittelnde, Ursprüng-
liche, die abendländische Ganzheit bewahrt. Abseits von der
Politik herrschen von nun an zwei Ideale der Wissenschaft:
die von Descartes begründete unbedingte, an allem zweifelnde
Erkenntnis, die allein das mathematisch Beweisbare gelten
läßt, und die in der Kontinuität des Abendlandes gewachsene
Erkenntnis, die sich nicht in mathematischer Methode begnügt.
Aber jene sagt nichts über die schöpferische Ursache der Be-

wegung, über den Sinn des Geschehens, über die Seele, während diese in sich selber den Sinn erfüllen kann. Als die nationale Zersplitterung Europas begann, hatte Nicolas von Cues noch einmal im Renaissance-Geist die Ganzheit des Abendlandes repraesentiert. Zwei Jahrhunderte später sagte sich Descartes los vom antiken und mittelalterlichen Abendland und gründete die rein-rationale, die weltbürgerliche Wissenschaft. Er wurde auch Repraesentant des französischen Geistes in schöner Klarheit, überzeugender Geformtheit trotz gewisser mechanischer Enge, aber er löste sich auch aus der nationalen Bindung. Als Leibniz Paris betrat, war Descartes nicht mehr am Leben, aber seine Methode hielt die Geister in Bewegung. Leibniz erkennt, daß er, der Erfinder der Rechenmaschine, die höhere Mathematik nicht beherrscht. Im Verkehr mit den Cartesianern, besonders seinem großen Freunde Huyghens erwirbt er sich die Methoden Descartes und Pascals. Aber nach wenigen Jahren übertrifft er seine Lehrmeister und wird neben Newton der größte Mathematiker.

Descartes ist die eine Wurzel der „Verstandes-Aufklärung". Zwar ist er Dualist und erkennt zwei Substanzen, Bewußtsein und Ausdehnung an. Aber das Bewußtsein erklärt die Welt mathematisch als mechanisches Geschehen — und die körperliche Welt ist dies mechanische Geschehen. (So wird für Newton der Raum das Bewußtsein Gottes). In beiden Substanzen herrscht also das Gesetz der Mathematik. Das geht so weit, daß Descartes die Körper-Welt leugnet: Körper bestehen nur aus reiner geformter Ausgedehntheit, alles Geschehen ist nichts als bewegter Raum. Diese Vorstellung einer gleichsam ausgeblasenen Welt bekämpft Leibniz sein lebelang. Aber er bekämpft wie Platon den Gegner nicht mit metaphysischer oder gar religiöser Überzeugung, sondern er schlägt ihn auf dessen eignem Gebiet mit überlegener Sachforschung. In der mechanischen Vorstellungswelt selbst zeigt er den Widersinn einer leeren Körperwelt: daß der Körper der Aenderung, der Bewegung Widerstand, Trägheit entgegensetzt, drückt mehr als bloße Ausdehnung aus. Der Körper wirkt, sonst ist er nicht wirklich. Das uralte Substanzgesetz war im stoffgläubigen Denken vergröbert zur Erhaltung des Stoffes. Descartes setzte dafür das Gesetz von der Erhaltung der Bewegungsgröße. Leibniz erkannte aus der mechanischen

Theorie den Fehler: Nicht die Bewegungsgröße $= m v$, sondern die Bewegungsenergie, bezeichnender Weise „lebendige Kraft" genannt $= m v^2$ ist das unveränderliche Kraftquantum des Universums, also Substanz [1]). Für die exakte Physik sprach Leibniz dies Substanzgesetz am klarsten und zugleich am weitesten aus, sodaß es auch die heute angenommene gegenseitige Umwandlung von Energie und Materie umfaßt. Wenn Leibniz die geniale Leistung Descartes hochschätzend doch Übereilung und Hochmut darin findet und auf den größeren deutschen Vorgänger Kepler hinweist, so folgen ihm in dieser Wertung Schelling und Goethe. Leibniz geht selber Keplers Weg. Als exakter Forscher sieht er in der mechanistischen Erkenntnis doch nicht die volle Erkenntnis: er schaut darüber die göttliche Harmonie. Nur das Ganze kann ihm genügen. Die Korrektur der Descarteschen Irrtümer in der Mechanik lagen im Zuge der Zeit. Aber das Weltbild der westlichen Aufklärung wurzelte nicht allein im reinen Rationalismus, in mathematischer Klarheit des klassischen Mechanismus, sondern verband ihn mit dem englischen Empirismus, mit der sinnlichen Erfahrungsfülle des Positivismus. In der verstandesmäßigen Erklärung oder doch wenigstens Ordnung einten sich Rationalismus und Empirismus zum aufgeklärten Weltbild, das man im weitern Sinn auch rationalistisch nennt. Dies Weltbild ist die Synthese des französischen und englischen Geistes, die sich in Hobbes, in Newton, später in Voltaire bewußt vollzieht. Ist damit nicht die weltbürgerliche Ganzheit hergestellt, ohne daß es noch der Idee des Abendlandes bedarf? Wenn sie sich nur an den Verstand, nicht an den ganzem Menschen wendet, so ist das die notwendige Begrenzung der Wissenschaft, die Gefühl und Willen der Religion, der Kunst überläßt. In der Tat darf sich der Fachmann damit begnügen, aber der Weise spricht vom ganzen Menschen zum ganzen Menschen. Der Philosoph fragt, ob der Verstand, mathematisch und sinnlich, die nicht verstandesmäßigen Kräfte des Menschen verstehen oder gar erklären kann? Das Wort Aufklärung bleibt ungeklärt. Bedeutet es Aufhellung

---

[1]) Als im 19. Jahrhundert Robert Mayer und Helmholtz das Gesetz von der Erhaltung der Energie experimentell begründeten, mußten sie, um in einer antiphilosophischen Zeit überhaupt nur Gehör zu finden, immer wieder beteuern, ihr metaphysisches Prinzip, das Urgesetz der Vorsokratiker, sei nicht im mindesten metaphysisch, sondern eine von ihnen experimentell gefundene Erfahrung.

des Bewußtseins, Durchleuchtung der Welt, so nennen sich auch Herder und Goethe Aufklärer, die doch Kräfte (im ,,Sturm und Drang'') aus dem Widerspruch gegen die bloße Verstandesaufklärung schöpfen. Leibniz nahm später dankbar auch Lockes Erkenntnis-Analyse auf, ohne ihren Mangel zu übersehen. Denn diese Aufklärung, die auch die Fülle der sinnlichen Qualitäten mitumfaßt, reicht nicht in den innersten Kern der Seele. Wie Descartes in Geist und Körper wesentlich das mathematische Gesetz findet, so finden die Empiristen in beiden wesentlich den Aufbau der Außenwelt aus sinnlichen Daten. Sie denken weniger mathematisch, aber auch weniger metaphysisch als Descartes, dessen eingeborene Ideen sie leugnen. Sie kennen nicht die Natur als produktives Geschehen, nicht das schöpferische Unbewußte der Seele. Leibniz setzt dieser westeuropäischen Synthese des Verstandes die schöpferische Einheit aus Ursprung und Unbewußtem entgegen.

Wie Descartes unwiderleglich zeigt, ist es ewig unerklärlich, daß Bewußtsein und mechanischer Vorgang gegenseitig aufeinander einwirken, was sich doch überzeugend unserm Bewußtsein aufdrängt. Er half dem unheilvollen Begriff der Natur als dem grundsätzlich unschöpferischen Geschehen auch in der menschlichen Seele zum Siege, dem sich selbst Kant für die theoretische Vernunft unterwirft. Wenn jener sich für die freien Entschlüsse mit der Hypothese behilft, daß wenigstens diese durch die Zirbeldrüse auf den menschlichen Körper einwirken, so hat ihn dafür sein größter Schüler Spinoza nicht grundlos verhöhnt. Die Tiere aber galten ihm als unbedingt fühllose Maschinen. Das ist ein unleidlicher Schlag für das menschliche Gefühl, noch mehr für das neuplatonische und pantheistische Denken, das auch die christliche Entwicklung so stark durchsetzt. Offenbar steckt im starren Dualismus Geist-Natur oder Geist-Körper ein grundsätzlicher Fehler. Fruchtlos ist die Bemühung aus toten Korpuskeln die Seele erklären zu wollen, um die Aristotelischen Entelechien aus der Erkenntnis zu verbannen. Leibniz war gegen die falsche Antithese gefeit. Schon mit 17 Jahren hatte er die Dissertation über das Individuum geschrieben, dann in Mainz die Confessio naturae contra atheistas. Darin verwarf er Hobbes Mechanismus und behauptete (wie Bacon), nur oberflächliche Philosophie mache die Wissenschaft gottlos, echte führe zu Gott zurück.

4

Individuation. So konzentriert sich in Leibniz gleichsam die Entwicklung der Philosophie bis in die gegenwärtige Problematik hinein. Er greift zurück in die Ideen der Scholastik, die Descartes verachtet, obwohl er der jesuitischen Scholastik nicht wenig verdankt. Die metaphysische Spannung ist durch den Universalienstreit eher verwirrt als gelöst. Der ,,Realismus'', der die Realität der Begriffe und Ideen meint und somit dem modernen Idealismus nahesteht, setzt Platons Idealismus und Aristoteles Begriffslehre ohne klare Unterschiede fort. Ihm opponiert der Nominalismus, der Ideen und Begriffe für bloße Worte, Worte für bloße Stimmhauche erklärt. Da der radikale Realismus nur noch abstrakte Begriffe, der radikale Nominalismus nur ein Chaos von Einzeldingen gelten läßt, so ist offenbar die Grenzlinie falsch gezogen, und der nährende Boden erstreckt sich auf beide Seiten. Das besagt der spätere Ausdruck Idealrealismus. (Schelling). In der Renaissance geschah die Verjüngung durch Platon und den Neuplatonismus, der durch Goethes Weltbild im Faust bis heute auch ungewußt lebendig blieb. Anstelle des Begriffs-Realismus waren aus griechischem Erbe auch Universalismus Pantheismus Mystik gewachsen. Wahre Realität ist nur der göttliche Urgrund, aus dem alle Einzeldinge emanieren. Aber dieser Universalismus droht allen Einzeldingen die wahre Existenz zu rauben, die Welt zu verneinen. Alle Seelen sehnen sich, in den Urgrund zurückzukehren, und lösen sich in ihm auf. Ebenso sind im Nominalismus längst zwei Prinzipien wirksam: die vielen Substanzen sind entweder leblose Atome oder beseelte Individuen, Entelechien. So droht in der Naturforschung das Chaos der Atome, in der Deutung der Gemeinschaft das Chaos der Individuen. Es ist irrig, im Nominalismus, lobend oder tadelnd, allein den Weg zum atheistischen Mechanismus, die Zersetzung der Idee zu sehen. Durch die Hingabe an die Einzelseele bahnt er eine vertiefte Mystik, eine Erneuerung der Religion an. Wie hätte sonst Luther Nominalist sein können.

Mit der Überwindung des Gegensatzes beginnt Nicolas von Cues die eigentliche Renaissance-Philosophie in einer Vertiefung des Humanismus. Er verbindet die Mathematik, die Gewichtsbestimmung, mit der universalistischen und mystischen Weltdeutung. Auch Descartes versucht ohne diese religiöse Tiefe streng wissenschaftlich eine Verschmelzung. Von Augustin, dem Neuplatoniker, nimmt er das unbedingte Individuum, das Cogito ergo sum. Die Welt der Einzeldinge wurde mechanisch, seelenlos. So ergab sich statt der Verschmelzung der starre Dualismus: Das Ich blieb ewiges Denksubjekt, die Welt ein Geschiebe von Korpuskeln. Gott blieb logisches Postulat, und die universalen Ideen entbehrten der Realität. Auf dem Wege des Cusaners wandte sich Leibniz gegen diesen starren Dualismus. Als er vorher, siebzehnjährig seine ,,Disputatio metaphysica de principio individui'' verteidigt hatte, war er Nominalist: das Dasein sei individuell, in Wirklichkeit existierten nur Individuen. Das kann echter Positivismus genannt werden, aber Positivismus, der die Seele als Substanz erkennt, und darum zur Metaphysik findet. Als er die andere Seite des Nominalismus, das Chaos der Korpuskel kennen gelernt und die Unzulänglichkeit des Mechanismus durchschaut hat, findet er schon in Mainz, daß die Aristotelische Entelechie den Zwiespalt zwischen Geist und Körper als Leib-Seele-Einheit schließt. Und er findet in Platons Beweis der Willensfreiheit, der Entscheidung für das Gute und Schöne den Weg, der über den Nominalismus hinaus zur universalen Wirklichkeit, der schöpferischen Gott-Natur führt. Die Einheit ist gefunden. Wenn er mit Descartes sieht, daß für das klare Denken die Wechselwirkung zwischen Denken und Körpergeschehen unmöglich ist, so bleibt dem Weisen nur die Möglichkeit, schon in den Substanzen den Grund der Leib-Seele-Einheit anzuerkennen. Er greift zurück auf die alte abendländische, von Paracelsus erneuerte Makrokosmos-Mikrokosmos-Lehre. Das Universum ist ein geordneter Kosmos, ebenso das Individuum. Das Individuum spiegelt das Universum, es repraesentiert es, es ist gleichsam sein Keim. Alle Individuen spiegeln das gleiche Weltall und dies besteht umgekehrt nur aus diesen Individuen. Universum und Individuum sind wesensgleich. Zwischen den Individuen muß eine grundsätzliche, eine praestabilierte Harmonie bestehen, sonst wäre die Welt ein Chaos von Individuen, das Bewußtsein ein Delirium, ein Chaos von Empfindungen, und beide eine maximale Unordnung.

Das scheint dem Rationalisten unbeweisbare Hypothese, pantheistische Gedankendichtung. Aber wer jene — wie Schelling sah unvermeidbare — Voraussetzung überflüssig findet, der hat

EDINBURGH UNIVERSITY LIBRARY
WITHDRAWN

das Problem nicht bemerkt und setzt die Voraussetzung der
alltäglichen Erfahrungen unbewußt als selbstverständlich, die
die geborenen Philosophen als niemals zu klärende Wunder
erleben. Des weiteren aber drängen grundsätzliche Tatsachen
und Wahrheiten, wenn wir sie nur unbefangen von Hypothesen
aufnehmen, unmittelbar auf jene Hypothese, sodaß diese sich
wenig von der natürlichen Beschreibung entfernt. Die erste
Tatsache ist psychologisch. Schon der Säugling erkennt die
Mutter als leibliche, seelische Existenz. Er erkennt das Du.
Das Ich ist schon schwieriger zu erkennen. Es ist rationalistische
Künstelei, handgreifliche Unwahrheit, zu erklären, auf das Du
werde nur aus der Analogie mit dem Ich geschlossen. Mit Recht
versucht der Philosoph die Welt zu erklären ohne diese unmittelbare Überzeugung und beweist, daß niemand die Wirklichkeit
unserer Vorstellungen, die ja ein Traum sein könnten, beweise,
aber wer im Leben zwischen Traum und Wirklichkeit nicht
unterscheidet, endet im Irrenhaus. Darum ist der Denker im
Recht, wenn er die Erkenntnis des Säuglings bewahrt und die
unlösbaren Probleme aus Descartes Zweifelsucht, seinem unbedingten Sicherheitsbedürfnis, umgeht. Die zweite Tatsache ist
biologisch. Am Ende der Pariser Reise hatte Leibniz den großen
Entdecker am Mikroskop, Leeuwenhoek besucht, der ihm die
Infusorienwelt zeigte. Bald danach fand Swammerdam die
menschlichen „Samentierchen''. In ihnen sind also freibewegliche
Individuen schon vor der Zeugung da, die in ihrer winzigen
Kleinheit, weit unter der Sichtbarkeit des bloßen Auges beinahe
als vergrößerte Monaden erscheinen. Dazu die Metamorphose
der Insekten. Diese biologischen Sichten entfalten sich später
in ihrer vollen Bedeutung. Drittens die geistige Tatsache, die
in Erkenntnislehre und Metaphysik umschlägt. Die Monade, ja die
gesamte Menschheit ist nur ein Stäubchen innerhalb des gesamten Universums, von dem wir wissen. Aber woher wissen
wir von ihm? Es ist unserm Ich nur gegeben in dessen Vorstellung.
Unser schauendes und denkendes Ich dehnt sich zum Bild der
Umwelt, schließlich zum ungeheuren Makrokosmos aus. Das ist
die Tatsache der Astronomie und der zweifellose Grundsatz
des Idealismus. Das Wesentliche der Monade ist nicht, daß sie
ein beseeltes Atom ist, auch nicht, daß sie als Entelechie den

Leib gestaltet, sondern erst ihre Fähigkeit, das Universum zu repraesentieren, als Mikrokosmos den Makrokosmos.

So ist Descartes unheilbare Antithetik von Geist und Körper umgangen durch eine Lösung, die der Zeit weit vorauseilt. Der andere große Metaphysiker jener Zeit hatte eine andere Lösung vorgeschlagen. Auch Spinoza verschmolz die beiden Substanzen Descartes, ohne indes sie zugleich in viele zu teilen. Die ideelle und die körperliche Reihe des Geschehens gelten ihm metaphysisch als identisch, in der Wissenschaft als zwei Parallele. Dieser Parallelismus ist heute noch als ,,psychophysischer" die Ausflucht der Forscher, die der mechanistischen Wissenschaft dienen und doch den Geist nicht leugnen wollen ... Leibniz hatte durch des Freundes Tschirnhaus Vermittlung Beziehung zu Spinoza aufgenommen und ihm das Schleifen von lichtstärkeren Linsen (Verwertung der Randstrahlen) vorgeschlagen, aber dessen antichristliche Bibelkritik war ihm zuwider. Dennoch besuchte er ihn auf seiner Rückreise nach Deutschland im November 1676. Eine Begegnung des erlöschenden Gestirnes, kurz vor Spinozas Tode, mit dem aufgehenden: ein weltgeschichtliches Ereignis bei dem die Forschung den Atem anhält, aber es verläuft glanzlos und ohne sichtbares Ergebnis. Seine repraesentative Bedeutung wird erst in der Deutung sichtbar. Die folgende Geistesgeschichte hat diesen Vorgang verschleiert und gefälscht. Während Spinoza anfangs verketzert und ,,wie ein toter Hund" behandelt wurde, feierte er in der deutschen Verjüngungsbewegung, der anfangs der Zugang zum angeblichen Rationalisten Leibniz erschwert war, seine Auferstehung als Anbeter der Gott-Natur, als Pantheist. Jacobi traf sich darin mit den jungen Goethe. Spinozas Verehrung der ,,ewigen Gesetze" wandte sich unmittelbar ans erhabene Gefühl und sein mathematisch erbautes System, so schwer verständlich, erschien als Tempel dieses Gottesdienstes. Er glänzte den enthusiastischen Geistern als Repraesentant des Universalismus, des Pantheismus. Aber sein Parallelismus erwies sich als verhängnisvoll zweideutig. Deus sive natura — heißt das: in der Natur den göttlichen Schöpfer ahnen, oder die Gottheit in die äußere Natur hinabziehen? Wenn Gott nichts ist als das Gesetz der mechanischen Natur, wozu dann die zweite ideelle Parallele? Sie könnte als Widerschein der ersten das Entzücken wahrer Erkenntnis bedeuten, aber im wirklichen Weltverlauf würde sie zur wirkungslosen Nebenerscheinung, zum bloßen Epiphaenomen.

Diese Zweideutigkeit vergiftet seitdem den Begriff des Pantheismus. Noch war er in der großen Dichtung das Erbe von Neuplatonismus Stoa Mystik, aber er begann schon zu Leibniz Zeit im Deismus auch zum kaum verschleierten Atheismus zu werden. Das erkannte Jacobi und deutete den Spinozismus, den Pantheismus als Schicksal aller theoretischen Erkenntnis, im Atheismus und Mechanismus zu enden, wovor nur ein salto mortale in den christlichen Theismus hülfe. Das war Anlaß des großen Pantheismusstreites, in den die größten Geister verstrickt wurden. Spinoza wird ein Synonym für Pantheismus. Aber wie unterscheidet er sich von Leibniz' universaler Lehre? Angenommen, daß Spinozas Herzen die Wendung zum Mechanismus und Atheismus fremd war, daß er in enthusiastischer Schau vor dem Gesetz der Notwendigkeit, dem Makrokosmos verharrte, so blieb ihm doch der Mikrokosmos, das Individuum fremd. Im Urfaust sieht Goethe die Pracht des harmonischen Makrokosmos. Wenn er sich aber von da dem Erdgeist zuwendet, so ist diese Wendung noch mehr antispinozistisch. Faust ist der Mikrokosmos, der sich zum Makrokosmos erweitern will. In der Wage von Leibniz wird damit die Wagschale der Persönlichkeit überlastet. Das ist der Gipfel der Verjüngungsbewegung von Herder und Goethe.

Gegen dies Faustische, Prometheische des Freundes lehnt Jacobi sich auf und er besucht den alten Lessing, um ihn gegen jenen einzunehmen. Zu seinem Erstaunen bekennt sich Lessing zum Pantheismus, ja zu Goethes Promethismus. Er redet im Streit um Spinoza aber fast nur — von Leibniz, denn es ist ihm wie Goethe nicht um den reinen Universalismus Spinozas, sondern ebenso um die Steigerung der schöpferischen, ja übermenschlichen Persönlichkeit zu tun. In diesem prometheischen Sinne versteht er Leibniz, den Christen, als einen Pantheisten. Man dürfe ihn nicht zu eng auffassen, seine wahre Meinung sei oft schwer zu entdecken und wegen dieser großen Art zu denken, nicht wegen seiner einzelnen Meinungen, halte er ihn so wert. ,,Erinnern Sie sich — fragt er Jacobi — einer Stelle des Leibniz, wo von Gott gesagt wird, derselbe befände sich in einer immer währenden Expansion und Kontraktion: dieses wäre die Schöpfung und

das Bestehen der Welt?'' Das ist eine pantheistische Formung
der Makro-Mikrokosmos-Lehre, die Spinoza fern liegt. Aber
leider versäumt Lessing anscheinend diesen Unterschied der
beiden Pantheismen herauszuheben. Bis heute scheint dieser
Unterschied kaum geklärt, dieser wichtigste Streit der philosophischen Geistesgeschichte jenes Jahrhunderts nicht verstanden
zu sein. Die Formel deus sive natura blieb tief zweideutig. Sie
bedeutet Spinozas causale Weltbetrachtung, der das unbedingte
Notwendigkeitsgesetz der Natur als Gott benennt — oder Leibniz'
genetische Weltschau, der im schöpferischen Geschehen die
Auswirkung des freien Gotteswillens erkennt. Der Unterschied
wurde verwischt, da Herder und Goethe die höchste Freiheit,
die schöpferische (Leibniz unterscheidet sie auch als *hypothetische* Notwendigkeit von der unbedingten, mathematisch-
causalen) in sich als göttliche Notwendigkeit erleben und insoweit den Unterschied vom Spinozismus verschleiern. Jacobi
fruchtet diese großartige Begegnung nichts, denn er will ja
nicht von Spinoza zu Leibniz führen, sondern beweisen, daß
alle Erkenntnis ohne Salto mortale in den Offenbarungs-Theismus
notwendig zum Atheismus führe: Pantheismus sei gleich Atheismus. Als Beweis dafür liebt er geradezu den Spinozismus. Statt
sich von Lessings Leibniz-Deutung wecken zu lassen, verwebt
er das Gespräch in sein ,,Spinoza-Büchlein''. Dessen Wirkung
ist groß aber paradox. Wider seinen Willen erweckt er scheinbar
den Spinozismus — in Wahrheit, meist unbewußt, die größere
Kraft Leibniz. Goethe war über den Denunzianten, der ihn auf
Einen Scheiterhaufen mit Lessing setzte, nicht sehr gekränkt.
Und er entnahm diesem Spinozabüchlein offenbar jene höchste
Formel der Leibnizlehre von Gottes Expansion und Kontraktion.
Darin fand er seine eigene Philosophie oder Religion am tiefsten
gefaßt. In seinem neuplatonisch-christlichen Weltbilde, das dem
Faust zu grunde liegt, sagt er das Gleiche, wenn auch, eben als
Erlebnis, mehr vom Mikrokosmos als vom Makrokosmos her
gesehen: ,,Die Geschichte aller Religionen und Philosophien
lehrt uns, daß diese große den Menschen unentbehrliche Wahrheit von verschiedenen Nationen in verschiedenen Zeiten auf
mancherlei Weise, ja in seltsamen Fabeln und Bildern der
Beschränktheit gemäß überliefert worden; genug wenn nur
anerkannt wird, daß wir uns in einem Zustand befinden, der

wenn er uns auch niederzuziehen und zu drücken scheint,
dennoch Gelegenheit gibt, ja zur Pflicht macht, uns zu erheben
und die Absichten der Gottheit dadurch zu erfüllen, daß wir,
indem wir von einer Seite uns zu verselbsten genötigt sind,
von der andern in regelmäßigen Pulsen uns zu entselbsten nicht
versäumen". (Dichtung u.W. VIII) Das ist Leibniz' Lehre von
der harmonischen Entgegensetzung der Persönlichkeit und des
Universums oder Gottes. Es ist Goethes Polaritäts-Gesetz, das
in immer neuen Formen, als Systole und Diastole, Einatmung
und Ausatmung, Expansion und Kontraktion, Ich und Welt
oft wieder zum Ausdruck kommt.

Aehnlich paradox wirkt das Spinozabüchlein auf die drei
großen Freunde im Tübinger Stift, ohne daß sie Leibniz vom
Spinozismus sondern. Aber es ist das Lessing-Eleatische hen
kai pan, das Hölderlin Schelling Hegel zum Symbolon ihres
Bundes wählen. So ist jene deutsche Spinoza-Begeisterung beinahe eine mißverstandene Leibniz-Renaissance. Goethe, der
große Philosoph, durchschaut wohl als einziger dies Mißverständnis. Nach dem Pantheismusstreit studiert er zum ersten
Mal Spinoza genauer und faßt seine Kritik in kurzen Sätzen
programmatisch zusammen, die von Dilthey analysiert wurden.
Der Einsatz ist ein Bekenntnis zur diesseitigen Welt als Offenbarung Gottes. „Der Begriff von Daseyn und der Vollkommenheit ist ein und derselbe". Damit sind Spinoza und Leibniz
noch nicht unterschieden. Wenn Goethe aber fortfährt: „und
doch existiert alles durch sich selbst", so erklärt er sich deutlich gegen den e i n s e i t i g e n Universalismus Spinozas und
erkennt wie der Nominalismus und Leibniz die Individuen
als die Substanzen. Da Gott unserer Erkenntnis nicht unmittelbar gegeben ist, müssen wir den Maßstab für das Lebendige
in den einzelnen Monaden selbst suchen, „dieser (Maßstab) aber
ist höchst geistig und kann durch die Sinne nicht gefunden
werden". Also von der sinnlichen Erfahrung der Nominalisten,
der Positivisten, deren Gehalt er so hoch schätzt, steigt
Goethe wie Leibniz auf zur übergeordneten Idee, zur Vollkommenheit, zur göttlichen Norm. Die Individuen sind selbständige
Substanzen, auf dem Weg über die Persönlichkeit suchen wir
den Zugang zur göttlichen Norm der Vollkommenheit —
damit wehren sich Leibniz und Goethe gegen das Verfallen

aller Persönlichkeiten in die Eine Substanz, gegen die Auflösung
aller Gestaltung. Die Spannung, die das Weltgeschehen in Bewegung hält, ist nicht der Gegensatz von Atom und Weltgeist,
sondern von der Einzel-Ganzheit der Monade zur All-Ganzheit
des Makrokosmos. So sieht Goethe in der begrenzten Gestalt
des Individuums die Ganzheit, ein Abbild der Allganzheit und
insofern etwas Unendliches. Er sagt, daß wir das eingeschränk-
teste Einzelwesen „ebenso wie das ungeheure Ganze, in dem alle
Existenzen begriffen sind, für unendlich erklären müssen".
Dieser begriffliche Widerspruch entspricht der Coincidentia
oppositorum bei Heraklit und dem Cusaner. Und es klingt
wie eine Preisung Leibnizens, wenn Goethe sagt: „Wird die
Seele ein Verhältnis gleichsam im Keime gewahr, dessen Harmonie, wenn sie ganz entwickelt wäre, sie nicht ganz auf einmal
überschauen oder empfinden könnte, so nennen wir diesen
Eindruck erhaben, und es ist der herrlichste, der einer menschlichen Seele zuteil werden kann." Leider hatte Goethe so wenig
wie Herder die Neigung, die Unterscheidung Spinoza und Leibniz
systematisch durchzuführen, denn er fand in Spinozas Gott-
Natur das Symbol für seine naturgeschichtliche Forschung.
Aber als er gegenüber Jacobi Spinoza preist, verschweigt er
doch den Leibniz'schen Einwand nicht: „obwohl vor seinem
Blicke alle einzelnen Dinge zu verschwinden scheinen". Wichtiger
ist, daß er seitdem sich, den immer Tätigen, als die rastlos
rotierende Monade versteht. Als er (1800) auf die Naturphilosophie des jungen Schelling mit höchster Sympathie antwortet,
nennt er sich selber eine Monade. Schelling hatte sich, von jenem
Lessing-Gespräch erweckt, Spinozist genannt und sah lange
den Unterschied nicht deutlich. Vielleicht fand er ihn durch
Gespräche mit Goethe allmählich. In seiner Freiheitsschrift
(1809) ist die Entscheidung gefallen: er ist Leibnizianer im
Gegensatz zu Spinoza.

Wir können schwer auf den Begriff des von den größten
Deutschen so hochgepriesenen Pantheismus verzichten, müssen
uns dann aber des unvermeidlichen Doppelsinnes bewußt sein:
Neuplatonisches vom Monotheismus nicht geschiedenes Weltgefühl — oder rationales, dem Atheismus nahes. Leibniz und
der mittlere Schelling verzichten vorsichtig, vielleicht Spinozas
wegen, auf das Wort Pantheismus. Ein bedeutender Schüler

Schellings prägte dafür, um die Beziehung zum Theismus zu betonen, den Begriff Pan-en-theismus.

Die deutsche Spinoza-Begeisterung, aus dem Rausch der Jugendfreundschaft zwischen Goethe und Jacobi entsprossen, ist wesentlich und fruchtbar ein Wiederwachen des Leibniz'schen Weltgefühles. Insofern hat Dilthey recht, rückblickend zu sagen: „Goethe war niemals Spinozist". Das verhindert nicht, daß auch heute oft die Gefühlsvertiefung Goethes als Spinozismus gedeutet wird, um den unbequemen Schelling und Leibniz aus dem Blickfelde zu rücken. Erst nach dieser Klärung wird uns der Blick auf Leibniz wieder frei. Dieser selbst dagegen durchschaute die Lage. „Ich weiß nicht recht, wie Sie, mein Herr — schreibt er 1714 an Bourguet — hieraus auf irgendwelchen Spinozismus schließen wollen; denn dies ist wahrlich eine etwas rasche Art zu folgern. Ganz im Gegenteil wird der Spinozismus eben durch die Monaden vernichtet .... Er hätte recht, wenn es keine Monaden gäbe; denn alsdann wäre alles außer Gott flüchtig und würde sich in einfachen Accidentien und Modifikationen verlieren, weil dann den Dingen jede substantielle Grundlage, die eben in der Existenz der Monaden besteht, entzogen wäre." (Wenn Jacobi dies gelesen hätte! Goethe brauchte es nicht, denn er übte unmittelbar genau die gleiche Kritik an Spinoza). Leibniz durfte etwas ungeduldig werden, denn von je hatte er Spinozas Metaphysik als den Gegensatz betrachtet, von dem die Monaden-lehre sich abhob. Daher ist 1676 die Begegnung beider, die manche Kritiker oberflächlich als zufälligen Streit mit Folgen aus bloß individuellen Verstimmungen mißdeuten, ein repraesen-tatives Ereignis. Auf beiden Seiten bestand ein verständliches Mißtrauen. Spinoza, kein ärmlicher Brillenschleifer oder schwär-mender Einsiedler, war Mittelpunkt einer geistig-politischen Bewegung, ja wie längst behauptet wurde, politischer Agent einer revolutionären, gegen Monarchien und Kirchen gerichteten Organisation. Die Wirkung, die Leibniz im Verkehr mit Kaisern und Königen, mit öffentlichen Schriften anstrebte, suchte Spi-noza mit entgegengesetzter Tendenz durch geheime Propaganda. Dazu gehörte die zersetzende Bibelkritik im Geiste von Hobbes, die Leibniz aus religiösem Gefühl als hämisch empfand. Spinoza mußte gegen ihn wegen seiner Beziehungen zur Regierung Lud-wigs mißtrauisch sein. Er schrieb nach dem Besuche einem

Vertrauten, er wolle mit Leibniz nichts zu tun haben, solange er nicht wisse, was dieser in Frankreich zu tun habe. Er fürchtet offenbar einen Agenten der Gegenpartei. Aber damals geht es Leibniz nicht um Partei und Politik, sondern um Philosophie. Er spürt keinen Zauber in diesem logischen Kunstbau, er spürt nur den Angriff auf die Religion. Er versucht Spinoza durch seinen logischen Gottesbeweis zu überzeugen, more geometrico. Denn damals glaubt er, als Gegner Descartes, doch noch an dessen Methode, an die mathematisch strenge Beweisbarkeit Gottes. (Nach Spinozas wenige Monate später erfolgtem Tode wird Leibniz die noch ungedruckte Handschrift der Ethik um hohen Preis angeboten. Er hätte dann in der Hand gehabt, den Spinozismus mit der Wurzel auszurotten).

Für Leibniz' Charakter ist seine Kampfesweise bezeichnend. Wie vorteilhaft bei allen europäischen Mächten, im Unternehmen der Reunion wäre es gewesen, wenn er die Hetze gegen diesen „Ketzer und Atheisten" begonnen hätte. Das liegt ihm fern. Echt Platonisch zieht er den Gegner auf hohe Ebene, um sich auf ihr zum Kampfe zu stellen, ihn auf dessen eignem Gebiet zu übertreffen. Er kritisiert und widerlegt die „Ethik" in strenger logischer Analyse. „Eine seltsame Metaphysik, voller Widersprüche" nennt er sie. Nicht seine Moral, sondern daß er alle Religion in Moral auflöse, beanstandet er in einem Briefe. (Das erinnert an Goethes Kritik gegen das bloß Moralische bei Kant und Fichte. Kant würde Leibniz' Kritik als Lob empfunden haben). —

Metaphysik, ja echte Wissenschaft entsteht nicht aus bloßer Beschreibung der oft chaotischen Erscheinungsdinge: Sie sucht in — oder hinter den Erscheinungen das Ewige Wesen. Ob dies Ewige monistisch, dualistisch pluralistisch gedeutet wird, ist erst sekundär, begrifflich. Aber Einen großen Unterschied gibt es metaphysisch, das heißt im ursprünglichen Welterlebnis und Weltgefühlt: Verneinung oder Bejahung der Erscheinungswelt. Philosoph und Heiliger können die gesamte endliche Erscheinungswelt verachten und dem Rückgang ins Ewige Wesen leben, absterben. Oder sie empfinden die Verneinung als Undankbarkeit an der schöpferischen Gott-Natur und lieben das Leben in der Erscheinungswelt als den für die Menschen bestimmten Zugang zur Gottheit. Auch sie dienen dem Universalen, aber es schimmert ihnen durch die Erscheinungsdinge hindurch.

Im reinen Individualismus verschwindet jeder Sinn und Wert, im reinen Universalismus wird nur die „diesseitige" Welt entwertet. Goethe hat d i e s e polare Spannung als harmonische, als Weltbejahung erlebt und unmittelbar ausgedrückt.

> Drum danket Gott, ihr Söhne der Zeit,
> Daß er die Pole für ewig entzweit.

Nach dem Pantheismusstreit schilt er Jacobi und Lavater, die einseitig außerhalb der Welt den Maßstab suchen, um alles Leben zu beurteilen. Dort suchen sie Ruhe Frieden Freude, aber die Weltfreude der schaffenden Geister verdächtigen diese anmaßenden Bekehrer. Die gleiche Kritik hat Leibniz 1702 an Spinoza ausgeübt in der klassischen Abhandlung „Considérations sur la doctrine d'un Esprit Universal Unique". Es scheint Lessing zu widersprechen, daß er der allumfassenden Seele des Averroes und Spinoza widerspricht, aber er sagt ausdrücklich: „Die Lehre von einem allumfassenden Geiste ist an und für sich gut, denn alle, die sie vertreten, geben der Sache nach die Existenz der Gottheit zu .... Versteigt man sich aber zur Behauptung, dieser allumfassende Geist sei der einzige und es gebe gar keine Einzel-Seelen oder Geister", so nehme man dem Menschengeschlecht und allen lebenden Geschöpfen den Wert. „Spinoza hat beweisen wollen, daß es nur eine einzige Substanz in der Welt gibt, aber diese seine Beweise sind kläglich oder unverständlich." Damit beraube man die Natur der besonderen und ihr eigentümlichen Vollkommenheit. Diesen extremen Pantheismus, dem auch einige Kartesianer anhängen, findet Leibniz wie Bayle und später Schopenhauer ungereimt, da Gott dann in zwei verschiedenen Menschen das Gegensätzliche denken würde. „Zwischen Gott und dem Nichts gibt es eine Unendlichkeit von Zwischenstufen." Die Einzelseele ahmt in gewisser Weise den allumfassenden Geist nach. Das ist der Pantheismus Goethes und Lessings. Und wie Goethe wirft er den reinen Universalisten wie Spinoza vor, daß sie die Einzelseelen nicht zur Schönheit und Ordnung des Universums tätig zusammenwirken lassen, sondern sie „zu dem quietistischen Sabbat in Gott, das heißt zu einem Zustand des Nichtstun und der Nutzlosigkeit verurteilen" [1]).

---

[1]) Schmalenbach (Leibniz. München 1928) sieht umgekehrt in Spinozas unbedingtem Monismus den Typus echter Metaphysik und in Leibniz' „Pluralismus" den Widerspruch eines Querkopfes. Das ist ein unbedingter „Realismus", der die Rechte des „Nominalismus" mißachtet.

AMT IN HANNOVER UND SÜDLICHE REISEN

Reich und Abendland. Als Leibniz 1676 seine Reise nach
Frankreich und England abschließt, ist seine Stellung gegen
Hobbes, Descartes, Spinoza festgelegt, sind die Grundsätze der
eigenen Lehre mindestens in Briefen ausgesprochen. Auch seine
unvergängliche Leistung in der Mathematik, die Erfindung der
Differentialrechnung, ist ihm gelungen. So steht er, dreißigjährig,
schon bedeutend in der europäischen Welt. Aber der Gründer
der dynamischen Weltanschauung kann sich nicht als Gelehrter
vollenden: er selber ist die rastlos tätige Monade, ihr Gebiet
die Wohlfahrt des deutschen Volkes, die Idee des deutschen
Reiches, der Gemeinschaftsgeist des Abendlandes. Aber die
abendländische Politik war gescheitert durch Ludwigs Erobe-
rungsucht. Frankreich war Feind des Reiches, Verbündeter der
Türken.

In Mainz, der Erzkanzlei des Reiches, war nach dem Tode der
Europäischen Staatsmänner, des Kurfürsten und Boineburgs,
kein Platz für ihn. Der Kaiserhof in Wien wäre der ihm gemäße,
schon längst ersehnte Wirkungsort gewesen. Wie Platon hielt
er es nicht für Aufgabe des Philosophen, ein syllogistisches Be-
griffssystem auszudenken, sondern im dynamischen Quell des
Geschehens zu wirken. Aber für den Protestanten war in Wien
schwer anzukommen. Leibniz entschließt sich endlich, nach
Hannover zu gehen, zum Herzog Johann Friedrich von Braun-
schweig-Lüneburg, der schon jahrelang um den bedeutenden
Gelehrten geworben hat. An diesem Hof wird er nun 40 Jahre,
bis zum Ende seines Lebens tätig sein, mit einzelnen glänzenden
Erfolgen, mit bittersten Enttäuschungen. Vieles erinnert an
Goethes Amtsstellung in Weimar. Er ist Vertrauter des Herzogs,
aber seine Stellung als Geheimer Rat der Bürokratie gegenüber
ist schwierig. Hannover ist nach Brandenburg-Preußen der
stärkste deutsche Staat des protestantischen Nordens. Das

könnte wie ein Gesinnungswechsel aussehen: Partikularismus
anstelle der Reichsidee. In Wirklichkeit ist es nur eine neue
Spannung, diesmal innerhalb des Reiches selbst. Es sind gerade
diese Spannungen, die Leibniz' Ringen um die Harmonie steigern.
Nicht er, sondern die politische Lage ist zwiespältig. Schon in
Mainz sah er den Widerspruch in der Wiener Regierung. Er war
tätig für die kaiserliche, großdeutsche Idee, aber er war Gegner
einer Habsburgischen Universalmonarchie. Der Reichsidee dient
er auch in Hannover weiter, aber er muß sie ausgleichen mit dem
Sonderinteresse seines Herzogs. Dieser ist damals Franzosen-
freund, er ist längst katholisch geworden, zugleich ist er deutsch
gesonnen. Es sind drei aufeinander folgende Fürsten in Hannover,
denen Leibniz dient. Auch der folgende, Ernst August, pflegt
Beziehungen zu Frankreich, ist aber Leibniz dankbar, daß er
das Verhältnis zum Kaiser wiederherstellt, denn im Türkenkrieg
empfindet er durchaus deutsch, kaiserlich. Unter wesentlicher
Mitwirkung von Leibniz wird Herzog Ernst August Kurfürst
von Hannover, ebenso sein Sohn, Kurfürst Georg König von
England. Auch an der Erhebung des Kurfürsten von Brandenburg zum preußischen König hat Leibniz mitgewirkt. Das alles
ist nicht gegen Kaiser und Reich gerichtet, sondern zu verstehen
aus dem harmonischen Kräfteausgleich, aus dem dynamischen
Streben, das in der Monadologie ebenso deutlich ist. Der Kaiser
soll nicht absoluter Monarch sein, aber die Kurfürsten sollen
sich dem Reich einordnen. Es war ja schon in Mainz sein Plan
gewesen, den Kaiser nicht als Monarchen, sondern als Verbündeten der kräftigen deutschen Staaten gegen Frankreich
zu stärken. Das Reich sollte stärker werden durch Stärkung,
nicht durch Schwächung der Einzelglieder. Er ist mißtrauisch
gegen eine absolute Zentralisierung wie in der französischen
Nation.

Schon im Beginn seines Amtes konnte er dem Herzog einen
Dienst leisten, der in der europäischen Politik Aufsehen erregte.
Als der Friedenskongreß in Nimwegen zusammentrat, bean-
spruchte Hannover vergebens das Recht, wie die Kurfürsten
einen vollberechtigten Gesandten zu schicken. Daher veröffentlicht Leibniz 1677 eine Abhandlung, die dies Recht begründet,
indem sie das Wesen der Souveränität auslegt. Schon das Pseu-
donym Caesarinus Fuerstenerius deutet an, daß er nicht die parti-

kularen Interessen gegen das Reich fördert, sondern im Sinne einer realen Reichspolitik zwischen Kaiser und Fürsten vermittelt. Frankreich, nicht aber Kaiser und Kurfürsten, bestreiten dem Herzog das Recht vollberechtigter Gesandtschaft. Ludwig will den das Reich zersplitternden Partikularismus — Leibniz will dagegen reale deutsche Machtbildung. Er legt die tiefe und wesentliche Unterscheidung von auctoritas und potestas zugrunde. Dem Kaiser kommt Autorität zu als eine sittliche Macht, die auf Ansehen, Würde, Idee, nicht auf militärischer Gewalt beruht. Leibniz denkt realpolitisch, nicht formal-juristisch. Er lehrt, daß nicht allen Fürsten die Souveränität, der Supremat, die summa potestas zukomme, sondern allein solchen, die auch die reale Gewalt, ein Heer, das für europäische Kriege ins Gewicht fällt- damit wie sein Herzog Anspruch auf die Kurwürde-besitzen. Wir würden sagen, nur das Wesen der kriegführenden Macht bedingt die Souveränität. Das verlagert nicht die Kaiserliche Macht in das „Bloß-Ideelle": Souveränität unterscheidet sich von roher Gewalt dadurch, daß sie sich in Ehrfurcht und Gehorsam der kaiserlichen Autorität beugt. Doch ist der Souverän nicht Untertan, das heißt zum Gehorsam kann er nur durch den Krieg gezwungen werden. Diese Sonderung von auctoritas und potestas heißt nicht, daß der Kaiser ohne Gewalt nur durch Ansehen regieren solle. Eher entspräche ihr die Folgerung, daß eine starke deutsche Territorialmacht die kaiserliche Autorität tragen müsse. Leibniz erkennt die Tatsache des Westfälischen Friedens an und so läßt er notgedrungen die Idee des europäischen Gleichgewichts gelten. Seinem wirklichen Willen würde mehr der Vorrang des Heiligen Römischen Reiches entsprechen: Hegemonie durch geistige Autorität, nicht Zwang und Eroberung. Zeitgemäß abgewandelt sind diese Gedanken über auctoritas und potestas zukunftweisend für eine abendländische Völkergemeinschaft.

Die Geschichte erweist, daß Leibniz das dynastische Interesse hinter das großdeutsche zurückstellte. Ludwig XIV. erwies sich nunmehr als der unbedingte Gegenspieler zu Leibniz' Europäischer Idee. Mit den Reunionskammern enthüllt sich Frankreichs militärische Machtpolitik, die jede Autorität einer europäischen Idee leugnet. Lothringens Verlust hatte Leibniz vorher als unabwendbar hingenommen, daß aber mitten im Frieden,

1681, Straßburg ohne jeden Rechtsanspruch geraubt wurde,
das hat ihn mit unauslöschlichem Zorn erfüllt, das wurde ihm
zum Symbol der schicksalhaften Verpflichtung des Deutschtums
zur Verteidigung gegen den feindlichen Bruder. Die Ungarn,
selbst die Türkei treibt Ludwig gegen den Kaiser der Christenheit, und als 1683 die Türken bedrohlicher als je vor Wien stehen,
ist der Verrat an der Idee einer europäischen Gemeinschaft
allen offensichtlich. Leibniz leiht dieser Überzeugung die Stimme
und reißt in der bissigen Satire „Mars christianissimus" dem
Gegner die Larve vom Gesicht. Das ist keine leere Literatur-
fehde gegen Ludwigs Armeen, sondern eine Belehrung der
Anhänger Ludwigs in Deutschland, die sogenannten Gallo-
Grecs, eine Spornung des schläfrigen nationalen Geistes. Es
verschärft den Hohn, daß der Verfasser sich als einen jener
Französlinge ausgab. Um zugleich auf das gelehrte und unge-
lehrte Europa zu wirken, veröffentlichte er die Schrift lateinisch
und französisch. Aber sie ist eine Tat, Hohn, der verwunden,
Haß, der aufstacheln will. Frankreich habe seit dem westfälischen Frieden Deutschfreundlichkeit geheuchelt, nun, unter
Minister Louvois mißachte es offen Reich und Vertrag. Ludwig
gehöre zu den Auserwählten des Himmels, die auf nichts Rücksicht zu nehmen brauchen. Wenn er das beweise, werde er allerdings die wahren Rechtswahrer gegen sich, aber doch die Jesuiten
auf seiner Seite haben. Wenn ihm alles gelingt, ohne daß er sich
selbst anstrengen muß, ja während er sich amüsiert, so muß
er Gottes Liebling sein. Er trachtet nur nach dem Reiche Gottes,
weil er weiß, daß alles Irdische ihm dann von selbst zufällt. Zwar
könnte man denken, daß er, der allerchristlichste König, zuerst
die Türken vertreiben müsse — aber es ist ja klar, daß er zuerst
das bisherige Oberhaupt der Christenheit, den Kaiser, verdrängen müsse, um selber Regenerator der Christenheit zu
werden. Wie unrecht, die Gallo-Grecs Verräter zu nennen!
Die Deutschen seien in ihrer zügellosen Freiheit wie ein Volk
von Fröschen, das einen Storch braucht — der sie verschlingt.
Gewiß werde es dem Deutschen elend gehen unter dem französischen Joch — aber wenn wir in einem politischen Jammertale
leben, so werden wir es umso lieber verlassen und umso glücklicher
sein vor Gott. Leibniz' starke Neigung für das Christentum
bedeutet niemals: Weltflucht, Transzendenz. Er höhnt hier die

Gläubigen, die ihrem Glauben das politische Reich, die diesseitige Welt aufopfern. Seine Kirchenpolitik steht im Dienst des Lebens und des Reiches. Wie in seiner Metaphysik Tätigkeit das Wesen der Monade ist, so ist das Wesen seiner eigenen Persönlichkeit im höchsten Sinne Tätigkeit, trotz aller Gelehrsamkeit. Platon hat im Sokrates der Apologie das Bild aufgerichtet, wie Theorie und Praxis, Sophia und Techne innig verschmolzen bleiben, sodaß höchste Tugend und Staatskunst fast identisch sind. Das ist die Gesinnung des ganzen Menschen, der sich der Spaltung in weltlose Begrifflichkeit und gedankenlose Routine (Empeiria) widersetzt. (Wir haben im Begriff „ärztliche Kunst" noch den alten Begriff dieser Einheit, denn Kunst heißt hier nicht Handfertigkeit, Empirie, sondern sophia, wissenschaftliche Regelung der Heilbehandlung. Aber die moderne Fach-Sonderung hat es dahin gebracht, daß man diese sokratische Ganzheit als seltene Anomalie nicht mehr versteht und in wunderlicher Verkennung Sokrates und Leibniz als reine Logiker ansieht).

Reunion und Union. Philosophisch leben heißt für Leibniz — so wie für Platon, als Dion seiner in Syrakus bedarf (VII. Brief) — sich dort einsetzen, wo der Geist der Philosophie politisch das Leben heilen kann. Kaum ist die dringendste Gefahr des Zusammenbruchs von Europa beseitigt — 1683 ist Wien mit Hilfe der Polen befreit, dann wird Ungarn mit Hilfe der Brandenburger großenteils zurückerobert — so blickt Leibniz wieder auf die seelische Spaltung der Nation. Der Vernichtungs-Krieg zwischen Reformation und Gegenreformation hat für Deutschland, Niederlande, Frankreich so verheerende Wirkungen gehabt, daß die Einsichtigen überall den Ausgleich wünschen mußten. Kein Volk war so für die Dauer zerrissen wie das deutsche, niemals aber war die Aussicht auf Friedensschluß so günstig als in jenen Jahren, und niemand war durch Charakter, geistige Vorbildung, persönliche und politische Erlebnisse so zum höchsten Vermittleramt berufen wie Leibniz. Duldsamkeit und Versöhnlichkeit waren die Politik des Mainzer Kurfürsten wie des Konvertiten Boineburg. Leibniz darf sagen, daß wenige andere in dieser Frage eine rechte Einsicht haben würden wie er, seit er des „Baron v. Boineburg intimus" gewesen sei.

5

Schon in Mainz entwarf er zu diesem Zweck die „demonstrationes catholicae" — anonym, ja fast unpersönlich, denn er hoffte, in der Tiefe das Einigende in den Bekenntnissen der Katholiken, Evangelischen, Reformierten, Remonstranten und Jansenisten zu finden, daß jeder Leser glauben würde, die Schrift stamme von einem Autor seiner Partei! Das könnten die Eiferer als Konzilianz, Übertoleranz, als charakterloses Harmonisieren deuten. Blickt man aber auf Leibniz' Persönlichkeit, seine Einheit von Denken und Tun, so erkennt man seine hohe geistige Überlegenheit, die ihm verbietet, dogmatische Zänkereien ernst zu nehmen. Ist er Christ im Sinne der Kirchenlehre? Es gibt zu denken, daß sein Verehrer Lessing ihm den persönlichen Theismus nicht glaubt, sondern ihn als Pantheisten versteht. Aber man darf ihn nicht verdächtigen, aus bloßer Vorsicht wie Descartes dem Zusammenstoß mit der Kirche aus dem Wege gegangen zu sein. Zweifellos hängt sein Herz an der christlichen Tradition und Gesinnung. Seit früher Jugend sucht er die philosophische Weltanschauung. Im christlichen Glauben aufwachsend, beschäftigt er sich eindringend mit den Streitschriften über dessen Lehre, von Luthers gegen Erasmus gerichteten Schrift „de servo arbitrio" ausgehend bis zur maßlos anschwellenden Kontroversenliteratur und schließlich den philosophischen Angriffen gegen das christliche Dogma. Er sah in der mechanistischen Weltanschauung, wie sie besonders auf Hobbes gründete, nicht einen bloßen Angriff gegen christliche Dogmen, sondern den Beginn der Entseelung des europäischen Geistes.

Der Kirche und volkstümlichen Religion gegenüber verhält er sich von Anfang an ähnlich wie Platon und Goethe erst im Alter. Überraschend stimmt sein philosophischer Einsatz mit dem Platons im Phaidon zusammen. Beide können sich von der mechanistischen Vorstellung, die Seele sei nur Funktion, nur eine „Harmonie" des Körpers, für kurze Zeit bezaubert fühlen: dann aber, einsehend daß diese Auffassung das Weltgeschehen entseelt, finden sie ihre Lebensaufgabe im Herakles-Kampfe gegen den Drachen des Mechanismus. Die Seele ist an Seinsart und Rang höher als der Körper, sie ist Substanz, unzerstörbar. Sie lernen von Demokrit und Hobbes, aber sie besiegen sie im Geist. Wenn aber die Welt kein Chaos toter Atome ist, dann gibt es einen Gründer des lebendigen, sinnvollen Kosmos: den

Demiurg oder die Monade aller Monaden. Das ist ihr Glaube und ihr Wissen. Aber als Staatsmänner wissen sie, daß ihre Philosophie das Volk nicht vor der Entseelung schützt: haben sie doch selbst die Verführung durch einseitige Philosophie durchlitten. Sie fordern für die Gemeinschaft den kirchlichen Gotteskult, denn sie braucht sichtbare Symbole, um das Göttliche zu vergegenwärtigen. Solche Symbole können aus verschiedenen Religionen wachsen. Leibniz sucht in Paris eine Lehre, die die Wahrheit der verschiedenen Religionen vereint. Aber es trifft sich glücklich für ihn, daß er in der christlichen Religion, in der er sich heimisch fühlt, die Übereinstimmung mit seiner Philosophie findet. Die ,,Aufklärung" im engeren Sinne des Wortes findet, wie sie sich auch damit abfindet, immer den Gegensatz zwischen Vernunft und Offenbarungs-Religion. Denn das verleiht nun dem ganzen Lebenswerk von Leibniz die eigentümliche persönliche Wärme, daß er nicht nur Genie der exakten Ratio, nicht nur weitblickender Staatsmann ist, der dem Volke die Religion zubilligt: sondern er selber ist zugleich Glied dieses Volkes, er selber lebt in christlichen Vorstellungen, ja nicht ohne mystische Neigung, wenn auch nicht in eine Kirche verschlossen. Im religiösen Leben mag man diesen philosophischen Gehalt vielleicht als Deismus, indifferente Gottgläubigkeit empfinden — im Gebiete der Philosophie und Wissenschaft ist er wirklicher Drachenkampf gegen Glaubenslosigkeit. Leibniz schließt kein Kompromiß zwischen Glauben und Unglauben, sondern er versucht, eine große europäische Front des schöpferischen Lebens gegen eine atheistische Aufklärung zu bilden. Aus diesem Sinne ist sein fast dreißigjähriger Kampf für die Reunion, die Einheit der christlichen Kirche zu begreifen.

Schon 1660 war Boineburg in Rom tätig für die Reunion und etwa seit der gleichen Zeit der Bischof Spinola aus eigenstem Antrieb, dann aber vom Kaiser selbst mit diesem Geschäft betraut. Er ist mehrmals in Rom, mehrmals in Hannover, wo er dann, 1683, Leibniz nahetritt, der nun in die Verhandlungen eingreift. Es galt dazu die stärkste katholische Macht, Frankreich zu gewinnen. Ludwig verhielt sich anfangs nicht ablehnend, doch wurde 1689 sein Widerstand gegen Papst und Kaiser deutlich. Dann nahm der erste französische Prälat, der Bischof Bossuet, noch einmal die Verhandlungen auf, die sich erfolglos über die

Jahrhundertwende fortschleppten. Fast scheint es selbstverständlich, daß Frankreich als Nutznießer der deutschen Zwie-
tracht sich diesen Plänen widersetzen mußte, indessen war
seine Lage doch der Deutschlands nicht unähnlich. Auch dort
bestand die religiöse Spaltung, und die Reunion wäre vielleicht
nützlicher gewesen als die Gegenreformation, die Vergewaltigung
der Hugenotten, das Eintreten für die katholischen Stuarts.
Und wenn für das deutsche Reich die Stärkung des Papstes nicht
unbedenklich schien, so bewies gerade die gallikanische Kirche,
daß man mit strengem Katholizismus politisch unabhängig
vom Papst bleiben konnte. Die Absichten Leibniz', nicht der
politische Erfolg, sind hier zu beurteilen, wenn auch zugunsten
dieser Pläne spricht, daß sie zuletzt vom Reichsfeind, von Frankreich, hintertrieben wurden. Leibniz sucht die Einheit des Volkes.
Der Zwiespalt gab sowohl dem Papst wie Frankreich die Möglichkeit, sich in Deutschland einzumischen. Ein kirchlich geeintes
Reich hätte sich gegen Frankreich besser wahren, dem Papst
gegenüber — nach Frankreichs Vorbilde — leichter selbständig
halten können.

Wie aber kann der Philosoph sich abfinden mit der kirchlichen
Gebundenheit? Leibniz versucht nicht, sich durch feindliche
und wirre Realitäten hindurchzuschlängeln. Wie seine Metaphysik aus weitester Lebens- und Staats-Erfahrung wächst, so hat
er nun die Zuversicht, aus jener hohen Einsicht heraus den
rettenden Rat der Weltstunde geben zu können. Es ist keine
Schande für ihn, in der Aufgabe zu scheitern, die bis heute
ungelöst blieb. Aber uns bleibt die Aufgabe, in diesen Versuchen
seine Pythagoreisch-Platonische Gesinnung zu verstehen. Seine
politischen Freunde drängten ihn, wenn doch die Reunion sein
Lebenswerk sei, zuerst selber in die katholische Kirche zurückzukehren. Wie sehr hätte das seine politische Wirksamkeit am
Kaiserhof, in Rom und Frankreich erleichtert. Er antwortet
wiederholt, noch in Mainz und später in Hannover, mit der gleichen Tatsache: der Mißhandlung Galileis, die nur Jahrzehnte
zurückliegt. Er selbst muß ebenso die Zensur fürchten, wenn er
seine philosophische Weltanschauung mitteilt. Und er sagt
selbst: er könne und dürfe sie nicht verschweigen! Er wäre
einverstanden, den Uebertritt zu vollziehen — aber nur, wenn
Rom vorher zugesteht, ihm wegen seiner Lehre, die er selbst

mit der katholischen für vereinbar hält, nicht zu verfolgen. Seine
metaphysische Lehre ist ihm wichtiger als der politische Erfolg
seines Lebens.

Solche Entscheidungen werfen Licht ins Innerste der Seele.
Er hat nicht, wie man deutet, aus tiefstem Lebensgefühl des
Protestantismus geschöpft. Gerade der kopernikanischen Wissenschaft, überhaupt der Philosophie gegenüber waren Luther und
Calvin unduldsamer und hartnäckiger als die Päpste. Leibniz
bleibt lieber in der protestantischen Kirche, nicht wegen der
Dogmen, sondern weil sie nur an den Predigern, nicht aber an
den wissenschaftlichen Werken der Laien Zensur übt. Vom
modernen, psychologisch-privaten Denken aus könnte das
individualistisch, übersteigert-protestantisch scheinen, aber
Leibniz will ja gemeinsamen Kultus, gemeinsames Dogma für
die Erfüllung der geistigen Gemeinschaft — darum stellt er
seine Kräfte in den Dienst der Reunion. Versteht man aus
seiner Monadenlehre, wie die sich geistig entfaltende Persönlichkeit in immer weiterm Unfange die Gemeinschaft im stärksten
Sinne des Wortes „repräsentiert", so versteht man, daß er,
Träger eines nationalen Amtes, zugleich Repraesentant des
europäischen Geistes zu werden strebt. So bietet er Rom den
Vertrag an, für die Reunion zu kämpfen, wenn Rom die Freiheit
der deutschen Philosophie in den Grenzen der Leibnizschen
Lehre zusichert [1]).

Dann, unter diesen Voraussetzungen der Reunion, könnte
er sich verpflichten, sich öffentlich zum katholischen Glauben
zu bekennen und alles dafür zu tun, die übrigen Protestanten
der gemeinsamen Kirche zuzuführen. Wieder ein Plan, denkbar
einfach und groß, im echten Stil des Genius, der im sicheren
Besitz des Reichtums die greifbare Gestaltung findet. Er fühlt
sich als Repräsentant des Ganzen — und dann der Protestanten,
denen er durch Zufall der Geburt angehört und für die billige
Bedingungen zu erreichen er verpflichtet ist. Wenn dies gelänge,
so wäre die geistige und seelische Grundlage gewonnen, den Riß
in Deutschland und unter seiner Führung in Europa zu heilen,
der einst unter Luthers Führung entstanden war. Geschichtlich
ist dies der Schnittpunkt zwischen religiöser Fortdauer und
rationaler Aufklärung.

---

[1] Im Brief an Johann Friedrich 1679.

Da Leibniz als Metaphysiker die Dogmen als sekundär betrachtet, so kann er den Orthodoxen als bloßer Deist erscheinen. Und da er sich um die kirchliche Einigung so leidenschaftlich bemüht, so muß er den Aufklärern, den strengen Rationalisten verdächtig werden. Der schöpferische Gott und die ewigen Seelen sind der Grund seiner Metaphysik — warum bekannte er sich nicht, wie Lessing es tat und in ihn deutete, zum Pantheismus? Aber er weiß ja wie Origenes, daß dem Volke die metaphysische Lehre nichts hilft: höchste Wahrheit kann es nur im Symbol, im Kult wirklich erleben. Und er weiß, solches Erleben, solches Mysterium ist mehr als bloße rationale Dialektik. Erst die Theodicee wird diese Frage klären, aber deren Entscheidung liegt schon hier dem lebendigen Wirken zu Grunde: Ausgleich, Gleichgewicht von Vernunft und Glaube. Was von beiden soll herrschen? Die Frage ist begrifflich, unlebendig gestellt, denn diese Begriffe sind nicht aus der Ganzheit hergeleitet. Die Ratio hat ein kritisches Vorrecht: im Dogma darf nichts gelten, was der Vernunft widerspricht. Aber sie ist dennoch nicht führend, eher dienend, denn sie kann keine Offenbarung, keine wesenhafte Gotteserkenntnis hervorbringen. Widervernünftiges Dogma macht den Glauben lächerlich, aber reine Vernunft ohne Offenbarung ist unreligiös, ja unmetaphysisch. Auf der Ebene der Religion ist es die Aufgabe der Vernunft zu beweisen, wie weit jene Mysterien möglich, nicht vernunftwidrig sind. Verstandesaufklärung ist negativ, kritisch. Diese Kants Erkenntniskritik vorwegnehmende Einsicht erwarb Leibniz erst allmächlich, vermutlich eben durch die religiöse Betrachtung. Bis dahin hatte er trotz der Verwerfung des Mechanismus doch an die logische Beweisbarkeit aller Erkenntnis, an die geometrische Methode geglaubt, wenn auch für die höheren Fragen eine Wahrscheinlichkeitsrechnung genügen müßte. Wenn er nun schon anfangs in Mainz gegen die polnischen Socinianer (Arianer) das Trinitätsdogma verteidigte, so muß das den Aufklärern als ein Rückfall in den scholastischen Dogmatismus erscheinen, denn die Verhöhnung dieses Dogmas ist ja der Paradeklepper, den jeder aufgeklärte Schuljunge reiten kann. Daß ein politischer Zweck dahinter steht, könnte wohl zur Entschuldigung dienen, würde aber das Vertrauen in den Ernst der ganzen dogmatischen Untersuchugen schwerstens erschüttern.

Aber es gibt zu denken, daß der verketzerte Freigeist Lessing, der Leibniz als Pantheisten deutet, in diesem Streit Leibniz zur Seite tritt. Ohne Gott-Menschentum ist das Christentum keine wahre Religion. Die Trinität ist nicht bloß scholastische Formel, sie ist ein dem Platonismus und der Mystik verwandtes Symbol. Lessing und Leibniz finden sich hier, weil jener sich der Verstandes-Aufklärung entwindet, dieser ihren Anfängen widersteht. Die echten Mysterien sind unbeweisbar und auch unwiderlegbar: auf dieser Ebene versucht Leibniz die Versöhnung der beiden Kirchen, den Ausgleich von Vernunft und Glaube. Die bindende religiöse Gemeinschaft kann weder aus der Ratio noch aus dem Einzel-Ich aufgebaut werden, denn Religion will Ausdruck des Volks — oder der Völkergemeinschaft sein. Die Evangelien enthalten Vorbild und Gesinnung, den Gemein- schaftsgeist, aber nicht die bindende und gestaltende Orga- nisation. Kult und Dogma enwickeln sich — rechtmäßig oder sich verirrend — in den Konzilien. Zu untersuchen, ob nur das Wunder des Abendmahles oder auch die unbefleckte Empfängnis Mariä zum christlichen Dogma gehöre, ist nicht des Philosophen Leibniz Sache, wohl aber konnte er auf Grund seiner ausgebrei- teten Sachkenntnis zwischen den streitenden Theologen ver- mitteln. Echt leibnizisch geht er die Lösung praktisch an aus der Sicht der abendländischen Geschichte.

Zwei zeitliche Kräftepaare, quer zu einander, doch vielfach in widernatürlicher Politik sich verschlingend, zertrümmerten die europäische Gemeinschaft. Der Riß der Reformation trennte den Norden vom Süden — der nationale Bruch im ursprüng- lichen Frankreich spaltete West- von Mitteleuropa. Beide Gegensätze zerfleischten zugleich das deutsche Volk. Leibniz schätzt nicht Luthers Dogmatik, sondern die Augsburger Kon- fession, die von Melanchthon im Willen abgefaßt war, die katho- lische Kirchengemeinschaft nicht zu sprengen. Dann aber ent- schied sich das Konzil von Trient zur schärfsten Gegenrefor- mation und machte den Riß beinahe unheilbar. Deutschland hatte die Last beider Gegensatzpaare, die furchtbaren Ent- scheidungen zu tragen. Frankreich stellte danach die nationale Einheit her durch Vertreibung der Protestanten, England durch Unterdrückung der Katholiken. Der Bestand des Reiches mußte auf die Hoffnung der konfessionellen Versöhnung gegründet werden. Gelang die Reunion, so war auf eine europäische Versöhnung zu hoffen. Wie aber, wenn um der Überlieferung willen die lebendige Gemeinschaft bedroht ist? Auch dafür gibt Leibniz in Des méthodes de réunion (1684) ein bezeichnendes Beispiel: die lebendige Gemeinschaft Europas steht ihm höher als dogmatische Gebundenheit. Einst verweigerte das Konzil zu Konstanz den böhmischen Ketzern das Abendmahl in beiderlei Gestalt, und es entstanden daraus im Reich die bedrohlichen Religionskriege. Dann hob das Basler Konzil diese Bestimmung auf und bewilligte ihnen den Kelch — darauf kehrten sie in die katholische Kirche zurück. So, verlangt Leibniz, solle ein neues allgemeines Konzil gegenüber den tridentinischen, einseitig katholischen, verfahren. Ein solches Verfahren stand im Widerspruch zur Einheit des Kultus, aber — der Klügere gibt nach. Der Kult ist Sache der Tradition, aber wenn die Tradition erstarrt und den schöpferischen Geist selber bedroht, dessen Symbol er doch sein soll, dann ist es besser, unlogisch zu verfahren.

Das sind nicht geschichtliche Erörterungen: Leibniz ist berufen, tätig ins europäische Schicksal einzugreifen. Und sein Hinweis auf das Baseler Konzil ist kein zufälliges Beispiel, sondern bezeichnet genau den historischen Einsatz, auf den er zur Verbesserung des Geschehenen zurückgreifen will. Und wenn auch zum Unglück Europas dieser ein Jahrzehnt über dauernden Tätigkeit kein Erfolg beschieden war, so durchleuchtet diese Reunions-Idee wie nichts anderes die Ideen des deutschen Reiches und der abendländischen Gemeinschaft in ihrer Beziehung aufeinander und damit einer Harmonie beider Ideen im Geist von Leibniz und einigen anderen großen Deutschen. Rein spezialistische Denker wenden ein, Leibniz hätte sich auf die Philosophie des Rationalismus beschränken und alle kirchlichen Fragen den Theologen überlassen sollen. Saubere Trennung der Fächer, mindestens der Fakultäten. Ist es nicht der ideale Zustand, wenn Theologe Physiker Philosoph jedes Gespräch meiden? Hätte Leibniz so gedacht, und wäre der Deutsche Geist so verfahren, so wäre er um seine Hoch-Zeit, seine europäische Bewegung betrogen worden. Die geistigen und die dichterischen Fächer wären vom frommen oder gottlosen Volke durch eine breite Kluft geschieden und diese Kluft hätte oft die einzelnen Personen gespalten. Es hätte nicht die großen deutschen Denker,

die Dichter, die Pantheisten, die Idealisten gegeben, es hätte
eine tote Wissenschaft und eine geistlose Kirche gegeben. Man
mag wieder an Platon zurück, an Goethe voraus denken. Platon
war anfangs kühl gegen die überlieferte Religion, gegen Delphi.
Aber im Alter erkannte er im Gegensatz zur atheistischen Philosophie Wirklichkeit und Wert des überlieferten Kultes und
bestrafte in den „Gesetzen" sogar die Sektenbildung mit dem
Tode. Goethe scheut in Dichtung und Wahrheit nicht den Namen
Atheist, um zudringliche Bekehrer abzuschütteln, dennoch
bedauert er um des Volkes willen die Zerstörung des katholischen
Sakramentenjahres durch die protestantische Kritik. Das kritische Gezänk um Dogma und Kult gilt ihm schlechthin als
philiströs. Nun aber ist das Wunderbare an Leibniz: was in
diesem Zusammenhange als politische Zweckmäßigkeit verständlich wird, stimmt innerlichst mit seinem ursprünglichen
Wesen und Schauen überein. Gleichgiltig, was bewußt, was
unbewußt wirkt: er ist darum eine große Gestalt, weil in ihm
echtes Wesen schicksalsmäßig in Erscheinung übergeht. Der
Kampf um die Reunion durchleuchtet seine Lehre der praestabilierten Harmonie. Nur Gott vermöchte das Weltgeschehen in
seiner Ganzheit als harmonisch zu schauen — dem Menschen
ist die Harmonie nicht als ewige Sabbathruhe, sondern als
rastlose Tätigkeit beschieden, als Reunion, als Wiederabstim-
mung der disharmonischen Kräfte, als Erneuung schöpferischer
Gestaltungskraft.

Im Versuch, Leibniz' Gestalt wieder mitten ins Gesichtsfeld
zu rücken, fragen wir: Warum wurde sein Bild aus der Mitte
verdrängt durch den großen Nebenbuhler Kant? Was vollendete
dieser und was gab er dabei preis? Er begann seinen „Beschluß"
am Ende der Kritik der praktischen Vernunft mit dem berühmten
und wahrhaft großen Ausspruch: „Zwei Dinge erfüllen das Gemüt mit immer neuer und zunehmender Bewunderung und
Ehrfurcht ...: d e r b e s t i r n t e H i m m e l ü b e r m i r
u n d d a s m o r a l i s c h e G e s e t z i n m i r". So bewahrt
er das beste Erbe von Leibniz. In großartiger Antithese stehen
zwei unendliche Antithesen einander gegenüber: das Staubkorn
Ich und das äußere Universum — das persönliche Ich und das
scoralische Weltgesetz. Das ist wie ein Denkstein der Gemein-
mhaft von Leibniz und Kant. Aber man will nicht sehen, daß

dieser auf beide Richtungen des Weges weist: die eine zurück
zu Leibniz, die andere (die westliche Aufklärung mitnehmend)
vorwärts zur exakten und positivistischen Wissenschaft. Man
sollte den „Beschluß" Wort für Wort durchdenken. Kant löst
die Antithese nicht harmonisch, sondern treibt die Analyse bis
zum bittern Ende. Als lebendige Geschöpfe in der Sternenwelt
bleiben wir bloße Tiere. Wert hat der Mensch nur moralisch,
nur soweit er „von der ganzen Sinnenwelt unabhängig" ist.
Platon, Leibniz, Goethe schöpfen wahre Weisheit aus der Schau
der Welt- und Lebensganzheit, aus ihr fließt das Werk, und
zum Werk gehört auch die forschende Wissenschaft — für Kant
geht der Weg zur Weisheit allein durch „die enge Pforte" der
exakten Wissenschaft. Zwar langt sie für das Moralische nicht
zu, aber Kant ist stolz, die Methode gefunden zu haben, die das
Sinnlich-Empirische ausscheidet und nur das Rational-Apri-
orische übrig läßt. Er selber ist es, der sie der chemischen Analyse vergleicht: „ein der Chemie ähnliches Verfahren der Scheidung". Wie er die leibliche Gestaltenwelt abschneidet vom abstrakten Moralgesetz, so schneidet er quer dazu die reine Ichheit
ab vom wirklichen Weltgeschehen. Er weiß, worum es geht:
dieser „Beschluß", der Weisheit letzter Schluß, beschließt die
kritische Metaphysik und steht unmittelbar vor der „Kritik
der Urteilskraft", das heißt, er steht mitten im edlen Wettstreit
— Kampf und gegenseitige Befruchtung zugleich — mit der
deutschen Verjüngungs-Bewegung. Darum hält er es für notwendig, mehr vor den „Genieschwüngen" als vor
„Verirrung einer noch rohen, ungeübten Beurteilung" zu
warnen. Er will „nicht bloß" lehren, was zu tun sei, sondern
wie zu forschen sei.

Leibniz und Kant erstreben den Weltfrieden, aber für Leibniz
ist bezeichnend die Reunion, die Herstellung der Harmonie
durch Versöhnung der geschichtlich gegebenen verwandten
Kräfte des Abendlandes — für Kant die Revolution, die Herrschaft der unbedingten abstrakten Vernunft-Forderung. Diese
gründet er auf die ewigen Denk-Widersprüche, die Antinomien,
die Grenzen, während Leibniz als schöpferische Kraft aus der
Mitte der Seele wirkt. Wesen wird sichtbare Erscheinung, wo
es sich als Ganzheit im Handeln, im Dichten, in Religion, in
Wissenschaft, in Politik auswirkt, nicht im reinen Denken.

Man möchte sagen: um die Mitte darzustellen, Mittler zu werden, drückt Leibniz sein Ich aus als Deutschtum, in der Leidenschaft für die deutsche Sprache, in der Sorge um die Wohlfahrt des deutschen Volkes und Reiches — das Universum dagegen wird ihm repräsentiert in der Wirklichkeit des abendländischen Geistes, der antike Kultur und christliche Religion bewahrt. Kant betet die Göttin der reinen Vernunft an, Leibniz die Platonische und christliche Gottheit. Kant nimmt für sein Ideal selbst den fürchterlichen Terror der Robespierre und St. Just in Kauf, Leibniz für die Bewahrung des geschichtlichen Europa manche geschichtlich gewachsene, nicht kritisch geheiligte Gegebenheit.

Man belächelt Leibniz großes Wollen als Irrtum eines Ideologen wie Platons Politik in Athen und Syrakus. War das Groß-Gewollte vergeblich, weil es inmitten selbstsüchtiger Machtkämpfe scheiterte? Der eigne Kurfürst stellt die europäische Aufgabe in den Dienst der persönlichen Heiratspolitik. Bossuet stellt seine streng katholischen Forderungen in den Dienst der antipäpstlichen Politik Ludwigs. Das englische Parlament benutzt das reine Evangelium zur Förderung des Hasses gegen tolerante Protestanten. Im Zeitalter der Aufklärung macht man oft mit bewußter Heuchelei alle Religion, jede Ethik, jede Metaphysik zur Waffe staatlicher Machtpolitik. Ein Blick auf den Weltzustand genügt, um in Leibniz trotz nötiger politischer Rücksichten ein Bild von Aufrichtigkeit, Echtheit und Größe im chaotischen Getriebe selbstsüchtiger Macht-Interessen zu sehen.

Zur Abrundung dieses Bildes gehören daher auch Leibniz' spätere Bemühungen um die Union, als die um die Reunion schon aussichtslos erschienen. Soweit er nicht in der Reichspolitik wirken kann, schränkt er sich auf die norddeutsche ein. Besonderes Interesse an der Union, der Verschmelzung der lutherischen und reformierten Kirche, hatten die Hohenzollern, die reformierte Dynastie in lutherischer Bevölkerung. Aber auch der Kurfürst von Hannover war ihr anfangs, 1698, geneigt. Wieder dient Leibniz weniger seiner Dynastie, dem partikularistischen Interesse, als der abendländischen Idee. Aber noch schneller als bei den Verhandlungen mit den Katholiken zeigte sich bei denen unter den Protestanten, daß bei den Deutschen die doktrinäre Verhärtung stärker war als der nationale Geist. Dem im Sinne von Leibniz toleranten Geist der Lutheraner in Helmstedt stand der orthodoxe der Universität Wittenberg gegenüber. Noch einmal wurde um der Deutung des Abendmahles willen, wie einst in Marburg, der günstige Augenblick verpaßt. Realpolitisch erkennt Leibniz, daß es der Sache mehr dient, sie langsam reifen zu lassen. Nachdem sieben Jahre ungenutzt verstrichen waren, verbot der Kurfürst von Hannover aus heiratspolitischen Gründen die weitere Mitarbeit. Leibniz war darüber nicht traurig. Er bemerkt gelassen: ,,Die Sache wird sich einmal von selbst vollziehen". Für Sachen, die sich von selbst vollziehen, ist die Kraft eines Leibniz zu schade. Er hat recht gehabt: 1817 wurde die Union in Preußen vollzogen, und eine Reihe anderer Staaten folgte nach. Nicht am Gesamtgeist der Zeit, sondern an widerstrebenden Einzelkräften scheiterte die Bewegung der religiösen Toleranz. Die Politik Hannovers wurde immer mehr durch die Anwartschaft auf den englischen Thron bestimmt, und als die Helmstedter Theologen 1708 ein tolerantes Gutachten abgegeben hatten, mußten sie auf englisches Verlangen dieses Gutachten abändern. Aber selbst die Ablehnung der Toleranz war dem Erzbischof von Canterbury noch längst nicht intolerant genug: dem aus politischen Gründen vorgespielten protestantischen Glaubenseifer konnte es nur genügen, wenn man sich zu Haß und Abscheu gegen den Katholizismus bekannte.

Naturgeschichte. Mag auch die Vielseitigkeit des Polyhistors Leibniz Bewunderung erregen, so stempelt ihn doch zum Genius wahrer ,,Universalität" seine Ganzheitsschau, mittels der er von der Weltoberfläche zum Zentrum dringt und vom Zentrum her die Einzelganzheiten zum Welt-Ganzen ,,ergänzt". Will man dies als Methode bezeichnen, so ist es die genetische Methode, die Schau der Entwicklung, die in Herder und Goethe lebendigste Gestaltung erreichen, im 19. Jahrhundert, in dem sie mechanistisch entartet, die Wissenschaft weithin beherrschen wird. — Reichspolitik gegen Frankreichs Streben nach der Universalmonarchie, Einung der Deutschen gegen konfessionelle Zerrissenheit, wie teilhaft und eng erscheint dagegen die Aufgabe, wenn er wegen seiner zufälligen Bindung an Hannover sich mit den Silberbergwerken in Clausthal und Zellerfeld beschäftigt, die durch Wildwasser und Vernachlässigung schwer geschädigt sind. Wie er schon durch seine Rechenmaschine berühmt geworden war, so bewährt er sich im Harz als technischer Erfinder. Pumpwerke, durch Windmühlen getrieben, sollen die Gruben in Gang setzen. Er erfand den hydraulischen Akkumulator und eine andere Maschine, die ihn in der Technik berühmt gemacht hätte, wenn — sie ausgeführt wäre [1]). Ihm fehlte die kaufmännische Ader. Er erwarb zwar mit Lust Geld, aber er hatte kein Interesse an der Bewahrung des Erworbenen und ließ sich unachtsam bestehlen. So scheiterte er auch im Kampf mit der Verwaltung der Silbergruben, und äußerlich betrachtet schien die Arbeit vieler Jahre (1679–85) vertan. Für den Philosophen dagegen war der Ertrag gewaltig.

Die Aufklärung betrachtet die Welt geschichtslos, also nach den ewigen Gesetzen, die gleichzeitig Vernunft- und Naturgesetz sind, Physis, nicht Thesis, notwendige Gegebenheit, nicht positive Setzung. Die moderne Erkenntnistheorie scheidet Naturwissenschaft als nomothetisch, als Gesetz-erforschend, und Geschichte als idiographisch, als das einmalige Geschehen beschreibend. Solche Abgrenzungen zersprengt der Denker der Ganzheit. Sammlung des einmaligen Stoffes ist ihm so wenig Ziel wie leere rationale Gesetzesformel: die Natur, das Weltall als Geschichte, und ebenso die „Geschichte'', d.h. die Geschichte der letzten Jahrtausende als „Natur-Geschichte'' zu betrachten, erhebt ihn über die Aufklärung, die Natur als Geschichte zu betrachten über die moderne Zerrissenheit. Das ist der Sinn der genetischen Methode auch Herders und Goethes. Wie wir die Welt aus der Monade, die Monade aus der Welt verstehen, so steigt Leibniz im Harz vom ganzheitlichen Erlebnis im Hier und Jetzt, in der Landschaft, zur Geschichte des Weltalls. Auf der Höhe des Harzes ist er sich bewußt, sich „auf dem höchsten und metallreichsten Orte von Niederdeutschland'' zu befinden. Die nahe Verwandtschaft mit Goethe durchleuchtet dies Ganzheits-Erleben im höchsten Wortsinne. Auch der junge Goethe unternimmt im Vollzuge seines Amtes, der Verwaltung

---

[1] Vgl. E. Gerland: „Über Leibnizens Tätigkeit auf physikalischem und technischem Gebiete''. Bibliotheka Mathematika. Leipzig 1900.

der Ilmenauer Bergwerke, die Reise nach dem Harz, nach den
Clausthaler Gruben, an denen Leibniz gewaltet. Durch ,,unmit-
telbares Anschauen des Gegenstandes" hofft er sich auch ,,mit
dem Historischen zu befreunden". Auf dem Gipfel des Brockens
hat er das Weltall-Erlebnis, verewigt im Gedicht ,,Harzreise
im Winter":

> ,,Du stehst mit unerforschtem Busen
> Geheimnisvoll offenbar
> Über der erstaunten Welt
> Und schaust aus Wolken
> Auf ihre Reiche und Herrlichkeit,
> Die du aus den Adern deiner Brüder
> Neben dir wässerst."

Den Ästheten mag es enttäuschen, wenn der Dichter diese
Verse commentiert im Bezug auf den Bergbau. Die Adern sind
die Silberadern, die die Staaten finanzieren ... Leibniz schreibt
im Zusammenhang mit seiner Tätigkeit im Harz eine Denkschrift über das Münzwesen im ganzen Reich, er legt dann in
Wien Denkschriften vor, die ein Reichsgesetz gegen die Münzver-
schlechterungen, einen Zusammenschluß der Bergwerksstaaten
fordern.

Der Dichter Goethe gestaltet die Schau sogleich im Pindarischen Rausch, der Denker Goethe zeitlebens in geologischer
Forschung. Leibniz dringt mit künstlerischer Beschwingtheit
auf die wissenschaftliche systematische Schau. Er erfindet
keine voreiligen Hypothesen, aber er ist überzeugt, daß man,
Urgestalt, Beschaffenheit und Inhalt des Harzer Bodens er-
forschend, zugleich für andere Gegenden ein Vorbild gibt,
wie man zur gemeinsamen Urgeschichte, zur Kosmogonie vordringen kann. Der Einzelgegenstand weist den Weg ins Zentrum,
ist aber die Richtung gefunden, so muß die Gemeinschaft mit
den andern Gegenständen in der anschaulichen Erfahrung hergestellt werden. Wie später Kant und Laplace, betrachtet er in
seiner ,,Protogaea", (1691. Unvollendet) Erde und Planeten
als Ejektionen der Sonne, als zuerst selber glühende Kugeln,
die durch allmähliche Abkühlung ihr Eigenlicht verlieren:
Finsternis scheidet sich vom Licht. Dann erstarrt die Erdkruste,

Dünste schlagen sich nieder: Trocknes scheidet sich vom Feuch-
ten. Die Erdkruste faltet sich, Gebirge scheiden sich von Ebenen.
Aber über Kant hinaus weist Leibniz auf Herder und Goethe,
indem er von der mechanischen Genese in die des Lebens schreitet.
Die versteinerten Tierreste beweisen, daß da, wo wir heute auf
dem Gebirge stehen, einst das Meer stand. Achtzig Jahre später
wird Goethe auf dem Boschberge im Elsaß — von diesen Beobachtungen und Überzeugungen bewegt, als er versteinerte
Muscheln betrachtet — über die grenzenlose Einfalt der „Aufklärer", über Voltaire lachen, der diese paläontologischen Entdeckungen bestreitet, weil sie ihn an den Mythos der Sintflut
erinnern. Das war die typische Überspannung der Aufklärung:
aus kritischer Überheblichkeit alte Anschauungen zersetzen,
neue Einsichten abdrosseln! Erstaunlich, daß Leibniz aus dieser
Sicht die Abstammungslehre der Tiere entwickelt, doppelt
erstaunlich, daß eine solche weltgeschichtliche Tatsache kaum
beachtet wird. Leibniz gründet auf Anaximanders Hypothese,
daß aus Wassertieren Amphibien, aus diesen Landtiere sich
entwickelten, wenn er auch — wohl wieder an Galilei denkend —
einschränkt, daß diese „geologisch" berechtigte Ansicht allerdings mit der Bibel unverträglich sei. Dies genetische Verständnis
des gesamten irdischen Lebens wird neunzig Jahre später von
Herder und Goethe aufgenommen, von Kant abgelehnt. Da
sich inzwischen die Abstammungslehre immer mehr als fruchtbare Anschauung bewährt, ihre Begründung auf den Mechanismus immer mehr als unzulänglich erwiesen hat, so wird Leibniz
immer deutlicher der Repräsentant der organischen Naturschau
gegenüber der mechanistischen. Ebenso wie Paracelsus und
Goethe geht er von der Erfahrung im Bergwerk aus. Die Metall-
adern können dem universal-lebendigen Geist als Ausformungen
eines lebendigen Geschehens im Organismus Erde erscheinen.

Leibniz ist der sokratische Mensch, der aus der Erkenntnis
des Ganzen den Weg zum richtigen Handeln, zum Gesetz der
Gemeinschaft sucht. Goethes „Denken und Tun" könnte auch
sein Wahlspruch sein. Goethe aber, der junge besonders, ist
darüber hinaus der Ganze Mensch, der leidenschaftlich in seiner
Person das Leid und Glück der Welt erleben will. Leibniz deutet
sich als Monade, Goethe vollendet sich als Monade. Das Harz-
Erlebnis wird in beiden metaphysische Schau, in Goethe dar-

über hinaus zum Pindarischen Rausch, zum ewigen Gebilde. Aber durch die Art der Erkenntnis, der Urteilsbildung stehen sie sich innig nahe. Goethe bemerkt, was uns von Jugend umgebe und doch nur oberflächlich bekannt werde, erhalte etwas Gemeines und Triviales, worüber zu denken wir unfähig werden. ,,Dagegen finden wir, daß neue Gegenstände in auffallender Mannigfaltigkeit, indem sie den Geist erregen, uns erfahren lassen, daß wir eines reinen Enthusiasmus fähig sind: sie deuten auf ein Höheres, welches zu erlangen uns wohl gegönnt sein dürfte. Dies ist der eigentliche Gewinn der Reisen...'' Das erklärt die große Reiselust Goethes und Leibniz', der Gegensatz zur Seßhaftigkeit Kants, und den Enthusiasmus der ,,Harzreise''. Auch Leibniz kennt den platonischen Enthusiasmus, wenn er auch viel gedämpfter erscheint. Aus der Menge trivialer Begebenheiten hebt sie der geistige Flug, indem sie das Besondere mit konkretester Anschauungskraft auffassen, um in ihm zugleich das Universale, die platonische Idee zu schauen. So konnte Leibniz bedeutungsvoll sagen: ,,Wenige sind meiner Art, alles Leichte wird mir schwer, alles Schwere dagegen leicht''. Und er erzählt von seinem unstillbaren Lesehunger: ,,Ich verachte fast nichts, und niemand ist weniger kritisch als ich. Es klingt wunderbar: ich billige fast alles, was ich lese, denn ich weiß wohl, wie verschieden die Dinge gefaßt werden können, und so begegnet mir, während ich lese, vieles, was den Schriftsteller in Schutz nimmt oder verteidigt. Daher geschieht es selten, daß mir bei der Lektüre etwas mißfällt, obwohl mir das eine mehr, das andere weniger zusagt. Mein Gemüt ist von Natur so gestimmt, daß ich in den Schriften anderer lieber den eigenen Nutzen als die fremden Mängel verfolge. Es ist meine Sache nicht, Streitschriften zu suchen und zu lesen.'' Nur wer Leibniz nicht kennt, kann in diesem Bekenntnis des aufbauenden Genies unkritischen, unsystematischen Sammeleifer vermuten. Zwar können sich Leibniz und Goethe in ihrem unermüdlichen Eifer um die Wahrheit in einem erhabenen Sinne des Wortes doch als Dilettanten bezeichnen. So sagt Goethe in der ,,Geschichte meines botanischen Studiums'', nach dem er die Gefahren des Dilettantismus bezeichnet hat: ,,Männer vom Fach müssen sich um Vollständigkeit bemühen und deshalb den weiten Kreis in seiner Breite durchforschen; dem Liebhaber dagegen ist darum zu tun, durch das einzelne durchzukommen und einen Hochpunkt zu erreichen, von woher ihm eine Übersicht, wo nicht des Ganzen, doch des Meisten gelingen könnte." Diese Geistesart ist gleich entfernt vom blossen Sammeln wie vom voreiligen Harmonisieren. Beide sind so getragen vom Blick auf das All-Ganze, dessen Widerschein ein metaphysisches System ist, daß sie dankbar jeden Stoff aufnehmen, der dies Ungeheure nährt, aber im Wissen, wie weit jedes logische System dahinter zurückbleibt, befassen sie sich ungern mit Einzelkritik. Diese Toleranz hört aber auf, sobald sie fühlen, daß grundsätzlich das Wesentliche ihrer Schau angegriffen wird. So kämpft Leibniz gegen Hobbes, Descartes, Newton, gegen Spinoza, Bayle, Locke, wie Goethe gegen Descartes und Newton, Bacon, Wolff, Voltaire kämpft.

Auch in der Höhe der geistigen Heiterkeit sind beide vergleichbar. Goethes tragisch-titanische Leidenschaft ist so groß, daß er meist strebt, sie in sich zu unterdrücken. Leibniz gleicht von Natur eher dem alten Goethe. Auch sein Wesen ist nicht ein verstandesmäßiges Sich-Beschränken auf den wissenschaftlichen oder politischen Zweck, sondern bleibt aufgeschlossene Gegenwart. Ein vertrauter Kenner seiner Spätzeit in Hannover teilt mit: „Man sah ihn allezeit munter und aufgeräumt, und er scheint sich über nichts sehr zu betrüben. Er redete mit Soldaten, Hof- und Staatsleuten, Künstlern usw., als wenn er von ihrer Profession gewesen wäre, weshalb er auch bei jedermann beliebt war, außer bei denen, die dergleichen nicht verstanden."

Geschichtsschreibung· Wenn bei diesem Blick ins Harzer Urgestein, der geschichtlichen Erfassung der Natur, das Genie der genetischen Weltsicht am hellsten strahlt, so steht es in der eigentlichen „Geschichtschreibung" trotz gewaltiger Arbeitsleistung nicht ebenso eindrücklich als schöpferisches Vorbild da. Man hat Leibniz den „größten Historiker aller Zeiten" genannt, aber für den größten „Geschichtschreiber" war die Zeit nicht reif .... Nach dem Scheitern an der Harzer Gruben-Verwaltung übernahm er 1685 den Auftrag, die Geschichte des Welfenhauses zu schreiben. Seine Steigerung auf die höchste Ebene, die Ganzheit, erweist sich ebenso wie bei der Naturforschung: aus der

6

genealogischen Forschung des zweiten Welfenhauses erwächst
die deutsche Reichsgeschichte, geplant von Karl dem Großen
bis zur Gegenwart, dann beschränkt und ausgeführt bis 1024,
bis zu Heinrich II. Wieder geht er aus von einer Einzelheit,
den Urkunden über die Abstammung der Welfen, die er nun in
Bibliotheken und Archiven aufspürt. Seine Forschungsreise führt
ihn über welfische Klöster in Hessen und Franken nach München.
Trotz der Chikanen der kurfürstlichen Hofräte gelingt es ihm,
ein Versehen Aventins richtig zu stellen: Markgraf Azo, Stamm-
vater der Welfen, stammt aus dem berühmten Hause Este.

Damals äußert er sich grundsätzlich über das Wesen seiner
Erkenntnis und Forschung in einem großen Wort über das
Wesen der Erkenntnis überhaupt. ,,Ich weiß, daß man sich
in der Mathematik auf die Kraft der Erfindung, in der Naturwissenschaft auf Experimente, in Sachen des göttlichen und
menschlichen Rechtes auf die Autorität, in der Geschichte auf
U r k u n d e n zu stützen hat''. Das begründet die Reise und
zugleich die große Arbeit, die er sich mit Sammlung und Herausgabe von Urkunden auflud. Kraft der Erfindung gründet mehr
als bloße Analyse der Mathematik. Er beherrscht die Methoden
der reinen Ratio, Mathematik und Logik, als führendes Genie
und steht in der Erfindung der Differentialrechnung mindestens
auf gleichem Range wie der große Newton. Auf diesem Gebiet
ist der Mensch sehr frei und sehr gebunden. Frei in der Erfindung
ist Leibniz, weil er an keine Autorität gebunden ganz aus eigenem
Geiste schöpft. Gebunden ist er dennoch durchaus an das Gesetz
der Notwendigkeit: das überpersönliche Denken, nicht das
Individuum ist frei. So ist es verständlich, mit welcher Freude
Leibniz sein Genie auf dem Gebiete der Mathematik, auch der
Logik walten läßt, so daß dieser große Teil seines Werkes seinen
Ruhm bis heute stärker als seine Metaphysik begründet. Aber
nur Rationalisten sehen in dieser rationalen Quelle der Leibnizschen Erkenntnis deren Gipfel. Seine ,,Protogaea'', der Blick
auf die Urgeschichte der Erde schon zeigt den höheren Gedankenflug. Nicht das Notwendige im Sinne des rationalen Denkens,
sondern das rational nicht Erklärbare, das ,,Zufällige'', Kontingente ist ihm Ausdruck und Beweis der schöpferischen Weltkraft. Aber selbst die ,,Naturgesetze'' sind, einige mathematische
Grundgesetze der Mechanik ausgenommen, für ihn nicht not-

wendig, sondern sind gewählt von einem Gott, der die Welt so schön und vollkommen wie möglich schaffen wollte. Selbst also wenn er von physikalischen Experimenten, nicht von Beobachtung der lebendigen Natur spricht, erschöpft sich das nicht im Denk-Notwendigen. Für die Welt-Erforschung ist jenes rationale Schema der Mathematik das hoch wichtige, das ihm eingeborene Hilfsmittel, das er genial und bahnbrechend handhabt, aber es ist doch nur ,,Mittel'' für die Berechnung der Harmonie und nicht ihr schöpferischer, auch nicht verstehender Grund. Nicht die Sätze der identischen Logik und Mathematik, sondern der Satz vom Grunde ist Leitfaden seines Welt-Erkennens, und der letzte Grund ist nur Gottes Wille zur schönen Schöpfung. Nur aus diesem Bewußtsein von der Kontingenz der Welt ist seine Metaphysik und seine Wertung zu begreifen. Das rückt allmählich, wohl seit 1686 in die Mitte seiner Schau. Kant findet echte Wissenschaft nur in der Mathematik, im Apriori, weil alle Erfahrung zufällig und unbeweisbar bleibt. Leibniz schätzt die Erfahrung nicht geringer. Das Höchste aber bleibt die Schau, das Erlebnis der schönen Gottes-Welt.

Wenn Leibniz sich drittens in Sachen des menschlichen und göttlichen Rechtes auf die Autorität stützen will, nicht im Geiste der Aufklärung allein auf das rationale Naturrecht, so billigt er als Vorläufer der Rankeschen Geschichtschreibung die geschichtlich gewachsenen Mächte. Allerdings fordert er umgekehrt, wie die Reunionsverhandlungen beweisen, von diesen Autoritäten, daß sie sich im Einklang mit der Vernunft entwickeln und vervollkommnen. Das Höchste bleibt die Schau, das Miterleben der schönen Gottes-Schöpfung. Indem er als Viertes fordert, sich in der Geschichte auf Urkunden zu stützen, weist dies auf seine besondere Lage in der Geschichtschreibung hin. Seinem universalen Ideale entsprechend, will er die Urgeschichte der Erde als Einleitung in die deutsche Geschichte darstellen, wie Herder in seinen ,,Ideen''. Aber das bleibt Hypothese des Genies. Staatliche Autorität, dynastische Ansprüche müssen sich auf Urkunden, nicht auf Hypothesen stützen. Wie einfach wäre es für ihn gewesen, wie unendlich hätte es die Beschwerden seines späteren Lebens gemildert, wenn er nur die vom Kurfürsten verlangte kurze, wenn auch gründliche Darstellung der Geschichte des Welfenhauses geschrieben hätte. Aber das ist nun das Zeugnis

für die Tiefe und Echtheit von Leibniz, daß er das, was einem
andern leicht wäre, sich sehr schwer macht: er kann keine Geschichte des Welfenhauses schreiben ohne vorherige Sammlung
der Urkunden in Archiven und Bibliotheken. Er schreibt in der
Form von Annalen, Jahr für Jahr 786 bis 1024, von Pipins Tod
bis zu Heinrich II. Diese Form war auf Grund der Quellenkritik
die beste Vorbereitung für eine echte Geschichtsschreibung.
Aber daneben beschreibt er Kulturzustände, Brauchtum, religiöse Grundlagen. Und mit seiner methodischen Grundlegung
der Quellenkritik bereitet er die moderne historisch-kritische
Methode vor — ohne Zersetzung wahrer Autorität. So hat
sein Kurfürst, der König von England gegen Ende seines Lebens
immer drückender die Handhabe, das überlegene Genie mit der
versprochenen Arbeit zu quälen. Leibniz hinterlässt bei seinem
Tode ein Werk von gewaltigem Umfang. (s.u.)

Reise nach Wien und Italien. Die Urkunden-Forschung nach
der Abstammung der Welfen bot Anlaß zu einer großen,
fast dreijährigen Reise. Der einundvierzigjährige Forscher und
Staatsmann, der in Leipzig, Nürnberg, Mainz, Paris heimisch
war, den Haag und London kennt, begibt sich nach Frankfurt
München, Augsburg, Wien, Rom, Neapel. So rundet sich das
Bild der europäischen Gestalt. Er beschränkt sich auf dieser
Reise nicht auf die Welfenforschung und auf politische Aufträge
für Hannover, sondern arbeitet für die Wissenschaft und für
die deutsche Reichspolitik. Die Monade Leibniz erweitert gewaltig den Kreis ihrer Welterkenntnis wie den ihres persönlichen
Einflusses. Der Genius des deutschen Volkes bedient sich dieser
Person, in der er zu hoher Bewußtheit reift. Die Monadenlehre
bewährt sich am schönsten in der Betrachtung seiner selbst.
Die europäischen Vorgänge rufen ihn zur öffentlichen Kundgebung auf, denn zum ungestillten Zorn über den Raub Straßburgs
gesellten sich immer neue Gründe. Während des Waffenstill-
standes mit Frankreich hatte der Kaiser Ungarn zum großen
Teil von den Türken befreit, Ofen, dann Belgrad erobert. Leibniz
durfte auf die Erfüllung seiner großen Hoffnung rechnen, die
Vertreibung der Türken aus Europa. Aber er sieht im Westen
neue Wetterwolken aufziehen und schreibt 1688 aus Wien an
die Herzogin Sophie voller Ahnungen der furchtbaren Gefahren

für das Reich. Ludwigs Raubsucht werde keine Grenzen kennen, er werde uns die Rheinlande, mindestens das linke Rheinufer entreißen und damit auch die deutsche Kriegsführung, selbst wenn wir überlegene Kräfte hätten, außerordentlich erschweren. Bald danach trifft die Kriegserklärung Ludwigs in Wien ein. Im Gegensatz zu Leibniz' großzügiger, auf der Freiheit des Herzens, in der Gesinnung für das Volk ruhenden Politik, steht das französische Manifest, das die Gründe erklärt, „die den König von Frankreich nötigen, von neuem die Waffen zu ergreifen, und welche die ganze Christenheit überzeugen müssen, daß Sr. Majestät nur die Ruhe Europas am Herzen liege". Die Kriegsführung, dann die sinnlose grausige Verwüstung der Pfalz, die barbarische Zerstörung herrlicher Kunstmäler, des europäischen Gutes, ist Ausdruck höchster Gefährdung Europas, der Gemeinschaft christlicher Völker. Denn wenn bis dahin die Leidenschaften religiöser Ideen oder dynastischer Gestaltungskräfte selbst grausame Machtkämpfe, unmenschliche Unterdrückung der Gegenkräfte verständlich machten, so kam jetzt die kalte, seelenlose Staatsraison, der mit Menschen-Opfern genährte Moloch zur Herrschaft. „Zivilisierte" Völker sind, wenn sie nicht durch eine große Idee veredelt werden, in kalter Grausamkeit zerstörender als barbarische Stämme. Verschwägerung der Dynastien, das natürliche Mittel, Bündnisse zu stiften, wurde hier zum Mittel, die unglückliche Pfalz (zum Kummer der Pfalzgräfin Liselotte) zu verheeren.

Leibniz gewann Beziehung zum Kaiser. Sehr wahrscheinlich ist er selber der Verfasser des Gegenmanifestes, mit dem der Kaiser das brutale Manifest Ludwigs erwidert. Seine umfangreiche, zwanzig Kapitel umfassende Denkschrift für den Kaiser über die französische Kriegserklärung ist erhalten. Das Unrecht der Reunionskammern habe sich doch noch ein wenig vom Schein des Rechtes gegeben; der Raub von Straßburg, im Widerspruch zum westfälischen Frieden, sei Willkür des Räubers, Gewalt des Usurpators: nun aber, um diesen Raub zu sichern, behaupte der Räuber noch die pfälzischen Städte besitzen zu müssen. So erzeuge die eine Freveltat eine Unzahl neuer. Um jene vergessen zu lassen, stelle Frankreich immer noch widerwärtigere, häßlichere daneben. So schrieb er, ehe noch Heidelberg besetzt und zerstört war. Wenn das Reich, als dieser Raubkrieg nach neun

Jahren durch den Frieden von Ryswijk beendet wurde, nicht noch schmachvoller unterlag, so beruhte das nicht auf seiner Kraft, sondern auf dem europäischen Geist, von dem immerhin in der Koalition gegen Ludwig noch etwas lebte. In diesem weltgeschichtlichen Augenblick, im October 1688, verfaßt Leibniz für den Kaiser die Schrift „Geschwinde Kriegsverfassung. Leibniz an den Kaiser Leopold". Persönlich, öffentlich, repräsentativ tritt er neben den Kaiser. Er trifft den Nagel auf den Kopf: „Bei den meisten wirken die Exempel mehr als die besten Vernunftgründe. Sie glauben nicht, daß tunlich sei, was sie nicht von anderen bereits getan sehen. Daher, obschon ihr eigener Verstand ihnen weisen könnte und sollte, was dienlich ist, so muß man doch oftmals die Gemüter durch die Geschichte der Vorfahren und durch das Ansehen großer Leute, die uns mit guten Exempeln vorgegangen, zur Aufmerksamkeit bringen".

Damit ist etwas von Goethes und Nietzsches Auffassung über die Fruchtbarkeit der Historie vorweggenommen, Gedanken allerdings, die den Denkern eines blossen Wissens oft verdächtig erscheinen. Leibniz steht am Anfange der ruhmvollen Bewegung der „Denker und Dichter", aber er fühlt keine Spaltung zwischen reinem Geiste und Lebens-Ganzheit. Auch Verteidigung des Vaterlands ist Auswirkung von Geist und Seele, wie die Gleichgültigkeit dem Schicksal gegenüber ein Mangel an Geist und Seele ist. „Man sollte deswegen billig jetzt fast auf nichts anderes dichten und trachten, als wie die französische, alles verschlingende Macht zurückgetrieben, mithin dermaleinst zusammengesetzt, das Vaterland beschützt und ein für allemal versichert werden möchte. Und man muß sich oft verwundern, daß wir in Dingen, daran wenig gelegen, Mut und Verstand zeigen, aber da es auf alle unsere Wohlfahrt ankommt, gleichsam ohne Geist und Seele sind. Es kommt mir vor, als wenn ein großer König nichts als Tanzen gelernt hätte, oder wie Honorius auf seine Henne gedächte, da Alarich auf Rom losgeht. Hat mancher mit seinen Nachbarn eine Kleinigkeit wegen einiger Grenzsteine oder Jagdgerechtigkeiten, da weiß er alles rege zu machen, jetzt aber, da sein ganzer Staat und Stand, Ehre und Gut Gefahr läuft, da will man sich geduldig darein geben und mit dem Fatum entschuldigen, welches man selbst geschmiedet".

Wuchtig drängt sich in so einfachen Gedanken das Wesent-

liche zusammen: Deutsche Gefahr der Eigenbrödelei und Pedanterie, Sinn von Geschichte und Politik, Warnung vor Entseelung des öffentlichen Geistes, Metaphysik von Schicksal und
Willensfreiheit. Denn das ist das Große, daß Leibniz in dieser
kurzen, im äußersten Sinne „aktuellen" Schrift diese letzte
Frage soweit geklärt hat, wie sie der Menschengeist erklären
kann. Man streitet, ob Leibniz die Willensfreiheit anerkennt oder
leugnet: hier wird deutlich, daß er so wenig wie Dante einen
Widerspruch zwischen freiem Handeln und göttlicher Vorsehung
annimmt. Niemand darf sich mit dem Schicksal entschuldigen.
„Wahr ist's, kommen wir unters Joch, so ist es freilich fatal
(vom Schicksal verhängt) gewesen, aber unsere Blindheit ist
auch fatal. Deswegen wenn wir wollen, so können wir jetzt noch
machen, daß man dermaleinst sagen müsse, die fata wären uns
günstig gewesen. Man weiß ja noch nicht, was oben beschlossen;
das Schauspiel der Welt hat oft auf einmal seine Gestalt verändert. Der Himmel hat noch kein Edikt für Frankreich ausgehen lassen". (Ludwig XIV. hatte eben sein Edikt erlassen).
Also: Wir sind wohl von unseren angeborenen Anlagen abhängig (Schluß der Theodicee), und der Allwissende sieht voraus,
was geschehen wird: aber kein Schicksal, kein Naturgesetz
hindert uns, dem Willen gemäß zu handeln und nimmt uns
die Verantwortung ab — welche weitere Willensfreiheit zu fordern
wäre sinnvoll? Diese Einsicht ist großartig, tief und faßlich
aufgerichtet in diesen einfachen Sätzen, mag auch das abstrakte
Denken hier an Grenzen stoßen. „Gott ist für die, so sich der von
ihm gegebenen Vernunft und Mittel bedienen, für die besten
Regimenter, für die guten Ratschläge. Dessen hat Frankreich
genossen; uns ist's auch noch nicht abgesprochen. Wenn wir
nicht selbst denken, was zu unserem Frieden dient, und wohl
erwägen, daß man durch das langsame Leiern sich nur selbst
ohnmächtig verzehrt und doch nichts verrichtet, da sonst die
Macht auf einmal angewendet und nicht in etliche Jahre verteilt
würde, sofort durchdringen können; gleichwie hundert, ja tausend Schüsse mit Hagel kein Loch in die Planke machen, die
der erste Schuß mit der Kugel unfehlbar durchlöchern würde.
Deswegen ist nötig, daß jedweder getreuer Untertan jetzt seiner
hohen Obrigkeit mit Leib und Gut aus allen seinen Kräften bei-
springe und bedenke, daß dieses besser sei, als bei der Näherung

des Feindes sein Haus und Hof angesteckt, sein Vermögen hingerissen, seine Kinder in den Wildnissen von Frost und Hunger
verdorben sehen, wie man es am Rheinstrom erfahren.... Man
muß nicht glauben, daß alle Klugheit in Frankreich beschlossen.
Der gute Fortgang ihrer Anschläge kommt nicht eben daher,
daß sie allezeit klügere Leute haben als wir, sondern daß wir
klügere Leute vonnöten haben als sie; denn wo die Sachen einmal
wohl eingerichtet und an der Schnur sind, wie bei ihnen, da kann
ein mittelmäßiger Verstand zureichen; wo aber alles so schlecht
und verwirrt als bei uns ist, da muß man treffliche Helden und
ausbündige Geister haben, das Werk wieder empor zu bringen.
Ihnen ist ein Fabius Cunctator gut genug, wir aber müssen Sci-
piones haben''. So sehr Leibniz Wissenschaft und Technik verehrt,
so fordert er vor allem den Täter und den genialen Geist. Beim
zweiten wird er — man denke an den Untertitel der Schrift —
auch an sich gedacht haben, nicht unmöglich, daß beim ersten
sein Blick schon auf den damals fünfundzwanzigjährigen Prinzen
Eugen fiel, der sich bei Mohacz und Belgrad ausgezeichnet hatte.

Das sind die allgemeinen Gedanken. Nun aber ein Donner-
schlag um das Volk zu wecken! ,,Wir sind recht wunderliche
Leute und wissen kein Maaß zu halten. Kaum hatte Wilhelm
von Oranien in England gesiegt, da lachte man den aus, der in
Frankreich noch eine Gefahr erblickte. Kaum aber hat Frankreich
von neuem seine Kraft gezeigt, ,,da fangen wir nun an, die
Flügel sinken zu lassen, anstatt, daß es jetzt noch Zeit wäre,
alle unsere Gemütskräfte und Landesmittel daran zu strecken''.
Aber niemand wolle sich gern wehe tun und in der Not an die
Nachkommen denken. ,,Da doch der gemeine Mann bedenken
sollte, daß das französische Joch unerträglich und die Deutschen
von ihnen nicht besser als Sklaven geachtet würden, wie süß
sie ihnen auch jetzt pfeifen.'' Längst rede der Franzose verächtlich vom Deutschen und Holländer und wolle sie nur zur niederen
Arbeit ausnutzen. Den großen Herren in Deutschland aber, die
nur ihre Ehre und Ruhm schätzen, dennoch aber ihre gegenwärtige Ruhe der allgemeinen Wohlfahrt vorziehen, sagt er:
,,aber nichts Schimpflicheres, nichts Schändlicheres, nichts
Empfindlicheres ist zu ersinnen, als daß einer sich in seinem
Gewissen selbst vorwerfen und von anderen nachsagen, auch zu
ewiger Schmach in den Historien nachschreiben lassen müßte,

durch seine Trägheit und Zagheit und sein weibisches Faulenzen
sei die Freiheit des Vaterlandes, die Ehre seiner Nation, die
Würde seines Geschlechtes zugrunde gegangen." Leibniz will
die Deutschen nicht zum Unbedingten steigern — im Gegenteil,
er sieht unsere ungeheure Gefahr: die Maßlosigkeit, das unaus-
gewogene Schwanken. Er, der „Conciliante" fordert: „Das
Böse und Unrecht aber und die Unordnungen muß man mit
unaussetzlicher Schärfe abstrafen". Jetzt, wo der Feind mit
äußerster Gewalt drohe, grenze zu früher Verzicht an Verrat.
Allerdings sei der Verlust von Namur, die Niederlage in Schweden
eine große Gefahr, daß der Rhein französisch werde. „Wollen
wir aber uns recht angreifen, so kann das verlorene Namur zu
unserem Besten dienen. D e n n   e s   i s t   e i n   D o n n e r -
s c h l a g   n ö t i g ,   d i e   D e u t s c h e n   m u n t e r   z u
m a c h e n ." Wie verführerisch war in dieser Gefahr, im vaterländischen Zorn die propagandistische Ausnützung der Idee:
das deutsche Reich als Repräsentant der europäischen Menschlichkeit — die französische Monarchie als ihr unbedingter Widersacher, der vernichtet werden muß. Leibniz aber macht in diesem
öffentlichen Weckruf keinen Gebrauch von moralischer Entrüstung: er hält es für angezeigt, im Feinde die Vorzüge, in sich
selbst die Mängel zu erkennen. Er wahrt das reine Maß, deutscher Selbstüberhebung so fern wie der Selbstverkleinerung.
Auch dieser Kampf soll edler Wettstreit um europäische Vollendung sein. Die Denkschrift steht unter dem lateinischen
Motto: „Pflicht ist es, auch vom Feinde zu lernen". Wettkampf,
nicht Vernichtung, nicht Unterdrückung: in dieser Haltung
tritt Leibniz ins Licht als europäisches Vorbild ...

Anfangs 1689 reist Leibniz von Wien durch Steiermark und
Krain nach Venedig, Ferrara, Bologna, Loreto, Neapel, von wo
er den Vesuv besteigt, und wieder nach Rom, wo er sich nun ein
halbes Jahr aufhält. In diese Zeit fällt der Tod des Papstes.
Es könnte bloße literarische Schmeichelei scheinen, wenn der
berühmte Gelehrte beiden Päpsten Gedichte widmet: was er
ihnen und wie er es ihnen sagt, drückt aber seine im erhabenen
Sinne „barocke" Geistesart aus. Er nutzt diese Anlässe, um seine
wichtigsten Ideen der europäischen Gemeinschaft an dieser
wenigstens der Tradition nach die universale Christenheit repräsentierenden Stätte weithin kundzugeben, und dies in einem

Stil, der seltsam und kühn betont, daß er der dogmatisch-
katholischen Geisteswelt nicht angehört und sich heimisch
in der Welt des griechischen Polytheismus bewegt. Er ruft die
Gottheiten der Gestirne an, daß sie den Wunsch des erkrankten
Papstes erfüllen, der im Geiste der Toleranz die abendländische
Kirche versöhnen, die Reunion vollziehen will, und fordert nach
der Neuwahl den andern Papst auf, eingedenk seines Vorbildes
Alexanders des Großen die Christenheit zum Türkenkrieg
aufzurufen. Im Ganzen ist Leibniz (rückreisend besucht er noch
Florenz, Padua, Mantua) länger als ein Jahr in Italien. Zumal in
Rom hat er vertrauten Verkehr mit berühmten Gelehrten der
Mathematik Physik, Chemie, Physiologie, mit den besten Ken-
nern des chinesischen Reiches. Der Kaiser des größten Reiches
der Erde, der sich in Himmelskunde und Mathematik versenkt
— muß diese Vorstellung nicht dem Platoniker Leibniz das
Bild des Abendländischen Reiches noch erweitern zum Bilde der
Menschheit? Er hat die Beziehungen zu den Sinologen Grimaldi
und Bouvet eifrig fortgesetzt. — So lebt er in Rom wie später
Goethe in einer Welt der geistigen Freude, in allseitiger Erweiterung seines einzigartigen Wissens, wie in wohlverdienter
Ehrung bei den entscheidenden Männern in Staat und Wissenschaft.

Was mußte dieser welt-weite Geist, diese reichs-weite Tatkraft
bei der Rückkehr in das viel zu enge Gehäuse Hannover empfinden? Man denkt an Dürers und Goethes Abschieds-Trauer.
In Rom wäre für Leibniz der Platz seines Denkens und Schauens,
in Wien der Platz seines Wirkens gewesen. Der Kaiser hatte
von seiner Denkschrift gegen Frankreich den günstigsten Eindruck und läßt ihm die Stelle des Kaiserlichen Historiographen
anbieten. Woran dieser Wechsel scheiterte, ist nicht bekannt.
Leibniz war sich seines einzigartigen Wertes ohne Anmaßung
und Eitelkeit bewußt, und seine Forderungen nach einer weit-
reichende Wirkung verheißenden Stellung mögen nicht gering
gewesen sein. Vielleicht fühlte er sich noch seinem Herzog verpflichtet. Selbstverständlich hindert ihn dauernd seine Konfession. In Rom wurde ihm, wie schon bemerkt, das bedeutungs-
volle Amt des Custos der vatikanischen Bibliothek angeboten,
das er des geforderten Übertrittes wegen ablehnte. Man denkt
an Winckelmann, der sich anders entschied.

Hannover wird der Käfig, an dessen Stäben später der wachsende Geist sich wundstoßen sollte. Erhaben über Konfession und Aufklärerei hat er dies Schicksal auf sich genommen, um nicht durch einen Übertritt die Reinheit seines Ringens zu trüben. Sein Amt war, unabhängiger Schiedsrichter zu bleiben, an den sich Protestanten wie Katholiken, Philosophen wie Staatsmänner mit gleichem Recht wenden dürfen.

EUROPÄISCHE AUSWIRKUNG

Sophie Charlotte und die Theodicee. Wenn Leibniz in Wien
nicht entschieden zugriff und 1690 nach Hannover zurückkehrte,
so ist das zu verstehen, da sein Verhältnis zu Ernst August
(seit 1693 Kurfürst) zwar weit kälter als zu seinem ersten Herrn
Johann Friedrich, aber doch leidlich war, das zur Kurfürstin
Sophie aber ausgezeichnet. Wie ihm das Leichte schwer, das
Schwere leicht wurde, so verstand er sich am besten mit Menschen großen Stiles. Sophie ist eine große Fürstin des Barock im
besten Sinne des Wortes, vielleicht die bedeutendste Frau ihrer
Zeit. Sie ist Urenkelin der Maria Stuart, Enkelin Jacobs I. von
England, Tochter Friedrichs V. von der Pfalz, des ,,Winter-
königs''. Den lebendigsten Eindruck ihres Wesens vermittelt
Liselotte, ihre Nichte, später Herzogin von Orleans, die eine
Frucht ihrer Erziehung ist und mit schwärmerischer Liebe an
ihr hängt. Im Briefwechsel mit ihr ist jene volkstümliche Gestalt
geworden. Sophie ist eine starke Person, die trotz einer Häufung
schwerer Schicksalsschläge sich auf ihre Kraft, Heiterkeit,
ihren Geist verlassen darf. Sie kämpft nicht ohne Härte für die
Macht der Dynastie, aber dieser Machtwille bleibt menschlich,
und die kalte Despoten-Pracht nach Ludwigs Vorbild ist ihr
zuwider. War sie auch weniger philosophisch als ihre Schwester,
die Spinoza-Freundin, und als ihre Tochter, die preußische
Königin, so war sie doch ganz die Frau, sich in Gespräch und
Brief mit einem Geist wie Leibniz zu verständigen, denn in allem
Bewußtsein ihres königlichen Blutes, ihrer politischen Machtstel-
lung in Europa ehrte sie die Ebenbürtigkeit des Genies. Eine
von Leibniz selbst überlieferte Anekdote heftet den ewigen
metaphysischen Sinn seiner Lehre im volkstümlichen Bilde an
den Umkreis der höfischen Gesellschaft wie an die Landschaft
des schönen Barockparkes Herrenhausen. Es war seine lebendig-
fruchtbare, aber logisch unbeweisbare Grundanschauung —

Kant behauptet, sie widerspräche dem gesunden Menschen-
verstande — daß niemals zwei Gebilde einander vollkommen
gleichen. Vergebens suchen die Hofleute zwei gleiche Ahorn-
blätter: selbst das ungeschulte Auge mußte überall Unterschiede
erkennen. Das ist ein kleines Symbol für entgegengesetzte
Weltsichten: für die mechanische Demokrits und der Aufklärung,
die die Welt aus Gruppen von unter sich identischen Atomen,
den Staat aus unter sich gleichwertigen Individuen erklären
zu können glaubt — und der Leibnizschen, die in jedem Individuum die Einmaligkeit sieht: Materialistische und seelisch-
genetische Welt-Betrachtung.

Weit unmittelbarer als die Freundschaft der Kurfürstin zu
Leibniz ist die ihrer Tochter Sophie Charlotte, der Königin der
Preußen. In der Berührung von Mensch zu Mensch muß sich
denn doch zuletzt der Stil des großen Menschen, ja sein Wesen
offenbaren. Leibniz ist der große Mann im Barock-Stil, der
baumeisterliche Denker, der denkende Staatsmann, aber freilich keine so unbedingte „Gestalt" wie Platon Caesar Dante
Goethe, mehr Denker als Gestalter und Täter. Um so weniger
darf man seine menschlichen Freundschaften vergessen, die
sein Inneres erleuchten, soweit sie Ereignisse der Geschichte,
nicht bloß „privat" sind. Sein Umgang mit Sophie in Herrenhausen zeigt ihn im Zeitstil — seine Freundschaft mit Sophie-
Charlotte in Charlottenburg rührt ans ewige Wesen. Die 1668
geborene Prinzessin war zwölf Jahre alt als sie den berühmten
Mann, den Vertrauten ihrer Mutter, kennen und mit den Augen
ihrer Mutter betrachten lernte. Mit sechzehn Jahren wurde sie
an den Kurprinzen Friedrich von Brandenburg, den Sohn des
Großen Kurfürsten, verheiratet, um so der Annäherung der
beiden mächtigsten Staaten Norddeutschlands zu dienen, einer
von Leibniz gepflegten Politik. Als Leibniz im Süden war, wurde
sie, zwanzigjährig, Kurfürstin. So war sie früh den Augen von
Leibniz entrückt, und erst mehr als ein Jahrzehnt später erfuhr
er mit freudiger Überraschung, daß sie ernsthaft um seine
Philosophie bemüht war.

Echt Sokratisch gehören für Leibniz Theorie und Praxis,
Wissenschaft und Staatskunst zusammen. Im Chaos der politischen Machtkämpfe wird die übernationale Bildungseinheit
umso wichtiger, deren zeitgemäßes Mittel die Akademien werden.

Was große, staatliche Akademien für die Formung der Nation bedeuten können, hatte er in Paris, auch in London erfahren. Für das deutsche Volk schien die nötigste Gründung die in Wien, und Leibniz gab sich auf seiner Reise die größte Mühe, sie ins Werk zu setzen. An zweiter Stelle war eine Akademie in Berlin zu wünschen, und die Verbindung der Welfen und Hohenzollern schuf für Leibniz günstige Voraussetzungen. Umgekehrt konnte er die politische Freundschaft als Präsident der zu gründenden Akademie in Berlin fördern. Sophie Charlotte war lebensfreudig, ja übermütig, von Kunstverständnis für die Musik erfüllt, geselligen Festen sehr geneigt, aber die eitle Pracht — halb barbarisch nennt sie Dilthey — am Berliner Hofe, der sich zum Königshof entwickelt, konnte ihrer tiefen Herzensbildung und ihrem hohen Geiste nicht genug tun. Der König blieb ihr innerlich fremd. Sie nahm es gern auf, als Leibniz im Einverständnis mit der Kurfürstin Sophie vorschlug, zwischen beiden Höfen zu vermitteln, und bald konnte sie Gespräch und Briefwechsel mit dem großen Manne nur schwer noch entbehren. Ihr Gemahl hatte ihr ein eigenes Schloß in Charlottenburg (damals Lützenburg) durch den größten Baumeister jener Zeit, durch Schlüter, erbauen lassen. In diesem Schloß und Park also spielen die Gespräche, deren Gehalt dann in der Form der ,,Theodicee'' ein ewiges Gut Europas wurde. Monatelang wohnt Leibniz im Schloss, und wenn er fern ist, versichert ihn die Königin oft in ihren Briefen ihrer ungeduldigen Sehnsucht nach seinen Gesprächen. ,,Alles was von Ihnen kommt, ist voll schöner Gedanken.'' Ihre Vertraute bittet ihn, bald zu kommen. ,,Ich versichere Sie, es ist ein Liebeswerk herzukommen, denn die Königin hat hier keine lebende Seele, mit der sie sprechen kann''. Sie selbst bittet einmal: ,,Lassen Sie meinen Brief nicht sehen, denn ich schreibe an Sie wie an einen Freund, ohne Rückhalt.'' Ranke nennt diese Königin ,,stolz, unverstellt und voll Anmut.'' Das Glück dieser Freundschaft, die glücklichste Zeit in Leibniz' Leben, dauerte acht Jahre. Sophie Charlotte war von zarter Gesundheit, der Gedanke ans Sterben trübte ihre Heiterkeit nicht, denn sie habe — wie sie an Leibniz schreibt — viel weniger für die Zukunft zu fürchten als für die Gegenwart. Auch den Teufel fürchte sie nicht — sie wolle sich heiter mit Leibniz, der die Dinge ergründe, über diese Materie unterhalten. Die Bücher

der Mathematik seien ihr Figuren und Zahlen, die sie nicht
lese: das alles sei ihr griechisch. „Il n'y a que l'Unité dont j'ay
une petite idée, grâce à vous soins".

Mit siebenunddreißig Jahren, 1705, starb unerwartet diese
großherzige Frau. Ihr großer Enkel Friedrich berichtet: „Sie
war eine Fürstin von hervorragendem Verdienst. In ihr verei-
nigten sich alle Reize ihres Geschlechtes mit geistiger Anmut und
aufgeklärtem Verstande ... In Preußen führte die Fürstin den
geselligen Geist ein, echte Höflichkeit und die Liebe zu Kunst
und Wissenschaft. Charlottenburg war der Sammelpunkt des
guten Geschmacks. Ergötzlichkeiten jeder Art, unerschöpflich
abwechselnde Feste machten den Aufenthalt genußreich und
verliehen dem Hofe Glanz. Sophie Charlotte war eine starke
Seele. Ihre Religion war veredelt, ihre Gemütsart sanft, ihr
Geist bereichert durch Lektüre aller guten französischen und
italienischen Bücher. — Man wollte einen reformierten Geist-
lichen an ihr Sterbebett führen. ,Laßt mich sterben' sagte sie,
,ohne zu disputieren!' Eine Ehrendame, die sie sehr liebte,
zerfloß in Tränen. ,Beklagen Sie mich nicht', sprach die Königin, ,denn meine Wißbegierde nach dem Ursprunge der Dinge,
den Leibniz mir nie zu erklären vermochte, nach dem Raum und
dem Unendlichen, nach dem Sein und dem Nichts, wird ja nun
bald gestillt sein. Außerdem bereite ich dem Könige, meinem
Gemahl, das Schauspiel einer feierlichen Beisetzung, wodurch
er wieder einmal Gelegenheit erhält, seine Prachtliebe zu entfalten'. Im Sterben empfahl sie ihrem Bruder, dem Kurfürsten
von Hannover, die Gelehrten, deren Beschützerin sie gewesen,
und die Künste, die sie gepflegt hatte. Friedrich I. fand in der
Zeremonie ihrer Leichenfeier Trost über den Verlust einer
Gattin, die er niemals genug hätte betrauern können". Wie
hätte diese Königin, von der der Enkel, ohne sie gekannt zu
haben, mit solcher Verehrung spricht, an der sein harter Vater
mit Ehrfurcht und Gehorsam gehangen hat, wohl noch auf den
großen Preußenkönig und sein Geschick einwirken können,
wenn ihr ein Leben von durchschnittlicher Dauer beschieden
gewesen wäre! Wie würde sie ihm von Leibniz erzählt haben.
Als Platon starb, war Alexander der Große neun Jahre alt, als
Leibniz starb, Friedrich der Große vier Jahre — wie wäre die
Geschichte verlaufen, wenn die beiden großen Denker noch

unmittelbar auf die großen Täter hätten einwirken können? . . .
Wenn der Enkel im letzten Satz an das Vermächtnis seiner
Großmutter zugleich an ihren Gatten und an ihren Bruder (der
seit 1698 Kurfürst von Hannover war) erinnert, so wird sich
bald ergeben, wie schändlich beide dies Vermächtnis mißachten,
wie undankbar sie an Leibniz handeln. Daher könnte wohl
bei Nichtwissenden der Gedanke aufsteigen, Leibniz habe als
geschmeidiger Hofmann sich das Vertrauen der Frauen, nicht
das der Männer erworben. Aber die beiden größten Kriegshelden
und Staatsmänner des Zeitalters, deren einer sich den Philosophen auf dem Königsthron nennt, haben Leibniz mit Ehrfurcht
behandelt. Friedrich der Große auf Grund der Überlieferung,
Prinz Eugen aber in persönlicher Freundschaft.

Friedrichs Auffassung reicht an symbolhafte Deutung. Leibniz
fördert Preußens Erhebung zum Königtum und feiert sie in einer
bedeutsamen Schrift. Friedrich nimmt die Rangerhöhung als
Aufforderung an die Nachkommen, sich gänzlich „dem Joch der
Knechtschaft zu entziehen, unter dem der Wiener Hof damals
alle deutschen Fürsten hielt". Wie Leibniz fürchtet er eine
Habsburgische Universalmonarchie. (Er will nicht einmal glauben, daß Ludwig die Weltmonarchie erstrebt habe) [1]. Um so
gewichtiger ist es, daß Friedrich mit einiger Geringschätzung
vom ersten König, seinem Großvater, mit Ehrfurcht von der
Freundschaft der Königin mit Leibniz spricht, deren Zeugnisse,
den Briefwechsel, der König nach Möglichkeit hatte vernichten
lassen. Auch Friedrich I. „repräsentiert" den Barock-Stil. Dem
gewaltigen Baumeister und Bildhauer Schlüter giebt er die
Möglichkeit, mit seinen Werken der preußischen Hauptstadt
den Charakter aufzuprägen. Friedrich II. aber sieht die Leistungen als Ausdruck einer Persönlichkeit, einer Monade, und urteilt:
„Dem Kurfürsten Friedrich III. schmeichelten in der Tat nur
die Äußerlichkeiten des Königtumes, das Gepränge der Repraesentation und eine gewisse Wunderlichkeit der Eigenliebe,
die sich darin gefällt, andere ihren geringen Stand fühlen zu
lassen". Er betrachtet seine Leistung als „Werk der Eitelkeit".
Das Wort Repräsentation erregt an dieser Stelle unsere Aufmerksamkeit, da es ja zugleich der Grundbegriff der Leibnizschen

---

[1] Oeuvres du philosophe de Sanssouci. Denkwürdigkeiten zur Geschichte des
Hauses Brandenburg. Deutsch v. Willy Rath.

Metaphysik und des Barockstiles ist. Aber es ist doppelsinnig. Auch das Wort barock weckt die verschiedensten Empfindungen: Entartete Renaissanceformen, ausladende, anmaßende Gebärden, Abweichung vom reinen Geschmack ins Groteske — aber Barock ist außerdem der letzte große „Stil" Europas, der wirklich große Ausdruck eines gemeinsamen Lebensgefühles, dem selbst die Leidenschaft der Gotik nicht fehlt: Stil im großen Sinne Nietzsches als Formung sämtlicher Lebensäußerungen Europas. Solcher Stil ist in seiner Aufgabe, so gewaltige Kräfte der Gegenwart und Vergangenheit zusammenzufassen, überall auch der Gefahr ausgesetzt, zu entgleisen, am eigentlichen Ziele vorbeizugehen. Im äußerlichen Sinne ist mit Recht die stärkste politische Macht, der Hof Ludwigs XIV. sein vollendeter Ausdruck. Insofern ist er „Repraesentant" der Zeit. Nun aber wollen alle kleinen Dynasten ihn nachahmen, dieselbe Pracht entfalten, sie wollen repräsentieren wie er.

Es ist ja der Sinn der Leibnizschen Lehre, daß die Monade gleichsam als Keim des Universums dieses erkennend und schaffend repräsentiert, soweit ihr diese Entwicklung gelingt. Im Erdenleben ist uns nichts Höheres bekannt als die schöpferische, die gestaltende Persönlichkeit. Repräsentieren heißt darstellen, vergegenwärtigen, verleiblichen, heißt verwirklichen, was sonst nur als unfaßbare Kraft, bloß potentiell gegeben ist, wie der größte König sein Volk repräsentiert, indem er das „Potential" in die Wirklichkeit hebt. So repraesentiert der Barock auf seinem Gipfel die Weltordnung der pythagoreischen Harmonie, die Schöpferlust. Mathematik, Baukunst, Musik drücken gemeinsam diesen Geist aus, dem politisch die Reichsidee entspricht — nicht auf Grund einer fortgeschrittenen Rechenkunst, sondern als Ausdruck des pythagoreischen Gefühles für die schöne Proportion, für das Verhältnis der einfachen Zahlen. Das Höchste ist die Persönlichkeit, die den irdischen Mesokosmos, das Reich schafft — das Zweithöchste ist, sich mitschaffend in die entstehende Gestaltung einzuordnen. Diesen Geist des Barock, die Entfesselung der bewegenden Kräfte zu zeigen und das Dynamische doch harmonisch zu bändigen, wird im frühen wie im späten Barock, bei Michelangelo wie bei Pöppelmann, in der Vereinung von Baukunst, Bildhauerkunst, Freskogemälde, in der Freude an der beherrschenden, zusammenfassenden Kup-

pel, zur Gestalt. Diesen hohen Sinn der verwirklichenden Repräsentation fassen damals nur Wenige ganz. Die erweckte
Leidenschaft wird zum Willen, das Mächtige und Hohe darzustellen, das sie n i c h t ist, zur Anmaßung, Nachahmung,
Vorspiegelung. Theatralische Unechtheit bedroht besonders
das Hofleben der kleinen Dynasten. Und dieser Begriff des
unechten Repräsentierens, des eitlen oder sachlichen Darstellens
dessen, was man n i c h t selbst ist, wurde zum herrschenden
Begriff. Der Abgeordnete ist stolz, das Volk zu repräsentieren,
und das Volk ist stolz, repräsentiert zu sein. Aber das mechanische Wahl-Verfahren, der Zwischen-Apparat erschwert oft
doch wieder die wahre Vergegenwärtigung des Wesens, die Leibnizsche Repraesentation. Auch die dynastische Erbfolge sichert
nie die Berufung des echten Stellvertreters: diese ist Schicksal.
Nur religiöse und philosophische Einsicht deuten echte Repräsentation: Stellvertretung des Göttlichen. So sieht Friedrich II, ein Repräsentant des Preußentums, in seinem Großvater das Bild der „Repräsentation" im unechten, im theatralischen Sinne als äußerliches Gepränge, Eitelkeit, Eigenliebe,
Geltungsbedürfnis, und es ist sinnbildlich, daß er als Gegenbild
das Freundespaar, die Königin und Leibniz, darstellt. Er berichtet den Ausspruch der Königin, sie sei in Verzweiflung, in
Preußen die Theaterkönigin spielen zu müssen. „An Leibniz
schrieb sie: Glauben Sie nicht, ich zöge die Kronen und Würden,
von denen man hier so viel Wesens macht, dem Reiz der philosophischen Unterhaltungen vor, die wir in Charlottenburg geführt
haben". So verehrt Friedrich die Großmutter, so gering schätzt
er den Großvater. Doch sieht er sie nicht als Privatperson,
sondern als echte Repräsentantin schöner Geselligkeit und
Kunstpflege.

Jene Zeit ist die Hochblüte der Aufklärung, des Pathos des
Verstandes, der sich gegen die Tradition durchsetzt: Naturrecht
gegen das Geschichtlich-Gewachsene, Logik gegen Kirchen-
glauben. Aus England wirkt der Deismus, das Freidenkertum
Tolands. 1697 erscheint Bayles Dictionaire, der sogleich eine
führende geistige Macht in Europa wird. Bayle riß einen unbedingten Gegensatz zwischen Glauben und Vernunft auf — angeblich zugunsten des Glauben, im Grunde aus dem Pathos des
Skeptizismus. Die „positivistische" Zersetzung aller Metaphy-

sik beginnt. Sophie Charlotte und ihre Mutter lernen Toland
und Bayle persönlich kennen. Jene steigert sich in der Sehnsucht
nach unbedingter Erkenntnis und in den Belehrungen ihres
Freundes Leibniz sucht sie Klärung. Aber auch er tut ihr nicht
Genüge und sie fürchtet, er nehme sie, die Frau nicht ernst
genug. Der Bericht Friedrichs II. sagt wieder sinnbildlich:
„Ihre Wißbegierde suchte den letzten Grund aller Dinge zu
erfassen. Leibniz sagte ihr eines Tages, als sie ihn auf diesem
Gebiete in die Enge trieb: Es gibt keine Möglichkeit, Madame,
Sie zufrieden zu stellen. Sie wollen das Warum des Warum
wissen''. Diese Gespräche rühren an die Grenzen der Menschheit.
Die Königin ist nicht eine Diotima, die den Philosophen belehrt
oder den Täter befeuert. Wie später Klopstock hofft sie auf den
Retter Tod, der uns in das Land der Erkenntnisse führt. Leibniz
aber ist der Weltweise, der in *dieser* Welt den Lebenssinn sucht.
Er beweist nicht selbstgefällig, daß er recht hat, er, der tiefer
als alle Zeitgenossen dringt, behauptet nicht, mit seiner Metaphysik den letzten Grund der Welt zu erklären: Gott und die Monaden sind Grund der Welt, aber der Grund des Grundes ist
dem Menschen verschlossen. Wie Platon, wie Goethe tritt er
scheu vor dem Letzten zurück.

Als Philosoph ist er Gegensatz zu Spinoza, als Schriftsteller
zu Bayle, denn in dessen Skeptizismus sieht er Überhebung
der Vernunft, Schwächung des produktiven Menschen und die
der frühen Sophistik entsprechende zersetzende Geistkraft.
Wie Sokrates im Phaidon kämpft Leibniz gegen den Drachen
der Entseelung Europas. So ermüdet er nicht, mit der „philosophischen Königin'' immer wieder diese Frage von Glauben
und Vernunft zu betrachten, und daraus entsteht, unter dem
Drängen der Teilnehmerin, sein einziges von ihm selbst ver-
öffentlichtes Buch, die Theodicee, die man als Lesebuch des
gebildeten Europa bezeichnet, weil ihr Einfluß auf das ganze 18.
Jahrhundert nicht abzusehen ist. Vom September 1701 bis
Neujahr 1702 weilt Leibniz in Charlottenburg. Das sind die
Jahre, in denen der Dictionnaire des großen Aufklärers, der
sich auch mit Leibniz' Theorie auseinandersetzte (im Artikel
„Rorarius''), im Mittelpunkt der europäischen Diskussion steht.
Die Königin ist ergriffen von diesen Fragen, vom Zwiespalt
zwischen Theologie und Philosophie, mit denen der Leiter der

Reunionsbewegung sich von je beschäftigte, und sie trieb ihn an,
die Ergebnisse ihrer Gespräche zusammenzufassen. Als sie
starb, empfand es Leibniz als Pflicht der Pietät, diesen Wunsch
zu erfüllen und aus den Fragmenten ein Buch zu machen. Was
das Buch damals so lebendig macht, der Widerschein nie enden-
der Gespräche, läßt es dem spätern Leser zu zeitgebunden erscheinen. — Seine Methode ist nicht die der rationalen Systeme.
Ein Wort in der Vorrede ließe, auch wenn wir nichts von Leibniz
wüßten, ein Genie, einen Vorläufer Goethes vermuten. Er finde
in dem ausgezeichneten Lexikon Bayles den Widerstreit von
Vernunft und Glaube, „wobei Herr Bayle die Vernunft zum
Schweigen bringen möchte, nachdem er sie zuvor zu laut hat
reden lassen; was er alsdann als Triumph des Glaubens bezeichnet". Ein souveräner Spurch über das Pathos der müden Aufklärer, so im Vorbeigehen über die Wichtigtuerei der bloßen
Ratio in Dingen der Weltanschauung lächelnd. Leibniz braucht
wie Goethe für sich selber Freiheit, sie suchen die philosophische
Weltanschauung, die mittelbar dann auch der weiteren Gemeinschaft zugute kommen soll [1]). Aber sie wissen, daß die
Menge nicht zum Philosophieren fähig ist. Leibniz beginnt die
Vorrede: „Zu allen Zeiten hat man die große Masse der Menschen
ihre Gottesverehrung in bloße äußere Formen setzen sehen: die
l a u t e r e F r ö m m i g k e i t, das heißt Licht und Tugend,
ist niemals das Erbteil der großen Zahl gewesen. Das ist nicht
erstaunlich, denn nichts ist der menschlichen Schwachheit
angemessener. Das Äußere drängt sich uns auf, während das
Innere eine Erörterung heischt, zu der nur wenige imstande
sind. Da die wahrhaftige Frömmigkeit in den Empfindungen
und in der Tätigkeit besteht, so ahmen die F ö r m l i c h k e i-
t e n d e r G o t t e s v e r e h r u n g sie nach und sind von
zweierlei Art: die einen laufen hinaus auf Z e r e m o n i e n
d e r H a n d l u n g, die anderen auf F o r m e l n d e s G l a u-
b e n s. Die Zeremonien sind Gleichnisse der tugendhaften Handlungen, die Formeln sind wie Schatten der Wahrheit und nähern
sich mehr oder weniger dem reinen Lichte. Alle diese Förmlich-

---

[1] Für Goethe: besonders zu Eckermann 11. III. 1832: „Das Licht ungetrübter
göttlicher Offenbarung ist viel zu rein und glänzend, als daß es den schwachen Menschen gemäß und erträglich wäre. Die Kirche aber tritt als wohltätige Vermittlerin
ein, um zu dämpfen und zu ermäßigen, damit allen geholfen und damit vielen wohl
werde." Ferner Biedermann Nr 3095.

keiten wären zu loben, wenn die, die sie erfunden haben, ihnen die Eignung verliehen hätten, das zu bewahren und auszudrücken, was sie nachahmen; wenn die religiösen Zeremonien, die kirchliche Zucht, die Regeln der Gemeinschaft und die menschlichen Gesetze immer gleichsam ein Hag für das göttliche Gesetz wären, um uns von der Annäherung an das Laster fernzuhalten, uns zu gewöhnen an das Gute und uns vertraut zu machen mit der Tugend ... Ebenso verhält es sich mit den Formeln des Glaubens: sie wären zu billigen, wenn sie nichts enthalten, was nicht mit der Heilswahrheit übereinstimmt, selbst wenn nicht die ganze Wahrheit, um die es sich handelt, in ihnen enthalten wäre. Aber es geschieht nur gar zu oft, daß die Gottesverehrung in Äußerlichkeiten erstickt und das göttliche Licht verdunkelt wird durch Meinungen der Menschen."

Ein volltönender Zusammenklang von Vernunft und Glauben, Gefühl und Tatwillen! Pietisten und Ästheten freilich werden einwenden, das sei Aufklärung — aber es ist Aufklärung im schönen Sinne des Wortes, der Herder und Goethe. Die Rationalisten aber, auch die von hohem Rang, finden an Leibniz zu tadeln, daß er nicht sich von den Vorstellungen des Dogmas und des Kultes gelöst habe. Als ob sein Genie nicht so tief gedrungen wäre wie der Verstand eines Thomasius, Toland, Reimarus, Voltaire. Der Sinn seiner dogmatischen Bemühungen wird hier erhellt: Um der religiösen Gemeinschaft willen soll das Dogma mit Tradition und Autorität verknüpft bleiben, indem es dauernd nach dem Polarstern der Vernunft, aber aus lebendigem Gefühl der Menschen allmählich geläutert wird. Der souveräne Geist, der die „Aufklärung" und Grenzen durchschaut, findet es unvernünftig über Wahrheit der Dogmen, Bedeutung der Kult-Formen zu streiten, die doch keine logischen Gebilde, sondern sinnliche Symbole und schaffende Kräfte sind. Einem Leibniz gegenüber wird Bayles Rechthaberei ein wenig lächerlich, denn den Glauben bewahren und ihn für vernunftwidrig erklären, zersetzt den Glauben wie den philosophischen Geist.

Leibniz und Goethe, in gleicher innerer Freiheit, lehnen Bayle ab: Leibniz kämpft gegen den berühmten Zeitgenossen mit Achtung, Goethe redet verächtlich von ihm, weil ihm solches Vernünfteln als Philisterei gilt. In zwei Dogmen stimmt Leibniz unbedingt mit dem Christentum überein: Unsterblichkeit der

Seele und Einzigkeit Gottes — das ist zugleich Grundlage der
Platonischen Lehre. Die Unsterblichkeit der Seele, Seele als
Substanz, ist die Grundlage der Leibnizschen Metaphysik
überhaupt. Die Vorstellung des Einen Gottes findet ihre Entsprechung in der Projektion der Einzelseele auf den unendlichen
Kosmos: ,,Die Vollkommenheiten Gottes sind diejenigen unserer
Seelen, er aber besitzt sie ohne Schranken: er ist ein Ozean, aus
dem wir nur Tropfen empfangen haben — in uns ist etwas von
Macht, etwas von Erkenntnis, etwas von Güte vorhanden,
aber ganz ist dies alles in Gott. Die Ordnung, die Verhältnisse,
die Harmonien entzücken uns, die Malerei und die Musik sind
ihre Musterstücke: Gott ist die Ordnung selbst, immer bewahrt
er die Richtigkeit der Verhältnisse, er ist die Harmonie des
Universums: alle Schönheit ist ein Erguß seiner Strahlen.''
Das ist die Platonisch-Pythagoreische Weltschau. Wenig ist
von Gott als eigentlicher Persönlichkeit, als einem Ich die Rede.
Er ist Quell der Persönlichkeit, Idee des Guten und Schönen,
deren Betrachtung uns mit Glück und Liebe erfüllt. Christus
ist der Vollender jener Gotteslehre, der uns außer Furcht und
Verehrung auch Liebe und Neigung (tendresse) lehrt.

Leibniz Religiosität ist nicht individualistisch, geschweige
selbstsüchtig, wie man im herkömmlichen Mißverständnis der
einsamen Monade vermutet, denn die prästabilierte Harmonie
ist Vergöttlichung der Gemeinschaft, ist heiliger Geist. ,,Denn
indem man seine Pflicht tut, indem man der Vernunft gehorcht,
erfüllt man die Anweisungen der obersten Vernunft. Man richtet
alle seine Strebungen auf das gemeinsame Wohl, welches nirgends
unterschieden ist vom Ruhme Gottes: so findet man, daß es
nirgends ein größeres Sonder-Interesse gibt, als sich dem Gemein-
Interesse hinzugeben, und man ist in sich selbst befriedigt,
inden man seine Lust findet in der Forderung der wahren Vorteile der Menschen. Ob man nun Erfolg hat oder Mißerfolg:
man ist zufrieden mit dem, was geschieht, wenn man sich dem
Willen Gottes gefügt hat und wenn man weiß, daß das, was er
will, das Beste ist''. (Das ist der lebendige Mutterboden des
,,Kategorischen Imperativ'', dieser die abstrakte Verengung).
Nur in dieser menschlichen Ordnung erleben wir die Gottes-
Liebe nicht vom privaten Lohn und Vorteil, Sicherheits- und

Erlösungsbedürfnis. „Denn es gibt nichts so Angenehmes, als das zu lieben, was der Liebe würdig ist. Die Liebe ist jene Leidenschaft, welche uns die Lust finden läßt in den Vollkommenheiten dessen, was man liebt, und es gibt nichts Vollkommeneres als Gott, nichts Entzückenderes als ihn. Um ihn zu lieben, genügt es, seine Vollkommenheiten zu schauen, und das ist nicht schwer, denn wir finden ihre Ideen in uns selber". (Leibniz bewegt sich mit Leichtigkeit in der Atmosphäre, in die sich zu erheben den meisten Menschen zu schwer ist).

Das klingt an Spinoza an, und tatsächlich haben Herder und Goethe zuerst Spinoza so gedeutet. Aber Leibniz ist Antipode Spinozas. Spinoza glaubt allein an Notwendigkeit, mechanische Kausalität ohne Sinn und Zweck, und dies mathematische Gesetz nennt er Gott, wie Verzicht auf Persönlichkeit und Einordnung in die Notwendigkeit Tugend. Gegen dieses übersteigerte stoische Ideal setzt Leibniz das Platonische: weniger der Blick auf das Ordnungsgesetz an sich als die Schau des wohlgeordneten Kosmos erhebt und läßt die gesteigerte Persönlichkeit teilnehmen an Gottes Schöpferlust. Das ist die Freude der rastlosen Monade. „Es folgt daraus offenbar, daß die wahrhafte Frömmigkeit und selbst das wahrhafte Glück von Licht begleitet ist. Diese Art Liebe gebiert jene Freude an den guten Handlungen, welche die Tugend hervortreten läßt und, indem sie alles auf Gott als den Mittelpunkt bezieht, das Menschliche zum Göttlichen steigert." Und hieraus folgt wie gesagt, die Pflicht des Handelns im Sinne des Gemeinwohls. Leibniz steht über dem Gegensatz der katholischen Werkgerechtigkeit und deren Verachtung durch Luther, die aus dem individuellen, aufwühlenden Glaubenserlebnis folgt. Aus dem großen Stile, der Magnitudo, der seligen Weltschau folgen Pflicht und Tat von europäischer Tragweite. Die pietistische Seelentiefe eines Spener war Leibniz vertraut, aber die Wichtigtuerei der individualistischen Seele, die Selbstüberhebung des übersteigerten Pietismus, die sich in bohrendes Sündenbewußtsein kleidet, waren ihm fremd. Das ist der Zug des Gesamtstiles in Europa, des Spätbarock, soweit er echte Gestaltung, nicht Auflösung ist. Sein Sinn ist gesteigerte Einheit, aber Einheit, die nicht als göttliche Vollendung, als „ewige Ruhe in Gott dem Herrn" stillesteht, sondern im dynamischen Fluss die sichtbaren Kräfte

im Einklang zusammenballt. Leibniz Harmonie meint nicht
harmonischen Akkord, sondern bewegte Polyphonie, Fuge
der Gegenkräfte. Er ist nicht Künstler wie Schlüter und Neumann, Bach und Händel, nicht Täter wie Eugen, noch weniger
kann er den erwarteten Dichter oder gar Erneurer einer europäischen Religion, eines Friedensreiches vorwegnehmen: aber
er stellt als Denker den gewaltigen Gedankenraum dar, in dem
solche Versuche stehen und atmen können. Er ist nicht Gründer
einer philosophischen Schule oder der Philosophie als Fachwissenschaft, aber der große baumeisterliche Denker im großen euro-
päischdeutschen Stil. Seine Weltlust ist oberflächlichem Harmonisieren so fern wie dem oberflächlichen Sinnengenuß, sie ist eine
tiefe kosmische Freude, in der viele Klangfarben und Höhen-
lagen des Orchesters mitklingen. Er steigert das Mannesgefühl
nicht ins Übermenschliche, er fällt nicht in Skeptizismus, der
es zur Tragikomödie macht: man könnte es als triumphierenden
Heroismus bezeichnen und den großen Oratorien, Händels
Messias, vergleichen. Diese Weltsicht schafft in der Folge-Zeit
für die sinnliche Wohlgeordnetheit, die ernste Heiterkeit des
Rokoko, für die Weltfrömmigkeit Goethes den Raum. Das
fühlt man als leichtere, beschwingtere Weise in Haydns Orato-
rium ,,Die Schöpfung", und eine Anekdote zeigt symbolhaft,
wie diese Heiterkeit bei Leibniz, Haydn, Goethe eine tiefgründige
Weltfreude ist, fern der flachen Heiterkeit, die Hölderlin bemitleidet, Nietzsche tief verachtet. Zelter berichtet: ,,Einst
befragt, warum seine Messen so fröhlich und fast lustig? antwortete Haydn: ,Weil, wenn ich an den lieben Gott denke, ich
so unbeschreiblich froh werde'. Als ich dies Goethe erzählte,
liefen ihm die hellen Tränen die Wangen herab." Leibniz lehrt
den Geist der Gemeinschaft im edelsten Sinne des Wortes: die
Monaden erleben dasselbe All, dieselbe Harmonie, denselben
Gott — in dieser Tiefe werden sie von ihrer Einsamkeit erlöst.
So gründet bei Haydn und Goethe die Heiterkeit im Anblick
der leiblichen Schönheit, des Eros, der Gemeinschaft der Kreaturen: im Leibnizschen sympnoia panta. Goethe ist tief ergriffen,
als er hört ,daß Vögelmütter die Jungen fremder Arten aufziehen.
Der Diwan preist den göttlichen Kosmos wie der Timaios und
wie Leibniz:

„Denn vor Gott ist alles herrlich,
Eben weil er ist der Beste;
Und so schläft nun aller Vogel
In dem groß- und kleinen Neste."

Ein ähnlicher Gedanke findet sich bei Leibniz. Solche Verwandtschaft behütet davor, diese Weltschau mit Schopenhauer als „ruchlosen Optimismus" mißzudeuten. Ludwig XIV. ist Repräsentant der Barockzeit, Realität seines Staates schlechthin, als zentralisierte Macht: gleichsam die Hauptmonade seiner Nation, darum als Sonnenkönig vergottet. Er ist es durch Zwangsgewalt, durch Ausrottung der Nicht-Katholiken, ohne Verständnis für eine europäische Harmonie. Als Vorbild vieler kleiner Fürsten leitet er ein theatralisches Gepränge ein. Sein Stil enthält trotz aller äußeren Dynamik auch etwas von klassizistischer Trockenheit. Leibniz beherrscht nicht die staatliche Welt, nicht den Stil des äußeren Lebens, aber er repräsentiert nicht nur das Reich des Schauens und Denkens, sondern auch den Stil des europäischen Geistes in höchster Form. Er rührt ans Ewige, indem er die Zeitgebundenheit durchbricht. Zeitgebunden zwar scheint gerade die Theodicee im philosophischen Werk, denn sie will im gegenwärtigen Chaos vermitteln. Sie ist „exoterisch" — aber wie sehr steht es dem großen Denker an, diese Wirkung weder zu versuchen durch ein Hinuntersteigen zum allgemeinen Menschenverstand (wie Locke), noch durch trockene allgemeingiltige Logik (wie Wolff): sondern ausdrücklich sich zu wenden an die große Seele der Königin, der Freundin, die ihm im höheren Sinne die Seele des Volkes repräsentiert. Seine Monadenlehre ist das Gegenteil der Vermassung: Sie ist Rangordnung, die von Stufe zu Stufe den Raum öffnet für Seele und Persönlichkeit. Später wird es die Pein des Ich-Idealismus, daß die Einzelseele ganz auf sich selbst verwiesen ist. Leibniz erlebt beglückt in der zweifellosen Begegnung mit dem Du, dem Wir, in Freundschaft und Liebe jenseits aller erkenntniskritischen Bedenken die Außenwelt, die andern Seelen, zugleich die Spiegelung des ewigen Wesens. Er befreite Schelling und Hölderlin aus fruchtloser Philosophie der subjektiven Einseitigkeit und zeigte ihnen in der Natur überall die Verwandten, die seelenhaften Monaden. Goethe besang dies Erlebnis der Freundschaft, den Du-Ich-Einklang:

„Sag, was will das Schicksal uns bereiten?
Sag, wie band es uns so rein genau?
Ach, du warst in abgelebten Zeiten
Meine Schwester oder meine Frau."

So könnte Leibniz nicht sprechen, wohl auch nicht so empfinden. Aber auch seine Freundschaft ist kosmisch, ist die
Liebe in gleicher Schau der Weltharmonie, der Idee des Guten.
Daß die Königin seine Lehre nicht nur als gelehrige Schülerin
aufnimmt, sondern im höchsten Streben das Ewige ähnlich
schaut, es aus eigener Seele entwickelt, empfängt Leibniz als
beglückende Bestätigung seiner Welt, seiner Person, nicht seiner
Hypothese: die Wahrheit seiner Weltschau wird schönes Ereignis ...
So anerkannt war diese Freundschaft, daß beim Tode der
Königin Gesandte in Berlin Leibniz Besuche machten, um ihr
Beileid auszudrücken. Leibniz selbst schreibt (lateinisch) einem
Vertrauten, wie zugetan ihm diese große Fürstin, die geistreichste
und menschlichste, die es je gab, gewesen sei. Die Trauer um
ihren Tod habe ihn in eine schwere Krankheit versetzt, daß er
sich kaum wieder erholt habe. „Unglaublich war nämlich in
der Königin die Kenntnis von höheren Dingen wie die Begierde
des Erkennens, und mit mir betrieb sie Pläne, durch die sie
ihrer Wißbegierde noch mehr genugtäte ..." Im Auftrage des
Königs verfaßt Leibniz die „Personalien" der Königin und es
widerspricht höfischer Schmeichelei, wenn er sagt, fürstliche
Kinder würden oft zum Dünkel verleitet. „Sie hingegen hat
allezeit eine wundersame Leutseligkeit spüren lassen, also daß
sie sich ihres hohen Standes und göttlicher Gaben im geringsten
nicht überhoben. Sie hat niemand verächtlich gehalten, niemand
hart angelassen, auch nicht wohl leiden können, wenn es von
anderen in ihrer Gegenwart geschehen, hingegen in Reden und
Bezeigung sich so freundlich erwiesen, daß man nicht anders
als von Verwunderung entzückt von ihr gegangen". Im Gegensatz zu anderen Kindern hohen Standes habe sie von Zorn wenig,
von Rachsucht nichts gewußt. Sie habe immer die Lehre ihrer
Mutter beherzigt, daß, was bei gemeinen Personen unanständig,
bei Fürsten abscheulich und unerträglich sei. „Ohnwahrheit,
Falschheit und Verleumdung waren ihr schon in der Kindheit

zuwider: jedermann zu erfreuen und glücklich zu sehen, war ihres Herzens Freude, anderer Unglück ging ihr selbst zu Herzen."

Das ist ein wesenhaftes Ereignis der Geistesgeschichte. Sophie Charlotte ist die Seele, die sich nach dem Ewigen Wesen, dem Unendlichen sehnt: sie erlebt nichts Höheres als dies Gespräch mit Leibniz — aber es befriedigt sie nicht ganz. Sie ist nicht Gelehrte genug, um in der Überwindung Tolands, Bayles, der eigentlichen Aufklärung durch Leibniz glücklich zu sein. Und Leibniz? — Der Weise versteht sie. Er hat sich beschieden, das irdische Warum zu erklären — sie fragt nach dem göttlichen Warum des Warum. Er maßt sich nicht an, mit seinem außerordentlichen Verstand mehr zu erklären als diese Seele und antwortet schlicht, er sei mit seinem Latein zu Ende. Erst das ist die volle Überwindung der Aufklärung, der Weg zur Größe. Der Gelehrte und die Königin — es regt sich in dieser Freundschaft ein Hauch des Platonischen Eros, der Danteschen Minne-Mystik. Theologie und Philosophie, Religion und Wissenschaft finden, wie Dante sich selbst deutet, in menschlicher Liebe ihr Sinnbild, ihre Einheit und Verwirklichung. Aus menschlichem Glück und Bescheidung des Erkennenden wächst die einfache Größe der Vorrede. Und wenn uns Nachfahren diese Gespräche sich bisweilen ins Breite zu verlieren scheinen, so spüren wir doch das seelische Ringen, aus dem, über die Grenzen rationaler Wissenschaft hinaus, großartige Metaphysik wächst. Er findet für seine letzte Höhe nicht wie Platon den dichterischen Mythos, nicht wie Dante das höchste Gedicht, doch ein vollendetes Gleichnis. Und sein erweckendes Erlebnis deutet er in einem umfangreichen Gedicht. Schon als Schüler besass er eine unglaubliche Leichtigkeit im Abfassen lateinischer Verse, aber niemand wird seine Gedichte, die nur mit denen von Zeitgenossen, Canitz und Besser, allenfalls von Friedrich II. zu vergleichen wären, am Maßstab hoher Dichter messen. Aber wer Echtheit des Erlebens sucht, nicht ästhetisch kritisiert, wird von der menschlichen Erschütterung des Denkers ergriffen sein.

Zwei Gedichte knüpfen an die Umschrift der Medaille an, die nach der Krönung auf die Königin geschlagen wurde: „In una sede morantur Majestas et Amor". Leibniz, der vermutlich die Inschrift gewählt hat, schreibt nach der Krönung ein Gedicht auf die Königin und preist die Erfüllung jenes Ovidischen Spru-

ches. Aber im zeitlichen Sinn widerspricht der Tod der Königin
dem „morantur", der Dauer. Leibniz bekennt sich zur Kritik
Claudians: „nec in una sede morantur Majestas et amor". In
einem Gedicht auf die Königin sagt er, daß „Hold" und „Majestät" allhier niemals lange Zeit zusammenbleiben [1]). Danach
verfaßt er ein Gedicht von 29 Strophen, beginnend:

> „Der Preußen Königin verläßt den Kreis der Erden,
> Und eine Sonne wird nicht mehr gesehen werden;
> Des hohen Sinnes Licht, der wahren Tugend Schein,
> Der Schönheit heller Glanz soll nun erloschen sein."

Auf Strophen des Ruhmes und Preises folgt der Trost im
Gedanken der Unsterblichkeit. Doch ist dieser einzigartig
abgewandelt: er hofft nicht auf persönliche Auferstehung, auf
Wiedersehen im Jenseits, er versichert nicht das Nachleben im
Gedächtnis der Lieben, sondern metaphysisch preist er die Sinnerfüllung des Daseins im hohen Erlebnis, im ewigen Augenblick.
Wie Platons Eros daraus stammt, daß die Seelen im Grunde
zugleich die Idee des Guten, die höchste Gottheit lieben, und
daß diese eingeborene Schau die Kluft schließt, so vereint Leibniz
die Monaden dadurch, daß sie dazu aufsteigen können, das Universum und die Gott-Monade nach ihrem Maass zu erkennen.
Das ist die Krönung, die in der metaphysischen Lehre meist
undeutlicher ist, als in dieser Erschütterung durch den Schmerz:
Wahre Liebe ist die Freude an der Vollkommenheit der geliebten
Person, Liebe ist darum die wahre Gottes-Probe.

> „Was ist die wahre Lieb', als daß man sein Ergetzen
> In des Vollkommenheit, so man geliebt, muß setzen?
> Weil Liebe dann in Gott die stärkste Probe tut,
> Entsteht die größte Freud' auch aus dem höchsten Gut".

Er sucht Trost im Vertrauen, daß Gott gut sei, wenn man ihn
selber auch nicht schaut.

---

[1]) Goethe hat bei der Abschiedsszene Helenas wohl an das gleiche Zitat gedacht:
„Ein altes Wort bewährt sich leider auch an mir:
Daß Glück und Schönheit dauerhaft sich nicht vereint".

„Man sieht, daß Gott ist gut, eh man ihn selbst kann schauen,
Daß Lieb und Licht und Recht ursprünglich aus Ihm fließt,
Wie Wärm' und Glanz die Sonn' in Erdgeschöpfe gießt".

Das ist die Monadenlehre. Die Monade ist ganz innerlich und
stellt im Innern doch das äußere Weltall dar — so ist der Sinn
der Schöpfung gedeutet: die Monade ist Bild der Schöpfung,
darum darf man in ihr den Zweck der Schöpfung sehen:

„Ein jeder Geist stellt vor den ganzen Bau der Dinge,
Als ob die Fernung sich in einen Spiegel bringe,
Nach jedes Augenpunkt, verdunkelt oder klar,
Er ist ein Bild, wie er ein Zweck der Schöpfung war."

Das Gleichgewicht von Innen und Außen, die Identität von
Subjekt und Objekt ist gefunden wie in keiner Metaphysik
der neuern Zeit.

„Da jedem seine Welt besteht in seinen Sinnen,
daß er das Äuß're fühlt, so wie er's fühlt von innen . . ."

Gleichgewicht der Wage stellt sich allein aus dem innern
Harmonie-Gefühl her, denn es gehört dazu das Bewußtsein der
Einordnung in den schönen Kosmos.

„Die Geister ohne Zahl bestehn in einem Heere,
Dem Herrscher allesamt sie bringen Lob und Ehre."

Damit ist das große Thema angeschlagen für die Oratorien
des späten Barock, für ein Weltbild, das auch in Klopstock,
Hölderlin, Platen weiterwirkt. Es ist abendländisches Erbe.
Dies aber ist das Große: es entsteht in Leibniz wohl im Einklang
mit seinem Lernen und Forschen, aber ganz bricht es (wie bei
Dante) durch aus dem unmittelbaren Erlebnis der seelichen
Erschütterung, der sehnenden Liebe. Und er liebte, weil das
Erleben der Königin die Wirklichkeit seines eignen Denkens war.
    Vielleicht war dies schönste Erlebnis der Grund zur letzten
Steigerung dieser Lehre. Denn wenn heute den verwöhnten
Ohren diese Alexandriner trocken klingen, spürt der Denkende

doch etwas vom Faustischen Lebensgefühl. Der gewaltige Denker empfindet seinen Geist als schöpferisch, als Ausfluß der Gottheit, weil er zur Ordnung der Außenwelt mitberufen ist.

> „Die Seelen, die mit Gott in Einung können treten,
> Die fähig ihr Verstand gemacht ihn anzubeten,
> Die kleine Götter sein und ordnen was wie Er"...

Diesen Begriff übernimmt Goethe, wenn Mephisto über „den kleinen Gott der Welt" spottet. Und im Sterben erkennt Faust wie Leibniz das beschränkte menschliche Ziel: Gründung eines freien, tätigen, glücklichen Volkes durch Vereinung von Weisheit, Güte, Macht.

Auch in seiner Darstellung der deutschen Reichsgründungszeit richtet Leibniz der Königin eine Denktafel auf. Als er den Tod der Königin Hildegarde, der dritten Gemahlin Karls des Großen, berichtet, widmet er die Grabschrift von Paulus Diaconus, welche die Schönheit ihres Leibes, mehr noch ihres Geistes preist, gleichsam von neuem seiner Freundin:

> Huic tam clara fuit florentis gratia formae
> Ut nec in occiduo pulchrior orbe foret.
> Attamen hanc speciem superabant lumina mentis.

Er fügt nämlich lateinisch hinzu: „Indem ich diese Worte schreibe, kann ich nicht anders, als der uns jüngst entrissenen Königin der Preußen gedenken: denn es gibt in unserem Zeitalter keine Frau, auf die diese Worte mit mehr Glück angewendet werden können".

Wie Schweres Leibniz durch den so vorzeitigen Tod der „philosophischen Königin" vom Schicksal auferlegt war, sah er nicht voraus. Das größte Ziel war ihm durch dies Erleben gestellt, aber die Weltgeschicke raubten ihm die weiteren Erfolge.

Akademiegründung Erziehung Mission. Diese erhabene Freundschaft war eng verwoben mit einer großen doch nur halb gelungenen Tat: der Gründung der Berliner Akademie. Dazu war Leibniz, nach Friedrichs Wort in seiner Person eine ganze Akademie, wie kein anderer Gelehrter berufen, aber soviel von seiner Lebenskraft er solchen Zielen opferte, so schwere Hindernisse wälzten ihm die Geschichte wie die Unzulänglichkeit der Fürsten in den Weg. Für die Vollendung des französischen Nationalcharakters waren die von Richelieu 1635 gegründete Académie française und die von Colbert 1666 gegründete Académie des Sciences von größter Bedeutung. 1662 war in London die Royal Society von Karl II. gestiftet auf Grund eines von einem Deutschen gegründeten Naturforschervereins. Die nationale Macht der Académie française beruht darin, daß sie dem klassischen Französisch das Gesetz gibt, während die wissenschaftlichen Akademien nach damaligem Sprachgebrauch wesentlich die Naturwissenschaft meinen und der wirtschaftlichen Wohlfahrt des Landes dienen. Wieder erweist sich Leibniz als der Mann großen Stiles, indem er beide Seiten dieser Bestrebungen, ja fast die Ganzheit des Lebens in seinen unermüdlichen Planungen zusammenfaßt. Man nimmt wohl Anstoß, daß er auch dem wirtschaftlichen Nutzen solche Bedeutung einräumt und daß er sich dem Sinn des aufklärerischen Utilismus nähere — aber die Größe seines umfassenden Wollens ist damit mißverstanden. Der Begriff ,,Nutzen'' ist keine Wertbezeichnung, denn er bezeichnet nur das Mittel, das einem Zwecke dient, und erst der besondere Zweck entscheidet über Wert oder Unwert. Leibniz bekennt, daß er immer, wenn er etwas läse, sich überlege, ob er damit das Leben fördern könne. Leben ist der höhere und umfassendere Wert der Wissenschaft gegenüber. (Leben enthält als Ganzheit auch die niederen Werte, ist dennoch der höhere Wert jedem bloßen Teilwert gegenüber). Diese durch Nietzsche erneuerte Einsicht liegt Leibniz noch im Blute. Für den Geist dieser Akademie-Pläne ist besonders eine Früh-Schrift, aus Mainz, wohl aus dem fünfundzwanzigsten Lebensjahre stammend, charakteristisch: ,,Grundriß eines Bedenkens von Aufrichtung einer Sozietät in Teutschland zu Aufnehmen der Künste und Wissenschaften'' [1]. Daß sie bisher wenig beachtet wurde, liegt vielleicht am Barockstil, der dem modernen Leser zeitgebunden, unsachlich, ,,erbaulich'' klingen kann. Wer diesen Stil verstehen will, muß zuerst verstehen, was dieser

---

[1] Akad. Ausg. IV, I 530–43. Fehlt in der verdienstlichen Auswahl deutscher Schriften von Schmied-Kovarzik.

Denker und Staatsmann damals gewollt hat. Das ist nicht
selbstgefällige Beredsamkeit, sondern der große Mahnruf an
die zum Werke mächtigen Fürsten, Staatsmänner, Gelehrten.
Er will das Werk aufbauen, nicht das Publicum erbauen. Zur
Gründung der Akademie ist nur ein mächtiger Fürst fähig —
einen solchen muß er suchen, ihm beweisen, daß die Akademie
dem gemeinen Besten, aber auch dem des Stifters dienen würde, um seines Gewissens, um seines unsterblichen Ruhmes willen.
Heute klingt es herkömmlich, wenn er dies Gewissen in Glaube,
Hoffnung, Liebe gründet, aber wie sehr ist schon seine Deutung
der Liebe Ausdruck des starken Gefühles und der Leibnizschen
Metaphysik außerdem. Liebe nämlich ist die Freude bei Betrachtung der Schönheit, Schönheit besteht in Harmonie und Proportion, die Schönheit der vernünftigen Wesen aber in der
Proportion zwischen Verstand und Macht. Damit steigt Leibniz
in drei Riesenschritten zum Gipfel der Metaphysik, der Pytha-
goreisch-Platonischen Weltschau, zugleich aber auch zu einer
Deutung, die wohl unbewußt in der deutschen Bewegung weiterwirkt, von der Wissenschaft aber meist vergessen wird. Hier
steht es in knappster Klarheit als Grundsatz: die Verknüpfung
von Geist und Macht im richtigen Verhältnis ist die wahre
Schönheit der Welt, auf ihr beruht Gerechtigkeit, Ordnung,
Verdienst, die Form des Staates. Wie er anderswo sagt: Gerechtigkeit ist die Liebe des Weisen. Das ist der Stil eines großen
Lebensgefühles: die weltgründende Liebe ist nicht weltabge-
wandte Frömmigkeit, sondern Freude am schönen Dasein.
Weltfreude ist echte, schöpferische Religion. Den Schaden, der
sich aus dem Mißverhältnis von Geist und Macht ergibt, bezeichnet Leibniz mit barocker Drastik. „Ist die Macht größer als der
Verstand, so ist, der sie hat, entweder ein einfältig Schaf, wo
er sie nicht weiß zu brauchen, oder ein Wolf und Tyrann, wo er
sie nicht weiß wohl zu brauchen. Ist der Verstand größer als die
Macht, so ist, der ihn hat, vor unterdrückt zu achten. Beide
sind unnütz, ja auch wohl schädlich. Bestehet nun pulchritudo
mentium in scientiae et potentiae proportione, so bestehet pulchritudo summae et infinitae mentis in einer infinität sowohl
der Macht als Weisheit, und folglich die L i e b e Gottes, des
höchsten Gutes, in der unglaublichen Freude, so man (auch
anjetzo bereits, ohne visione beatifica) schöpft aus der Betrach-

tung dessen Schönheit oder proportion, das ist infinität der
Allmacht und Allweisheit''.

So steigert Leibniz die irdische Erfahrung und Gesinnung
ins Unendliche und Unbedingte und drückt damit das höchste
Gesetz des Barockstiles aus: Ausgleich von Geist und Macht.
Weltfreude wird Religion der Schönheit, wird in ihrer Tiefe und
in ihrem Glanze hoher Gottesdienst. Wie in den Oratorien kirchliche Orgeln und weltliche Posaunen zusammenklingen, wie
im dynamisch-harmonischen Rausch der Rokoko-Kirchen rei-
zende Engel jubilieren, so ahnt Leibniz im Ideal des weisen und
mächtigen Fürsten, dem geistigen Erneuerer des heiligen Reiches
die selige Schau Gottes, denn als letzte Ursache aller Dinge ist
Gott die höchste Macht — als größte Harmonie der Dinge ist
er die größte Schönheit. Wie das Orchester mit Chören und
Einzelstimmen die Hierarchie der Kräfte repräsentiert, so findet
das Reich seine Verwirklichung erst in der Rangordnung der
Menschen. Ungenannt liegt die Monaden-Vorstellung zu
Grunde. Die Liebe zu Gott oder zur Universalharmonie besteht
darin, daß die Monade im Geist sich ausweitet, um in kreatür-
lichen Grenzen das Ganze zu umfassen. Danach aber ist ihre
Aufgabe, diese Erkenntis wieder auf die anderen Menschen zu
,,reflektieren''. Gott lieben heißt, für seine Ehre wirken. Weltharmonie und Ehre Gottes verhalten sich wie Körper und Schatten. Goethes Wahlspruch ,,Denken und Tun'' ist hier schon ausgesprochen: ,,Der wahre Glaube nun . . . . ist nicht nur r e d e n,
ja nicht nur d e n k e n, sondern practice denken, das ist t u n,
als wenns wahr wäre.'' Leibniz selbst braucht das Bild des
Oratoriums, denn er spricht von oratores und sacerdotes, die
mit Worten und mit Zeremonien in herrlichen Werken Gottes
Ehre ausbreiten, Gottes Liebe anzünden. Er spricht von der
Musik, von der Komponierung der Lobgesänge, und er erwähnt
den Vorschlag in Richelieus Akademie, daß jedes Mitglied jähr-
lich etwas zum Lobe Gottes ,,komponieren'' solle. Aber wie
Platon unterscheidet Leibniz von dieser herkömmlichen Kunst-
form den neuen Weg eines schöpferischen Geistes. ,,Als Philosophen aber verehren Gott diejenigen, so eine neue Harmonie
in der Natur und Kunst entdecken, und seine Allmacht und
Weisheit sichtbarlich zu spüren machen''. (Der Weg von Kepler
zu Goethe und Schelling). Wer so die Wunder der Natur erkenne,

8

erwerbe ebensoviele Bildnisse der Majestät Gottes in seinem
Herzen, denn erst diese Erkenntnis, welche „die Grenzen ge-
meiner Wissenschaft überschreitet", ist wie Platons Staunen
zugleich Gotterkenntnis. Diese wahren Philosophen, welche
die Hypothesen ersinnen, die sich auf die Erfahrungen „reimen",
gelangen dahin, „gleichsam ipsis factis Gott zu ehren, perorieren
und pietisieren". Solche Metaphysik dürfen Kant und Herder
Gedankendichtung nennen. Leibniz findet, daß ein solches
„Theorema als ein n e u e r f u n d e n e r Spiegel der Schönheit
Gottes für unschätzbar und höher als der kostbare Diamant
zu achten" sei.

Diese Einleitung ist ebenso lang wie die praktischen Vor-
schläge, denn diese helfen wenig, wenn er nicht den großen Geist
und Willen erweckt, der sie verwirklicht. Und das ist der Sinn,
seine Metaphysik, seine Theodicee und seine nationale Geistes-
politik unter den Mächtigen ins Leben zu rufen. Daher der
lange Atem dieser metaphysischen Mahnrede. Er setzt die großen
heute noch dringenden Aufgaben, aber — was oft übersehen —
im Gegensatz zur atheistischen Aufklärung. Auch Voltaire
rühmt die hohe Bedeutung der Akademiengründung durch
Leibniz: „Zu keiner Zeit war eine Verbindung unter den philosophischen Geistern allgemeiner: Leibniz wirkte, sie zu beleben. Man sah eine Gelehrtenrepublik allmählich in Europa
entstehen, trotz der Kriege und religiösen Gegensätze. Die
Akademien haben diese Republik gebildet. Die modernen Forscher in jedem Wissenszweige haben die Bande der großen Gesellschaft der Geister geknüpft, die überall verbreitet, überall
unabhängig ist. Die Verbindung dauert fort, und sie ist eines
der Trostmittel gegen die Übel, welche Ehrgeiz und Politik über
die Erde verbreiten". In der Tat ist so die Wissenschaft des 19.
Jahrhunderts ein tröstlicher Ersatz anstelle der Religion geworden, ein unbedingter Wert im sinnlosen Geschehen, und so wertet
selbst Dilthey noch Leibniz ganz im Sinne Voltaires — aber ist
damit Leibniz großer Wille verstanden? Voltaire spottete über
seinen „Optimismus", weil er ihn oberflächlich mißversteht.
Den Gleichklang von Denken und Tun verlangen Platon, Leibniz,
Goethe, Nietzsche, indem sie dem Sinn der Erde treu bleiben —
Voltaire begnügt sich im Genuß kritischer Überlegenheit.

Leibniz will ein Reich der Gerechtigkeit und der Schönheit

schaffen: das heißt dem Geist die Macht verleihen. In dieser Aufgabe sieht er die Rangordnung der Menschen. Die mittelmäßig Begabten sollen sich selber als Instrumente des allgemeinen Nutzens empfinden. Die aber mit Verstand begabt sind, ohne Macht zu besitzen, denen gebührt zu raten, wie denen, welche Macht besitzen, auf jene zu hören gebührt. Das Ideal erfüllt sich nur in denen, die Macht und Geist zugleich besitzen. ,,Welchen aber Gott zugleich Verstand und Macht in hohem Grade gegeben, dies sind die Helden, so Gott zur Ausführung seines Willens prinzipaliste instrumenta geschaffen." Leibniz lebt die Tragödie des Genies, das sich nicht auswirken kann: ,,deren unschätzbares Talent aber, so es vergraben wird, ihnen schwer genug wird fallen." Man spürt hier im Pathos tragische Sorge und Verantwortung. ,,Daß ich glaube, es sollte ein gewissenhafter Mensch den Lapidem Philosophorum, mit so schwerer condition, so aller großen Macht unablöslich anhaftet, ohne Furcht und Zittern nicht annehmen, damit er nicht einmal die harten Worte, daß du verdammet seiest mit deinem Gelde, hören müßte." Philosophie ist ihm keine ,,gemeine Wissenschaft", denn er fühlt in ihr (wie Nietzsche) die denkbar höchste Verantwortung des Menschen, des Gesetzgebers, die Entscheidung zwischen göttlichem und widergöttlichem Schaffen. Diesem Aufruf folgt eine kurze Übersicht der Aufgaben für die Deutsche Akademie. Sie sind, da sie das zersplitterte Reich erst geistig erneuen sollen, denkbar weit. Die Akademie soll den Verkehr mit den anderen europäischen Akademien und Literaturen vermitteln, dann aber die ganze innere Wohlfahrt des Volkes organisieren. Sie soll das Connubium zwischen Theorie und Praxis stiften, die Schulen, besonders die Ritterschulen, fördern, die Medizin und Chirurgie reformieren, die Handwerke, die Manufakturen, den Handel leiten, Bibliotheken stiften. Sie soll die Verleger beaufsichtigen, damit sie die Welt nicht mit Chartequen und Maculatur anfüllen. Erstaunlich weit treibt Leibniz den sozialen Gedanken, denn er fordert eine Arbeits-Versicherung und Werkhäuser in denen jeder Arme, so lange er will, Arbeit findet. Jeder Fürst, der in diesem Geiste die Wohlfahrt des Volkes fördert, dient Gottes Ehre und seinem Gewissen, dem unsterblichen Ruhm und dem eignen Nutzen.

Etwa gleichzeitig beginnt Leibniz das unvollendete ,,Bedenken

von Aufrichtung einer Akademie oder Societät in Teutschland ...". Es ist an die Deutschen, an Staatsmänner besonders,
gerichtet, um in weitesten Kreisen den Eifer zu wecken, um
Stolz und Bescheidenheit auszugleichen. „Es ist uns Teutschen
gar nicht rühmlich, daß, da wir in Erfindung großenteils mechanischer, natürlicher und anderer Künste und Wissenschaften
die ersten gewesen, nun in deren Vermehrung und Verbesserung
die letzten sind. Gleich als wenn unserer Alt-Väter Ruhm genug
wäre, den unsrigen zu behaupten." Wie später sein tiefes Interesse am Bergbau, so äußert sich hier in Mainz schon eine Neigung
für Paracelsus. „Denn weil keine Nation der deutschen in Berg-
werksachen gleichen könne, ist es auch kein Wunder, daß Deutschland die Mutter der Chymie gewesen. Es bezeugen die Reisenden,
daß noch bis dato die termini fossorum in Asien und Thracien
fast ganz deutsch seien, welches ein genugsam Zeichen, daß
man die Werkleute aus Deutschland kommen lassen. Aus der
alchymistischen Theorie der Scholastiker haben Paracelsus und
andere durch Praxis und Erfahrung die philosophische Chemie
hervorgebracht, die uns die inneren Funktionen des Leibes deutet
und die neue Heilkunst begründet." Das ist kein deutsches
Selbstlob, eher Rüge der gegenwärtigen Vernachlässigung:
Kräfte will er wecken, nationalen Aufschwung ins Werk setzen.
Es ist ein überraschender Durchbruch der Dynamik. Wer in
Schlagworten denkt, könnte im Gegensatz zum Idealismus
einen groben Mechanismus zu finden glauben, wo wirklich
dynamischer Schwung ist. „Der Italiener Künstlerwerk hat
fast einzig und allein in Formulierung lebloser, stillstehender
und nur wohl aussehender Dinge bestanden. Die Deutschen
hingegen haben allezeit sich beflissen, bewegende Werke zu
verfertigen, die nicht nur die Augen sättigten und großer Herren
Kuriosität büßten, sondern auch etwas verrichten, die Natur
der Kunst unterwerfen und die menschliche Arbeit leichter
machen könnten. Und es ist zu verwundern, daß eine so geistreiche Nation einer nach ihrer Meinung weit mehr verdüsterten
Nation den Ruhm der lebendigen Künste überlassen hat und
sich mit ihrer toten Proportion und Architektur begnügt." Das
ist die Freude des Barock am Dynamischen. Die deutschen

---

[1]) Akad. Ausg. IV, 1, 543–52.

Künstler seien recht der vier Elemente Meister geworden, des Gewichtes der Erde, der Gewalt der aneinander hängenden Wasser und der zusammen gepreßten Luft wie des vielfräßigen Feuers. Wenn er als Beispiele dieser technischen Erfindungen neben den Gewicht- und Federuhren die „so kräftig verwunderungswürdigen Feuerwerke, die Luft- und Wasserkünste" nennt, so überwiegt die Freude an der dynamischen Erscheinung die Bedeutung des technischen Nutzens. Sein Ausdruck selbst wird barock-dynamisch: „Es ist ein Puppenwerk dagegen, was andere Nationen getan, und wer es im Großen gegeneinander hält, wird bekennen müssen, daß was von Deutschen in diesen genere gekommen, lauter Realität, lauter Nachdruck und fulmina (Blitze) gewesen."

Schiffahrt und Handel habe Europa von den Niederdeutschen übernommen. Zuerst habe Gott die nordischen Deutschen, die man Normannen genannt, aufgeweckt, die sich durch Piraterie der Küsten Europas bemächtigten und später, nachdem sie ihre Wildheit abgelegt, zu Kaufleuten wurden, den Hansebund gründeten und lange Zeit allein den ozeanischen Handel betrieben. Die Engländer selbst gaben zu, daß sie die Kunst des Handels, der Manufakturen, der Kriegsführung von den Deutschen anfangs wie ein Kind von der Mutterbrust gesogen, ebenso deutsche Astronomie und Medizin. Das ist kein Angriff auf die Kultur der romanischen Völker: Er beklagt den Verfall der nordischen Kultur und erwartet Heilung nur in lebendiger Wechselwirkung mit der romanischen. „Wir Deutschen haben allezeit den Mangel gehabt, nach Art der Septentrionalen, daß wir anderen Nationen die artes corporatiores geben und wiederum hingegen die artes mentaliores von ihnen empfangen." So hätte auch Rom von den unterworfenen Griechen die Künste übernommen. Es sei für beide Seiten ein angenehmer Tausch, wenn wir für unsere realen Künste von den anderen „Religion, gute Ordnung und Gesetze, Regimentsformen und andere dergleichen subtile Gemütsübung" erhalten hätten. Jetzt aber, meint Leibniz, lassen wir uns beim Tausch übervorteilen. Die Fremden benutzen unsere Werke gleichsam als Rohstoff, und nachdem sie sie ein wenig verfeinert haben, erkennen wir sie nicht wieder und lassen sie uns zu unserem dauernden Verlust zu hohen Preisen wieder einhändigen. „Wir haben fast überall den Grund gelegt, aber die

Continuation, Verfolgung, Ausführung, das Schreiner- Maler-
und Gipswerk an diesem philosophischen Bau, und dadurch
zugleich den Ruhm anderen überlassen." Diese ernten, was
wir gesät. Er sieht nicht bei den Deutschen das Groß-Mechani-
sche, bei den anderen das Geistige, aber auch nicht hier das
Wesentliche, dort leeren Schein: er sieht hier das Schöpferische,
Grundlegende, Aufbauende, dort Ausführung, Vollendung,
Ausschmückung. Er kritisiert nicht, sondern stiftet Wechselwirkung. Auch unterschätzt er nicht die „leblosen Proportionen", sondern erwähnt, daß Dürer das Wesen der Proportionen
in der Theorie vollendet habe und hinter den Italienern nicht
zurückstehe. Die Völker sollen sich ihres Ranges und Mangels
bewußt werden. Das aber ist nicht die typische Fortschrittlich-
keit der Aufklärung, ein Leben um eines künftigen Endzieles
willen. Es ist, wie bei Faust, ein gemeinsames Weiterschreiten
im schönen Lebens selbst. Weg und Ziel sind gleichwertig. Der gegenwärtige geistige Verfall in Deutschland sei anerkannt. Von
utopischen Ideologien sei nichts zu hoffen. Aber Leibniz, als
dessen Hauptanliegen oft die Combinatorik gilt, hält es für
unfruchtbar, „Lullische Begriffe" einzugießen. Die rosenkreuze-
rische Illumination sei Narrenwerk. Er mahnt, die großen Talente in Deutschland zu pflegen, denn im jetzigen Verfall sei
es kein Wunder, „daß die besten ingenia entweder ruiniert werden oder sich zu anderen Potentaten begeben", die sie besser
schätzen. Das sei unwiederbringlicher Schade: denn solche
ingenia seien mehr als Gold, Eisen und Waffen für Kontrabande
zu erachten, die nicht in Feindesland ausgeführt werden dürfe.
Eine solche Person sei mehr wert als 1000 Schwarze aus Angola.
Darum weist er politisch auf die Akademien in England und
Frankreich: in ihnen werden die „müßigen excellenten ingenia"
abgelenkt von störenden Staatsintrigen und in den Dienst
der Landeswohlfahrt gestellt. Aber die deutsche Nation schlafe
noch, während die anderen wachen.

Ein anderer Weckruf, dessen Entstehungszeit unbekannt
ist [1]), beginnend „Die deutsch-liebende Genossenschaft hätte zu
ihrem Zweck die Ehre Gottes und gemeinsamen Nutzen des
werten Vaterlandes Deutscher Nation", enthält volkstümlicher

---

[1]) Klopp 6. 214–19.

gefaßt gleiche Gedanken und wendet sich an künftige Mitarbeiter. Früher sei die deutsche Gesellschaft dem Trunk und dem Spiel ergeben gewesen, während die welschen mehr der Wissenschaft dienten. Da jetzt in Deutschland das Trinken abkomme, werde das Interesse an der Wissenschaft wachsen können ... Die Not der Gegenwart lehrt ihn, selbst Wissenschaft nicht ohne Patriotismus zu treiben. „Einmal ist gewiß, daß patriotische Gedanken niemals mehr von Nöten gewesen als jetzt, da das liebe Vaterland je mehr und mehr entkräftet wird, und die Ehre der Deutschen Nation fast Not zu leiden scheint." Aber diese Sicht entfaltet sich zugleich ins Universale: die Erfindung des Fernrohres hat unsere Einsicht in den Makrokosmos, die Erfindung des Mikroskopes in den Mikrokosmos vertieft, „wir haben dadurch die rechte ideam von dem verwunderbaren Weltgebäu und großen Werken Gottes bekommen", die der Weisheit des Schöpfers mehr anstehen als die früheren Einbildungen.

Wie Leibniz Logik und Combinatorik einschätzt, stellt er hier durch ein einprägsames Gleichnis für immer fest: sie sind Instrument für den Verstand wie das Fernglas für das leibliche Auge, allerdings das höchste, das organum organorum. „Allein was hilft die Brille in ihrem Futteral, wenn niemand durchsieht? Es sind nicht zehn Personen in der Welt, die sich dieses herrliche Instrument zur Untersuchung der natürlichen Geheimnisse gebrauchen." Er selbst als Individuum ist solches Gleichnis. Wie er kurzsichtig ist, wie er zunächst auch metaphysisch aufs Individuum schaut, so dienen jene Instrumente seinem Geiste, den Horizont zu erweitern, das Universum zu schauen. Er braucht die Ratio kaum zum Grübeln und Analysieren, wohl aber zur Sichtung großer Räume, zur Stiftung wissenschaftlicher Disciplinen, zur Vorbereitung des Tuns. Dogmatische Theologie bleibt seiner Akademie fern: Scholastische Streite gehören nicht ins volkstümliche Deutsch und es sei gänzlich unnötig, daß „von jedermann darin gegrübelt werde." Wir sahen, daß er von der lebendigen deutschen Sprache als „Probierstein" des Echten aus geht. Die früheren Gesellschaften zur Verbesserung der deutschen Sprache seien Vorläufer der Akademien, aber beschränkten sich zu sehr auf Romane und Schäfereien — aber für ihre Wirksamkeit brauchen sie ein größeres Schwergewicht: das Heldengedicht und die Wissenschaft. Streit um die Kirchen-Dogmatik ist ihm also an sich fern, solange nicht die Freidenker die Spannung zwischen Wissenschaft und Kirche steigerten, die abendländische Gemeinschaft gefährdeten. Erst durch die geschichtlichen Umstände, durch die Möglichkeit der Reunion, war das Studium der Dogmatik, die zwar seit früher Jugend sein gelehrtes Interesse erregt hatte, zeitweis in die Mitte gerückt.

In einer vierten Schrift, deren Entstehungsjahr ebenfalls nicht feststeht, und die oben für die Bedeutung der Sprache angezogen wurde, ,,Ermahnung an die Deutschen, ihren Verstand und Sprache besser zu üben, samt beigefügtem Vorschlag einer deutschgesinnten Gesellschaft'', [1] spricht Leibniz zum weiteren Kreis der Gebildeten, um in dieser Gefährdung des Reiches ihre Zuversicht zu heben. Noch sei unsere Krone nicht von uns genommen, und in unseren Händen stehe unsere Wohlfahrt. Noch werde die Majestät unseres Kaisers und der deutschen Nation Hoheit von allen Völkern anerkannt. Jener sei das weltliche Haupt der Christenheit, und zu Kaiser Leopold dürfe man Vertrauen haben. Noch sieht Leibniz viel Barbarei in Deutschland und weist insoweit auf das Vorbild Frankreich, aber im Gegensatz zum späteren Weg Friedrichs II. verwirft er unmittelbare Aufnahme und Nachahmung der französischen Kultur. Er nennt unsere Schwierigkeit, daß wir keine unbedingte Hauptstadt haben, die Brunnquell der Mode und Richtschnur der Nation wäre. Darum verwelken manche gute Gedanken wie zerstreute und abgebrochene Blumen. Doch sieht er auch manchen Gewinn in der Vielheit der freien Reichsstädte, der hohen Stifter und fürstlichen Abteien. Leibniz will eine deutsche Bildungsgemeinschaft erzeugen. Er weist den Unterschied zwischen dem gemeinen Mann und dem, den Prometheus aus edlerem Ton gebildet habe, denn nicht Reichtum, nicht Macht oder Geschlecht, sondern die Gaben machen den Unterschied. Leibniz redet vom Adel des Blutes und Geistes aber nicht des Erbes. Gemeine Männer nennt er die, deren Gemüt mit nichts anderem als Gedanken ihrer Nahrung eingenommen, die sich niemals höher schwingen und so wenig sich vorstellen können, was

---

[1] Klopp 6, 187–213.

Begierde zu wissen oder Gemüts-Lust für ein Ding sei, als ein
Taubgeborener von einem herrlichen Konzert zu urteilen vermag.
Diese Leute sind ohne Erregung und Feuer. Es scheint, sie seien
zwar aus der adamischen Erde gemacht, allein der Geist des
Lebens sei ihnen nicht eingeblasen worden. Von ihnen sondert
er jene, die „weiter hinaussehen als andere" und „ein mehr
freies Leben führen", die ein Beliebung an Historien und Reisen
haben, die bisweilen mit einem annehmlichen Buche sich er-
quicken, und da in einer Gesellschaft ihnen ein gelehrter und
beredter Mann aufstößt, solchen mit sonderbarer Begierde
anhören". Solche Männer werden zu den Ämtern des Friedens
und Krieges geeigneter sein und den Wert der Nation heben.
Leibniz vertraut, wenn er die Zahl dieser Leute vermehre, die
Lust und Liebe zur Weisheit und Tugend bei den Deutschen
heftiger mache, die Schlafenden wecke und diesem reinen Feuer
neue Nahrung zuführe, dem Vaterland einen der größten Dienste
geleistet zu haben, deren Privatpersonen fähig sind.

Leibniz Akademie-Pläne im Ganzen drücken aufs klarste aus,
wie seine weltbürgerliche Wissenschaft, vermittelt durch die
abendländische Bildungseinheit und Idee fest verwurzelt
bleibt im vaterländischen Leben und Geist. Auf seiner großen
Reise verband er sich 1687 in Frankfurt mit Ludolf, der eine
historische Gesellschaft zur Förderung der vaterländischen Geschichte gründen wollte. Im Einvernehmen mit ihm erreichte
Leibniz in Wien durch eine Audienz beim Kaiser Leopold,
daß diese Gesellschaft als collegium historicum imperiale gegründet wurde, deren erster Präsident er selbst wurde. Als er
1690 nach dem Norden zurückkehrte, wo Friedrich III. auf
den Großen Kurfürsten gefolgt, Sophie Charlotte Kurfürstin
geworden war, geschah manches seinem Wirken Günstige.
In Sachsen veranlaßte der doktrinäre Kampf des orthodoxen
Luthertums gegen den Pietismus, daß Spener in Berlin, die
aus Leipzig vertriebenen Francke und Christian Thomasius in
Halle Aufnahme fanden. Friedrich III. gründete 1694 liberal
die neue Universität Halle, welche die aufgeklärte Philosophie
wie die pietistische Bewegung auf nahm. Im folgenden Jahre
wurde in Berlin die Akademie für die bildende Künste gestiftet,
deren Haupt Schlüter war. 1697 wurde endlich der Friede von
Ryswijk geschlossen, Danckelmann gestürzt, und Sophie Char-

lotte gewann damit einigen Einfluß auf die Regierung. Das
war die Zeit ihrer großen Freundschaft und damit der Möglichkeit, im Sinne der deutschen Aufgabe von Berlin aus zu wirken.
Leibniz förderte den Aufstieg zum Königtum nach seinen Kräften und sah eines der größten Ereignisse der Zeit darin. Man
habe wohl vom Kurfürsten sagen können „habet omnia regis",
dennoch gebe bei der hohen Würde des Königs erst der Titel
der Sache ihr complementum essentiae. Leibniz faßt die Gedanken für „eine deutschliebende Gesellschaft" konkret im
Plan der „Berliner Akademie der Wissenschaften", wie sie dem
Glanz des Königlichen Hofes entspräche. Die Königin wünschte
eine Sternwarte — das ließ sich gut mit der Akademiegründung
vereinen. Leibniz, von dem Friedrich II. sagt „er stellte für
sich allein eine ganze Akademie vor", war der vielseitige Gründer,
aber auch der König war keineswegs gleichgültig und drang
seinerseits darauf — was den alten Wünschen von Leibniz
entsprach — die Pflege der deutschen Sprache in den Mittelpunkt zu rücken. Im übrigen fand Leibniz, daß die anderen
Akademien zu sehr die Kuriosa, das bloße Interesse an wissenschaftlichen Merkwürdigkeiten betrieben, während er ganz im
Sokratischen Sinne den Zweck darin sieht, theoriam cum praxi
zu vereinigen [1]). Er schlägt daher die „realen Wissenschaften":
Mathematik, Astronomie, Physica, Architektur, Mechanik vor.
Daneben legt er großen Wert auf die Missionstätigkeit in Asien,
wobei es ihm sehr um die wissenschaftliche Erforschung, um
Austausch der Kulturen, um Kolonialtätigkeit zu tun ist. Die
Zeit sei günstig, weil die Beziehungen zum Zaren Peter das Tor
zur Tartarei und nach China, nach „dieser gleichsam anderen
zivilisierten Welt und Anti-Europa" öffneten. Trotzdem sollen
Theologia und Jura nicht zum Gebiet der Akademie gehören.
    Am 13.II.1700 erläßt der König das Dekret der Gründung.
Leibniz wird nach Berlin geladen, um die Organisation der
Akademie zu übernehmen, und bleibt drei Monate dort. In dem
von ihm entworfenen Stiftungsbrief vom 2.VII.1700 heißt es:
„Solchen nach soll bei dieser Societät unter anderen nützlichen
Studien, was zur Erhaltung der deutschen Sprache in ihrer
anständigen Reinheit, auch zur Ehre und Zierde der deutschen

---

[1]) Klopp X, 299, 308.

Nation gereichet, absonderlich mit besorget werden, also daß sie eine deutschgesinnte Societät der Scientzien sei, dabei auch die ganze deutsche, und sonderlich Unserer Lande weltliche und Kirchenhistorie nicht verabsäumet werden soll." Bei dieser Betonung des Deutschen ist zu bedenken, daß Friedrich II. diese Societas scientiarum brandenburgica neugründete als „Academie des sciences et de belles lettres", nicht als „deutschliebende Gesellschaft", sondern als durchaus französischliebende. Das Ziel war bei Leibniz und bei Friedrich vielleicht ähnlich, auch war für beide Paris das Vorbild, für Leibniz aber nur als Anregung, den eigenen Weg zu finden, während Friedrich überzeugt ist, daß man vorerst die französische Kultur ganz aufnehmen müsse.

Leibniz, der vierundfünfzigjährige, hat als Praesident eine ihm angemessene Position erlangt, die ihm große Aussichten zur Förderung seiner Ideen gewährt. Aber seit diesem Erfolge versagen Schicksal und Weltpolitik ihm die Vollendung der großen Pläne. Daß 1705 die Königin so vorzeitig starb, war seinen Beziehungen zu ihrem Gatten und Bruder, zum Könige und Kurfürsten verhängnisvoll. In Hannover war auf Ernst August inzwischen Georg Ludwig (der spätere Georg I. von England) gefolgt. Hatte der Vater immerhin Verständnis für Leibniz' Bedeutung, so war Georg Ludwig ein ungeistiger Selbstherrscher, dem die Existenz eines großen Geistes unbequem war, sodaß er den Vorgesetzten gegen den Beamten, der sich nicht auf die engen Dienstverpflichtungen beschränkte, hervorkehrte. — Prunksucht und schlechte Finanzen des Königs hinderten die Blüte der „Societät". Ihr Bestes war der Glanz und europäische Ruhm ihres Präsidenten, der auch auf sie fiel — um so unerfreulicher der Undank, mit dem man ihm lohnte. Immer ist der Genius den mittelmäßigen Geistern zur Last, aber wo jener etwas erreicht und gegründet hat, da drängen sich diese heran, unterwühlen seine Stellung, um deren Vorteile eigennützig an sich zu reißen. Man leugnet die große Leistung, deren Erfolge man neidet. So bemühen sich die Berliner Mitglieder der Societät, Leibniz hinauszudrängen und sein Gehalt unter sich zu teilen. Ohne ihn auch nur zu benachrichtigen, wird Minister von Printzen zum Vorsitzenden gewählt. Aber an der Mittelmäßigkeit der deutschen Fürsten lag es, daß auch sie seine Stellung nicht stützten, da sie unfähig waren, seine deutsche, über die particularischen Interessen hinausgehende Politik zu verstehen. 1711 erhält Leibniz noch einmal eine Audienz beim König. Seine Gedanken dazu sind in einem Schreiben erhalten [1]). Aber er findet, daß man ihn jetzt in Hannover mißtrauisch betrachte, weil er allzu berlinisch gesonnen sei, und in Berlin gerate er umgekehrt in Verdacht, für Hannover zu spionieren. ,,Zum Spionieren mich gebrauchen zu lassen, ist gar nicht mein Genius, und was ich tue, dessen darf ich mich nicht scheuen." Findet man in der Akademie das Nützliche, Wirtschaftliche zu sehr betont, so sollte man das Werk Friedrichs des Großen und Fausts Neulandgewinnung am Meeresstrand nicht vergessen. Leibniz ist groß genug, in solchem Wirken auch überzeitliche Leistung zu sehen. So schreibt er stolz, was durch seine Direction geschehen sei, diene dem unsterblichen Ruhme durch das Anwachsen der Wissenschaften, das der Nachwelt allezeit kostbar sein werde, wenn alle politischen Interessen dermaleinst geändert sein dürften. Um so mehr werde es ihn schmerzen, wenn man seine treue Ergebenheit und wahren Eifer übel aufnehmen sollte. Zwar nimmt er an der Stiftungsfeier 1711 noch teil, als er sich aber überzeugt, daß ein weiteres Entgegenkommen seiner unwürdig wäre, hält er sich von Berlin fern. Menschlich mußte ihm diese Erfahrung ganz besonders bitter sein, Schaden und Schande aber trug allein die Akademie: bis zur Neugründung durch Friedrich fristete sie ein kümmerliches Dasein. Während jene kleinen Gegner nur noch um des großen Leibniz willen genannt werden, ist heute die Akademie stolz, in Leibniz den wahren Gründer feiern zu dürfen.

Privatrechtlich konnten Kaiser, König, Kurfürst für ihre Zahlungen Dienste von Leibniz verlangen: im höheren Sinne war er nicht Diener der Fürsten, sondern als Kaiser des Geistes allein der europäisch-deutschen Idee verantwortlich, und wenn jene diese Idee verstanden hätten, so hätten sie Leibniz mindestens als gleichen Ranges anerkannt. Weil er Träger der Idee war, konnte er gleichzeitig politisch, organisatorisch, diplomatisch, wissenschaftlich wirken — im Blick aufs Ganze. Auf allen anderen Rängen ist saubere Trennung der Ressorts nötig

---

[1]) Klopp X, 446–52.

und verdienstlich — aber Einer muß das Ganze vereinen. Das
ist nicht Anmaßung der Philosophie, sondern schlichte Anerkennung des Groß-Menschlichen. Philosophische Kritiker wenden ein, man könne nicht zween Herren dienen. Aber wenn es
im besondern Fall einen berufenen Schiedsrichter gibt, so ist
es Friedrich der Große: er urteilt, daß Leibniz von Gottes Gnaden
eine königliche Seele hatte. „Diese Fürstin", sagt er von Sophie
Charlotte, „hatte das Genie eines großen Mannes und die Kent-
nisse eines Gelehrten, sie glaubte, daß es einer Königin nicht
unwürdig wäre, einen Philosophen zu schätzen; dieser Philosoph
war L e i b n i z, und wie diejenigen, welche vom Himmel
privilegierte Seelen erhalten haben, den Königen gleich werden,
so schenkte sie ihm ihre Freundschaft." Wenn Friedricht I.
als der Mächtige, Leibniz, von ihm verdrängt, als der Ge-
scheiterte erscheinen mag, so urteilt der Enkel umgekehrt: „Auf
die dringenden Anregungen der Königin hin wurde zu Berlin
die Königliche Akademie der Wissenschaften errichtet (1700),
deren Haupt Leibniz ward. Man brachte Friedrich I. die Überzeugung bei, zu seinem Königtum gehöre auch eine Akademie,
so wie man einem frisch Geadelten aufbindet, es schicke sich für
ihn, eine Meute zu halten."

Gleichzeitig wirkte Leibniz für die Gründung einer Akademie
in Dresden, am Hofe August II., Königs von Polen. Diese Gleichzeitigkeit bezeichnet Leibniz' Geltung im Reich, in Europa.
Die Albertiner waren katholisch geworden, während die Hohenzollern die Führung der Protestanten übernahmen. Doch waren
beide Häuser in ähnlicher Lage: sie hatten sich zu politischen
Zwecken von der Kirche ihres Volkes gelöst, sie mußten beide
Leibniz' Gesinnung, den Zwiespalt der Konfessionen zu überwinden, geneigt sein. August hatte mit großer Zustimmung
Leibniz früheres „Projet de l'éducation d'un prince" gelesen, und
auch die Akademie-Gründung sollte zur Erziehung des Kurprinzen in Beziehung stehen. Alles entwickelte sich günstig,
die Gründung stand 1704 bevor: da ist es das Welt-Geschehen,
der nordische Krieg, der die Ausführung hindert. 1706 verzichtet
August auf die polnische Krone.

Diese Verbindung mit dem Kurfürsten seiner Heimat, dem
deutschen Könige von Polen, steht im Einklang mit seiner
Jugendschrift zur Wahl eines polnischen Königs von 1669.

Zwar hat er seine Haltung zu Rußland nach vier Jahrzehnten stark gewandelt — doch ist das ein Wandel der europäischen Lage, kaum der Gesinnung. Anfangs sah Leibniz Türken und Russen als Erbfeinde des Abendlandes. Seitdem hatten die Türken im Bunde mit Frankreich die Hauptstadt des christlichen Kaiserreiches aufs schwerste bedroht. Umgekehrt hatte Peter der Große die abendländische Kultur nach Rußland eingeladen.

Leibniz nahm großes Interesse am jungen Herrscher schon 1697, als dieser incognito nach Holland reiste, um sich die Kenntnis des Schiffbaus zu erwerben. Doch scheint damals keine persönliche Berührung stattgefunden zu haben. 1707 war er auch mit dem großen nordischen Feinde Peters und des mit ihm verbündeten August II., mit Karl XII, zusammengewesen, ohne mit ihm ins Gespräch zu kommen. 1711 aber lernte er den siegreichen und mächtigen Zaren in Torgau kennen. Im folgenden Jahr verkehrten sie in Karlsbad, Teplitz, Dresden miteinander. Der Zar wünscht den Rat des Philosophen für die Besserung der Gesetze, er sieht in ihm den Solon des Russenreiches. Für diesen erweitert sich der abendländische Gedanke zur weltbürgerlichen Zivilisation. Er schließt im Januar 1712 seinen Brief an den Zaren: ,,Denn ich nicht von denen bin, so auf ihr Vaterland oder sonst auf eine gewisse Nation erpicht seyn; denn ich halte den Himmel für das Vaterland und alle wohlgesinnten Menschen für dessen Mitbürger und ist mir lieber bei den Russen viel Gutes auszurichten als bei den Deutschen oder andern Europäern wenig, wenn ich gleich bei diesen in noch so großer Ehre, Reichtum und Ruhe sitze, aber dabei andern nicht viel nützen sollte, denn meine Neigung und Lust geht aufs gemeine Beste.'' Das ist das Ideal der späteren Aufklärung Kants und Schillers. Dennoch verschwebt Leibniz' abendländischer Gedanke nicht im abstrakten Menschheitsbegriff, die gewachsene Geistes-Kultur nicht in technischer Zivilisation. Unbewußt und bewußt bleibt doch sein Streben, die abendländische Kultur in Rußland einzuführen, zu kolonisieren. Daß er dem Russen gegenüber mehr die weltbürgerliche als die abendländische Seite betont, ist nicht bloße ,,Diplomatie'', sondern durch die Macht der Mittelmäßigkeit in Hannover und Berlin zu erklären. Er schreibt: ,,Die Beförderung der Wissenschaften ist allezeit mein Hauptzweck gewesen, nur hat es mir an einem großen Herrn gefehlt, der sich eben dieser Sache genugsam annehmen wollte."

Wir blicken auf die vorausgehende (1697?) deutsche Schrift „Einige patriotische Gedanken" zurück. Damals war Frankreichs Verbrechen am Abendland, Verwüstung der Pfalz, Bündnis mit den Türken, längst geschehen. Dennoch spricht Leibniz nur von der abendländischen Einheit. Erbfeind ist die Türkei, der Sitz der Tyrannis. Von Rußland wird nicht gesprochen. Frankreich aber, vor dessen Gefährlichkeit er doch seit 1668 immer wieder gewarnt hatte, wird hier als Vorbild genannt — als ob sein grausamer Angriff nur ein Bruderzwist, der möglichst vergessen werden müsse, die gemeinsame Kultur von Frankreich und Deutschland der wahre Kern des Abendlandes wäre. Die Schrift ist eine Mahnung an die Obrigkeiten, ihr eignes Interesse in der Wohlfahrt der Untertanen zu erkennen. Die türkische Obrigkeit gilt als Mördergesellschaft, die ihre eignen herrlichen Länder verwüstet. Frankreich ist zeitweise der Feind, von dem doch manches zu lernen ist. — Grundlage der Wohlfahrt sind Tugend und Frömmigkeit. Dadurch wird eine bürgerliche Aufklärung beschränkt: gottlose Meinungen dürfen nicht durch „Reisen, Gespräche, Bücherlesen und böse Exempel einreißen". Prinzip des Staates ist die echte soziale Gesinnung: daß die Bürger „freundlich und brüderlich und recht vertraulich" miteinander verkehren. Dazu gehört die echte Aufklärung, die Einsicht in die natürliche Rangordnung, während eine trügerische Aufklärung, die Gleichsetzung aller Menschen, nur die gemeine Begehrlichkeit aufstachelt. „Es ist aber gewiß, daß gemeiniglich die Dümmsten und Unwissensten aus Neid die Boshaftesten sind; daher trachten sie denen durch allerhand tückische Weise zu schaden, denen sie an Tugend und Gaben die Wage nicht halten können." Das widerspricht nicht der sozialen Gesinnung, denn vor Allem tadelt Leibniz die Obrigkeiten, daß sie die oberste Tugend, Gerechtigkeit, vernachlässigen. Er verlangt echte Aufklärung, die aufbauende, nicht die zersetzende. Der Bürger soll auch zur philosophischen Besonnenheit erzogen werden. Und dies geschehe nicht allein durch Schule und Kirche, sondern durch freie Geselligkeit, „erbauliche Zusammenkünfte und Gespräche, anstatt des Spielens und Saufens". „Erbaulich" hat hier noch den echten Sinn des aufbauenden Geistes. Diese

aufbauende Kraft ist für Leibniz wie für Hamann die Muttersprache: sie ist Vollendung der Bildung „durch Lesen schöner
Schriften vornehmlich in der M u t t e r s p r a c h e". Darum
bedauert er, daß man die Sprachpflege, die „fruchtbringende
Gesellschaft" jetzt verachte — aber unendlich tiefer ist sein
eigenes Bestreben. Echt Platonisch und Herderisch erkennt er
in der Sprache Grundlage und Lebensraum des Geistes. Sprache
ist nicht nur Mittel der Mitteilung, „sondern auch mit uns selbst
innerlich gleichsam zu reden und zu ratschlagen". „Daher,
wenn allerhand sinnreiche, wohl unterschiedene Worte in einer
Sprache läufig sind, so stehen dem Gemüte gleichsam so viele
gute Gedanken und Einfälle zu dienst". Er klagt nicht, daß gute
Gedanken schlecht ausgesprochen werden, sondern daß in entar-
teter Sprache gute Gedanken nicht entstehen. Er wundert sich,
„daß sogar schlechte Bücher in deutscher Sprache insgemein
herauskommen". Er redet nicht vom Sprach-Stil, sondern vom
Stil des Geistes: Sprache ist Leib, nicht Kleid, ist Ausdruck,
Wirklichkeit, Gehalt. Und hier glaubt er, daß die Deutschen von
den Franzosen lernen sollen, nicht durch Nachahmung, wohl
aber im Wetteifer. „Sie mögen auf die Art der französischen
Konferenzen und welschen Akademien ... schöne deutsche
Schauspiele verfertigen" und bei Höfen vorstellen. „Denn man
glaubt nicht, was Corneille und Molière mit ihren schönen Aus-
fertigungen voll guter Gedanken ihren Landsleuten für Vorteil
geschafft. Ich will sogar die Liebeschriften nicht verachten und
möchte wünschen, daß viele Aramenen und Oktavien (deutsche
Romane) vorhanden wären." An diese nachdrückliche Empfeh-
lung der Geisteskultur an die Obrigkeit schließt sich ein sehr
kurzer Hinweis auf die zivilisatorischen Aufgaben, auf Pflege
des Erfindergeistes und der politischen Einsicht.

Die Größe dieser kurzen aber reichen Schrift liegt im Gleichgewicht von Gottesfurcht und Weltfreude. Vornehmstes Mittel
der wahren Kultur ist die Jugenderziehung, das Amt von Kirche
und Schule. Hier wird es besonders deutlich, was Konfession und
Aufklärung für Leibniz bedeuten. Von einer Vorliebe für Calvin,
die man oft überbetont, ist hier nichts zu spüren. Leibniz bleibt
in der protestantischen Kirche, weil er von ihr keine behördliche
Einschränkung seiner philosophischen Forschung befürchtet.
Jetzt aber fragt er: was die Konfessionen für die Jugenderziehung

leisten. Die deutschen Gelehrten-Schulen bewertet er gering. Der große Gelehrte, der als Kind von selbst Latein lernte, verachtet die Pedanterie der Grammatiker, des rein formellen Humanismus. „Es gibt keine Sprache, in der ein Knabe durch vieles Üben und wenig Regeln in einem Jahre nicht weit kommen könnte; was ist annehmlicher und nützlicher als die Historien und Wißkünste (Mathematik) und was ist Knaben leichter? Schöne nachdenkliche Sprüche in allerhand Sprachen und lehrreiche Begebenheiten werden dem noch zarten Gemüt unausgänglich eingedrückt; die Erkenntnis der natürlichen Gestalten, was die Einbildungskraft erfordert, ist Kindern ein Kinderspiel, und es ist daher zu bejammern, daß man so viele Jahre der edlen Lebenszeit insgemein mit bloßem Latein und dergleichen zubringt." Es sei überhaupt schädlich, daß allzuviele Kinder zum Studieren angehalten werden. Für die Erziehung des schlichten Volkes, deren Bibliothek Kalender und Gesetzbücher sind, für die Volksschule, sei der lutherische Herzog Ernst von Gotha vorbildlich. Für die höhere Erziehung rühmt er gegenüber den Lutheranern nicht die Calvinisten, sondern die Jesuiten, obwohl ihm deren gegenreformatorische Intoleranz zuwider ist. Er ist mit manchen Jesuiten befreundet. „Weil aber die Tugend das Vornehmste ist, so gefällt es mir trefflich wohl, daß bei den Katholischen eine eigene Sozietät geistlicher Personen sich der Kinderzucht angenommen; denn solche Leute haben ungleich mehr Nachdruck, dahingegen es bei den Protestierenden um die Schulmeister ein verachtetes Ding ist." Er gibt zu, daß die Jesuiten sich durch ihre Fehler verhaßt machen, rügt auch, daß sie mehr auf Schulbildung als auf Lebensbildung geben, sieht aber ihren Nutzen darin, daß „sie die Kinder durch gottesfürchtige Übungen zu allerhand Tugenden kräftig anreizen." Wichtig ist besonders der Nachwuchs für die Obrigkeit: nicht Gelehrtenschule, nicht Volksschule, sondern Ritterakademien, die in großen Städten und an Höfen gegründet werden sollten. In der Jugend sollen sie ihre noch geschmeidigen Körper in ritterlichen Übungen ausbilden — was sie jetzt in späteren Jahren im Ausland nachholen und damit die kostbaren Jahre ihrer geistigen Ausbildung versäumen. Der Schluß knüpft wieder an den Anfang: unbedingter Gegensatz der Türken gegen das Abendland. Aus solcher Erziehung gehen auch die Führer einer

9

gegen den Erbfeind zu bildenden Miliz hervor. (Erbfeind ist immer der Türke, nicht der Franzose). ,,Man soll demnach junge Leute, wes Standes sie auch seien, früh aufzustehen, nie müßig zu sein, harte Kost zu genießen, Hitze und Kälte zu vertragen gewöhnen, so teils durch die Jagd, teils durch kleine Reisen, die man sie bisweilen zu Fuß tun lassen soll, vornehmlich aber durchgehends durch Wachten, Schanzen und andere Kriegs-geschäfte, darin die Jugend ohne Unterschied des Standes in etwas zu gewissen Zeiten zu üben, zuwege gebracht werden kann. Denn ich bin der Meinung, daß jedermann, vom Fürsten bis zum Ackerknecht, geschickt zu machen ist, dem Vaterland im Notfall einige Kriegsdienste zu leisten.''

Diese Schrift ist auch für unsere Gegenwart zu bedenken. Leibniz hat die Gefährdung des Deutschtums durch Türken und Franzosen bis zum Äußersten erlebt, aber er schaut durch die Vordergründe auf das Wesen: unser Fluch ist der Hader Europas! Darum stellt er nicht Politik, nicht Militär in den Vordergrund, sondern das einigende Prinzip: die abendländische Kultur. Diese Kultur pflegen aber heißt: trotz Rachsucht und Verbitterung Verständigung mit Frankreich. Ist sie verjüngt, so wird sie auch die Kräfte der Verteidigung erzeugen. Stirbt sie ab, dann — so wird zu ergänzen sein — ist auch an der mili-tärischen Verteidigung wenig gelegen. Darum stehen Frömmig-keit, Gerechtigkeit und Geisteskultur in der Mitte — Zivili-sation, Körperbildung, Miliz haben den zweiten Rang, sind aber auch Werte im Leben des Ganzen. Das ist sein dauerndes Ideal — aber wie es verwirklichen in der Zeit größter europäischer Ver-wirrung? Inzwischen waren mit der Jahrhundertwende der Nordische Krieg und der um die Spanische Erbfolge ausgebro-chen. Gegen Ludwig mußte der Patriot Leibniz Partei nehmen. Karl XII. schloß zuletzt ein Bündnis mit der Türkei — das lief dem Ideal Leibniz' entgegen. Peter verehrte die abendländische Civilisation und wird später oft vom Panslavismus bekämpft. Er eröffnet dem Deutschtum große Möglichkeiten. Paris und zuletzt auch London bedrohen die Einheit der europäischen Kultur — Rußland öffnet ihr neuen Boden. Der junge Herder ging später von Königsberg nach Riga und dankte Katharina II., unter deren Herrschaft das Deutschtum in den baltischen Pro-vinzen blühen konnte. Wer konnte damals die Gefahr des

Panslavismus voraussehen? — Peter weiß Leibniz' Genie zu würdigen. Er ernennt den braunschweigischen und brandenburgischen Geheimrat auch zum russischen und verleiht ihm ein Jahresgehalt. 1712 in Karlsbad entwickeln sie Pläne zur Gründung der Akademie der Wissenschaften in Petersburg. Noch 1716, kurz vor dem Tode, besuchte Leibniz den Zaren in Pyrmont, doch geschah die Gründung der Akademie erst neun Jahre später. Die Aussichten für die Wissenschaft waren bedeutend. Auf Wunsch von Leibniz ließ der Zar Forschungen anstellen über die Lage des Magnetpoles, die für die geographische Vermessung entscheidend war, dann über die Verbindung des arktischen Meeres mit dem Stillen Ozean. Es ging noch auf seine Initiative zurück, daß der Zar 1728 durch Berings Expedition diese Verbindung aufklären lies. Kürzlich hat Ernst Benz die Beziehungen von ,,Leibniz und Peter dem Großen" dargestellt [1]. Er findet, daß Leibniz in diesem Bunde seine früheren Ziele ,,einem selbstlosen Dienste an der Verwirklichung eines höchsten universalen Menschenbildes zum Opfer gebracht" habe. Das könnte mißverstanden werden, als ob er von seiner abendländischen Gesinnung zu einer abstrakt-weltbürgerlichen, von einer Zusammenfassung der Kulturnationen zu einer internationalen Auflösung der Nationen übergewechselt sei. Dem widerspricht der sachliche Gehalt auch bei Benz überall. Leibniz will die ,,christliche Humanitas" in der Welt verbreiten, das ist Synthese von Christentum und Antike, ist Abendland. Daß ihm Mission, Sprachforschung, geographische Forschung, Politik, Handel, Gewerbe, Ausbreitung der Kultur zusammen am Herzen liegen, ist bei ihm keine Verwässerung, sondern Ausdruck des noch ungebrochenen abendländischen Lebens.

Anfangs glaubt er durch Rußland in dessen asiatischen Provinzen und in China protestantische Mission treiben zu können. Bald sieht er seinen Irrtum ein. Die Jesuiten in China werden den protestantischen Wettbewerb bekämpfen. Peter aber denkt nicht daran, eine protestantische, eine deutsche Mission zuzulassen. Leibniz findet sich damit ab, wenn wenigstens Russland in Asien eigene Mission treibt. Bezeichnender noch ist sein Verhältnis zu den Jesuiten in Peking. Diese werden von Rom aus

---

[1] Ernst Benz ,,Leibniz und Peter der Große." Berlin 1947, S. 39. 71 83–87.

angefeindet, weil sie den Ritus vielfach dem altchinesischen anpassen. Leibniz tritt für die Jesuiten ein: er will ja nicht die alte hohe chinesische Kultur europäisieren, sondern die Wechselwirkung herstellen. Der Jünger Vergils empfindet als abendländisches Ideal „virtus et pietas", ein Ideal, das auch Chinesen und Moslemiten pflegen können. Karls XII. Bündnis mit den Türken ist ein Unglück für Leibniz. Peter ist Feind der Türken — darum kann Leibniz mit ihm zusammenarbeiten. Aber er kannte nur Peter und dessen Umgebung, nicht das russische Volk. Er hält dies für eine tabula rasa, auf die sich die echte Kultur aufzeichnen ließe, und weiß nicht, wie abgründig die russische Kirche den Protestantismus haßt, und daß weite Kreise des Volkes, Träger der alten Kultur, ebenfalls den Zaren, der der westlichen Kultur Einlaß gewährte, als Revolutionär, als Antichristen hassen. Ohne die asiatischen, abendland-feindlichen Strömungen zu kennen setzt er Hoffnung auf den im weitesten Sinne „abendländischen" Plan des Zaren. Dieser wollte beim Papst die Berufung eines ökumenischen Konzils beantragen, also die Verschmelzung der griechischen, römischen und protestantischen Kirche, die Reunion im weitesten Sinn, einleiten. Das klingt heute ideologisch aber vielleicht darum, weil jene beiden Kriege die Sprengung des Abendlandes förderten. Damals lag es im Bereich der Real-Politik. Mit dieser Reunion sollte die Vertreibung der Türken aus Europa verbunden werden.

Der Türkenhaß wiederspricht nicht der Toleranz gegenüber dem Islam, Lessings Fabel von den drei Ringen, denn Leibniz greift nicht den Islam an, sondern baut den Damm gegen die verheerende Türkenflut. Die Kultur des Araberreiches, auf Aristoteles gegründet, gehört auch dem Abendland an. Die Kreuzzüge sind eine kriegerische aber fruchtbare Ehe zwischen dem christlichen Abendland und dem islamischen Morgen- und Abendland. Soliman ist nicht Saladin. Die höchste Idee der mittelalterlichen Kaiser war die Reunion des griechischen Reiches mit dem römisch-deutschen. Und die europäische Wiedergeburt empfing ihren kräftigsten Anstoß nicht aus dem Ciceronianischen Humanismus, sondern aus dem Versuch, in einem gemeinsamen Konzil die griechisch- und römisch-katholische Kirche zu vereinen: Nikolas von Cues und die Platonische Akademie in Florenz. Die Kraft der Bewegung von Winckelmann bis Hölderlin stammt aus griechischem Geist. In dieser Reihe steht Leibniz, von Platon begeistert, von Aristoteles belehrt. Die mit dem russischen Zaren geplante Reunion ist die Erneuerung der umfassenden Idee des Abendlandes. Bei Herder, Hölderlin, Schelling lebt die Idee der Johanneischen Kirche auf, die weiter ist als die der Petrinischen und Paulinischen, die unmittelbare Kirche, in der sich griechisches und römisches Christentum, griechische Philosophie und reformierender Reichsgeist versöhnen wie im strahlendsten Repräsentanten abendländischer Einheit: in Dante. — Leibniz Tod brach diese weiteste und zweifelhafteste Planung ab. Aber zwischen Karlsbad und Pyrmont liegt die andere Planung, die am deutlichsten sein wesentliches Anliegen, die Einheit der vaterländischen und abendländischen Idee ausdrückt: Eine „deutschliebende Gesellschaft", eine die Nation repräsentierende Akademie. Diesen Plan erweckt er früh in Mainz an der Seite des Erzkanzlers und fördert ihn auf seinen Reisen nach Wien an der Seite des Kaisers. Als seine Stellung in Hannover unleidlich wurde, als der Plan in Dresden durch den Krieg scheiterte, als er aus der Berliner Akademie verdrängt war, konzentrierten sich seine Hoffnungen auf Wien. Fünfmal ist er in Wien gewesen: der Aufenthalt von 1712–14 war der längste und wichtigste.

1700 war der spanische Erbfolgekrieg ausgebrochen, in dem Leibniz der Herold des Kaisers gegen Ludwig XIV. ist, denn jetzt ist das Habsburgische Interesse ganz mit dem deutschen verknüpft: Leibniz hofft Straßburg dem deutschen Volke zurückzugewinnen. So schreibt er 1700–1704 mehrere politische Abhandlungen. 1710 war nach den großen Siegen, die Prinz Eugen und Marlborough über Ludwig erfochten hatte, die Gelegenheit zu einem günstigen deutschen Frieden, zum Wiedergewinn von Lothringen, Elsaß, Straßburg gekommen. Eugen selber riet zum Frieden, aber die Verbündeten stellten so entehrende Forderungen, daß Ludwig sich zur Fortsetzung des Krieges entschloss. Nun aber trat ein gründlicher Wechsel der europäischen Lage durch Englands Schwenkung ein, von der Winston Churchill, Marlboroughs Nachkomme sagt, „nichts in der Geschichte zivilisierter Völker habe diesen schwarzen Verrat übertroffen". Mitten im Feldzuge, bei Beginn der Schlacht ließen die Engländer den Prinzen Eugen im Stich. 1712 traten die Verbündeten des

Kaisers in die Friedenskonferenz in Utrecht. In diesem Jahre
traf Leibniz in Wien ein. Von einem Frieden in Utrecht war
für das Reich in dieser Lage nichts Gutes zu erwarten. Leibniz'
eigene Ansicht und sein Auftrag war, in Wien für die Fortsetzung
des Krieges im Bunde mit Preußen und Rußland zu wirken,
was auch Prinz Eugen für richtig hielt. Zum Kaiser war inzwischen
Karl VI. gekrönt, im kräftigsten Alter und tatendurstig. Er
war deutsch gesonnen und wußte eine Persönlichkeit wie Leibniz
wohl zu schätzen, er unterhielt sich oft mit ihm und zog ihn
als Mitarbeiter in vielen Fragen heran. Auch die drei Kaise-
rinnen, die Kaiserin-Mutter Eleonore, die Witwe des Kaisers
Joseph und Schwägerin des regierenden Kaisers Amalie und
die regierende Kaiserin Elisabeth pflegten freundschaftliche
Beziehungen zu ihm. Er wurde jetzt, was ihm schon Kaiser
Leopold versprochen hatte, zum Reichshofrat ernannt mit
einem größeren Ehrengehalt. Kaiser Karl bewilligte den Entwürfen Leibniz' gemäß die Gründung einer kaiserlichen und
königlichen Sozietät der Wissenschaften, die Natur- und Ge-
schichtswissenschaften umfassen und mit einer großen Zahl
reicher Institute und Sammlungen ausgestattet werden sollte.
Es wurde Leibniz am 14. August 1713 bestätigt, daß er Direktor
dieser Akademie mit hoher Besoldung würde. Alles schien,
trotz der Umtriebe der katholischen Gegner, gesichert. Nur
eins fehlte — das Geld. Oesterreichs Geldnot war durch den
Krieg und seine Folgen bedrohlich gesteigert, die Gründung
der Akademie wurde verschleppt. Schon vor der Gründung der
Berliner Akademie hatte Leibniz geschrieben: Ich gebe zu, daß
wir für die Nachwelt arbeiten müssen. Oft baut man Häuser,
die man nicht bewohnen, pflanzt man Bäume, deren Früchte
man nicht genießen wird." Nicht lange vor dem Tode schrieb
er: „Was die Sozietät der Wissenschaften betrifft, so muß man
sich in Geduld fassen. Ich werde sie nicht mehr erleben, aber ich
freue mich, etwas im Voraus dazu beigetragen zu haben, daß
andere sie erleben werden." — Es dauerte noch hundertund-
dreißig Jahre bis zur Gründung der Wiener Akademie.

Diese Leidenschaft für sein Friedenswerk hinderte ihn nicht,
aus vaterländischem Geiste in Wien für die Fortsetzung der
Kriege zu stimmen, ebenso wie Prinz Eugen, der 1710 den Frieden
wollte, den eine unvernünftige Koalition sich entgehen ließ.

1713 lernten sich die beiden großen Vorkämpfer des Reiches kennen. 1714, als der Prinz tief erbittert vom Feldzuge gegen Frankreich zurückgekehrt war, begann ihr freundschaftlicher Verkehr in gegenseitiger Verehrung. Für unser geschichtliches Bild ist diese Freundschaft mit dem gewaltigen Feldherrn, dem großen Staatsmann, der wie ein Kaiser in Wien haust, ein großer Gewinn aus diesem Wiener Aufenthalt. Gerne wüssten wir Näheres von dieser Gemeinschaft, wie die Paläste des Prinzen, das Belvedere, das damals Lucas von Hildebrand erbaut, auf Leibniz wirkten. Man weiß leider wenig davon. Auf Wunsch des Prinzen faßte Leibniz für ihn die Grundlagen seiner Metaphysik in einer Abhandlung zusammen, die auch für Nicht-Fachleute verständlich und höchst anziehend ist, die „Principes de la natur et de la grâce fondés en raison" (nicht die an die Fachgenossen gerichtete sogenannte „Monadologie"). Sie ist ein Auszug seiner Philosophie überhaupt. Daß er aber den Prinzen so hoch verehrte, um für ihn persönlich, nicht für die Öffentlichkeit, eine solche Handschrift zu verfassen, daß der Prinz diesen Schatz so hoch verehrte, daß er ihn stets in seiner Nähe bewahrte, und daß es die Ehrung eines Freundes bedeutete, dem er sie zeigte, und daß Friedrich der Große beide Männer hoch verehrte, bleibt ein Symbol europäischen Geistes, wenn ihnen auch damals der politische Erfolg versagt blieb. Nach dem Friedensschluß von Utrecht war auch in Deutschland die Kriegsenergie gebrochen. Der große Gewinner ist England, das damals sein Weltreich gründet. Österreich schließt den leidlichen Frieden zu Rastatt. Dem deutschen Reich bleibt nichts übrig, als sich im Frieden zu Baden anzuschließen: es ist das am meisten Geschädigte. Gerade woran es Leibniz vor allem gelegen hatte: die Rückgewinnung des Elsaß, war gescheitert.

WENDUNG GEGEN DIE REINE VERSTANDES-
AUFKLÄRUNG

Auseinandersetzung mit Locke. So ist Leibniz' Schicksal in
den letzten Lebensjahren ein Gewebe von Anerkennung und
Mißerfolg. Solange der Übergang nach Wien in die ihm gebüh-
rende Stellung nicht Wirklichkeit wird, kann er Hannover nicht
aufgeben. 1714 stirbt seine große Freundin, die Kurfürstin-
Mutter Sophie, und bald danach auch Anna, die Königin von
England. Der Kurfürst geht als König nach England. Hannover
wird noch öder und enger für den rastlosen Geist Leibniz, und
sein Wunsch ist begreiflich, wenn nicht nach Wien, so mit dem
königlichen Hofe nach London überzusiedeln. Er hatte als Staatsmann erfolgreich für die Nachfolge der Welfen mitgewirkt und
durfte wohl auf Erfüllung seines Wunsches rechnen. Er brauchte
für sein europäisches Wirken einen weiten Raum, und daß er,
als die französische Universalmonarchie drohte, im Sinne des
Oraniers Wilhelm von England dort die Herrschaft eines deutschen Fürsten förderte, war sinngemäß. Georg aber war keineswegs gesonnen, diese Wirkung des großen Deutschen zu begünstigen. Im Gegenteil, durch den Tod seiner Mutter glaubte
er sich jeder Rücksichtnahme auf den überlegenen Genius enthoben. Nicht ganz gleichgültig bei dieser Entscheidung war,
daß damals der deutsche und der englische Geist in der Gestalt
der beiden größten wissenschaftlichen Genien des Zeitalters, in
Leibniz und Newton, in Hader geraten waren. Wenn Leibniz,
der sogenannte Harmonisierer, mit der gesamten Front rationaler Aufklärung im Kampfe lag, so gehörten Descartes und
Spinoza zu einer überwundenen Epoche. Die englische Philosophie war es, der er entgegentreten mußte. Gerade seine Kampfesweise erinnert an seine klare Einsicht: es besteht kein polarer
Gegensatz zwischen dem deutschen und dem westlichen Geiste,
sondern es gibt einen schöpferischen ganzheitlichen Geist, der

in der Renaissancezeit auch in Italien, Frankreich, Niederlanden, England sich entfaltete, jetzt aber da jene ihren National-Typus vereinheitlichten, seine Heimat besonders in Deutschland fand. Als dessen Ausdruck durfte Leibniz jetzt sich selber betrachten, während in Frankreich und England die Minoritäten unterdrückt wurden. So hatte er wohl im Westen viele fruchtbare Beziehungen gefunden, spürte aber im Alter, je mehr er das Gemeinschaftlich-Europäische in sich darstellte, im Westen Entfremdung und Abwehr. Als der junge Leibniz, zuerst für die moderne Naturwissenschaft und ihre mechanische Erklärung begeistert, alsbald erkannte, daß sie die Aristotelische und mittelalterliche Seelenlehre nicht ersetzen konnte, als er in eigener Seele Platons Sieg über Demokrit wiederholte, schrieb er einen Brief an Hobbes, den Begründer des seelenlosen Mechanismus in Natur und Staat. Dieser fand es überflüssig, dem noch unbekannten Autor zu antworten. Als Leibniz selbst nach London kam, fand er Anerkennung und wurde Mitglied der Royal Society ... 1690 erschien Lockes grundlegendes Werk ,,Essay concerning human understanding", geschichtlich hochbedeutend als Grundlage der Periode der Erkenntnisanalyse — geistig dennoch, an den Gipfeln der europäischen Philosophie gemessen, auf mittlerer Ebene. (Eine kleine Tatsache bezeichnet diesen Gegensatz: als ein Franzose den jungen Schelling mit einem Hinweis auf Locke belehren will, lehnt dieser imperatorisch ab: ,,Je méprise Locke." Schiller, der am Gespräch teilnimmt, freut sich über Schelling — und Nietzsche freut sich über diesen Bericht Schillers.) Lockes Geständnis, daß sein Werk nicht für Männer ,,mit weitem Blick und schneller Fassungskraft", sondern ,,für Leser von geringer Bildung und Begabung" geschrieben sei, erweist ihn als Vorläufer der populären Aufklärung, des ,,gesunden Menschenverstandes".

Die Aufklärung ist seltsam gemischt aus Skeptizismus und Optimismus. Nach weltumgreifenden Erlebnissen in Mittelalter und Renaissance verzichtet sie oft auf metaphysische Erkenntnis, aber optimistisch glaubt sie in der Ratio, d.h. in Logik und Mathematik die Mittel der Welterkenntnis zu besitzen. Den Sinn dieser Erkenntnis drückt am deutlichsten schon Bacon aus: Ausbeutung der Natur. Er ist der Gegensatz des englichen Empirismus gegen den deutschen Ideal-Realismus: Optimist der Wissenschaft nicht als Erkenntnis der schöpferischen Natur, sondern als technischer Naturbeherrschung. Er ruft der europäischen Ganzheitsbetrachtung sein „Dissecare naturam!", die wissenschaftliche Entsprechung zum politischen „divide et impera" entgegen. „Wissen ist Macht" heißt ihm: Wissen ist wirtschaftlicher Nutzen, nähert sich dem Grundsatz des Kapitalismus: „Wissen ist Geld, Geld ist Macht". Auch Leibniz nimmt in seine philosophische Weltanschauung die politische Macht, auch den wirtschaftlichen Nutzen der Nation mit auf, aber alles bleibt eingeordnet in die glückliche Schau des schönen Kosmos, der schöpferischen Natur, die man nicht zerschneidet, beherrscht, ausbeutet, sondern als das Heilige verehrt. Das war die Weltschau Platons, Nikolaus von Cues, Paracelsus', Keplers, die Leibniz erneuerte mit dem vollen Bewußtsein, daß die Geister, die der religiösen Beschränkung auf das Jenseits entwuchsen, einen ethischen Halt finden in der Ehrfurcht angesichts der geistig-schöpferischen Kraft des Kosmos. Aber innerhalb dieses Raumes der Wissenschaft konnte er auch Bacon schätzen, den Goethe später bekämpfen wird. Hobbes betrachtet auch den Staat als einen Mechanismus gleichsam menschlicher Atome. Locke überträgt solche Analyse auf das menschliche Bewußtsein. Wie der Chemiker mit seinen Methoden im Menschen nichts als körperlichen Stoff findet, so findet der Sensualist in der Seele nichts als sinnliche Empfindungen, Residuen der Wahrnehmung. Doch behält Locke in Wirklichkeit diesen Grundsatz nicht bei, denn er leitet viele Begriffe ab in Reflexion auf den Geist. Er analysiert unser Bewußtsein und versucht die Bildung unserer Begriffe daraus systematisch zu erklären. Das war eine wichtige Vorarbeit der Psychologie, mittelbar auch der Metaphysik. Leibniz nimmt das als sehr fruchtbar auf, als notwendige stoffliche Grundlage, und behandelt Locke dankbar und mit Achtung. Aber er sieht sofort — von Metaphysik nicht zu reden — die psychologische Unzulänglichkeit Lockes. Angeregt durch ihn beginnt er die Bewegung der Überwindung des Empirismus und Skeptizismus, die Kant gründlicher, aber einseitiger zu Ende führen wird. 1696 teilt er seine sehr anerkennenden, aber viel weiterführenden Einsichten brieflich Locke mit. Ein fruchtbares Gespräch zwischen dem deutschen und britischen Geist schien möglich. Leibniz kämpft für die höchste Idee und

hofft, die Gegner mitzureißen. Privat-persönliche Polemik ist
seiner Natur zuwider. Locke aber versteht diesen Platonischen
Agon um das Höchste nicht — mag er den überlegenen Genius
wittern oder nicht. Leibniz ließ sich dadurch in seinem Geistes-
flug nicht beirren. 1703 nahm er die Arbeit wieder auf und
schrieb sein umfangreichstes philosophisches Werk, die ,,nouve-
aux essais sur l'entendement humain'', einen Dialog mit einem
Freunde, der aus London kommt und Lockes Ansichten vertritt,
dessen ,,Essay concerning human understanding'' paragraphen-
weise referiert. Er erinnert, daß Locke im Wesentlichen zum Atomisten und Demokriteer Gassendi neige, während sein Partner
sich mehr zu Descartes und Malebranche bekannt habe. Dieser
— also Leibniz selbst — erwidert, daß er sich vom Cartesianismus,
aber nur um so mehr auch von Gassendi entfernt habe. Auch
vom Spinozismus sei er geheilt ,,und seitdem nehme ich mitunter
den Namen T h e o p h i l u s an''. Er glaube das Wesen der
Dinge im Licht eines neuen Systems zu sehen, ,,das Plato mit
Demokritus, Aristoteles mit Descartes, die Scholastiker mit den
Neueren zu versöhnen scheint.'' Von dieser Sicht aus ergänzt
er sehr konziliant Lockes Ansichten. Den sensualistischen Satz
,,Nihil est in intellectu quod non fuerit in sensu'' ergänzt er
,,nisi ipse intellectus''. Den Streit des Rationalismus und Empirismus, ob es angeborene Ideen gibt, oder ob unsere Seele ohne
sinnliche Wahrnehmung eine leere Tafel sei, entscheidet er auf
höherer Ebene für immer dadurch, daß der tätige, der spontane
Geist mehr sei als der bloß sinnliche Stoff. Kants Hauptleistung
nimmt er im Grundsatz vorweg. Er ist sich bewußt, jetzt auf
den Höhen der Geistesgeschichte zu stehen: ,,Obgleich der Verfasser der Abhandlung außerordentlich viel Gutes beibringt,
dem ich beistimme, so sind doch in der Tat unsere Systeme
bedeutend von einander verschieden. Das seinige hat mehr
Verwandtschaft mit Aristoteles, das meinige mit Plato ...''
Ritterlich sagt er, daß man beliebig einen der beiden Stand-
punkte wählen könnte, während sein Verfahren beweist, daß er
selber der Umfassende, Platonische ist, während die rationalistischen und empiristischen Aufklärer des Westens nur eine
teilhafte Schau, wie Aristoteles und Demokrit haben. Durfte
er doch vorher mit Recht sagen, er bediene sich des Aristoteles
wie eines Instrumentes. (In Wirklichkeit steht Aristoteles der

Platonischen Tiefe und Ganzheit sehr viel näher als Locke.
Doch ist richtig, daß Plato mehr unter den Deutschen, Demokrit
und Aristoteles mehr unter den Westeuropäerns fortleben).

Aber schon 1704, ehe Leibniz großes Werk gedruckt war,
starb Locke. Leibniz verlor den weltberühmten Gegner, mit
dem er um die Führung des europäischen Geistes ringen konnte.
Wie lebendig, wie Platonisch und unliterarisch ist es, daß er
damit das Interesse an der Veröffentlichung dieses epochalen
Werkes verliert. Erst ein halbes Jahrhundert nach seinem Tode
wird es veröffentlicht, um dynamisch auf den deutschen Geist
einzuwirken. Herder, Lessing, Kant beeinflußt es entscheidend.
Zwar dankt es Kant seinem großen Vorgänger nur mäßig, aber
seine Anhänger sind überzeugt, daß er, als er in der Metaphysik
nicht weiter wußte, hier für seine neue Grundlegung, den Kritizismus, den entscheidenden Anstoß empfangen habe. Was Leibniz
beabsichtigt, besagt der Titel seines Werkes: ,,nouveaux essais
sur l'entendement humain par l'auteur du système de l'harmonie
préétablie'': Er will mit seinem eigenen System ins europäische
Gespräch kommen. Das ist symbolisch für das Schicksal des
deutschen Volkes, bis heute. Es war durch den dreißigjährigen
Krieg hinter den westlichen Völkern zurückgeblieben, die
ihren nationalen Stil, ihre Einheit verwirklichten, aber potentiell
behält es auch einen geistigen Vorsprung: die Idee der europäischen Einheit — seine Spannung, seine Gefahr, seine Hoffnung
und Möglichkeit. Innerhalb des Kreises der angekommenen, der
besitzenden Nationen muß es aber nach deren Spielregeln erst
wieder durch eine große Leistung die Anerkennung erringen. —
Großherzig, aufrichtig, bescheiden und selbstbewußt zugleich
betritt Leibniz die Arena, ritterlich, Platonisch. Das Vorwort
bekennt, daß er seine eigenen Ideen einführen will. Niemals
legt er den Worten des Gegners einen geringern Sinn bei, nicht
selten einen höheren — aber nachdem er das Beste in ihm anerkannt hat, zeigt er schlicht und sachlich die noch höhere Wahrheit.

Warum aber läßt Leibniz sein umfangreichstes Werk, das
später eine Epoche in der deutschen Philosophie einleitet und
dieser die Führung in der europäischen erwirbt, so leichten
Herzens liegen? Er antwortet selber: ,,Ich habe diese Bemerkungen in verlorenen Stunden aufgesetzt; wenn ich auf der

Reise oder in Herrenhausen war, wo mir keine Muße zu andern Untersuchungen blieb, die größere Sorgfalt erfordert hätten." Mühelos triumphiert er über den Gegner auf Grund seiner metaphysischen Schau. Er mag beim Studium Lockes sich froh bewußt geworden sein, wie viel höher er inzwischen durch Forschung gestiegen war, aber er sah auch die Schwierigkeit, sein System rein, ohne zeitgebundene Belastung darzustellen, wenn schon die bloße Erkenntnisanalyse solche Ausführlichkeit erheischte. Wir klagen, sein System nicht in voller Entfaltung zu besitzen, aber dafür haben wir es ganz lebendig, als dynamische Erscheinung, als Kampf um die geistige Führung in Europa, als Glanz der Weltschau. Seine Lehre blieb Dialog, in der Zeit verhaftet, und da das Schicksal ihm versagte, diese Gespräche ganz in den eigenen Bereich, auf die Ebene des schöpferischen Geistes zu heben, so mußte er alles Unglück mit Gegnern erleben, die nicht imstande waren, ihm Gerechtigkeit widerfahren zu lassen.

Leibniz repräsentiert im Kampfe um die Weltanschauung die schöpferische Philosophie, Locke den Positivismus, die Verneinung der Metaphysik. Diese Frage reicht im Grunde ins Prinzip der Persönlichkeit, das — in der Naturwissenschaft „ausgeklammert" — in der Politik höchst wirksam aufstand. Hobbes, vom Nominalismus ausgehend, die Menschen als gleiche Atome nehmend, sah im Staat alle Menschen als gleiche Bestien an und fand seltsamerweise in der unbedingten Staatsmacht, also antinominalistisch, das Heil. Sie sollte im unbedingten Despoten, im Diktator verwirklicht werden. Diese Lehre mußte Leibniz, der schon eine europäische „Monarchie" befürchtete, von Grund aus zuwider sein. Locke dagegen vertritt das Recht der Individuen, er ist Träger des Liberalismus, des angemessenen Ausgleichs der Gewalten. Diese Toleranz war Leibniz gegenüber Religionskriegen und Despotenmachten, gegenüber dem lieblosen Mechanismus Hobbes sympathisch. Aber auch für Locke gilt die atomistische Gleichheit der Individuen noch: alle sind tabula rasa, leere Tafeln, die nur durch sinnliche Wahrnehmung beschrieben, nur durch die Umwelt geformt werden. Daraus ist wohl Gleichberechtigung, Recht zur Revolution gegen Machtansprüche der Despoten, der Stände, der Rassen und Nationen herzuleiten, aber das Wesen der Persönlichkeit ist

entwurzelt. Gerade der unbedingte Liberalismus wird umschlagen in den Terror Robespierres. Zwischen Despotie und Massen-
menschheit steht die natürliche Rangordnung der Persönlichkeiten, steht die Reichs-Idee von Leibniz. Alle Monaden sind
wesensgleich, aber nicht zwei sind ganz gleich: sie bilden eine
kontinuierliche Stufung zur Vollkommenheit hin. So sind für
Platon die Bürger wesensgleich, sie sind gleich vor dem Gesetze,
aber sie sind nicht an Wert und an Staatsrechten gleich. Den
untersten Rang nimmt der Tyrann ein, den höchsten der gesetz-
liche König — oder der gesetzgebende Weise. Ein unbedingter
Gleichheits-Individualismus führt ebenso wie Hobbes Mechanismus zur Verameisung, zur Vermassung des Menschen, und es
fragt sich nur, wem dann die Diktatur zufällt: dem unmensch-
lichen Diktator — oder anonymen Zweckverbänden. Der revolutionären Aufklärung entspricht der Haß gegen Persönlichkeiten,
gegen Gestaltung: der ,,Bildersturm''. Der große Gegenschlag
gegen diese Entseelung ist Leibniz und die deutsche Verjüngung.
Dem Begriff gleichwertiger, gleich wertloser Atome setzen sie
die Einmaligkeit, Unwiederholbarkeit der Individuen, die Rang-
Stufung der Persönlichkeiten — dem Begriff der bloßen Rezep-
tivität die spontane Tätigkeit, dem berechenbaren Verlauf
das schöpferische Ereignis entgegen.

Der Geschichts-Verlauf stellte die ,,Essais'' einseitig unter
den Blickpunkt der ,,Erkenntnistheorie'', so daß man ihren
metaphysischen Urgrund meist übersah. Leibniz billigt die
sensualistische Methode, den Stoff unsers Bewußtseins zu
analysieren als den Stoff der sinnlichen Wahrnehmungen. Aber
zur (metaphysischen) Wirklichkeit führt erst die Betrachtung
des Geistes, der diesen von außen gegebenen Stoff verarbeitet.
In Wirklichkeit kennt ja auch Locke den ursprünglichen Geist,
der auf den Stoff reflektiert. Erkenntniskritisch sind eigentlich
Locke, Leibniz, Kant einig. Locke wird sich nur dieses erkenntniskritischen Standpunktes nicht bewußt, weil er ihn mit der
psychologischen Analyse verwechselt: er wendet immer wieder
ein, daß Ideen nicht angeboren seien, weil doch das Kind sich
ihrer nicht bewußt sei. Platon (im Menon), Descartes, Leibniz
wissen das selbstverständlich, aber sie beweisen, daß wir neben
den sinnlichen Wahrnehmungen eine Erkenntnisquelle apriori
haben (I, I, § 5). Daß diese Quelle erst fließt beim Anstoß sinn-

licher Wahrnehmungen, bestreiten diese Denker nicht. Leibniz findet dafür die beste Formel: Wahrheiten der Vernunft und Wahrheiten der Tatsachen. Nur jene, apriori, Logik und Mathematik, ergeben notwendige, apodiktische Wahrheiten. Die zweiten, a posteriori, die Erfahrungen, können „keine unfehlbare und immerwährende Gewißheit" beweisen. Aber welche dieser beiden Erkenntnisarten ist die wertvollere, die tiefere? Das ist seitdem die Spannung der Philosophie zwischen Idealismus und Empirismus, die auch unklar dem Streit von Realismus und Nominalismus zugrunde lag.

Nur die erste Erkenntnis, die apriorische, verbürgt ganz sichere, echte Erkenntnis: Sie ist das Ideal der „Wissenschaft". Aber diesem unbestreitbaren Vorzug steht die große Einschränkung gegenüber: sie beschränkt sich auf das „formelle" Erfassen, auf Logik und Mathematik. Darum leugnen Nominalisten und Sensualisten sie und die Ideen überhaupt und beschränken sich auf die konkrete Erkenntnis der Einzeldinge und Individuen. Leibniz und Kant verschmelzen die Einsichten von Descartes und Locke, von reiner Vernunft und Erfahrungswissenschaft. Die Philosophiegeschichte, die durch Kants Kritizismus bestimmt ist, pflegt das als Sieg des Idealismus über den Empirismus zu verstehen. Da nun aber der Idealismus als reiner Rationalismus verstanden wird, so sprudelt daraus ein Quell vieler Irrtümer. Schelling, als er bewußt Leibniz Lehre erneuert, nennt seinen eigenen Idealismus mit Recht auch Empirismus. Hinter alle diese Schlagworte muß man einmal zurückgreifen, bis sie von Leibniz her neugeklärt sind. Denn die Beschränkung des Begriffes Erfahrung auf die Empfindungen der nach außen gerichteten fünf Sinne, der dann leichthin auch die des inneren Sinnes und der sinnlichen „Gefühle" nebenher angegliedert werden, ist der große Mangel nicht nur der Sensualisten, sondern Kants selber. Wirkende Wirklichkeit, nicht bloß subjective Spiegelung, ist der tätige, schaffende Geist selbst.

Wenn Leibniz und Kant — sehr „ungefähr" ausgedrückt — Descartes und Locke vereinen, so sollte man nicht verschleiern, daß ihre Richtung wesenhaft verschieden ist. Kant sagt: wahre Wissenschaft ist allein Logik und Mathematik — aber soweit ist sie nur formell, leer. Als Menschen sind wir gezwungen, diese bloße „Form" mit Sinnenstoff, mit Anschauung anzufüllen. Wissenschaft ist daher allein die mechanistische Naturwissenschaft. Nach entsprechender Methode soll die Ethik verfahren: Um zur reinen Moral zu kommen, muß alles Sinnliche — das aber heißt hier alle Neigung, alle Liebe — ausgeschaltet werden, damit wir allein das abstrakte Pflichtgesetz verehren. Wahre (theoretische) Erkenntnis gibt es vom Wesentlichen, Schöpferischen, Ethischen nicht. Einbeziehung der Anschauung, der Welt, die allerdings für die mechanische Wissenschaft unentbehrlich ist, wird also für Ethik und Wesen überhaupt verneint. Das Grundprinzip ist Askese. Vor dieser liebeleeren Moral Kants schaudert selbst der großen Kantianer Schiller, der sie grämlich nennt, zurück. Kant spaltet die deutsche Bewegung.

Erst wenn man von diesen verhängnisvollen Auswirkungen zurückblickt, sondert man in den „Essais" das Wesentliche vom Zeitgebundenen. Leibniz geht es nicht darum, den Vorrang der reinen Vernunftwissenschaft vor der Tatsachenwissenschaft zu beweisen. Er ist nicht der Asket, der reine Vernunft absondert von Weltlichkeit, er ist nicht der am Leben Leidende, der das ganz Andere sucht, sondern er will die Anschauung der Ganzheit erwecken. Und da er wie Kant weiß, daß die reine Vernunft (Logik und Mathematik) für das Wesen nicht zulangen, so ist seine Erkenntnis aus Tatsachen, die methodisch weniger zuverlässige, dennoch die höhere. Natürlich meint er nicht die sensualistische Erfahrung bloßer Außenwelt, sondern er dringt in die gemeinsame Wurzel des Innen und Außen. In der damaligen Lage, als Descartes Ruhm abnahm, der Lockes strahlte, mußte er zuerst die sensualistische Schranke durchbrechen — den Forschern die zugenähten Lider des Ideenauges öffnen. Er zeigt auf das Rein-Rationale, um über den Sensualismus hinauszukommen. Aber dies ist nur Vorbereitung: er will zur höheren Erfahrung führen, zum Erlebnis, das mehr ist als äußere Sinnenerfahrung, aber auch mehr als reine Ratio. Sehr deutlich, doch für die Kantianer nicht deutlich genug, steht dieser Anspruch schon im III. Kapitel des I. Buches.

Unbedingt weltgiltig, überpersönlich, weil ganz unpersönlich, ist die reine Verstandes-Ratio, die Logik und Mathematik, die Grundlage exakter Wissenschaft. Die Wissenschaft beruht auf den ersten drei von Leibniz' vier logischen Grundprinzipien

(Satz von der Identität, vom Widerspruch, vom ausgeschlossenen Dritten). Seiner logisch-mathematischen Leistung verdankt das Genie Leibniz den Weltruhm. Wie die Aufklärer faßt er die ersten drei Sätze auch zusammen als den Satz vom Widerspruch. In diesem Sinne sagt Philalethes an Lockes Stelle, daß unbedingt das Prinzip aller Wahrheit der Satz vom Widerspruch sei: „E i n D i n g k a n n z u r n ä m l i c h e n Z e i t u n m ö g l i c h s e i n u n d n i c h t s e i n." Wenn dieser Satz uns eingeboren sei, so müßten die Ideen der Unmöglichkeit und der Identität eingeboren sein. Leibniz-Theophilus bejaht erfreut dies halbe Zugeständnis — aber welcher Wandel in seiner Bejahung. Die beiden vorausgesetzten Ideen waren rein negativ: Unmöglichkeit — und Identität als Negation des Andersseins. Unbefangen setzt Leibniz in seiner Bejahung dafür drei bejahende Ideen: „Die Ideen des S e i n s, des M ö g l i c h e n, des S e l b i g e n sind so sehr eingeboren, daß sie in alle unsere Gedanken und Schlüsse eingehen, und ich betrachte sie als unserm Geiste wesentlich." Statt vom Denk-Unmöglichen redet er von der Substanz, vom Potentiellen als der Wirkungskraft und statt von der Wandlungsunfähigkeit von der Selbigkeit, der Selbstheit, der Persönlichkeit. Er redet aus der Existenz, aus dem Wesen, nicht aus dem bloßen Denken. „Ich habe schon ausgesprochen, daß wir sozusagen uns selbst eingeboren sind, und daß, weil wir selbst s i n d, das Sein uns eingeboren ist: die Kenntnis, die wir von uns selbst besitzen, schließt die Kenntnis des Seins in sich. Etwas Ähnliches findet bei anderen allgemeinen Begriffen statt." Wie Platon in der Politeia (S. 509) über Sein und Wirklichkeit noch das schöpferische Prinzip schaut, so findet Leibniz den Quell, den die rationale Wissenschaft vergißt und instinktiv ausschaltet: die persönliche Selbstheit. Das ist der Anbruch der zweiten europäischen Wiedergeburt, der deutschen: Rückgang auf das unbedingte Ich — ein Vorgang, der zweifellos auch ungeheure Gefahren der Übersteigerung birgt. Die Übersteigerung der Persönlichkeit, Goethes Faust und Prometheus, Wagners und Nietzsches Übermenschentum, berühren den Titanismus, der das Göttliche bedroht. Der höchste Schritt aller Kultur ist die Annäherung des Menschen an sein Urbild, an Gott, ohne der Hybris zu verfallen. Auch Kant und Fichte steigern das Ich ins Unbedingte,

Göttliche, aber sie umgehen die Verführung zum Übermenschlichen, indem sie vom Selbst nur die reine unpersönliche Vernunft,
die allgemeingiltige Ratio — inbegriffen das abstrakte Pflicht-
princip — gelten lassen. Aus der persönlichen Substanz wird
das Selbst zum r e i n e n Subjekt des Erkennens und Sollens.
Sie suchen wie die Physiker das unbedingte Gesetz. Leibniz'
meist verkannte Leistung ist, die Erkenntnis der Tatsachenwahrheiten als das höhere Prinzip über der rationalen, apriorischen Erkenntniß erblickt zu haben. Man umgeht diese Tatsache
mit großem Fleiß und Scharfsinn, um ihn zum reinen Rationalisten zu machen. Verlockend ist die Konstruktion: Locke der
Sensualist und Empirist; Leibniz der Idealist und Rationalist;
Kant der Vollender und Erfüller. Diese Täuschung ist nicht ganz
grundlos: Leibniz gibt hier tatsächlich die Grundlage für Kant:
die rationale, apriorische Erkenntnis allein ist unbedingt gültig,
apodiktisch. Sie allein kann also im Sinne Kants unbedingte
Wissenschaft begründen. Leibniz, der geniale Aprioriker, erkennt
der weniger sicheren „Tatsache" den höheren Rang an, weil sie
auf höhere Ebene führt. „Was die u r s p r ü n g l i c h e n T a t-
s a c h e n w a h r h e i t e n anbetrifft, so sind dies die unmittelbaren inneren Erfahrungen von einer Unmittelbarkeit, wie sie
der Ermpfindung zukommt. Hierher gehört die erste Wahrheit
der Catesianer oder des heiligen Augustin: i c h   d e n k e,
a l s o   b i n   i c h, d.h. ich bin ein Wesen, das denkt. Doch muß
man wissen, daß ebenso wie die identischen Sätze allgemeine
oder besondere, und wie die einen ebenso klar als die andern
sind — denn es ist ebenso klar, wenn ich sage, daß A = A ist,
als wenn ich sage, daß ein Ding das ist, was es ist — das Gleiche
auch von den ersten Tatsachenwahrheiten gilt. Denn mir ist
nicht allein unmittelbar klar, daß ich denke, sondern es ist mir
ganz ebenso klar, daß ich v e r s c h i e d e n e   G e d a n k e n
habe, daß ich bald A und bald B denke usw. Also ist das Carte-
sianische Prinzip giltig, aber es ist nicht das Einzige seiner Art.
Man sieht, daß alle u r s p r ü n g l i c h e n Vernunft- oder
Tatsachenwahrheiten dies miteinander gemein haben, daß man
sie nicht durch etwas Gewisseres beweisen kann". (Schluß
von IV, II § 1)

Man glaubt es vielfach heute noch, daß Descartes in seiner
Ablehnung sowohl der antiken wie der scholastischen Philosophie

der Gründer einer ganz neuen Wissenschaft, der Philosophie der Neuzeit geworden sei. Vielleicht betont Leibniz darum, daß jener sein Grundprinzip Augustin entnommen habe. Er selber knüpft immer bewußt und dankbar an die Tradition an: an Platon, Aristoteles, Thomas von Aquino: er vertritt das Abendland im wurzelhaften Sinne.

Descartes greift auf die Tatsachenerkenntnis nur soweit zurück, als unbedingt nötig, um Fuß zu fassen in der Wirklichkeit des Seins. Er formt diese Erkenntnis dann sogleich möglichst als eine apriori allgemeingültige Vernunftwahrheit. Das ist die Einengung auf das Denk-Subjekt, die Kant aufnimmt. Leibniz erweitert das Prinzip zur erlebten Tatsache der individuellen Besonderheit, zur persönlichen Existenz. Diesen Gedanken hatte er schon 1692 (ehe er Locke kannte) in seiner Kritik Descartes' klarsten Ausdruck gegeben. (Bemerkungen zum allgemeinen Teil der Cartesischen Prinzipien. Zu Art. 7) ,,Ich bin mir nicht nur meiner selbst als des denkenden Subjekts, sondern auch meiner Gedanken bewußt, und ebenso wahr und gewiß, als i c h denke, wird auch d i e s e s oder j e n e s von mir gedacht.'' ,,Hieraus folgt nicht nur, daß ich existiere, sondern auch, daß ich auf mannigfache Art bestimmt bin.'' — So vollzieht er den Umbruch von rationalen Prinzipien zur persönlichen Existenz — einen Umbruch, der an den in unserer Zeit von der jede Existenz einklammernden Phänomenologie zur Existenzphilosophie vollzogenen erinnert. Darum ist erst heute die Zeit reif, Leibniz ganz zu verstehen, und es mag sein, daß die Philosophie sich verjüngt, wenn sie in Leibniz und damit in der hellenisch-christlichen Idee des Abendlandes neue Wurzel schlägt und nicht dem schwermütigen Asketen des Nordens folgt.

Sehr begründet sind die großen Bedenken ,,der'' Wissenschaft gegen das persönliche Prinzip. Wissenschaft muß aus dem Individuellen sich frei ins Überindividuelle erheben, sonst drohen die beiden Gefahren: das Chaos oder die Hybris des Übermenschen. So steht der Denker vor der Wahl: unpersönliche, rationale, abstrakte Wissenschaft — oder philosophische Steigerung des Persönlichen ins Überpersönliche und doch nicht Übermenschliche, Faustische, Titanische. Nicht das absolute Denk-Subjekt, sondern die schöpferische Gottheit, die Hauptmonade ist der

Kern des Weltalls. Der Weise sucht vom Selbsterlebnis aus die Verbindung zur Gottheit. Da versagt die rationale Wissenschaft: denn das Schöpferische waltet wohl im Raum der mathematischen Gesetze — aber es ist nicht abzuleiten aus ihnen, es ist in diesem Rahmen frei, nicht notwendig, es ist kontingent. Die schöpferische Welt ist mehr als eine bloße Vernunftwahrheit: sie ist tatsächlich, ihre Erkenntnis ist eine Tatsachenwahrheit. Gibt man dies zu, daß die Quelle unseres Erkennens die innere Erfahrung, unser Selbst, unsere Existenz ist (denn auch die Offenbarung muß als inneres Erlebnis gegeben sein, wie gerade Luther weiß), so hängt alle seelische, nicht nur die philosophische Entscheidung am unmittelbaren Lebensgefühl: Verneinung oder Bejahung des Erlebten. Verneiner des Selbst, Asketen, suchen das Ganz-Andere. Die Bejahenden finden im Selbst- und Welterleben den Weg zur schöpferischen Gottheit. Beide Menschenarten sind von Dämonen bedroht, beide für göttliche Aufträge befähigt. Unbedingte Verneinung führt zum Nihilismus, unbedingte Bejahung zur Herrschaft der Selbstsucht. Dann können Verneiner nötig sein, das morsche Fleisch zu geißeln, zürnende Propheten, die sich nicht als Persönlichkeiten, als Selbst, sondern als bloße Instrumente des Ganz-Anderen, des Un-Selbst fühlen. Gerade sie gelten oft als die typischen Heiligen. Aber wahrhafte Träger des Göttlichen sind die Bejahenden, die im eigenen Selbst die Gegenwart des Ewig-Selbigen, der schöpferischen Kraft fühlen. ,,Wer mich siehet, der siehet den Vater." Treffsicher findet Leibniz die notwendige Ergänzung zu Locke: intellectus ipse, der Geist selbst, der aus der Selbstsucht des Sinnenwesens zur Platonischen Idee des Guten führt. Zwischen Selbst und Gottheit vermitteln, aber ohne Selbstvergottung, im schönen Maß der Harmonie, ist der Sinn seiner Metaphysik: nicht ins Transzendente zu flüchten, aber die Tür offen halten zwischen ihm und der irdischen Welt. Gott ist unendlich, der Mensch ist endlich und klein — aber nicht unendlich klein. Wenn er nach dem Bilde Gottes geschaffen ist, muß aus seinem Selbst das stellvertretende Bild Gottes werden können.

Leibniz ist leicht zu mißdeuten, weil er im Gespräch dem forschenden Gelehrten das Gesicht des rationalen Forschers, dem dogmatisierenden Theologen das Gesicht des gelehrten Vermittlers zuwendet. Wer aber auf das Ganze, Wesentliche, den Charakter sieht, erblickt hinter trockenen Darstellungen das Liebenswürdige und Liebende — weniger den Eros, als Charis und Agape. Bis heute unausgeschöpfte Weisheit äussert er im Wettkampf mit Locke, aber das Gott-Nähere lehrt er gleichzeitig die hohe Freundin Sophie Charlotte. Er schreibt ihr 1702 zum Brief des „Freidenkers" Toland, des Schülers von Locke, die Entgegnung: „Sur ce qui passe les sens et la matière". (Über das, was die Sinne und die Materie übersteigt). Lockes verhüllte Tendenz tritt bei Toland deutlicher heraus. Locke nennt sich Sensualist. Leibniz zeigt, daß er in Wirklichkeit Empirist ist. Empirist will auch Leibniz sein — Gott ist gegeben als innere Erfahrung. Locke bekennt sich trotzdem zum Theismus. Daß er sich aber die Erkenntnis bloß aus den äußeren Sinnesdaten, ferner die Welt mechanistisch erklären will, beweist zusammen seine materialistische Tendenz. Toland bekundet sie offen. Es gibt nichts anderes als Materie, die Welt ist nichts als ein Stoffwechsel. Dennoch bekennt er sich nicht offen zum Atheismus: er nennt seine grobe Stoffgläubigkeit „Pantheismus". Gegen sie kämpft Leibniz von je im Gefolge Platons.

Hier ist eine Besinnung auf den Wortsinn „Pantheismus" nötig, an sich bloße Wortfrage, doch Ursache schicksalhafter Irrungen im europäischen Geist bis heute. Toland gilt als der typische Deist, im Grunde ist er Atheist, aber dogmatische Ketzereien waren gefährlich. Indem er sich Pantheist nennt, veranlaßt er eine trübe Gleichsetzung von Atheismus, Deismus, Pantheismus, die durch den Spinozismus, der religiös verschieden gedeutet werden kann, ganz besonders im deutschen Geist die Fronten verwirrt. Um jede Klärung unmöglich zu machen, nennt man dann den Pantheismus auch „Naturalismus". In solcher Sprach -und Begriffsverwirrung kann es nur heißen: auf Schlagworte vorläufig verzichten — die Sache selbst sehen. Leibniz sagt der Freundin das Wesentliche möglichst verständlich. Die Seelen sind nicht außerhalb der Materie (also „Materialist und Naturalist" sagen moderne Wortverwirrer), aber sie sind mehr als Materie, sind ewig. Das ist die einfachste Form der Monadenlehre, Widerlegung des reinen Sensualismus: mehr als Materie, aber an sie gebunden. Nun aber der Schritt von dieser Selbsterfahrung zur Gotterfahrung, im intellectus ipse. Selbst

in scheinbar toter Natur, im Sternhimmel sehen wir außer dem
rationalen Gesetz die Unregelmäßigkeit, die Kontingenz, für
die ein rationales Gesetz undenkbar ist. Da aber noch mehr die
lebendigen Gestalten, die menschlichen Geister kontingent sind,
so erkennen wir in der Schöpfung den Gott, der in ihr wirkt, aber
außerhalb der Materie, supramundan ist. Denn es ist klar,
daß das sichtbare, berechenbare Sternen-All ganz anders sein
könnte: eine mathematische Formel, aus der wir es apriori berechnen könnten, ist undenkbar. Raum Zeit Materie sind allen
Arten von Bewegungen und Figuren gegenüber indifferent.
Der Grund oder die bestimmende allgemeine Ursache, der gemäß die Dinge sind und der gemäß sie eher so als anders sind,
liegt außerhalb der Materie. Die Existenz der Materie ist von
diesem Grunde abhängig, da sich aus ihrem eigenen Begriffe
nicht ergibt, daß sie den Grund ihrer Existenz in sich selber
trägt. Nun nennen wir den letzten Grund der Dinge, der allen
gemeinsam und wegen der Verknüpfung aller Teile der Natur
allumfassend ist, Gott.

Schieben wir vorläufig diese transzendente Frage, Pantheismus
oder Theismus, extramundane persönliche Gottheit auf, so ist
hier das metaphysische Prinzip, aus menschlicher Ratio nicht
erkennbare, schöpferische Ursache der Welt. Leibniz hat den
zureichenden Grund, principium rationis sufficientis, außerhalb der Logik, die dem Satz vom Widerspruch untersteht,
klar und rein ausgesprochen. Nicht das Ganz-Andere, der Gegensatz zur geschaffenen Welt, sondern die volle Bejahung der
sinnlichen Welt wie des rationalen Geistes führt uns, indem wir
beider Grenzen erkennen und doch die in ihren Gesetzen geschaffene Welt als Gottes-Schöpfung bejahen, zur platonischen
Teilhabe am Göttlichen. Das ist der Weg, den Goethe von der
Morphologie zur Metamorphose, zur freien Wirkung des schaffenden Gottes geht, bis zur Teilhabe an der göttlichen Schöpfung. Die Gottheit, die Hölderlin verehrt: ,,a Deo principium''.
,,Alles unendliche Einigkeit, aber in diesem Allem e i n v o r -
z ü g l i c h E i n i g e s und Einigendes ...'' Dieser Weg des
Pan-Entheismus ist aus Leibniz verständlich. In jenem Brief
fortfahrend deutet Leibniz wohl am besten den Aufstieg durch
Welt- und Selbsterfahrung zur Teilhabe am Göttlichem, eben
indem man, wie Goethe es ausdrückt, sich dazu erhebt, an Gottes

Werk mitzuwirken. Erkennend bleibt man Geschöpf — aber mittätig an seinem Werk wird man „im Kleinen" Gott ähnlich. Das ist der Sinn des Apollinisch-Sokratischen Spruches „Erkenne dich selbst", den Goethe in der „Zueignung" aufnimmt und ergänzt: „Leb mit der Welt im Frieden". Leibniz sagt: „Man darf also wohl annehmen, daß es überall in den Geschöpfen noch etwas Immaterielles gibt, vor allem aber in uns, wo diese Kraft von einer ziemlich distinkten Perzeption, ja selbst von jenem Lichte begleitet wird, von dem ich oben gesprochen habe und das uns im Kleinen der Gottheit ähnlich macht: sowohl in der Erkenntnis der vorhandenen Ordnung, als durch die Ordnung, die wir selbst in den Dingen stiften, die in unserem Bereich liegen, indem wir die göttliche Verfassung des Universums nachahmen. Hierin besteht denn auch unsere K r a f t und Vollkommenheit, wie Glückseligkeit in der Freude besteht, die wir dabei empfinden." Unter „jenem Licht" versteht Leibniz die Vernunft, die apriori und apodiktisch erkennende Ratio, die höher führt als bloße empirische Sinnenwahrnehmung: aber die göttliche Ordnung, das Höchste, ist wieder empirische, intuitive Schau, Wahrnehmung und Ratio auf höherer Ebene umfassend.

In diesem philosophischen Zusammenhange wird der symbolische Gehalt jener hohen Freundschaft durchsichtig: sie ist das Gespräch zwischen Geist und Seele. Die Königin ist im Letzten noch nicht befriedigt von Leibniz' Lehre — er bekennt, mit seinem Latein, mit seiner rationalen Wissenschaft zu Ende zu sein. Sie ist fest im christlichen Glauben, denn sie ist in der Todesstunde sicher, im Jenseits auch diese letzten Fragen beantwortet zu erhalten. Aber sie verlangt keinen Priester — der ihr doch weniger beantworten könne als Leibniz. Wie leicht hätte dieser einen Toland als den Ungläubigen, Gottlosen widerlegt — aber er nennt seinen Brief geistreich und schön, um dann über diese Stoffgläubigkeit hinaus die apriorische Vernunft und über sie hinaus die übervernünftige Schöpfungskraft zu zeigen. Ebenso verfährt er mit Locke in den „Essais". Er fragt nicht, wie weit Lockes Bekenntnis zum Theismus echt, mit der Stoffgläubigkeit vereinbar sei, sondern rühmt dies Bekenntnis. Wenn Locke die Gottesidee nicht als angeboren, nicht als apriori anerkennen will, so meint er doch, daß diese Idee, einmal ausgesprochen, sich über alle Völker der Erde verbreiten müsse. (I, III, § 9). Leibniz schreibt diese ganze Seite ab. Nur als Locke Gott als „die Idee einer absoluten und unwiderstehlichen Macht, die man zu fürchten nicht umhin kann" bezeichnet, kann Leibniz sich nicht enthalten, bescheiden in Klammern zu bemerken (ich füge hinzu: und unter der Idee einer allergrößten Güte, die man zu lieben nicht umhin kann). Locke, der Gründer des Liberalismus und Demokratismus kann doch nicht vermeiden, auf Gott den Begriff des Hobbesschen Absolutismus zu übertragen. Leibniz, der Vertreter der Reichsidee, sieht in der Liebe die wesentliche Welt -und Menschenkraft und darum in der Güte das Wesen Gottes. Platonische und christliche Agape tragen die glühende Freundschaft mit der Königin.

Dies ist zu bedenken, ehe man sich entscheidet, ob der Halt für den abendländischen Geist mehr in Kant oder in Leibniz zu suchen sei. Wir Deutschen dürfen stolz sein auf diese beiden Säulen, aber wir sollten auch verantwortlich untersuchen, worin sie einig sind und wo sie auseinander gehen. Die fortschreitende Wissenschaft ist voreingenommen für den Glauben, Kant habe, eben als der Fortgeschrittenere, den Vorgänger ausgewertet, das Richtige bewahrt, das Falsche verbessert. Aber im Philosophischen kommt es nicht auf die eindimensionale zeitliche Linie, sondern auf Höhe und Tiefe an. Einseitiger Fortschritt kann mit Verengung, mit Verlust im Wesentlichen erkauft sein. Einig sind Leibniz und Kant in der Lehre vom Apriori, in der Neubegründung dieser Platonischen Grundlehre. Diese Ratio ist eine höhere Erkenntnis als bloße sinnliche Wahrnehmung. Sie ist Zugang zur Philosophie und höheren Wissenschaft. Einig sind beide im Ausgang vom Ich. Aber schon trennen sie sich: bei Kant ist das Ich das bloße Subjekt reiner Vernunft (reiner Erkenntnis und reinen Willens, des apodiktischen Apriori) — bei Leibniz ist es das Selbst in seiner lebendigen Breite und Tiefe, das Ganzheitliche, sich als menschliche Gestalt auch im historischen Schicksal äußernde, das darum symbolisch die All-Ganzheit darstellen kann. Kant nimmt für seinen Ausgang vom Ich die „kopernikanische Wendung" in Anspruch, die aber von Leibniz vollzogen ist. Das steht im Anfang des systematischen Zwiegesprächs, (I. I. § 1) wenig beachtet. Dieser Paragraph enthält die grundsätzliche Einschränkung des ganzen

Werkes und erklärt, warum sein Verfasser es so leicht nimmt, während es der Nachwelt schwer und bedeutungsvoll wird.

Locke-Philalethes setzt ein mit der sensualistisch-empiristischen These, der Leugnung eingeborener Ideen. Theophilus beruft sich auf Descartes, daß die Gottes-Idee auch andern eingeboren sei. Nun aber steigt er sogleich von dieser psychologischen Analyse auf zur höheren Stufe, zur metaphysischen. „Gegenwärtig gehe ich im Anschluß an das neue System noch weiter und glaube sogar, daß alle Gedanken und Tätigkeiten unserer Seele aus ihrem eigenen Grunde stammen, und ihr, wie Sie in der Folge sehen werden, nicht durch die Sinne gegeben werden können. Gegenwärtig jedoch will ich diese Untersuchung beiseite setzen und mich den einmal angenommenen Ausdrücken anbequemen, da sie in der Tat gut und haltbar sind, und man in einem gewissen Sinne sagen kann, daß die äußeren Sinne zum Teil Ursache unserer Gedanken sind. Ich werde daher prüfen, inwiefern man selbst innerhalb des gewöhnlichen Systems (indem man also von der Einwirkung der Körper auf die Seele redet, wie die Anhänger des Kopernikus mit den übrigen Menschen von der Bewegung der Sonne, und zwar mit Grund reden) Ideen und Prinzipien behaupten muß, die nicht von den Sinnen stammen und die wir in uns, ohne sie zu bilden, vorfinden, wenn gleich die Sinne uns Gelegenheit geben, uns ihrer bewußt zu werden.'' Die metaphysische Schau, von der Leibniz in den Essais absehen will, ist identisch mit der Platons im Menon. Die Erkenntnis des Pythagoreischen Lehrsatzes erweist sich als apriorisch, apodiktisch. Aber diese rationale Erkenntnis ist noch nicht Erkenntnis der Idee, sondern nur Beweis der apriorischen Erkenntnis. Ist jene Erkenntnis jedem Denker unzweifelhaft, so scheint es metaphysisch überzeugend, daß potentiell in unserm Selbst die gesamte rationale und empirische Welterkenntnis angelegt ist. Das führt auf die Unsterblichkeit der Seele. Platon und Leibniz bewahren die Ganzheit — Kant läßt alles nur Empirische für die Theorie als bloßen Sinnenstoff, für die Ethik als Verunreinigung gelten und sucht in der Trennung das Heil.

Führt aber dieser Weg nicht überhaupt zum radicalen Ich-Idealismus, zum Solipsismus? zur Auflösung der Welt? So wäre es in der Tat, wenn nicht Platon und Leibniz in sich selber

Maß und Norm trügen: die Anerkennung der gegebenen Außenwelt und die Wesenerkenntnis des Du und Ich. Das ist nicht
Thema der erkenntnis-analytischen Essais, aber es ist vorgegeben
in der praestabilierten Harmonie und in den späteren metaphysischen Schriften zu betrachten: aber zu vergessen ist dieser
Hintergrund auch in den Essais nicht. Darum gibt ihnen Leibniz den Untertitel „vom Autor der praestabilierten Harmonie".
Diese Wesenswelt scheidet sich nicht in Subjekt und Objekt,
denn alle Monaden sind Subjekt und Objekt in Einem und
außer ihnen gibt es weder Subjekt noch Objekt. Diese Metaphysik gehört aber nicht ins Thema der Essais. Philalethes, sofern
er sich von Theophilus belehren läßt, also der von Leibniz
korrigierte Locke, entspricht der Kantischen Lehre, der vollendeten, in sich geklärten Aufklärung. Die Vereinigung von Descartes' Rationalismus und Lockes Empirismus ergibt den Rationalismus im weiteren Sinne des Wortes, die rational geordnete
und begründete Wissenschaft der äußeren Erfahrung.

Ein Baum entfaltet sein Geäst im Lichte nicht viel weiter als
seine Wurzeln unter der Erde. Kant wurzelt kaum tiefer als
in der von Descartes begründeten Aufklärung. Leibniz sendet
seine Wurzeln bis tief ins Platonische Quellgebiet, denn vom
Timaios geht seine harmonische Weltschau wie die Kopernikanische aus. Er vereinigt Platonismus und Christentum, die Lehre
des Thomas und die des Nikolas von Cues. Seines Ranges unter
den Geistern Europas ist er sich bewußt: das sagen schon die
Namen der Unterredner. Philalethes, nur nach Wahrheit, nicht
wie der Philosoph nach Weisheit Strebende, ist Repräsentant
der Aufklärung. Leibniz selber, indem er sich vom rationalen Gesetz der Notwendigkeit, vom Spinozismus abhebt, wird der
Gottgeliebte, wie Platon im Symposion (212 A). Das ist die
Gnade, die auf echtes Weisheitsstreben antwortet. Stolz und
Ehrfurcht stehen im Ausgleich. Nun tritt er zurück aus Gottes
„Audienzzimmer" ins „Vorzimmer der Wahrheit", zum Gespräch
mit den gelehrten Zeitgenossen. Wie er in der Theodicee Philosophie und Theologie versöhnen will, so vereint er in den Essais
die Aufklärungswissenschaft, die Lehre Descartes' und Lockes
zur „rationalen Philosophie". (Schluß der Vorrede). Er aber
hat die weltgeschichtliche Erfahrung gemacht, daß dieser
Rationalismus in abstrakter Logik oder mechanistischer Natur-

auffassung endet. ,,Idealismus'' im engeren Sinne, wie ihn später Kant versteht, ist ein höchst wertvolles Mittel, aber nicht die Erfüllung der Erkenntnis. Leibniz trennt (wenige Seiten vorher) schematisch klar: logische oder ideale Gattung auf der einen, physische und reale Gattung auf der andern Seite. Das Schöpferische, Metaphysische aber gehört auf die reale Seite. Kant konnte wohl vom Idealismus her einen Spalt zum Wesen öffnen, aber nur Leibniz öffnet die Tür in einer Breite, daß das Wesen wieder in die Erscheinung strömen kann.

Von diesem Werk sagt Cassirer, daß es ,,fast den gesamten Wissens- und Bildungsgehalt des 17. Jahrhunderts in sich verkörpert wie kein zweites''. Seine Lehre von der schöpferischen Urkraft hat zwei Gesichter: eins, zur Religion hin, die christliche Anschauung vom persönlichen Schöpfergott, dem gütigen Gottvater. Er ist der, der die Harmonie der Monaden prästabiliert — das großartige ,,barocke'' Bild. Das zweite, der Philosophie als solcher zugewandte, ist diese Harmonie der Welt in sich. Zusammen die zentrale Lehre, deren Formel lautet: sympnoia panta. Alles atmet gemeinsam. Ein Atem geht durch das All. Sie ist nur zu begründen durch das Unbewußte, durch die ,,kleinen'', nicht einzeln ins Bewußtsein tretenden Empfindungen. ,,Solche kleinen Perzeptionen sind also von größerer Wirksamkeit, als man denken mag. Auf ihnen beruhen unsere unbestimmten Eindrücke, unser Geschmack, unsere Wahrnehmungsbilder der sinnlichen Qualitäten, welche alle in ihrem Zusammensein klar, jedoch ihren einzelnen Teilen nach verworren sind. Auf ihnen beruhen die ins Unendliche gehenden Eindrücke, die die uns umgebenden Körper auf uns machen und somit die Verknüpfung, in der jedes Wesen mit dem ganzen übrigen Universum steht.'' Für Locke ist die Seele eine leere Stelle, in der sich in jedem Augenblick wechselnde Empfindungen schneiden. Folgerichtig durchgeführt ist es die Leugnung des Ich, der Identität. Für Leibniz ist die Monade der Keim des ewigen Daseins. ,,Ja man kann sagen, daß vermöge dieser kleinen Perzeptionen die Gegenwart mit der Zukunft schwanger und mit der Vergangenheit erfüllt ist, daß alles miteinander zusammenstimmt (sympnoia panta wie Hippokrates sagte), und daß die Augen, die so durchdringend wären, wie die Gottes, in der geringsten Substanz die ganze Reihenfolge der Begebenheiten des Universums lesen

könnten: Quae sint, quae fuerint, quae mox futura trahantur"
(Zweites Drittel der Vorrede).

Auseinandersetzung mit Newton. Da Leibniz nach Lockes
Tode (1704) auf den Druck der „Essais" verzichtet hatte,
äußerte er sich einigemale brieflich über ihn. Dann erfährt er
aus dem Nachlasse Lockes, daß dieser sich verächtlich über
ihn geäußert hat. „Ich bin darüber keineswegs erstaunt" —
schreibt Leibniz 14.III.1714 an Remond — „wir wichen in den
Prinzipien zu sehr von einander ab und was ich vorbrachte,
mußte ihm paradox erscheinen ... Locke war ein feiner und
gewandter Geist und besaß eine Art oberflächlicher Metaphysik,
der er viel Ansehen zu geben wußte, aber er verstand nichts
von der Methode der Mathematik." Damit wird die verhängnisvolle Ehe zwischen reiner Ratio (Descartes) und dem positivistischen Empirismus (Bacon), also die Verstandesaufklärung
berührt. Das vermittelnde Glied ist die Experimentalphysik,
deren Held Newton ist. Das Verhältnis Lockes und Newtons
ist ein Symbol dieser Ehe. Die Betrachtung dieses Geschehens
führt auf den Grund der Wissenschaftslehre, aber sie ist dadurch
gehemmt, daß das 19. Jahrhundert von Kants angeblicher
„Erkenntnistheorie" gelebt hat. Kant redet aber nicht von
Erkenntnistheorie sondern von Erkenntniskritik. Theorie ist
für ihn Anschauung, mechanistische Welterkenntnis, und er
leugnet, daß es Wesens-Erkenntnis, also Wesens-Theorie geben
könne. Seine Metaphysik ist nicht auf Theorie, sondern auf
den Willen, praktische Vernunft gebaut. Erkenntnis und Theorie
sind Synonyma. Erkenntniskritik geht aus von Descartes,
der die Struktur der Erkenntnis, des Bewußtseins analysiert.
Dafür hat Locke wenig Verständnis, aber er analysiert psychologisch den Stoff des gegebenen Bewußtseins. Leibniz beweist
ihm, daß ihm dabei die eigentliche Erkenntnis-Analyse fehle,
deren Grund Platon und Descartes gelegt haben. Und damit
bahnt er den Weg für Kants Erkenntniskritik. Aber das gilt
Leibniz nur als Vorbereitung, denn der tiefere Grund ist für
ihn die echte Erkenntnistheorie: unsere Seele besitzt nicht nur
Sinnen-Erfahrung und Verstandesstruktur, sondern erfährt
als erwachende Monade auch etwas von der Harmonie des
Universum und von der kontingenten Schöpfung. Das ist die
Platonisch-Leibnizsche „Erkenntnistheorie". Wie solche Er-

kenntnis möglich ist, haben die beiden Denker nicht erklärt —
aber es hat auch niemand erklärt, wie die Existenz der Welt,
wie Sinnenerfahrung, wie mathematische Einsichten möglich
sind. Genug, daß wir etwas vom Wesen, vom Grunde erkennen.
Den Grund des Grundes erkennt kein Mensch. —

Locke ist in jener von der Verstandes-Aufklärung eingesegneten
Ehe der weibliche Teil. Er ist nicht reiner Sensualist, nicht
strenger Positivist, denn es liegt ihm weniger an den reinen
Phaenomenen als an deren Analyse nach der Methode der Atomisten. Er gründet in Demokrits Unterscheidung der primären
und sekundären Qualitäten: Sinnesempfindungen gelten ihm
nur als Ausdruck des körperlich-mechanischen Geschehens.
Der angebliche Sensualismus ist Sprungbrett zur mechanistischen Metaphysik. (II,VIII,7) Körper können nur durch
Berührung, durch Stoß aufeinander wirken. Aber diesen Grundsatz bezweifelt der Astronom Newton, denn die Schwerkraft,
mit der er die Welt-Maschine erklärt, ist ja eine Fernkraft. Aber
diese Kraft ist irrational, ist wider die Vernunft, denn wie soll
ein Körper da wirken, wo er nicht ist? Doch die Ehefrau fügt
sich dem mathematischen Genie des Mannes. „Aber ich bin
seitdem durch das unvergleichliche Buch des scharfsinnigen
Newton überzeugt werden, daß es zuviel Anmaßung wäre, die
Macht Gottes durch unsere beschränkten Begriffe einengen zu
wollen." (II. VIII und Vorrede, Ende des II. Drittels) Also
Fernwirkung ist widersinnig, irrational — aber gerade darum
ein Beweis Gottes. Dies klingt an Leibniz' Empirismus, an Gottes
Kontingenz an. Wie bedenklich muß ein Streitgespräch werden,
wenn die physikalischen Tatsachen nicht als solche, sondern als
Ausdruck der Metaphysik, der Gottheit betrachtet werden
sollen. Wenn ein Jahrhundert danach Goethe, der Vollender
der Leibnizschen Geistesbewegung, auf einem anderen Gebiet
Erbe dieses Kampfes wird und das „exoriare aliquis miis ex
ossibus ultor" eines anderen Newton-Gegners aufnimmt, so
ahnt man die gewaltige repräsentative Bedeutung dieses
Kampfes für den abendländischen Geist, aber es ist ein Irrtum,
zu glauben, daß Kants Kritizismus den Widerspruch gelöst
habe. Wenn er von Leibniz belehrt den geistigen Apriorismus
über sinnlichen Empirismus erhoben hat, wenn er die reine
Vernunft an Gottes Stelle setzt, so sieht er die Grenze der Ver-

standes-Aufklärung ohne sie zu überschreiten. Leibniz steigt,
wie später Goethe und Schelling, zum höheren Empirismus,
zur Tatsachen-Erkenntnis des einmaligen schöpferischen Geschehens auf, das sinnlich und übersinnlich, vernünftig und
übervernünftig in Einem, das wirklich-wesenhaft ist.

Newton und Leibniz, geboren 1642 und 46, sind gleich in
einer großen Erfindung, der Infinitesimal-Rechnung, obwohl
ihre Veranlagung so verschieden ist. Leibniz, das Früh-Genie,
ist ein glänzender Schüler, nimmt von allen Seiten auf, um nach
dem von Goethe hochgepriesenen Gesetz der Analogie sich zur
höchsten Sicht zu erheben — Newton ein schlechter Schüler,
ein einseitig mathematisches Genie, entwickelt aus der exakten
Wissenschaft eine höchst wirksame „Weltanschauung". Während
Leibniz seiner Zeit weit mehr von seinem Reichtum schenkt,
als diese begreifen kann, greift Newton mit dem gerade in der
besonderen Zeitstufe zweckmäßigen Werkzeug ein. Leibniz,
ausgehend von philosophischer Weltschau und Zusammenfassung aller Erkenntnisquellen, vollendet sich erst in Paris,
1674, in der mathematischen Methode. Nun aber findet er
in zwei Jahren jenes Werkzeug, dessen die Wissenschaft bedurfte: die Differentialrechnung. Da aber teilt ihm Oldenburg
mit, daß Newton, jetzt zweiunddreißig Jahre alt, schon seit
elf Jahren damit beschäftigt, eine anscheinend ähnliche Methode,
die Fluxionsrechnung, erfunden habe. Bezeichnend für die
Verschiedenheit der Charaktere in diesem aufregenden Wettbewerb ist ihr Verhalten gegenüber dem Nebenbuhler ihres
Ruhmes. Leibniz sieht die große Sache, er hofft auf eine weltbe-
wegende Zusammenarbeit — Newton ist ängstlich bedacht, ohne
aus seiner Deckung herauszutreten, die neue Methode für seine
eigne Forschung geheim zu halten — und doch sich die Priorität
zu sichern. Leibniz darf von sich bekennen: „Ich habe die
Elemente der neuen Analysis vor einigen Jahren bekannt gemacht, indem ich vielmehr auf den allgemeinen Nutzen, als
auf meinen Ruhm bedacht war, welchen ich vielleicht mehr
hätte fördern können, wenn ich die Methode zurückbehalten
hätte. Aber es ist mir angenehmer, auch in anderer Gärten die
Früchte des von mir gestreuten Samens zu sehen." Er freut
sich mehr des Wirkens als des Ruhmes, ja mehr des Lernens als
des Lehrens, aber er freut sich auch des Ruhmes, als Abglanz

des Wirkens. Das ist die echte „Repräsentation". Newtons
Ruhm ist nicht weniger echt, aber es fehlt ihm die unbefangene
Schöpferfreude, das freie Schenken und Danken. Gegen Einwände
ist er von krankhafter Empfindlichkeit, sie untergraben seine
Forschungslust, und er schützt sich durch kalte Diplomatie.
Leibniz teilt also Newton durch Oldenburgs Vermittlung 1676
seine Erfindung mit. Newtons Lage ist heikel. Wenn er jetzt
mit seiner Erfindung hervortritt, muß er vielleicht den Ruhm
mit Leibniz teilen — hält er sie zurück, so verzichtet er auf die
Priorität: Darum legt er in die Hand des Nebenbuhlers ein
Anagramm, in dem verschlüsselt seine eigene Erfindung verborgen lag, um zu verhindern, daß Leibniz daraus irgend einen
Vorteil ziehen könnte. Darauf antwortet Leibniz, indem er offen
seine Methode entwickelt und entgegenkommender Weise die
Vermutung aussprach, daß Newtons Methode von seiner nicht
weit abweiche. Er gibt seine Methode also in die Hand des Nebenbuhlers, wünscht offenbar mit ihm gemeinsam weiter zu arbeiten
und den Ruhm zu teilen. Bedenkt man Newtons und Leibniz
Einwirkung auf das ganze 18. Jahrhundert, dann darf man
wohl sagen, daß ein Bund zwischen ihnen eine gewaltige Einwirkung auf den europäischen Geist gehabt haben würde.

Als Newton Leibniz, das Mitglied der Royal Society, acht
Jahre auf die Antwort hatte warten lassen, trat dieser mit seiner
Methode an die Öffentlichkeit. Er baute sie seitdem weiter aus
und zeigte die überraschende Fülle ihrer Anwendungen. „Er
entwickelte ihre Macht mit einem unbegreiflichen Feuer und
der Fruchtbarkeit des Genies", urteilt Biot. Die Brüder Bernoulli, de l'Hospital, selbst Huyghens dienen seinem Ruhm.
Nach dem Verhalten Newtons, dem er nicht das Mindeste für
seine Erfindung zu danken hatte, war es sachgemäß, daß er
diesen nicht erwähnte. Wenn dieser so lange schwieg so hoffte
er offenbar größern Ruhm zu ernten, wenn er die Fluxions-
methode allein für seine eigenen Entdeckungen ausnützte.
So ließ er die Sache gehen und überließ damit anfangs Leibniz
den Ruhm der Priorität für die erste Veröffentlichung. Immerhin
hatte er Leibniz das Anagramm gegeben und konnte daher
seine eigene frühere Erfindung beweisen. Leibniz hätte diplo-
matischer gehandelt, wenn er selber darauf hingewiesen hätte,
aber er war nicht verplichtet, für den unhöflichen Mann einzu-

treten. Das tat dieser denn auch selbst, indem er in seinem 1686 erscheinenden Hauptwerke der Wissenschaft schlechthin, wenn auch nicht gerade der „Naturphilosophie", den „Principia mathematica philosophiae naturalis" ein Scholion beifügte, in dem er von jenem Briefwechsel berichtet und behauptet, daß Leibniz von seiner Methode fast garnicht abweiche, „außer in den Formeln der Worte und Zeichen, und in der Art der Entstehung der Größen".

Das bleibt kein bloßer Prioritätstreit: nicht ohne Einflüsse nationaler Eifersüchte wird es zum Ereignis des europäischen Geistes. Und wenn heute noch manche Newtons Verhalten als das „vornehmere" bezeichnen, so ist das eine Folge davon, daß dieser seine diplomatischen Mittel sehr geschickt gewählt hatte. Leibniz beweist seine vornehme Gesinnung, da er mit diesem Scholion ganz einverstanden ist, denn er will ja Newtons Ruhm nicht schmälern und läßt ihn als unabhängigen Erfinder gelten. Er ist zu großherzig, um die äußerst geschickte Zweideutigkeit zu bemerken. Für jeden Leser, der den Zusammenhang nicht kannte, lag ja die Vermutung nahe: Leibniz habe jenes Anagramm enträtselt und an Newtons Methode bloß Namen und Zeichen verändert, um sie als eigene Erfindung auszugeben. Da er den Streit um die Priorität nicht aufnahm, die Mathematiker aber sich weiter seiner Methode bedienten, so war Newton nicht zum Ziele gekommen. Es wühlt in ihm weiter: er kann sich nicht dabei beruhigen, Leibniz als Erfinder der Methode neben sich gelten zu lassen, er begnügt sich nicht mit der Priorität, er will der alleinige Erfinder sein — und kann doch den Diebstahl nicht beweisen. Da Leibniz das Scholion in dem Sinne gelten läßt, daß beide unabhängig die Erfinder sind, streicht Newton in der III. Auflage dies Scholion! Diplomatisch hält er sich nun aus dem Kampfe zurück und läßt seine Anhänger für sich wirken, die den Wink wohl verstanden, daß Leibniz des Plagiates bezichtigt werden solle. Daß er jenes Scholion nicht so gemeint habe, auch Leibniz' Ansprüche an der Erfindung anzuerkennen, daß er also vielmehr Leibniz für den Plagiator hält, bekennt Newton offen im Todesjahr von Leibniz, als die Saat der so geschickten Verdächtigung endlich, in drei Jahrzehnten, gereift war.

Leibniz' Verhalten in den ersten Jahrzehnten ist vornehm.

In einem Aufsatze weist er 1686 (erst 1693 teilt Newton seine Methode öffentlich ausführlicher mit) mit höchster Auszeichnung auf Newton und erhofft von ihm weitere Mitarbeit. 1697 gibt er eine Darstellung von der Auswirkung seiner Lehre, die Newton verdrießen mochte, weil seine Priorität nicht erwähnt war. Persönlich aber fühlte sich Newtons Vertrauter Fatio de Duillier, wissenschaftlich ohne Bedeutung, zurückgesetzt, weil er nicht genannt war. Dieser begann die offne Verleumdung und bezichtigt Leibniz des Diebstahls an Newton. Falls Newton daran nicht unmittelbar beteiligt war, so hat er dies bösartige Getriebe auch nicht verhindert. Er schweigt, als ob ihm niemals etwas am irdischen Ruhme läge — Fatio scheint edel und selbstlos, da er nur für den bestohlenen Freund kämpft. Leibniz antwortet ,,Platonisch'' im Sinne des edelsten Agon. Er antwortet in den Acta Eruditorum: ,,Ich trug Bedenken, ob ich etwas erwidern sollte, da ich immer literarischen Streitigkeiten sehr abhold gewesen und geglaubt habe, es gebe nur e i n e n ehrbar-schicklichen Kampf unter den Gelehrten, ja unter den rechtlichen Männern, wann sie nicht mit Worten, sondern durch den Gehalt der Dinge wetteifern, wer sich um das allgemeine Beste mehr verdient machen könne''. Das entspricht vollkommen Platons ,,Protagoras''. Die Sophisten wollen das Publikum überreden — Sokrates meint ein gemeinsames Ringen um echte Erkenntnis. Es ist echt Platonische, urbane Ironie, wenn Leibniz gegen den verächtlichen Verleumder fortfährt: ,,Ich fürchtete jedoch, daß der gewiß garnicht verächtliche Mann mein Stillschweigen zu seiner Verachtung auslegen würde; außerdem habe ich der allgemeinen Sache einen Dienst zu leisten geglaubt, wenn ich lieber eine Probe von Mäßigung als von einem erbitterten Gemüte ablegte. Bei dieser dargebotenen Gelegenheit glaubte ich die Gelehrten erinnern zu dürfen, daß jener schlechte Brauch, sich gegenseitig durch beißende Reden anzufallen, welcher die Wissenschaften und ihre Pfleger schändet, nach und nach abgeschafft werde.'' Fatio ist gezüchtigt, Newton auch jetzt noch, nach zwanzig Jahren, zum Bündnis in der Forschung aufgefordert und dem ganzen Geschlecht der Gelehrten ein edles Beispiel gegeben. Aber es war vergebens, die Verleumdung ging fort, ohne daß Newton von ihr abrückte. So ist es menschlich verständlich, daß Leibniz im Gegenangriff sich nicht mehr ganz auf der Höhe des Platonischen Vorbildes hielt. Erst 1704, in der „Optik", legte Newton die Ursprünge seiner Fluxionsrechnung dar. Daraus schöpfte Leibniz die Überzeugung, daß Newton das Wesentliche aus seiner Differentialrechnung entnommen habe. Leibniz hatte ja seit 1677 von Newton nur das Anagramm, Newton von ihm aber im gleichen Jahr die ziemlich offene Darlegung der Methode. Leibniz' Verdacht war irrig, aber doch besser begründet als der Newtons. Er veröffentlichte jetzt anonym eine Rezension, die man als Verdächtigung des Plagiates verstand. Zwar widersprach solche Anonymität — auch Kants Polemik gegen Herders „Ideen" erscheint später anonym — keineswegs dem Brauch der Zeit. Dennoch hätte es Leibniz Großherzigkeit besser angestanden, selbst gegen den verborgnen Gegner mit offenem Visier zu kämpfen. In dieser diplomatischen Kampfesweise unterlag er. Ein anderer Anhänger Newtons, Professor Keil, ging nun ohne jede Rücksicht vor und behauptete, daß Leibniz die von Newton erfundene Fluxions-Methode mit veränderten Namen und Zeichen herausgegeben habe. Die Frage der Priorität oder eines entschuldbaren Plagiates wurde damit in eine ehrenrührige Anklage des Diebstahles verwandelt. Die Saat von Newtons zweideutigem Scholion vor zweiundzwanzig Jahren war aufgegangen — Newton brauchte nur weiter zu schweigen.

1711 forderte Leibniz von der Royal Society, bei der Keil seine Anzeige angebracht hatte, Genugtuung gegen diese Verleumdung. Er verlangte nur, daß Keil den Vorwurf des Plagiates zurückziehen solle. Die Society veranlaßte Keil zu einer neuen Stellungnahme und gab von dieser Leibniz Kenntnis, ihm also zumutend, sich selbst gegen den Verleumder zu verteidigen. Leibniz sollte also nicht mit seinem Gegner Newton, der offenbar die Seele der Anklage war und Keil in den privaten Briefwechsel eingeweiht hatte, sondern statt dessen mit dem unbedeutenden Zwischenträger Keil auf gleichem Fuße kämpfen. Dies Ansinnen wies Leibniz mit berechtigtem Stolz auf seine europäische Geltung zurück und stellte der Society noch einmal anheim, „dem leeren und ungerechten Geschrei Zügel anzulegen". Diese Berufung an die Societät beweist sein Vertrauen auf seine gute Sache und den Geist der Gelehrten, denn seit 1703 war deren Präsident kein anderer als Newton selbst, jetzt unter dem Titel Sir Isaak. Die

Sozietät aber, die zum Instrument der Diplomatie Newtons wird, erwählt statt dessen eine Kommission als Schiedsgericht. Aber diese war voreingenommen für ihren Präsidenten Newton und wirkte nicht zur Versöhnung der beiden Genien. Heute ist in dieser abendländischen Streitfrage wohl das Rein-Fachliche und der private Streit geklärt [1]). Was dies aber für die abendländische Kultur und Seele bedeutet, davon ist kaum die Rede. Leibniz ist die feurige Persönlichkeit, die sich preisgibt in der zeitlichen Darstellung ihrer Idee. Newton ist durch seine genialen Entdeckungen der Stolz seines Volkes und er imponiert durch die scheinbare Sicherheit, mit der er diese Autorität repräsentiert. Er und die Sozietät mögen vom guten Recht ihrer Sache überzeugt gewesen sein, aber sie sind ,,mit unentschuldbarer Flüchtigkeit zu Werk gegangen" [2]). 1714 schreibt Christian Wolff an Leibniz, er habe erfahren, daß die Engländer die Streitfrage nicht als Sache zwischen Newton und Leibniz, sondern zwischen England und Deutschland behandeln! Das hieße: Recht oder Unrecht — mein Vaterland! Die Nation stellt sich hinter ihren Newton. Die Kommission ging ohne Untersuchung von der Voraussetzung aus, daß die Differentialrechnung und die Fluxionsrechnung identisch seien, daß Newton der frühere Erfinder, Leibniz also der Plagiator sei. Die Societät vermied allerdings, dies Urteil schlechthin selber zu vertreten, sondern sie begnügte sich, es als das Urteil der Kommission zu veröffentlichen. Dafür ließ sie aber diese einseitige Auswahl aus den Akten, parteiische Bemerkungen Keils gegen Leibniz in einem Buche drucken und dies Buch freigebig in Europa verteilen. Nach den Untersuchungen der unparteiischen Fachmänner Euler, Lagrange, Poisson, Biot, Lenard ist kein Zweifel, daß Leibniz nicht nur seine Methode unabhängig von Newton erfunden, sondern daß er sie auch weit vollkommener und praktischer entwickelt hat. Besäßen die

---

[1]) Vergl. die ausführliche Darstellung bei Guhrauer ,,Leibniz" I, 171–182 und 285–320. Newton-Biographie von Brewster. Moritz Cantor, ,,Vorlsg. Über Geschichte der Mathematik". Von dieser scheint Kuno Fischer keinen Gebrauch mehr gemacht zu haben. Kabitz hat in der letzten Ausgabe von dessen ,,Leibniz" gegen manche zu ungünstigen Darstellungen Fischers Stellung genommen und sie besonders in dieser Frage durch manche tatsächliche Einzelheiten ergänzt und berichtet.

[2]) Jos. E. Hofmann. ,,Leibniz' mathematische Studien in Paris." Berlin 1948. Auch der Russe Wawilow weist in seiner Newton-Biographie (Berlin 1951) die Verleumdung durchaus zurück und nennt Newton ,,verschlossen, konzentriert, wenig mitteilsam und eigensinnig".

Mathematiker die Methode Newtons, so müßten sie die von Leibniz dazulernen. Lenard, begeistert von den Leistungen Newtons, bewundert auch gerade das an ihm, daß er mit seiner noch so unvollkommenen Methode der Fluxionen so große Ergebnisse erreicht habe. Leibniz, noch Anfänger in der höheren Analysis, entwickelt in drei Jahren eine vollkommenere Methode als das vier Jahre ältere speziell mathematische Genie Newton in elf Jahren.

Wie konnte Newton überhaupt den Verdacht begründen, daß Leibniz seine Methode gestohlen, da er sie doch nur in einem Anagramm von zwei Zeilen Länge, dessen Entzifferung ihm schwerlich geholfen hätte, mitgeteilt hatte? Leibniz hat, wie heute aktenmäßig erwiesen, sofort geantwortet, hatte also gar keine Zeit, das Anagramm zu entschlüsseln und zu verwerten. Wenn man annimmt, daß in der Reinschrift an Newton das Wort hodie wirklich gefehlt habe, so konnte dieser allenfalls annehmen, daß Leibniz bei seiner Antwort das Anagramm zwei Monate in den Händen gehabt habe, es in dieser Zeit also entschlüsselt, daraus die von Newton in elf Jahren entwickelte Methode nacherfunden und noch erheblich verbessert habe. Auf diese fast undenkbare Annahme hin hat er und die Sozietät diesen Genius öffentlich schwer verleumdet. Cantor, der Geschichtsschreiber der Mathematik, sagt über jene Anklage, die die Sozietät gehässig in Europa propagiert, sie sei ,,so fein, so schlau, so giftig, wie wohl kaum je eine zweite abgefaßt wurde''. So konnte Newton seiner Rachsucht gleichsam die zusammengefaßte Autorität der Nation dienstbar machen — Leibniz stand allein. Zwar fand er in Frankreich viele Anerkennung, aber keinerlei Autorität des deutschen Volkes trat für ihn ein. Wenn in England die vaterländische Tugend in Ungerechtigkeit umschlagen kann, so fehlt in Deutschland die Dankbarkeit gegen seine großen Männer. Aus der Berliner Akademie, die für Leibniz hätte eintreten müssen, hatten ihn niedrige Geister verdrängt. Ein Schweizer, der hervorragende Mathematiker J. Bernoulli, erklärte sich unbedingt für Leibniz, aber nur in einem privaten Briefe. Öffentlich mochte auch er nicht kämpfen. In dieser Verlassenheit veröffentlichte Leibniz diesen Brief zur Verteidigung gegen das Urteil der Sozietät als ein fliegendes Blatt. Newton war erst recht erbittert: ohne

Spur von Gerechtigkeit verlangte er, daß Leibniz den Vorwurf des Plagiats zurücknähme, ohne jede Bereitschaft, seinerseits diesen Vorwurf Leibniz gegenüber zurückzunehmen. So war es seiner glänzenden Diplomatie gelungen, Leibniz, der im Bunde mit ihm das Große leisten wollte, durch versteckte Angriffe in die schwierigste Verteidigung-Stellung zurückzudrängen. Das war der Stand der Sache, als 1714 Georg Ludwig König von England wurde. Welche Gelegenheit, Leibniz, dem größten Denker Deutschlands, seit vierzig Jahren Berater des welfischen Hauses, seinem Geschichtsschreiber, seinem Staatsmann, der politisch wesentlich an der Thronfolge in England mitgewirkt hatte, Genugtuung zu geben für bitteres Unrecht: nicht als Richter, doch als Vermittler, Versöhner. Es wäre nicht schwer gewesen, denn Leibniz lag nichts an privater Polemik, er wünscht den Ausgleich, jetzt besonders, da er nach den Schwierigkeiten des Wiener Hofes nach London strebte. Wieder war es eine geistreiche und charaktervolle Frau, die Prinzessin von Wales, aus dem Kreise der Königin Sophie Charlotte und deren glühende Verehrerin, die von jener das echte Verständnis für Leibniz geerbt hatte. Und da sie auch Newtons Bedeutung würdigt, so bemüht sie sich, die beiden zu versöhnen und ihren Schwiegervater, den König, zu bestimmen, Leibniz nach London zu berufen. Es war ja Newtons persönliches Ansehen, das dieser Berufung im Wege stand. Da der Gesinnungsgenosse Newtons, da Bolingbroke (der den Verrat am Prinzen Eugen und an Europa verschuldete), der erbitterte Gegner der welfischen Thronfolge gewesen war und sein Ministerium tatsächlich Newtons Kampf gegen Leibniz mitgeführt hatte, so konnte Leibniz wohl diese Genugtuung als eine nationale Ehrenpflicht der Welfen auffassen. Er kommt seinem Feinde so weit entgegen, wie er es mit seiner Ehre vereinigen kann. Im Brief an die Prinzessin von Wales vom 25.II. 1716 (in seinem eigenen Auszuge erhalten) gibt er die Erklärung ab, er wolle Newton nicht die Priorität bestreiten, aber dieser habe ihm nichts mitgeteilt, er habe seine Erfindung selbständig gemacht. Seine Gegner aber hätten ihn verdächtigt, daß er die Methode Newtons entwendet habe, sie hätten seinen guten Glauben bestritten und dazu sich des Namens der Sozietät bedient. ,,Daher müßte man, mir Gerechtigkeit widerfahren zu lassen, seitens der Sozietät erklären, daß man keineswegs meine Aufrichtigkeit in Zweifel ziehen wollte und daß man dies auch nicht zulassen wird" [1]). Weiter konnte er nicht gehen, ohne seine Ehre preiszugeben, und Newton hätte, da er bisher geschwiegen hatte, leicht einwilligen können, wenn er der Wahrheit die Ehre geben wollte.

Auch hier bewährt Leibniz, wie in der Frage der Confessionen, daß es ihm nicht um äußerlichen Erfolg, sondern um den Sieg seiner großen Weltanschauung zu tun war. Sein Schicksal hängt an der Versöhnung mit Newton, aber unbeeinflußt davon kämpft er mit Newton um die europäische Weltanschauung. Dieser jetzt beginnende Kampf zwischen beiden Genien, nur durch Leibniz' Tod beendet, ist mehr als ein bloßes konkretes Beispiel für den Kampf geistiger Prinzipien: er ist tatsächlich eine große, vom deutschen Geist verlorene Schlacht. Leibniz' Schicksal und das des Geistes sind hier nur in der Wechselwirkung zu verstehen. Newton, Vollender des von Kopernikus, Kepler und Galilei gesuchten physikalischen Weltbildes auf Grund mathematischer Methode: Im physikalischen Experiment versöhnen sich französischer Rationalismus und englischer Empirismus. Voltaire lernt Newtons Lehre in England kennen und wird in Frankreich ihr begeisterter Prediger. Sie ist das Ideal der encyklopädistischen Bewegung, der Stolz der eigentlichen Verstandes-Aufklärung. Kant ist begeistert für sie als Vorbild der Wissenschaft schlechthin. Ein Newton der Metaphysik zu werden, wenn das möglich wäre — das wäre sein Ideal gewesen. Und für die Physik als solche, den klassischen Mechanismus ohne Metaphysik, ist heute noch Newton mit vollem Recht das verehrte klassische Vorbild.

Leibniz aber, dem es sehr um diese exakte Physik, mehr aber noch um Geist und Seele des Menschen zu tun war, wurde durch das Verfahren der Sozietät beiseite gedrängt. Wie vertrauensvoll blickt die geistige Jugend auf die Gelehrten, die sich durch Leistungen Ruhm erwarben. Und nun der Spruch der führenden wissenschaftlichen Gesellschaft Europas! Wie können die jungen Denker und Forscher zweifeln, daß Leibniz ein unehrlicher Charakter sei. In ehrlicher Empörung schmäht man den großen Deutschen, den Genius der abendländischen Kultur und Harmo-

---

[1]) Klopp. XI. 78 f.

nie. Das Mißtrauen des positivistischen Geistes gegen den Geist des Schöpfertums und der Weltweisheit ist gesteigert, der persönliche Sieg des Physikers über den Metaphysiker weitet sich gegen Newtons Gesinnung zum Siege des Mechanismus, des Atheismus. Der Prioritätsstreit ist eine zufällige private Angelegenheit — darum gibt Leibniz nach, nur seine Ehre soll man herstellen — er ist allenfalls ein Symbol: in Wirklichkeit geht der Kampf um die Priorität, den Primat der Mathematik vor der Metaphysik. (Das fühlt Goethe instinktiv, aber da ihm die nötige Vorbildung in Mathematik und Erkenntniskritik fehlt, fehlt ihm das rechte Maß Newton gegenüber. Wäre dieser Briefwechsel zwischen Leibniz und Clarke schon bekannt gewesen, so hätte Goethe wohl in Leibniz den großen Bundesgenossen gefunden, aber auch Newtons Leistung gerechter gewürdigt und damit einer Auseinandersetzung mit ihm um so größeres Gewicht verliehen).

Dieser Briefwechsel berührt die Infinitesimalrechnung nicht, er ist in aller Klarheit Kampf um die Weltanschauung des Abendlandes. Karoline, die Prinzessin von Wales, war eine begeisterte Verehrerin der Theodicee. Diesem „Lesebuch des gebildeten Europa" wünschte sie auch in England zum Siege zu verhelfen. Dazu schienen die Aussichten günstig. Wenn auch im Westen das Ideal mechanistischer Forschung stärker als in Deutschland wiegt, so ist das gemeinsam-europäische doch zugleich sehr wirksam. Wie Shakespeare eine abendländische, dem Deutschtum nicht weniger als dem modernen Britentum verwandte Gestalt ist, so setzt sich das Abendländische in der Pflege des Humanismus, besonders auch des Platonismus bei Cudworth More Shaftesbury fort. Gegen den versteckten und offenen Materialismus und Atheismus der westlichen Aufklärung, besonders Hobbes', besteht eine starke Platonische und Christliche Bewegung. So gab es denn auch bei den Engländern namhafte Verehrer der Leibnizschen Theodicee: auch der Bischof von Lincoln (kurz danach Erzbischof von Canterbury) wurde nach mehrfachem Lesen ihr aufrichtiger Bewunderer und half der Prinzessin in den Bemühungen, einen geeigneten Übersetzer dafür zu finden. Samuel Clarke, der philosophisch gebildete Hofprediger, schien der richtige Mann. Daß er Freund Newtons war, war kein Gegengrund, denn da auch Newton entschiedener

Christ ist, schien es im Gegenteil günstig, die Versöhnung von
Leibniz und Newton anzubahnen, die auch im politischen
Interesse lag. Durch ein Bekenntnis zur Theodicee wäre Newton
als Physiker nicht im geringsten angegriffen, denn Leibniz
anerkannte die mathematische Mechanik als Grundlage allen
rein-körperlichen Geschehens ebenso unbedingt wie später Kant.
Wenn er ehemals bei seiner großen Aufgabe der Reunion sagen
durfte, daß sie gelingen müsse, wenn die Frömmigkeit (dévotion)
Ludwigs XIV. echt sei, so hätte er jetzt sagen dürfen, daß Clarke
und Newton seine Theodicee anerkennen müßten, wenn ihre
philosophische Theologie ernst wäre. Im Gebiet der Philosophie
vom größten Philosophen etwas zu lernen, wäre für den größten
Physiker keine Schande gewesen. Es ehrt die Prinzessin und
Leibniz, daß sie glaubten, Newton und Clarke würden sich
aus Liebe zur Philosophie in ein Platonisches Gespräch mit dem
Verfasser der Theodicee einlassen. Auf Bitten der Prinzessin
willigt Leibniz in einen Schriftwechsel mit Clarke ein, der aber
durch die Hände der Prinzessin gehen soll, wie einst der Briefwechsel mit Toland durch die Hand der preußischen Königin.
Sie hofft auf diese Weise die Gegner zu nähern, ehe Clarke,
vielleicht mit kritischen Anmerkungen, die Theodicee übersetzen
soll. So entsteht in fünf Abhandlungen und Entgegnungen ein
120 Seiten langes Werk. Welch ungeheuren Wert würde dies
haben, wenn es wirklich ein Ringen um die wahre Erkenntnis
zwischen den beiden größten wissenschaftlichen Genien der
Zeit gewesen wäre. Aus der persönlichen Auseinandersetzung
mit der königlichen Freundin war die Theodicee, aus der inneren
Auseinandersetzung mit Locke die „Essais" entstanden. Jetzt
konnte das entscheidende Werk der Kosmologie, der Astronomie
im Verhältnis zur Gotteslehre entstehen. Aber es geht wie in
Platons Protagoras und Gorgias. Sokrates findet nicht den
echten Gesprächspartner: er läßt sich auf eine geistige Schach-
partie ein, aber Protagoras verfährt nicht nach den Spielregeln
echter Wissenschaft, sondern im rhetorischen Ehrgeiz. Newton
kämpft. Er spielt gleichsam eine Beratungspartie — ein furcht-
barer Bund: Newtons Genie vereint mit dem Theologen, Natur-
gelehrten, Philosophen, der im Umgang mit Locke und Boyle
geschult ist. Das Thema war die Metaphysik, das Verhältnis

der Metaphysik zum Gottesglauben. Wie wichtig für Newton, vom Theologen beraten zu werden.

Dieser schien nach seinen Schriften und Vorträgen zum Eintreten für die Theodicee berufen — aber die überragende Persönlichkeit Newtons macht ihn alsbald gänzlich zu ihrem Werkzeug. In den Papieren Newtons finden sich die Entwürfe für die unter Clarkes Namen gehenden Briefe. Auch war es offenbar allen Beteiligten kein Geheimnis, daß Newton als Mitverfasser der Briefe zu betrachten war. Aus dieser Lage muß der Wettstreit verstanden werden: die Briefe sind gerichtet an die Prinzessin, die Verehrerin der Theodicee, indirekt auch an den König, den die Schwiegertochter für Leibniz' Berufung nach London gewinnen möchte. Die Zuversicht Leibniz auf seine Sache ist so groß, daß er den Kampf aufnimmt, obwohl er den Haß des angeblichen Vermittlers spürt.

Die Lage ist so schwer durchschaubar, weil Leibniz und Newton nach herkömmlichen Begriffen eine ähnliche Grundhaltung haben. Beide wollen der rational-mechanistischen Forschung unverkürzt ihr Recht einräumen. Beide nähern sich einer pantheistisch-pythagoreischen Weltschau. Beide bekennen sich aus Überzeugung zum Christentum. Dem oberflächlichen Leser scheinen sich bisweilen die Fronten wie im ,,Protagoras" umgekehrt zu haben. So sehr dies Gespräch durch den Haß Newtons, die Hörigkeit Clarkes hinter dem zurückgeblieben ist, was es als echt-Platonisches Ringen um die Wahrheit geworden wäre, so bleibt es historisch und grundsätzlich von hervorragender Bedeutung. Vielleicht ohne das Wesentliche ganz zu durchschauen, sagt Cassirer klar das rational Wichtige. Die Fortbildung der Newtonschen Gedanken ,,hat immer von neuem an den Streit zwischen Leibniz und Clarke angeknüpft". Im geschichtlichen Rückblick könne gerade hier die sachliche Orientierung und die Kritik einsetzen. Das dauernde Interesse und der bleibende Wert beruhe darauf, daß hier nicht zwei Personen, sondern zwei Denkrichtungen streiten. ,,Überall sehen wir uns durch Leibniz' und Newtons Sätze in moderne Probleme mitten hineinversetzt: in Fragen, die nicht nur die Begründung der Physik, sondern darüber hinaus das Wesen und die allgemeine Methode der Erkenntnistheorie betreffen." Hier seien die Keime der ,,Gegensätze, die noch heute ungeschlichtet gegenüberstehen".

„Die Argumente haben nichts von ihrer sachlichen Kraft verloren". Cassirer begrenzt auf die exakte Methode das, was auf
Metaphysik und Geist überhaupt zu erweitern ist. (Er stellt
den Briefwechsel unter die Werke der Physik — für uns ist
wichtiger die Beziehung zur Metaphysik und Theologie, zur
Theodicee).

Die Eröffnung des Kampfes ist ganz der Größe eines Leibniz
angemessen, ein Zeugnis seiner magnitudo animi: ohne jeden
diplomatischen Rückhalt, aber auch ohne jede sachliche oder
private Schärfe sagt er, um was es in Europa geht. Er sieht voraus,
daß durch die westliche Aufklärung die „natürliche" Religion
(also nicht nur die konfessionelle) bedroht ist:

„1) Es scheint, daß selbst die natürliche Religion (in England)
im höchsten Grade abnimmt. Manche behaupten, daß die Seelen,
andere, daß Gott selber körperlich sei.

2) Herr Locke und seine Anhänger bezweifeln mindestens,
ob die Seelen nicht stofflich und von Natur vergänglich sind.

3) Herr Newton sagt, der Raum sei das Organ, dessen Gott
sich bedient, um die Dinge wahrzunehmen. Aber wenn er irgend-
eines Mittels bedarf, um sie wahrzunehmen, so hängen sie nicht
völlig von ihm ab und sind nicht durchaus sein Erzeugnis.

4) Herr Newton und seine Anhänger haben außerdem eine
recht sonderbare Meinung vom Werke Gottes. Ihnen zu Folge
hat Gott nötig, von Zeit zu Zeit seine Uhr aufzuziehen — sonst
bliebe sie stehen. Er hat nicht genügende Einsicht besessen,
ihr eine immerwährende Bewegung zu verleihen. Diese Maschine
Gottes ist ihnen zufolge sogar so unvollkommen, daß er gezwungen ist, sie von Zeit zu Zeit durch einen außerordentlichen
Eingriff reinigen zu müssen, ja sogar sie wieder auszubessern,
wie ein Uhrmacher sein Werk, der ein umso schlechterer Meister
sein wird, je öfter er gezwungen ist, daran zu ändern und zu
verbessern.

Nach meinem Gefühl besteht immer dieselbe Kraft und
Energie (vigeur) und geht nur von Stoff zu Stoff über gemäß
den Gesetzen der Natur und der schönen prästabilierten Ordnung.
Und ich meine, wenn Gott Wunder tut, so geschieht das nicht,
um die Bedürfnisse der Natur, sondern um die der Gnade zu
erfüllen. Darüber anders urteilen, hieße, eine sehr niedrige Idee
von der Weisheit und Macht Gottes zu haben".

Um den Glanz dieser Erklärung zu sehen, muß man sie Wort
für Wort als klassischen Text erfassen. Leibniz spricht nicht
ohne jede Ironie, aber nicht um den Gegner zu verkleinern,
sondern um dessen Meinung genau in dessen eigenem Sinne,
wenn auch im plastischen Bilde verdeutlicht darzustellen.
Auch ist der Brief an die Prinzessin gerichtet, nicht an die
Öffentlichkeit und soll allein den künftigen Übersetzer der Theodicee von der Richtigkeit dieser Metaphysik überzeugen. Die
Antwort wäre für einen aufrichtigen Newton und Clarke leicht
gewesen. Da sie Newtons Grundvorstellung, der Raum sei das
Organ Gottes, preisgeben, so konnten sie, ohne sich etwas zu ver-
geben, die Philosophie Newtons als bloße Ergänzung der physikalischen Theorie ansehen und die unvergleichlich höhere
Metaphysik Leibniz' anerkennen. Aber sie wollen nicht lernen,
sondern widerlegen ... Es ist die Wirkung der größten Männer
in der Geistesgeschichte, daß sie, indem sie die Vermittlung
suchen, den Gegner veranlassen, sein wahres Gesicht zu zeigen.
So tat es Ludwig XIV. auf den ägyptischen Plan, so beleuchtet
jetzt die Antwort Newtons und Clarkes wie ein Blitz die sonst
so schwer verständliche geistige Lage und zeichnet die Fronten
so klar ab, wie es sich der Forscher wünscht.

Vereinfacht bezeichnet Leibniz den großen Gegensatz zur
göttlich-schöpferischen Weltschau, im Bunde Lockes und Newtons das ihnen Gemeinsame: rational und empirisch die stofflich-
mechanistische Welthypothese, das Ideal der exakt-natur-
wissenschaftlichen Weltdeutung. Newton-Clarke weicht sehr
geschickt aus. Das Bündnis mit Locke, der sich so rühmend zu
ihm bekannt hatte, wird aus der Kampffront entfernt, möglichst
schonend. Bei Locke seien wohl einige Stellen des Materialismus
verdächtig: ,,doch sind ihm hierin nur einige Materialisten gefolgt,
die Feinde der mathematischen Prinzipien der Philosophie,
die in Lockes Schriften außer seinen Irrtümern wenig oder nichts
billigen". Mit dieser Einschränkung ist also die gesamte materialistische Folgerung auch der Aufklärung aus dem Kampfe
ausgeschieden, die Angriffsbreite für Leibniz sehr eingeengt.
Höchst überraschend ist aber die bezogene Grundstellung:
der Gegensatz zur materialistischen Weltthese ist — die mathematische. Mit geschäftsmäßigem Bedauern beklagt der Prediger
Clarke die atheistische Bewegung, ,,aber, nächst der Entartung

der Sitten, muß man dies hauptsächlich der falschen Philosophie
der Materialisten zuschreiben, der die mathematischen Grundsätze der Philosophie unmittelbar widerstreiten. Auch ist es
wahr, daß es Personen gibt, welche die Seelen als stofflich, Gott
selbst als körperlich bezeichnen; aber diese Leute erklären sich
offen gegen die mathematischen Grundsätze der Philosophie,
welche die einzigen Grundsätze sind, die beweisen, daß der
Stoff der kleinste und unbedeutendste Teil des Universums ist.''

Diese Trennung ist sehr seltsam: während man gewöhnt ist,
auf der einen Seite eine religiöse, ideelle, geistige Weltanschauung,
auf der andern eine stoffliche, mathematische, atheistische zu
denken, unterscheidet Newton eine mathematisch-theistische
von einer stofflich-atheistischen. In der Tat aber ist die Mathematik das Ideal der Metaphysik im 17. und der exakten Wissenschaft im 19. Jahrhundert. Die Mathematik ist wirklich die
Schlüsselstellung dieses Krieges. Goethe haßt Newton, weil
er die seelisch-sinnliche Welt in bloße Mathematik auflöst,
aber er schränkt den Kampf auf die Farbenlehre ein. In Leibniz
aber, der als Mathematiker Newton gleichrangig, in der Erkenntnistheorie, wie die Essais beweisen, unvergleichlich überlegen
war, muß sich der Sinn dieses Gegensatzes aussprechen. In der
Tat ist die Mathematik das höchste Werkzeug der exakten Wissenschaft und gehört darum (was auch Goethe anerkennt) zu
den höchsten Werkzeugen der Erkenntnis, der Philosophie.
Überall aber ist es das Wesen der Entartung, Sinn, Ziel, Erfüllung
im bloßen Mittel zu sehen. Bei der Frage nach der Welt-An-
schauung kommt es mehr auf die Kräfte, die sich der Mathematik
bedienen und sie formen, als auf das Werkzeug, die Methode
als solche an, und beim Blick auf die Kräfte zeigen sich die beiden
entgegengesetzten Seiten der Mathematik, deren Unterscheidung
meist übersehen, wenn nicht, wie von Newton, aus verständlichen Gründen mit allen Mitteln verschleiert werden — und
die doch eine Grundtatsache der Philosophie und die entscheidende Tatsache für die Aufhellung der falschen Frontenbildung
seit Descartes bis heute ist.

Eine vielgeglaubte Legende sagt, daß Kopernikus, Kepler,
Galilei die Gründer eines geistfeindlichen, in der Mathematik
wurzelnden Mechanismus sind. Sie kommt daher, daß im 19.
Jahrhundert die geistige Wissenschaft durch die fortschreitende

exakte Naturforschung teils verdrängt, teils verführt wurde. Auch Dilthey bedeutet im Grunde mehr die Gebietstrennung als die philosophische Reunion. Bei dieser Lage sicherten sich viele geistige Menschen in einer Abwehrstellung, die zwischen Furcht, Haß, Verachtung der mathematisch-exakten Forschung, soweit sie philosophisch interessiert, schwankt. Bei dieser erst durch die Geistesgeschichte des 19. Jahrhunderts verständlichen Legendenbildung ist es nicht möglich, auch nur Goethe, geschweige denn Platon, Nicolas von Cues, Kepler, Leibniz, am wenigsten vielleicht Dante zu verstehen. Die Mathematik kann nämlich das Mittel der enthusiastischen Schau der Weltharmonie, das Organ, die Sphärenmusik zu vernehmen, sein. Sie lehrt uns, die Welt und das Weltgeschehen in einfache Proportionen zu gliedern, als gemeinsames Gesetz der musikalischen Harmonie wie der Baukunst. Platons ,,Pythagoreische'' Schrift, der gewaltige Timaios, zeigt, wie der Mensch die eigene Seele zur Harmonie stimmt, wenn er die einfachen Kreisbahnen der Himmelskörper zu verstehen lernt. Kopernikus und Galilei greifen bewußt auf den Grundsatz des Timaios, die Deutung aus einfachen Kreisbahnen zurück. Kepler aber, in den Mitteln weit mehr mit Rechnung und Tabellen belastet, ist dennoch vom Rausch der Weltschau des Timaios mitgerissen, den er eben als die ,,Pythagoreische'' Lehre bezeichnet. Die Schönheit des Kosmos, die Weltharmonie, die Intervalle der Planeten sind für ihn höchste Zeichen der Wahrheit, Erfüllung der Erkenntnis [1]). Mathematik als Erkenntnis der schönen Proportion steigert sich damit zur Schau und Erkenntnis der schönen Gestalt, wird Gleichnis der Seelen-Schönheit, wenn doch die Kreisbahnen in der Seele und im Weltall in Harmonie gebracht werden sollen. Pythagoreische Mathematik ist daher Mittel der Lehre von Mikrokosmos und Makrokosmos, wie sie im deutschen Geist, beim Cusaner, bei Paracelsus, bei Kepler, bei Leibniz vollendet wird.

Die entgegengesetzte Art der Mathematik ist die analysierende, die berechnende Mathematik, die nichts anderes will als die bloße Körperwelt, die ä u ß e r e Natur bis auf Millionstel vom

---

[1]) Das wird in den Lehrbüchern vom positivistischen Denken verschleiert. Man muß auf Keplers Schriften und ihre neue Deutung durch Caspar, besonders ,,Harmonia mundi'' zurückgehen.

Millimeter genau zu berechnen. Sie löst sich von der Seele. Es ist eine wichtige Tatsache, daß der große Dualist Descartes der Schöpfer der analytischen Geometrie ist, der die Intuition des Raumes auflöst in Zahlen der bloßen Berechnung, nicht der harmonischen Proportion. Das Mittel wird Herr über den Geist. Nun aber geschieht der verhängnisvolle Schritt, der über die Trennung der exakten Ratio vom lebendigen Gesamtgeist entscheidet: die abstrakte Mathematik wird als einziges Prinzip echter Wissenschaft, ja Philosophie anerkannt — die Pythagoreische Philosophie als mittelalterliche Schwärmerei verlacht. Gegen diese Methode hatte sich Leibniz gewandt, als er Monade oder Entelechie gegen Atom setzte, als er Hobbes bekämpfte. Niemand faßt dies mathematisch-quantitative Prinzip unbedingter auf als der Chemiker Boyle, geistesgeschichtlich der unmittelbare Vorgänger Newtons. Er stellt den Grundsatz exakt-mechanistischer Forschung auf: Alle Körper bestehen aus Einer Materie. Dieser Materie können nur die quantitativen (primären) Eigenschaften Größe, Gestalt, Bewegung zukommen, während die sinnlichen (sekundären) Qualitäten aus jenen quantitativen erklärt werden können. Boyle ist Idealist des Forschens, Mechanist der Naturwissenschaft, Dualist der Weltanschauung. Als ob bei dieser Lehre vom seelenlosen Uhrwerk der Welt ihm das Gewissen schlüge, gründet er eine Stiftung für Vorträge zur Befestigung der christlichen Lehre. Und es ist eben der Prediger Samuel Clarke, der im Genuß dieses Stipendiums christliche Vorträge im Sinne des großen Chemikers zu halten verpflichtet ist.

Newtons einseitige Begabung ist Mathematik — Mathematik ist die damals fruchtbarste, darum erregende und mitreißende Idee der Wissenschaft — also übersteigert er die Mathematik zur eigentlich göttlichen Macht. Das ist der Schritt in der westlichen Aufklärung, gegen den Leibniz im ersten Schreiben Einspruch erhebt: denn Newton trennt nicht mehr wie Descartes Denken und Ausdehnung, geistige und räumliche Substanz, sondern unmittelbar in der mathematischen Physik glaubt er den Schritt zur höchsten Metaphysik zu tun, wenn er den mathematischen Raum zum Sensorium Gottes erklärt. Auffallender Weise geht er mit diesem Vergleich zurück auf Henry More, den Neuplatoniker, der besonders auf Paracelsus fußte und sich mit Descartes auseinandergesetzt hatte und damals mit seinen mystischen Neigungen Modephilosoph in England wurde (1614–1687). Seine mathematische Auffassung des Raumes, die göttliche Deutung, schloß sich auch natürlich an die Lehre des Nicolas von Cuës an, war also jeder mechanistischen Metaphysik feindlich. Nur diese seltsame, ja widersinnige Verknüpfung erklärt den Kampf von 1715 und die damals verwirrte Frontenbildung, die bis in unsere Tage dauert. Newton war privatim überzeugter Christ, dann ergab er sich der Platonisch-christlichen Mystik Henry Mores. Außerdem schrieb er über die Weissagungen Daniels und der Apokalypse, was seine Anhänger durch seine Geistesstörung (1690–93) erklären. Die physikalischen Untersuchungen treten seitdem sehr zurück. Wie verbindet sich das mit dem Bilde der rationalistischen Aufklärung? Wir sahen, daß in der Ehe des reinen Rationalismus mit dem Empirismus der erste verzichtet auf den Idealismus, der zweite auf das Gefühlsmäßige, ja auf die sinnlichen Qualitäten. Es bleibt das Ideal der mathematischen, ja rein quantitativen Welterklärung, das beiden Gatten gemeinsam ist.

Daß Newton, der mathematische Physiker, sich paradox mit der Mystik eint, war gewiß kein geistloser Einfall. Das mathematische Weltbild nahm ein sehr atheistisches und stoffgläubiges Aussehen an und erregte naturgemäß die Entrüstung der europäischen Völker, der Bürger im allgemeinen aus gewohntem Gefühl, der konservativen Staatsmänner, zumal der englischen, aus politischen und sozialen Bedenken. Mit Haß und Abscheu wurde Spinoza verfolgt. Boyle vertrat die mathematische Wissenschaft, als Mensch förderte er das Christentum. Henry More hatte wie Nikolas von Cues die Mathematik, die erhabenen Begriffe der Unendlichkeit aufgenommen, und, diese Ideen vergröbernd, hatte er den unendlichen Raum als Ort der Ideen, als Sensorium Gottes aufgefaßt. Vom Dualismus Descartes gingen mit gleichem Recht zwei Ströme aus: der rational-idealistische und der rational- mechanistische. More gehört zur idealistischen Seite, und Mathematik ist ihm das Platonisch-Pythagoreische Prinzip. Newton bemächtigt sich mit geistreichem Griff dieser mystischen Idee: denn wie kann er seine eigene Leistung ruhmvoller krönen, als wenn er den leeren mathematischen Raum, das Prinzip der Geometrie, für das Sensorium Gottes, für die schlechthin göttliche Eigenschaft der Welt erklärt? Um die Geschicklichkeit des Griffes, zugleich aber das Verhängnis des europäischen Geistes zu erkennen, muß man einsehen, daß Henry More die Platonische Mathematik meinte, die zur Proportion, Harmonie, lebendigen Gestaltung führt — Newton Descartes abstrakte Mathematik der bloßen Raum-Analyse, die, wenn sie unbedingt herrscht, zu Mechanismus und Atheismus führt.

Will man — nach Nietzsches Methode — beide Gestalten anschaulich in einer Anekdote repräsentiert sehen, so gilt für Newton das Bild, wie ihm 1666 beim Falle eines Apfels das Gesetz der Mondbewegung aufgeht. Intuitiv faßt er Himmels- und Erdmechanik in Einem Gesetz. Beide Mechaniken sieht er in einfachster, greifbarer Bewegung — aber die erste in der Kreisbahn, die zweite im gradlinigen Fall. Die Einigung wird erst möglich, wenn intuitiv, halbanschaulich, die Kreisbewegung in zwei geradlinige Bewegungen auseinandergelegt wird. Die Bestätigung dieser Schau ist aber erst möglich durch vielverschlungene abstrakte Berechnung auf Grund äußerst genauer quantitativer Beobachtungen der Mondbahnen. Die Bestätigung durch solche Messungen war erst sechzehn Jahre später möglich, und nach weiteren fünf Jahren wurde das kosmische Gesetz der Gravitation in seinem Hauptwerk, der Philosophiae naturalis principia mathematica, veröffentlicht. Das ist die Erfüllung der Einen Seite europäischer Wissenschaft, der von Nicolaus von Cues eingeleiteten, von Kepler auf die Höhe geführten mathematischen Durchdringung des Kosmos, der Vereinigung des Platonischen Gesetzes der Kreisbahnen aus dem Timaios, das auch in Dante lebt und die Naturforschung der Renaissance bestimmt, mittels der von Descartes auf die Höhe geführten analytischen Mathematik, der Rechnung als exakter Beweisführung und Forschung. Newton ist Fortführer, aber nicht Vollender Keplers: er gibt den Genuß der pythagoreischen Sphärenmusik preis, ihn trägt nicht der Enthusiasmus für die schöpferische Gotteskraft und die Weltharmonie.

Leibniz berichtet gerade im Jahre des Newton-Kampfes, gegen Ende seines Lebens anekdotisch von seiner früheren schöpferischen Intuition. Er knüpft an jenen Spaziergang des fünfzehnjährigen (?) Studenten im Rosental (Brief an Remond, Januar 1714). Damals kämpfen in ihm die „substantiellen Formen" der Scholastik, das Erbe Platons, Aristoteles, Plotins, die Entelechie mit den modernen Lehren, der Atomistik Hobbes, der Mechanistik Descartes. Vom modernen Geist verführt, bekennt er sich zur Mechanistik und zur rechnenden Mathematik als ihrem Mittel. Bald aber folgt die Erleuchtung, die man oft bei ihm nicht sehen oder ihm doch nicht glauben will: Als er den letzten Gründen des Mechanismus und der Bewegungsgesetze nachforscht, überrascht ihn die Erkenntnis, daß er zur Metaphysik, zu den Entelechien, den Monaden zurückkehren muß, während die materiellen Dinge nichts als wohl begründete Erscheinungen sind. Das ist sein metaphysisches Urerlebnis, aus dem auch der Streit mit Newton zu klären ist. Diese Intuition, der Sieg über den Mechanismus, ist spätestens 1669 offensichtlich, also lange bevor Newton (1687) seine große mechanische Intuition veröffentlicht.

Newton, der mathematische Mechaniker, geht vom handgreiflichen Erleben aus: wir hantieren mit unveränderlichen, festen, aber beweglichen Körpern (mit „mobilen", mit Möbeln) im leeren Zimmer. Diese demokritische Vorstellung ist ihm so selbstverständlich, so grundsätzlich, daß ihm jede andere Schau unverständlich bleibt. Primär besteht also Gott als der unbedingte leere Raum, Gott schuf eine begrenzte körperliche Masse und setzte sie willkürlich an irgend eine Stelle des unendlichen Raumes. Unmittelbar und anschaulich gilt die Sicht nur für die festen Körper, doch die atomistische Theorie erweitert sie auf alle wägbaren Stoffe. Alles andere, die großen Fragen des Abendlandes nach Leben, Seele, Geist sind abgeschnitten. Dagegen setzt Leibniz sein Prinzip der unwiederholbaren, einmaligen Individuen, die wir im Bewußtsein erfahren. Dies Prinzip stellt er nun 1715, eben im Briefwechsel mit Clarke, in der zweiten Anekdote, dem Spaziergang in Herrenhausen dar (IV. Antwort, Nr. 4). „Es gibt keine zwei ununterscheidbaren Einzeldinge. Ein mir befreundeter, geistvoller Edelman, mit dem ich mich im Park von Herrenhausen in Gegenwart der Kurfürstin unterhielt, meinte, er könne wohl zwei vollkommen ähnliche Blätter finden. Die Kurfürstin bestritt dies, und er gab sich nun lange vergebliche Mühe damit, sie zu suchen." Was ist hier gültiges metaphysisches Erlebnis, was metaphysische Hypothese? Niemand, er sei denn doctrinärer Positivist, bezweifelt, daß alle sichtbaren Tiere, wohl auch die Pflanzen und alle organischen Gebilde individuell verschieden sind. Ein Zweifel könnte entstehen, wenn Leibniz fortfährt: „Zwei Tropfen Wasser oder Milch erweisen sich, durch das Mikroskop betrachtet, als unterscheidbar". Auch damit finden sich Newton und Clarke ab, während Kant später widerspricht. Ein beachtenswerter Widerspruch entsteht erst, wenn Leibniz, dessen Welt nur aus individuellen Monaden besteht, dies Grunderlebnis als unbedingtes metaphysisches Prinzip setzt. Er fährt fort: „Es ist dies ein Beweisgrund gegen die Atome, die, ebenso wie das Leere, den Prinzipien der wahren Metaphysik widerstreiten. Die gewaltigen Prinzipien des zureichenden Grundes und der Identität des Ununterscheidbaren geben der Metaphysik eine neue Gestalt, da sie durch sie reale Bedeutung und Beweiskraft gewinnt, während sie früher fast nur aus leeren Worten bestand." Diese metaphysische Sicht ist aber, wie Leibniz weiß, Tatsachen-Wahrheit, nicht aus reiner Ratio ableitbar. Hieraus auf das unbedingte höchste Prinzip des Satzes vom Grunde zu schließen bleibt also — nicht unbedingt bewiesene — Hypothese. Das weiß Leibniz, er ist aber mit Recht überzeugt, daß es die beste, fast gesicherte Hypothese ist. Er geht von ihr aus, seine Gegner können widersprechen — aber dazu müssen sie doch zuerst verstehen, was er meint. Und dieser große Unterschied bleibt unbestreitbar: Leibniz' Erlebnis und These führen in das höhere Reich des Lebendigen, der Seele, des Geistes — Newtons Atomistik verharrt beim toten Atom im leeren Raum. Dies sei erinnert: Newtons Betrachtungsweise des klassischen Mechanismus ist überholt. Leibnizens physikalische Sicht (nicht nur die metaphysische) ist die zukunftsreichere. Wohl könnte es sein, daß die exakte Wissenschaft eine Synthese beider Sichten verlangt — aber das wäre schon weit eher im Sinne Leibnizens, der die Verständigung sucht, während Newton durchaus die des Gegners als Widersinn behandelt.

Newton verkennt nicht, daß reiner Materialismus auch Atheismus wäre. Er will fromm sein. Wenn er Theist ist, an die Bibel-Offenbarung glaubt, so bleibt dies doch neben der wissenschaftlichen Leistung Privatsache: weder er noch Leibniz spielen darauf an. Immer wieder wird behauptet: Newton habe höchst exakt die exakten Erkenntnisse von allen Hypothesen getrennt, während Leibniz „wie ein Dichter" Hypothese und Erkenntnis vermischt habe. Diese Legende, verständlich nur aus dem Geiste exakt-rationaler Wissenschaft, verschließt jedes Verständnis dieses Briefwechsels. Newton kämpft mit Leibniz um die europäische Weltanschauung, nicht als christlicher Privatmann, nicht als Fachmann der Physik, sondern in der Metaphysik, die zwischen Physik und Theologie vermittelt. Beiden großen Physikern gilt hier die Physik nur in ihren metaphysischen Prinzipien, in der höchsten Welt-Hypothese. Soweit Newton, wie Demokrit und Epikur zwei Prinzipien: tote Atome und leeren Raum setzt, wäre er reiner Atheist. Nun vollzieht er, mittels der verbreiteten Philosophie Mores, des Platonikers, jenen genialen Griff: dieser leere Raum, dies Element der reinen Mathematik ist die Gott-Seite der Welt, ist Gottes Sensorium. Mores Begriff vom Raum war vom Platonismus her gesehen nicht richtig, doch erträglich als Symbol. Weit schöner war, um von Kepler ganz zu schweigen, selbst Galilei der „barock" im edlen Sinne des Wortes, Michelangelo nicht ganz fern, in der Gleichheit der Himmels- und Erdmechanik die gewaltige mathematische Handschrift des Demiurgen sah. Erst Descartes' Dualismus spaltet die Erkenntnis. Newton nimmt wohl sein Bestes, sein groß gesehenes mathematisches Weltbild von Kopernikus, Kepler, Galilei — aber er opfert das Schönste von ihnen, das schöpferische Feuer der Natur. Den leeren Raum gleichsam als zweite Substanz zu betrachten, war Demokrits Erfindung, die in der Lehre des Timaios aufgehoben und überwunden war. Newton fällt zurück in den Geist Demokrits und wandelt das Nichts des Leeren ins Göttliche. Er wird zum klassischen Beispiel des reinen Deismus. Deismus, die rationale, natürliche Religion, die auf jederlei historische Offenbarung verzichtet, ist ein undeutlicher Begriff, der sich zwischen kaum verschleiertem Atheismus und echtem, ja christlichem Pantheismus hin und her bewegt. Er zeigt in Newton sein reinstes, eben weil schon doppelgesichtiges Wesen: Die Sicht grob mechanischer Welt und persönlicher Gottheit, hart zusammengesetzt ohne innere Vermittlung. Das Weltgeschehen ist handgreifliche

Mechanik, ist ein Uhrwerk — darum muß es den Mechaniker geben, den Uhrmacher, den Demiurgen.

Nun geschieht etwas Merkwürdiges, kaum Begreifliches — für oberflächlichste Betrachtung ein entschiedener Frontwechsel: Newton und Clarke erscheinen als Vertreter des Gottes-Glaubens und Leibniz als Vertreter einer exakten, gottlosen Naturwissenschaft! In der Tat nützen jene die Chance dieser Umdeutung hartnäckig aus. Leibniz hätte sagen dürfen: ,,Wär der Gedank' nicht so verwünscht gescheit, man wär' versucht, ihn herzlich dumm zu nennen''. Wirklich verknotet sich damals die Wissenschaftslehre — bis heute schwer lösbar.

Als der junge Kant — nicht der Leser von Leibniz' Essais, nicht der Kritizist, sondern der Physiker — die ,,Naturgeschichte des Himmels'' entwarf, machte er sich, wie Windelband es ausdrückt, ,,die Leibniz-Newtonsche Auffassung zu eigen''. Er sagt 1775: ,,gebt mir nur Materie, ich will euch eine Welt daraus bauen.'' Das ist der Gipfel der Aufklärung als exakter Wissenschaft, schon der Laplacesche Gedanke, daß aus dem gegenwärtigen Weltzustande alle Zustände vorher und nachher zu berechnen seien, der Laplacesche ,,Daimon''. Er ist auf Newtons Gesetz der Gravitation gegründet, aus der man bald folgert, man bedürfe der Hypothese Gott nicht. Kant aber steht dem Deismus Newtons weit näher als dem liebenden Schöpfergott von Leibniz. Diese scheinbar widersinnige Komplikation zu lösen, ist zur Erhellung der Geistesgeschichte, zur Lösung der dauernden Spannungen nötig, von welchen auch die große Dichtung getrieben wird. In der Jugend ist Schiller noch Träger des Platonisch-abendländischen Geistes, der sich in Leibniz und Shaftesbury darstellt, des Enthusiasmus für Freude, Harmonie, Sympathie (Lied an die Freude, 1785). Dann aber taucht ihm mit Kants Einfluß Newtons Gestalt auf als des großen nordischen Wandlers (die Götter Griechenlands, erste Fassung 1788). Newton hat Recht, er hat leider Recht mit seinem Gesetz der Gravitation, dem reinsten Deismus. Jetzt hat unsere lebendige Welt kein Gefühl mehr von ihrem Schöpfer, dem bloßen Uhrmacher.

,,Fühllos selbst für ihres Künstlers Ehre,
Gleich dem toten Schlag der Pendeluhr,
Dient sie knechtisch dem Gesetz der Schwere,
Die entgötterte Natur.''

Von Newtons Glauben, daß der leere Raum Gottes Sensorium sei, nimmt Schiller nicht Kenntnis: Newton gilt ihm wohl als Deist — aber auf die Welt bezogen als Mechanist. Niemand zweifelt, daß Leibniz das schöpferische Weltbild, Newton das mechanistische vertritt. Wie konnte diese Tatsache im Briefwechsel verschleiert, beinahe die Umkehrung glaubhaft gemacht werden?

Die beiden Prinzipien der exakten Naturwissenschaft sind die Gesetze der Erhaltung von Stoff und Kraft: Anwendungen der ältesten Gedanken abendländischer Wissenschaft, des Substanzbegriffes der Vorsokratiker. Mayer und Helmholtz überführen das Energiegesetz in die experimentelle und rechnende Wissenschaft, aber seinen vollständigsten und umfassenden Ausdruck hatte ihm Leibniz gegeben, der es als metaphysisches Prinzip, obwohl nur auf Erscheinungen bezogen erkennt [1]). Dies Prinzip kann Newton nicht verstehen. Er sah ja handgreiflich, daß zwei nicht elastische Körper, die aufeinanderstoßen, ihre Bewegung einbüßen. Er scheint nicht einmal Leibniz' Lehre vom Maß der lebendigen Kraft ($m v^2$) zu verstehen und blieb bei Descartes' Bewegungsgröße ($m v$) stehen. Er deutete gleichsam die Bewegung statisch, nicht dynamisch. Leibniz antwortete ihm, Mayer vorwegnehmend, daß die scheinbar verlorene Bewegung nicht verloren gegangen sei: sie setze sich in die unsichtbare Bewegung der Korpuskel, in Wärme um. Aber diese notwendige Hypothese lag außerhalb der Betrachtungsweise Newtons. Im Weltall geht dauernd Kraft verloren: also muß der göttliche Uhrmacher von Zeit zu Zeit die Uhr aufziehen. Auch das Planetensystem kann dabei in Unordnung geraten: Gott muß es von Zeit zu Zeit reparieren. Newton, das klassische Ideal mechanistischer Forschung, vernichtet damit die Geschlossenheit, die Unbedingtheit der mechanistischen Physik. Leibniz findet diese Gottvorstellung zu niedrig. Wenn Er ein Uhrwerk schafft, so macht er es so vollkommen, daß es ungestört weiter geht. Leibniz stellt die deistisch-mechanistische Erklärung des Weltgeschehens her. Aber seltsamerweise übersieht man die Einschränkung oft, die das Rätsel löst: diese rationale Erklärung gilt ganz allein für die körperliche Seite des

---

[1]) Vgl. besonders ,,Specimen dynamicum" u. Briefe an de l'Hospital.

Weltgeschehens, der Erscheinung. Leibniz steht Descartes trotz viel tieferer Erkenntnis doch näher als den Atomisten. Er leugnet wie die Cartesianer die Wechselwirkung zwischen geistigem Geschehen und Körperbewegung: daß unser Wille den Arm bewegen kann, scheint widervernünftig. Malebranche ersetzte die unmögliche Wechselwirkung durch eine stetige Einwirkung Gottes, der die physische und psychische Reihe verknüpft. Leibniz fühlt sich dieser Vorstellung verwandt, aber er ersetzt diese Abstimmung der beiden Reihen durch den u r s p r ü n g - l i c h e n Schöpfungsakt Gottes.

Warum hält Leibniz diese Lehre, den scheinbaren Parallelismus von körperlicher und seelischer Reihe fest, die etwas barock und künstlich erscheint, nachdem er längst die viel höhere Vorstellung entwickelt hat, daß das körperliche Geschehen bloß die Erscheinung des Wesens, der Monaden, des seelischen Geschehens ist? Er besitzt ja schon die wesentliche Einsicht Kants, der es als höchstes, doch uns Menschen unerreichbares Ziel ansieht, die Übereinstimmung des mechanistischen Geschehens mit dem moralischen Geschehen der Zwecke zu erkennen. Leibniz kann nicht übersehen, daß er sich mit diesem Parallelismus in die gefährliche Nähe seines Gegners Spinoza begibt, daß seine Naturwissenschaft leicht als Fatalismus, als Mechanismus gedeutet werden kann — er nimmt bewußt diese Gefahr auf sich. Er hat etwas von der Platonischen Großartigkeit in sich, die den Gegner nicht durch den Gegensatz bekämpft, sondern die auch das Bekämpfte einbaut in die Ganzheit. Anders gesehen: er wird der große Begründer auch der exakten Naturwissenschaft, von der Newton nur einen Ausschnitt — die Mechanik des Himmels und der Erde als die Mechanik fester Körper und die mechanistische Deutung der Optik — beherrscht. Nachdem er in der Theodicee — die Clarke übersetzen soll — die Lehre deutlich gemacht hat, daß die mechanistische, die bloße körperliche Reihe von Gott durchaus in den Dienst der seelischen Reihe gestellt ist, führt er nun aus, daß nach dieser Schöpfung ein neuer Eingriff ins Körperliche nicht mehr nötig ist. Dadurch gibt er der exakten Naturwissenschaft ihre großartige Selbständigkeit. Er will auch im Kampf gegen Newton diese Wissenschaft nicht entwerten, sondern vollenden. Und er darf sich dies erlauben, weil seine Theodicee in England schon berühmt ist. Aber Newton

und Clarke handeln wie Advokaten, als ob sie noch nie ein Wort
von Leibniz' Metaphysik und Theologie gehört hätten. Wenn
das reine Körpergeschehen mechanistisch verläuft, dann ist das
Weltgeschehen mechanistisch, dann ist Gott überflüssig. Clarke
und Newton lehren den Göttlichen Mechaniker, den großen
Uhrmacher und Aufzieher und, als ob sie nie vom Schöpfer der
schönen Welt, vom liebenden Vater der Menschen, von der
praestabilierten Harmonie gehört hätten, stellen sie Leibniz als
Fatalisten und Materialisten hin. Diese handgreifliche Um-
drehung wird durch eine politische Verdächtigung gewürzt:
,,Wenn ein König ein Reich besäße, in dem alles beständig ohne
seine Leitung und Einwirkung vor sich ginge, so würde es für
ihn nur dem Namen nach ein Königreich sein, in der Tat jedoch
würde er den Titel ,,König'' oder ,,Herrscher'' keineswegs verdienen. Gegen alle die, die behaupten, daß in einer irdischen Regierung die Dinge ohne Einmischung des Königs vollkommen
ihren Gang gehen könnten, ist der Verdacht gerechtfertigt, daß
sie den König am liebsten ganz beiseite schieben möchten.''
   Das ist ein Bruch der Spielregel in wissenschaftlicher Diskussion. Leibniz möchte nach London — darum discreditiert
man ihn beim König. Leibniz, seit vierzig Jahren Staatsmann
des Kurfürsten und dessen Vorfahren, Kämpfer für dessen
Königswürde, wird der Treulosigkeit gegen das Königtum verdächtigt. Bei dieser Verkehrung muß man sich seiner wesenhaften Gesinnung erinnern. Er preist Gott als den Monarchen
des geistigen Reiches. Und in den Einzelstaaten wirkt er für die
Dynastie, die erblichen Herrscher, ist aber Gegner der Despotie
und Weltherrschaft. Er lebt in der Idee des Reiches, in dem die
verschiedenen Mächte sich harmonisch, föderalistisch zusammen-
schließen. Newton, der Freund Bolingbrokes, war gewiß überzeugter Royalist, aber wie er (als Torie) 1688 an der Vertreibung
der Jacobiten mitgewirkt hatte, so war er trotzdem 1713 als Torie
Gegner der Welfennachfolge, auch politisch Leibniz' Gegenspieler. Jetzt läßt er Leibniz durch den Hofprediger beim König
verdächtigen. Er darf das: denn der König von England hat ein
Interesse daran, einen Newton zu gewinnen — aber als Kurfürst
von Hannover hat er seinen Untertanen Leibniz ohnehin in seiner
Gewalt. Leibniz hätte in solcher Polemik das Eingeständnis der
Niederlage sehen und auf weiteren Briefwechsel verzichten können.

Aber im Bewußtsein seiner geistigen Überlegenheit verzichtete er nicht, den Kampf zwischen beiden europäischen Weltanschauungen am britischen Königshofe zum Austrag zu bringen. In dieser persönlichen Leidenschaft sah er die abendländische Aufgabe — wie auch Sokrates schwer einer Gelegenheit entsagen konnte, seine Weltanschauung im geistigen Gespräch durchzusetzen. Dazu entschlossen, handelte Leibniz weiter wahrhaft vornehm. Er nahm vom persönlichen Anwurf Clarkes nicht Kenntnis, sondern mühte sich, den Kampf auf die höchste geistige Ebene zu führen. (Vgl. Platons ,,Protagoras''). Er schreibt der Prinzessin jenen Brief, in dem er eine Versöhnung mit Newton wünscht, auf den Streit um die Priorität verzichtet und allein eine persönliche Ehrenerklärung verlangt. In dieser Versöhnlichkeit, in London, am Welfenhofe, setzt er den Hebel an wie Platon in Syrakus. Der nur in den positiven Ergebnissen der letzten Zeit wurzelnden Wissenschaft setzt er die gewachsene abendländische Weltanschauung, Ehrfurcht vor schöpferischer Gott-Natur, Erkenntnis der seelischen Kräfte in der Natur entgegen. Der Locke und Newton zusammenfassende Angriff bildete schon zwölf Jahre vorher das Herzstück in der Vorrede zu den ,,Essais'' (Gerhard V, 57) und bleibt bis zum Tode seine hohe Leidenschaft.

Er hat die Partie eigentlich gewonnen, als er sie mit wenigen Sätzen eröffnet hatte. Das müssen seine Gegner gespürt haben, denn sonst hätten sie kaum zum Mittel politischer Verdächtigung ihre Zuflucht genommen. Der naive Versuch, die mathematische Methode als die metaphysische im Gegensatz zur materialistischen darzustellen, das mathematische Gesetz zu vergotten, mußte an der Schwelle scheitern. Clarke redet sich aus, daß man die mathematischen Prinzipien auch metaphysische nennen könne, da sie als Beweis für diese dienen — und als Beweis nennt er den deistischen Schluß gerade aus der Planetenmechanik, aus dem Uhrwerk auf den Uhrmacher. (II. Entgegnung, Nr. 1.) Die Hypothese vom leeren Raum als Sensorium Gottes ist unhaltbar. Clarke schränkt ein, sie sei ein bloßer Vergleich — auch bedeute Sensorium nicht das Organ, sondern nur den Ort, wo etwas sich bewußt werde. Dann hält er doch nach fruchtlosen Erörterungen an diesem Vergleich fest. In dieser Lage macht er einen Vorschlag, der eine Verständigung anzubahnen scheint. Von der Sicht des rein-körperlichen Geschehens betrachtet Leibniz Gott als die transzendente, als die supramundane Intelligenz. Wirklich kann Clarke auf die vermittelnde pantheistische Weltschau Newtons hinweisen. Dieser hatte in den „Prinzipien" gesagt: „Gott ist überall gegenwärtig und zwar nicht nur v i r t u e l l, sondern auch substantiell, denn kein Vermögen ist ohne Substanz denkbar. Alles wird in ihm bewegt und ist in ihm enthalten, aber ohne wechselseitige Einwirkung, denn Gott erleidet nichts durch die Bewegung der Körper und seine Allgegenwart läßt sie keinen Widerstand empfinden." In diesem Sinne schließt Clarke seine zweite Entgegnung. In der Tat konnte man sich in dieser Formel einigen. Warum erklärt sich Leibniz, der konziliante, damit nicht zufrieden? Er erkennt, daß die Gegner, wie anfangs in die politische Ebene, jetzt in die der allgemeinsten Metaphysik entweichen wollen und sich, indem sie die wirkliche Streitfrage ausschalten, als die Sieger, die tiefen Gläubigen gebärden. Er zerreißt (wie Sokrates im „Gorgias") mit einem Ruck die versuchte Verschleierung. Jene Gotteslehre habe er, wie er glaube, bereits besser dargestellt (in der Theodicee). „Sagt man aber: d a s i s t a l l e s, w a s i c h b e h a u p t e t h a b e, d a r i n besteht der ganze Streit, so antworte ich: Serviteur très humble! Unser Disput besteht in ganz anderen Dingen. Die Frage ist: erfolgen nicht die Handlungen Gottes in der allerregelmäßigsten und vollkommensten Weise, kann seine Maschine je in Unordnung geraten, so daß er sie auf außergewöhnlichem Wege wieder instandsetzen muß, kann sein Wille ohne Vernunft handeln? — ist der Raum ein absolutes Wesen, worin besteht die Natur des Wunders? — und eine Reihe ähnlicher Fragen, die einen sehr gewaltigen Gegensatz zum Ausdruck bringen."

Die Gegner ziehen sich also auf ein Kompromiß zurück — aber sie geben sich den Anschein der Sieger. Leibniz dagegen verweist energisch auf das Schachbrett, auf das gebotene Schach. Nicht darum war es zu tun, eine allgemeine theologische Formel zu finden: er hatte behauptet, daß die Philosophie und Kosmologie Newtons für die Religion bedenklich seien. Auf das Gebiet der Kosmologie kam es an. Die Gegner suchen dem Schachmatt auszuweichen, indem sie Leibniz mit dem Vorwurf des Fatalismus, Mechanismus, Atheismus bedrohen. Leibniz' Grundsatz schlechthin war die Einsicht, daß Mathematik und Logik, auch die ewigen Ideen zur Erklärung der wirklichen Welt nie hinreichen können: das wirkliche Geschehen, die Existenz, also selbst das körperliche Dasein ist kontingent, wurzelt im zureichenden Grunde, im Existenzgrunde, im schöpferischen Gott. Das ist seine ursprüngliche angeborene Sicht, Ausdruck seines dynamischen Weltgefühles: Der unendliche Kosmos, geschwellt von schöpferischen Kräften, nirgends leer, überall in Bewegung, ein Kosmos des Reichtums, der Schönheit, der Gnade. Newtons ganz andere Sicht ist, ebenso ursprünglich, die des eigentlich „Nordischen" Menschen: der leere Raum, nur wenig beschränkt durch einige feste unelastische Körper. Der leere Raum ist das Göttliche, weil allumfassende. Den Satz vom zureichenden Grunde geben die Gegner zu — aber in ihrer Sicht verliert er seine unermeßliche schöpferische Bedeutung, wird er selbstverständliche Kausalität. Mit ihnen will Leibniz nicht von seinem Gottes-Gefühl reden, sondern von den Prinzipien Raum und Zeit, von Newtons Fachgebiet. Der leere Raum, das Gebiet der reinen Mathematik, kann für Leibniz das Göttliche nicht repräsentieren. Der Raum ist überhaupt nichts Reelles, geschweige etwas Existierendes: er ist nur ideell, nur Form unserer Vorstellung, Ordnungsprinzip der bloßen Phänomene. Darauf baut Kant seinen kritischen Idealismus. Aber diese Lehre verstehen die Gegner nicht: dieser Streit zieht sich durch den Briefwechsel — die Spannung ist trotz Kant bis heute nicht gelöst.

Der Kosmos, für Leibniz schöpferische, unerschöpfliche Kraft, ist also für Newton leerer Raum und fester Mechanismus. Es scheint ein Kompromiß, wenn dieser zugibt (III, § 3), der Raum sei nicht Gott, nicht ewige Wesenheit, aber die Vorstellung, der Raum sei nur ideell, bleibt seiner Grundanschauung, der Demokritischen, unvollziehbar. (III, 2, 3). Der Streit gelangt, dem Willen Leibniz' gemäß, auf die konkrete Grundvorstellung. Für Newton und Clarke ist es einfach selbstverständlich, daß Gott das genannte Universum an eine andere Stelle im unendlichen Raum rücken könnte — für Leibniz hat diese Annahme keinen Sinn. Er verneint sie von zwei Seiten, denn sein Weltbild ist von großartiger Geschlossenheit: von der göttlichen Ursache, dem zureichenden Grunde aus und von der metaphysisch-erkenntniskritischen Lehre her: Gott kann das Universum nicht an eine

andere Stelle versetzen, weil dadurch nichts verändert würde —
er kann aber nicht ohne Zweck handeln. Aber der Gedanke dieser
Verrückung ist auch an sich sinnlos, weil ja ein leerer Raum als
solcher gar nicht existiert (IV, 13). Es ist sinnwidrig, von der
Bewegung eines Körpers zu sprechen, wenn diese nicht mit andern
Körpern verglichen werden, also beziehungslos im leeren Raum
vor sich gehen soll (V, 52). Clarke kann nur in seiner Anschauung
verharren: das Weltall als Ganzes kann sich im Raum bewegen,
es kann auch plötzlich angehalten werden: Wenn Gott die
Bewegung beschleunigt oder anhält, dann werden wir den Stoß
verspüren (V, 52). Diese bloße Annahme ist für ihn eine Tatsache, durch die Leibniz widerlegt sei. Für Leibniz schließt die
Imaginarität des leeren Raumes die absolute Bewegung im leeren
Raume aus. Bewegung muß auf andre Körper bezogen sein.
Das kann auf den ersten Blick als entschiedner Relativismus,
als Leugnung einer absoluten Bewegung erscheinen. Aber niemals ist Leibniz unbedingter Relativist. Ideell wäre es für den
Mathematiker gleichgiltig, ob die Sonne um die Erde oder diese
um jene kreist. Aber der Astronom und Physiker erkennt, daß
die Erde sich absolut, das heißt im Verhältnis zum Universum
bewegt. Es ist ja gerade Leibnizens dynamische Weltsicht, die
gegenüber der bloß mathematischen die wahre Bewegung von
der scheinbaren unterscheidet. Clarke versucht den Anschein zu
erwecken, als habe er Leibniz zur Anerkennung dieser wahren
(absoluten) Bewegung gezwungen und ruft die Welt zum Zeugen
an, daß damit die Realität des absoluten leeren Raumes erwiesen sei. Damit ist der Streit an die Grenzen des Denkens geraten und das letzte Wort ist nicht gesprochen, aber zweifellos
vertritt Leibniz die höhere, fruchtbarere Anschauung, in der
nicht nur Kants Idealismus, sondern auch die moderne Relati-
vitätslehre wurzelt, ohne daß er doch deren philosophisch zweifelhafte Übersteigerung mitmacht. Newton und Clarke verstehen diesen Gedanken nicht — sie verharren dagegen bei der
primitiven Anschauung Demokrits.

Das war ein Streit der gelehrten Physiker. Wichtiger war die
Folgerung für Ethik und Religion: das Ziel, Leibniz in die Lage
des Fatalisten, des Mechanisten, des Ungläubigen zu drängen.
Daß dies mit einem Schimmer von Berechtigung geschehen
konnte, lag darin, daß Leibniz (wie Kant) für das rein körper-

perliche Geschehen forderte, daß es — im Umfange vernünftiger
Wissenschaft — nicht durch wunderbare Kräfte von außen um-
gelenkt werde. Hier wird Leibniz, nicht ohne zeitgeschichtliche
Begründung, immer wieder mißverstanden. Man kann seine
physikalische Lehre nicht bewerten, wenn man seine metaphysische Grundvorstellung aus dem Bewußtsein verliert. Sie besteht in drei Prinzipien: 1) der unbedingt schöpferische Gott,
der zureichende Grund aller Existenz. 2) die seelisch-lebendige
Welt der Zwecke, der Monaden. 3) das rein-körperliche Geschehen. Im Ganzen gilt das Gesetz der Energie, der Dynamis
im weitesten, tiefsten Sinne: der schöpferischen Kraft. So tief
ist der „Pluralist" vom Gesetz der Einheit und Ganzheit durchdrungen, daß er im Stande ist, selbst im körperlichen Geschehen
dies Gesetz der Erhaltung, der Harmonie zu sehen. Für
das rein-körperliche Geschehen gelten die mathematischen,
räumlichen, mechanischen Gesetze, die theoretisch wohl von
göttlicher Wunderkraft durchbrochen werden könnten —
aber die Wissenschaft soll möglichst wenig auf diese Durch-
brechung zurückgreifen. Insofern gilt also für die Wissenschaft,
daß das rein-körperliche Geschehen vom mathematischen Gesetz „beherrscht" wird. „Beherrscht" aber heißt nicht bestimmt,
auch nicht erklärt: diese rationalen und mechanischen Gesetze
sind nur der Rahmen, der nicht durchbrochen wird. Gesetze der
Logik und Mathematik kann selbst Gott nicht durchbrechen.
Aber im Raum dieser Gesetze ist selbst das körperliche Geschehen „kontingent" durch Gottes Willen im Ziel auf die
schönste Gestaltung der Welt präformiert. Schöpfung wandelt
„frei in den bedingten Bahnen". Die Güte Gottes, die Freiheit
des Menschen bilden den Untertitel des Werkes, das doch die
Grundlage des Streites hätte bilden sollen, der „Theodicee".
Dennoch maßen die Gegner sich an, in Leibniz' Behauptung des
natürlichen Verlaufes des von Gott vorbestimmten Geschehens
die Unfreiheit des Menschen, die Unfreiheit Gottes als notwendige Folge zu erweisen. Dieser Vorwurf geht durch den gesamten Briefwechsel. Im letzten Schreiben (V, 91, 92) wiederholt Leibniz seine Grundthese. „Allerdings stört, meiner Lehre
gemäß, weder die Seele irgendwie die Gesetze des Körpers, noch
der Körper die der Seele. Sie stehen nur in Übereinstimmung
mit einander. Jene handelt frei, indem sie den Gesetzen der

Zweckursachen, dieser mechanisch, indem er den Gesetzen der wirkenden Ursachen folgt. Aber das widerstreitet keineswegs, wie man hier behauptet, der Freiheit unserer Seelen. Denn jedes tätige Wesen, das nach den Zweckursachen handelt, ist frei, wenngleich es in Übereinstimmung steht mit dem, das nur aus wirkenden Ursachen ohne Bewußtsein handelt oder als Maschine. Denn Gott, in der Voraussicht, was die freie Ursache tun würde, hat im Anfang seine Maschine derartig geregelt, daß sie dieser Übereinstimmung nicht ermangeln kann.'' Diese Fassung, wenn auch noch nicht vollkommen, schließt jedenfalls die Gefahr des psycho-physischen Parallelismus aus, daß die mechanische Seite das Übergewicht erhält und, wie bei Spinoza, die Zweckursache geleugnet wird. Die Welt als Ganzes ist Werk des Schöpfers, aus Güte, aus Liebe zum Schönen, aus Gnade — und die Menschen haben als Seelen, also handelnd daran teil. Newton geht als Forscher und Denker vom mechanischen Weltbild aus. Er gründet die Einheit der Erden- und Himmelsmechanik im Gesetz der Schwere als Fernkraft. Clarke gibt zu: die Fernkraft ist widervernünftig — denn wie soll ein Körper dort wirken, wo er nicht ist? Das ist eben Gottes Wunder, daß er der Materie auch gegen die Vernunft Kräfte beilegen kann. Dann muß allerdings der Begriff aus den Fugen gebracht werden: im Grunde ist alles Geschehen Wunder, darum nenne man nur Außergewöhnliches Wunder — dann nennt man selbst das Widervernünftige nicht Wunder (V, 107).

Die Gegner spüren die Überlegenheit des Philosophen: sie ziehen sich in die innerste Burg des Widerstandes zurück. Plötzlich behaupten sie, von Philosophie, ja von ursächlicher Deutung sei nicht die Rede gewesen: Newton habe nur die Phänomene, das heißt, die wirklichen Tatsachen beschrieben. ,,Es ist vollkommen unvernünftig, die Anziehung ein Wunder zu nennen und zu sagen, daß dieser Begriff nicht in die Philosophie gehört, obwohl wir doch so oft, in einer deutlichen und förmlichen Art uns erklärt haben, daß wir mit diesem Begriff nicht die Ursache der wechselseitigen Tendenz der Körper gegeneinander, sondern lediglich die Wirkung oder das Phänomen selbst und seine Gesetze und Grundverhältnisse, wie sie durch Erfahrung gefunden werden, bezeichnen wollen, möge die Ursache sein, welche sie wolle'' (V, 110). Und danach die sinnwidrige Unterstellung,

Leibniz leugne die klaren Tatsachen und Phänomene, wenn sie sich nicht mechanisch erklären ließen! Hätte Clarke dies Bekenntnis zum Positivismus an den Anfang gestellt, so wäre der gesamte Streit überflüssig. Niemals hat Leibniz die geniale physikalische Leistung Newtons bestritten, er hat auch nicht bestritten, daß die Lehre vom leeren Raum, Atomen, Fernkraft zweckmäßige Hypothesen für Unterricht und Forschung wären. Die Streitfrage war ohne jede Verschleierung die Gotteslehre, die Bestreitung des Gesetzes der Erhaltung der Energie, die Folgerung, daß Gott die von ihm geschaffene Maschine aufziehen und reparieren müsse. Wollte Newton nur Tatsachen beschreiben, so konnte er Hypothese und Deutung ohne Einbuße seiner Geltung den Philosophen überlassen. Aber er wollte die Philosophie Leibnizens vernichten.

Mit dieser angeblichen Hypothesenfreiheit nimmt auch heute noch Newton die Positivisten für sich ein. (Wundert sich doch selbst Cassirer, daß Leibniz hier nicht verstehe, wie Newton Tatsache und Hypothese unterscheide). Darum ist immer wieder zu erinnern, daß Leibniz auch die mechanische Seite des Weltgeschehens tiefer, größer, fruchtbarer sieht als Newton und Clarke. Auch die Leugnung des leeren Raumes, gebunden an die Theorie vom Weltäther, ist fruchtbarer für die exakte Wissenschaft als Newtons primitivere Anschauung. Huyghens, der große Freund Leibnizens, setzt an die Stelle der Emissionstheorie die von der Undulation. Sie wurde durch Newtons Autorität ein Jahrhundert verdrängt, sehr zum Schaden der optischen Forschung. Und wenn Leibniz die Schwere-Wirkung nicht auf eine unbegreifliche Fernkraft, sondern auf die mitführende Kraft der Ätherbewegungen zurückführt, so liegt diese Tendenz ganz in der Richtung der Forderungen der modernen Forschung (Lesage, Faraday, kosmische Strahlungen). Newton also bestreitet die Grundlage der exakten Forschung, das Gesetz von der Erhaltung der Energie (V 93). Um aber Leibniz, weil er dies Gesetz am tiefsten deutet, zum metaphysischen Mechanisten zu stempeln, mußte zuerst seine Theorie von der prästabilierten Harmonie zerstört werden. Die Widerlegung macht sich Clarke leicht: die Harmonie-Lehre, ja die ganze Monadenlehre verwirft er in Bausch und Bogen mit dem Geständnis: ,,Ich gestehe, ich verstehe überhaupt nicht, was der Autor sagt ....'' (V 83).

Zwar gibt er doch noch einige Einwendungen, die beweisen, daß
er tatsächlich nichts davon verstanden hat (V 110). Der Verfasser der nouveaux essais scheidet weit klarer als Newton, was
Hypothese und was Erfahrung ist. Aber hier handelt es sich um
das ursprüngliche und wieder umfassende Weltgefühl, das sich
gleichzeitig in Religion und Wissenschaft auswirkt. Leibniz gibt
die harmonisch geordnete, festgefügte Weltschau — Clarke verschiebt, zerreißt sie hartnäckig zu polemischen Zwecken. Newton
geht als Forscher aus von der begrenzten Weltmaschine, neben
der, für die Forschung nebensächlich, im leeren Raum je nach
Bedarf immaterielle Substanzen Platz haben. Leibniz sieht das
unendliche schöpferische göttliche Wirken, das diese körperliche Weltmaschine zum Dienst des Seelischen geschaffen hat.
Diesem schöpferischen Gott stellt Clarke den ruhenden entgegen. Leibniz will den Vergleich von Gottes Sensorium nicht
gelten lassen, da Gott nicht im Raum die Dinge wahrnehme,
sondern ihrer unmittelbar gewahr ist als der sie ewig Schaffende
und Erhaltende. Das bestreitet Clarke: Gott ist nicht der Tätige,
sondern der Ruhende, ,,denn er ruht jetzt aus vom Schöpfungswerk" (IV, 30). Aber aus dieser Sabbath-Ruhe scheucht ihn die
Wahrnehmung, daß sein Werk doch nicht gut ist: er muß die Uhr
aufziehen, reparieren. Ist es zuviel, wenn Leibniz dies Bild zu
niedrig findet? Die Lust seines Gottes ist Schöpfung, nicht
Ruhe, ist nicht der Mechanismus, sondern die Gnade, die Menschen am Werke der Schöpfung teilnehmen zu lassen (V, 87). Er
hatte in der Vorrede zur Theodicee erinnert, wie Arnauld und
Bayle auf seine These der Harmonie eingegangen waren, wie
sinnvoll Jaquelot sie verteidigt hatte. Gegenüber der willkür-
lichen Umformung des Begriffes ,,Wunder" bezog er sich jetzt
auf die Ansicht von ,,Theologen und Philosophen". Clarke antwortet anmaßend: es sei nicht Sache der Philosophen, sich auf
die vulgäre Meinung, statt auf die Vernunft zu berufen (IV, 42).
Wie Sokrates gegenüber dem Gegner, der mit falschen Waffen
kämpft, (etwa im Gorgias) auch schärfere Töne anschlägt, so beginnt Leibniz den letzten Brief: ,,Diesmal werde ich ausführlicher antworten, um die Schwierigkeiten zu klären und zu
prüfen, ob man Lust hat, Vernunftgründe gelten zu lassen und
Liebe zur Wahrheit zu bekunden, oder ob man nur schikanieren
will, ohne irgend etwas zu klären."

Hier bringt er die eben angeführten Rückweise auf seine große Weltschau. Der methodische und sachliche Urgrund seiner Schau und Forschung ist das Prinzip vom zureichenden Grunde. Dies hatten die Gegner anfangs ohne Bedenken anerkannt, ohne doch die Tragweite zu ermessen, die es in Leibniz' Geist hatte. Gott erschafft nichts, wählt nicht zwischen verschiedenen Möglichkeiten, ohne einen Beweggrund dazu zu haben. Clarke sieht dagegen Gottes Freiheit gerade darin, daß er Gründe haben kann, sich o h n e Gründe zu entscheiden. Leibniz' Vorstellung, daß die wesentlichen Beweggründe die inneren sind, daß ein Wille ohne Beweggründe eine Chimäre ist (IV, 1, 18), ist ihm unzugänglich. Er kann Beweggründe nur als äußere Gründe verstehen (III, 1, 16. V, 1–20). Jetzt, als abschließenden Trumph, entzieht er der Diskussion den Boden, indem er jenes Prinzip leugnet: „Was das große Prinzip eines zureichenden Grundes betrifft, so besteht alles, was der gelehrte Autor hier noch dafür beibringt, nur darin, seinen Schluß zu stützen, nicht zu beweisen; und folglich ist es nicht nötig, darauf zu antworten". Darin eben bestehe die Freiheit, daß man sich auch gegen die stärksten Gründe entscheide. Das Prinzip des zureichenden Grundes, das eine grundlose Entscheidung ausschließe, sei eine petitio principii, eine Vorwegnahme des zu Beweisenden, „das, was unbedingt eines Philosophen unwürdig ist". Das war das letzte Wort über den größten Philosophen des Abendlandes seit Platon und Aristoteles. Er hat nicht geantwortet — sein Tod beendete den Streit. Leibniz, der die letzten Jahre in Wien der geistigen Grundlage eines abendländisch-deutschen Kaiserreiches, in den Verhandlungen mit Peter dem Großen der Vermittlung zwischen den Erben von Rom und Byzanz so nahe schien, konnte sich nun nicht einmal durchsetzen, wo im Gespräch mit London die Einigung wenigstens für die Republik der Gelehrten so nahe, so unmittelbar natürlich scheinen mußte. Alles gegenwärtig Gewünschte, Gehoffte brach zusammen: allein die Hoffnung auf den künftigen Sieg der Idee, einer völkerbeglückenden philosophischen Weltschau konnte ihn in diesen bitteren Enttäuschungen und Kränkungen trösten.

Es ziemt nicht, mit diesen geschichtlichen Erinnerungen alte Wunden aufzureißen, sondern zu verstehen, was damals versäumt wurde infolge menschlicher Gebrechen, zu fragen, ob und wie es noch in der Zukunft nachgeholt werden kann: nur so sind wir Erben des Leibnizschen Harmonie-Gedankens. Nirgends ist trotz der damaligen äußeren Erfolglosigkeit die Idee abendländischen Geistes glücklicher, reicher, sieghafter zusammengefaßt. Darum dürfen wir selbst in diesem geschichtlichen Scheitern noch ein Bleibendes, Symbolisches, Mythisches sehen. Dieser Briefwechsel mit Newton-Clarke ist gleichsam ein Platonischer Sophisten-Dialog, der wie diese aporetisch, scheinbar ergebnislos ausläuft. Immerhin hat das Schicksal diesem Dialoge als Trägerin dieser Aporie, als richtig fühlende, doch philosophisch nicht klar durchschauende Teilnehmerin eine Gestalt beigegeben, anmutig wie in einem Platonischen Mythos: die Prinzessin von Wales, die geistig-menschliche Erbin der preußischen Königin. Sie will, wie gesagt, der Theodicee in England zum Siege verhelfen, sie will den König für Leibniz Berufung nach London gewinnen und betreibt zu diesem Zwecke dessen Versöhnung mit Newton. Durch ihre Hände gehen deswegen alle Briefe. Den Starrsinn Newtons sieht sie nicht voraus. Während die Schreiben gewechselt werden, liest sie noch einen Brief Newtons an Leibniz und schreibt dazu: ,,Ich bin verzweifelt zu sehen, daß Personen von so großem Wissen wie Sie und Newton nicht zu versöhnen sind. Die Gemeinschaft (1e public) würde unendlich gewinnen, wenn man es bewirken könnte, aber die großen Männer gleichen darin den Frauen, die niemals ohne äußersten Kummer und tötlichen Zorn ihre Liebhaber aufgeben. Das ist der Rang, der Ihnen zukommt, meine Herren, für Ihren Streit um Meinungen.'' (Klopp. XI, 91.)

Das ist eine klassische Antwort der Frau von Seele und Geist. Was hätten die beiden Genies, das deutsche und das britische, für den europäischen Geist leisten können, wenn sie sich befreundet hätten. Welch unheilbarer Schade durch diesen Männerstreit um Begriffe, die nur seltene Gelehrte beurteilen konnten! Aber die Wogen dieser Geister schlagen über dem Kopfe der Vermittlerin zusammen, und sie versteht nicht diese Begriffe als Symbole im Kampfe der dynamisch-schöpferischen und der exakt-mechanistischen Naturdeutung. Als Leibniz sich über dies Schreiben Newtons empört äußert, antwortet sie: ,,Aber ist es möglich, daß ein Mann von Ihrem Verdienst und Wissen sich durch solche Dinge erregen läßt, und wenn Sie

selbst oder der Ritter Newton es in gleicher Zeit oder der eine
früher, der andere später fanden: ist es nötig, sich darum gegenseitig zu zerreißen? Sie beide sind die größten Männer unserer
Zeit, ohne Streit würden Sie befreundet sein. Lassen Sie Ihre
ernsthaften Streitigkeiten fallen und beweisen Sie das Volle,
während der Ritter und Clarke das Leere beweisen. Die Gräfin
von Bückeburg, Fräulein Pölnitz und ich wollen Ihrem Streit
beiwohnen und im Originale darstellen, was unsere Nachbarn
durch Molière in der Copie. Morgen werden wir die Farbenex-
perimente sehen und eines für das Leere, das ich gesehen habe,
hat mich beinahe bekehrt. Es ist Ihre Sache, mein Herr, mich
auf den rechten Weg zurückzuführen, und ich erwarte die
Antwort, die Sie Herrn Clarke geben werden. Sie werden mich
trotz Ihres Verdachtes immer als die Ihrige finden.

Carolina." (Klopp. XI, 93.)

Sie sieht nicht, daß Leibniz wohl die Priorität, nicht aber die
persönliche Ehre preisgeben kann. Die Sinnlichkeit der Far-
benexperimente Newtons entzückt sie, obwohl gerade nicht
diese, sondern nur die mathematische Berechnung für Newtons
Lehre wichtig ist. Daß der Streit um den leeren Raum mit dem
um schöpferische oder positivistische Weltanschauung verbunden ist, ist ihr nicht klar, denn erst die folgenden Streitbriefe
zeigen, daß Newton-Clarke die Weltanschauung der Theodicee
von Grund aus verneinen. Nun wünscht die Prinzessin — zu
spät — daß dieser Briefwechsel niemals begonnen hätte: wie
schwer muß es ihr gefallen sein, den letzten, boshaften Brief
Clarkes an Leibniz abzusenden. Ihr Eifer und ihre Ergebenheit
für Leibniz bleiben tief und aufrichtig: Sie kämpft weiter für
seine Berufung nach London und für die Theodicee. Sie spürt,
welcher geschichtliche Augenblick verpaßt ist — und nennt
damit die Aufgabe, die uns noch aufgetragen ist. Das gegenwärtige Gebrechen der Philosophie, die Entfremdung zwischen
angeblicher „Geisteswissenschaft" und „Naturwissenschaft",
diese Begriffsverwirrung und Sprachen-Trennung wurzelt in
Descartes' Dualismus, in Spinozas Parallelismus. Aber die
große Gelegenheit, die Einheit aus metaphysisch-religiöser Tiefe
wiederherzustellen, wurde in diesem ergebnislosen Dialog zwischen Hannover und London versäumt. Nur wenn wir diesen
Irrweg zurück gehen, uns auf die Wegkreuzung stellen, können

wir das Versäumte nachholen. Damit soll nicht ein zufälliges Ereignis zum Schicksal gesteigert werden. Daß Newton, trotz seines christlichen Bekenntnisses, der Heros der Verstandes-Aufklärung auf mechanistischer Grundlage war, bezeugen zwei Fachmänner, die gewiß nicht im Verdacht stehen, damit Newtons Größe zu verringern. Das erste ist die wesentliche Zusammenfassung eines Lehrbuches, wo über Newtons „Prinzipien" gesagt wird: „Indem in diesem Werke die neue Weltansicht zum Abschluß und zur Festigung gelangt, indem der Kosmos nun als eine durch einfachste mathematische Prinzipien erkennbare und berechenbare Maschine erschien, trat die mathematische Naturwissenschaft in den Brennpunkt aller geistigen Interessen, war durch sie die Grundlage der aufklärerischen Weltbetrachtung festgelegt. Schon Locke stand unter dem Einfluß dieses Werkes seines Freundes. In der nächsten Generation bildete es den Ausgangspunkt aller deistischen Betrachtungen. Durch Voltaire wurde es zu einer h e r r s c h e n d e n M a c h t i n E u r o p a." [1]

Das zweite Zeugnis steht für die physikalische Fachwissenschaft. Daß Newton durch die Einheit der Lehre wie durch die Fülle klassischer Entdeckungen das große Ideal der Physiker bleibt, ist in der Sache begründet. Um so bedeutungsvoller, wenn auch ein solcher die Grenzen anerkennt, statt alle Metaphysik zu verdammen. Lenard, begeistert von Newtons Werk, erkennt doch in der Physik des Äthers einen großen Vorzug vor der Lehre vom leeren Raum. Wichtiger aber ist, daß er der exakten Erkenntnis recht enge Grenzen anweist und diese Bescheidenheit zwar auch bei Newton voraussetzt, aber feststellt, daß durch seine Lehre bei der folgenden Generation, Diderot, d'Alembert, Voltaire, also bei der Weltanschauung der Verstandes-Aufklärung im engeren Sinne die entgegengesetzte Gesinnung erzeugt wurde. Er nennt diese Zeit die des „Aufklärichts und des Stoffwahns" (Materialismus). Er berührt weiter die herkömmliche Rechtfertigung Newtons: daß er Tatsachen feststelle, nicht metaphysisch deute. Von diesem methodischen Prinzip muß denn auch die Vermittlung zwischen den Geistern

---

[1] Überwegs Grundriß. XII. Auflage, Bd. III, S. 371 f. (Frischeisen-Köhler u. Will Moog).

gesucht werden. Newton öffnet das Tor zum „Positivismus"
mit seinem berühmten, das Gewissen der Forscher aufrüttelnden, die Geister scheidenden: Hypotheses non fingo. Gern
wüßten wir, aus welchem Herzen dies große Wort gesprochen
wurde, dasselbe, mit dem er sich — uneingestanden — aus dem
Geisterkampf mit Leibniz zurückzieht, sich hinter Tatsachenbeschreibung verschanzt: mit dem hohen Ernst des Entsagenden
oder der Anmaßung des Siegers — oder ist es Maske des klugen
Diplomaten? Gleichviel — uns obliegt die Deutung.

Newton wollte Philosoph sein wie Leibniz. Sein Hauptwerk
trägt den Titel: „Philosophiae naturalis prinzipia mathematica." Er will nicht Atheist sein: darum braucht er metaphysische
Postulate und Hypothesen im gleichen Umfange wie Leibniz,
nur daß sie bei diesem aus einem Gusse sind, Seelisches und
Mechanisches umfassen, während bei Newton nur das Mechanische wissenschaftlich begründet ist, alles Seelische und Metaphysische beziehungslos, willkürlich angestückt ist. Der Schluß
des III. Buches bringt die entscheidende Formel: „Rationem
vero harum gravitatis proprietarum ex phaenomenis nondum
potui deducere et hypotheses non fingo." „Den Grund aber
dieser Eigenschaften der Schwerkraft habe ich aus den Phäenomenen noch nicht ableiten können und Hypothesen bilde ich
nicht." Gar zu gerne möchten moderne Positivisten dies bedingte nondum in ein unbedingtes nunquam umdeuten. Aber
das Noch-nicht steht unverrückbar in der stolz-bescheidenen
Forderung: Es ist Aufgabe der exakten Naturforschung, aus den
Phänomenen, nicht als metaphysische Hypothese, die Ursache
der Schwerkraft zu erklären. Bis dahin muß man sie als vernunftwidrige Fernkraft bestehen lassen. Die Ausschließung jeder
metaphysischen Hypothese, das Prinzip des Positivismus, könnte zu einer reinen Beschreibung der erscheinenden Natur in
ihrer Sinnenfülle oder ihrer lebendig erfaßten Ganzheit sein —
aber bloße Beschreibung ist nicht wesentliche Forschung. In
der Tat führt Newton einen ganz anderen Weg: nicht die Fülle
der positiven Farben, Gestalten, Klänge reizt ihn, sondern die
mathematisch-mechanistische Erklärung, die Durchführung dieser metaphysischen Hypothese. Die Bewegung der unbedingt
starren Atome erklärt die Welt, i s t die Welt. Sinnliche Qualitäten sind nur sekundär, nutzlos für die Welterklärung. Doch

ist auch heute diese mechanistische Methode vielfach mit der positivistischen verquickt.

Die mathematische Methode war in den großen Systemen Keplers, Galileis, Descartes ausgebildet. Mußten die Gesetze, mittels deren man den toten Kosmos begriff, nicht zu Prinzipien aller Erkenntnis überhaupt werden? Dies war jenes Erlebnis des sehr jungen Leibniz, wie er den Gegnern eingesteht: Er habe in seiner Jugend den gleichen Glauben an das Leere und die Atome gehabt. ,,Die Vorstellung war verlockend. Man begrenzt damit seine Untersuchungen; man heftet das Nachdenken fest wie mit einem Nagel; man glaubt die ersten Elemente gefunden zu haben, ein non plus ultra. Wir möchten wohl, daß die Natur nicht weiter ginge und daß sie begrenzt wäre wie unser Geist: das aber heißt, die Größe und die Majestät des Urhebers der Dinge verkennen. Das winzigste Körperchen ist wirklich bis ins Unendliche geteilt und enthält eine Welt von neuen Geschöpfen, deren das Universum ermangeln würde, wenn dies Körperchen ein Atom wäre, das heißt ein Körper ganz aus einem Stück ohne Teilung.'' Man glaubt Goethe zu hören in seiner Abneigung gegen die festnagelnde mechanische Vorstellung. Jene Methode ist verlockend, bezaubernd, ergebnisreich — aber welche Verarmung des Weltbildes! Newton ist gebannt in diese Methode, er ist — wie später sein Verehrer Kant — gefesselt in die Problemlage seines Jahrhunderts. Da tut sich der Gegensatz auf: Leibniz fühlt sich zuerst ergriffen, dann erkennt er die Flachheit der zeitgebundenen Auffassung. Er lebt im großen Gefühl, daß man um der Einen Methode willen nicht das geistige, Erbe, nicht das Ganze aufopfern darf. Sind denn wirklich die formae substantiales der Scholastiker, die Entelechien des Aristoteles, von den modernen Forschern verlacht, leere Worte geworden durch die Erfolge mechanistischer Physik? Die Einheit des Ich, die Einheit des Du bleiben Voraussetzung alles nicht geisteskranken Denkens. Monaden sind wesentlicher als Atome.

Wie einst Platon widersteht er der Lockung Demokrits. Er erkennt sie voll an in ihrem Bereich, als Rahmengesetz für alle rein-körperlichen Bewegungen — aber er baut diese Wissenschaft, ohne sie im geringsten zu beschränken, ein in den Zusammenhang eines sinnvollen, harmonischen, ganzheitlichen Weltgeschehens. Newton untersucht die Maschine und gibt zu, nur ein Gott konnte sie konstruieren — Platon, Leibniz, Goethe denken sich ein in die schöpferische Gottheit, die nicht nur die Maschine, sondern ein geistig-lebendiges All mit der Fülle seiner Gestalten geschaffen hat. So spricht Platon im Timaios vom Demiurgen, der nur das Schönste schaffen konnte. Die schönste Welt zu schaffen, das ist der zureichende Grund. Die drei fühlen sich gottgeliebt, begnadet, den schöpferischen Gedanken mitzudenken. Das ist die Platonische Teilhabe an der Idee.

Leibniz gab diesem erhabenen Gefühl einen anmutigen Ausdruck in jenem Gespräch, da er bemerkte, Descartes — vor Newton der Träger der mechanistischen Naturdeutung — sei nur ins Vorzimmer zur Wahrheit gelangt, und auf Befragung antwortete, er selbst sei wenigstens in den Zwischenraum, das Audienzzimmer zugelassen worden. Das Gespräch mit Newton krankt daran, daß dieser die Schwelle ins Audienzzimmer nicht überschreitet. Im Blick auf Goethes heftigen Newton-Haß könnte dies Gleichnis noch ausgeführt werden. Was Leibniz voraussagt, hat Goethe erlebt, erlitten: die analytische Mathematik, die sich vom Pythagoreischen Lebensgefühle lossagt, nähert sich dem Mechanismus, dem Atheismus. Das war die vernichtende Antwort, die Leibniz im zweiten Schreiben gab. In dieser Befürchtung betritt Goethe ein anderes Vorzimmer als Zugang zu Gottes Audienzsaal. Das, was notwendig und echt ist am Sensualismus und Positivismus, hat er weit tiefer als Locke und Newton erfaßt und bewahrt. Er lebt in den sinnlichen Qualitäten der Farben und weiß doch wie Leibniz, daß sie nur Phänomene einer metaphischen Weltkraft, eines Wesens, des Lichtes sind. Er lebt in der genetischen Betrachtung, der Gestaltenschöpfung, der Metamorphose und findet durch sie den Zugang zur schöpferischen Gottheit. Es ist aber Leibniz, das Genie im Vorzimmer der Mathematik und Mechanik, der dem abendländischen Geist die Türe geöffnet hat zum andern Vorzimmer, dem der Genetik, der Metamorphose.

Er ist nicht schöpferisch-gestaltend wie Platon und Dante, nicht religiös-glühend wie Bernhard und Dante — aber geistig betrachtend ist er weltdurchdringend wie sie. Er hat das Erlebnis der Ganzheit, die glückliche Gestimmtheit des Sympnoia panta, des Einklangs von Mikrokosmos und Makrokosmos. Die

exakte Forschung muß, um exakt beweisend zu bleiben, sich
auf die Causae efficientes, auf die mechanisch-notwendigen
Ursachen beschränken, von den Zweckursachen, den Causae
finales absehen. Das führte soweit, daß man unter Causalität
nur noch Causae efficientes begreift und auf alle Causae finales
als bloßer subjektiver, trügerischer Umdeutungen verzichtet. In
Überwindung dieser Demokritischen Verarmung hat Platon im
Timaios über die bloßen Notwendigkeits-Ursachen die schöpferischen göttlichen gesetzt — die sich jener nur als Hilfsursachen
bedienen. Nur aus diesem Welt- und Gottgefühl ist Leibniz'
echte Freude am höchsten Träger der Zweckursache, am Schöpfer
als dem Prinzip des zureichenden Grundes zu verstehen. An der
Entartung des Lebens zu Technik, Kapitalismus, Ausbeutung
ist Newton gewiß so wenig schuld wie Leibniz an den Träumereien einer metaphysischen Spekulation. Newton ist Vorbild
exakter Forschung, mag sie nun zum Idealismus, zur Frömmigkeit reiner Erkenntnis oder zur selbstsüchtigen Ausbeutung
führen — Leibniz aber kann Vorbild zur Heilung, Mittler zwischen Weltfreude und Gottesschau werden. Newton sieht Gott
als den Mechaniker und ahnt göttliches Sein nur in der Sabbat-
ruhe — diese kann er vom Ideal der Arbeit aus nur als Erholung,
als Wiederherstellung der mechanischen Energie verstehen.
Für Leibniz und Goethe ist Gott die schöpferische Freude.
Von Leibniz, nicht von Newton her ist zu verstehen:
        „Und alles Drängen, alles Ringen
        Ist ewige Ruh in Gott dem Herrn."
Das Ende. Die Entscheidung, die Macht, deren Leibniz
damals bedurfte, lag in den Händen des Fürsten, der dieser
hohen Aufgabe nicht entsprach, des Kurfürsten Georg Ludwig von
Hannover, in Leibniz' beiden letzten Lebensjahren als Georg I.
König von England. Leibniz, der große Freund seiner Mutter,
von seiner königlichen Schwester beim Sterben ihm anemp-
fohlen, war ihm von je unsympathisch, denn Durchschnittsmenschen, wenn ihnen Ehrfurcht und Liebe fremd ist, empfinden
das Genie als Vorwurf. Man bedenke, wie Schiller und Hölderlin,
Wagner und Nietzsche über den deutschen Charakter urteilten,
und man wird nicht leugnen, wie sich mit deutschen Vorzügen
so leicht Scheelsucht gegen das Große, Abneigung gegen Erleuchtung, Mißtrauen gegen den Enthusiasmus verbinden. Das

Dasein der Mutter hatte Georg Ludwig noch eine gewisse Beschränkung auferlegt — seit deren Tode 1714 war er jeder
Rücksicht enthoben. Leibniz war verpflichtet, die Geschichte
des Welfenhauses zu schreiben, aber in seiner Größe lag es begründet, daß er diese Aufgabe nicht beenden konnte: er konnte
nicht teilhaft arbeiten, die Geschichte des Welfenhauses weitete
sich aus zur Geschichte des deutschen Kaisertums. Die Beziehung war eine doppelte: die Welfen waren verwandt mit den
frühen Karolingern, und die Geschichte des Herzogtums Sachsen,
Braunschweig, Hannover war nur zu verstehen, genetisch im
Sinne Leibnizens, aus der Geschichte des deutschen Reiches.
So gab Leibniz seinem Werke den doppelsinnigen großen Titel:
,,Annales imperii occidentis Brunsvicenses", Braunschweigische
Jahrbücher des Abendländischen Kaiserreiches. Aber die Wissenschaft war damals nicht reif, eine geschlossene Darstellung
dieser Geschichte zu geben. Leibniz geht darum überall auf die
Quellen zurück und entwickelt ausführlich und kritisch den
Zusammenhang. So zweigte er von den Vorarbeiten mehrere
Bände von Urkunden ab. Er hatte jene genealogisch entscheidende Entdeckung gemacht, daß Markgraf Azo von den Estes
abstammte. Der Kurfürst konnte nie genug auf die Fertig-
stellung des versprochenen Werkes drängen. Leibniz empfand
immer stärker, daß Hannover nicht mehr der ihm gemäße Posten
sei, und daß er versuchen müsse, als Berater des Kaisers, als
Präsident der zu gründenden Kaiserlichen Akademie in Wien
die Stellung einzunehmen, die ihm im Reiche gebührte. So war
er 1712–14 in Wien ohne eigentlichen Urlaub des Kurfürsten,
obwohl mit diplomatischen Aufträgen, die er beim Kaiser zu
vertreten hatte. Als der Kurfürst aber erfuhr, daß der Kaiser
Leibniz in seinen Dienst nehmen wollte und sich äußerte, ,,Wir
sind schon ganz bekannt miteinander und gar gute Freunde geworden", drängte er immer heftiger auf dessen Rückkehr und
ließ schließlich sein Gehalt sperren.

Daß ein Leibniz nicht Bediener der Hannoverschen Regierung, sondern kostbares Eigentum des deutschen Volkes sei,
dafür fehlte dem Kurfürsten, der Kaiserliche Politik nur aus
partikularistischem Interesse getrieben hatte, der Sinn. Als er
1714 bereits nach London übergesiedelt war, und Leibniz wieder
in Hannover eintraf, behandelte er ihn geradezu grausam.

Leibniz, dessen königliche Seele Friedrich der Große bezeugt, wird in Hannover gehalten wie im Gefängnis. Der König läßt ihm sein „mißfälliges Befremden" mitteilen, daß er von dem vor einundzwanzig Jahren Versprochenen noch nichts geleistet habe. Er möge sich „bis selbige Arbeit verfertiget, des Reisens und anderer Abhaltungen entschlagen". So behandelt er den größten und berühmtesten Denker der Zeit, der mehr zum Ruhme Hannovers beiträgt als er selber, den fast siebzigjährigen Mann, der fast vierzig Jahre seinem Hause so große Dienste geleistet. Leibniz antwortet mit Würde. Nie habe ihn in seinem Leben etwas schwerer und schmerzlicher betroffen als dies Schreiben. Er habe außer seinen treuen Diensten auch in der geschichtlichen Forschung den Ursprung des Hauses Braunschweig entdeckt, dessen Genealogie wissenschaftlich begründet, habe große historische Werke veröffentlicht, und jetzt werde ihm gesagt, daß er gar nichts geleistet habe. Der Vater des Königs habe seine Verdienste anerkannt, er habe leicht Minister werden können, aber er habe die Freiheit, wissenschaftlich zu arbeiten und reisen zu können, was seiner Gesundheit notwendig war, diesem Amt vorgezogen. Als Mitarbeiter, zugleich aber als Spion, war Leibniz Professor I. G. Eckhart beigegeben, dessen niederer Charakter schon früher zu seiner Disziplinierung geführt hatte, dessen Perfidie aber der großherzige Leibniz dennoch nicht durchschaute. Von ihm läßt sich der König gehässige Berichte geben und läßt ihm wieder geheime Anweisungen zugehen. Eckhart hat kein anderes Interesse als den Großen aus seiner Stellung zu verdrängen und selbst den wissenschaftlichen Ruf und die wirtschaftlichen Vorteile zu erben. So stehen die Parteien gegenüber: auf der einen Seite der offene herzliche Bund zwischen dem Philosophen und der Erbprinzessin Caroline, auf der anderen der König geheim im Einverständnis mit dem nächsten Mitarbeiter und Hausgenossen seines Untertanen. 1715 teilt die Prinzessin Leibniz die Antwort des Königs mit, als sie für die Berufung Leibnizens eintritt: „Er muß mir erst weisen, daß er historisch schreiben kann, ich höre, er ist fleißig." Sie will ihn damit beschwören, dem Könige gefügig zu sein und ihn dadurch zu zwingen, die Berufung zu vollziehen, denn sie ist überzeugt, daß er Leibnizens Wunsch erfüllt, wenn er nach Hannover komme (Klopp XI, 46).

Leibnizens Verlangen im Ausland zu wirken, wenn es in Deutschland nicht möglich ist, ist verständlich. Aus Berlin ist er durch niedere Kreaturen verdrängt, die Akademie in Dresden scheitert infolge der politischen Niederlage, Hannover ist unbedeutend, seit der Kurfürst nicht mehr dort residiert, in Wien blühen große Pläne und Versprechungen, aber am unglücklichen Kriege, an den zerrütteten Finanzen scheitert die Ausführung: vielleicht kann in London, am deutschen Königshofe, die entscheidende Schlacht für den europäischen Geist geschlagen werden. So ging Platon von Athen nach Syrakus, so beginnt gerade jetzt Georg Friedrich Händel, aus dem Dienste Hannovers nach London gegangen, in der Musik, im heilig-weltlichen, repräsentativen Stile in manchen Triumphen gegen große Widerstände zu erreichen, was Leibniz auf dem Gebiet der Philosophie erhofft: den Sieg eines abendländischen geistigen Weltgefühles[1]. Darum geht es, nicht um persönliche Vorteile in London. So versucht Leibniz nicht, Newton durch Schmeichelei zu versöhnen und das Vermittlungswerk der Prinzessin zu erleichtern: Er beschließt sein letztes uns erhaltenes Schreiben an die Prinzessin, indem er Clarkes Antwort auf seine letzte Streitschrift erwartet: ,,Wenn Clarke seinem großen Axiom vom zureichenden Grunde nicht zustimme, dann müsse er an seiner Aufrichtigkeit zweifeln, ,,und wenn er es zugibt, dann adieu Philosophie Mr. Newtons'' (September 1716, Klopp, XI, 189).

So verkündet Leibniz sein höchstes Anliegen, während er in äußerster Spannung auf die Entscheidung des Königs wartet, der sich schon einige Monate im Kurfürstentum Hannover befindet. Bei der Erweiterung des Themas der braunschweigischen Geschichte auf die des Kaiserreiches war man übereingekommen, Leibniz' Darstellung zu beschränken auf die Zeit von Karl dem Großen bis zu Heinrich II, 768–1024. Im Februar hatte der König Leibniz versprechen lassen, wenn seine Arbeit so weit vollendet sei, ,,so könne er versichert sein, daß wir ihn dafür so zu recompensieren unvergessen sein würden, daß er Ur-

---

[1] Die Parallele Leibniz-Händel ist auffallend. Händel tritt 1710 in den Dienst des Kurfürsten von Hannover, 1712 in den der Königin Anna von England. Als 1714 Georg I. die Herrschaft antritt, streicht er Händel das Gehalt, doch läßt er sich bald mit ihm versöhnen. Frühere Äußerungen Leibnizens über die Hamburger Oper passen zum Stil Händels.

sache haben sollte, damit vergnügt zu sein." Nach Mitteilungen aus der Umgebung des Königs mußte Leibniz annehmen, daß damit die Berufung nach London versprochen sei. Er hatte rastlos gearbeitet, die Arbeit war annähernd vollendet, als der König eintraf. Dieser zog Leibniz zur Tafel zu, äußerte von einer Belohnung jedoch nichts. Leibniz berichtet: S. Majestät „schien mir heiter, warf mir sogar vor, daß ich es etwas weniger als sonst schien." Was empfand der König? War es bloße Schadenfreude, das Genie so ganz in seinen Fängen zu haben? War es wirklich sein leidenschaftlicher Wunsch, die Geschlichte des Welfenhauses zu besitzen? Veröffentlicht wurde dies mit Gewalt erpreßte Werk erst 127 Jahre nach seinem Tode, in drei Bänden. Wären die Belegstücke mitgedruckt, so wären es 40 Bände gewesen, doch waren diese inzwischen in den Monumenta Germaniae veröffentlicht. Von jener Kaisergeschichte aber hatte Leibniz schon die Origines guelficae abgetrennt, welche Eckhart veröffentlichen sollte. Diese wurden 34 Jahre nach Leibniz' Tode unter dem Sohne Georgs in 5 Bänden herausgegeben. Diese Riesenarbeit hatte der Kurfürst höhnisch „das unsichtbare Werk" genannt.

Immerhin nahm der König Leibniz mit nach Pyrmont, dann lebte er in Herrenhausen, dann ging er in die Göhrde zum Jagen — von Leibniz' Berufung verlautete nichts. So vergingen vier Monate, Leibniz war schwer erkrankt. Am 13. November, am letzten Tage vor dem Tode, beschreibt Eckhart zutreffend den Zustand des totkranken Mannes, um berichten zu können, daß dieser ihm vertrauensvoll die weitere Arbeit übertragen habe. Dann ist er schamlos genug im Bericht an den Minister des Königs Leibniz, der im Verkehr mit Kaiser und Zar steht, zu verhöhnen, als ob diese Krankheit nur Hysterie wäre, als ob diese europäischen Wirkungen, diese wahrhafte Repräsentation des deutschen Geistes bloße Eitelkeit und Habsucht wären. So weilt er in der Sterbekammer des Großen und kann wie Mephisto die Trennung der Seele kaum noch erwarten. — Am folgenden Tage starb Leibniz. Eckhart eilt sogleich zum Könige in die Göhrde, um zu versichern, daß er vollkommen das leisten werde, was man von Leibniz mit so vielen Unkosten vergeblich erwartet habe. Der König kam in den Besitz eines wissenschaftlichen Nachlasses von unschätzbarem Werte und der Sorge um den

Streit zwischen Leibniz und Newton, um Leibniz' Übersiedlung nach London war er ledig.

Würdelos war die Totenfeier für Leibniz, einen der größten Europäer, denn man wußte in Hannover, daß er in Ungnade gefallen war, und es fehlten bedeutende Menschen, die ihn verstanden. Der schottische Ritter Ker of Kersland, der vorher schon mit diplomatischen Aufträgen in Hannover und Wien gewesen war, sagt darüber: „Er wurde eher einem Räuber gleich begraben als, was er in Wahrheit gewesen, wie der Ruhm seines Landes." Das ist eine berechtigte Kritik am Verhalten des Königs, aber die Legende von der völligen Vereinsamung und Vernachlässigung in seiner letzten Zeit ist übertrieben. Daß niemand am Hofe und von der geladenen Beamtenschaft sich beteiligte, war in der Ordnung, und man möchte gar zu gern glauben dürfen, daß der König wußte, das Recht an einer Beteiligung an der Totenfeier verwirkt zu haben, so daß er sich wenigstens keiner Heuchelei schuldig machte. Die Behauptung, daß Leibniz überhaupt kein kirchliches Begräbnis erhalten habe, ist widerlegt. Übrigens ist diese Frage belanglos, denn eine orthodox-lutherische Gemeinde konnte den großen Metaphysiker und Panentheisten, dem die Konfessionen nur stückweise Symbole wahrer Erkenntnis waren, nicht verstehen. Der Durchbruch der übermenschlichen Leidenschaft gegen die doktrinäre Erstarrung war dem Dichter des Faust vorbehalten. Leibniz hatte zwar standhaft die Konvertierung abgelehnt, hatte Luthers Bibelübersetzung hoch gepriesen, hatte mit Liselotte zusammen gewirkt, um das Los der Protestanten in Frankreich zu erleichtern, aber zu Kirchenbesuch und Abendmahl hatte er wenig Bedürfnis. Da sein Name im Volke Löbeniz gesprochen wurde, so machte man daraus „Lövenix", Glaubenichts[1]). Als die Herzogin Liselotte seinen Tod erfuhr und von der Gehässigkeit der Frommen, schrieb sie: „Wenn die Leute gelebt hätten, wie dieser Mann — ich kann nicht glauben, daß er von Nöten gehabt hätte, Priester bei sich zu haben, denn sie konnten ihn nichts lehren. Er wußte mehr als sie alle. Gewohnheit ist keine Gottesfurcht, und das Abendmahl als Gewohnheit hat keinen moralischen Wert, wenn das Herz von edlen Gesinnungen leer ist." Im Kaiser-

---

[1]) Was auch heute noch, nicht ohne Behagen, als eine vox populi verzeichnet wird.

lichen Wien wäre eine nicht unwürdige Feier möglich gewesen, in Hannover, dem zu engen Käfig dieses Adlers, war jene farblose, gewohnheitsmäßige Einsargung das Angemessene. Die bedauernswerte Berliner Sozietät der Wissenschaften hatte ebenfalls das Recht verwirkt, ihres Gründers zu gedenken. Die Londoner Sozietät wagte aus Rücksicht auf Newton nicht, ihr Mitglied zu feiern. Die Pariser Akademie vertrat die Ehre der europäischen Wissenschaft, indem Fontenelle in der Sitzung vom 13. XI. 1717 seine berühmt gewordene Lobrede verlas.

Man darf aus dieser kümmerlichen Totenfeier nicht schließen, daß zuvor sich Leibniz als gescheitert und verlassen fühlen mußte. Überall ehrten ihn große Naturen. Wie mußten ihn Remonds Briefe beglücken. In Berlin war er verraten, aber der große Traum in Wien war noch nicht aussichtslos, konnte wirklich werden. Zur großen Genugtuung von Leibniz bestand der Plan, Fischer von Erlach, den großen Darsteller der Reichs- und Kaiser-Idee im Plane von Schönbrunn, der Karlskirche, die Kaiserliche Akademie bauen zu lassen, deren Präsident Leibniz werden sollte. Vielleicht hätte Leibniz dort Großes erreicht, wenn er die Brücken hinter sich verbrannt hätte und nach Wien übergesiedelt wäre — aber der Siebzigjährige war zu diesem Wagnis nicht mehr bereit. Und auch die Schlacht in London war noch keineswegs verloren. Es steht nicht fest, ob der König, nachdem er sein Ressentiment befriedigt, nicht doch, wie Prinzessin Caroline überzeugt war, der Berufung zugestimmt hätte. Die europäische Wirkung der Theodicee, auch in England, war groß genug, um den Sieg erhoffen zu lassen. Der abgründige Haß Newtons beweist, daß er ein Bewußtsein der geistigen Macht seines Gegners hatte. Er versäumte die Gelegenheit zu einer großherzigen, dem Philosophen angemessenen Gebärde. Er sah, daß Leibniz um die Weltanschauung kämpfte, nicht aus Eitelkeit: wie hätte der Präsident der Sozietät, einen so großartigen Gegner am Grabe ehrend, sich selber geehrt. Er, der große Hasser, wählte den anderen Weg. Er sah sich im Kampf um die Weltweisheit unterlegen: mochte Clarke sehen, wie er sich damit abfand. Er selber wühlte den persönlichen Kampf der Priorität noch einmal auf, indem er nach dem Tode des Gegners dessen Briefe veröffentlicht, die notgedrungen seine Ehre verteidigen, und sie mit gehässigen Bemerkungen begleitet. 1722 und 1725 gibt noch einmal die Sozietät jene heftige Polemik, das Commercium epistolorum, neu heraus. Jetzt, als Leibniz verstummt ist, als der Königliche Hof in London nicht für ihn eintritt, siegt in Westeuropa, bald als offener Atheismus, die mechanistische Weltanschauung. Was bedeutet Fontenelles Lobrede! Als Newton starb, hielt er ihm eine gleiche. Es begann das Zeitalter der populären „Verstandes-Aufklärung", die Anbetung der rechnenden Ratio, der platten Weltdeutung, der Entseelung, das Goethe in knappen Sätzen so treffend charakterisiert. Voltaire ist der Führer, Newton sein Evangelium, denn von Newtons Religiosität konnte man leicht absehen, ja sie als Folge einer Geistesstörung deuten: es bleibt Rechnung und äußere Erfahrung. Voltaire war entrüstet, wenn man in Newtons Werken „Meinungen" fand. „Erfahrungen sind es und Rechnungen, und zuletzt muß die ganze Welt sich unterwerfen!" Wie konnte man Leibnizens Warnungen vor Newtons Deismus großartiger bestätigen! Voltaire nennt Newton das regnun coelorum, zu dem die Franzosen als parvuli berufen seien. Goethe nennt Voltaires Darstellung unglaublich seicht und schief, aber sein großes Talent, sich auf alle Weise mitzuteilen, machte ihn damals „zum unumschränkten geistigen Herrn seiner Nation" [1]). Begreiflich, daß es damals allgemein üblich wurde, auf Leibniz zu schelten, da niemand die Verleumdungen widerlegte. So tat es selbst Buffon, der doch Leibniz' Art nicht ganz fern war. Friedrich II vertraut sich trotz seiner Leibniz-Verehrung Voltaire an und verwandelt die von Leibniz gestiftete deutsche Akademie in eine französische. Erst später durchschaut er den Charakter Voltaires, die Zersetzung durch westliche Aufklärung. Fast unheilbar scheint der Schade am europäischen Geist dadurch, daß Leibniz durch Newton um das Vertrauen der Gelehrten und der Nation gebracht war.

Goethe kann dies Zeitalter der dünkelhaften Verstandes-Aufklärung nicht genug verurteilen, das Zeitalter, in dem unter Fontenelles und Voltaires Einfluß „die Menge am freiesten Atem holt, weil sie fühlt, daß sie etwas Edles, etwas Bedeutendes

---

[1]) Hierzu und zum Folgenden: Materialien zur Geschichte der Farbenlehre. Abschnitte über Fontenelle, Voltaire, Baco von Verulam. Newtons Persönlichkeit. Jacob Gauthier.
    Im „Polemischer Teil", Nr. 298, 360, 371, 652, 654.
    Ehrfurcht: Wanderjahre, II, 1. Paedagogische Provinz.

los geworden ist und daß sie vor dem, was andere für wichtig halten, keine Ehrfurcht zu haben braucht." Immer wieder mahnt er zur Ehrfurcht, in der er den Grund der Religion, aber auch jeder Erziehung überhaupt erkennt. Jenes Zeitalter, schon durch Bacons Positivismus, seinen Kampf gegen die Autoritäten eingeleitet, nennt er das „selbstkluge, das sich auf eine gewisse klare Verständigkeit sehr viel einbildete", „eine dünkelhafte Selbstgenügsamkeit und ein Ablehnen alles dessen, was sich nicht sogleich erreichen, noch überschauen ließ. Wo findet sich Ehrfurcht für hohe, unerreichbare Forderungen? wo das Gefühl für einen in unergründliche Tiefe sich senkenden Ernst?" Goethe, der Weise des Divan, quält sich in seltsamer Rachlust gegen Newton — das ist ein Wink, daß hier in der Geistesgeschichte etwas wider die innere Vernunft geschehen ist. Hätte er zu seinem ungeheuren Wissen auch noch dies gehabt, den Gang der Metaphysik und der exakten Forschung zu durchschauen, so wäre er berufen gewesen, den Einbau der letzteren ins Ganze, die Synthese zu vollziehen, um die Leibniz (unterstützt von der Prinzessin Caroline) vergeblich rang. Was Leibniz in der Todesstunde hätte sagen können, sagt Goethe als Schlußwort: „Ich muß daher meinen Nachfahren hinterlassen, die Sache dereinst vor ein kompetentes Gericht zu bringen, weil ich den gleichzeitigen Schöppenstuhl durchaus nicht anerkenne." [1]

---

[1] Nachträge zur Farbenlehre. Ältere Einleitung. Vgl. dazu auch Hildebrandt „Goethes Naturererkenntnis". Hamburg 1947.

ZWEITER TEIL

DIE VOLLENDETE LEHRE

DIE HAUPTGEDANKEN

Die Schöpferische Kraft. Auf dem ersten Gipfel der Verjüngungs-Bewegung bezeichnet Goethe den Sinn echter Philosophie:
> „Daß ich erkenne, was die Welt
> Im Innersten zusammenhält,
> Schau alle Wirkungskraft und Samen
> Und tu nicht mehr in Worten kramen."

Der Dichter faßt zusammenballend das Wesen der Leibnizschen Metaphysik in ihrer Tiefe. Wirkungskraft ist Weltsubstanz.
Lebendiger Same, nicht totes Atom, sind die Substanzen als
Monaden, als die Gestaltungskräfte der Welt. Schau, nicht Wort-
Begriffe, ist Erkenntnis. Daß Leibniz der größte Mathematiker,
der größte Logiker, der vielseitigste Gelehrte ist, macht die Deu-
tung seiner Lehre so widerspruchsvoll. Goethe, der schöpferische
Mensch, hat die Leidenschaft des Erlebens, des Vergegenwär-
tigens, noch gesteigert, den Umfang wissenschaftlich-geordneter
Welterklärung aber zum Teil preisgegeben; seine Weltweisheit
ist tiefer, aber die gedankliche Überschau nicht mehr so klar in
Lehre gefaßt: darum ergänzen sich Leibniz und Goethe gegenseitig zur höchsten Darstellung der uns zugänglichen Weltschau.
Nicht nur erkennen wollen sie die Kraft: sie wollen sie sein, denn
nur im Tun ist höchste Erkenntnis gegeben. Erst der Wirkungs-
wille, der reinen Gelehrten als Verunreinigung der Erkenntnis
gilt, erfüllt das Wesen der Philosophie — der Philosoph vereinigt in der Weltweisheit ewige Wissenschaft mit zeitgebun-
denem Wollen, wie der Arzt zugleich Natur-Gelehrter und Heil-
Künstler ist. So nahm Nietzsche den Platonischen Vergleich des
Philosophen mit dem Arzt, dem Arzt des Volkes, wieder auf.
Sind die einzelnen Weltkräfte sich selbst überlassen, so entsteht
ein Chaos, ein Kampf aller gegen alle. Stellt man sie unter die
Herrschaft von „Ideen," so ist die Gefahr nicht vermindert, wie

die furchtbaren Zerstörungen im dreißigjährigen Kriege eben bewiesen hatten. Da ist es der Sinn des Suchens nach einer Weltanschauung, daß man die Idee, die Schau erreiche, die dem Weltgefühl des einzelnen, wie den Bedürfnissen der Gemeinschaft genugtut, den lebendigen Gedanken, der die Kräfte gleichzeitig befreit und bindet.

Das seelisch-bewußte Leben bewegt sich zwischen zwei Polen: dem Diesseits, dem tätigen und leidenden Leben, das wir leben — dem Jenseits, das wir ersehnen. Jeder der Pole wird, wenn er einseitig, unbedingt als Lebensgrund gesetzt wird, zur Gefahr. Nach den entsetzlichen Drangsalen in jenem Kriege wandten sich viele verzweifelt, ja im Ekel von der Welt überhaupt ab. ,,Simplizissimus'' endet als Einsiedler. Nur im Jenseits, nur im ganz Anderen, gibt es Sinn-Erfüllung. Das Leben wird entwertet, die Weltanschauung wandelt sich zum Wegschauen von der Welt. Als aber nach dem Zusammenbruch des Reiches sich die westlichen Nationalstaaten gefestigt hatten, als die Ausbeutung der Natur neue Reichtümer und Genüsse bot, wuchs mächtig die Freude am diesseitigen Leben. Bei unbedingter Einseitigkeit dieser Richtung wuchs die Gefahr: Verneinung des Heiligen, der Ehrfurcht, jeder Autorität — Auflösung der Welt in gemeine Habsucht.

Leibniz erlebt eine schöne Zeit zwischen beiden Polen, den frohen Wiederaufbau der Welt, die Wendung der Seele nach beiden Seiten: dem Ewigen und dem Weltlichen. Dies ist das Doppelgesicht der Epoche. Auch hierfür gibt der ,,Faust'' die metaphysische Formel, nun aber nicht mehr beim ekstatischen Aufbruch, sondern in weltweiser Rückschau, als der Greis erkennt, daß seine Bewegung beendet, sein Führungsanspruch zweifelhaft geworden ist. Ehe der Himmel schließt, singt der Chorus mysticus:

,,Alles Vergängliche ist nur ein Gleichnis.'' Nimmt man den Vers für sich, betont man das ,,nur'', so wird er zweideutig. Der Weise sieht ewiges Wesen und zeitliche Erscheinung, aber die Erscheinung wäre entwertet, wenn sie bloßes Gleichnis, bloße Chiffre für ein Ewiges, unseren Sinnen niemals Gegebenes wäre. Goethes Gesamtwerk, sein Faust, ja schon die weiteren Verse des Chorus widerlegen diese Betonung des ,,nur.'' Er will in der Erscheinungswelt wirken, aber durch ihre Wahrnehmung schimmert die ewige Idee, ihren Wert erhöhend, vollendend, nicht verneinend. Auch die diesseitige Erscheinung ist Erscheinung der Kraft, vollendet sich in schöpferischer Tat, in Verewigung durch die Dichtung: Hier in der Dichtung wird das sonst Unzulängliche (Unerreichbare) zum Ereignis. Der Faust, der Schluß am deutlichsten, besagt: nicht im Jenseits, nicht im diesseitigen sinnlichen Schein ist der Weltsinn erfüllt, sondern im gemeinsamen Ursprung: dem schöpferischen Eros. Die Welt als schöpferisches Geschehen mit zu leben, die Überwindung der Stoffgläubigkeit und Weltflucht zugleich, der große Ausgleich von Jenseits und Diesseits, ist der Sinn auch von Leibnizens Philosophie. Zwar ist heute das hohe Wort Schöpferisch selbstverständlich, ja fast verbraucht, da es auf jede produktive Leistung angewandt wird. Es wäre sehr erwünscht, daß man das Göttlich-Schöpferische als Weltkraft, die das Neue, Unerklärliche, vorher kaum Geahnte hervorbringt, anders benennen könnte — oder das Wort als etwas Heiliges schonte. Auf den göttlichen Sinn des Schöpferischen, das Gesetz des zureichenden Grundes, verweist jener Streit Leibnizens gegen Newton, gegen die Gesamtwelt der Verstandes-Aufklärung. Die Idee des Schöpferischen durchleuchtet Leibnizens Philosophie und ist das beste Mittel, den Glanz des abgegriffenen Wortes zu reinigen.

Bei der Weite und Vielseitigkeit des Leibnizschen Wissens hängt das Verständnis seiner Lehre von der Findung des herrschenden Gedankens, des lebendigen Keimes ab. Die lautere Wissenschaft gründet sich auf das Unbedingt-Sichere, wie es Prinzip der Logik und Mathematik von je war — nun aber soll, was bis dahin Methode des Forschens war, im Gedankengang von Descartes bis Kant beinahe Alleingehalt und Ziel der Philosophie werden. Da Leibniz in beiden Fächern führendes Genie ist, so lag es nahe, aus diesen auch sein System abzuleiten. Und doch ist nichts klarer, als daß der Samenkern seiner Lehre ein ganz anderer ist. Jene suchen hinter den Erscheinungen die Ursache und hinter der Ursache das tragende Fundament, das Unbedingte. Leibniz und Goethe, die Weisen, mäßigen das Grübeln nach dem Unbedingten, sie verzichten auf die mathematische Sicherheit, wo sie den fruchtbaren Lebens- und Wesenskern schauen. Logik und Mathematik, die Ratio im engen Sinne, apriori gegeben, bedeuten für Leibniz die Erkenntnis

des „Notwendigen." Dies Notwendige ist Quell der Zweideutigkeiten. Es ist nicht „more geometrico" die Kausalerklärung des
Weltgeschehens, sondern allein dessen schematisches Gerüst, es ist
zugleich die Denknotwendigkeit. Die Ratio gibt uns das Koordi-
naten-Netz, in das Gott frei den Weltprozeß einzeichnet. Während
die exakte Wissenschaft das Geschehen nach Logik und Mathematik eindeutig vorausbestimmen will, bezeichnen diese nach
Leibniz nur Grenzlinien, die nicht überschritten werden können.
Göttliche Schaffenskraft zeigt sich allein in dem, was durch die
Ratio nicht vorausbestimmt ist, durch die „Kontingenz" der
Welt, durch das, was gegenüber dem mechanischen Naturgesetz
als „zufällig" erscheint. Man vernichtet also den Kern der Leibnizschen Lehre, wenn man sie zum Rationalismus stempelt.

Die reine Ratio ist notwendiges Prinzip jener Erkenntnis, die
man als gesichertes und lauteres Gut vererben darf. Aber die
engen Grenzen dieser exakten Forschung hatte niemand besser
erkannt als Newton [1]), der nicht lange vor dem Tode sagte:
„Ich weiß nicht, wie ich der Welt erscheine; aber mir selbst
komme ich vor wie ein Knabe, der am Meeresufer spielt und sich
damit belustigt, daß er dann und wann einen glatten Kiesel oder
eine schönere Muschel als gewöhnlich findet, während der große
Ozean der Wahrheit unerforscht vor ihm liegt." Ging ihm die
Größe der Leibnizschen Sicht auf? Während seine mechanistischen Folger nun gerade mit gedankenloser Anmaßung das beschränkte exakte Prinzip als schon vollendete Welterklärung ver-
herrlichen, erforscht Leibniz mit der Leidenschaft des Erkennenden diese Methoden exakter Erkenntnis, vollendet sie mit ge-
nialem Können zu weithin anwendbaren und vereinfachenden
Mitteln — aber er weiß erstens, daß diese Mittel gerade das
Wesentliche, Schöpferische nicht erklären können, und zweitens,
daß das Schöpferische höher steht als exakte Zergliederung der
Erscheinungen. Das verbindet ihn wieder mit Goethe: Der höchste Wert aller Philosophie ist die Erkenntnis, ja die Steigerung der
schöpferischen Kräfte, nicht ihre kritische Zersetzung. Nicht,
daß Leibniz das so bewußt ausgesprochen hätte wie Goethe oder
gar Nietzsche, noch weniger, daß diese Lehre gar einen pragma-
tischen und relativistischen Sinn gehabt hätte, als ob die Gültig-

---

[1]) Newtons Leben, von Brewster (Mitglied der Kgl. Sozietät.), übs. v. Goldberg.
Leipzig 1833. S. 283.

keit des Gedankens sich erst am äußeren Erfolge erweisen mußte: nein, das schöpferische Geschehen wird sich selber bewußt als philosophischer Gedanke, der Gedanke wird getan, nicht bloß gedacht, und äußert sich daher als Tatkraft. Das ist der Stil seiner Epoche.

Goethe krönte mit diesem Gedanken sein Werk im kleinen Aufsatz „Anschauende Urteilskraft," unauffällig, für den philosophischen Leser aber blitzartig erleuchtend, im stolzen Bewußtsein seines Sieges über Kant. Für Kant, den Kritizisten, ist anschauende Urteilskraft ein widersinniger Begriff, den wir nur in Gott, der unserer Vernunft transzendent ist, annehmen mögen. Goethe ist durch „das Anschauen einer immer schaffenden Natur zur Teilnahme an ihren Produktionen würdig" geworden, durch seine Theorie der Metamorphose erst unbewußt, dann bewußt der schöpferischen Gottheit angenähert [1]). Der Dichter erlebt bewußt, was Leibnizens Streit gegen Newton zu Grunde liegt. Es hilft dem Menschen nicht, Gottes Allgegenwart begrifflich anzuerkennen, die Schaffung des Weltmechanismus als sein Werk zu deuten: wesentlich ist, daß wir in uns selber den Funken des Göttlich-Schöpferischen spüren und ehren. Der Aufstieg dazu ist die Schau des schöpferischen Weltgeschehens, die Schau der Ganzheit, aus der allein wir selber schaffen können. Das ist das Fundament, auf dem Leibniz unerschütterlich steht und handelt.

Ist diese Schönheit des Kosmos rational beweisbar? Kant zeigt richtig, daß sie weder beweisbar noch widerlegbar ist. Was seiner theoretischen Erkenntnis fehlt, muß er als praktisches Postulat anerkennen, wenn er nicht auf die ethische Metaphysik verzichten will. Von der Gegenwart her betrachtet, ist dies Verhältnis zu Kants Kritizismus für das Verständnis der Leibnizschen Weltanschauung entscheidend. Kant selbst sieht in seinem Kritizismus die Überwindung des Leibniz-Wolfschen Dogmatismus. Die Kantianer aber finden Sinn und Wert der Leibnizschen Lehre allein darin, daß sie Kants Erkenntniskritik vorweg nimmt. An dieser Deutung hängt also das geistesgeschichtliche Verständnis. Wenn Kant den Idealismus der Freiheit ganz allein auf Pflichtgefühl, auf das abstrakte Sittengesetz aufbaut, so

---

[1]) Vgl. Hildebrandt, „Goethe, Seine Weltweisheit im Gesamtwerk." Reclam. II. Aufl. 1932. Auseinandersetzung mit Kant, S. 320 ff.

muß er sich doch auf „das Prinzip einer allgemeinen Gesetzgebung" berufen: wie ist diese möglich, ohne wie Leibniz einen sinnvollen Kosmos vorauszusetzen? Darin sind beide einig: Ethik zu gründen auf Überwindung der Selbstsucht, auf den Geist großer Gemeinschaft. Aber welchen mühseligen, niemals eine Sinnerfüllung verheißenden Umweg schlägt Kant ein! Die Welt, aus der wir das Gesetz ableiten, gilt ihm „an sich" als unerkennbar. Erkennbar ist nur der Welt-Mechanismus. So ist dem Menschen der Boden, auf dem er stehen soll, zuvor unter den Füßen fortgezogen. Darum scherzt Goethe, er sei durch Kant in die Enge getrieben, ja zur Verzweiflung gebracht. In der Tat hat Leibniz die Voraussetzung zum Kritizismus, aber er benutzt sie nur, um den Sinn der schöpferischen Ganzheit zu vertiefen. Niemals ist er Kritizist. Löst man den sittlichen Menschen von der Natur, sieht man allein sittliche, nicht wahre schöpferische Freiheit, so entfällt der Sinn des Erden-Lebens, der Leiblichkeit. Diesen Schluß vollzieht Schopenhauer als Erbe Kants, indem er als Gegenspieler zu Leibniz die Verneinung des Willens fordert. Logisch ist weder Weltfreude noch Welthaß zu begründen, aber Weltfreude steigert die menschlichen Kräfte, und dadurch führt sie auch in höhere Formen der Einsicht, ins schöpferische Erlebnis.

Diese Haltung von Leibniz bewahrt den Ewigkeitsinn, auch wenn wir sie zeitlich als Ausdruck der Epoche, des späten Barockstiles, verstehen. Zwischen beiden Polen, der Weltverneinung, der Flucht ins Transzendente, und der Hingabe an den Stoff, der seelenlosen Weltausbeutung, gab es zwei verschiedene Haltungen des schöpferischen Lebens. Bewußte Gestaltung ist nur möglich in der Kraft des Glauben, der Anerkennung der Idee, dem Willen zum Heiligen, der Ehrfurcht vor dem Gesetz. Man kann, um an Goethes Chorus mysticus anzuknüpfen, dies heilige Erlebnis im Blick auf das Jenseitige, Zeitlose, Ewige finden, das aber dennoch ordnend, beseelend, verschönend in unser alltägliches Leben einstrahlt, oder im unmittelbaren Blick auf die sinnliche schöne Welt, die uns zum zeitlichen Handeln, zur schönen Mitgestaltung aufruft, indem sie uns die ewige Idee nur ahnen läßt. Die Musik als reinster Ausdruck der inneren Haltung weist auch diesen Unterschied am reinsten auf. In der Verbindung der Mystik mit erotischer Glut, dann etwa in Weihnachtsliedern des Barock findet sich eine unnachahmliche Einheit von jenseitigem Licht mit kindlich-traulicher, weltsicherer Zuversicht. Die gotische Steigerung jenseitiger Leidenschaft, die Ehrfurcht vor tiefstem Welt-Leid stellt sich in Bachs Musik am großartigsten dar, zugleich als sichere weltliche Größe und Froheit. Sein genauer Zeitgenosse Händel (beide vier Jahrzehnte nach Leibniz) ist berauscht von der Pracht der großartigen Erscheinungswelt und vom baumeisterlichen Geist der Zeitepoche im Steinbau und Staatsbau. In Bach das gotische Erbe des Barock, in Händel der irdische Erfüllungstrieb des Barock, beide durchstrahlt vom Wesen des Ewigen, Heiligen, das sie im Hier und Jetzt zu repräsentieren berufen ist. Als Baumeister größten Stiles verhalten sie sich zu einander ähnlich wie Dom und Palast. Unmittelbar leuchtet ein Händels Verwandschaft mit Leibniz, des geistigen Baumeisters, der das weltlich-heilige Gebäude errichten will. Auch Haydns Oratorien, die „Schöpfung", erinnern in gottinniger Weltfrömmigkeit, im irdischen Paradiese, an Leibniz' Weltschau. Doch fehlt in der großen Dynamik, im schaffenden Willen bei Leibniz nicht ganz die Verwandschaft mit Bach, der glückseligen Architektur der Chöre, die sich bis zum harmonischen Einklang der Choräle verdichten kann in reiner Gottesschau — es fehlt auch nicht ganz die gotische Leidenschaft.

Jene transzendente, auf das Ewige, die überweltliche Gerechtigkeit und Versöhnung gewandte Besinnung ist das Gegengewicht gegen natürliche Selbstsucht und rohen Machttrieb. Dagegen nur, wenn die Fülle der Zeit reift, wenn an den Menschen selber der Ruf ergeht, Göttliches zu repräsentieren, wenn er es erfüllt im Raume des irdischen Reiches, nicht nur abgesondert im kirchlichen Kult, kann sich jene Kultur des großen Stiles vollenden. Die großen Stufen dieser ans Übermenschliche rührenden Weltlichkeit war Leibniz als Zeitgenosse mitgeschritten. Er hatte sie nicht nur als überragender Denker geschaut, sondern überall nahm er als aktiver Geist am Ringen teil, wo er Entscheidungen spürte — er spielte dort selber, was Goethe als einziges Mittel wirklicher Erkenntnis bezeichnet, auf Gewinn und Verlust mit. Nach den Verwüstungen des dreißigjährigen Krieges brauchte man tatkräftige, geniale Jünglinge: so ging Leibniz früh in der Umgebung des Erzkanzlers die Reichs-Idee auf. In

Paris aber lernte er den Nationalstaat und sein menschliches Vorbild in der Gegenwart: das absolute Fürstentum in der Person Ludwigs XIV. kennen. Ludwig repraesentiert vollendet die Weltlichkeit als Staats-Macht, mit dem großen Willen, diese Repräsentation des Rein-Weltlichen bis zur Vortäuschung der Heiligkeit zu übersteigern. In ihm herrscht ein großer Barock-Stil, klassisch auch in dem Sinne, daß er manches vom klassischen Geist der Renaissance, der Antike aufnimmt.

Leibniz läßt sich durch diese Größe nicht bezaubern. In ihm lebt die abendländische Reichsidee, die Vereinigung der schöpferischen Kräfte gegen die Flutwoge vom Osten — in Ludwig das Prinzip der Zentralisation, des Macht-Staates um seiner selbst willen. Als Ludwig die Idee Europa verriet indem er sich mit den Türken gegen das Reich verbündete, war für Leibniz kein Zweifel mehr. Die Steigerung der Person zum Übermenschlichen, des Hofzeremoniells zum falschen Kult, die Beherrschung der Welt durch den schönen Schein, konnten ihn nicht darüber täuschen, daß diese Welt der Entseelung und Entgottung entgegentrieb. In der Gebrechlichkeit des Reiches und eigner Unzulänglichkeit repräsentierte Leopold doch etwas vom göttlichen Auftrag, von der ewigen Gerechtigkeit, er repräsentierte trotz persönlicher Bescheidenheit großartig in Baukunst, Musik, Theater. Nun wird Wien die Stadt der Türkensiege, Bollwerk Europas gegen den Osten, Centrum der Ausbreitung deutscher Kräfte in den Osten. Die Kaiser-Idee verjüngt sich in neuem Glanz, sie ist jetzt nicht mehr verbunden mit der Gegenreformation, die sich wieder im zentralisierten Frankreich durchsetzt, sondern will die Konfessionen versöhnen, wie es Leibnizens Lebensziel ist. Wiens Rettung (1683), die Siege in Ungarn und im Balkan, der erste große Schlag gegen Ludwig, bewirken ein mächtiges Aufleben der deutschen Reichs- und Kaiser-Idee. Zu diesem Wien fühlt sich Leibniz leidenschaftlich hingezogen, wie er sich zwischen 1686 und 88 lange dort aufhielt und mit Kaiser Leopold in Verbindung trat. Die Reichsidee muß verzichten auf die Vollendung in der mittelalterlichen Idee des universellen christlichen Weltreiches. Eine habsburgische Universalmonarchie wäre eine Entartung, vor der Leibniz schon anfangs warnte. Nun aber schimmerte gerade im Widerstand gegen Türken und Franzosen, gegen die Gewaltmächte nationaler Selbstsucht die ursprüngliche Reichsidee, durch welche er die völkischen Kräfte im abendländischen Geiste zu versöhnen strebte.

Wenn Leopold Träger der ewigen Idee aber ohne Kraft zur zeitlichen Erfüllung erscheint, so setzt doch schon unter ihm eine wahrhaft deutsche Bewegung ein: Hoffnung, das Reich zu erneuen aus deutschen Keimkräften. Die Wiener Epoche dieser Bewegung fällt gerade in die Zeit, die von den Aufenthalten Leibnizens in Wien umspannt wird, zwischen 1686 und 1714. Das Bewußtsein der abendländischen Verpflichtung des Deutschtums flammte großartig auf nach dieser höchsten Gefahr, zwischen Türken und Franzosen erdrückt zu werden, nach glorreichem Sieg im Osten, dem Einströmen neuer Mittel, der Aufgabe, die Ost-Provinzen neu zu gestalten und dann alle Kräfte gegen die drohende französische Universalmonarchie zusammen zu nehmen. Damals aber vollendete sich in Leibniz das Weltbild der schöpferischen Gotteskraft, das man nicht aus Logik, Logistik, Mathematik deduzieren kann. Während Leopold regiert, wird sein Sohn Josef noch im Knabenalter zum deutschen Könige gewählt. Symbolische Vollzüge können in trächtiger Zeit wirkende Kräfte werden: schon um den Knaben bildet sich eine deutsche Partei. Gleichgiltig, wie die Einflüsse hin und her gehen: man hat Leibniz, den über Ludwig unaufhörlich Zürnenden, den Wortführer dieser Bewegung genannt. Analogien der verschiedenen Betätigungen einer Stilepoche sind im schöpferischen Durchbruch weit mehr als bloße gedankliche Beziehungen: geistiges und politisches Geschehen sind hier notwendige Teile eines gemeinsamen Werkes. Mehr als die Problemgeschichte zergliedert, drückt sich in der Baukunst, dem damals so wichtigen Instrument der Politik, das Leben der Idee aus, deren Träger Leibniz ist [1]). 1690 findet ein Wettbewerb statt für den Bau von Ehrenpforten zum Einzuge des jungen Königs Josef: den Preis gewinnt der Deutsche Fischer gegen den bisher maßgebenden

---

[1]) Vgl. *Werner Hagen*, ,,Die Baukunst des deutschen Barocks 1690–1770". Jena 1942. S. 11–39, S. 73–92. Die Beziehung der Zeit auf Leibniz steht dort im Mittelpunkt. Er gründet z.T. auf *Hans Sedlmayr* ,,Die politische Bedeutung des deutschen Barock". Aus Festgabe für H. von Srbik. München 1938. Bd. I, S. 38–90. Ferner: *Schieblich*, ,,Die Auffassung des mittelalterlichen Kaisertums in der deutschen Geschichtsschreibung von Leibniz bis Giesebrecht", Berlin 1932. *H. Rößler*, ,,Der Soldat des Reiches, Prinz Eugen", Oldenburg-Berlin 1934, sagt S. 182–184, daß Leibniz, der größte Deutsche seiner Zeit, die weltgeschichtliche Bedeutung des Prinzen ganz erfaßt habe. Das sei der Höhepunkt in dessen Leben gewesen.

Italiener, ein Symptom für das neue Eintreten der Deutschen in den europäischen Stil, für den „deutschen Barock". Die Deutschgesinnten feiern es als „sehr herrlichen Sieg" eines Deutschen, der die Fremden auf ihrem Gebiet, der Prachtarchitektur, geschlagen habe durch höhere „tiefsinnigere Kunstfertigkeit." Fischer, später „Fischer von Erlach," erhält den Auftrag, „ein Schloß für den jungen König zu entwerfen, das die Residenz des französischen Königs, das große Sonnensymbol Versailles, in den Schatten stellen und vor ganz Europa sichtbar kund tun soll, wo die höchste Autorität, die wahre Vormacht des Abendlandes, wohnt." Ganz in diesem Sinne entsteht nun der erste (nicht ausgeführte) Entwurf des Königsschlosses von Schönbrunn, vom italienischen und französischen Barock ausgehend ein Vorbild des aufsteigenden Stiles der Kaiserlichen Reichs-Idee.

Fischer von Erlach und Leibniz zeigen die Idee mehr in der Kraft ihres Durchbruches, noch nicht als fertige, volkstümliche Ausgestaltung. Wenn Hagen sagt: „Diese Kunst ist geistig begründet, in hohem Maße ihrer Absichten bewußt, systematisch, alle ihre Gestaltungen sind auf eine umgreifende Einheitsvorstellung bezogen. In dieser Hinsicht ist sie dem Denken Leibnizens verwandt," so wird diese Zusammengehörigkeit noch überzeugender in der unmittelbaren Beschreibung jener Bauwerke: der schaffende Gedanke der Baumeister in Stein und in Weltweisheit ließe sich mit gleichen Worten ausführen. Das reinklassische Vorbild harmonisch-ruhender Raumgestaltung bleibt den höchsten Zeiten der Vollendung vorbehalten, denn in geringeren erstarrt es zu formalistischer Nachahmung, zum klassizistischen Schema. Der Barock will, um die drohende Erstarrung zu sprengen, die Kraft selber darstellen. Dieser Wille droht überall zur zersetzenden Manier, zur theatralischen „Repräsentation" zu entarten, wo aber aus der Tiefe die schöpferische Kraft selber durchbricht, entsteht großer Stil. „Die Geburtsstunde des großen Stiles schlägt nach der ersten Siegestat, die die Deutschen mit einmütiger Kraft wieder erfochten hatten, nach der Befreiung Wiens vom Türkensturm im Jahre 1683." Das große Erlebnis wirkt als herrschende Kraft vom „dynamischen Raumkern" gestaltend, übergreifend auf die gewaltig ausladenden Flügelbauten der Schlösser. Im Schönbrunner Plan ist in der Tiefe des gewaltigen Halbkreises von Schloß und Terrasse, des Ganzkreises des

Vorplatzes, ein ,,Tempelgiebel, mit höchster Erhabenheit ausgestattet'', als Bekrönung des Mittelbaues. ,,Je länger man den
Stil betrachtet, desto stärker empfindet man ihn als Wunschbild
einer traumgewaltigen Phantasie, einer leidenschaftlich bewegten Innerlichkeit, die sich jedoch in klaren Ordnungsgedanken
und beherrschten Formen ausdrückt. Und dieses Schaffen aus
der inneren Schau heraus hat einen Zug von mystischer Tiefe
und Gewalt: wie das Ursymbol der Mitte taucht der runde
Raumkern des Schlosses empor und zwingt die weltweite Raum-
flucht des Versailler Ideals unter seinen Bann.''

Das berührt auch Leibniz Geheimnis. Gegen den sprengenden
Nationalismus wie gegen die Vergötzung der abstrakten Räum-
lichkeit — Körper als leere Ausdehnung bei Descartes, tote
Körper im leeren Raum bei Newton — stellt Leibniz die aus dem
Innern hervorbrechende, die raumschaffende Kraft. Leibniz ist
sich der Zugehörigkeit bewußt: er ist glücklich, daß der Bau der
deutschen Akademie, gleichsam des Palastes für den deutschen
Geist, deren Präsident er werden soll, von Fischer von Erlach
ausgeführt werden soll [1]).

So ist die Forderung begreiflich, daß die Nation Fischer von
Erlach einen Ehrenplatz neben Leibniz und dem Prinzen Eugen
schulde, aber die Glanzwelt der Kaiser-Idee ist vorüber, als
Josef 1711 überraschend stirbt. Durch Karl VI rückt die Idee
der habsburgisch-spanischen Weltmonarchie vor die des Reiches.
Eugen muß infolge des Treubruchs Englands seine Pläne im
Kampf gegen Frankreich sehr einschränken. Dagegen findet der
große deutsche Barockstil im Stein seine Erfüllung in der Epoche [2]): Fischers Gedanke wirkt sich aus in Lucas von Hildebrandt,

---

[1]) Eine Einwirkung Leibnizens auf diese Vollendung des deutschen Barock ist
nicht unwahrscheinlich. Fischer von Erlach hatte das Palais des Prinzen Eugen in
der Himmelspfortgasse erbaut. 1713, während Leibnizens längstem Aufenthalt in
Wien, begann die Planung für die Karlskirche, dies große, gedankenschwere Monu-
mentalwerk, das Altertum und Gegenwart, Kraft und Ruhe, Kaisermacht und Religion unter Einer Kuppel umschließt. Leibniz entwarf das Programm, nach dem die
beiden gewaltigen freien Säulen auf Karl VI. als Nachfolger Karls des Großen hinweisen und die Reliefs der einen das Leben Karls des Großen darstellen sollen.

Im Stil der Reichside e wird Eugens Schloß Belvedere von Lucas von Hildebrandt
gebaut. Die Vorbereitungen beginnen 1700, die Ausführung der Hauptbauten 1714.
Auch diese Gestaltung Keingt mit Leibniz' Weltbild zusammen: der Aufstieg von
tragenden Giganten bis zu anmutigen Kindern — vom Reich der Natur zum Reich
der Gnade.

[2]) Die Klosterbauten j enes Stiles zeichnen sich aus durch die Betonung des Kaiser-
saales und der Kaiserstiege. Prandtauers Stift Melk in seiner Dreiheit von Kirche,

Prandtauer, Balthasar Neumann und weiter im Reiche. Leibniz'
Gedanke entfaltet aber den schöpferischen Kern erst in der
Bewegung Herders und Goethes, Hölderlins und Schellings. Es
ist der Doppelsinn der Epoche: Frucht des vergangenen, Same
des beginnenden Zeitalters. Aus dem gesamten Lebensgefühl,
dem Willen, den Menschen zum Bilde Gottes zu machen, nicht
aus fortschrittlicher Planung der Einzelfächer, bestimmt sich
Leibnizens Wirkung. Nur der große Stil der Zeit, weitgespannte
Ordnungsfreude, dynamische Spannung der Schaffenslust, hei-
ter-ernstes Machtbewußtsein reichen hin, seine Lehre zu verdeutlichen. Wie Eugen vom Kraftzentrum Wien aus mit weitge-
spannten Flügeln von Italien und von den Niederlanden her
Ludwig überwindet, so möchte Leibniz, als die Pläne in Berlin,
in Wien stocken, die atheistische Weltanschauung des Westens
von London, von der weitesten rechten Flanke her überwinden.
Eugen sichert politisch die Flanken, Italien und die spanischen
Niederlande gegen Frankreich und gibt Straßburg auf, während
Leibniz eigentlich an der Sicherung der Mitte, am Wiedergewinn
von Straßburg lag.

Mensch und Gott. Die Gesamtschau des philosophischen Systems ist besonders aus den Zusammenfassungen der letzten
Jahre zu beurteilen. So besonders aus den ,,Principes de la
nature et de la grâce'', geschrieben Juni/Juli 1714 in Wien
persönlich für den Prinzen Eugen, dann die sogenannte ,,Mona-
dologie'', die im gleichen Jahre die Grundsätze der Metaphysik
im gedrängten Stile für Gelehrte, den Kreis um Remond gibt.
Maßgebend sind beide Schriften im doppelten Sinne: sie geben
in der Zeit der höchsten Reife die vollendete Fassung — sie
geben inhaltlich die Krönung, während die meisten anderen
Schriften der besondern Fachgebiete Teilansichten geben, die
der wesentlichen Ganzheit nicht immer völlig entsprechen und
erst in diese eingeordnet werden müssen. Trotzdem sind große
Sicht und Grundbau der ganzen Lehre schon dreißig Jahre vorher klar ausgereift, (Discours de Métaphysique 1686), während
die Hauptgedanken noch weit früher in Briefen ausgesprochen
sind.

Kaisersaal, Bibliothek ist vorbildlich. Man möchte die beherrschende Kirchen-
Kuppel symbolisch der metaphysisch-religiösen Weltschau in Leibniz Gedanken-
Gebände vergleichen.

Das Prinzip metaphysischer Forschung ist seit der Vorso-
kratik bis zu Descartes und Spinoza der Begriff der Substanz,
denn wie soll die Wissenschaft überhaupt etwas Gültiges aus-
sagen, wenn sie nicht in der Flucht der Erscheinungen etwas
Beharrendes faßt? Was aber ist dies Beharrende, aus dem die
gesamte Welt des Werdens, der Erscheinungen erklärt werden
kann? Leibniz überschaute die Lösungsversuche der Renaissance, des Mittelalters, der Antike die gegenwärtig in Verwirrung
zu enden schienen. Da die Erscheinungen dauernd wechseln,
wird das Beharrende in ewigen Begriffen gesucht. Aber dieser
Ansatz des Realismus, diese Hypostasierung der Begriffe zu
Substanzen, endete im fruchtlosen Wortstreit der Scholastik.
Fruchtbarer war der Rückgang auf die konkreten Individuen,
das Festhalten an wirklicher Erfahrung. Aber an sich bilden
diese Individuen doch wieder nur ein Chaos. Der erhebende
Blick auf die Mechanik des Himmels, die überraschend fruchtbare Erforschung des Geschehens nach mathematisch-mecha-
nischen Gesetzen in der Renaissance erfüllten die Forscher mit
froher Zuversicht, mit dieser Methode das Weltgeschehen zu erklären. Wie einst Anaxagoras sah man im Kosmos das kunstvolle Werk Gottes — aber weder über die lebendigen Geschöpfe,
noch weniger über Gott als deren Schöpfer war mit dieser Methode etwas zu sagen. Diesem Chaos gegenüber fühlte sich Leibniz
zum geistigen Gestalter berufen. Sein Grundsatz stand fest: die
Einzelseele durfte nicht in Atome zersetzt werden, sie mußte als
Ganzes erhalten bleiben, sie selber ist die Substanz, von der
auszugehen ist. Aber wie ordnen sich die vielen voneinander
unabhängigen Individuen zum Kosmos? Heraklits gewaltige
Intuition giebt die Antwort: Auf dem Grunde der eigenen Seele
fand er das herrschende Weltgesetz. Dies Weltgesetz ist zugleich
Zeus, der schöpferische Weltgeist. Aber das war eine Intuition
der großen Persönlichkeit, keine „Wissenschaft" im Sinne der
Übertragbarkeit, sogar zersetzend im Geschlecht der Sophisten.
Zur Grundlage der Wissenschaft erhob erst Platon diese Einsicht. Nur aus dem Erlebnis, aus dem Geschehen, das wirklich
ist und doch unmittelbar gegeben, kann der Grundsatz der
Philosophie und Wissenschaft geschöpft werden. Platon hat
dies Erleben, und zwar eben als Erleben, dargestellt, auf dem
die Philosophie ruht: im Menon. Davon ging der Gründer der

Renaissance-Philosophie, Nicolas von Cues aus, als er den Gegensatz von „Realismus und Nominalismus" überwand, ebenso Kepler und Galilei mit ihrer Himmelsmechanik. Von ihm ging wieder Descartes aus, als er für das Denken den unbedingt sicheren Boden im Erleben suchte — trotz seiner Geringschätzung der Antike.

Menon ist der junge Sklave, aus dem Sokrates die Einsicht in den Pythagoreischen Lehrsatz in seiner einfachen Form hervorlockt. Jeder Empfängliche kann in sich hier das Erlebnis wiederholen: Die geometrische Einsicht quillt aus unserer angeborenen Anlage, erweckt durch den Lehrer, gegründet aber weder in äußerer Wahrnehmung, noch in Hinnahme der Lehre, sondern allein in der geistigen Anschauung. Wir finden in unserer Seele die unbedingt gültige Erkenntnis, die Erkenntnis a priori, die auch dann noch besteht, wenn wir alle durch die Sinne vermittelte Erfahrung bezweifeln. Das also ist die Türe zur echten Philosophie, die zu durchschreiten der reine Empirist sich weigert, die Türe zur abendländischen Wissenschaft der Renaissance-Philosophie, der exakten Naturwissenschaft, dem Kritizismus, dem Idealismus. Übrigens hat Leibniz dieser Lehre eine Fassung gegeben, die sich über die überspitzten Gegensätze zwischen Idealismus und Empirismus, zwischen Phaenomenologie und Psychologismus erhebt und viele unfruchtbare Streitereien überflüssig gemacht hätte: er nennt dieses Apriori eine „innere Erfahrung." [1]) Welchen Gebrauch aber die Philosophen von Platons großer Entdeckung machen, das erst ist die geschichtliche und metaphysische Entscheidung, die bis heute wirkt, aber nicht immer klar bewußt. Was Platon hier für immer bewiesen hat, ist die geometrische Erkenntnis a priori, das Grundgesetz aller rein mathematischen Wissenschaft. Darauf gründet Descartes die Philosophie. Nach dem fruchtlosen Kampf der philosophischen Hypothesen soll sie an allem zweifeln und allein auf dem Unbedingt-Sicheren aufbauen. Die Erkenntnis more geometrico wird das Ideal. Auf diesen Weg kehrt Kant zurück, indem er Newtons Vergötzung der Mathematik gewissermaßen anerkennt. Rationalismus und Mechanismus schließen ein natürliches Bündnis. Die freie Willensent-

---

[1]) Discours de métaphysique, § 26 und 27.

scheidung gilt, aber nur als moralisches Postulat, außerhalb der
theoretischen Erkenntnis, unerklärlich, im Gegensatz zur Natur:
Natur und Freiheit sind ewig im Widerspruch — das ist die
Kluft, die selber Goethe und Schiller in ihrer Freundschaft nicht
überbrücken konnten. Der Idealismus der Freiheit steht dualistisch neben dem Mechanismus der Natur. Echtes Leben, schöne
Zwecke, schöpferisches Geschehen liegen außerhalb exakter Wissenschaft, sind bloße subjektive Ideen. Sinn dieser Forschung
ist strenge Scheidung des Sicher-Erkannten von aller ganzheitlichen Anschauung, ein ernster Idealismus der Entsagung, der
nicht nur das jeweils gegebene, sondern das jemals dem Menschen erreichbare Wissen eng begrenzt.

Genien, die im höchsten Sinne schöpferisch sind, ist diese
grundsätzliche Sonderung und Entsagung nicht erlaubt. Wie
der ganzheitlich empfindende, nicht kritizistisch zergliedernde
Mensch sich von der „Kritik der reinen Vernunft" berührt
fühlt, sagt Goethe in der maßgebenden Urkunde [1]. Anfangs
glaubt er, bei Kant die ihm gemäße Theorie zu finden: denn in
der Lehre der Erkenntnis a priori wird ja die schöpferische Seite
des Menschen anerkannt, sie „macht dem Menschen am meisten
Ehre," dann aber muß er spüren, daß diese Spaltung den Raum
einer schöpferischen Weltanschauung verschließt. „Der Eingang
war es, der mir gefiel; ins Labyrinth selbst konnte ich mich nicht
wagen: bald hinderte mich die Dichtungsgabe, bald der Menschenverstand, und ich fühlte mich nirgends gebessert." Es liegt
nicht auf Goethes Wege, die Erkenntnis systematisch zu zer-
gliedern. Er war sich kaum bewußt, daß jene Lehre, die ihn am
Eingang anlächelt, eben die Platonische ist und daß, was ihn
von Kant abstößt, dessen Leugnung der Platonischen Schau und
Verengung der Leibnizschen Lehre ist. In Leibniz finden wir den
Schlüssel für dies geistesgeschichtliche Ereignis. Im Gegensatz
zu den rationalistischen Philosophen entnimmt Leibniz dem
„Menon" nicht nur das unbedingt Bewiesene, die apriorische Geltung der Geometrie: er läßt vielmehr den Dialog in seiner Ganzheit gelten und erkennt, daß Platon damit nur „eine schöne
Probe" für die Gesamtschau des Weltalls geben will. Hier ist
vielleicht der Ursprung, sicher die Bestätigung seiner Monaden-

---

[1] „Einwirkung der neueren Philosophie".

lehre. ,,Nichts kann uns gelehrt werden, dessen Idee wir nicht schon in unserem Geiste haben. Das ist es, was Platon so hervorragend gut betrachtet hat, als er seine Lehre der Erinnerung vertrat, eine Lehre, die festen Grund hat, wenn man sie nur gut auffaßt und sie reinigt vom Irrtum der Präexistenz und sich nicht einbildet, die Seele habe das, was sie jetzt lernt und denkt, schon zu anderen Zeiten einmal deutlich gewußt und gedacht." Also unser gesamtes Wissen, Denken, Tun, nicht nur reine Ratio, Logik und Mathematik ist in uns a priori angelegt.

Seltsam — Leibnizens als immer besonders anstößig empfundene Lehre von den Monaden, die keine Türen und Fenster haben, so daß von außen keine Bilder in sie übertreten können, diese Lehre, die manche Seelen als nackte Einsamkeit fröstelnd mißverstehen, stammt vom großen Erotiker, von Platon [1]). Leibniz weiß das: ,,Denn unsere Seele drückt Gott und das Universum und alle Wesenheiten eben so gut wie alles Dasein aus. Das stimmt mit meinen Grundsätzen überein, denn von Natur tritt nichts von außen in unseren Geist, und es ist nur eine schlechte Denkgewohnheit, die wir haben, als ob unsere Seele eine Art Boten empfinge und als ob sie Türen und Fenster besäße. Wir haben im Geist alle diese Formen und sogar alle Zeit, da der Geist stets alle seine künftigen Gedanken ausdrückt und verworren schon an alles denkt, was er jemals deutlich denken wird." Platon sagt im Menon: ,,Denn da die ganze Natur verwandt ist und die Seele alles gelernt hat, so hindert nichts, daß, wer nur an Eines erinnert wird, was die Menschen lernen nennen, alles übrige selbst finde, wenn er nur tapfer ist und nicht müde wird im Suchen." Was zuerst paradox erscheint, ist notwendiger Beginn jeder philosophischen Besinnung: die Außenwelt muß in irgend einer Weise als Vorstellung in unserer Seele gegeben sein. Aber mehr: die Formen von Raum und Zeit, die Kategorien des Denkens sind in der Seele angelegt. Weiter gelten längst die sinnlichen Qualitäten, die Kant als bloße empirische Bestandteile ansieht, als bloß subjektive Bestandteile unserer Erkenntnis. Nur gerade die Existenz, die tatsächlichen Gestaltungen des zeitlichen Geschehens scheinen doch rein empirisch zu sein, sich jeder Erkenntnis a priori, jeder subjektiven Ableitung zu ent-

---

[1]) Dazu Symposion, 175d. Ablehnung des Gleichnisses vom Wollfaden zwischen dem vollen und leeren Becher.

ziehen. Grundlage aller kritischen Wissenschaft: Erkenntnis der Essenz, des „Soseins" ist apriori in uns angelegt — Erkenntnis der Existenz, des „Daseins", der Geschichte ist nur erfahrungsmäßig möglich. Aber es ist kein Zweifel: Platon und Leibniz finden Essenz und Existenz, Wesen und geschichtliches Geschehen vorgezeichnet in der erkennenden Monade selbst. Erst hier ist das Erstaunen auch des philosophisch Denkenden berechtigt. In der Tat kann die Präexistenz der Seele als solche nicht das Wissen der Zukunft erklären, und Leibniz hat Recht, leicht über diesen vielleicht mehr mythologischen Gedanken hinzugleiten. Die Identität ihrer Grundsätze besteht vielmehr darin, daß „die ganze Natur verwandt ist." Die Seele ist der Mikrokosmos. Wenn sie richtig angestoßen wird, so kommt zum Klingen, was vorher unbewußt, potentiell in ihr gegeben war: das Bild des Makrokosmos wird bewußt. Wie sollte der Mensch zur Erkenntnis des Keplerschen Universums kommen, wenn nicht der Möglichkeit nach das Bild dieses Kosmos in ihm angelegt war? Das könnte noch auf bloße Gesetzmäßigkeit bezogen werden. Wie aber sollte der Mensch einen großen Menschen als groß erleben, wenn er nicht selbst gewisse Möglichkeiten dieser Größe hätte? Das aber ragt alles noch nicht an die Überzeugung von Platon und Leibniz: der Mensch trägt als Keim das existente Universum in sich. Das ist der Gedanke der prästabilierten Harmonie in seiner höchsten, kosmischen Anwendung.

Was bei Platon kühnster Fernblick ist, wird bei Leibniz zugleich Grundlage der Forschung, des Systems. Später sah Kant den dogmatischen Mißbrauch willkürlicher Hypothesen, metaphysischer Spekulationen, und er drang mit Descartes und Newton auf die strenge rationale Methode. Wenn im Menon beides vereint war: die Tatsache der apriori gesicherten „klassischen" Geometrie und der vollendenden („barocken") Welthypothese, so sondert der Kritizismus diese Pole der Erkenntnis aufs strengste. Niemand schien geeigneter als Leibniz, der Logiker, Mathematiker, Logistiker, den Weg des Rationalismus einzuschlagen, und moderne Denker sehen ihn so, verstehen seinen Platonismus als störende Zeitgebundenheit. Warum doch ordnete er die so außerordentlich fruchtbare rationale und mechanistische Methode dem Gedanken der Platonischen Harmonie unter? Weil er weiß, daß Gott selber mit jener Methode niemals die Welt erklären könnte. Diese ist die schöne und schöpferische Ganzheit. Von ihrer Schau geht die Erkenntnis aus, in die Schau kehrt sie zurück. Den Sinn dieser Schau auf ein rationales Gesetz, ein starres Gerüst einzuschränken, gälte ihm als Leugnung der göttlichen Gestaltungskraft.

Auf einer Seite sieht er Vernunfterkenntnis und als ihren Inhalt die notwendigen, die ewigen Wahrheiten — auf der anderen die sinnliche Wahrnehmung, die empirische Erkenntnis und als Inhalt die zufälligen Wahrheiten, die Tatsachen-Wahrheiten. Das ist Kants apriorische, apodiktische Erkenntnis einerseits, die empirische Erkenntnis andererseits. Selbstverständlich schätzt Leibniz die Vernunfterkenntnis höher als die bloße sinnliche Wahrnehmung, die wir mit den Tieren gemeinsam haben. So scheint er notwendig Rationalist. Aber da ist es nun entscheidend, daß er diesen Schluß nicht zieht. Das Weltgeschehen ist kein notwendiges Gesetz, sondern es ist Tatsache, vom Sinn der exakten Wissenschaft her ,,bloße'' Tatsache, ,,zufälliger'' Verlauf. Wäre Leibniz auch nur der Neigung nach Rationalist, so müßte er diese Beschränkung als skeptische Einsicht in die Unvollendbarkeit der Wissenschaft, als ewigen Mangel beklagen. Dies aber ist sein Gegensatz gegen den Rationalismus, der sich selber, die Erklärbarkeit der Welt, als höchsten Sinn des Lebens betrachtet. Leibniz sieht gerade in dieser Kontingenz den Aufstieg zu einem höheren Wissen, zur überrationalen, wenn auch niemals vollendbaren Erkenntnis. Die Wiedergabe des Begriffes Kontingenz mit Zufälligkeit ist allerdings ein geschichtlicher Unfall, eine Quelle großer Mißverständnisse. Kontingenz ist nicht Zufall im Sinne von hazard, nicht ,,statistisches'' Würfelspiel, sondern ist die Kausalität, die auf dem zwecksetzenden Willen, der planmäßigen Gestaltungskraft als Ursache beruht [1]). Die Welt ist ein schönes Gebilde, ein sinnvolles Gefüge, weit herrlicher, als sich durch Logik und Mathematik des Notwendigen

---

[1]) Am klarsten die Bedeutung, auch die Gegensätze, in Leibniz V. Brief an Clarke Nr. 2. Auf der einen Seite: Liberté, Contingence, Spontanéité — auf der andern Nécessité absolue, Hazard, Coaction. In der Übersetzung von Buchenau-Cassirer steht hier als Gegensatz ,,Zufälligkeit und'' ,,Zufall''. Contingent ist zufällig nur im Gegensatz zur reinrationalen Denknotwendigkeit. Hazard dagegen ist Weltgrundlage als chaotische Unordnung im mechanistischen Weltbilde Demokrits. Leibniz kann die Contingenz der Gotteswelt allenfalls als zufällig bezeichnen, weil er den Hazard als bloße Chimäre leugnet. Dazu Theodicee § 301–303, wo Kontingenz als Non-nécessité erklärt wird.

jemals erklären ließe — darum contingent, nicht denknotwendig, nicht rational, nicht zwanghaft-mechanisch — Gottes Schickung. Das ist heute schwer verständlich, weil man gewöhnt ist, nur noch die exakt notwendige Verursachung als Causalität zu begreifen.

Weder in reiner Vernunft, Erkenntnis des Ewig-Notwendigen, noch in bloßer sinnlicher Erfahrung sieht Leibniz sein meta-physisches Prinzip. Dies ist der Knotenpunkt seiner Lehre. Wenn doch sein Prinzip die Kraft, die schöpferische Weltkraft ist, so muß als höchste Erkenntnisform die Schau des Zieles dieser Kraft, das Bild des schönen und vollkommenen Weltalls gelten: die Schau, die Vernunft und Sinnlichkeit in sich vereint. Aber die Wissenschaft muß alle bloß-individuellen Meinungen aus-schalten: man will mit Recht alles Bloß-Individuelle, mit Unrecht auch alles Menschliche, alles Zufällige ausschalten, um außer uns das reine ewige Gesetz zu finden. Das Gesetz will auch Leibniz finden, aber auch dieser Begriff ist doppelsinnig. Die neue „Naturwissenschaft" constituiert sich auf das tote Not-wendigkeits-Gesetz, das „Naturgesetz" — Leibniz meint das freie kontingente Gesetz der schöpferischen Natur, der leiblichen, einmaligen, der tatsächlichen Welt. Diese Einheit von Idee und Existenz ist der letzte gedankliche Grund der prästabilierten Harmonie. Das geht dem modernen Denker gegen den Strich — er nimmt an, Leibniz wolle die Welt aus ewig-notwendigen Ge-setzen erklären und schätze die Schau auf den tatsächlichen Kosmos geringer, denn er will nicht glauben, daß Leibniz und Goethe in der sinnlichen Erscheinung mehr gegeben ist als die sinnliche Erscheinung: sie schauen in ihr zugleich das Wesen, die schöpferische Kraft. Leibniz geht nicht vom Gedanken-gebilde „Atom" oder „Sittengesetz" aus, sondern von der unmittelbaren Gegebenheit, dem menschlichen Erlebnis in seiner Ganzheit. Er erlebt die Kraft in sich als Wille. Der Wille aber tritt in unser Bewußtsein als Vorstellung des ersehnten Zieles, und dies gründet zuletzt in der Idee des Schönen und Vollkommenen. So scheidet sich die Vernunft in zwei Gebiete: die Erkenntnis des Notwendigen und die Idee des Vollkomme-nen, Schönen. Und die tatsächliche Welt scheidet sich in die ungeordnete Wahrnehmungswelt und in die von der Idee der Schönheit geordnete und beherrschte Welt. Leibnizens leitender

Wert ist die tatsächliche schöpferische Kraft, die die tatsächliche Welt mittels der Idee der Vollkommenheit ordnet und gestaltet.

Die Erkenntnis des Notwendigen steht unter den logischen Gesetzen der Identität und des Widerspruches (worunter Leibniz auch die Mathematik befaßt). Die Erkenntnis des schöpferischen Geschehens steht unter dem metaphysischen ,,Prinzip des zureichenden Grundes." Soweit darunter die notwendigen, die mechanischen Ursachen fallen, wäre dies Prinzip nicht neu, denn gerade auf deren Erkenntnis beruht die Naturwissenschaft. Aber Leibniz versteht darunter vor allem die nicht notwendigen, die kontingenten, die schöpferischen Ursachen. Die mechanistische Astronomie kann aus jeder Situation der Sterne zurückschließen auf alle vorhergehenden Situationen — aber damit bleibt man immer im gleichen Kreise: wie ein Stern entsteht oder vergeht, wird von dieser Ursachenforschung nicht berührt. Leibniz aber fragt nach der ersten Ursache, aus der die Reihe des Geschehens abzuleiten ist: das ist Gott. Dies Principium rationis sufficientis besagt aber weit mehr als einen bloßen logischen Beweis der Existenz Gottes. Es besagt: Gott muß einen genügenden Grund gehabt haben, die Welt so und nicht anders zu schaffen, und es besagt, daß wir Menschen, wenn auch in sehr geringem Maße, diese Gründe verstehen können: in der Vernunft durch die innere Erfahrung, die Idee vom Schönen und Vollkommenen, in der äußeren Erfahrung durch die Wahrnehmung dieser Schönheit in Natur- und Geschichtsbetrachtung.

Hier steht jeder Philosoph am Scheidewege: beschränkt er sich als exakter Forscher in strenger Fachwissenschaft auf das mathematisch, more geometrico, Beweisbare, also das Gesetz der Notwendigkeit — oder nimmt er die gesamte äußere, chaotische Sinnenwelt hin und versucht, sie statistisch unter Erfahrungsgesetze zu ordnen — oder erkennt er auch die Idee in unserem Innern, die schöpferische Kraft überhaupt an? Leibniz, der große Baumeister, verzichtet auf keins dieser Gebiete. Philosophie ist Ganzheitsschau, aber damit dies ,,Alles" ein ,,Ganzes" sei, muß es von einem Einheitsprinzip beherrscht sein, und dieses Prinzip kann kein anderes sein als die gestaltende Kraft, die wir auch in eigener Seele finden. Daß nur das Ganze des Menschen schöpferisch sein kann, und daß nur das Schöpferische Wert hat,

ist der Grundsatz, von dem in Hamann, Herder, Goethe die
europäische Verjüngungsbewegung ausgeht. Von dieser Einzel-
ganzheit muß sich der Geist zur Gemeinschafts-Ganzheit und
zur Allganzheit erheben. Das sind die großen Schritte, die
Leibniz nach dem Vorbilde des Platonischen Timaios vollzieht.
Ob er bewußt im Demiurg des Timaios das Vorbild sah, ist nicht
bekannt. Doch hat er in seiner frühen und seiner spätesten Zeit
Platon als die höchste Gestalt menschlichen, ja übermenschlichen Ranges verehrt. „Wenn aber ein empfänglicher Leser an
Platon selbst herantritt, der muß in ihm wahrhaft heilige Gebote, die tiefsten Gedanken und einen wirklich göttlichen Stil
des Ausdruckes (dicendi genus plane divinum), der auch in seiner
Erhabenheit, doch in höchster Klarheit die Einfachheit an den
Tag legt, anerkennen müssen" [1]. Und so spricht Leibniz, nachdem er sich von der mystischen Umformung Platons im Neuplatonismus, ja auch im Platonismus der Renaissance (Ficinus) aufs
bündigste losgelöst hatte. Die Aufgabe, vom Neuplatonischen
Gedankengut des Abendlandes zum echten Platon zu dringen,
den echten Platonismus aber zu wahren gegen den Demokritisch-
Europäischen Positivismus, hat niemand klarer erfüllt als Leibniz. Aus dieser Ehrfurcht vor Platon würde Leibniz auch an
dieser Stelle gedankt haben, wenn er sich des Vorbildes erinnert
hätte. Er hat den Timaios früh gelesen, spät noch erwähnt,
scheint ihn aber nicht ganz durchdrungen zu haben. Um so ent-
scheidener für die Zusammengehörigkeit des Platonischen und
des deutschen Geistes, daß Leibniz, einmal bestrahlt vom Platonischen Lichte, aus der Monade ein so wesensverwandtes
Weltbild entfaltete.

Weltweisheit heißt, nicht ins Unergründliche zu spekulieren,
sondern die Spekulation eng zu begrenzen. Wenn Leibniz
auch den Geist bis an den Grenzbegriff treibt, so bewahrt er
sich selbst doch im Zentrum. Gott, die ratio sufficiens, die schöpferische Ursache der Weltexistenz, ist wohl über dieser Welt,
soweit sie körperlich-zeitliches Geschehen ist, aber er wirkt in
ihr: als Harmonie des Weltalls ist uns Gott gegeben. Gott ist
nicht Gegensatz zur Natur, nicht das ganz Andere, das uner-
faßbare Ding an sich, denn er rückt aus den menschlichen Er-

---

[1] Fragment zur Characteristica universalis, Ger. VII, 148. (Dazu Brief an Hansch,
1707; an Remond, 10. I. 1714).

lebnismöglichkeiten nicht ganz hinaus: er ist die Steigerung der vom Menschen des Barock in sich selber, im Gemeinschafts- geist, im Reichs-Geist erlebten Schöpferkraft ins Vollkommene. Gott als Haupt-Monade, die über der Welt steht, von der die unendlich vielen Monaden ausgestrahlt sind wie Funken, wie Blitze, ist dennoch konkrete Monade, ist oberste Tatsache, kein inhaltentleerter Grenzbegriff, kein Abstraktum. Timaios gibt die oberste Formel der Welterklärung Gottes, als principium rationis sufficientis mit den Worten: ,,Es kann der Beste nur das Schönste schaffen (oder tun, ποιεῖν)." Leibniz' Prinzip ist damit identisch: er sieht die Schönheit des Kosmos und schließt daraus, daß das Prinzip des Besten die Ursache der Weltexistenz ist. Mögen im Einzelnen noch so viele Schwierigkeiten im Wege stehen, der Grundsatz steht fest, daß Gott die beste Welt ge- schaffen hat, die zu schaffen möglich war. Durch diese Annahme, vorausgesetzt, daß sie sich bewährt, überwindet Leibniz den fruchtlosen Streit zwischen Voluntarismus und Intellektualis- mus: denn wenn Gott Wille ist, so ist dieser Wille doch bestimmt durch die Idee des Guten und Schönen, die das Ziel dieses Wol- lens ist, verwirklicht im Kosmos.

Leibniz bekämpft damit die Auffassung Gottes als reinen Willens, seiner Schöpfung als reiner Willkür. Gott kann nichts anderes wollen als das Schönste und Beste. Die Bedeutung dieser alten scholastischen Streitfrage ist groß. Ist Gott reiner Wille, ergibt sich also das moralische Gesetz allein aus der Willkür Gottes wie aus dem Willen eines zügellosen Despoten, stat pro ratione voluntas, so ist man allein auf die Offenbarung angewie- sen, und mancher verbrecherische Staatsmann könnte sich auf seine Beispiele im Alten Testament berufen. Wie unsere Monade als Substanz Kraft ist, so ist Gott Allmacht. Aber es gibt in Gott noch ein Anderes, was von seiner Allmacht nicht abhängig ist: die Erkenntnis der Ideen. Die Ideen sind als ewige Wesenheiten gegeben. Gott schaut auf sie hin, und im Hinblick auf dies Ur- bild schafft er den Kosmos als schönste der möglichen Welten. Darin gleicht die Gott-Monade der menschlichen, daß sie Vor- stellungen von Etwas hat, die vom Willen unabhängig sind, die umgekehrt den Willen bestimmen. ,,Es gibt in Gott die Macht, die die Quelle von allem ist, dann die Erkenntnis, die die Ideen im Einzelnen enthält und endlich den Willen, der die Veränderungen und Schöpfungen nach dem Prinzip des Besten bewirkt. Das ist es, was dem entspricht, was in den geschaffenen Monaden das Subjekt oder die Grundlage, das Vermögen des Vorstellens und das des Strebens ausmacht. Aber in Gott sind die Attribute unbedingt grenzenlos oder vollkommen, und in den geschaffenen Monaden oder Entelechien sind sie nur Nachahmungen davon je nach dem Maßstab ihrer Vollendung." [1]) Wie die menschliche Ratio die Gesetze der unbedingten Notwendigkeit erkennt, wie weiter unser Geist darüber hinaus die Schau der Idee des Guten und Schönen besitzt, so ist auch Gottes Allweisheit in diese Gebiete gespalten: Er erkennt einmal die Gesetze der Notwendigkeit, die für ihn so unbedingt zwingend sind wie für uns Menschen, die ewigen Gesetze der Logik und Mathematik, während er die Ideen des Schönen und Guten freiwillig befolgt, in seinen Willen aufnimmt. Leibniz verwirft die Auffassung, daß die ewigen Wahrheiten der Metaphysik und der Geometrie und in der Folge davon auch die Regeln der Güte, der Gerechtigkeit und der Vollkommenheit, nichts sind als Wirkungen aus dem Willen Gottes — „mir dagegen scheint es, daß sie Folgen seines Verstandes sind, der so wenig wie sein Wesen von seinem Willen abhängig ist. [2]) Wie alles Große, alles Ganzheits-Streben, muß auch diese Platonisch-Leibnizsche Lehre an allen Fronten kämpfen. Die Naturwissenschaft leugnet die Freiheit, da alles dem Gesetz der Notwendigkeit unterstehe — das transzendente religiöse Bedürfnis verlangt eine Freiheit, die uns vom weltlichen Gesetz überhaupt ablöst: Platon und Leibniz aber verlangen nach keiner anderen Freiheit als der, die sich willig von der Idee des Schönen beherrschen läßt. Ihnen läßt die Bewußtheit, schöpferisch zu sein, in diesem Dienst keinen Wunsch nach unbedingter Freiheit offen. So empfinden es auch Herder und Goethe, daß Goethe in Rom, ringend um schöpferische Führung, in seiner Leibnizschen Metaphysik der Kunst ausrufen kann: „da ist Notwendigkeit, da ist Gott!" „Du mußt! Du mußt! und kostet es das Leben!" ruft auch Faust im ekstatischen Augenblick, in dem er die menschlichen Schranken durchbricht. Darin

---

[1]) Monadologie § 48. Dazu auch Princ. d. 1. nature e.d.l. grâce § 9.
[2]) Disc. d. métaphysique § 2. Gerh. 428. Manche Erörterung über den angeblichen Intellectualismus von Platon und Aristoteles und den Voluntarismus von Augustin wird überflüssig, wenn diese Leibnizschen Principien verstanden sind.

bewährt sich die schöpferische Denkart, daß sie den Einklang von Wollen und Müssen, von Macht und Idee, von Leidenschaft und Gesetz als höchste Vollendung der Welt und als höchste Freiheit erlebt und keine Skrupel kennt, ob sie frei oder notwendig handelt. (= Hypothetische Notwendigkeit)

Nietzsche hat in den Vorarbeiten für sein System des „Willens zur Macht" das Weltgeschehen zurückführen wollen, wohl unbewußt im Sinne der Monadenlehre, auf Kraftzentren, die nur quantitativ sich unterscheiden, auf ein bloßes Auswiegen dieser Kraftquanten untereinander. Das ergäbe offenbar eine quantitative, mechanische Weltanschauung, die seinem eigenen Willen in keiner Weise entsprochen hätte: in Wirklichkeit erkennt er die Idee der Schönheit, und damit der Rangordnung, der Vornehmheit, des Geschmackes, der vorbildlichen sich selbst verschwendenden Menschlichkeit an. Leibniz spricht weit deutlicher aus, was Nietzsche sucht. Wenn doch die schöpferische Kraft Idee des Guten, ihr Ziel aber die Idee des Schönen ist, dann kann die Schönheit nicht schlechthin im Prinzip der bloßen Harmonie, in der Betonung des Ein-Klanges, der einfachen Proportion gesehen werden: denn das würde auf die Erlösung in der Ruhe, auf eine Beendung des schöpferischen Geschehens hinauslaufen. Leibniz kann nur d i e Harmonie anerkennen, die eine unendliche Fülle der Gestalten in sich enthält. In seiner Handschrift für den größten Täter seiner Zeit, den größten Staatsmann der deutschen Reichsidee, spricht er seinen höchsten Gedanken so aus: „Es folgt aus der obersten Vollkommenheit Gottes, daß er bei der Schöpfung des Universums den bestmöglichen Plan gewählt hat, gemäß dem die größte Mannigfaltigkeit mit der größten Ordnung entsteht; bei dem das Gebiet, der Ort, die Zeit bestens verwandt sind; die größte Wirkung auf den einfachsten Wegen hervorgebracht wird; das Meiste an Macht, das Meiste an Erkenntnis, das Meiste an Glück und Güte in den Geschöpfen, das das Universum in sich aufnehmen konnte. Denn da sämtliche Möglichkeiten nach dem Maße ihrer Vollkommenheit, nach der Existenz im Geiste Gottes streben, so muß das Ergebnis aller dieser Strebungen die wirkliche Welt als die vollkommenste, die möglich wäre, sein. Und ohne diese Voraussetzung würde es nicht möglich sein, könnte

man keinen Grund dafür angeben warum die Dinge eher so als
anders geschehen sind." ¹)

Die göttliche Schöpferlust ist unendlich. Sie erzeugt die Monaden in unendlicher Zahl, ein unendliches All ohne leeren Raum.
Aber es wäre unschöpferisch, es wäre daher grundlos, eine einmal
geschaffene Monade völlig gleich zu wiederholen. Gedanklich abgeleitet aus dem Prinzip des zureichenden Grundes, in Wirklichkeit Ausdruck für das beherrschende Prinzip des schöpferischen Geschehens, legt Leibniz daher der Betrachtung des Universums, zumal aller lebendigen Geschöpfe, weiter das Principium identitatis indiscernibilium zu Grunde, wonach es nicht
zwei völlig gleiche Monaden geben kann. Logisch ist dies Prinzip
nicht zu beweisen, aber es ist der ungeheure Ausdruck der schöpferischen Weltkraft. Dies Prinzip aber ist das schlechthin charakteristische für seine Weltanschauung, die Auswirkung der
Idee des Schönen in unendlich vielen Gestalten, die aber geordnet sind in eine ununterbrochene Stufenfolge des Ranges, je
nach dem Grade ihrer Vollkommenheit. Leibniz ist sich bewußt
dieser grundlegenden Bedeutung der Rangordnung, der gegenüber aller Mechanismus (als Weltanschauung) so totenhaft, küm-
merlich wirkt, wenn er nicht lange vor seinem Tode an Clarke
(IV, 5) schreibt: „Diese großen Prinzipien des zureichenden
Grundes und der Identität des Ununterscheidbaren haben den
Zustand der Metaphysik verwandelt, welche durch diese Mittel
real und beweisbar geworden ist, während sie früher fast nur aus
leeren Begriffen bestand." Nur aus dieser Krönung des Gedan-
kenbaues können dessen untere Stufen gedeutet werden — nur
so ist Leibnizens Verhältnis zum Gesamtgeist der Philosophie
aufzuweisen. So widersprechend er auch sonst gedeutet wird,
stimmt man doch meist darin überein, daß seine Philosophie
gegründet sei auf den Rationalismus im Sinne der logischen
Gesetzlichkeit und Erklärbarkeit des Alls. Aber diese Deutung
ist irreführend, denn sie verschleiert das Wesentliche: darin erweist sich das Schöpferische, daß es logisch nicht erklärbar, daß
es kontingent ist. Es ist nichts gesagt, wenn man Platon und
Leibniz „Rationalisten" nennt. Es kann nicht heißen, daß Erkenntnis den Willen überwiegt, denn Allmacht und Wille sind

---

¹) Princ. d.l. nature e.d.l. Grace. § 10. Der Gottesglaube — oder der Blick auf das
Schöpferische schaltet also aus der Kontingenz alle Zufällige, alle Willkür aus.

die Kräfte, aus denen die Schöpfung hervorgeht, Wille und Erkenntnis stehen im Gleichgewicht. Aber ob diese Erkenntnis mit Ratio gleichzusetzen ist, ist fraglich. Die große Philosophie dringt auf den Urgrund, bei Leibniz auch raison genannt, der zugleich Wesens- und Schöpfungsgrund ist. Ratio und Causa ist gleichbedeutend für Gott (Theod. I § 8). In Gott sind geschieden Verstand und Wille — aber der Wille ist Grund und Ursache, Raison und Causa in Einem. Vernunft und Verstand sind raisonnement, entendement. Der Verstand Gottes erkennt das Notwendige, das Rationale, er erkennt auch die Ideen der Gerechtigkeit, des Guten, des Schönen — aber als Prinzipien des Kontingenten, des Nicht-Notwendigen. Sein Wille schafft — im Rahmen des Notwendigen — unter dem als möglich Geschauten das Beste und Schönste in die Wirklichkeit. Aber nicht die Verstandes-Ratio als solche, die Logik, die Notwendigkeitserkenntnis schaut diese höchsten Ideen. Das tut nur die Vernunft im höheren Sinne. (Die Begriffe Verstand, ratio, Vernunft sind sehr verwirrt.) — Der menschliche Geist findet zu Gott nicht durch Vernunftwahrheiten (raisonnement), sondern durch Tatsachenerkenntnis. Wenn auch der schöpferische Urgrund die raison enthält, so ist er doch frei schaffend. Leibniz ist nicht reiner Rationalist, denn Verstand ist weniger als Wille. Versteht man aber unter Irrationalismus das Überwiegen des triebhaften Tuns über den bewußten Willen, dann gehört Leibniz mit Goethe dagegen ins Geschlecht derer, die nach dem Licht streben, Aufklärer im edelsten Sinne des Wortes.

Dieser Streit um schlecht gewählte Schlagworte berührt allzunah die höchste Entscheidung. Bei Kant ist die Unterscheidung der Notwendigkeits-Ideen und der Moral-Idee im Verstande Gottes erhalten als theoretische und als praktische Vernunft. Schließt man sich dem an, (obwohl der Begriff eines Willens als nicht theoretischer Vernunft nicht sehr zweckmäßig ist), so ist es berechtigt, auch die Ethik in den Rationalismus einzubeziehen: in dieser Erweiterung scheint auch Leibniz Rationalist benannt werden zu können. Dann aber wird im Letzten der Wesensunterschied unübersehbar: Der Unterschied des ewigen notwendigen Gesetzes und des universal ‚Gesetzten.' Kant faßt das Sittengesetz analog dem allgültigen Naturgesetz — Leibniz spricht von der Schöpfungs-Satzung als der von Gott

gewählten konkreten Welt unter andern möglichen Welten. Die
Philosophie überhaupt leidet oft unter dem Fehlen der Unterscheidung des „Allgemeinen," Abstrakten und der Konkreten
All-Ganzheit. Leibniz' Gott aber ist mehr als das allgemeine
Harmonie-Gesetz, er ist freier Schöpfer der konkreten in harmonischen Linien verlaufenden Melodien, der Fuge. Leibniz unterscheidet ausgezeichnet diese von Gott gesetzte, die kontingente Ursächlichkeit, die „hypothetische" Notwendigkeit von
der unbedingten rationalen Notwendigkeit (Logik und Mathematik), vom Gesetz, dem Gott selbst unterworfen ist, das aber
unschöpferisch ist. Der Zugang des Ich zur Welt, zu Gott, ist die
Erkenntnis, ist für Leibniz überrationale Erkenntnis. Die Verstandesaufklärung erstrebt allein rationale Erkenntnis und verbannt die überrationale als Schwärmerei und gerät in Widerstreit mit Glaube und Religion. Hobbes verlangt, daß man sich
mit Kirchendogmen abfindet, ohne sie vernünftig zu erwägen,
unzerkaut schluckt wie Pillen. Pascal und Bayle verlangen, daß
man den Glauben als Höheres anerkennt und ihm die Vernunft
opfert. Leibniz ist einer überrationalen Erkenntnis gewiß, die
Glauben und Vernunft versöhnt, vereint. Damals beginnt die
große Spaltung in diskursives und intuitives Erkennen, die in
sehr verschiedenen Stationen in Kant, in Hegel, in exakter Wissenschaft zum erdrückenden Übergewicht des diskursiven Denkens, zum Siege des Begriffs über die Anschauung, zur Aufklärung des 19. Jahrhunderts führt. Die Wissenschaft verdächtigt die Intuition als individualistisch, phanthastisch, willkürlich, indem sie diesen Begriff einseitig verwandelte. (Intuition ist Schau, die sowohl der Geometrie wie der erfahrungs-
mäßigen Gestalt-Erkenntnis zu Grunde liegt). Fast alle großen
Denker wußten, daß die höchste vollendete Erkenntnis die intuitive ist: darin sind die Gegner Spinoza, Locke, Leibniz, Kant
einig mit Platon Thomas Dante. Also auch Kant zweifelt nicht:
die vollendete Erkenntnis ist Schau, ist intellektuelle Anschauung,
ist göttlicher Intellektus archetypus. Aber auf dieser höchsten
Spitze vollzieht sich die Spaltung zwischen Leibniz und Kant.
Für Kant ist dieses Anschauliche Denken ein für den Menschen
leerer Begriff und seine Annahme, daß dieser dem Menschen
unmögliche Intellektus archetypus eben der schöpferische Geist
Gottes sei, übersteigt den Kritizismus und ist nur von Leibniz

her zu verstehen. Philosophie heißt für Kant, Begriff und Schau strengstens sondern und Schau nur als sinnliche Erfahrung und Geometrie anerkennen. Für Leibniz aber heißt Philosophieren, wie für den Vollender der Metamorphosen-Lehre, zur Teilnahme aufsteigen am schöpferischen Gottesgeist, Aufstieg zur vollendeten Intuition.

Darin, daß echte Erkenntnis intuitiv sein muß, stimmt Leibniz also mit Descartes und Locke überein. Schon 1684, sechs Jahre vor dem Erscheinen von Lockes Hauptwerk über den menschlichen Verstand, hat Leibniz in den ,,Betrachtungen über die Erkenntnis, die Wahrheit und die Ideen'' die Grundzüge seiner späteren Erkenntnislehre festgelegt. Er unterscheidet drei Schichten der Erkenntnis — das Schema Thesis, Antithesis, Synthesis vorausnehmend, ohne es wie Hegel begrifflich, fast mechanisch erstarren zu lassen. Tier und Mensch erkennen in sinnlicher Wahrnehmung unmittelbar intuitiv die Erscheinungswelt. Sie setzt sich zusammen aus sinnlichen Qualitäten ,,aber wir dringen nicht auf den Grund der Farben, Töne, Gerüche.'' Leibniz nennt diese intuitive Erkenntnis ,,verworren,'' aber sie kann ,,klar'' sein, sie kann klare Bilder geben, in sich geschlossen sein. Die Erkenntnis des Gelehrten dagegen ist ,,distinkt'', diskursiv, sie zergliedert die Erscheinungen bewußt in Einzelheiten, aber die letzten Einzelheiten müssen wieder intuitiv, anschaulich gegeben sein. Das Mittel dieser Erkenntnis ist die Ordnung von Raum, Zeit, das Prinzip der Kontinuität. Das Vorbild dieser Erkenntnisart ist die Arithmetik. Diese Quelle a priori ist ,,intelligibel.'' Die sensible und intelligible Erkenntnis zusammen ergibt wieder die Vorstellungswelt, die imaginative [1]).

Exakte moderne Wissenschaft, ob sie sich nun als idealistisch oder als positivistisch begreift, findet das Verdienst von Leibniz sei, alle Erkenntnis auf die mathematischen, die intelligiblen Gesetze zurückzuführen: eine naheliegende Verkennung, mit der seine Philosophie aus den Fugen gerissen wird. Gewiß ist Leibniz das Genie dieser ,,intelligiblen'' Erkenntnis, doch sie ordnet nur die niedere Welt, die bloße Erscheinung, ja nur die bloße körperlich-mechanische Seite in der Erscheinungswelt. Die rein begriffliche, nicht mehr anschauliche Erkenntnis nennt Leibniz

---

[1]) ,,Was jenseits der Sinne und der Materie liegt'' (1702).

ausdrücklich blind, nur „symbolisch", darum nicht adäquat. Adäquat wird sie erst, wenn sie durch Aufnahme der sinnlichen Qualitäten imaginativ ist. Moderne Denker glauben oft Leibniz und die eigene Fachwissenschaft zu ehren, wenn sie möglichst verschweigen, daß jener einem höheren Ideal der Erkenntnis folgt als dieser discursiven, dem Gesetz der Notwendigkeit allein unterworfenen. Und doch erlauben seine klaren Feststellungen keinen Zweifel: über der adäquaten aber diskursiven Erkenntnis steht die höhere Form, die zugleich adäquat und intuitiv ist. Was aber fehlt der discursiven Erkenntnis, wenn sie positivistisch die sinnlichen, intuitiven Qualitäten in sich aufgenommen hat? Sie ist als Ganzes nicht intuitiv, weil sie ihre Bestandteile nicht in Einem Augenblick zusammenfaßt. „In der Tat können wir, wenn eine Vorstellung sehr zusammengesetzt ist, nicht alle in sie eingehenden Merkmale zugleich denken; wo dies dennoch möglich ist, und in dem Maße wie es möglich ist, nenne ich die Erkenntnis i n t u i t i v .... Hieraus erhellt bereits, daß wir, um die Ideen von solchen Inhalten zu haben, die wir distinkt erkennen, notwendig des intuitiven Wissens bedürfen." So sagt er, den echten Weg zur Platonischen Ideenschau bahnend, schon 1684. In der „Metaphysischen Abhandlung" (1686) führt er dieselbe Lehre aus, aber mit einem wichtigen Zusatz (§ 24): „Und wenn mein Geist mit einem Blick und in distinkter Weise alle ursprünglichen Bestandteile eines Begriffes erfaßt, dann besitzt er eine i n t u i t i v e Erkenntnis derselben, die indeß sehr selten ist, da die meisten menschlichen Erkenntnisse sehr verworren sind oder auf bloßen Annahmen beruhen." [1]

---

[1] Buchenau-Cassirer übersetzt das trennende „ou" in ein gleichsetzendes „das heißt", als ob die sinnlichen Erkenntnisse deswegen verworren seien, weil sie Annahmen enthielten, während es heißt: den sinnlichen Erkenntnissen fehlt die intelligible Distinktion, den diskursiven die wahre Intuition. Dante beschreibt diese Intuition als Betrachtung der Himmelsrose: die zusammenfassende und doch distinkte Schau, die in der Mitte steht zwischen diskursivem Wissen und letzter mystischer Schau. „Und weder in den höhen noch den weiten / Verwirrt ich mich: ich habe ganz besessen / Das wie und wieviel aller herrlichkeiten." (Himmel XXX) Der junge Stefan George kennt im ersten der veröffentlichten Gedichte den Augenblick verewigender Intuition: „Der zeiten flug verliert die alten namen / Und raum und dasein bleiben nur im bilde." Platons Symposion nennt die philosophische Intuition ein Eleusinisches Mysterium. Für Locke und Kant ist solche Zusammenschau wissenschaftlich wertlos, weil sie „sehr selten", nicht jederzeit im Durchschnittverstand wiederholbar ist. — (Werden aber nicht auch die Errungenschaften der neusten mathematischen Physik auf die Autorität von wenigen zur Kritik befähigten Denkern hin anerkannt?)

Das ist der Gipfel der europäischen Erkenntnislehre: der schöpferische Geist. Die Lehren unserer beiden großen Denker berühren, ja durchdringen sich in diesem Scheitelpunkt — um alsbald sich gegenseitig abzustoßen. Es sind die berühmten, wahrhaft „transzendentalen" Paragraphen in der Kritik der Urteilskraft, die sich um den Mittebegriff des intellectus archetypus, intuitiven Verstand, intellektuelle Anschauung, anschauende Urteilskraft (um § 77) gruppieren. Kants Kritik beruht auf Leibnizschen Begriffen, in der Unterscheidung des Sensiblen, des Intelligiblen, des Intuitiven. Diese Paragraphen durchleuchten Leibniz und Kant. Wie Leibniz gibt Kant zu, unser seelisches Denken nach Zwecken und unsere mechanistische Welterklärung könnten nur in einem i n t u i t i v e n Verstande vereint werden — aber diesen Verstand gibt es nicht in unserer Welt. Was für Leibniz die schöpferische Sonne ist, aus der wir die Welt verstehen, das ist für Kant weniger als eine Hypothese, ist ein leerer, transzendenter Begriff. Leibniz sagt: „Da ich nun einsehe, daß auch andere Wesen das Recht haben können, Ich zu sagen oder daß man es für sie sagen könnte, so verstehe ich daraus, was man ganz allgemein als S u b s t a n z bezeichnet. Es ist ferner die Betrachtung meiner Selbst, die mir auch andere m e t a p h y s i s c h e Begriffe, wie die der Ursache, Wirkung, Tätigkeit, Ähnlichkeit usw., ja selbst die Grundbegriffe der L o g i k und der M o r a l liefert." Als Vorläufer Kants setzt er dem sensualistischen Prinzip, das im Verstand nichts als das sinnlich Gegebene sieht, entgegen: „ausgenommen der Verstand selbst." Das ist bei Kant das Apriori, die reine Vernunft. An dieser Stelle aber ergänzt Leibniz „oder das verstehende Subjekt." Und der Zusammenhang besagt, daß dies Subjekt nicht das nackte Ich, sondern die sich gegenseitig verstehenden Monaden, das Ich, Du, Wir ist.

Der gemeinsame Ausgang vom „Ich" enthielt bei diesen Denkern und an dieser Stelle doch sogleich wieder den Gegensatz der zergliedernden, dann rational konstruierenden zur ganzheitlich fassenden Denkart. Der zweifelsüchtige Descartes folgert: „Ich kann annehmen oder mir einbilden, daß nichts Körperliches existiert, niemals aber mir einbilden, daß i c h nicht existiere oder nicht denke; also bin ich nicht körperlich, noch ist das Denken eine Beschaffenheit meines Körpers." Leibniz ist

„erstaunt, daß ein so ausgezeichneter Mann einem so bedeu-
tungslosen Sophisma solche Beweiskraft zutrauen konnte.” Mit
allen Folterwerkzeugen könnten wir aus diesem Argument nur
erpressen, daß wir an der körperlichen Natur der Seele zweifeln
dürfen. Denn wir erkennen wohl vollkommen die Existenz der
Seele, aber nur unvollkommen ihre Natur, ihr Wesen [1]). Überraschend, daß Leibniz gerade hier Descartes so heftig abwehrt.
Auch sein eigner Grundsatz ist, daß die seelische Monade wirklich existiert, während das Rein-Körperliche nur Erscheinung
ist. Aber offenbar fühlt er, daß jener unbedingte Dualismus der
Tod der wahren Metaphysik ist. Vom reinen Ich kommen Descartes und Kant zur mechanisierenden Vernunft, andere zum
weltlosen Gott — Leibniz kommt über das Ich und Wir zur
leibhaften Monadengemeinschaft und zum schöpferischen Gott.

Sehr bestimmt trifft er den Anfangspunkt des Irrweges:
Schon im Artikel 2 nimmt sich Descartes das Recht, „alles Zweifelhafte als falsch anzusehen. Das hieße nicht Vorurteile aufgeben,
sondern nur andere an ihre Stelle zu setzen.” Zweifelsucht,
Skeptizismus dient der kritischen Reinigung, der Steigerung der
Erkenntnis in brieflichen Dialogen, die Leibniz außerordentlich
liebt — auch hierin echter Platoniker. Aber größer als Sehnsucht
nach Sicherheit und Ruhe ist Tätigkeit, Schöpferlust. Augustin
hat jener Sehnsucht, die als Letztes dem Menschen bleibt, wenn
die Umwelt sinnlos oder satanisch wird, den größten und schönsten Ausdruck gegeben. „Du hast uns auf Dich hin geschaffen,
und ruhelos ist unser Herz, bis es Ruhe findet in Dir.” Bei Descartes und Kant nimmt Augustins cogito ergo sum eine engere
erkenntniskritische Bedeutung an. Leibniz ist größer als diese
Zweifelsüchtigen — wenigstens wenn schöpferische Dynamik
größer ist als Quietismus oder Verzicht auf das Ganzheitlich-
Leibhafte. Wenn auch Leibniz der Gründer der Erkenntniskritik
geworden ist — für ihn selbst ist dies Interesse zwar wichtig,
doch nicht entscheidend. Es ist nicht fruchtbar, nicht schöpferisch, er rückt es an die Peripherie, er läßt die „Essais” unge-
druckt liegen. Er blickt nicht aufs Ich zurück, um den einzigen
Halt zu finden, der das Dasein eines Gegenstandes beweist, von
dem aus man mathematisch deduzieren kann, sondern er sieht

---

[1]) „Bemerkungen zu den kartesischen Prinzipien”, zu Teil I, Art. 8.

in den Monaden die Keime der Welt, die Spiegel der Fülle der Erscheinungen, den Abglanz der göttlichen Schöpferkraft. Von Parmenides und Platon ausgehend, repräsentiert er das Abendland — Kant, von Descartes ausgehend, nur die eine Seite, die exakte Wissenschaft ohne schöpferische Schau. Wie für Dante ist für Leibniz die göttliche Schau das höchste Sein — und aus dieser Schau fließt die Liebe zur Weltgestaltung, das Werk.

Der schöpferische Mensch. Gott als schöpferische Weltkraft: darin sind altes Testament, griechische Philosophie und Christentum einig. Aber innerhalb der christlichen Entwicklung gibt es eine oft zerreißende Spannung zwischen dem Grundgefühl, daß der Mensch Abbild Gottes sei — oder der gänzlich Nichtige gegenüber dem unbedingt Transzendenten, dem Ganz-Anderen. Jenes birgt in sich die Gefahr der Selbstvergottung des Menschen (um deren willen Adam aus dem Paradies getrieben wurde) — dieses die der gänzlichen Unfreiheit des vor Gott nichtigen Menschen, der Entwesung der Persönlichkeit bis zur Weltverneinung. Diese Frage führt logisch an die Grenze des Denkvermögens, gefühlsmäßig ins Zentrum des Erlebens, in den ursprünglichen Glauben, wie auch Dante lehrt. Dieser Doppelsinn bewährt in der Religion seine furchtbare Macht im Kampf ums Dogma der Prädestination: Augustin, Luther, Calvin, die Verfolgung der Arminianer, die Verurteilung von Oldenbarneveldt und Hugo Grotius (1618) — um zu schweigen von der ewigen Spannung zwischen Terror der Kirche als Institution und Terror der freien Schwarmgeister. Leibniz nennt diese Lehre das Labyrinth schlechthin, das die Theologen zu allen Zeiten in Atem hielt [1]). Geistige Existenz erlischt, wenn die Spannung zwischen den beiden Polen ganz verschwindet. Reißen sie ganz auseinander, so ist auch das seelische Leben zerrissen — zieht sich das Leben in einen der Pole zurück, so wird entweder der Geist oder der Körper seelenlos. Gefühl und Herz bleiben leer.

Nun aber ist das seltsame Schicksal des Geistes: die strengste religiöse Lehre des Augustinismus verbindet sich mit dem mechanistisch rationalen Geist exakter „Naturwissenschaft", insofern beide einig sind, den Kern der Persönlichkeit, die Willensfreiheit

---

[1]) Einleitender „discours" der Theodicee, § 24.

zu leugnen. Im unmittelbaren Lebensgefühl teilzuhaben am Schöpfergeist, kann Leibniz sich weder auflösen in einen gestaltlosen Allgemeingeist noch in ein mechanistisches Kausalgesetz. Die heftigste hin- und herreißende Spannung zwischen beiden Polen — mathematischem Geist, der nur mechanische Körperwelt erkennt und Allgemeiner Seele, die ihre Persönlichkeit aufopfert — war in der auf Augustin zurückgehenden Bewegung in Frankreich und Holland, im Cartesianismus, Jansenismus, Arnauld, Port-Royal wirksam und endete schließlich mit ihrer Überspannung nicht unnatürlich in der Schwarmgeisterei, Veitstänzerei der „Convictionäre" (1727). Leibniz wurde durch die metaphysische Tiefe wie die mathematische Exaktheit der Bewegung angezogen, lernend, werbend, widersprechend ringt er dauernd mit ihr — denn die Ganzheit seiner Person empfand in diesem Dualismus der Pole, in dieser Unfreiheit die Gefahr. Pascal war Ausdruck jener Zerrissenheit in seiner Seelentiefe. Bayle, der Fürst der Aufklärung vor dem Siege der Naturwissenschaft, der Vorläufer Kants, war Ausdruck der Zersetzung der Philosophie in einer Lehre der doppelten Wahrheit. Vernunft und Glauben galten ihm als unversöhnliche Gegensätze. Pascal und die Kirche seien im Recht, unbedingte Unterwerfung der Vernunft unter den Glauben zu verlangen — das beweist Bayle immer von neuem, indem er die Vernunftwidrigkeit des Glaubens erweist. Aber diese Begründung dient ebenso den Freidenkern, Atheisten, Voltaire. Ist es ihm ernst mit dem Glauben? Ist er frivol oder fromm, „devot"? Wohl keins von beiden. Er ist Vorläufer Kants. Er ist „Positivist", Verneiner der spekulativen Metaphysik, gleichgiltig gegen den „positiven" Offenbarungsglauben: aber er glaubt ans apriori eingeborene Sittengesetz, an den Primat der praktischen Vernunft vor der theoretischen.

Das war die Frage der Theodicee. Wieder stehen wir im Brennpunkt des Leibniz-Verständnisses, wo es modernen Begriffen schwer zugänglich ist: Intellectus, Raison, Geist, Vernunft, Verstand — nur wenige Philosophen gelangen zur folgerichtigen Verwendung der Worte. Theorie heißt Schau, Intuition, nicht Gefüge abstrakter Begriffe. Praxis, wenn sie bewußtes Handeln, nicht unbewußte Handfertigkeit meint, beruht auf Theorie. Der Tischler ist geführt durch die Idee des Tisches. „Theoretische Vernunft" im echten Sinne wäre Intellectus archetypus, schöpferischer Geist — hätte also den Primat vor der nur „praktischen Vernunft." (Wer dies „Intellektualismus" nennt, ist ganz „von Gott verlassen.") Gerade darum hat das Tatsachenwissen, die innere Erfahrung den Vorrang vor bloßen Vernunftwahrheiten, der Ratio, dem raisonnement, soweit sie die äußeren Erfahrungsstoffe gesetzmäßig einordnen. Doch braucht Leibniz, wie wir sahen, das Wort ratio, raison, Grund bisweilen auch für den Weltgrund, den Intellectus archetypus, den schöpferischen Weltgeist, nicht konsequent nur für das Raisonnement, das Erkenntnisgesetz der Logik und Mathematik. Leibniz sagt hier im einleitenden Discours betitelt „De la conformité de la foi avec la raison", dessen erster Satz gegen Bayle gerichtet ist, in § 44: „Also bedürfen wir gar nicht erst des offenbarten Glaubens, um zu wissen, es existiere ein solches einheitliches Prinzip aller Dinge, vollkommen gut und weise: die Vernunft lehrt es uns mit unwiderleglichen Beweisen." „Raison par démonstration" — ist das nicht die reine Ratio, die zur Grundlage der Welt gemacht wird? Wer dieser Täuschung verfällt, hat weder die Fortsetzung noch Leibniz' klare Abgrenzung der Begriffe in § 1 und 2 beachtet. Hier sagt er „la raison pure et nue, die reine bloße Vernunft, die von der Erfahrung unterschieden ist, hat es nur zu tun mit Wahrheiten, die von den Sinnen unabhängig sind." Aber sie sind beschränkt auf die leere Notwendigkeit, ohne Daseinsgehalt, ohne Schöpfung. Leibniz definiert hier seinen Begriff der Vernunft neu — ausdrücklich zur Überraschung seiner Zeitgenossen. Er lehnt die Beschränkung auf die reine Vernunft, die Vernunftwahrheiten ab und legt — hierin der „Aufklärung" maßgebend — den weiteren Begriff zugrunde, der auch die geordneten Tatsachenwahrheiten umfaßt. „Vernunft ist die Verkettung der Wahrheiten, jedoch im Besonderen — wenn man sie mit dem Glauben vergleicht — derjenigen Wahrheiten, die der menschliche Geist auf natürliche Weise erreichen kann, ohne vom Licht des Glaubens erleuchtet zu sein." Das nennt Leibniz die rechte und wahrhafte Vernunft. Es gibt also drei Gebiete, weil Vernunft und Tatsachenwissen sich überschneiden. Vernunftwissen teilt sich in reine, bloße Vernunft und rechte Vernunft, die eine Hälfte des Tatsachenwissens umschließt. Das Tatsachenwissen, die Erfahrung, teilt sich in das Licht des Glaubens (der Offenbarung) und das natürliche Licht. Die reine Vernunft, die apodiktische, die angeborenen Ideen interessieren hier wenig: sie gehören in die Erkenntnistheorie, bilden aber, ebenso wie der Glaube, eine Vorstufe zur höchsten Erkenntnis. Die rechte Vernunft ist die Grundlage des Rationalismus der Aufklärung im weiten Sinne (Descartes und Locke zusammen). Ratio und Glaube werden aber nicht, wie der Titel mißverstanden werden kann, gleichgesetzt, sondern es sind zwei verschiedene Erkenntnisse, die sich nirgends widersprechen. „Ich nehme an, daß zwei Wahrheiten sich nicht widersprechen können." Das ist die Grundthese: die Vernunft braucht sich nicht dem Glauben zu unterwerfen und sie hat nicht die Möglichkeit, den wahren Glauben zu widerlegen. Damit wird Bayles Lehre, mag man sie benutzen im Dienst einer vernunftfeindlichen Kirche oder einer kirchenfeindlichen Aufklärung, widerlegt. Insofern schreitet auch Kant über Bayle hinaus. Es ist nötig, diese Worterklärungen, die Leibniz an den Anfang gestellt, begriffen zu haben, wenn man § 44 verstehen will. Die „Vernunft mit ihren unwiderleglichen Beweisen" ist also nicht die reine bloße Vernunft, die apodiktische, sondern die Erfahrungsvernunft, das Welt-Wissen. Diese Erfahrung ist es, die uns unwiderleglich beweist, daß auch eine Ursache der Existenz, das Prinzip des zureichenden Grundes, ein frei-schöpferischer Gott existiert.

Immer wieder führt Leibniz aus: die apodiktischen Gesetze der reinen Vernunft geben nur den Rahmen, innerhalb dessen sich das Lebendige, Wirkliche entwickelt. Die Schöpfung aber ist contingent, nicht-notwendig, nur der Erfahrungserkenntnis faßbar. Der Schöpfer ist geleitet durch die Liebe zum Guten, zur schönen Welt. Da nun die Ideen der Gerechtigkeit und Schönheit, als Ideen, ewig notwendig sind, so scheint denkbar, auch diese Tätigkeit Gottes rational zu deuten. Die an Descartes, Spinoza, Newton, Kant gebildeten Forscher können schlechthin den Gedanken nicht vollziehen, daß trotz unbedingter Geltung der Vernunftwahrheiten erst die contingente Erfahrung ins höchste, ins Gotteserlebnis führen soll. Und sie haben eine unerhörte Mühe darauf verwandt, gegen Leibniz zu beweisen, daß Leibniz dennoch ein höchstes mathematisches oder logisches Weltprinzip lehre. Gerhard Krüger hat sich in einer kurzen, aber durchaus wesentlichen Einleitung von dieser Richtung abgesetzt und Leibniz von der Gegenseite, vom Christentum aus gesehen, da nach dem Zusammenbruch der modernen Welt die Auseinandersetzung mit Leibniz' Metaphysik von neuem akut geworden sei. In dieser Sicht aber läßt er — natürlich in umgekehrter, negativer Wertung — die neukantianische Fehlkonstruktion stehen: Für Leibniz bestehe die Vollkommenheit der besten aller Welten in ihrer mathematisch-maschinellen Rationalität. [1]) Dann wird das Band gelöst, das die ganze Lehre zusammenhält: eine Forschung ohne dessen Klärung schwebt in der Luft. Wenn Huber [2]) Leibniz von der Logik her erklären will, trotz Ablehnung der mathematischen Deutung, so fehlt auch hier ein Wesentliches.

Daß Leibniz hier nicht reine Vernunft, also mathematische oder gar maschinelle Vernunft meint (dieser gilt ja der Kampf gegen Newton), muß man aus § 2 mitbringen. Die Frage kann nur noch sein: ist dies Schaffen Gottes unter Leitung der Idee der Schönheit, der Liebe zur besten Welt verstandesmäßig im Sinne der Aufklärung klar zu durchschauen? Das wäre allenfalls noch unter Rationalismus zu verstehen. ,,Denn wenn wir fähig wären, die Harmonie des Universums zu verstehen, dann würden wir sehen, daß das, was wir zu tadeln versucht sind, verbunden ist mit dem der Wahl würdigsten Plan; in einem Wort: wir würden s c h a u e n und nicht allein g l a u b e n, daß, was Gott geschaffen hat, das Beste ist. Schauen nenne ich hier, was man a p r i o r i aus den Ursachen erkennt, und glauben, das, was man aus den Wirkungen erschließt, obwohl das eine ebenso sicher erkannt ist, wie das andere. Und man kann hier auch anwenden, was St. Paulus sagt (2. Kor. V, 7): Wir wandeln im Glauben und nicht in der Schau." Also in dieser Sicht gipfelt die Lehre, in höchster Erkenntnis, in der augenblicklichen Intuition der All-Ganzheit. Sie ist nicht Sache der Fachwissenschaft, von reiner bloßer Vernunft ist überhaupt nicht die Rede; ob der Mensch im irdischen Leben sie erreichen kann, ist hier nicht gesagt; aber es gibt zwei Wege in dieser Richtung, die beide gegangen werden müssen: den Weg der diskursiven Erfahrungs-Vernunft durch Forschung und den Weg der intuitiven Glau-

---

[1]) Leibniz' Hauptwerke, Kröner-Verlag 1933. S. XLVI.
[2]) ,,Leibniz und wir". Ztsch. f. Philos. Forschung, 1946. Bd. I. Vgl. dagegen oben S. 239. f.

bens-Erfahrung durch Offenbarung [1]). Bis zu dieser Höhe zu gelangen, ist schlechthin „Gnade." „Darum darf man sagen, daß
der Triumph der wahrhaften Vernunft erleuchtet durch die
göttliche Gnade zu gleicher Zeit der Triumph ist des Glaubens
und der Liebe" (§ 45).

Die Rationalisten wie Bayle verlangen zu viel von der discursiven, wissenschaftlichen Vernunft: sie soll bis zur höchsten
Erkenntnis führen. Und weil sie das nicht leisten kann, wird
Bayle Skeptiker: er sieht in der Vernunft die den Glauben zerstörende Kraft. Er kann sich dafür auf viele Autoritäten berufen:
Auf Paulus, Augustin, viele Scholastiker, Luther, Calvin, besonders auf Tertullians Grundsatz credo quia absurdum. „Gestorben
ist Gottes Sohn, das ist zu glauben, weil es widersinnig ist, und
aus dem Grabe ist er auferstanden, das ist sicher, weil es unmöglich ist." Leibniz findet die Lösung, auf der Kant weiter-
baut: Unsere discursive Vernunft ist ebenso wenig fähig, den
Glaubensgehalt zu beweisen wie zu widerlegen (soweit er nicht
den Gesetzen der Logik widerspricht). Die Aufgabe der Vernunft
besteht hier nur darin, die unberechtigten Widersprüche einer
ihre Grenzen überschreitenden, unechten Vernunft zu widerlegen. Bayle sollte nur den Mißbrauch der Vernunft tadeln —
statt dessen erklärt er sich gegen die Vernunft überhaupt
(§ 46–51). Diese Zerreißung der Seele in Glauben und Vernunft
hat Leibniz nicht geheilt: in sich selbst nicht, weil er sie gar
nicht vollzogen hatte, sondern aus der Ganzheit lebte — im europäischen Geiste nicht, weil die Zeit nicht reif war, ihn zu verstehen. Kant baut wohl auf dieser methodischen Lösung weiter,
indem er Bayle überwindet durch die gleiche Eingrenzung der
Vernunft, aber die lebendige Ganzheit stellt er nicht her. Erst

---

[1]) Dieser unzweifelhaften Lehre steht die Deutung fast aller Autoren gegenüber.
Durch zwei Gründe gibt Leibniz besonders zu diesen Mißverständnissen Ursache.
1) Wie Nikolas von Cues verdeutlicht er die höchste Erkenntnis durch Beispiele aus
der Mathematik. Es ist immer zu bedenken: als Erkenntnismittel dient die Mathematik allein den rein körperlichen Bewegungen in der Erscheinungswelt, nicht der
Wesenswelt der Monade. Das verstehen die von der exakten Forschung ganz einge-
nommenen Denker wie Newton nicht. 2) Apriori hat bei Leibniz — wie eben hier,
§ 44, so klar gesagt wird — nicht die engere Bedeutung, die uns geläufig ist aus
Kants reiner Vernunft, sondern die weitere wie in Platons Menon: Erkenntnis aus
Ursache und Grund. Auch das empirisch erkannte, induktive Gesetz wird zur Quelle
apriori. Habe ich ein Metall als Gold erkannt, so kann ich apriori sagen, daß es die
Eigenschaften des Goldes überhaupt besitzt. Die Ursache apriori schlechthin ist der
aposteriori erkannte schöpferische Gott (§ 2). Vgl. auch Zocher. Leibniz Erkenntnislehre. Berlin 1952.

wenn man diese Lage durchschaut, versteht man die „kopernikanische" Wendung, die Leibniz vollzogen hat, von der Kant
nur die rationale Hälfte begreift und mitvollzieht. Der schlichte
Mensch nimmt unbefangen die Welt und sich selbst in ihr als
wirklich. Augustin, Descartes, Kant, Fichte gehen aus vom
Denksubjekt, dem Ich und stehen zweifelnd vor der Welt. Platon
und Leibniz vollziehen die Drehung: vom Ich als Spiegel der
ganzen Welt, als Liebe zum Du, vom Wir gehen sie aus und
rücken den „Gesichtspunkt", wie Kopernikus von der Erde in
die Sonne, so aus dem Einzel-Ich in die schöpferische Gottheit.
In der Monade Cäsar sind nicht nur die Kategorien der Vernunft, auch nicht nur alle persönlichen Anlagen, nicht nur das
gesamte persönliche Schicksal, sondern auch ein Spiegelbild des
universalen Geschehens inbegriffen. In diesem Zusammenklingen
von Glaube und Vernunft wird erst die Größe des Philosophen
lebendig. Diese Verbindung ist nicht bloß Zeitgebundenheit und
Kompromiß. Wer so denkt, gleitet über Tiefe und Schönheit
von Leibniz' Hauptwerk hinweg. Der Mensch ist Gottes Bild
und der Philosoph findet im gereinigten und ins Unendliche gesteigerten Bilde die Gottheit. Diese Wesensgemeinschaft von
Mensch und Gott ist die Lösung der philosophischen Aufgabe,
die Erlösung vom Ganz-Andern, vom nur transzendenten Gott,
das Bekenntnis zum väterlichen Gott Christi. Die schon genannte Stelle gegen Anfang der Vorrede enthält im leuchtenden
Strahl Licht und Feuer seiner Lehre: „Um Gott zu lieben, genügt es, seine Vollkommenheiten zu betrachten — und das ist
leicht, denn in uns selbst finden wir ihre Ideen. Die Vollkommenheiten Gottes sind die unserer Seelen, aber er besitzt sie ohne
Schranke: er ist ein Ocean, aus dem wir nur Tropfen empfangen
haben: in uns ist etwas von Macht, etwas von Erkenntnis, etwas
von Güte — aber in ihrer Ganzheit sind sie alle in Gott. Die
Ordnung, die Verhältnisse, die Harmonie entzücken uns —
Malerei und Musik sind Proben davon. Gott aber ist ganz Ordnung, er ist der ewige Wächter des richtigen Maßes, er ist die
universelle Harmonie: die gesamte Schönheit ist ein Erguß seiner
Strahlen."

Welch schönes und edles Maß an Stolz und Demut, Größe und
Einordnung, Erhebung und Gelassenheit. In wahrer Selbsterkenntnis, sich einordnend in die Gemeinschaft findet der Mensch

hoher Veranlagung und glücklichen Schicksals zugleich die Quelle höchster Schau und schönsten Werkes. In dieser Wesensart steigt Leibniz wie Platon, Dante, Goethe vom persönlichen Erlebnis auf zur schöpferischen Mitte und von ihr aus wieder zur Peripherie, zur Außenwelt, um sie tiefer zur verstehen. Wenn nicht die Trennung zwischen Gott und Mensch sich in entsetzliche Fremdheit steigern soll, muß Gottes Allmacht begrenzt sein durch seine Güte, die geschöpfliche Ohnmacht des Menschen gelockert sein durch seinen Anteil am göttlichen Geschehen, durch seine Freiheit. Die Prädestination, dh. die Aufhebung der menschlichen Freiheit und den Despotismus der Gottesherrschaft nennt Leibniz darum das Labyrinth der Theologie. Alle drei Essais der Theodicee tragen den gleichen Titel: ,,die Güte Gottes, die Freiheit des Menschen.'' Dazu kommt als Drittes und Gemeinsames das kaum lösliche Problem: ,,und der Ursprung des Übels.''

Vom christlichen Weltbilde aus die Wesensfrage an den Geist des Mittelalters und der Neuzeit richtend, findet G. Krüger, daß Descartes mit seinem cogito ergo sum ,,die souveraine Freiheit proklamiert'' habe und findet in ihm den Gründer moderner Wissenschaft und damit den äußersten Gegensatz zu Augustin und der christlichen Gebundenheit des Mittelalters. Er findet weiter, Leibniz habe die Versöhnung von Neuzeit und Mittelalter wohl versucht, weil er durch seine Lehre der Sünden- und Bußlehre Augustins den Ernst genommen habe. Aber Leibniz ist großer Kenner der Geschichte des Christentums. Der Jansenismus ist eine strenge Erneuung Augustins — Descartes gründet sein System auf Augustins Grundsatz cogito ergo sum — Jansenismus und Cartesianismus bleiben eng verbunden — Bayle philosophiert in Descartes Denkformen und ist der skeptische Schlußstein dieser Bewegung. Mit ihr hat sich Leibniz seit Jahrzehnten auseinandergesetzt in Freundschaft und Gegensatz: die Theodicee ist ein Angriff auf Bayle als den einseitigen Fortsetzer Augustins und Descartes. Der große Augustin kann der Gründer der Kirche, ja des Menschenbildes des Abendlandes im engeren Sinne (lateinisch-germanisch) genannt werden. Trotz seines großen platonischen Erbes löst er sich ab vom lebendig-Platonischen Geist der oströmischen Reichshälfte, der griechisch-katholischen Kirche. (Dante, Nicolas von Cues, Renaissance sind von Aristoteles, Platon, arabischer und byzantinischer Wissenschaft neu befruchtet, Vertreter des Abendlandes im weiten Sinne). Erbsünde, Bußpraxis, Prädestination sind die Mittel Augustinischer, römisch-katholischer Kirchengründung. Descartes, Calvin, Kant geht er voraus in der übersteigerten Ichbetonung [1]. Von ihm stammt die Prädestinationslehre, welche die Freiheit des Menschen ausschließt, die Übersteigerung der Erbsünde bis zu dem Grad, daß die ungetauften kleinen Kinder zur Hölle verdammt werden. Leibniz hat die Wirkung des dogmatischen Gezänkes bis zum entsetzlichen Bürgerkrieg erfahren. Um der Reunion willen ist er bemüht, sich über Augustin zurückhaltend zu äußern, ihn versöhnlich zu deuten, kann aber die abstoßenden Seiten nicht ganz verschweigen. Er mißbilligt die übertriebene Lehre der Erbsünde, die Verdammung der Kinder, die Verdammung der Nicht-Erleuchteten, die Behauptung, alle heidnischen Tugenden seien nur Scheintugenden, alle ihre Taten sündig. In diesen und noch anderen Punkten finde er St. Augustins Lehre ,,dunkel oder sogar abstoßend (rebutant)" [2]. Die extreme Prädestinationslehre hat extreme Folgen: den Hochmütigen macht sie überheblich und grausam, den Bescheidenen treibt sie in entsetzliche Höllenangst. Wenn Leibniz dagegen die Lehre des Thomas schätzt, so verteidigt er damit nicht gegen die Jansenisten die laxeren Jesuiten, sondern fühlt sich geistesverwandt dem Philosophen, der am höchsten die christliche Philosophie des Abendlandes zusammenfaßt — Ausdruck des echten Katholizismus, der vor der Spaltung in Reformation und Gegenreformation besteht. Und wenn er auch bei Bayle Manichäismus sieht und sich dagegen zum griechischen Origenes bekennt, so zeigt auch dies, wie er mit Thomas auf die Grundlage des Abendlandes im weiten Sinne, den Platonismus zurückgeht und von

---

[1] Diese Ichbetonung findet ihren großartigen, weltgeschichtlichen Ausdruck in den Confessionen, die tatsächlich rhetorische Gebete des zerrissenen Ich an Gott sind, bewußt als Vorbild für die christlichen Seelen. Geringe Vergehen werden übersteigert, unbewußte ans Licht gezogen. Vom Platonismus stammt der Preis der Schöpfung, vielleicht aus dem Manichäismus die Weltverneinung. ,,Hier kann ich sein und will nicht — da will ich sein und kann es nicht: so bin ich elend in beiden." (X, 40). ,,Was aber sonst noch dieses Leben bietet, ist um so weniger zu beweinen, je mehr man weinet, und um so mehr zu beweinen, je weniger man darin weinet." (X, 1.) Arnold Seeberg, der gläubige Lutheraner, voller Bewunderung für Größe und Genie Augustins, findet doch in den Confessionen ,,etwas bis zur Peinlichkeit Fremdartiges." (Dogmengeschichte 3. Aufl. II. 402).

[2] Theodicee, § 284, § 283–290.

Augustin etwas abrückt, weil dieser als Kirchengründer den römischen und jüdischen Staats- und Rechtsgeist so stark betont,
daß sein Platonisches Erbe gefährdet wird. Philosophie und Offenbarung treten bei ihm in Spannung. Prädestination bedeutet
unbedingte Freiheit eines despotischen Gottes, vollständige Unfreiheit des Menschen. Vom unbedingten Dualismus wird Descartes ins Dilemma getrieben [1]). Auf den Einwand, die unbedingte Vorsehung bedeute die Ausschließung der Freiheit, antwortete er, wie Leibniz zusammenfaßt: ,,wir sind dieser Vorsehung versichert durch die Vernunft; aber wir sind auch unserer Freiheit versichert durch die innere Erfahrung, die wir von
ihr haben: darum müssen wir an beide glauben, obwohl wir das
Mittel nicht sehen, sie zu vereinigen.'' Leibniz antwortet: ,,Das
hieß den gordischen Knoten zerhauen und auf den Schluß eines
Beweises nicht antworten, indem man ihn widerlegt, sondern
ihm einen entgegengesetzten Beweis gegenüberstellt — das aber
entspricht nicht den Gesetzen philosophischer Kämpfe'' [2]). Leibniz Aufgabe ist es, die gewaltsam zerschnittenen Bänder neu zu
knüpfen, die zerrissene Seele zu heilen. Bayle geht den Weg
Augustins und Descartes' skeptisch-aufklärend zu ende: er zersetzt den Glauben durch die Ratio und opfert diese dann dem
entleerten Glauben auf. Leibniz Angriff spitzt sich auf den Satz
zu: ,,Herr Bayle dehnt .... die göttliche Mitwirkung allzuweit
aus: er scheint zu fürchten, die Kreatur sei noch nicht genug
abhängig von Gott. Er geht soweit, den Kreaturen die Tätigkeit
abzustreiten'' (Beziehung zum Spinozismus) [3]).

Gott, der Unendliche, und Mensch, der Endliche, bleiben durch
eine unendliche Stufenleiter geschieden — wenn aber der Mensch
im Menschen den Kern der Schöpferkraft findet, so sind sie
dennoch Eines Wesens. Auch Gott ist nicht unbedingt freier
Despot, wie der Mensch nicht unbedingt gefesselter Untertan.
Beide stehen der unbedingten Notwendigkeit, dem apodiktischen
Gesetz der reinen Ratio gegenüber. Aber dies Gesetz zwingt
nicht zum Tun, sondern grenzt es nur negativ ein. Gott und

---

[1]) Theodicee § 292 f.
[2]) Es is für diese Abendländische Sicht bezeichnend, daß in der Theodicee der
nächst Bayle meist (oft polemisch) genannte Autor Augustin ist, dann folgen Aristoteles, Platon, Descartes, Malebranche, Cicero, Spinoza, Luther, Calvin. Einem
Citat von Origenes ist eine ganze Seite gewidmet.
[3]) Theod. § 381.

Mensch stehen weiter wie Platons Demiurg den ewigen Ideen des Schönen und der Gestaltung gegenüber: diese aber zwingen nicht, sondern wenden sich an die freie Wahl. Gewiss ist — so besagt Leibniz' Weltgefühl — Gott unfreier als der Mensch, denn seiner Natur nach kann er nicht anders, wenn auch frei, als gut handeln, Schönes tun. Der Mensch aber kann je nach seinem Abstand vom göttlichen Zentrum, auch böse handeln. Doch durch die Setzung der kontingenten schönen Naturgesetze, die Gott durch ein Wunder durchbrechen kann — großartig nennt Leibniz die nicht-mathematischen, also kontingenten Naturgesetze „Gewohnheiten" Gottes — durch diese „hypothetische Notwendigkeit" ist der freie Mensch eingeschränkt. Aber je klarer seine Erkenntnis das Weltall durchleuchtet, um so froher kann er an Gottes Werk mitwirken. Ist die menschliche Tugend unbedingte Notwendigkeit, wie Demokrit, Hobbes, Spinoza wollen? oder unbedingte Gnade, wie Augustin und Luther wollen? oder freies Verdienst, wie die selbstbewußte Persönlichkeit glaubt? In der Bekämpfung des Mechanismus sah Leibniz seine Lebensaufgabe und er fügt eine ausführliche Kritik an Hobbes bei, in der es § 8 heißt: „Vielleicht daß bei Herrn Hobbes wie bei Spinoza Weisheit, Güte, Gerechtigkeit nichts als Fiktionen in Beziehung auf Gott und Welt sind, da die Grundursache, wie sie sagen, durch die Notwendigkeit ihrer Macht und nicht durch die Wahl ihrer Weisheit handelt: eine Ansicht (sentiment), deren Irrigkeit ich genügend aufgewiesen habe." „Das, was er Gott nennt, ist nichts als die blinde Natur eines Haufens materieller Dinge, welche nach den mathematischen Gesetzen handelt, einer unbedingten Notwendigkeit folgend wie die Atome, die Epikurs System ausmachen." Aber jenes Labyrinth der Theologie: reine Gnade oder Verdienst des freien Willens ist für Leibniz kein Problem, denn entweder ist es ein Streit um mißgebildete Begriffe oder es geht über die Grenzen menschlichen Denkens. Wir sind ganz Geschöpfe Gottes, der die Welt schafft und dauernd erhält. Wenn er uns aber den freien Willen zur strafbaren Verantwortung gegeben hat, wie sollte er uns das Verdienst des guten Willens nicht anrechnen? Leibniz glaubt wie Dante, daß in der guten Handlung Gnade und Verdienst vereint sind.

Man mag sich das schwierige Denkproblem am Schachspiel

verdeutlichen. Der Spieler ist gezwungen, sich an unbedingt gel-
tende Regeln zu halten, die dem rationalen Gesetz der Notwendigkeit entsprechen. Aber diese Regeln „erklären" nicht das
wirkliche „kontingente" Spiel, dessen Möglichkeiten unabsehbar
bleiben. Und auch diese Kontingenz ist keine zügellose Willkür,
denn diese wäre weniger als Spiel: den Spieler leitet die Idee, den
stärksten der möglichen Züge zu tun. Gott kann seiner Natur
nach nur die stärksten der möglichen Züge tun. Das Dasein der
Welt wird gestaltet aus der Liebe Gottes zur Schönheit der Welt,
zum Glücke der Menschen. Die Freiheit des Schaffenden fühlt
sich glücklich, nicht unfrei in dieser Bindung an die Idee. Solch
Bild ist nicht zu kleinlich, denn im erhabensten Stil ist der
Weltschöpfer von Heraklit ein im Sande spielender Knabe, von
Platon der große Brettspieler, von Goethe der Kartenspieler genannt worden. Er hat seine Figuren in allen Abstufungen geschaffen — von der schlafenden Pflanze bis zum Menschen des
freien bewußten Willens. Je höher das Bewußtsein, desto größer
die Lust, in Gottes Reich mitzuwirken, wie die Musiker mit
Lust in der Sinfonie die tragende Melodie spielen, aber auch
schweigend zurücktreten, wenn der Tonschöpfer es verlangt. Wo
Leibniz vom Göttlichen spricht, ist der Grundsatz seiner Lehre
zu suchen. Wenn er auch weit hinter dem großen Mythendichter
Platon zurück bleibt, so daß der Demiurg des Timaios als
krönendes Bild seiner Philosophie zu denken ist, hat doch auch
er sich im mythischen Gleichnis für den Weltsinn versucht, das
er durch einen gewaltigen Unterbau emporhob: eben durch die
Theodicee, deren Schluß es bildet. Hier ist die Gottheit in drei
Göttern dargestellt: Apollon ist der Profet, der Vergangenes und
Künftiges schaut, Jupiter Schöpfer der existierenden Welt, Pallas
die Klugheit, die nicht nur die wirkliche sondern auch alle denkbaren Welten schaut, aus denen Jupiter die beste erwählt hat.
Offenbar muß also das Wissen der Pallas unendlich weiter als
das Apollons sein. Sehr überraschend aber schließt das Gleichnis: „Wenn Apollon das göttliche Wissen der Anschauung
(welche die Existenzen betrachtet) gut dargestellt hat, so hoffe
ich, daß Pallas nicht schlecht personifiziert hat, das was man
nennt das Wissen der einfachen Einsicht (die alle Möglichkeiten
betrachtet), worin man zuletzt den Quell der Dinge suchen muß."
Der Wortlaut läßt keine Ausflucht zu: la science de vision (qui

regarde les existences), die Schau des tatsächlichen Daseins ist divine — la science, qui regarde tous les possibles, ist simple intelligence. Die einzige Deutung scheint: Pallas ist der ins Vollkommene gesteigerte menschliche Verstand: sie ist die ratio, die alle Gesetze des Möglichen, also die notwendigen Grenzen kennt (die Spielregeln des Schach), aber auch die Möglichkeiten selber (alle denkbaren Schachpartien) sieht. Sie kennt alle Quellen der Existenz, Apollon aber sieht nur den wirklichen Verlauf in der Gegenwart und Zukunft. Die Schau der gesamten Existenz, der Tatsächlichkeit in ihrer wirklichen ewigen Ganzheit ist mehr als die Erkenntnis ewiger Gesetze, als der Essenz, mehr als die Schau aller Möglichkeiten. Jupiter vereint beides: er schafft die beste Welt, die Pallas sah, die Apollon voraussieht. Apollon ist die weltschaffende Intuition, die höchste Schau: ihr gegenüber wird alles bloß diskursive Denken, alles Betrachten bloßer Möglichkeiten menschlich. (Dieser Sinn bestätigt sich, indem er eine ziemlich dunkle Stelle bei Kant über den intellectus archetypus in § 77 der Kr. d. U. aufklärt. Kant leugnet jede „intellectuale Anschauung" beim Menschen — eine solche würde unmittelbar schöpferisch sein. Teilhabe an der schöpferischen Weltkraft ist der lebendige, dynamische Kern der Weltschau, der zwei Pole hat: die schöpferische Gottheit, gleichbedeutend mit der Weltharmonie und die Monade, der Weltkeim, das potentielle Universum. Zwischen ihnen spielt das gesamte Weltgeschehen, und in der Mitte steht der schöpferische Mensch — Abbild Gottes, Repräsentant des göttlichen Universums. Nur der genetische Kreislauf zwischen diesen beiden Polen ist wirkliches Geschehen. Alle Antithesen, mit denen die Denker sich plagen, Geist und Körper, Freiheit und Notwendigkeit, ideal und real sind bloße Teilbegriffe, irreführende Abstraktionen innerhalb des Ganzen.

Das höchste Erlebnis des Welt-repräsentierenden Einzelnen ist unter dem Anhauch des Leibniz-Nachfolgers Herder im Prometheus und Faust des jungen Goethe zu Tage getreten. Faust, der die Welt erkennen will, die Götter beschwört, der Glück und Wehe der Menschheit tragen will und trotz seines Unmaaßes von Gott in den höchsten Himmel aufgenommen wird, ist das Bild der vollendeten Monade. Jenes Streitgespräch zwischen den schöpferischen Denkern, in dem der Gedanke der deutschen Bewegung ins kritische Bewußtsein tritt — wir haben oben S. 54–59 davon berichtet, als es galt, die Leibniz-Deutsche Bewegung von Spinozas Universalismus abzugrenzen — ist das Ereignis, das blitzartig Leibniz' Gestalt im Schicksal des europäischen Geistes erleuchtet. Hellsichtig erlebte Lessing im Augenblick, als er Goethes Prometheus-Hymne las, diesen höchsten, ja übersteigerten deutschen Gedanken. Scheinbar welche Verworrenheit! Als Bild steht da die Prometheus-Dichtung im Hause des antiken Polytheismus. Aber dieser Göttertrotz des Titanen konnte Atheismus scheinen. Lessing und Jacobi sind einig, es pantheistisch zu deuten — aber Jacobi versteht darunter Spinozismus, im Grunde Atheismus, Lessing dagegen die Steigerung des Mikrokosmos-Gedankens, die Repräsentation des Universums in der gottähnlichen Monade, im höchsten Erlebnis. Das heißt also — Jacobi hält das zuerst für Scherz — er versteht auch den Leibnizschen Monotheismus als die persönlich-übermenschliche Form des „Pantheismus." „Leibnizens Begriffe von der Wahrheit waren so beschaffen, daß er es nicht ertragen konnte, wenn man ihr zu enge Schranken setzte. Aus dieser seiner Denkungsart sind viele seiner Behauptungen geflossen, und es ist bei dem größten Scharfsinne oft sehr schwer, seine eigentliche Meinung zu entdecken. Eben darum halt ich ihn so wert, ich meine, wegen dieser großen Art zu denken, und nicht wegen dieser oder jener Meinung, die er nur zu haben schien oder auch wirklich haben mochte." Jacobi, stimmt zu: „Leibniz mochte gern' aus jedem Kiesel Feuer schlagen'." Lessing selber sieht sich im Scherz als den kontrahierten Gott, als Repräsentation des Universums. Er selber also sei es vielleicht, der in diesem Augenblick den Regen mache. Er sieht nicht nur die Entwicklung von Leibniz zu Goethe, sondern er glaubt an eine Identität dieses intuitiven Erlebens. Nur die Intuition, die zusammenfassende Schau, die höchste Form des Denkens ist schöpferisch. Der Minimum-Maximum-Gedanke des Cusaners, Keplers Aufstieg zur Gottesschau im herrlichen Kosmos, alles erfüllt sich metaphysisch in Leibniz' Gedanken, dichterisch im Prometheus, der aus dem Erlebnis der Gott-Gleichheit Schöpfer und liebender Vater des Menschenvolkes wird.

Wenn Leibniz nicht gegeben war, das erhabene Bild Gottes im Mythos aufzurichten, so steigert sich sein Werk auch nicht in

die übermenschliche Leidenschaft, den Göttern zu gleichen, wie
Faust und Prometheus: er bewahrt das humane Maaß. In jener
Zeit des letzten großen europäischen Stiles erblickte er in seinem
baumeisterlichen Denken die Aufgabe des Menschen innerhalb
der umfassenden Ordnung — er stachelte nicht die geniale Persönlichkeit zum Umbruch gegebener Ordnung. Dennoch weist das
innere Pathos der Grundsätze auf den Kraftkern des gesamten
Werkes in der Intuition göttlich-menschlicher Schöpferkraft,
nicht auf logisch-mathematische Ordnung.

Die Lehre von der Monade, die das Universum oder das Göttliche repräsentiert, weil sie — ganz Heraklitisch — ein Blitz aus
der Gottheit ist, enthält die höchste Norm: daß wir von Gott
stammen, zu seinem Bilde geschaffen sind. „Gott allein ist also
die Ur-Einheit oder die einfache ursprüngliche Substanz, von
der alle geschaffenen oder abgeleiteten Monaden Erzeugungen
sind. Sie werden gleichsam geboren durch immerwährendes Aus-
blitzen der Gottheit von Augenblick zu Augenblick, eingeschränkt durch die (passive) Empfänglichkeit der Kreatur, zu
deren Wesen es gehört, endlich zu sein." Das ist § 47 der „Monadologie", des Testaments Leibniz', das durch laufende Rück-
verweise auf seine europäische Theodicee im Gesamtwerk sichtbar verwurzelt ist. „Par des fulgurations continuelles de la Divi-
nité de moment a moment." Das ist die von Leibniz theoretisch
geforderte Intuition, im Augenblick das All erfassende Einheit-
schau, „Theorie" im wahren Sinne schlechthin. Denn nicht darum
ist er groß, weil er den Vorrang des Tatsachenwissens, des Con-
tingenten, der Intuition vor rationaler oder physischer Notwen-
digkeitslehre in seiner Erkenntniskritik beweist, sondern weil
sich in seiner Person diese hohe Sicht, dieser Abglanz göttlicher
Schau vollzieht — wenn auch weit von Vollendung und Unendlichkeit entfernt, so doch höher als bei den Zeitgenossen. Erzeugungen, productions, ist ein zweideutiger Begriff, und es liegt
nahe, daß die Übersetzer dafür Erzeugnisse, Produkte setzen.
Gemeint aber sind, wie auch grammatisch besser, tatsächlich
die Erzeugungsakte. Das beweisen § 388 und 391 der Theodicee,
auf die Leibniz verweist: production ou action, Tätigkeit, welche
produziert. In dieser Intuition sind die menschlichen Monaden
nicht nur Glieder der natura creata, sondern auch Teilhaber an
der natura creatrix, weniger Erzeugnisse Gottes als berufene

Täter seines schöpferischen Tuns. Nun ist das Bild der Spiegel nicht mehr ganz zulänglich: denn wenn der schaffende Spiegel anstelle des erkennenden tritt, so sprengt er das eigentliche Bild des Spiegels. Blitze sind das höhere Gleichnis.

Als Leibniz der Königin Sophie Charlotte im Zuge der Discussionen mit Toland 1702 jenen Brief über das schreibt, „was die Sinne und die Materie überschreitet", spricht er von dem inneren Licht der angeborenen Platonischen Idee, das uns „im Kleinen der Gottheit ähnlich macht, sowohl durch die Erkenntnis der Ordnung, als durch die Ordnung, die wir selber den Dingen zu geben fähig sind, welche in unserem Bereiche liegen, dadurch daß wir jene nachahmen, die Gott dem Universum gibt. Darin besteht auch unsere Kraft und Vollendung, wie unser Glück im Wohlgefallen, das wir daran empfinden." [1] Diese Teilhabe am göttlichen Geschehen bekundet sich besonders im künstlerischen Schaffen (Theodicee § 147). „Der Mensch ist also einem kleinen Gott in seiner eigenen Welt oder im Mikrokosmos gleich, den er in seiner Weise beherrscht: hier wirkt er bisweilen Wunder, und seine Kunst ahmt oft die Natur nach." „Natur" ist die Ordnung im Universum. Wenn auch bei Leibniz dies Wort nicht immer diese wesenhafte, metaphysische Bedeutung hat, so ist diese doch die dauernde Grundvorstellung. Das ist sehr wichtig, weil sie grundsätzlichen Mißverständnissen seiner Lehre vorbeugt, denn seit Descartes verfällt diese Vorstellung — Kant meint mit „Natur" meist den bloßen körperlichen Verlauf. Entscheidend sind die Spätschriften. Die Reiche der Gnade und der Natur sind nicht die Reiche der Seele und das der mechanischen Erscheinungswelt, sondern es ist das Reich der geistigen Monaden, die an der Schöpfung bewußt mitwirken, (einer erhöhten Natur) und das Reich der andern Lebewesen, die nicht bewußt am Schöpferischen teilhaben. Der Kantianer versteht fast zwangsmäßig unter dieser Natur die mechanistische Erscheinungswelt, Leibniz die metaphysische Monadenwelt, die nur zur hohen Stufe des Geistes nicht erwacht, natura creata ohne natura creatrix. Gott ist der Künstler, der Baumeister dieser Welt. Wenn aber die Menge der Monaden das Universum spiegeln, so sind die menschlichen Monaden, die Geister dazu da, Gott selber

---

[1] Gerh. VI, S. 507. Dazu S. 502 und 505.

zu spiegeln. Der geistig-schöpferische Mensch tritt ein ins Reich der Gnade.

Das Reich der Gnade. Das „System" der leibnizschen Philosophie kann nicht aus bloßer reiner Vernunft herausgesponnen, auch nicht mit Zuhilfenahme der äußeren sinnlichen Erfahrung mathematisch bewiesen werden: es bedarf des tiefsten einheitlichen Grundes innerer Erfahrung. Notwendig scheitern die Deutungen, wenn sie nicht dies Gesamt-Erlebnis, aus dem die Weltschau lebendig wächst, voraussetzen und statt dessen von einem rationalen Satz ausgehen. Leibniz nennt das mechanische Notwendigkeitsprinzip eines Hobbes und Spinoza schlechthin ein Sentiment, Gefühl, Gesinnung. So ist auch sein System Ausdruck eines „sentiment", der frohen Weltbejahung und vor allem des Glückes schöpferischen Tuns im Einklang von Gott und Welt.

Man hat die Leitidee seiner Pilosophie im schönen Begriff einer philosophia perennis gefaßt, einem Leitwort, das heute alle Besinnlichen trifft — mögen sie nun vom Untergange des Abendlandes überzeugt sein oder an eine mögliche Verjüngung glauben. Doch darf dieser Begriff, den Leibniz nur selten[1]) braucht, nicht verabsolutiert werden. Perennis heißt nicht ewig, zeitlos, sondern ursprünglich das Jahr durchdauernd, überdauernd, beständig. Auf dem Wege von der vergänglichen Ansicht des Einzelmenschen zur ewigen Wahrheit des Schöpfer-Gottes zu gelangen, erkennt Leibniz die Einseitigkeit der zeitlos-allgemeingiltigen Logik, Mathematik, Logistik und vertraut sich darum gleichsam der „Zweiten Fahrt", der konkreten abendländischen Geistesgeschichte an. Er meint nicht die einzige unbedingte Philosophie, sondern sagt: „perennis quaedam philosophia", die Wahrheit, die uns erscheint als konkrete, die geschichtliche abendländische Philosophie. Er schreibt am 26.8. 1714 an Remond: „Wenn ich Muße dazu hätte, würde ich meine Lehre mit denen der Alten und anderer geschickter Männer vergleichen. Die Wahrheit ist weiter verbreitet als man denkt, aber sehr oft ist sie geschminkt, sehr oft auch verhüllt, selbst ent-

---

[1]) G. Heß hat in seiner schönen Auswahl „Leibniz correspondiert mit Paris" (Hamburg 1940) einen Teil der Briefe unter diesen Titel zusammengefaßt. In diesen kommt das Wort selbst nur einmal vor und wird mißverständlich mit „überzeitliche Philosophie" verdeutscht.

kräftet, verkrüppelt, verdorben durch Zutaten, die sie schädigen
oder ihren Nutzen herabsetzen. Würde man die Spuren der
Wahrheit bei den Alten oder allgemeiner gesprochen, bei den
Früheren kenntlich machen, so zöge man das Gold aus dem
Schlamm, den Diamanten aus seiner Grube und das Licht aus
der Finsternis: und das wäre in Wirklichkeit perennis quaedam
philosophia." Das wäre eine beharrende Philosophie, die nicht
von der Ratio construiert werden kann, sondern philosophisch
aus der Geistesgeschichte entwickelt wird. Dies Pathos steht
Leibniz wohl an, denn keiner hat wie er diese Lehren überschaut,
verglichen, die Schminken und Verkrüppelungen der sich zanken-
den Philosophen und Theologen durchleuchtet, nicht um mit zu
zanken, sondern das Gemeinsame, Echte, zu bewahren und verjüngen. Im Zeitalter zwischen Dante und Goethe ist er der
Repräsentant dieses europäischen Geistes.

Jene Bemerkung, daß ihm die Muße dazu fehle, ist wohl ein
Wink, daß es für diesen unbedingten und begeisterten Anhänger
Remond eine schöne Lebensaufgabe wäre, seine — Leibniz' —
Lehre als diese beharrende Form der abendländischen Philosophie darzustellen. So deutet er ihm in formelhafter Kürze den
geschichtlichen Gang dieser Philosophie und erinnert, den Sinn
des Abendlandes betonend, daß zu dieser Zusammenschau die
Kenntnis der irischen und spanischen Scholastik gehöre. ,,Man
könnte sogar sagen, daß ein gewisser Fortschritt in der Erkenntnis zu bemerken wäre. Die Orientalen [1]) haben schöne und
große Ideen von der Gottheit. Die Griechen haben hinzugefügt
das vernunftmäßige Denken und eine Form [2]) der Wissenschaft.
Die Kirchenväter haben ausgestoßen, was an der griechischen
Philosophie schlecht war, aber die Scholastiker haben es sich
angelegen sein lassen, für das Christentum nützlich zu verwenden,
was in der heidnischen Philosophie brauchbar war. Oft habe ich
gesagt, aurum latere in stercore illo scholastico barbariei, und
ich wünschte, es fände sich ein Geschickter, in dieser spanischen
und irischen Philosophie bewanderter Mann, der die Neigung
und Fähigkeit hätte, das Gute herauszuziehen." Wenn Leibniz

---

[1]) Orient hier ganz in unserm Sinn: Ostküste des Mittelmeeres, soweit sie in den
Mittelmeergeist mit eingeht.
[2]) Form hat bei Leibniz selbstverständlich die echte Bedeutung: Gestaltung,
echte Verwirklichung in der Zeit im Gegensatz zum bloßen Wissensstoff, nicht äußere
Form im Gegensatz zum Inhalt.

in der Philosophia perennis die geschichtlich-konkrete Wahrheit anstelle zeitloser, rein rationaler setzt, so formt er das geschichtlich Erkannte als aktiver, als schaffender Spiegel: er wählt aus, richtet, er vereint schöpferisch. Beinahe skeptisch klingt es, daß der angeblich maßlose Optimist so vorsichtig von einem gewissen Fortschritt in der Erkenntnis spricht. Wenn Metaphysik die Krone der Wissenschaften ist, wie sollten dann Descartes, Locke, Bayle einen Fortschritt über Platon, Thomas, Dante hinaus bedeuten?! Nicht im künftigen Endziel sieht er das Göttliche, sondern im sich entwickelnden Ganzen, im Geschehen einschließlich des Fortschreitens, in der beharrlich wirkenden Harmonie. Das Licht ist ewig — es nimmt nicht zu: aber auch das Durchleuchten ist göttlich. Darum ist der Fortschritt nur im einzelnen nachzuweisen: nur die berufene Person, die das Göttliche zeitgebunden repräsentiert, kann den Sinn der Metaphysik, der Philosophia perennis darstellen. So erhält die Einheit von beiden, von Charakter und Schicksal, ihren tiefsten, an die Grenze menschlichen Denkens reichenden Sinn. Geworfen in die zeitlich bedingte Gegenwart, mußte sich Leibniz einlassen mit empfänglichen oder widerstreitenden Fachmännern und Fürsten und deren Sprache annehmen. Erst dem Siebenundsechzigjährigen wurde das Glück zuteil, auf einen gelehrten Philosophen zu treffen, der ganz die Sprache, die Ganzheit seiner Philosophie (wenn auch noch nicht in ihrer Ausführung) verstand — eben Remond, den Empfänger dieser Briefe, den höchsten Beamten des Herzogs von Orléans. Das System war abgeschlossen, schriftlich skizziert — nun aber konnte sich die tragende Monade, ihr Welt- und Lebensgefühl als solches aussprechen und damit gegenüber den aufnehmenden Spiegeln erst ganz als schöpferische Substanz bewußt werden. Es gehört also zur Einheit des persönlichen Schicksals mit dem Schicksal des europäischen Geistes, daß Leibniz in seinen letzten drei Jahren sein Persönliches als Ewig-Wesentliches hat ausdrücken dürfen.

Remond hat sogleich volles Verständnis für die Theodicee. Er ist vorbereitet als begeisterter Verehrer Platons, in der zeitlichen „Problematik" durch Verkehr mit Malebranche, mit dem Leibniz selber in fruchtbarem Briefwechsel gestanden hatte. Er spürt, daß Platon und Leibniz die lebendige Wachstumsaxe der abendländischen Philosophie darstellen. Wenn ihn bis dahin (wie später Goethe) die Anmaßung der modernen Wissenschaft verdroß, die Antike gering zu schätzen, so glaubt er nun in Leibniz tatsächlich den höheren Wert gefunden zu haben. Er bekennt am 2. Juni 1713: „Seit ich Ihren Versuch einer Theodicee gelesen habe, danke ich Gott unablässig dafür, daß er mich in einem Jahrhundert geboren werden ließ, das von einem Geist wie dem Ihrigen erleuchtet wird. Ich habe in meinem Leben viele schöne Werke zu Gesicht bekommen, aber keins, was sich diesem vergleichen ließe, und nachdem ich alle andern Bücher verlassen habe, um mich einzig an Platon zu halten, setzt es mich selbst in Erstaunen, daß ich Platon noch einmal um eines Modernen willen verlasse. Seit ich es aufschlug, spreche ich von nichts anderem mehr, und das Vergnügen, darüber nachzudenken, ist noch weit größer als die erste Freude des Lesens. Möchte unser Jahrhundert erkennen, welchen Schatz es in Ihnen besitzt. Dann will ich ihm gern gestatten, sich über Griechenland und das alte Rom zu stellen." „Dies lebhafte, ursprüngliche Gefühl der Bewunderung bewegt mich, mir die Freiheit zu nehmen, Ihnen zu schreiben, ohne daß ich die Ehre habe, zu Ihren Bekannten zu zählen. Es ist eine Leidenschaft, der ich sonst, wie man sagt, nicht so sehr unterworfen bin und die ich vielleicht Ihnen verdanke. Ich habe heute morgen gegenüber dem guten Pater Malebranche, der mich besucht, kein Hehl daraus gemacht, obwohl ich weiß, daß er nur von denen große Stücke hält, die in allem seiner Ansicht sind. Diese Haltung ist unter allen Menschen verbreitet, aber ich bin erstaunt, sie auch bei Leuten anzutreffen, die sich Philosophen nennen. Jedenfalls beurteile ich das Verdienst eines Menschen nur noch nach dem Grade der Bewunderung, die er für Herrn v. Leibniz hegt." Remond ist beglückt, daß er unter den wenigen Einsichtigen wieder das Entzücken über das Werk erweckt, das sie ihm danken. Leibniz ist ihm zur Norm geworden.

Man spürt in Leibnizens Antwort eine tiefe Ergriffenheit auf solchen Anruf aus Paris. Er ist solcher Verehrung würdig, weil er das Maß in sich trägt, die schwärmerische Glut zu dämpfen. Er freut sich dieser gemeinsamen Platonischen Glut, will aber nicht höher als Platon gestellt werden. „Haben Sie keine Furcht, mich zu verderben — und allzueitel zu machen, wenn Sie mir einen Brief schreiben, dessen Ausdrücke zu meinen Gunsten alles

übersteigen, was ich jemals erwarten konnte? .... Ich finde es
natürlich, mein Herr, daß Sie etwas Geschmack gefunden haben
an meinen Gedanken, da Sie vordem eingedrungen waren in
diejenigen eines Platon, eines Urhebers, der viel in mir wieder-
klingt." Er selber glaube auf den Spuren Platons und anderer
großer Männer wenigstens bis zu einem gewissen Grade zu den
,,Edita doctrina sapientium templa serena", zu den erhabenen
und lichten (oder heiteren) Tempeln der Weisen gelangt zu sein.
Das berührt seinen persönlichen Aufstieg zum Reich der Gnade:
die berühmte Stelle über seine geistige Lebensgeschichte. Er
habe von je versucht, die Wahrheit, die unter den Meinungen
der verschiedenen philosophischen Sekten verschüttet lag, aus-
zugraben und mit sich selbst zu vereinigen. Zweimal begegnet
ihm Platon. Als Kind lernt er Aristoteles Platon Scholastiker
kennen, was ihn jetzt noch erfreut. Dann folgt jener Durchgang
durch den Mechanismus und dessen Überwindung. Und nun geht
ihm Platon, der ihn früher in der Schulwissenschaft befriedigt
hatte, in seiner wahren Gestalt, in seinen Dialogen wieder auf.
,,Das ist das, wovon Platon und selbst den späteren Akademi-
kern, auch noch den Skeptikern einiges schwante — aber diese
Herren, die nach Platon kamen, haben davon nicht so guten
Gebrauch gemacht, wie er selber." (Vermutlich würde er diesen
Herrn auch Kant und Hegel zugerechnet, dagegen in Herder,
Goethe, Schelling echten Platonischen Geist gefunden haben).
So läuft diese Selbstbetrachtung in die Linie der europäischen
Geistesgeschichte ein. Niemals war er, so sahen wir, pantheistisch im Sinne des Averroës, der Unpersönlichkeit. Wir sahen,
wie die Deutschen von Lessing bis Hölderlin und Schelling nicht
als verallgemeinernde Pantheisten sondern von der schöpferischen Person her Gott suchten. Ähnlich Leibniz. Aber das Gefühl
des sympnoia panta, ohne jede quietistische Mystik, das sich
im Aufsteigen zum Pan-entheismus erfüllt, bleibt der Kern
seines Wesens.

Platon gilt als Ursprung der abendländischen Mystik. Im
Symposion steigt er auf zur enthusiastischen Schau, zur Berührung mit der Gottheit — aber er erschöpft sich nicht in
dieser Ekstase, sondern kehrt sogleich zurück zur Verwirklichung des Geschauten. Jenen Aufstieg vergleicht er selber den
Stufen der Eleusinischen Mysterien. Und man kann wohl sagen,

daß Leibniz' Gefühl ein Abglanz dieses Erlebens ist. Schon Jahre vorher, als Hanschius ihm seine Arbeit über Platon sandte, in der er ähnlich wie später Goethe gegen Stolberg, den Mystizismus bekämpft, führte Leibniz in 8 Paragraphen die Ähnlichkeit seiner eigenen Lehre mit der Platonischen aus und stimmte wohl der Verwerfung der quietistischen Mystik zu, bemerkte aber bei Platon nichts von dieser Art Mystik. ,,Die vernünftige Seele ist nicht Teil, sondern Bild der Gottheit, das Weltall repräsentierend, Bürger der göttlichen Monarchie". Zu Lockes Spott über den Enthusiasmus, das angemasste Prophetentum sagt er, daß im Anfang Enthusiasmus ein Name von guter Bedeutung war, er ,,bedeutet, daß eine Gottheit in uns ist. Est Deus in nobis. Und Sokrates behauptete, daß ein Gott oder Dämon ihm innere Warnungen gebe, sodaß Enthusiasmus ein g ö t t l i c h e r   I n s t i n k t wäre." Als Remond ihm Kritiken gegen den kürzlich verstorbenen Malebranche übermittelt, antwortet Leibniz, er halte es nicht für nötig, den Ideen eine Existenz außerhalb der Seele zuzuschreiben, da aber Gott die Quelle aller Möglichkeiten sei, so sei der Pater Malebranche zu entschuldigen, ja zu loben, wenn er sie zum Unterschied von anderen Begriffen in Gott versetze. ,,Diese mystische Sprache des Paters war also nicht nötig, aber ich finde, sie ist nützlich, denn sie lehrt uns besser unsere Abhängigkeit von Gott ins Auge zu fassen. Ja es scheint, daß Platon, wenn er von Ideen, und St. Augustin, wenn er von der Wahrheit spricht, ähnliche Gedanken gehabt haben, die ich sehr vernunftgemäß finde. Und dies ist der Teil des Systems von P. Malebranche, von dem ich sehr gern hätte, daß man ihn bewahrte, mit den Ausdrücken und Formeln, die davon abhängen, wie ich mich sehr freue, daß man den echtesten Teil der Theologie der Mystiker bewahrte." So fern Leibniz aller Schwarmgeisterei und gnostischer Phantasterei ist, so fern ist er der aufgeklärten Überheblichkeit gegen Instinkt und Mystik.

In großartiger Überschau knüpft Leibniz seine Stellung und die der Gegner symbolhaft an Namen, wenn diese auch nicht eigentlich gestaltet werden. Bayle gehört zu Mani, dem Lehrer einer guten und einer bösen Gottheit, dem fanatischen Asketen, insofern er im Menschen das unbedingt Böse als aktives Prinzip findet. Er selbst gehört zu Origenes, der reinen Synthese von

Christentum und Platonismus; Malebranche und die Jansenisten
zu Augustin, dem ungeklärten Kampfgebiet zwischen Platonischem Christentum und dem der Erbsünde und Prädestination.
Origenes, von Alexandrien aus wirkend, ist Ausdruck der abendländischen Synthese schlechthin, des Mittelmeerreiches, der Einheit wie in der mittelalterlichen Mystik Thomas und Dante. Er
ist das begeisternde Ideal mystisch gerichteter Mönche, mittelbar bestimmend für die Ordensregel der gesamten griechisch-
orthodoxen Kirche, Ideal für Basilius den Großen und die andern großen Kappadocier, Inspirator der schönsten griechischen Hymnen des Gregor von Nazianz, des Synesius. Diese
Idee des Platonischen Christentums, die größte des Abendlandes im weiten Sinn, ist immer wieder von disharmonischen
Schicksalsmächten geschädigt. Ihr stellten sich entgegen der
Haß gegen die griechische Philosophie, der Haß der Ungeistigen
gegen den Geist, die rohe Machtpolitik einiger Patriarchen, die
die Conzilien beherrschten — und dann das übersteigerte Sündenbewußtsein des sich absondernden engeren Abendlandes.
Kyrill's Verhetzung des alexandrinischen Pöbels, Ermordung der
Hypathia, ist gegen die aristokratische Geistigkeit des Orige-
nismus gerichtet. Augustin aber, zuerst Manichäer, dann Neuplatoniker, zuletzt Gegner von beiden, findet, wie Leibniz andeutet, keine Einheit, er bleibt zerrissen. Die Überbetonung der
Erbsünde, des Übels in der Welt, die Verachtung der Heiden
bleibt manichäisch, Origenes-feindlich.

Leibniz geht aus vom Kampf der Gegenwart, in die er hinein-
gestellt ist: Kampf gegen Bayle und die Atheisten, Auseinandersetzung mit Jansenisten und Kartesianern, Freundschaft mit
Platonikern, Freude an der Thomistischen Tradition. Er schätzt
an Augustin das Platonische, bekämpft das Antiplatonische.
Origenes lehrt die Gnade, Augustin (wie die Protestanten) betont die Verdammung, Origenes die Wiederbringung, die schließ-
liche Rettung aller Seelen, was der Harmonielehre verwandt
ist — Augustin die unrettbare Verdammung der Mehrzahl.
Origenes glaubt nicht an die Auferstehung des Leibes — das ist
der Monadenlehre verwandt. Augustin verachtet die Heiden,
Descartes verachtet die antike wie die mittelalterliche Philo-

---

[1]) Theodicee 146–156, u.a.

sophie. Leibniz bewahrt von beiden das beste Erbe. Wie Goethe
in Dichtung und Wahrheit (VIII) seine religiöse Philosophie
in ein Neuplatonisch-gnostisches Weltbild zusammenfaßt, so berichtet Leibniz ausführlich nicht ohne Gefallen, wie ein Mann
von Geist seine Lehre von der prästabilierten Harmonie nach
Art eines neuplatonischen Systems dargestellt habe. ,,Diese
Vision schien mir erfreulich und würdig eines Origenisten, wenn
wir auch solcher Hypothesen und Fiktionen durchaus nicht bedürfen ....'' (Theodicee § 18). Leibniz' Weltgefühl beschränkt
sich auf keine Konfession: sie alle waren abgefallen von der
ganzen abendländischen Idee. Luther beschränkte sich, wie
auch der Jansenismus abgesehen von der Bibel auf Augustin,
auf die Westhälfte des Abendlandes und beschimpft die griechische Philosophie, obwohl Platonische Mystik auch zu seinen
Wurzeln gehört. Die spätere evangelische Kirche verdrängte
immer entschiedener das Neuplatonische und damit auch das
echte Platonische Erbe [1]. In der Bewegung Ekkehart, Nicolas
von Cues, Platonische Akademie in Florenz, bis zur Deutschen
Bewegung waltet der Trieb, vom Neuplatonismus wieder durch-
zudringen zum echten Platonismus und echten Christentum.
Von diesem Geist einer Synthese von Christentum und Platonismus, ist schon das Johannes-Evangelium getragen. Johannes,
der Lieblingsjünger, der Apostel der kleinasiatischen Gemein-
den, erhoben durch Geist und Liebe, kann als der Repräsentant
der weitesten abendländischen Idee gelten: er bezeichnet die
Einheit der griechischen und römischen Kirche und zugleich ihr
morgenländisches Erbe, denn Kleinasien gehört ganz zum Mit-
telmeerreich und vermittelt zugleich zum Vordern Asien. Hölderlin verkündet diese Bedeutung und Vermittlung zu Asien schon
im Titel ,,Patmos.'' Die Idee der Johannes-Kirche ist von
Schwenkfelt, Lessing, Herder, Schelling gepflegt. Sie ist Trägerin
einer europäischen Erneuung mehr als die begrenzenden Petrus-,
Paulus-, Augustinuskirchen. Daß Leibniz' Gesinnung diesem
Johanneschristentum angehört, wäre unzweifelhaft, auch ohne
seinen deutlichen Wink. In der deutschen Mystik ist oft das

---

[1] Der Lutheraner A. Seeberg sagt 1922 (Dogmengeschichte II, 554): ,,Der positivistischen Periode der Theologischen Entwicklung, die wir durchlebt haben, entstammt die Gewohnheit, das Wort ,,neuplatonisch'' wie eine Art Schimpfwort und
Ketzernamen zu verwenden''.

Mysterium der Dreifaltigkeit platonisch gedeutet. Leibniz beruft
sich darauf (§ 150). Gottvater ist die göttliche Macht. Christus
ist die Weisheit, das Ewige Wort. Der Heilige Geist ist Wille oder
Liebe. Und hier beruft er sich auf Johannes, der Christus den
Logos genannt habe, und nennt ihn den „sublimsten der Evan-
gelisten." — Der moderne Leser, dem jene zeitgebundenen
Kämpfe fremd sind, wird durch manche Breite in der Theodicee
abgeschreckt. Man erblickt das goldene Gefäß erst, wenn die
dicke Kruste, mit der seit der Aufklärung eine hochtönende,
gedankenschwache Beredtsamkeit auf Katheder und Kanzel
diesen Gehalt überzog, abgeputzt ist. Im Zeitalter, in dem
Glauben und Wissen, Geschichte und Gesetzes-Natur, Politik
und Kunst so sauber in Fächer gepackt waren, daß sie sich nirgends stießen, konnte man Leibniz vorwerfen, er habe die Grenze von Theologie und Philosophie nicht gewahrt, habe sich in
Dinge gemischt, die — Gott sei Dank — den Philosophen nichts
angingen. Diese Grenze — durch Gedankenträgheit und Her-
zensstumpfheit gezogen — niemals anzuerkennen, war Leibniz'
große Tat. Er schied methodisch streng, wie nach ihm Kant,
zwischen Physik und Metaphysik, zwischen Körper-Wissen-
schaft und Seelenerkenntnis — aber in der Teilhabe am wesentlichen Existieren fand er die versöhnende Einheit. Unsere Zeit
wird es ihm danken, daß er von Ernst und Spiel bloßer Stoff-
wissenschaft zurückzuführen suchte zu Ernst und Glück wirklicher Existenz. Daß er gegen Skeptiker und Ressort-Denker
erkannte — vielmehr daß sein Wesen Ausdruck wurde der
ewigen Wahrheit: eine unbedingte Trennung von Theologie und
Philosophie ist widersinnig und heillos. Wenn die Gottheit wahr-
haft-wirklich ist, dann ist jede Philosophie heillos, die nicht auf
sie schaut. Wenn aber die Philosophie das Wirken des Göttlichen
widerlegen könnte, dann wäre Theologie und Religion Lüge. Er
erlebte noch die Zeit, in der die christlichen Völker durch Be-
kenntniskriege erschüttert und zerfleischt wurden, in der Dämonen in Gestalt fanatischer Glaubenskämpfer auftraten. Er
stand dann in der Zeit, in der die gebildete Gesellschaft angezogen wurde durch die Kämpfe fortschreitender Wissenschaft
gegen das religiöse Erbe. Die Theodicee entstand als Gespräch
mit der Königin Sophie Charlotte, die fest stand im christlichen
Glauben und dennoch durch den Freidenker Toland, den Skep-

tiker Bayle beunruhigt wurde. Es wurde aber ein Gespräch mit der europäischen Seele in Deutschland, Frankreich, England. Diese Seelenhaftigkeit, in Mikrokosmos und Makrokosmos, ist keine erdachte Auskunft, sondern ist Leibniz Wesen von der Jugend bis zum Tode. In der Jugendschrift wie in der drei Jahr spätern, thematisch entgegengesetzten Ars combinatoria lebt Leibniz — wie Matzat zeigt — ,,in der Geborgenheit des christlich-mittelalterlichen Kosmos'', in einer metaphysischen Weltsicht, in welcher die pythagoreischen und neuplatonischen Kräfte und Lehren bewahrt bleiben [1]. Nicht nur die Krönung, sondern Herz und Seele dieser Weltsicht ist die Idee vom ,,Reich der Gnade'', die schon 1686, in der metaphysischen Abhandlung (§ 35) an den Tag tritt. Sie ist nicht selten wiederholt — Briefwechsel mit Arnauld, Nouveau Système de la Nature, Brief an die Königin (Sur ce qui passe) — immer als der Maaß und Mitte gebende Gedanke. Die Frage, ob das Dasein in der Welt ein Übel oder ein Glück ist, steht vor aller wissenschaftlichen Erörterung, wird durch geschichtliches Schicksal, mehr noch durch die angeborene Fühlweise entschieden. Für Kant und Schopenhauer ist es Tatsache, daß kein Mensch die Wiederholung des Lebens, eines anderen, doch wesensähnlichen wünschen könnte — für Leibniz ist das Umgekehrte sicher. Für Kant ist das Menschenreich der Raum gnadenloser Pflicht, für Leibniz der Raum göttlicher Gnade. Die Weltbejahung, schlecht als Optimismus bezeichnet, quillt aus Leibniz' Herz und Gemüt, diesseits aller discursiven Überlegung. In diesem Sinne sind seine Lehren in Eins zu fassen als Ausfaltung seiner Persönlichkeit. Leibniz war begnadet, das rein auszudrücken, was viele dumpf ahnen — und von andern Lehren ersticken lassen.

Viele Unterschiede zwischen Kant und Leibniz sind überbrückbar: dieser Gegensatz des Lebensgefühles nicht — dieses Gefühles, aus dem sich die Ethik herleitet. Viele rechnen es Kant als große Leistung an, daß er den Eudaimonismus überwand, ohne sich Gedanken darüber zu machen, daß Platon, Dante, Leibniz, Goethe sich unbefangen zum Eudaimonismus bekennen und einen Widerspruch dagegen für sinnwidrig halten. Das läßt darauf schließen, daß er in einem Unterschiede der

---

[1] ,,Die Gedankenwelt des jungen Leibniz''. Monographien zur philosophischen Forschung I, S. 42 u. 48.

Wortbedeutung begründet liege: in der Tat verwendet Kant das Wort Eudaimonismus für Hedonismus und scheidet in diesem kaum Geistesfreude von sinnlicher Lust. Doch deutet diese Begriffsverschiebung auf einen tiefen Wesensunterschied. Der Eudaimonismus des tätigen Willens leuchtet aus vielen Schriften Leibnizens, aber maßgebend ist die kleine Schrift „Von der Glückseligkeit" in unserem klassischen Deutsch. Sie stammt wohl aus der frühen Zeit: ein noch ganz ungebrochener Ausdruck seines Geistes und Willens, ehe er noch als umsichtiger Feldherr auf die vielfachen Schlachtordnungen der Gegner Rücksicht nehmen mußte. Dem modernen Denken scheint sie weniger bedeutend, weil heute die einmal großen Gedanken verschlissen sind im Gebrauch spannungsloser Beredtsamkeit. Erst wenn man die große Spannung gegen mechanistische Weltdeutung und doktrinäre Theologie mitfühlt, glänzt aus ihnen der leidenschaftliche Geist des besten Barock. Damals unveröffentlicht ist sie ein Zeugnis, welchen geistigen Stil damals Europa hätte erreichen können, wenn die spaltenden Kräfte nicht überwogen hätten. Nietzsche mit seinem Spürsinn für großen Gesamt-Stil, nennt einmal als Deutsche der starken Art Leibniz mit Heinrich Schütz, Bach, Händel zusammen, ein andermal mit Goethe. Man spürt in diesem Aufsatz den harmonischen Klang des Orchesters wie den baumeisterlichen Zugriff.

„Weisheit ist nichts anderes als die Wissenschaft der Glückseligkeit, so uns nämlich zur Glückseligkeit zu gelangen lehrt. Die Glückseligkeit ist der Stand einer beständigen Freude, wer glückselig ist, empfindet zwar seine Freude nicht alle Augenblicke, denn er ruhet bisweilen vom Nachdenken, wendet auch gemeiniglich seine Gedanken auf anständige Geschäfte. Es ist aber genug, daß er im Stande ist, die Freude zu empfinden, so oft er daran denken will, und daß inzwischen daraus eine Freudigkeit in seinem Tun und Wesen entsteht." Das ist Freude des Erkennens, aber eines Erkennens, das sogleich ins Tun führt, ja in dieser Zeit des Aufbauens ist die ordnende Schau schon wirkende Tätigkeit im Sinne des Ganzen. Aber Sinnenlust kann bloße Augenblicksfreude sein: selbst im Bereich Epikurs verlangt Leibniz Beständigkeit. „Die gegenwärtige Freude macht nicht glücklich, wenn kein Bestand dabei, und ist vielmehr derjenige unglückselig, der um kurzer Freude willen in lange Traurig-

keit verfällt." Auch in dieser so schlichten Sokratischen Weisheit
denkt er schon voraus die Bewegung der Faust-Epoche, indem er
dem Urquell dieser Freude nachforscht. Wie Faust dem über das
Pergament entzückten Gelehrten verweist: „Erquickung hast
du nicht gewonnen, wenn sie dir nicht aus eigner Seele quillt,"
so nimmt Leibniz vorweg: „Die Freude ist eine Lust, so die Seele
an ihr selbst empfindet." Aus dem blossen „Nominalismus",
daß jedes Individuum autarke Substanz ist, könnte die unbedingte Selbstsucht des Eudaimonismus bewiesen scheinen. Aber für
Leibniz ist von hier nur ein leichtes Weiterschreiten, kein ange-
strengter Sprung notwendig: Die Autarkie der fensterlosen
Monade ist weit mehr Wesens-Verbindung mit anderen Seelen
als Trennung, denn sie repräsentieren ja alle gemeinsam die Bewegungen des Universums in sich. Das sympnoia panta, Ein
Atem geht durch alles, nicht die Einsamkeit der Monade beherrscht die „Monadologie", wieviel mehr das Lebensgefühl
Leibnizens. „Die Lust ist die Empfindung einer Vollkommenheit
oder Vortrefflichkeit, es sei an uns oder an etwas anderem; denn
die Vollkommenheit auch fremder Dinge ist angenehm, als Verstand, Tafperkeit und sonderlich Schönheit eines anderen Menschen, auch wohl eines Tieres, ja gar eines leblosen Geschöpfes
oder Kunstwerkes." So gibt er auf der ersten halben Seite das
fertige Fundament einer Ethik und bleibt gepanzert gegen die
Gefahr der kritischen Spaltung des Menschen in Moral und
Ästhetik: das Ganze ist aus einem Guß. Wenn wir die Vollkommenheit an sich lieben, in einem anderen ebenso als in uns selbst,
so sind ja die Grenzen der Selbstsucht überwunden. (Das ist der
Weg, den Kant verfehlt.)

Leibniz übersieht nicht die Widersprüche, die Unvollkommen-
heiten. Er weiß, daß fremde Vollkommenheit auch Böses, den
Neid wecken kann; er weiß, daß Sinnengenuß wie eine wohl-
schmeckende Speise auch schädlich wirken kann: darum ist dem
Menschen der Verstand gegeben. „Daraus dann folgt, daß nichts
mehr zur Glückseligkeit diene, als die Erleuchtung des Verstandes und Übung des Willens, allezeit nach dem Verstande zu wirken, und daß solche Erleuchtung sonderlich in der Erkenntnis
derer Dinge zu suchen, die unseren Verstand immer weiter zu
einem höheren Licht bringen können, dieweilen daraus ein im-
merwährender Fortgang in Weisheit und Tugend, auch folglich

in Vollkommenheit und Freude entspringet..." Ist das Rationalismus oder Triebhaftigkeit? Intellektualismus oder Voluntarismus? Alles klingt im schönen Ebenmaß zusammen, im Lebensgefühl ausgewogen — nicht sich gegenseitig zur Ruhe aufhebend,
sondern dynamisch erhöhend. Der leiblich-seelische Mensch,
nicht der Gelehrte ist das Vorbild. Nietzsches besten Gedanken
nimmt er vorweg mit den Worten: „Vollkommenheit nenne ich
alle Erhöhung des Wesens, denn wie die Krankheit gleichsam
eine Erniedrigung ist und ein Abfall von der Gesundheit, also ist
die Vollkommenheit etwas, so über die Gesundheit steiget; die
Gesundheit aber selbst bestehet im Mittel und in der Waage und
leget den Grund zur Vollkommenheit. Gleichwie nun die Krankheit herkommet von verletzter Wirkung, wie solches die Arznei-
sachverständigen wohl bemerket, also erzeiget sich hingegen die
Vollkommenheit in der Kraft zu wirken, wie denn alles Wesen in
einer gewissen Kraft bestehet, und je größer die Kraft, je höher
und freier ist das Wesen." Dieser letzte Satz könnte — Nietzsches
Gefahr — als rein quantitative Bemessung der Kraftmenge verstanden werden. Schon im ersten Satz ist aber das Grundgesetz
der „Rangordnung" anerkannt. Unmittelbar fortfahrend stellt
Leibniz mit Betonung sein Schöpfungsprinzip auf: „Ferner bei
aller Kraft, je größer sie ist, je mehr zeiget sich dabei V i e l
a u s e i n e m u n d i n e i n e m, indem Eines viele außer sich
regieret und in sich vorbildet." Leibniz berechnet also nicht im
schöpferischen Gestalten das Kraftquantum, sondern er sieht
umgekehrt in der reichen Gestaltung den höchsten Ausdruck der
Kraft. Das ist unmittelbare, anschauliche, aus keiner Ratio ab-
leitbare Wertung. Welches metaphysische Prinzip vermochte
dann aber diese Wertung zu rechtfertigen? Nur die Liebe, die
Liebe zur Schönheit. Leibniz fährt fort: „Nun die Einigkeit in der
Vielheit nichts anderes ist als die Übereinstimmung, und weil
eines zu diesem näher stimmt als zu jenen, so fließet daraus die
Ordnung, von welcher alle Schönheit herkommt, und die Schönheit erwecket Liebe." Liebe zur Schönheit ist das Weltmyste-
rium, ist schaffende Weltkraft. Bloße Deutung als Kraftquantum besagt nichts über Gestaltung, nichts über den Sinn des
Weltgeschehens. Wenn Gott nur die schönste der möglichen
Welten schaffen wollte, so ist seine Liebe zur Schönheit vorausgesetzt. Hier aber kommt zu diesem Gedanken des Timaios noch

der des Symposion und des Phaidros: die Liebe zur Schönheit weckt auch im Menschen Zeugungslust und schöpferische Kraft. Nun wird Leibnizens großherzig sich darstellende und auswirkende Gestalt, sein Schauen, Fühlen, Schaffen wohl am reinsten durchleuchtend, wie auch das Bewußtsein seiner Weltstellung, denn da er bemerkt, daß er in diesem frühen Augenblick schon das Letzte gesagt hat, so faßt er zusammen: ,,Daraus sieht man nun, wie Glückseligkeit, Lust, Liebe, Vollkommenheit, Wesen, Kraft, Freiheit, Übereinstimmung, Ordnung und Schönheit aneinander verbunden, welches von Wenigen recht angesehen wird.'' Welche Welt von Entsagung in diesem kleinen Stoßseufzer eines großen Mannes! Er sieht: in Deutschland ist kaum Raum für seine Sicht — und wenn er mit dieser in den europäischen Raum tritt, so steht ihm die aufklärerische Front von Descartes bis Newton entgegen. So bleiben seine herrlichen metaphysischen Schriften unveröffentlicht — eine unfaßbare Verschwendung des deutschen Geistes.

Diese großartig-einfache Formel ist zu ergänzen aus dem (vielleicht ungefähr gleichzeitigen) ,,discours de métaphysique''. Dort wird nicht gelegentlich, sondern da, wo das gesamte Weltbild gipfelt, in § 35, der Satz aufgestellt: ,,Die größte Befriedigung, die eine im übrigen zufriedene Seele haben kann, ist, sich von anderen geliebt zu sehen.'' Nur um so sicherer fühlt man hier die Mitte des Mysteriums, wenn Leibniz scheinbar einschränkt, daß es ja nicht Gott sein könne, der zu seinem Glück die Liebe der Sterblichen brauche: es ist also die vom Menschen als Liebe zur Schönheit erlebte schöpferische Kraft, die das Kraftzentrum der Welt, der Leibnizschen Philosophie, seiner eigenen Monade ist. Wie die attische Tragödie (vor Euripides) vom Kampf des Heros mit Göttern und Weltmächten spricht, aber den geschlechtlichen Eros von Mensch zu Mensch nicht bedeutend genug findet für den monumentalen Bau, so baut Leibniz dem großen Stil der Zeit gemäß mit welt- und reichsordnenden Prinzipien, nicht mit individueller Leidenschaft. Um so schöner ist, daß er hier, den Schlußstein ins Gewölbe fügend, vom göttlichen Prinzip sprechend, die menschliche Grundlage dieser Weltschau, das unmittelbare, höchste Erlebnis bezeichnet: die Kraft der Liebe, das Glück des Geliebtwerdens. An dieser Stelle (Gerh. IV, 460) trifft Leibniz Kants Problem, Moral und

Metaphysik zu verbinden. Aus großem Herzen quellen metaphysische Weltschau und ethisches Gefühl. Wer sein Leben und seine politischen Schriften kennt, weiß, daß ihm das Pflichtgebot ebenso unbedingt galt wie Sokrates und Kant. „Statt zu grübeln über das, was ihr nicht wissen könnt, und was auch keine Aufklärung geben kann, handelt gemäß eurer Pflicht, die ihr kennt." (§ 30). Gegenüber Kants „grämlicher" Ethik ist die von Leibniz von froher und beschwingter Weite. Wenn alle niedern Monaden als passive Spiegel gelten, so sind die menschlichen Monaden, die Geister activ. „Die Geister allein sind nach seinem (Gottes) Bilde geschaffen und gleichsam von seinem Geschlecht oder wie Kinder seines Hauses, da sie allein ihm frei dienen und in Erkenntnis und Nachahmung der Gott-Natur handeln können: Ein einziger Geist gilt also einer ganzen Welt gleich, da er sie nicht allein ausdrückt, sondern sie auch erkennt und sich in ihr nach Art Gottes aufführt... Und diese so adlige Natur der Geister, die sie der Göttlichkeit so weit nähert, als es den einfachen Geschöpfen möglich ist, bewirkt, daß Gottes Ruhm aus ihnen unendlich viel heller erstrahlt, als aus anderen Wesen..." An diese Worte an „die Kinder des Hauses" mag Schiller gedacht haben, als er Kants Ethik kritisierte. Leibniz fährt fort im großen Reichs-Stil des Barock: „Das ist es, worin Gott sich vermenschlicht, daß er sich gern den Begriffen der Menschenkunde unterwirft, und daß er in Gemeinschaft mit uns tritt wie ein Fürst mit seinen Untertanen. Und diese Rücksicht ist ihm so teuer, da der glückliche und blühende Zustand seines Reiches, der auf dem größtmöglichen Glück seiner Einwohner beruht, das höchste seiner Gesetze wird. Denn die Glückseligkeit ist für die Personen eben das, was die Vollkommenheit für die Wesen ist."

Ist in diesem Wort von der „Menschenkunde", vom anthropomorphen Gott ein Zug erhabener Ironie, eines „barocken Humors" zu spüren? Leibniz ehrt die exakte Wissenschaft, kennt aber auch ihr Bemühen, alles Göttliche aus der Welt zu schalten, kennt auch das Streben der Philosophie, wenigstens jederlei Anthropomorphismus aus dem Gottesbegriff zu löschen —aber er weiß auch, daß der einfältigste Bilderglaube Philosophie ist verglichen mit Demokrits Aberglauben, die Seele aus Atomkügelchen aufbauen zu können. Welch überlegene Geist- und Welt-Heiterkeit, auf dem Gipfel dieser „metaphysischen

Abhandlung" dem aufklärenden Zeitalter, bis heute, ein menschliches Gottesbild entgegenzustellen! Wie der Gedanke, daß der
Mensch der Kleine Gott ist, sich im „Faust" ausspricht, so
findet sich dort auch dieser „barocke Humor" der Vermensch-
lichung Gottes, im Alten, im „Herrn", der selbst mit dem Teufel
menschlich spricht. (Himmelweit ist diese Ironie unterschieden
von der romantischen, vom ganz entfesselten Geist. Man findet
jenen erhabenen „Humor" auch bei Kepler, dem Leibniz-ver-
wandten großen Deutschen des Früh-Barock, etwa wenn er sich
als Besieger des Gottes Mars in allegorischen Distichen feiert:
es ist die Freude des schöpferischen Menschen, der sich getragen
von einem großen Stil, als übermenschlich groß empfindet in
einer dem modernen Geschmack so fremden Kühnheit, die dem
Individualisten als Überhebung erscheint.)

Was dieser Ton bedeutet, deuten die Schlußsätze an, daß in
der christlichen Religion, im Vertrauen auf die unbedingte
Vorsehung, diese Wahrheiten so göttlich schön ausgedrückt
seien, daß auch die einfältigsten Geister sie begreifen. Das
heißt wohl, wenn unsere Gottes-Erkenntnis nur symbolisch
wäre, so wäre das kindliche Gefühl des frohen starken Herzens
doch wirkliches Leben. Die Abhandlung schließt: „daß die
Gerechten sein werden wie die Sonnen, und daß weder unser
Geist noch unsere Sinne jemals etwas gekostet haben, was der
Glückseligkeit nahe kommt, die Gott denen bereitet, die ihn
lieben." Eben noch sagte Leibniz, daß Gott die Liebe der Menschen nicht braucht, daß sein Wesen über menschliche Begriffe
geht: was also ist diese Liebe zu Gott? Wenn noch Zweifel
bestünden, so schwänden sie hier. Leibniz' Freudigkeit beruht
auf seiner Liebe zur Schönheit der Welt, seiner Überzeugung,
Schönes schaffen zu können, und diese ausstrahlende Kraft
verdichtet sich zum Gottesglauben. Gott lieben ist ein Teilhaben an der weltschaffenden Kraft. Schöpferisch sein heißt
wahrhaft begnadet sein. Aber auch wer das Schöne Werk liebt,
verbraucht es nicht, sondern hat fördernd daran Teil.

In jenem Satz „Denn die Glückseligkeit ist für die Personen
eben das, was die Vollkommenheit für die Wesen ist", schneiden
sich die Linien von Essenz und Existenz, von Idee und Wirklichkeit, die geforderte Vereinigung von Metaphysik und Moral
ist vollzogen. Vollkommenheit der Wesen, der Monaden (nicht

18

des Universums im fortschreitenden Verlauf) ist der Sinn der
Welt, Deutung des Weltwesens. Glückseligkeit ist der Abglanz
dieser Vollkommenheit im seelischen Erleben, das jeder Mensch
ersehnt, der höchste Augenblick, die Vergegenwärtigung des
Göttlichen. ,,Weisheit ist nichts anderes als die Wissenschaft
der Glückseligkeit", hieß es. Dieser Eudaimonismus ist nicht
nur hoch erhaben über Epikurs Hedonismus, sondern über den
Gegensatz von ,,Egoismus und Altruismus." Liebe zu einem
Menschen ist der Wille, sein Streben nach Vollkommenheit zu
wecken, ist Freude an seiner Vervollkommnung, ist eins mit der
Liebe zu Gott. Ähnlich sagt es Platon im Symposion, wo er auch
vor der Sinnlosigkeit warnt, über diesen Eudaimonismus hinaus-
zufragen. Kant will moralischer sein als Platon und Leibniz
und kann doch vom subjektiven Ich des bloßen Denkers so wenig
zum leibhaften Leben kommen wie der Mechanist vom objektiven
Atom aus: denn beiden fehlt das lebendige Wir des Universums,
jenes sympnoia panta aller Monaden.

Die gefährlichste Form der ,,Aufklärung" ist gerade die Einheit von Verstand und Wille ohne Liebe. Leibniz ist nie Optimist des Verstandes, denn er verachtet ebenso dessen Geschwätzig-
keit wie er vorm Grübeln warnt, auch nicht Optimist des Zweck-
willens, denn er erkennt das Schicksal an: ,,Optimist" ist er
allein, die Ganzheit fühlend, zur Bejahung gestimmt: Im Gemüt,
im unbewußten Fühlen der Seele, nicht im Verstande, ist uns
die Ganzheit gegeben. ,,Man merket nicht allezeit, worin die
Vollkommenheit der angenehmen Dinge beruhe, oder zu was
für einer Vollkommenheit sie in uns dienen, unterdessen wird
es doch von unserem Gemüte, obschon nicht von unserem Verstande, empfunden. Man sagt insgemein: es ist, i c h w e i ß
n i c h t w a s, so mir an der Sache gefällt, das nennt man
Sympathie, aber die der Dinge Ursachen forschen, finden den
Grund zum öftern und begreifen, daß etwas darunter stecke,
so uns zwar unvermerkt, doch wahrhaftig zustatten kommt.
Die Musik gibt dessen ein schönes Beispiel..." Er führt aus,
daß alles, was klingt, unsichtbare Schläge tut. Folgt diese
Bewegung nach Maß und Regel, so ist sie angenehm, ,,denn alle
Ordnung kommt dem Gemüt zu statten." Dieselbe Ordnung
findet er in den Tänzen, in der Dichtung, wo im Wechsel langer
und kurzer Silben, im Zusammentreffen von Reimen dasselbe

Maß herrscht, so daß man sie auch ohne Gesang eine stille Musik nennen kann. Solche Musik bewegt die Gemüter — sie versetzt sie mittels des Gehörs in einen in der kosmischen Ordnung, in der „Sympathie" mitstimmenden Wiederhall. Das sei ihr Hauptzweck, den Leibniz aber vernachlässigt findet. Auch im Schmecken und Riechen vermutet er einen ähnlichen Hinweis auf die unsichtbare Ordnung, die zur Erhöhung unseres Wesens, das heißt zur Vollkommenheit beiträgt.

Der krönende Gedanke vom „Reich der Gnade" in der Abhebung vom Reich der (bloßen) Natur ist in dieser begrifflichen Fassung mißverständlich. Alles vorher Gesagte muß sich in dieser Überlegung zusammenfassen. Von Descartes und Kant erzogen, versteht man die Gegensätze als Reich der Cogitatio, des Denkens, der Vernunft, des Geistes, der Idee, der Essenz im Gegensatz zu Stoff, Körper, Mechanik, Erscheinung, Existenz. Von dieser — doch noch unstrengen — Teilung her wird die Philosophie des Abendlandes oft gefälscht im Sinne eines einseitigen Mechanismus oder eines ebenso einseitigen sogenannten „Idealismus." Leibniz geht aus von einer quer dazu stehenden Begriffs-Trennung! Für ihn gehört zur Seite der reinen Vernunft, der Notwendigkeitsgesetze, der Mathematik als das von ihnen faßbare Gebiet die rein körperliche, mechanische Seite. Zur Seite der Tatsachenerkenntnis dagegen, der Existenz, der Contingenz gehört die wirkliche Natur, die Monadenwelt, alles Lebendige, Seelisch-Geistige. Der Titel der Schrift „Prinzipien der Natur und der Gnade" erweckt in eingeschliffenen Begriffsbahnen allzuleicht die Vorstellung, daß unter „Natur" die mechanistische, rein körperliche Seite des Weltgeschehens verstanden sei, zumal Leibniz selbst, wenn er mit reinen Physikern im Gespräch ist, dies Mißverständnis bisweilen begünstigt. In § 7 dieser Schrift aber ist die andere Unterscheidung grundsätzlich ausgesprochen. „Bis hierher haben wir nur als einfache Physiker (Naturforscher) gesprochen: nun ist es Zeit, sich zur Metaphysik zu erheben, indem wir uns des großen, wenngleich meist wenig angewandten Prinzips bedienen, wonach N i c h t s o h n e z u r e i c h e n d e n G r u n d g e s c h i e h t." Auch das Vorhergehende, die gnadenlose Natur ist nicht etwa ein rein mathematisches Gebilde — diesen sogenannten „Idealismus" Descartes' hat Leibniz immer wieder als leeres Hirngespinst erwiesen: denn ohne die primäre, raumfüllende, raumerzeugende Kraft der Monaden gibt es nicht einmal Mechanik. Aber vor allem: auch die mechanische Körperwelt, die seit Descartes und Kant leider meist „Natur" genannt ist, ist nicht gemeint. Das Reich der gnadenlosen Natur ist die beseelte, aber nicht menschlich-geistige Monadenwelt. Erst im Raum dieser lebendigen Organismen-Natur setzt nun (§ 14) die Teilung ein, die der Titel verheißt: die Abhebung der vernunftbegabten menschlichen Seelen, der Geister, von den vernunftlosen Monaden, den tierischen Seelen. „Der Geist ist nicht nur ein Spiegel des Universums der Geschöpfe, sondern außerdem ein Abbild der Gottheit. Er hat nicht nur eine Perzeption der Werke Gottes, sondern ist auch imstande, etwas ihnen Ähnliches, wenngleich nur im Kleinen, herverzubringen." Wahre Gnade ist nicht einmal die Vernunft an sich, sondern erst die Teilhabe an Gottes schöpferischem Wirken! Diese schöpferische Kraft erkennt der große Psychologe in der Phantasie des Menschen, auch im Traum, denn in ihm erfinden wir mühelos, ohne Wollen, ohne Nachdenken. Schöpferisch wird unsere Seele, indem sie solche Dinge im Raume wirklich aufbaut. Gott ist der Baumeister, der aus den vernunftlosen Geschöpfen sein Gebäude, aus den Geistern sein Reich der Gnade schafft...

Verführender als jener grobe Irrtum, Natur der mechanischen Naturseite gleichzusetzen, ist der feinere, geistige: das Reich der Gnade als Reich der Idee, der Transzendenz, des Wesens, der reinen Vernunft mißzuverstehen im Gegensatz zum Reich der Erscheinungen, der Immanenz, der Wirklichkeit. Diese Verführung, der gerade der gebildete Kantianer leicht erliegt, ist begünstigt durch die schwer übersetzbare „fondés en raison." Daß raison hier Grund, Ur-Grund heißt, nicht Verstandes-Ratio, geht aus § 7 hervor. Sie ist nicht logisch-mathematische Vernunft, Satz vom Widerspruch, sondern „Vernunft" als Satz vom Grunde, aber als Gottes Intellectus archetypus, der zugleich die reale Ursache der Existenzen ist. Das Reich der Gnade ist nicht ein Ideenhimmel, sondern das von Gott durchstrahlte Reich der empfänglichen leiblichen Menschen — fast möchte man mit Dante sagen: das irdische Paradies. Es ist nicht losgerissen von der Natur, es ist das gehobene Reich der geläuterten gesteigerten Natur: „Und das geschieht keineswegs durch eine Umwälzung

der Natur, so daß, was Gott den Seelen bestimmt, die Gesetze
der Körper stören müßte, sondern gemäß der Ordnung der
natürlichen Dinge selbst, kraft der Harmonie, die seit aller
Zeit zwischen dem Reich der Natur und dem der Gnade, zwischen
Gott als Baumeister und Gott als Monarchen prästabiliert ist.
Die Natur führt somit selbst auf die Gnade hin, wie andrerseits
die Gnade die Natur vervollkommnet, indem sie sich ihrer bedient." (§ 15). Das vieldeutige Wort Pantheismus erinnert, daß
die rationalen Denker vor dem finstern Mittelalter, Neuplatonismus, Mystizismus, Romantik warnen — ebenso die Theologen
vor Naturalismus, Biologismus — und beide vereint vor Ä-
sthetizismus. Beide nicht ohne Gründe — aber in Leibniz können
wir uns reinigen von den schiefen Schlagworten, welche heute
mehr als je Geist und Seele spalten durch die Trennung von
Theologie und Philosophie, von „Geisteswissenschaft" und
„Naturwissenschaft." Leibniz wußte, auf wie gefährlichem
Posten er stand, wenn er die abendländische Einheit verteidigte:
die Orthodoxen verschrieen ihn als Löwenix (Glaubenichts)
und die Exakten als mittelalterlichen Scholastiker. Es wären
viele Schlagwörter auszuräumen, bis man unbefangen auffaßt,
was doch das Herz des Abendlandes ist: die Einheit von Hel-
lenentum und Christentum. Was Leibniz hier, auf vorletzter
Stufe seiner Schau lehrt, ist der Transzendenz und Immanenz
versöhnende Grundgedanke, ist die Lehre des heiligen Thomas:
„Gratia naturam non tollit sed perficit." — Die Gnade hebt
die Natur nicht auf, sondern vollendet sie.

Wie aber strahlt das Transzendente ins Immanente — um
die Frage höchster Erkenntnisstufe mit unzulänglichen Worten
anzudeuten? Auch diese Stufe ist wenig beachtet, weil sie über
die eigentliche, „discursive" Wissenschaft hinausführt. Diese
Erkenntnis ist, wie oben ausgeführt, die intuitive, die Zusammenfassung alles Wissens in Einem „Augen-Blick." Sie ist Übergang
vom Reich der Natur in das der Gnade, ins wesenhafte Erlebnis.
„Es ist wahr: das oberste Glück — von welcher s e l i g e n
S c h a u (v i s i o n b e a t i f i q u e) oder Erkenntnis Gottes
es auch begleitet sei — könnte niemals vollkommen sein. Denn
Gott ist unendlich und darum könnte er niemals vollständig
erkannt werden." Vordem klang es unklar, ob man durch die
Philosophie dieser „sehr seltenen" Intuition teilhaft würde —

am Schluß dieser Schrift berührt er die mystische Ekstase. Und mit der Scheu vor dem Mysterium, die zu seinem Wesen gehört, kehrt er, wie Platon und Dante, vom mystischen Gedanken alsbald um in den Gedanken des tätigen irdischen Lebens. Das ist der Aufstieg ins schöpferische Reich, wo Theologie, Philosophie, Dichtung noch ungeschieden sind. Weil Leibniz die europäische Gefahr, die Spaltung in Religion und Wissenschaft gesehen hatte, schrieb er gegen Bayle die Theodicee. Darzustellen, wie seine Philosophie wurzelt in Antike, Scholastik, Mystik, in Thomas, Duns Scotus, Suarez u.a. ist eine nötige, aber sehr weitläufige Untersuchung. Wir begnügen uns mit der Repräsentation des abendländischen Geistes in Dantes Dichtung. In ihm erkennt Leibniz den Ursprung des Renaissance. Er erlebt jene höchste Schau, die vision beatifique, auf die Leibniz zielt. Zur Erfüllung des schöpferischen Gnadenreiches gehört neben Theologie und Philosophie auch eine geheiligte Kunst. Sie war Leibniz versagt, aber das erfüllende Bild für seine Philosopie ist Dantes Gedicht, so wie jene eine Interpretation für dieses ist. Erwacht doch heute wieder Empfänglichkeit für das Wesentliche, die philosophisch gegründet kosmische Schau Dantes, die man bisweilen als eitles Prunken mit dem Talar des Gelehrten ansah, von dem man überlegen lächelnd mit dem Takt des Geschmäcklers absieht, um das Publikum über psychologisches Interesse und artistische Reize zu unterhalten[1].

Ein leuchtendes Bild der Zentralmonaden und der göttlichen Urmonade ist die Himmelsrose. Wenn in der Erscheinungswelt die ausgewickelte Gestalt mehr ist als der Keim, so ist umgekehrt im Urgrunde des Wesens die schöpferische Kraft am stärksten im kleinsten Punkte. So unendlich klein ist diese strahlende Urmonade, daß neben ihr der kleinste Stern wie ein Mond erschiene. (Himmel XVIII, v. 16 f., 62 f., 90 f.) Und wie hier die Gott umsprühenden Engelschöre den Funken, die aus weißglühendem Eisen umherstieben, verglichen werden, die wieder in neue Funken zersprühen, so nennt Leibniz die Monaden von Gott ausblitzende Funken. (Die Ordnung der Engelschöre entnimmt Dante dem Gründer der mittelalterlichen Mystik, dem neuplatonischen Christen Dionysius Areopagita. Aber solche Funken sind auch

---

[1] Descartes zerschneidet durch seine Verachtung von Mittelalter und Antike das Abendland, sodaß Dante und Thomas ins finstre Mittelalter rücken.

die andern Seligen, die den Himmel durcheilen wie die Fische
den klaren Teich, die aber hell aufleuchten, wenn sie sich mit Dante in ein Gespräch einlassen. Auch diese Funken sind Spiegel der
ewigen Gottheit. (XXIX, 142 f.)

> Nun blicke auf zur Höhe, sieh die Weite
> Der ewigen Kraft und dann so viele Spiegel,
> Die sie sich bildet, in die sie sich spaltet
> In sich als Eins verharrend wie von je.

Diese Spiegel sind aktiv: das Heer der Engel fliegt hin und
wieder, in emsiger Arbeit den Bienen vergleichbar, vermittelt es
Gotteserkenntnis den Seligen. Das ist die Unruhe des Lernens
und Lehrens, die man an Leibniz so befremdlich findet. Dante
geht nicht auf in den himmlischen Schwärmen als bloßes Beispiel
eines Individuums: er bleibt einzigartige Persönlichkeit, gepriesen, weil er leiblich im Himmel wandelt, begrüßt als berühmter
Liebessänger, anerkannt als philosophischer Theologe. Zwischen
dem Ich und der Gottheit erstreckt sich der unendliche Himmel
der unverwechselbaren Monaden — es ist Leibniz' Gedanke unendlicher Mannigfalt in schöpferischer Einheit — ewiger Harmonie durch erhabene Rangordnung. (VI. 124 f.f.)

> Verschiedene Stimmen geben süße Klänge.
> Verschiedenheit der Ränge unsers Lebens
> Bringt süße Harmonien in diese Sphären.

Zu dieser ekstatischen Höhe stieg Dante zuerst durch die Eros-
Dichtung der vita nuova, dann glaubte er in der Aristotelischen
Philosophie die wahre Geliebte zu finden (Convito), bis er schließ-
lich in Eros, Dichtung, Philosophie zusammen den Weg zur
Gottesschau fand. Sein Reich der Gnade ist Gnade in vielen
Rängen: Virgil, Mathilde, Beatrice, Bernhard, Gottesmutter.
Führer zur mystischen Ekstase ist Bernhard. Soweit das Wort des
Gelehrten absteht vom Dichter, so spürten wir doch bei Leibniz
einen mystischen Hauch, eine Liebe zu Angelus Silesius, trotz
aller vernünftigen Dämpfung. Als Goethe für seinen großen
abendländischen Mythos den Abschluß suchte, fand er ihn im
Schluß der divina commedia. Wenn bei Leibniz die Beziehungen
weniger bewußt sind, so sind sie vielleicht noch wesentlicher. Bei
Dante sind die beiden Leitbegriffe luce und ardore, bei Leibniz

im Vorwort der Theodicee lumière und ardeure. ,,Wahre Frömmigkeit und selbst wahre Glückseligkeit bestehen nur in der Liebe zu Gott, aber in einer aufgeklärten Liebe, deren Glut von Licht begleitet ist." Danach ist zu bemessen, in welchem Sinne Leibniz zur ,,Aufklärung" gehört oder nicht gehört. Oft bedauert man, daß Leibniz seine Lehre mehr in Gelegenheitsschriften als im Lehrbuch gegeben habe. Aber es ist Seelenadel, sein Bestes zu suchen im Gespräch mit Geistern gleichen Ranges, im Reich der Gnade. Diese glühende Vorstellung vom Gnadenreich steht im handschriftlichen Geschenk für den großen Freund Eugen, dem größten Repräsentanten des politischen Europa. Preußens Königin hatte er unvergleichlich und eine der vollkommensten Fürstinnen genannt und die leibliche Schönheit der im Alter von 37 Jahren Gestorbenen gepriesen.

Das Bild für den Übergang der Wesenskraft in die Erscheinungswelt, der Transzendenz in die Immanenz, ist bei Dante das ,,Irdische Paradies". Dessen Hauptgestalt, Mathilde, Bild der Anmut, Grazie, Charis, singend und im Tanzschritt begleitend, ist — ich glaube, nicht fehlzudeuten — das Gleichnis für Dantes Werk, wurzelnd in der Kunst der Canzone und Ballata.

Dieser Platonische — das ist der im Geistigen zeugende, aber durch die leib-seelische Erscheinung erweckte Eros ist der Weg zur Gottliebe: Liebe zur Vollkommenheit des geliebten Menschen ist der Weg zum höchsten Gut. Sehr zart ist — wie ich glaube — dies Gefühl im Vorwort angedeutet durch das Wort tendresse, das auf Gott bezogen sehr kühn klingt. Man übersetzt es mit Hingabe, mit Leidenschaft, aber die einseitige Betonung des Erleidens, der Passivität in passion ist dem aktiven Leibniz nicht das Höchste. Leibniz hat in den ,,Gedanken zur Verbesserung der deutschen Sprache" (§ 64) besonders bemerkt, daß man tendre, wo es sich auf Gemüt beziehe, durch innig oder herzinnig gut wiedergegeben habe. Innigkeit sei früher für Andacht gebraucht. In der Theodicee heißt es: ,,Offenbar hat Jesus Christus — das Werk von Moses vollendend — gewollt, daß die Gottheit nicht nur Gegenstand unserer Furcht und Verehrung, sondern auch unserer Liebe und Innigkeit sei. Das hieß die Menschen schon im voraus glücklich machen, ihnen schon auf Erden den Vorgeschmack der künftigen Seligkeit geben. Denn es gibt nichts Angenehmeres, als das zu lieben, was der Liebe wert ist. Der

Affekt der Liebe ist es, der uns Freude finden läßt an der Vollkommenheit des Geliebten, und es gibt nichts Vollkommeneres, nichts Bezaubernderes (charmant) als Gott". Das ist die Idee des irdischen Paradieses. Erinnert man sich an die fünfte Strophe des Gedichtes an die Königin, wo die Liebe zur Vollkommenheit des geliebten Menschen als Weg zum höchsten Gut bezeichnet wird, so zweifelt man nicht, daß hier im Vorwort der Theodicee auf den Sinn der Widmung, das Gefühl für die Königin gedeutet wird. Nun folgen ganz Dantische Worte: ,,Ordnung, Proportionen, Harmonie bezaubern uns, Malerei und Musik sind Beispiele dafür: Gott aber ist ganz Ordnung, immer bewahrt er das rechte Maaß, er ist die universale Harmonie: von ihm strahlt alle Schönheit aus."

Das ist Leibnizens ursprüngliches Lebensgefühl, durchleuchtet vom Licht der Vernunft bis zum Bewußtsein hoher Begnadung, des Schöpferseins. Daraus wachsen gleichzeitig Metaphysik und Ethik. Gott ist das Maß. Er billigt lieblose Rigorosität so wenig wie Selbstsucht, die sich in Übersteigerung der Sinnlichkeit, in Herrschsucht und Überhebung äußert. Eros, der den Weg bis zur Gottheit führt, strahlt zurück als Liebe zur Gemeinschaft, als Agape, als Caritas. ,,Eine solche Art von Liebe erzeugt jene Freude an den guten Handlungen, die die Tugend auszeichnet, und die, indem sie alles auf Gott als Mittelpunkt bezieht, das Menschliche zum Göttlichen emporhebt. Denn man erfüllt die Weisungen der höchsten Vernunft, indem man seine Pflicht tut und der Vernunft gehorcht. Man richte alle seine Bestrebungen auf das Gemeinwohl, das mit dem Ruhme Gottes zusammenfällt." ,,Unsere Nächstenliebe ist demütig und maßvoll, sie maßt sich nicht an zu herrschen. Ebenso aufmerksam auf unsere eignen Fehler wie auf die Talente der andern sind wir geneigt, an unsern eigenen Handlungen Kritik zu üben, die der andern zu entschuldigen und zu berichtigen — wollen wir doch uns selbst vervollkommnen, niemandem aber Unrecht tun...". Das Wertvolle der Moral Kants, Rückgang auf Vernunft und Pflicht, ist hier im Gegensatz zur lieblosen Rigorosität von der weltschaffenden Liebe durchstrahlt. Dies hat Leibniz später, eben am Schluß der Prinzipien der Natur und der Gnade, ausdrücklich als Gegensatz zur stoischen Moral festgestellt. ,,Denn sie (die Liebe zu Gott) verleiht uns ein vollkommenes Vertrauen in die Güte unseres Urhebers und Meisters und gewährt uns eine wahre Ruhe des Geistes, die nicht wie bei den Stoikern aus einem gewaltsamen Zwange stammt, den wir uns antun, sondern einer gegenwärtigen Zufriedenheit entquillt, die uns auch eines zukünftigen Glückes versichert."

Immer bleibt — um zum Aufsatz über die Glückseligkeit zurückzukehren — die über das Weltgefühl entscheidende Frage: Freiheit als Loslösung von der Natur oder als ihre Erfüllung. Leibniz erlebt in der geistigen Freude die Vervollkommnung der Natur, und der Verstand soll die Wollust der Sinne nicht verurteilen, sondern nur regeln. Die geistige Freude ist Lust an sich selbst, „also, daß wir den Hauptquell, Lauf und Endzweck aller Dinge, und unglaubliche Vortrefflichkeit der Alles in sich begreifenden höchsten Natur erfahren und dabei die Unwissenden empor gehoben werden, gleich als ob wir aus den Sternen herab die irdischen Dinge unter unsern Füßen sehen könnten. Zumal wir endlich daraus gar erlernen, daß wir Ursache haben, über alles so bereits geschehen ist uns zum höchsten zu freuen, doch, daß wir gleichwohl suchen, was noch nicht geschehen, so viel an uns, auf das Beste zu richten. Denn das ist eines der ewigen Gesetze der Natur, daß wir der Vollkommenheit der Dinge und der daraus entstehenden Lust nach Maß unserer Erkenntnis, guter Neigung und vorausgesetzten Beitrages genießen werden." Das ist die Wesensgemeinschaft mit dem Timaios. So fühlten auch Kopernikus und Kepler Glückseligkeit und Gottesdienst darin, im Geist zur Sonne aufzusteigen und von ihr aus den Kosmos zu schauen, wie im Faust-Vorspiel der Kosmos vom Himmel aus geschaut wird. Im Timaios hat jede Seele vor ihrer Geburt von ihrem Fixstern aus den Reigen der Gestirne beobachtet, und darum kann sie, auf die Erde verpflanzt, im Blick auf die Kreisbahnen am Sternenhimmel ihre von sinnlichen Trieben verwirrte Natur wieder in pythagoreische Harmonie mit dem Weltgesetz ordnen. Das ist das höchste Bild für den Leibnizschen Einklang von Mikrokosmos und Makrokosmos.

Dieser deutsche Aufsatz ist Ausdruck seiner magnitudo animi, wenn Leibniz von der Wirkung der Eigenen Monade als geistigem Kraftzentrum spricht, da es ihm nicht auf wissenschaftliche Lehrbücher ankommt, sondern er sich unmittelbar an die Kraftzentren in Europa und im Reich, an die „hohen Personen" wendet, um Geist und Macht zu vereinen. Er fährt nach jener Verpflichtung der Menschen, der Verwirklichung des Besten zu dienen, unmittelbar fort: „Wenn nun eine hohe Person dieses erlanget, also daß sie auch mitten in allem Überfluß und Ehren dennoch ihre große Vergnügung findet in den Wirkungen ihres Verstandes und ihrer Tugend, die halte ich doppelt für hoch. Für sich, wegen dieser ihrer Glückseligkeit und wahren Freude, für andere aber, weil ganz gewiß, daß diese Person wegen ihrer Macht und Ansehens kann und wird auch vielen anderen Licht und Tugend mitteilen, indem eine solche Mitteilung eine Rückstrahlung auf sie selbst machet, und die, so dergleichen gemeinsamen Zweck haben, in Untersuchung der Wahrheit, Erkenntnis der Natur, Vermehrung menschlicher Kräfte und Beförderung ihres gemeinsamen Besten einander helfen und neues Licht geben können." Und man hört hier schon den Gedanken des erblindeten Faust, daß Ein Geist für tausend Hände genüge, wenn Leibniz weiter sagt: „Erscheinet also die hohe Glückseligkeit hoher und dabei erleuchteter Personen daraus, daß sie zu ihrer Glückseligkeit so viel tun können, als wenn sie tausend Hände und tausend Leben hätten, ja als wenn sie tausendmal so lange lebten, als sie tun. Denn so viel ist unser Leben für ein wahres Leben zu schätzen, als man darin wohltut. Der nun viel wohltut in kurzer Zeit, der ist dem gleich, so tausendmal länger lebet; welches bei denen statt findet, so machen können, daß tausend und aber tausend Hände mit ihnen wirken; dadurch in wenig Jahren mehr Gutes geschehen kann zu ihrem höchsten Ruhm und Vergnügen, als sonst viel hundert Jahre nicht bringen könnten." Auf diese Reichsidee — Erkenntnis, Förderung der Gemeinschaft, der Wirtschaftskräfte in Einem Atem zusammenfassend — führt Leibniz diesen Aufsatz, in dem er mehr als sonst „aus sich herausgeht." Wie Platon stellt er zwischen Mikrokosmos und Makrokosmos die Volks-Gemeinschaft, einen Mesokosmos, gleichsam ein Individuum zweiter Ordnung, weit genug, um auch der Tätigkeit großer Menschen das Universum zu vertreten. Dies Mittelglied ist dauernd Ergänzung und Ziel seiner Lehre. Wie seltsam ist daneben das Mitleid mit den einsamen nackten Monaden, während doch keine Lehre Liebe und Gemeinschaft so tief verwurzelt: denn jeder Mensch ist Spiegel der Gemeinschaft, ist berufen, tätig diese Gemeinschaft zu vervollkommnen, und die größten spiegeln Gott. Leibniz lehrt, was er ist, und tut, was er denkt.

Wie blaß steht neben diesem Gepräge schöpferischen Auswirkens der spätere „Idealismus" selbst großer Denker, wenn sie die Ideen des Guten, Schönen, Wahren gleichberechtigt zusammenrücken, wobei dann leicht die Gliederung in Moral (und Religion), Kunst und Wissenschaft die Folge ist, die alle nur in einem unklaren Gefühl vereint bleiben. Leibniz redet nicht von Begriffen, sondern beschreibt tatsächliches Geschehen. Bloße „Wahrheit" ist die Ratio und die äußere Sinnes-Erfahrung. Aber darüber steht ein überrationales, schöpferisches Gebiet, das sich vom Geist gestalten und anschauen läßt. Die göttliche Kraft im Menschen wirkt im Blick auf die Idee des Schönen, die Liebe als die Kraft, das Schöne zu erzeugen, ist das Gute, ist mehr als bloße Wahrheit. Und der Abglanz dieses Geschehens in der Seele ist Glückseligkeit. In ihr, nicht in bloßer Wahrheit, erfüllt sich die Weisheit. Darum führt Leibniz die Lehre nicht auf einen Begriff zurück, sondern auf die Gemeinschaft von: „Glückseligkeit, Lust, Liebe, Vollkommenheit, Wesen, Kraft, Freiheit, Übereinstimmung, Ordnung, Schönheit." Die Ganzheit schauend analysiert er nicht mehr. So kann er in der Freude der Erkenntnis schließen. „Die Schönheit der Natur ist so groß, und deren Betrachtung hat eine solche Süßigkeit, auch das Licht und die gute Regung so daraus entstehen, haben so herrlichen Nutzen bereits in diesem Leben, daß, wer sie gekostet, alle anderen Ergötzlichkeiten gering dagegen achtet. Tut man aber noch dazu, daß die Seele nicht vergehet, ja, daß jede Vollkommenheit in ihr Bestehen und Frucht bringen muß, so siehet man erst recht, wie die wahre Glückseligkeit, so aus Weisheit und Tugend entsteht, ganz überschwenglich und unermeßlich sei über alles, das man sich davon einbilden möchte." Mag der positivistische Forscher dies Glüksgefühl als unsachliche Beigabe übersehen; mag es heute als widerlegter Optimismus, als schwächliche Harmonisierung erscheinen: dagegen ist wieder zu erinnern, daß Leibniz als Staatsmann die schwersten Gefahren durch Türken und Franzosen miterlebte und bis zuletzt tiefste Enttäuschungen erlitt. Sein hoher Tatendrang entsprang der Freude am neuen Aufbau, der schaffenden Kraft. Darin hat das Glück der Schau ihn nie geschwächt im Eifer gegen zerstörende Mächte. Nichts lag ihm ferner als beschönigende Reden, wo er Mängel bei Volk und Fürsten sah. Konzilianz und Toleranz erloschen, wo er der Intoleranz, dem Terror gegenüberstand. Dann stand ihm beißender Hohn und gesteigertes Pathos ebenso zur Verfügung wie sonst die gewinnende Rede, die höflich-stolze Würde. Erinnert sei nur an den Brief, den er 1704 an den Marschall de Villars schrieb, als dieser das Kommando zur Vernichtung der Hugenotten übernahm. „Ich muß gestehen, großer Marschall, nie hätte ich geglaubt, daß man das äußerste Maß an Erniedrigung und Entehrung der französischen Nation durch Sie erfahren sollte." Er rühmt seine großen Heldentaten gegen deutsche Heere, aber er begreift nicht, wie er einwilligen konnte, „der grausame Henker seiner unschuldigen Landsleute zu werden, deren einziges Verbrechen in der heiligen gerechten Anhänglichkeit an den Glauben ihrer Väter besteht, einer Liebe, die jeder ehrbare gottesfürchtige Mensch haben muß." „Feiger Mensch, der da beginnt, wo Mourevel enden zu dürfen bat, müde und satt von Metzelei und Blutbad."[1] Diese Kräfte strömen ihm zu aus der Anschauung des Reiches der Gnade.

---

[1] Hess. „Leibniz korrespondiert mit Paris". In des Reihe „Geistiges Europa" bei Hofmann und Campe 1940.

BEGRÜNDUNG UND SYSTEMATISIERUNG DER LEHRE

Geschichtliche Erinnerung. Bisher haben wir die „vorwissenschaftliche" Gegebenheit der Leibnizschen Lehre gesehen, die Substanz gleichsam, aus der sich diese entwickelt. Philosophie als
streng beweisbare Fachwissenschaft sieht darin den auszumer-
zenden Erdenrest, der entweder bloße individuelle Eigenheit
oder zeitgebundenes Schicksal ist, nach dessen Abzug das
Ewige und Wertvolle zurückbleibt. Gleichwohl werden wir uns
damit abfinden müssen, daß Leibnizens Lehre nicht als Ganzes,
nicht als Sinnvolles so zu begreifen ist. Philosophie ist Fachwissenschaft, aber nicht nur Fachwissenschaft. Wenigstens die
Erkenntnis, die einem Platon, einem Leibniz des Namens
Philosophie würdig gilt, wächst aus der Ganzheit des Lebensgefühles, der geahnten Weltschau, vollendet sich in ihrer Be-
wußtwerdung, deren Stützgerüst ihr rationales System ist, und
dient dem menschlichen Ziel, das irdische Reich dem Strahl
des Gottesreiches zu öffnen. Wer die Deutung der Leibnizschen
Lehre in einem Viertel Jahrtausend, seit den ersten Antworten
Arnaulds und Bayles, überschaut, wird diesen Versuchen der
Fachmänner, von den ihnen maßgebenden Punkten aus jeweils
sein System zu erklären, Dank wissen, ohne in diesen Widersprüchen den Weg zur Lösung des Rätsels zu finden. Gesamtschau ist noch nicht strenge Wissenschaft, und Leibniz hat
leidenschaftlich auch nach dieser gestrebt, denn er übersah
keineswegs die rationalen Einwände gegen sein „System."
Philosophie ist neben der Schau des Weisen auch ein Fachgebiet
neben anderen mit dem Sehnsuchtsblick auf ein vollendetes
geschlossenes System der philosophia perennis, dem man sich
Zug um Zug nähert, zu dem jeder Forscher, je nach der augenblicklich gegebenen „Problemlage" einen objektiven Baustein
beitragen kann. Dies rechnet der Rationalist allein als allgemeingiltige, überindividuelle Wissenschaft. Man geht mit Recht

auf das Ur-Erlebnis abendländischer Wissenschaft, auf Platons Menon, zurück und fragt, was da bewiesen ist. Bewiesen ist, daß es Erkenntnis apriori, echte rationale Wissenschaft, gibt: Mathematik und Logik. Das ist eine wahrhafte Erhebung des Geistes im Blick auf das Ewige, Unendliche, ein tröstliches Bewußtsein, daß es ewige Erkenntnis gibt, die von allen Zufällen unserer geschichtlichen Existenz unabhängig ist. Aber die Erweiterung dieser rationalen Einsicht zum wirklichen, zum metaphysischen Erlebnis, zur Erkenntnis, daß niemand etwas lernt, was nicht wesenhaft in seiner Seele angelegt ist, diese Platonische Erkenntnis bleibt dem Aufklärer eine metaphysische Schwärmerei, dem Positivisten des 19. Jahrhunderts ein Greuel. Sie ist der Grundsatz von Leibnizens Metaphysik.

Die Beschränkung auf das Zeitlose, Allgemeingültige der Wissenschaft fiel denen leicht, die verwundet von den Händeln der Welt ein reines Glück im Bewußtsein fanden, dem Bau der Wissenschaft einen Stein einzufügen, der nie wieder zu entfernen wäre. Wer dies Gefühl nicht kennt, mag es vielleicht als private Eitelkeit rügen, daß selbst Leibniz und Goethe im Gebiet reiner Wissenschaft für ihre Priorität gekämpft haben. Aber in ihrem schöpferischen Gesamtwerk sind diese Leistungen, bei denen es um die Chronologie geht, doch nur Einzelheiten. Jenes Glück der ewigen Wissenschaft nimmt nun aber seine beste Kraft aus der Hoffnung, daß in stetigem Fortschritt späte Urenkel einmal diesen Bau vollenden können und ein System der Philosophie erreichen, das die Welträtsel löst. Die Deutung, daß Leibniz an eine fortschreitende Wissenschaft, an eine völlige Erklärbarkeit der Welt glaubte, scheint vielen der bestgesicherte Satz — und doch sagt Leibniz oft genug das Gegenteil. Welches Mittel führt das vorwissenschaftliche Erlebnis in ein ,,System"? Dies muß sich ausdrücken in einer rationalen ,,Form", sonst griffe es nicht ein in die Wissenschaft, — aber was soll diese ,,Form" formen, wenn nicht einen noch nicht rationalen Stoff? Diese Spannung zwischen Ratio und dem Irrationalen gehört zum Wesen der Erkenntnis. Aber welche formende Kraft leistet, was eine formalistische Ratio nicht leisten kann? Die geschichtliche Herleitung des Systems im Einzelnen aus Begriffen der Antike, Scholastik, Renaissance gehört nicht zu unserer Aufgabe. Grundlegend war, zu zeigen, daß Leibniz dies europäische Erbe wie niemand sonst zusammenfaßt. Um aber sein System als Wissenschaft zu bewerten, müssen wir es mit den Begriffen seiner großen Nachfolger, die unser eigenes wissenschaftliches und lebendiges Denken beherrschen, vergleichen. Die späteren Systeme entwickeln meist einseitig ein Motiv von Leibniz, im Ganzen bedeuten sie eher einen Abbau seiner Schau. Daß Christian Wolffs System das 18. Jahrhundert beherrscht als Schulphilosophie, als eine neue Scholastik, die tiefsten Leibniz-schen Gedanken verwässert, entstellt, ausscheidet, ist meist zugegeben. Es entbehrt des mächtigen realen Antriebs der westli-chen Aufklärung und geht auf dem Wege der Mathematik, der reinen Ratio zur syllogistischen Methode des Mittelalters zurück. Leibniz hat Wolff wohl nach Halle empfohlen, aber wie er ihn nicht als seinen Nachfolger ansieht und sich 1714 an Remond kühl über diesen dozierenden Mathematiker äußert, so will auch Wolff nicht als Leibniz' Nachfolger gelten. Dieses gegen-seitige Abrücken hat doch nicht gehindert, daß weiterhin Leibniz' System im Sinne Wolffs mißverstanden wurde.

Kant griff in die Philosophie ein, als Wolff, der gefeierte Schulmeister Europas, langweilig zu werden begann. Er geht mit Leibniz dem Naturforscher, dem Physiker, mit der fort-schritts- und erfahrungsfreudigen Aufklärung des Westens, um bald zum Angriff gegen den pedantischen Wolffianismus vor-zugehen. Dann packt ihn das revolutionäre und moralische Pathos Rousseaus. Aber während in Herder und Goethe in Straßburg auch Leibniz Geist erwacht und sich steigert, ins Faustische, Prometheische, ins Allgefühl und zugleich deutsche Pedantik und westlichen Mechanismus vertreibt, während beide Dichter auf ein Mitgehen des verehrten Lehrers Kant hoffen, vollzieht dieser, der berufen schien, die von Leibniz zu-sammengefaßte deutsche Philosophie systematisch, rational aus-zubauen und die verflachende „Volksphilosophie" zu verdrängen, in langer verschwiegener Arbeit seine Wendung fort von Leibniz zum Kritizismus. Seine zeitliche Hauptaufgabe ist die Philoso-phie neu zu begründen als exakte Fachwissenschaft. Nicht vom abendländischen Geist und seiner Geschichte geht er aus, sondern von der gegenwärtigen Problemlage, vom Stande der aufge-klärten Wissenschaft als solcher, von Wolff, von Hume, von Descartes aus will er nur das unbedingt Sichere anerkennen.

Metaphysik war für ihn allein reine Erkenntnis apriori, dieser gegenüber alles andere seelische Erleben, alle Erfahrung minderen Ranges, und so hoch er die Erfahrung dennoch daneben schätzt, so sah er echte Wissenschaft allein im mathematischen Gesetze. So legte er das Fundament aller Metaphysik als strenger Fachwissenschaft, und mit rastlosem Scharfsinne baute er das Kellergeschoß dieser Wissenschaft, die Erkenntniskritik, auf. Gegenüber dieser soliden Technik wächst Leibniz Weltschau wie im Evangelium aus dem Senfkorn, aus seiner Monade: als Wurzel dem Erdenzentrum zu, als Geäst dem natürlichen Licht, dem Geist entgegen. So schiene Kant der echte Baumeister, Leibniz aber (mit Anwendung unglücklicher Begriffsbildungen) der „Gedanken-Dichter" oder „Romantiker". So schien es tatsächlich einer Philosophengeneration im positivistischen 19. Jahrhundert, auf die wir heute nachdenklich zurückschauen, wie sie sich in diesem Keller der Erkenntniskritik ansiedelt, Ritzen verschmiert, Wände betoniert, um sich gegen jeden Einbruch schöpferischen Geistes zu sichern, und die darum Leibniz, der sich nicht so einengen wollte, bemitleidet. Geistesgeschichte aber schaut auf wirkende Kräfte und weiß, daß der schöpferische Baumeister nicht zuerst den Keller ausdenkt, sondern daß in ihm die Idee des Ganzen als Kraftkern wirkt und nach allen Seiten strahlt. Nicht durch Legung der Fundamente, sondern durch die Idee des bestimmten Domes, nicht durch rationales Gesetz, sondern durch die „individuelle", kontingente Idee, den einmaligen Traum von Glanz und Größe wirkte Erwin von Steinbach, und wenn diese Idee sich in Jahrhunderten bei den Nachfolgern wandelte, so bleibt sie doch Eine, die herrschende Idee des Domes. Wie der Tod den Baumeister zwingt, sein Traumbild den Erben anzuvertrauen, so zwingt ihn die Grenze der Person, den Gehilfen die Berechnung der statischen Kräfte, die Planung vieler Einzelheiten zu überlassen — wenn sie nur seiner spendenden Idee treu bleiben.

Im Vorhaben, das große Gebäude zu errichten, ruft Leibniz überall Denker und Fürsten auf, ihm zu helfen gleichsam beim Entwurf für die kaiserliche Burg, den Kuppelbau des Schönen Kosmos, in der Mitte die abendländische Idee des Kaiser-Reiches. Erst wenn die Bauhütte gegründet war, war es Zeit, die Pläne im Einzelnen zu vollenden, dann die wirklichen

Fundamente zu legen. Das ist es, was man seine Konzilianz und Toleranz nennt, daß er überall sucht, Baumeister und Lehrlinge für dies ungeheure Werk zu werben, zu wecken, zu erleuchten.

Kant also, der gründlichste analytische Denker, wollte den tragfähigen Kellerbau dieses Gebäudes ausführen. Gegen den Wirrwarr der metaphysischen Systeme setzte er die rein-rationale Wissenschaft. Den Ausgangspunkt fand er mit Recht bei Leibniz in dessen Schrift gegen Locke, die ja erst erschien, als Kant in seine skeptischen Zweifel verstrickt war: hier fand er gegen die positivistische Erfahrungs-Lehre von neuem den Nachweis der Erkenntnis apriori, der apodiktischen Sicherheit: daraus fügte er den Keller der theoretischen Vernunft, der das Gebäude der gesamten mechanistischen Naturwissenschaft tragen konnte. Aber erhabener noch schien ihm das Pflichtgesetz, das diesem Mechanismus trotzte. So baute er auch den Kellerraum der praktischen Vernunft, tragfähig für die Metaphysik der Sitten, für den Idealismus der Freiheit. Daß dieser Pflichtbegriff an sich leer, die allgemeine Sittengesetzgebung als sein Prinzip widersinnig blieb, wenn wir grundsätzlich die Welt an sich nicht kennen, die Welt der Erfahrung aber bloß mechanisch blieb, konnte Kant nicht — wie seinen Folgern — verborgen bleiben. In der Tat erhält diese kritische Lehre nur dann einen Ganzheitsinn, wenn man sie dadurch ergänzt, daß man sie auf dem Hintergrund einer Leibnizschen Weltschau begreift. Kant trug den Rest, die verblaßten Umrisse einer solchen Metaphysik im Herzen: denn ohne Gefühl für diese Ganzheit hätte er selbst diese beiden Keller nicht errichten können. So läßt er vom Pflichtbegriff die praktischen Postulate ausstrahlen. Nimmt man diese Postulate als metaphysische Hypothesen, so ist ein Teil der Metaphysik Leibnizens wieder aufgenommen. Aber mehr: nach dem Zusammenstoß mit Herders „Ideen" (deren Weltanschauung damals mit der Goethes identisch ist, eine offenbare und unbezweifelte Entfaltung der Leibnizschen Lehre), erkennt Kant, daß er mit seinen beiden polaren Gesetzen den menschlichen Geist nicht umfasst. Zwischen den Fundamenten der Sittenmetaphysik und gleichsam des Chorbaues der Mechanistik baut er den verbindenden Keller des Geschmackes für das Schöne und der Idee des Zweckes in der belebten Natur. Aber an der entscheidenden Stelle, nämlich im Schlußsatz der

Vorrede zur Kritik der Urteilskraft hat Kant — was meist übersehen wird — für immer festgelegt, daß auf diesen Kellerbau
der Prinzipien des Schönen und des Zweckmäßigen sich keine
Metaphysik aufbauen ließe, daß es anders ausgedrückt nur eine
Metaphysik des abstrakten Moralgesetzes und eine Metaphysik
der (mechanischen) Natur geben könne[1]. So blieb Kants metaphysisches Gebäude: ein abgeschloßnes Fragment, ein ausgeführter Turm, ein ausgeführter Chorbau, aber mit der bindenden
Erklärung, daß ein Langhaus als philosophisches Gebäude auf
dem fertigen Fundament niemals errichtet werden dürfe.

Kant beendet also seine angebliche Kopernikanische Drehung
damit, daß er dem menschlichen Geiste Stillstand gebietet.
Goethe und Schelling, beide selbständig, sich aber gegenseitig
stark beeinflussend, gehen über diese Anmaßung mit ironischem
Lächeln hinweg. Wenn Kant immer wieder einschärft, nur
Mathematik und Moralgesetz seien konstitutiv, Zweckmäßigkeit und Schönheit in der Natur seien nur subjektiv, nur regulative Ideen, nur Reflexion, so sehen jene gerade die metaphysischen, die schöpferischen Prinzipien: die natürliche Gestalten-
welt als Kunstwerk, die menschliche Kunst als unmittelbare
Fortsetzung, als Vollendung der schöpferischen Natur. Gegen
Kants ausdrückliches Verbot errichten sie auf den Fundamenten
der (reflektierenden) Urteilskraft das verbindende Langhaus,
die Metaphysik der schöpferischen Natur und Kunst, und es
ist ein besonderes Glück dieser Gemeinschaft, daß der Denker
enthusiastisch vor allem die Kunst als Vollendung aller Philosophie feiert, während der Dichter seine Metaphysik im Studium
der Natur, in der genetischen Metamorphosenlehre vollendet[2].
Man darf von diesen Schwächen Kants als zeitgebunden absehen
und das Ewige aus seiner Lehre entwickeln: um so mehr erneuert man die Lehre von Leibniz. Die fruchtbare Wirkung

---

[1] „Es versteht sich von selbst, daß für die Urteilskraft darin (in der Lehre, im
Doktrinalen) kein besonderer Teil sei, sondern daß, nach der Einteilung der Phi-
losophie in die theoretische und praktische und der reinen in ebensolche Teile, die
Metaphysik der Natur und Sitten jenes Geschäft ausmachen werde''.

[2] Vgl. besonders Goethe „Anschauende Urteilskraft'' und Schellings Schlußteil
des „System des transzendentalen Idealismus'', zu dem sich Goethe rückhaltlos be-
kannt hat. Weiter die Beziehungen zwischen Kant, Herder, Goethe, Schelling in
„Goethe, Seine Weltweisheit im Gesamtwerk''. Schelling sieht mit 25 Jahren die
Verwandtschaft seines Systems mit dem von Leibniz und gerade in den folgenden
Jahren erstrebt er noch bewußter dessen Erneuung. (Die Behauptung, er habe erst als
Greis diese Lehre wieder aufgenommen, widerspricht handgreiflichen Tatsachen. s.u.)

Kants war, daß man über ihn hinwegschritt — daß Fichte sich allmählich Leibniz näherte, Schelling mit vollem Bewußtsein seine Wiedergeburt forderte und zum Teil vollzog. Das ist die Vollendung des ,,Idealismus", und wenn gegen diese vieles einzuwenden ist, so muß die Kritik um so gründlicher auf Leibniz selbst zurückgehen. Auf das Gültige, nicht auf das Geschichtliche kommt es letztlich an. Dem stand die Lehre der strengen Neukantianer entgegen, die in Platon und Leibniz bloße Vorläufer, in Herder und Goethe verunglückte Gegenspieler Kants, eines sehr verengten Kant sahen. Kants Ergebnisse sind in 160 Jahren hervorragend ausgenützt. Wer Platon und Leibniz kennt, wird zukunftträchtige, bis heute unausgeschöpfte Kräfte bei Leibniz suchen [1]).

Warum aber baute die Philosophie nicht nach Leibniz' Plan, und warum verstand ihn Kant so wenig? Warum scheiterte damals die Wiedergeburt? Unter der Metternichschen Reaktion verstummte Schelling, bekannte Goethe sich zur Entsagung, bis der Positivismus des Westens durch Cuvier 1831 die deutsche Naturphilosophie, mit dem Pantheismus auch Leibniz' genetische Schau zu Boden schlug. So kam es, daß nach den Verheerungen durch die Stoffgläubigkeit die Fachphilosophie sich hauptsächlich in den Kellern der ,,Erkenntnistheorie" wohnlich einrichtete. Die Zeit wurde immer Leibniz-fremder. Viel lag an der individuellen Denkart von Wolff und Kant, den Fachmännern, die beide deutsch in ihrer gründlichen Methode, in ihrem Streben nach allgemeingiltig-abstrakter Wissenschaft, deutsch leider auch darin sind, daß sie über der weltbürgerlichen Leistung das schöpferische Mysterium, ihr geschichtliches Wachstum vergessen. Gerade in seiner Neigung zur westlichen Aufklärung, zu der auch Rousseau noch gehört, erweist Kant sich als Abendländer. Wichtiger als seine mechanische Wissenschaft ist hier, daß der Kritizismus ihm eine Tür öffnet zur idealen Moral als bloßes Postulat, womit er sich aber an den ganzen Menschen wendet. Durch den unbedingten Pflichtbegriff, das Erbe der Stoiker, konnte er im Preußentum, das sich durch Goethe und Schiller verjüngen wollte, den Enthusiasmus der Freiheitskriege erwecken.

---

[1]) Schon am 11. IV. 27 belehrt Goethe Eckermann über diese Situation. Er rühmt Kants hohe Verdienste um die Kultur, schließt aber: ,,Jetzt brauchen Sie ihn nicht mehr, denn was er Ihnen geben konnte, besitzen Sie schon".

In ihm selbst aber hat der Enthusiasmus eine andere Farbe: er gilt noch 1798 der französischen Revolution, der Göttin der Vernunft [1]). Damals sagt er, daß die Revolution jenes geistreichen Volkes, trotz aller furchtbaren Greueltaten „doch in den Gemütern aller Zuschauer eine T e i l n e h m u n g dem Wunsche nach findet, die nahe an Enthusiasmus grenzt." Auch daß diese mit dem entsetzlichen Terror Robespierres und St. Justs geherrscht hat, macht ihn nicht bedenklich. Leibniz und Kant streben zum Völkerfrieden, aber Kant läßt sich durch die Eroberungslust des französischen Nationalismus nicht schwankend machen, während Leibniz das Abendland gegen die Türken, das deutsche Reich gegen Ludwig XIV. aufruft. So ganz abwegig ist es doch nicht, wenn Heine Kant und Robespierre als Geistesverwandte erklärt...

Wie war es aber möglich, daß Kant und mit ihm Schiller, nachdem sie etwas von der schau- und schaffensfreudigen Philosophie erfahren hatten, sich von ihr abwandten zu einem naturfeindlichen Pflichtbegriffe, daß sie also ihren Schwerpunkt suchten außerhalb unserer lebendigen Gestaltenwelt! Die wichtigsten Motive (außer der mehr negativen Erweckung durch Hume) für den Kritizismus hatte Kant aus Platons „Idealismus" und aus Leibniz „Nouveaux essais" (die erst damals gedruckt wurden) empfangen. Die deutsche Verjüngungsbewegung Herders und Goethes, deren geistiges Dasein überhaupt, ruht auf Platon und Leibniz. Wie konnte dennoch der Kritizismus zum furchtbaren Gegner für Leibniz werden? Das ist nicht zu erklären aus der Problemgeschichte, aus dem logischen Gang einer philosophia perennis — man muß dies Rätsel hinnehmen als geschichtliches Schicksal. Man kann nur blicken auf den verhängnisvollen Kampf mit Newton, dessen geschichtlicher Anlaß, die Priorität, für die Philosophie bedeutungslos ist. Ein Unglück war, daß König Georg, der Genius-Feind, Leibniz zur historischen Arbeit zwang, als er bereit und reif war, seine Metaphysik darzustellen, ein Unglück, daß Wolff und Kant den großen Meister so wenig verstanden. Wie anders wäre die geistige, vielleicht auch die politische Geschichte verlaufen, wenn wenigstens die fertigen Werke alsbald nach seinem Tode veröffentlicht worden wären,

---

[1]) D. Religion i.d. Grenzen d. bloßen Vernunft. 3. Stück, V.

wenn ein Fachphilosoph ersten Ranges seine Lehre vertreten hätte, wenn Lessing nicht zu früh gestorben, um seine Pläne auszuführen, wenn Kant sich nicht mit Herder, Herder nicht mit Schiller, Schiller nicht mit Hölderlin verfeindet hätte ... Die geistigen Fronten sind unglaublich verwirrt.

Leibniz verglich sich mit Platon, Locke mit Aristoteles. Später verglich Schelling sich mit Leibniz, den siegreichen Hegel mit Wolff. Aber Aristoteles entwickelt aus Platons Schau, einiges preisgebend, anderes weiterführend, eine auf Jahrtausende auf Theologen, Philosophen, Dichter wirkende gewaltige Metaphysik, Wolff dagegen verleidet durch pedantischen Rationalismus dem europäischen Geist Leibnizens Werk, soweit er es nicht bewußt ausschaltet.

Vernunft und Glaube. Leibniz will wirken, will „vergegenwärtigen", darum muß er eingreifen in die wirkenden Spannungen seiner Zeit. Das einzige von ihm selbst veröffentlichte philosophische Buch ist ganz im Platonischen Sinne aus dem Zwiegespräch mit der philosophischen Königin erwachsen, wirbt aber um das Verständnis der gebildeten Schicht der Europäer, wenn auch die dogmatischen Erörterungen den modernen Leser wenig angehen. Für die innere Dynamik, die Rangordnung der Gedanken ist aber gerade die Theodicee aufschlußreich. Um jener Dogmen willen war ja Europa zerrissen, und der Riß ging mitten durch das deutsche Volk. Wenn Leibniz die wechselnden Dogmen aufzählt, so folgert der Leser selbst, wie unfruchtbar, wie kleinlich diese Tüfteleien und Zänkereien waren und fühlt sich auf eine höhere Stufe der Weltanschauung gehoben. Der Kult ist das Symbol unaussprechlicher Erkenntnis, das Streiten über Dogmen ist philiströs. Ganz so deutlich wird es erst Goethe ein Jahrhundert später ausdrücken, denn Leibniz, der Staatsmann der Reunion, muß zurückhaltender schreiben. Nur ein Beispiel: Immer wieder beunruhigen sich Christen, wenn sie doch das Sakrament der Taufe anerkennen, über das Schicksal der vor der Taufe gestorbenen Kinder. Sollte Gottes Gerechtigkeit sie, die noch zu keiner Sünde fähig waren, zu Höllenqualen verdammen? „St. Augustin aber bejaht das und behauptet, die Erbsünde allein genüge schon, um die Flammen der Hölle zu verdienen, — obwohl das eine sehr harte Empfindungsart ist, um nicht noch mehr zu sagen." Leibniz redet von Augustin, der großen

Autorität Luthers und der Jansenisten, auch mit Achtung und
Vorsicht, hier aber versetzt er seiner menschlichen Geltung im
Herzen der natürlich empfindenden Menschen einen schweren
Stoß. Er nennt noch einen Augustinergeneral, der dies Dogma
verteidigt und den man darum den Henker der Kinder, tortor
infantum, genannt habe. Die Scholastiker erfanden für diese
Kindesseelen (wie für die ungetauften Heiden) die Vorhölle
ohne Leiden, aber auch ohne selige Schau. Manche gingen umgekehrt so weit, den Stand dieser glücklichen Unschuld dem
eines geretteten Sünders vorzuziehen. Das scheint dem Manne
der Tätigkeit doch „un peu trop." Leibniz zieht es vor, die
wirkliche beatitudo (wenn auch durch Busse) zu erlangen, statt
ihrer ewig zu entbehren. Jene fanatische Lehre Augustins
wirkte indessen auch in der neuen Philosophie mit, denn sie wurde,
entgegen der Autorität des „ehrwürdigen Thomas von Aquino",
der keine andere Bestrafung der Kinder als den Mangel der Gottesschau lehrte, von der Augustinischen und Jansenistischen Bewegung, die stark von Descartes beeinflußt war, wie auch von
anderen Theologen Frankreichs entschieden vertreten. Hier
wird Leibniz noch deutlicher, indem er die äußerst abstoßende
Härte dieser Lehre rügt. Dagegen lobt er die Mäßigung der
evangelischen Theologen, die diese Seelen der Ungetauften der
Barmherzigkeit ihres Schöpfers anheimstellen. Und er selber
schließt mit der überlegenen Weisheit, die ihn der raisonnierenden Anmaßung der Aufklärer wie der Orthodoxen gleich fern-
rückt: „Wir kennen nicht alle außergewöhnlichen Wege, deren
Gott sich bedienen kann, um die Seelen zu erleuchten[1]." Er
maßt sich nicht an, theoretisch Gottes Wesen zu bestimmen
und ihn moralisch zu rechtfertigen, sondern er will die Schönheit
des Kosmos, des Lebens zeigen. Es ist die weltanschaulich
entscheidende Frage: Weltbejahung oder -verneinung. Aber
es bleibt die zentrale Schwierigkeit der rationalen Systeme, die
zugleich Weltanschauung geben wollen: denn die objektive
Wissenschaft gibt keine Entscheidung — diese fließt aus frohen

---

[1]) Vielleicht war Goethe durch diese Stelle angeregt, als er, über Thomas hinaus,
im Faust-Schluß die Seelen der ungetauften Kinder nicht nur in den Himmel aufnahm, sondern sie sogar zur seligen Schau Gottes aufsteigen läßt: Pater Seraphicus,
der Liebende, nimmt ihre Seelen in sich auf, sodaß sie mit seinen erdgemäßen Augen
die Landschaft und allmählich aufsteigend Gott selber schauen können. „Den ihr
verehret, Werdet ihr schauen".

und liebenden Herzen oder aus Lebensüberdruß und zu starker Empfindlichkeit für das Leiden.

Leibniz geht, wie gesagt, gleich Kepler, vom Timaios aus: ,,Es kann der Beste nur das Schönste schaffen.'' Das ist nicht begriffliche Theologie, sondern wie bei Goethe und Hölderlin Enthusiasmus für die schöpferische Gott-Natur. Das war für Kepler leicht, wenn er nur von der Schönheit des Sternenhimmels und der Licht-Physik sprach, aber wenn diese Lehre auf das menschliche Leben übertragen werden soll, so scheint der ,,Optimismus'' beinahe paradox: wie ist er zu vereinen mit den furchtbaren Verbrechen und den furchtbaren Leiden der Menschheit, die doch auch Gottes Geschöpf ist? Bei dieser Einsicht, daß die Theodicee eher eine Kosmodicee ist, wird Lessings Ansicht bedeutsam, daß Leibniz im Grunde Pantheist sei: seine Metaphysik wird uns oft leichter verständlich, wenn man unter Gott wie Hölderlin das einigende Prinzip, also die gestaltende, gemeinschaftsbildende, zur Harmonie führende Kraft, kein Ich, keine Persönlichkeit versteht. Die persönliche Gottheit wäre dann wie im Timaios mythisches Gleichnis. Nur ist jeder Gedanke an Unaufrichtigkeit auszuschließen. Die Theodicee spricht zur hohen Freundin und zur Seele des Volkes: sie darf die religiöse Vorstellung des persönlichen Gottes nicht antasten, während der Philosoph sie als Kosmodicee klarer begreift. Auch der junge Kant fühlte sich, in der Zeit Händels, Haydns, Klopstocks getragen vom Geist dieses ,,Optimismus'' und bekannte sich noch 1759 in seiner Schrift über den Optimismus zu dieser Weltfreude. So war er Lehrer des jungen Herder, mittelbar damit auch Goethes. Aber als die Frucht in der Deutschen Bewegung reifte, hatte er inzwischen den Bruch vollzogen und jene frühere Schrift unbedingt und nachdrücklich verworfen. Jetzt sah er im Optimismus der Theodicee wesentlich eine heuchlerische Gesinnung, die dem mächtigen Gotte schmeicheln will. Dieser Bruch in Kant, diese Spaltung in der Deutschen Bewegung, ist ,,das Problem.'' Kant folgt weiter dem Anstoß der westlichen Aufklärung, dem Aufklärer Bayle, dem Skeptiker Hume, der im Optimismus eine ,,heuchelnde Schmeichelei gegen Gott'' fand. Die Theodicee aber ist die große Kriegserklärung gegen den Geist der reinen Verstandes-Aufklärung, als deren beide Wurzeln Leibniz den seelenlosen Mechanismus der äußeren Natur, New-

ton, und die Überheblichkeit der Ratio, den raisonnierenden
Bayle, erkennt. Je mehr Wolff und Kant dem westlichen Einfluß nachgaben, um so größer tritt Leibniz hervor, auf dessen
Schultern der Kampf für die europäische Weltanschauung
liegt. Hellsichtig muß er in Keimen schon die weit spätere Entartung gespürt haben, denn sehr klar bezeichnet er in den Unter-
titeln der Theodicee die Streitfragen. „Über die Übereinstimmung des Glaubens mit der Vernunft" heißt die einleitende Abhandlung, die Wendung gegen Bayle, das Problem, das für
Kants Kritizismus leitend blieb.

In der Timaios-Schau des göttlichen Kosmos kommen Vernunft und Glauben zum Ausgleich. Im christlichen Alter wech-
selten polare Feindschaft und neuer Ausgleich. Immer wieder
nährte der aufklärende Wille eine Feindschaft gegen das Dogma,
worauf der kirchliche Glaube mit einer Verfehmung der Vernunft, des natürlichen Lichtes, antwortete. Luther beschimpfte
die Philosophen und Astronomen — der Papst verbrannte sie.
Bayle ist der Gipfel des aufklärenden Geistes, der, wie gesagt,
den unbedingten Gegensatz behauptet, sich aber, was den Glauben anbelangt, zur unbedingten Unterwerfung der Vernunft
unter die kirchliche Lehre bekennt: er ist ein Ausdruck moderner
Zerrissenheit. So kann er ungestraft alle intellektuelle Freigei-
sterei, die bald in Voltaire als wütender Kirchenhaß ausbricht,
durch Übersteigerung der ratio aufstacheln. Diese Spaltung ist
die europäische Gefahr: wie Platon und Ekkehart, wie der Cusaner und Paracelsus, wie Goethe und Schelling hofft Leibniz,
daß aus dem Geist der Philosophie sich die Religion läutere.
Dem dient die Theodicee. Er sieht, daß nach solcher Spaltung
die Kirchengläubigen ihre Lehre bestenfalls auf das reine Gefühl,
wahrscheinlicher aber auf den toten Buchstaben gründen werden,
so oder so aber vom schöpferischen Geiste abrücken — während
Philosophen und Gelehrte nicht nur die kirchliche Lehre, sondern
schließlich jede nicht materialistische Überzeugung verhöhnen
werden. Seine eigene Lehre ist so einfach wie weise: Wir müssen
unterscheiden zwischen dem, was der Vernunft, den notwendigen
Wahrheiten besonders, widerspricht, und dem, was über unsere
Vernunft und unsere gewöhnliche Erfahrung hinausgeht. Unsere
Vernunft kann nicht erklären, wie das Lebendige entsteht. Wie
soll man dann von den christlichen Offenbarungen verlangen, daß

sie durch die Vernunft bewiesen werden? Es genügt bei den
Offenbarungen, daß sie durch Vernunft nicht widerlegt werden,
es ist Sache der Vernunft zu beweisen, daß die scheinbaren Gegen-
beweise nichts beweisen. Das ist im Grunde schon die berühmte
Lehre von Kant: Die theoretische Vernunft kann die Postulate
der praktischen, die Gottheit, die Unsterblichkeit, nicht beweisen
— man muß zufrieden sein damit, daß sie beweist, man könne
jene religiösen Postulate nicht widerlegen.

Kants theoretische Vernunft, seine Verstandesbegriffe, entsprechen der Leibnizschen Ratio, der Erkenntnis der notwendigen
Gesetze. Oberhalb dieser sieht Bayle die Unterwerfung unter
den Glauben als Verneinung der Vernunft, Kant das Sittengesetz als praktische Vernunft, Leibniz wie Platon den über-
vernünftigen Mythos, die intellektuelle Anschauung, das Erbteil der gottverwandten, schöpferischen Monade. Es klingt in
§ 29 an die berühmte Stelle in Platons VII. Brief, an den zünden-
den Funken aus der Idee des Meisters und Führers an: ,,Indessen
ist der Göttliche Glaube selbst, wenn er angezündet ist in der
Seele, mehr als eine Sache der Meinung und hängt nicht von den
Gelegenheiten und Anlässen ab, die ihn erweckt haben: er geht
über den Verstand hinaus, bemächtigt sich des Willens und des
Herzens und heißt uns mit Wärme und Freude tun, was das
Gesetz Gottes ihm befiehlt, ohne daß man nötig hätte, an die
Gründe (raisons) zu denken, noch sich bei den Schwierigkeiten
der vernünftigen Erklärung, die der Geist sich vorstellen kann,
aufzuhalten.'' Mysterien-Erklärung durch Logik ist so unmöglich wie überflüssig. ,,Es genügt uns das ,so ist es' (τι ἐστι),
aber das ,wie' (ὡς) übersteigt unsern Verstand und ist für uns
auch nicht notwendig.'' Geistreich antwortet er den angepriesenen
Erklärungen der Mysterien mit dem Spruch, den Schwedens
Königin auf die Medaille beim Verzicht auf ihre Krone prägen
ließ: ,,non mi bisogna e non mi basta.'' Ich brauche sie nicht
und sie genügt mir nicht. (§ 56).

Vom positivistischen Denken des 19. Jahrhunderts aus ist
der philosophische Grundton der Theodicee kaum begreiflich.
Man behauptet, sie wolle die Vernunft dem Glauben unterwerfen
— als ob es nicht gerade ihr Zweck wäre, diese Lösung (Pascals
und) Bayles zu widerlegen. Man behauptet auch, er wolle die
Mysterien durch Vernunft erklären — während er darauf

doch mit dem Spruch Christines verzichtet. Man vereint damit
den Vorwurf, daß Leibniz überhaupt nichts glaube. An der
echt-religiösen Gesinnung wird kein empfänglicher Leser zweifeln, doch ein Körnchen Ironie mag nicht fehlen, keine Ironie
der Frivolität, sondern der überlegenen Weisheit, der Platonischen Gelassenheit. Leibniz führt seinen Grundsatz auf Origenes
zurück, bei dem er das Urteil über die christliche Geschichte
und den Weg für die Überwindung der gegenwärtigen Schwierigkeiten findet. Er gibt[1]) die Stelle eine Seite lang im Sperrdruck
wieder. Origenes, der Platoniker, ist überzeugt, daß wahre philosophische Erkenntnis zu den Grundsätzen christlicher Religion
führe. „Wäre es möglich, daß alle Menschen unter Vernachlässigung der täglichen Beschäftigungen sich dem Studium und
dem Nachdenken hingäben, so brauchte man keinen anderen
Weg zu suchen, um sie zur Annahme der christlichen Religion
zu bewegen ... Aber da die täglichen Beschäftigungen und die
Gebrechlichkeit der Menschen es nur einer sehr kleinen Anzahl
der Personen gestatten, sich dem Studium zu widmen, welches
geeignetere Mittel ließe sich zum Nutzen aller übrigen finden als
das von Jesus Christus zur Bekehrung aller Völker aufgestellte?
Man sage mir doch einmal, ob es für die große Zahl der Gläubigen,
die, im Morast der Zeit versunken, durch ihren Glauben daraus
gezogen worden sind, nicht besser ist, auf diese Art ihre Sitten
zu ändern und ihr Leben zu bessern, ohne Untersuchung zu
glauben, die Sünden würden bestraft und die guten Taten be-
lohnt, als auf ihre Bekehrung zu warten, bis die Grundlagen dieser Dogmen nicht nur geglaubt, sondern mit Sorgfalt geprüft
worden sind? Auf diese Weise würden sicherlich sehr wenige
dorthin gelangen, wohin ein ganz einfältiger und nackter Glaube
sie führt; die meisten würden in ihrem Verderben verharren."
Origenes wird also durch die Mittel Platonischer Philosophie
auf die höchste Stufe des Gnadenreiches, die des schöpferischen
Geistes getragen — und die Nicht-Geistigen befinden sich besser
in der Frömmigkeit des festgelegten Kirchenglaubens.

Das ist nicht Überhebung des Gelehrten, sondern ist Pau-
linische Lehre. Paulus ist pneumatischer Mensch — aber zur
Gemeinde muß er, wie zu jungen Kindern, fleischlich reden.

---

[1]) § 52 der einleitenden Abhandlung.

(1. Kor. II, 1) Allerdings gab Paulus selbst ein Dogma vom
Sohnes-Opfer, das sich schwer mit menschlicher Empfindung
verträgt, aber Origenes und seine Bewegung haben durch den
philosophischen Geist die Kirchenlehre veredelt, Worte symbolisch gedeutet, die sich, buchstäblich genommen, der Läuterung widersetzen. Leibniz greift hinter Augustin, den Gründer
der West-Römischen Kirche, auf Origenes, den Repräsentanten
des Gesamt-Abendlandes, die Synthese des Christlichen und
Platonischen zurück. Sind nicht die furchtbaren Entgleisungen
innerhalb der christlichen Geschichte ganz überwiegend die
Folge davon, daß man die weise Sonderung des Origenes mißachtet hat? Ein Keim störender kirchlicher Gegensätze lag
schon im Streit zwischen Petrus und Paulus. Darüber gründete
das Liebes-Evangelium des Johannes, getragen vom Logos-
Begriff des Timaios und der Stoa eine höhere Hoffnung. Und diese
christlich-griechische Synthese ist der Geist der Origenes-Bewe-
gung. Aber durch die Dogmenkämpfe der Jahrhunderte wurde
sie unterdrückt. Es ist oft nicht zu sagen, was in diesen echtes
Feuer, notwendige Auseinandersetzung, was unfruchtbare Begrifflichkeit, was Streitsucht war. Aber unzweifelhaftes Verderben
war, daß Probleme, die vielleicht die Grenzen unseres Denkens
übersteigen, aus dem Kreise begnadeter Denker in den Streit
großer Versammlungen, in die Organisationen oft ungebildeter
Mönche und in den Großstadtpöbel zu Progromen gegen Juden
und Heiden gezerrt wurden. Edle Denkgebilde wurden zum
Terror, zur erbarmungslosen Vertreibung der andersdenkenden
Christen mißbraucht. Leibniz kannte die Folgen in Völkerkriegen
um des Arius willen, Ketzerausrottungen im Mittelalter, den
dreißigjährigen Krieg, und wie er in der Gegenwart das Leid
der Glaubensgenossen mit empfand, beweist jener Brief an Villars. Er rät mit Origenes von solchem Streit ab. Er studiert die
Dogmatik, um die Konfessionen zu versöhnen. Bei Lutheranern,
Calvinisten, Jansenisten, Jesuiten findet er Gutes — aber auf
Grund philosophischen Durchdenkens. Jene Ironie liegt also
darin, daß der Leser merken muß, wie geringwertig dieser Dogmenstreit ist. Er unterwirft nicht die Vernunft dem Glauben,
wie er ja im Streit mit Newton das Wunder aus der Erklärung
des reinkörperlichen Geschehens ausscheidet. Warum soll
er ewige Strafen leugnen, wenn die wilde Selbstsucht vieler

Menschen nur durch diesen Glauben gebändigt werden kann? Er erkennt die grundlegenden Dogmen der Vorzeit allein bei den Hebräern, aber er sieht darin keine der Philosophie überlegene Offenbarung: „Die Weisen anderer Nationen haben darüber vielleicht ebensoviel gesagt, aber sie hatten nicht das Glück, genügend Anhänger zu finden, um das Dogma zum Gesetz erheben zu können."

Leibniz ist nicht von religiöser Leidenschaft durchflutet wie Luther, er ist kein Religion-Gründer: aber er weiß mehr von der Gnade der kirchlichen Religion als Luther von der Gnade der Philosophie. Seine Aufgabe ist nicht, die Frommen zu fanatisieren, sondern durch Versöhnung wirklicher Geisteskräfte die europäische Kultur zu verjüngen. Er beginnt die Vorrede mit jenen schönen Sätzen, die oben angezogen wurden — die damals wie vielleicht heute den Rat der Stunde geben und auf die man mit Staunen zurückblickt, wenn man von den wirren Entstellungen seines Wesens und Denkens Kenntnis genommen hat. Sie schließen mit den Worten: „Ebenso verhält es sich mit den Formeln des Glaubens: sie sind erträglich, wenn sie ganz mit der Heilswahrheit übereinstimmen, auch wenn sie nicht die ganze Wahrheit, um die es sich handelt, enthalten. Aber es geschieht nur zu oft, daß die Gottesverehrung in Äußerlichkeiten erstickt und das göttliche Licht durch menschliche Meinungen verdunkelt wird." Keine der Konfessionen wird ganz einverstanden sein mit der Kritik, die solcher Maßstab für sie ergibt — und doch würden sie sich einigen können, wenn sie sich dem Wesen und der Wahrheit dieser Lehre unterordneten.

Bayle aber leugnet, indem er den Widerstreit von Glauben und Vernunft vergrößert statt ausgleicht, das wirkliche schöpferisch-geistige Reich, in dem Religion und Philosophie ihren gemeinsamen Ursprung haben. Leibniz demütigt den verehrten Denker und in ihm die übersteigerte Verstandesaufklärung mit dem kleinen Nebensatz: „...wo Herr Bayle der Vernunft den Mund verbieten will, nachdem er sie vorher zu geschwätzig gemacht hat: das ist es, was er den Triumph des Glaubens nennt!" Wäre von Leibniz nichts erhalten als diese drei Stellen der Theodicee, man würde den großen Denker in großer Seele ahnen. Niemand ist ferner von ausweichender Bequemlichkeit. Wie Kant, vielleicht unbewußt, seine Postulat-Metaphysik auf

Leibniz gründet, so weist dieser selbst mit kritischer Schärfe
und unbedingter Aufrichtigkeit auf die kaum jemals ganz
lösbaren drei Schwierigkeiten in den Überschriften der drei
Hauptteile der Theodicee hin: „Gerechtigkeit Gottes — Freiheit des Menschen — Ursprung des Übels."

Der erste Grundsatz, Güte und Gerechtigkeit Gottes, birgt
ein unüberwindliches Bedenken. Schopenhauer redet vom ver-
ruchten Optimismus. Vielleicht hat die Entrüstung über diese
Grundthese, die der empfindsame Mensch als Herzlosigkeit
deutet, am meisten dazu beigetragen, daß der Timaios und Leibnizens Metaphysik im 19. Jahrhundert verschollen waren. In
jeder menschlichen Seele sträubt sich etwas gegen diesen „Optimismus": die ungeheure Qual der Kreatur, die Ungerechtigkeit im Weltverlauf. Doch „Pessimismus" scheint Schwäche,
Entwertung der Welt, Fahnenflucht. Dem unbefangenen Blick
scheint das persische Prinzip, der Kampf zwischen Gut und
Böse, Ormudz und Ahriman, die wahre Hypothese. Aber im
Manichäismus führt diese Sicht doch wieder zur Askese, an die
Weltverneinung heran. In der Entwicklung des Christentums
wogen solche Antriebe durcheinander. Platon und Leibniz
entscheiden sich: das Gute ist das Positive, Schöpferische, das
Böse ist Verneinung, Mangel. Die Verflachung des Denkens
durch trügerische Schlagworte hat dahin geführt, daß man Platon und Leibniz, die unbequemen Seher, als bloße „Idealisten"
an den Rand rückte, statt in ihnen gegenüber bloßem Denker-
tum oder bloßer Dogmatik die Lehrer, die Repräsentanten schöpferischer Kraft zu erkennen. Ein Jahr vor dem Tode schreibt
der von Krankheit gequälte Leibniz an Remond: „Bei meiner
Neigung, mich etwas zu betrügen, bilde ich mir ein, daß dies
nicht allzurasch üble Folgen haben wird. Trifft das Gegenteil
ein, dann habe ich in einem angenehmen Irrtum gelebt und mich
vor dem Kummer bewahrt, den größere Bedenklichkeit mir
bereiten konnte." Das ist nicht Neigung zur trügerischen Illusion.
Horcht man über diesen leichten Ton der Selbstironie hinaus,
so bleibt die Goethesche Überzeugung: wenn zwei Annahmen
gleich-möglich sind, dann sich für die fruchtbare entscheiden.
Der Leidende entscheidet sich nicht für den angenehmeren
Irrtum, sondern für die größere reale Leistungskraft. Allerdings
sind hier auch Möglichkeiten der Kantischen Postulate und des

modernen Pragmatismus, aber diese sind nicht sein Wesentliches. Hinter der Oberfläche des psychologischen Optimismus birgt sich bei Platon und Leibniz echteste Metaphysik: das Bekenntnis zum Guten als der schöpferischen Weltkraft, die mehr ist als bloße Erkenntnis, die wirklich ist, auch wenn unser Wissen unsicher tastet.

So erklärt sich auch Leibniz' Glaube an die Vorsehung, der Glaube, daß dem Frommen alle Dinge zum Besten dienen. Der Weltauf widerspricht dem und doch ist er mehr als tröstliche Illusion, ist Ausdruck einer realen Kraft, selbst aus dem Unglück noch neue schaffende Kräfte zu entwickeln. Das ist der Stolz auch des Antichristen Zarathustra. Jene optimistischen Denker erglühen in der Schau des Kosmos, des wiederkehrenden Frühlings, der erwachenden Liebe. (Kepler, Herder, Goethe, Hölderlin). Leibniz trägt die schwerere Aufgabe, auch weltgeschichtliche Vorgänge als bestmöglich zu erklären. Im Schlußgleichnis der Theodicee richtet sich die Vorsehung auf das Römische Reich — d.h., daß für Leibniz die Hoffnung auf ein abendländisches Reich maßgebend bleibt. Kepler leidet unter den Schrecken des dreißigjährigen Krieges und des Hexenwahnes; Leibniz leidet an der neuen Bedrohung durch Türken und Franzosen: aber oft vermag die Gefahr auch Liebe und Vertrauen zu den aufbauenden Kräften des Lebens zu steigern. Bayle, Voltaire, Kant, Schopenhauer leben in äußerlich weit weniger bedrohten Verhältnissen, aber sie urteilen vernichtend über den Wert des Lebens an sich. Sie finden ihre Lust nicht am Leben selber, sondern am Verstande, der das Leben im Ganzen und Einzelnen kritisiert. Leibniz dagegen sieht unmittelbar die schöpferische Gott-Natur und in der Tätigkeit erlebt er die Gnade des schöpferischen Tuns: er bejaht diese äußere und innere Welt, dankbar für diese Gnade. Allerdings läßt sich dies intuitive Erkennen des kontingenten Geschehens nie aus reiner Ratio construieren, aber es läßt sich durch sie noch weniger widerlegen. Der Zweifel ist bloße Schwäche.

Gut und Übel. Theodicee! — Wer oder was soll gerechtfertigt werden? Leibniz, der Kämpfer gegen die Dogmatik, geht nicht vom theologischen Gottesbegriff aus, um ihn zu rechtfertigen. Unser Dasein, die Welt will er bejahen, durch die Gottes-Idee rechtfertigen. Er sucht nicht wie Nietzsche bewußt, bisweilen verzweifelt: er lebt die Rechtfertigung. Auch Kant muß gerade aus tiefem Pessimismus heraus eine optimistische Rechtfertigung des irdischen Jammers suchen: er findet sie im Jenseits-Postulat oder in der modernen Idee vom allmählichen Fortschritt der Welt, der allerdings auch nicht sicher zu beweisen sei. Man sollte vermuten, gerade diese Idee stünde im Einklang mit Leibniz Vervollkommnung und Harmonie. Aber Leibniz, den Kant der Anmaßung zeiht, ist der Weise, der sich in Fragen, die unsere Erkenntnis überschreiten, vorsichtiger zurückhält als Kant trotz allem Kritizismus. Er bekennt, den Fortschritt nicht behaupten zu können — persönlich ist er nicht geneigt, an ihn zu glauben. Verwunderlich erscheint das nur dem Aufklärungs-denken, während Leibniz wie Goethe und Hölderlin aus der kyklischen Weltschau der Antike verstanden werden muß. Wäre die eigentliche Theodicee das Hauptziel, so wäre ja der stetige Fortschritt die bequemste aller Hypothesen gewesen. Man versteht, warum Leibniz sich das Leichteste, die Hoffnung, so schwer macht: das unbedingte Vertrauen auf die Zukunft, die doch immer ferner gerückte Zukunft nimmt der schöpferischen Gegenwart ihr Gewicht. Daher die Schwierigkeiten des Systems. Leibniz belädt den Menschen mit großer Freiheit und großer Verantwortung, nicht um des Sündenbewußtseins, sondern um der bejahenden und opferwilligen Leistung für die Gemein-schaft willen. Wenn Leibniz trotzdem eine Schrift ablehnt, welche die Ewigkeit der Höllenstrafen widerlegen will, wenn er also die Ewigkeit der Verdammnis annimmt, so scheint das dem modernen Denken ein Rückfall ins Mittelalter. Aber wieder gibt es zu denken, daß Lessing hier ganz auf die Seite von Leibniz tritt: er sieht den „esoterischen" Sinn und weiß, daß Leibniz an keine Höllenstrafen im Jenseits glaubt, daß darum der Streit der Aufklärer über dies Dogma ganz abwegig ist. Die Beendung der Höllenstrafen gehört zur Lehre der „Wiederbringung" aller Seelen, zur Vervollkommnung im Laufe der Zeiten (Origenes). Nach ihr würde also der Verbrecher seufzen: wie fern bin ich noch meinem Ideale — aber Gottseidank ist mir die Erreichung dieses Ideales unbedingt sicher. Diese unbedingte Gnade würde aber die Verantwortung für die Gegenwart sehr vermindern. Leibniz aber meint, daß nichts, was wir getan, ungetan gemacht werden kann. Reue, Zerknirschung, Verzeihung haben in seiner Weltschau wenig Sinn, die ganz auf Kraft, Tat, Werk gerichtet ist. Wer Luthers Verzweiflung und Gnadenerlebnis allein als echte Religion erlebt, muß Leibniz zu weltlich finden, denn für ihn heißt Gnade Teilhabe am schöpferischen Geschehen der Welt.

Hier gilt eine fast immer übersehene Frage: spricht der schöpferische Mensch zur Gemeinschaft — oder zu den zur Führung berufenen Erben — oder zu sich selbst. Die Auswahl ist verschieden, auch wenn Alles der Wahrheit entspricht. Gehorchen ist leichter als Befehlen, Befehlen leichter als neue Wertungen schaffen, und demgemäß sind die Pflichten sehr verschieden. Platon, Leibniz, Goethe erleben ihr Glück im Schaffen, aber sie weisen den Nicht-Schöpferischen darum ein anderes Glück zu. Leibniz findet das höchste Gesetz in der Metaphysik — aber er weiß wie Origenes, daß dem nur Wenige ganz folgen. Er hat den Umfang des Geistes, daß er es in philosophischer Form für die Gelehrten, in religiös-kirchlicher Form für das Volk ausgestaltet. Der Schöpferische fragt nicht nach Glück, weil er es in seinem Werke findet — den anderen aber möchte er Pflicht und Glück im Gleichgewicht zeigen. Kant macht sich mit seinem Kunstgriff das Schwere leicht: im Jenseits muß sich dieser Ausgleich ergeben — das ist „praktisches Postulat", nicht Einsicht, darum nicht Zuversicht. Ein: ich glaube, daß..., weil das Gegenteil nicht beweisbar ist, nicht: ich glaube an die Kraft, weil ich sie in mir erlebe. Leibniz macht sich das Leichte schwer: nicht erst im Jenseits, nein schon im gegenwärtigen Leben muß der Sinn von Leid und Sünde verstanden werden. Platon fordert im „Staat" den Beweis, daß Tugend und Pflichterfüllung selbst im Unglück als Glück empfunden werden, das heißt, nicht nur im Heldentod, sondern selbst in Verleumdung und Schande sollen sie die innere Befriedigung sichern. Dieser Gedankengang ist selten ganz verstanden. Wer eine solche Seelengröße besitzt, braucht weder Religion noch philosophische Systeme. So denkt auch Platon nicht, daß alle Bürger zu dieser sittlichen Vollkommenheit gelangen, sondern er fordert die Gründung des Staates der Gerechtigkeit, den bestmöglichen Staat, in welchem den Tüchtigen und Pflichteifrigen auch das größtmögliche Glück im äußeren Sinne des weltlichen Erfolges gesichert werde. Die großen Weisen behandeln den Gedanken

20

ihres eigenen, persönlichen Weiterlebens im Jenseits nur am Rande. Der überhimmlische Ort der Ideen ist der Glanz des wirklichen Lebens in die Vollkommenheit gesteigert. Ihre persönliche Ewigkeit ist Weiterwirken, Tätigkeit im weltlichen Kosmos. Wenn sie Lebensbejaher sind, wollen sie den Glanz des leiblichen Lebens, die Freude des Herzens, die Kraft der schöpferischen Ideen aus der Tiefe erleben, sie steigern, und dies ist ihr Grund, kein zu großes Gewicht auf das Jenseits zu legen [1]). Wenn so die beiden Pole eines schönen Lebens: die Freude am eigenen schöpferischen Tun, die Freude an der Schönheit des Universums ursprünglich gegeben sind, so klafft zwischen beiden der Abgrund des menschlichen Leidens, des menschlichen Verbrechens, der allen Sinn des Daseins zu verschlingen droht. Darüber ist nicht mit harmonischen Klängen hinwegzutäuschen. Leibniz sieht in den Abgrund, er tröstet, daß wir das Ganze nicht übersehen, vielleicht sei es auf anderen Sternen besser, vielleicht müssen wir aufs Jenseits hoffen: aber dies alles bleibt am Rande, ist Trost für die leidenden Menschen. Zu Grunde liegt der Gedanke, daß dieser Mangel ewig bestehen muß: diese Lücke schafft die Spannung, aus der der Wille des Menschen flammt, auch hier den Kosmos vollkommener zu machen. Zum dynamischen Weltbilde gehört notwendig diese Lücke, diese Spannung. So ist es der Sinn auch der Leibnizschen Reichsidee: das Bild des Kosmos nachzuahmen in der Ordnung und Gestaltung des menschlichen Lebens, im Mesokosmos, im Reiche, in dem der Gerechte glücklich ist, weil die schöpferischen Kräfte sich auswirken können. In die Hände des großen Menschen ist die Verantwortung gegeben, den Sinn des Kosmos zu erfüllen, im Abglanz göttlichen Erlebens — oder jenen Sinn zu verfehlen in nichtiger Qual.

Gott ist „gerechtfertigt" durch das Dasein der schönen Welt, und alle Ethik wurzelt in der Aufgabe des Menschen, schönes Leben in der Gemeinschaft zu schaffen. Das Pflichtgebot gilt zwar unbedingt, aber es schwebt nicht im leeren Raum, sondern muß wurzeln in jener ethischen Kraft. Wer durch Schicksal, Charakter, Enge des Blicks keinen lebendigen Anteil findet am

---

[1]) Ein asiatischer Denker bezeichnet als Gesetz seiner Ehtik „Reinheit, Freude, Glanz des Herzens" und stellt als höchste deutsche Prägung daneben Kants unbedingten Imperativ. Das zeigt, daß Kant, nicht Leibniz im Ausland bekannt wurde.

schöpferischen Geschehen der Gemeinschaft, sei es selbst nur im Bereich von Familie und Beruf, der darf sich dennoch beruhigt fühlen im Bewußtsein erfüllter Pflicht. Diese soll die Gewißheit verleihen, daß Gott sich hier oder jenseits seiner annimmt. Auch Kant weiß, daß Liebe nicht geboten werden kann, (also noch weniger schöpferisches Tun): aber er beschränkt den ethischen Wert auf das, was vom Pflichtgesetz befohlen werden kann. Den Liebenden erkennt man daran, daß er mehr tut, als Pflicht gebietet: Staatsmann und Feldherr, denen nur kahler Gehorsam, nicht Liebe zu Volk und Idee begegnet, sind ihrer besten Kraft beraubt, denn Liebe ist Ausstrahlung der schöpferischen Substanz. Ohne Liebe keine höhere Ethik, keine überrationale Gnade, während gerade die selbstlose Pflichterfüllung auch in den Dienst der Diktatur des Bösen treten kann. Das bestreiten die Rationalisten: sie unterscheiden im Anklang an Leibniz das Reich der mechanischen Ursachen und das der Zwecke, aber reißen sie auseinander. Moral und Ratio gehören zusammen, Liebe und Sinn fürs Schöne gehören zum niedern Seelenvermögen, zur Ästhetik. Leibniz sieht das Reich der Gnade, der Liebe, der Glückseligkeit als das Höchste, zugleich aber wie Thomas als Vollendung, nicht als Gegensatz der Natur.

Wenn für die Ganzheitsschau die gestaltende Weltkraft das Höchste ist, so stacheln die sichtbaren Lücken Phantasie und Geist zum Schaffen — wissenschaftlich, künstlerisch, religiös. Dem entspricht volkommen Leibniz' Monaden-, Universum- und Harmonie-Lehre, und er ist sich dessen bewußt: ,,Ein solches Ganzes (Tout), gleichsam von Gottes Hand geformt, ist eine Pflanze, ein Tier, ein Mensch. Nicht genug können wir seine Schönheit und seine kunstvolle Struktur bewundern. Erblicken wir aber nur ein Bruchstück aus solchem Geschöpf, so sehen wir nur Unordnung. So sehen wir auch nur ein Bruchstück der göttlichen Schöpfung, ein nicht genügend großes Stück, um die Ordnung und Schönheit des Ganzen sicher zu erkennen: wir müssen es ergänzen im Glauben und Vertrauen zu Gott.'' (§ 134). Was bei Kant nur als regulativ bleibt, ist bei Leibniz constitutiv. Leibniz versucht nicht die, welche diese ergänzende Kraft nicht haben, zu widerlegen — er fertigt sie leichthin ab mit einem: ,,um so schlimmer für sie, sie sind Mißvergnügte im Reiche des größten und besten Monarchen.'' Es sei Schwäche,

wenn man mehr Leiden als Güte in der Welt zu sehen glaubt.
Er lobt die Menschen, die, auch wenn sie nicht besonders gut
abgeschnitten haben, mit Humor ihr Schicksal loben. Das ist
kein leerer Trost, es ist bei Leibniz einfach großes und gesundes
Lebensgefühl. Umgekehrt als der pessimistische Kant ist er
fest überzeugt, die meisten Menschen würden am Lebensende
wünschen, das Leben noch einmal zu durchleben, wenn es auch
nicht besser, nur nicht genau das Gleiche wäre. Er mahnt, da die
Betrachtung der menschlichen Übel nur das Übel verdoppele, den
Blick lieber auf die weit wichtigeren Güter zu richten. Das kann
man alles subjektiv und regulativ nennen, aber es ist auch
objektiv das Symptom des gesunden Lebenswillens. Hier ist ein
Zugang zum Geheimnis der Leibnizschen Harmonie, die Stimmung der Seele auf das Ganze. (§ 15). Es besteht darin, daß er
getragen wird von einer großen schöpferischen Idee. Was er
nicht rational ausspricht, weil es in seinem Ethos unmittelbar
gegeben ist, ist in seinem wirkenden Leben zu finden. Ihm ist es
selbstverständlich, daß jeder im Dienst des Vaterlandes bereit
sein soll, Gut und Blut zu opfern, und der Verfall dieser Gesinnung Verfall der Kultur sei. Er wirkt für die abendländische
Kultur, ohne dafür einer Begründung zu bedürfen. Solche schöpferische Idee macht den Menschen froh, denn sie verleiht seinem
Wollen und Tun, seinem Leiden und Sterben den ewigen Sinn.

Diese Eudämonie im Dienst der schöpferischen Idee, dieser
sogenannte Optimismus, ist das Geheimnis. Pessimismus entsteht, wenn das Individuum keinen äußeren Sinn sieht und
nur individuelle Lust sucht. Darum höhnt Leibniz: ,,Man soll
darum den beweglichen Klagen des Plinius keinen Glauben
schenken, der die Natur zur Rabenmutter macht und behauptet,
der Mensch sei die elendeste und eitelste unter allen Kreaturen.
Keineswegs vertragen sich diese beiden Epitheta: man ist nicht
elend genug, wenn man voll von sich selbst ist." Die Menschen
fordern zu viel, und sie lieben sich selbst zu sehr. (§ 252). Sehr
sicher trifft Leibniz den Unterschied einer mechanistischen
Aufklärung, die sich leicht polar in einer übersteigerten ,,Teleo-
logie" ergänzt, zur gesamtlebendigen Weltschau. Wenn die Tiere
nur Maschinen sind, dann kann die Welt nur für die Vernunft-
wesen geschaffen sein — das entspricht der Alleinbewertung
des Intellekts. Wenn dagegen auch Goethe Teleologie und End-

ursachen absurd nennt, so bliebe das in seinem Pantheismus
ganz unerklärlich, wenn man nicht hier bei Leibniz die Erklärung
fände. Er nennt diese Selbstüberhebung des Intellektes, diese
übersteigerte, zugleich selbstsüchtig-beschränkte Teleologie
„einen Rest der alten, genugsam verrufenen Maxime, daß alles
einzig für den Menschen geschaffen ist." Wenn für Leibniz und
Goethe erst im höchsten Erleben des Menschen der Weltsinn
sich erfüllt, so verwerfen sie doch die Übertreibung, die ganze
Natur vom Zweck des Menchen aus zu deuten, das Reich der
Gnade abzuspalten vom ganzen übrigen Leben. Leibniz bezweifelt, ob vor Gott ein beliebiger einzelner Mensch wertvoller sei
als die ganze Gattung der Löwen. „Das Reich der Natur soll
allerdings dem Reich der Gnade dienen: aber da alles im großen
Plan Gottes ist, muß man glauben, daß das Reich der Gnade
in gewisser Weise auch dem der Natur angepaßt ist, derart, daß
dieses die größte Ordnung und Schönheit enthält, um das Gefüge
aus beiden so vollkommen als irgend möglich zu machen. Es ist
nicht statthaft, daß Gott, um irgend ein moralisches Übel zu
verhindern, die ganze Ordnung der Natur umkehren würde.
Jede Vollkommenheit oder Unvollkommenheit in der Schöpfung
hat ihren Preis — aber es gibt keine unter ihnen, die einen unendlichen Preis hätte." (§ 118).

Die Schwierigkeit dieser Kosmodicee ist die Rechtfertigung
des Übels, fast möchte man sagen: die Theodicee schließt sogar
eine Satanadicee ein. Dies Paradox erinnert an Goethes Weiterführung. In Weimar, ganz einig mit dem Leibnizianer Herder,
sucht Goethe Frieden im Glück der Gott-Natur, im Hinweg-
schauen über Leid und Tod des Individuums. Wenn er aber
wieder vom Individuum her denkt, so tritt an die Stelle der
göttlichen Vorsehung das „Dämonische", das schöpferisch, aber
unmoralisch ist. Neben die Harmonie tritt tragische Spannung.
Trotzdem werden Leibniz und Goethe gerade hier in ihrer Wesens-
verwandschaft verständlich, wenn man sie nicht vom Dogma,
sondern vom dynamischen Kern her deutet.

Im Vorspiel zum Faust billigt der Herr die Existenz Satans,
denn auch er ist im Ganzen notwendig. Die Bedeutung Mephistos
ist vielseitig, deckt sich aber zum großen Teil mit Leibnizens
negativem Princip. Das Böse ist im Sinne der Scholastik und
Leibnizens nichts Positives, ist Beraubung, keine causa efficiens,

sondern deficiens. Deutlicher als je wird hier der Gegensatz der Philosophie von Parmenides bis Goethe zur Unphilosophie von Demokrit bis zum modernen Mechanismus: Für Parmenides ist Äther, Licht, Tätigkeit, Zeugungskraft die eigentliche Substanz — Materie, Finsternis, Trägheit, Passivität das eigentliche Nichts, das sich dennoch, gleichsam eine Zweite Substanz, mit dem Sein zum Werden, zur Existenz, mischen muß. Umgekehrt ist für Demokrit die tote Materie das eigentliche Sein, die Substanz, und das Nichtssein wird zur zweiten Substanz, zum leeren Raum. Newton macht gar diesen leeren Raum zum Sensorium Gottes — man versteht, wie alle geistigen und seelischen Kräfte in Leibniz und Goethe sich dagegen regen.

Diese Auffassung vom Übel als bloßer Privation führt in die Mitte der Leibnizschen Lehre. Aus dem Sinn der Schöpferkraft ergibt sich, daß nicht zwei Monaden gleich sein können, denn jede Wiederholung wäre überflüssig, grundlos. Keine Monade außer Gott selbst kann vollkommen sein — von ihm aus gesehen ist jede unendlich klein. Aber Leibniz hält fest an Platons Grundsatz, daß der Wille an sich immer nur das Gute wollen kann. Selbst die Räuber, die sich gegenseitig die Treue halten, haben noch den Grund des Guten in sich. Erst aus ihrer Beschränktheit, daß sie die höhere Gemeinschaftsordnung nicht anerkennen, folgt das Böse. Der Löwe, der seine Beute zerreißt, folgt dem guten Triebe, und indem er die Monaden eines niedern Tieres seiner höheren dienstbar macht, widerspricht er nicht dem Weltsinn. Zerreißt er aber einen Menschen, so handelt er ihm entgegen. Leibniz und Goethe sind so wenig doktrinär- systematisch, daß beide sagen können, die Welt wird gerechtfertigt durch Verneinung Satans — oder durch dessen Rechtfertigung. Goethe plante, auch Mephisto in den Himmel aufnehmen zu lassen und fand ein unübertroffenes Bild für das Weltgeschehen: Der Teufel muß die Bälge der Orgel treten, auf der Gott spielt. Leibniz streift ein ähnliches Bild für die notwendige Verschiedenheit aller Menschen, über die der einzelne klagen kann. ,,Die Pfeifen einer Orgel müssen ja ungleich sein.'' (§ 246).

Die materialistische Philosophie seit Demokrit erkennt als Wirklichkeit nur die satanischen Prinzipien: die träge Materie und den leeren Raum. Die schöpferische Anschauung seit Parmenides sieht die gestaltende Kraft, das Licht, den Geist als wahre Substanz, die materielle Seite als das Nichtsein, das erst vom Sein gestaltet wird. Unsere Welt des Werdens ist Mischung von Sein und Nichtsein, von Licht und Finsternis, wie es bildhaft-lebendig wird beim Cusaner, Jacob Boehme und im Faust. Diese schöpferische Betrachtung von Parmenides-Platon wirkt viel im abendländischen Christentum: Leibniz faßt sie zusammen wie Goethe. Rationale Wissenschaft weiß nicht, ob Gott die beste oder die schlechteste aller möglichen Welten geschaffen hat: wo jene schweigt, schwingt die Frage weiter bis in den schöpferi-schen Urgrund: Nur der schöpferische Mensch kann antworten. Eigentlich ist es schon die Lösung, wenn Leibniz den Mäkelnden sagt: ,,Ihr kennt die Welt doch erst seit drei Tagen, ihr seht kaum weiter als bis zu eurer Nasenspitze, und schon findet ihr zu mäkeln! Wartet, bis ihr sie mehr kennt, und betrachtet beson-ders die Teile, die ein vollständiges Ganzes darstellen (wie das die organischen Körper tun) — und ihr werdet eine Kunstfertigkeit und Schönheit entdecken, die alle Einbildungskraft übersteigt. Laßt uns daraus die Folgerungen ziehen für die Weisheit und die Güte des Schöpfers aller Dinge auch noch für die Dinge, die wir nicht kennen. Wir finden da im Universum Dinge, die uns sehr mißfallen, aber wir müssen wissen, daß es nicht für uns allein geschaffen ist." (§ 194) Das ist Weisheit überrationaler Wissen-schaft: das Einzelne zu verstehen und zu werten aus der Ganz-heitsbetrachtung und den Weg zur All-Ganzheit zu finden durch die Betrachtung des Einzel-Ganzen, des lebendigen Organismus. In dieser Entscheidung leuchtet die höhere Wahrheit durch: Wir erkennen die Welt, wie sie ist, aber unser Wille kann sie wirklich vervollkommnen. Er fährt fort: ,,Dennoch — das Universum ist für uns geschaffen, wenn wir weise sind: es wird sich uns anpassen, wenn wir uns ihm anpassen; wir werden glücklich in ihm sein, wenn wir glücklich sein wollen." Der Zustand der Welt hängt von unserem Willen zum Glück ab. Weisheit und Liebe, Schöpferwille und Glück gehören zusammen.

Diesen Gedanke steigert er am Schluß in der allegorischen Fa-bel. Von der Schönheit, wie in Goethes Natur-Hymnus, steigt er auf zur Schau des geschichtlichen Reiches, das der Mensch ge-staltet. Pallas zeigt im Traume Theodorus die Bilder aller Welten, die möglich gewesen wären. Ein möglicher Sextus Tarquinius, der sich über Jupiters Ungerechtigkeit beschwert, dann aber von

diesem belehrt, anders als der wirkliche Tarquin auf die Herrschaft über Rom verzichtet, ist beispielsweise in einer dieser Welten enthalten. Aber in der schönsten dieser Welten, die allein in
dieser unendlichen Pyramide aller denkbaren Welten den Gipfel
bildet, ist Tarquinius als Verbrecher enthalten. „Dies Verbrechen
des Sextus dient zu großen Dingen; es bewirkt die Befreiung
Roms, aus dem ein großes Reich hervorgehen, das große Vorbilder geben wird. Und doch ist das nichts verglichen mit dem Ge-
samt dieser Welt, dessen Schönheit du erst dann bewundern wirst,
wenn nach einem glücklichen Übergang von diesem sterblichen
Zustande in einen anderen besseren dir die Götter die Fähigkeit
verleihen werden, ihn zu erkennen." Als Theodorus in dies oberste
Gemach mit den Bildern dieser Welt eintrat, fiel er in eine Extase
der Entzückung — die Göttin mußte ihn mit Tropfen einer
göttlichen Flüssigkeit erwecken. „Er kannte sich selbst nicht
mehr vor Freude. Wir sind in der wirklichen Welt (sagte die
Göttin) und du bist am Quell des Glücks. Schau hin, was Jupiter
dir zugedacht, wenn du fortfährst, ihm treu zu dienen." (§ 416).
Aus diesem Quell fließt Leibnizens Lebenswerk: die Hoffnung,
einen Abglanz des großen Reiches der Gnade in der Erneuerung
des deutsch-europäischen Reiches zu finden, dessen Planung
er in den Jahren des Kaisers Joseph, im Wien des Prinzen Eugen,
im Glanz des damaligen Barock erlebt. Wie Goethe verlangt es
ihn in der Geschichte nicht nach stetigem Fortschritt, sondern
nach „contingentem" Aufbau, nach einmaliger Vergegenwärtigung des Schönen, das in sich selbst den Sinn erfüllt, dann auch
ewiges Vorbild bleibt — an dem mitzuwirken das höchste Glück
ist. Der Hinweis auf das antike Römische Reich entspricht (im
Gegensatz zu Augustin) der Divina Commedia (Himmel XVIII–
XX), die Beziehung auf die europäische Politik Dantes Monar-
chia. Als politische Hoffnung hatte Leibniz die Reichsidee in
den Jahren des Kaisers Joseph I., im Wien des Prinzen Eugen, im
Glanz der Baukunst miterlebt. Wie Goethe belebt ihn die Schau
der Idee, kein abstraktes Fortschritts-Ziel.

Freiheit. Unlösbar verbunden mit den beiden Begriffen Gerechtigkeit Gottes und Ursprung des Übels (als Sünde und
Leiden) ist der dritte: Freiheit des Menschen: Für Leibniz, den
man auf Grund seiner halbverstandenen Metaphysik als „Deter-

ministen" bezeichnet, ist die Freiheit des Menschen wesentliche Bedingung des Systems. Dies beruht auf der Substantialität der Seelen, der Selbständigkeit der Monaden im Gegensatz zu Spinozas reinem Kausalgesetz. Es ist Nerv des Systems, daß sie bis zur bewußten Freiheit steigen kann, bis zum Eintritt ins Reich der Gnade. Damit stößt Leibniz an die Grenze des Denkmöglichen. Der Freiheit des Menschen stehen zwei unbedingte geistige Gebilde gegenüber: In der Theologie die Lehre von der Allmacht Gottes — in der exakten Wissenschaft das Prinzip ihrer Forschung, das Gesetz von kausaler Notwendigkeit. Leibniz kämpft gegen beide Fronten. Das Argument gegen jene theologische Unfreiheit findet er schon als junger Student in der nominalistischen Lehre der Spätscholastik: aber diese Bewegung bringt mit sich auch die andere Gefahr der Unfreiheit: des mechanischen Zwanges, der Atomlehre. Diese konnte ihm gefährlich werden, denn sie gehörte ja zur erfolgreichsten modernen Wissenschaft, deren Leibniz sich bemächtigen muß. Von diesem Geist exakter Wissenschaft ergriffen konnte er einige Jugendjahre glauben, daß man den ,,Argumenten des Hobbes und Spinoza für die unbedingte Notwendigkeit alles Geschehens folgen müsse." Da er bald einsehen mußte, daß damit unserem persönlichen Tun jeder Wert genommen, daß es überhaupt kein schöpferisches Geschehen mehr gäbe, so erkannte er in der Vorrede der Theodicee: ,,Es gibt zwei berühmte Labyrinthe, in denen sich der menschliche Geist sehr oft verirrt: das eine betrifft die große Frage des F r e i e n und des N o t - w e n d i g e n, besonders bei der Erzeugung und dem Ursprunge des Übels, das andere besteht in der Erörterung der K o n t i - n u i t ä t und deren als u n t e i l b a r erscheinenden Elementen, von wo aus man zur Betrachtung des U n e n d l i c h e n gelangen muß. Das erste bedrängt fast das ganze Menschen-Geschlecht, das andere beschäftigt nur die Philosophen." [1] Diese Labyrinthe deuten auf Kants Scheidung der praktischen und theoretischen Vernunft, auf Antinomien, die an den Grenzen des menschlichen Verstandes liegen und unendlichen Streit ermöglichen. Leibniz hat die Fragen für das lebendige Bedürfnis befriedigend gelöst und wird schwerlich übertroffen werden, wenn er sich auch der Schranke bewußt war.

---

[1] Wörtlich anklingend die Stelle im Aufsatz über die Freiheit, Nouv. lettres et opuscules. S. 180. Dazu Brief an Jablonski, 23. I. 1700.

Das Problem der Freiheit ist allseitig: erlebnismäßig, psychologisch, moralisch, metaphysisch, erkenntnistheoretisch. Dem natürlichen Menschen bietet es kaum Schwierigkeiten, denn diese mischt erst das Denken ein. Der exakte Denker will alles Geschehen mit dem Gesetz der Notwendigkeit erklären, unser seelisches Geschehen darum aus dem mechanischen ableiten, die Willensfreiheit als Durchbrechen der logischen Weltordnung verneinen. Diesen Mechanismus widerlegt bereits der Phaidon mit der unbedingten Feststellung: ich handle nicht aus mechanischen Ursachen, sondern bestimmt durch die Idee des Guten, ich handle frei. Mechanismus ist Hypothese, Freiheit ist unmittelbare Erlebnis-Tatsache. Leibniz führt diesen Gedanken weiter in jener Fabel am Schlusse der Theodicee, die an Laurentius Valla anknüpft. Dieser läßt den Sextus Tarquinius, als er von Apollo sein Schicksal hört, klagen, er sei also unfrei geschaffen. Apollo bestätigt ihm das: ,,Dir hat Jupiter eine bösartige und unverbesserliche Seele gegeben. Du wirst handeln deiner Natur entsprechend, und Jupiter wird dich behandeln, wie deine Taten es verdienen — das hat er beim Styx geschworen.'' Freiheit scheint subjektive Täuschung. Damit ist das Problem auf die Spitze getrieben: Gott-Schöpfer ist verklagt — die Theodicee scheint unmöglich. Valla urteilt also ganz ähnlich wie Bayle und weiß sich in einem Abgrunde der Vernunft. Leibniz sieht, daß mit bloßer Unterwerfung unter Gottes Barmherzigkeit oder Prädestination der Knoten zerschnitten, nicht gelöst ist. Er dichtet die Fabel weiter: Sextus begibt sich nach Dodona und ruft Jupiter selbst an: ,,Warum hast du mich verdammt, großer Gott? Wandle mein Schicksal und mein Herz, oder bekenne dein Unrecht.'' Jupiter antwortet ihm: ,,Wenn du auf Rom verzichten willst, werden die Parzen dir ein anderes Geschick spinnen, du wirst weise, wirst glücklich werden.'' Sextus: ,,Warum soll ich verzichten auf die Hoffnung einer Krone? Kann ich denn nicht ein guter König sein?'' Jupiter: ,,Nein, Sextus, ich weiß besser, was dir nottut. Wenn du nach Rom gehst, bist du verloren.'' Sextus kann sich zu einem so großen Opfer nicht entschließen, er verläßt den Tempel und überläßt sich seinem Schicksal. Soweit ist unser Gefühl, die Frage der Verantwortung, befriedigt. Selbst ein Raubmörder, wenn ihm jede Spur des Gewissens fehlt, wird sich schwerlich, wenigstens vor sich selber nicht, auf die Unfreiheit, die Unveränderlichkeit seines Charakters berufen — denn er selber ist ja dieser Charakter, und wenn er ihn schlecht fände, bewiese er schon seine Freiheit und könnte anders handeln.

Kant verwirft (Kr. d. pr. V. S. 174) Leibnizens Lehre: „und wenn die Freiheit unseres Willens keine andere als die letztere (. . . .) wäre, so würde sie im Grunde nicht besser als die Freiheit eines Bratenwenders sein, der auch, wenn er einmal aufgezogen worden, von selbst seine Bewegungen verrichtet." Leibniz geistige, erlebte Freiheit wäre Mechanismus — wirkliche Freiheit wäre allein die transcendente, absolute, außerhalb Raum und Zeit.

Dieser Widerspruch ist überraschend, da Leibniz und Kant von gleicher Grundlage auszugehen scheinen. Beide erkennen die Notwendigkeit des Naturgeschehens an, die Grundlage exakter Forschung, daß alles so geschieht, wie es geschehen muß. Im deutschen Aufsatze „Von dem Verhängnisse" sagt Leibniz: „Die alten Poeten, als Homerus und andere, haben es die güldene Kette genennet, so Jupiter vom Himmel herabhängen lasse, so sich nicht zerreißen lässet, man hänge daran, was man wolle. Und diese Kette besteht in dem Verfolg der Ursachen und der Wirkungen." Daß dies Verhängnis unveränderlich sei, sei so gewiß, wie $3 \times 3 = 9$ ist. Dennoch behaupten beide die freie Verantwortung des Menschen. Auf diese Stelle stützen sich besonders die Mechanisten, wie sie in der Tat, für sich genommen, mechanistisch klingt [1]). Dieser Aufsatz ist deutsch, populär, nicht für Philosophen. Aber man braucht gar nicht erst auf die Theodicee (§ 75) zu verweisen. Der Schluß jenes Aufsatzes schon deutet den Sinn: wir sollen das kausale Geschehen als Gottes Vorsehung verstehen lernen (wie auch Anaxagoras und Newton in der mechanischen Weltordnung den Plan Gottes sehen), wir sollen sehen, daß Gott alles wohlgetan hat und daß wir alles wohl tun sollen. Von Tugend, Freude, Glück, nicht von Mechanik an sich ist im Ganzen Aufsatz die Rede. Es ist nicht genugsam beachtet: Kant sieht wie Descartes alles seelische Geschehen mit Ausnahme der freien Willensentscheidung als mechanistisch an, er behandelt also auch Gefühle, Empfindungen, Vorstellungen, Neigungen als unter dem mechanischen Gesetz stehend. Der freie Wille ist ja nur prakti-

---

[1]) So auch Cassirer: „Freiheit und Form" S. 43.

sches Postulat. Das seelische Erlebnis der Freiheit, dessen sich
Platon und Leibniz stolz bewußt sind, bleibt bloßer Reflex innerhalb des mechanisch-natürlichen Geschehens. Die Freiheit muß
dann im transcendenten, nie erkennbaren Ding an sich gesucht
werden. Leibniz kennt die Probleme des Unbedingten und Transzendenten nicht weniger, aber er bedarf sie hier nicht, da ihm das
seelische Geschehen als wirkliches Wesen gegeben ist. Die Fabel
fährt fort. Theodorus, der Hohepriester Jupiters, der die Scene
mit Tarquinius angehört hat, spricht zu Jupiter: ,,Du hast diesen
Mann seines Unrechts überführt, großer Meister der Götter. Von
diesem Augenblick an muß er sein Unglück seinem schlechten
Willen zuschreiben, kein Wort kann er dagegen einwenden. Aber
deine gläubigen Anbeter sind erstaunt: sie hegten den Wunsch,
deine Güte ebenso zu bewundern wie deine Größe — von dir
hängt es ab, ihm einen anderen Willen zu verleihen.'' Nun läßt
ihm Jupiter im Tempel in Athen, im Traum die Weltpläne und
den Plan der besten aller Welten zeigen. Nur also diese Überzeugung, daß der einzelne böse Wille im besten Plan nötig war, gibt
die transzendente Lösung.

Offenbar erkennt Leibniz, daß kosmisch-metaphysisch das
Problem der persönlichen Verantwortung, der Freiheit nicht zu
lösen ist. Wenn Gott dem Tarquinius um des Ganzen willen den
bösen Charakter gegeben hat, so wäre es sinnlose Grausamkeit,
ihm nach dem Tode mit Höllenstrafen zu vergelten. Diese Theodicee verlangt die Anschauung einer großen Seele, die sich über
die individuellen Leiden im Dienst des Ganzen hinwegsetzen kann.
Dennoch hat Leibniz für unser irdisches Leben die Frage der
Freiheit befriedigend beantwortet: kein vollsinniger Mensch
kann sich über Unfreiheit beschweren, seine Verantwortung im
Leben verleugnen. Wenn er das Verbrechen nicht tun will,
zwingt ihn kein Gott, es dennoch zu tun. Welche andere Freiheit
als diese ,,des Bratenwenders'' brauchen wir Menschen denn?
Mit vollem Recht findet Leibniz, daß wir eine andere transcendente Freiheit nicht verstehen können, ihrer aber auch nicht bedürfen. Er konnte mit der Königin Christine sagen: Ich brauche sie
nicht — und sie genügt mir nicht.

Allerdings wird die Freiheit, deren Wirklichkeit als Erlebnis
von Platon und Leibniz unantastbar gezeigt wurde, in unseren
dürftigen logischen Formulierungen auf einen Widerspruch stoßen:

Wie läßt sich die Notwendigkeit des Geschehens vereinigen mit der Freiheit des Willens? Leibniz entzog sich dem Abgrunde des Mechanismus durch eine Unterscheidung im Begriffe der Notwendigkeit. Unbedingt notwendig sind die denknotwendigen Wahrheiten, die logischen und mathematischen Erkenntnisse. Diesen Vernunftwahrheiten, die auf dem logischen Gesetz des Widerspruches beruhen, stehen aber die Tatsachenwahrheiten gegenüber, die kontingenten. Diese unterliegen im wirklichen Geschehen allerdingss ebenfalls einer Notwendigkeit, aber nur einer bedingten, dem Satz vom zureichenden Grunde: Gott als die Existenzursache, er nennt sie hypothetische Notwendigkeit. Das Existierende ist notwendig vom Schöpfer Gott aus, zufällig gegenüber dem logisch mathematischen Gesetz [1]).

Die Gesetze der unbedingten Notwendigkeit gelten auch für Gott: er kann die Welt nur im Rahmen dieser Gesetze schaffen. Aber diese Notwendigkeit hat für Leibniz einen ziemlich engen Bereich, denn sie umfaßt keineswegs alle mechanischen Naturgesetze. Auch wenn das Geschehen mathematisch meßbar und begreiflich ist, so ist deswegen doch das Naturgesetz als solches nicht notwendig, sondern nur aus Gottes Liebe zur schönen Ordnung zu verstehen. Wie Anaxagoras und Kepler sieht Leibniz in dieser Ordnung das Walten des Geistes. Gerade etwa die Einfachheit der dioptrischen Gesetze bedeutet für Leibniz eine Schönheit, die Gottes Planen beweist. (Doch würde nicht Wesentliches geändert, wenn man auch alles Rein-Mechanische in die unbedingte Notwendigkeit einbezöge.) Das ist keine transzendierende Spekulation, denn Leibniz versteht Gott aus dem ins Vollkommene unendlich gesteigerten menschlichen Geist. Er sieht, daß wir im Roman etwa eine Möglichkeit ausdenken, von der wir überzeugt sind, daß sie nicht verwirklicht war und sein wird — also besteht eine Freiheit für die Möglichkeiten innerhalb des Rahmens der Notwendigkeitsgesetze. Er nimmt an, daß allerdings in der Monade Cäsar dessen gesamtes Schicksal vorbestimmt ist und daß sich dies Schicksal vollzieht, wenn Gott diese Monade ins Dasein über-

---

[1]) Die Übersetzungen, wie die Diskussionen überhaupt, leiden am Doppelsinn des Begriffes zufällig. ,,Contingenz'' bedeutet, wie gesagt, den Gegensatz zum Begriff denknotwendig, ,,Hazard'' den Gegensatz zum planmäßigen Geschehen. Hazard hat in Leibniz' Lehre nur eine relative Geltung, bezogen auf ein Einzelwesen. Kontingenz, die ja zugleich hypothetische Notwendigkeit ist, beweist ihm das Planen Gottes, ist sein Gottesbeweis.

gehen läßt. Wer sie also vollkommen durchschauen könnte, würde das künftige Schicksal daraus ablesen. Dennoch beruht ihr Schicksal darauf, daß sie sich in der Entscheidungsstunde frei entschließt, den Rubikon zu überschreiten. Das Gegenteil hätte keinen Widerspruch in sich enthalten, wenn es auch — ex hypotheseos, aus der geschaffenen Monade — unmöglich war. Der Voraussehende würde also dies Schicksal als gewiß (certain), aber nicht notwendig (nécessaire) benennen. Wir stehen hier an den Grenzen des menschlichen Denkvermögens, aber es genügt die Einsicht, daß niemand diese Probleme besser gelöst hat — denn Kants Sprung in die Transzendenz ist ein Ausweichen. Daß diese Freiheit uns genügt, beweist die praktische Anwendung, die völlig im Einklang mit der Metaphysik ist. Gott sieht zwar voraus, wie wir uns — frei — entscheiden werden, da wir aber nicht wissen, was Gott voraussieht, so sind wir in unserer Freiheit dadurch in keiner Weise behindert. Läßt sich einer durch die Vorstellung eines Fatum hemmen, so ist Trägheit des Willens, mangelnde Entscheidung schuld. (So sagte Leibniz bei der Bedrohung durch Ludwigs Edikt: Gott hat noch kein Edikt für Ludwig erlassen.)

Aus diesem Erleben versteht Leibniz die Freiheit Gottes. Auch Gott ist gebunden an die Gesetze der Logik und Mathematik, die strenge Notwendigkeit. Aber in der höheren Dimension gab es unendlich viele Möglichkeiten besonderer Gestaltung: frei wählte Gott die schönste der Welten. Seine Freiheit, weit entfernt von beziehungsloser Willkür, klärt sich auf als höchste Steigerung der in uns selbst erlebten Freiheit. Ist der Meister des Schachspieles, der sich gebunden fühlt an den einen Zug, den er als den stärksten erkennt, darum unfreier als der Anfänger, der viele mögliche Züge vor sich sieht, so daß ihm die Wahl schwer fällt? Das schien Goethe zu bejahen, wenn man unter Freiheit beziehungslose Willkür versteht. In Rom, im Rausch des Erkennens der schöpferischen Grundgesetze, der Gott-Natur, der Leibniz-nahen Schau der eigenen Sendung, rief Goethe Herder zu: ,,Da ist die Notwendigkeit, da ist Gott.'' Er meint aber die hypothetische Notwendigkeit, die kontingente schöpferische Kraft, nicht Spinozas mechanische Kausalität.

Jene unmittelbar erlebte Freiheit des schöpferischen Tuns genügt den Rationalisten nicht. An dieser Stelle ist es deutlich, wie der Kritizismus abbiegt vom abendländischen Erbe des

Idealismus. Er macht jene erlebte Freiheit verächtlich, um eine unbedingte, transcendente zu fordern. Bayle ist Kants Vorläufer: er überträgt den Zweifel sogar auf Gottes Freiheit. Gott selbst ist unfrei, wenn er an die Idee des Guten und Schönen gebunden ist, wenn er nichts anderes wählen kann, als die beste Welt. Leibniz antwortet: ,,Wenn man von Cato aus Utica sagte, er handle tugendhaft aus natürlicher Güte und ihm wäre es ganz unmöglich gewesen, anders zu handeln, so wollte man ihn damit nur um so mehr loben." (§ 75). Aus Instinkt schätzen wir den guten Instinkt. Der Kritizismus aber lehrt, daß alles Erlebte nur Erscheinung, alle Erscheinung nur mechanistisches Geschehen ist: darum verachtet er die erlebte Freiheit als bloß mechanistische, als die des Bratenwenders. Leibniz schaut aber im seelischen Leben nicht bloße (mechanische) Erscheinung, sondern das Wesen selbst. Darum bedarf er nicht des Sprungs ins unerkennbare, transzendente Wesen. Kant denkt wie der Ankläger, daß man nur auf den freien Willen hin strafen kann. Leibniz verwirft gerade diese moralische Begründung der Freiheit, da wir auch Hunde, Pferde, Säuglinge bestrafen, belohnen, mit großem Erfolge erziehen. (Theod. § 69). Gut und schlecht nennen wir nicht nur den freien Willen, sondern auch Pferde, Diamanten, Werkzeuge. (§ 75.)

Die Freiheitsfrage ist nicht rein-rational, aber durch tatsächliches Erleben zu klären: unsere Teilhabe am schöpferischen Tun, an Gottes Tätigkeit. Der Musiker, der Dirigent, der eine Passion spielt und dirigiert, der sich genauestens an die Partitur hält, nichts will, als jene ganz im Sinn des Komponisten zur Erscheinung zu bringen: fühlt er sich unfrei? Oder fühlt er sich durch das Kunstwerk in eine höhere Freiheit, ins schöpferische Erlebnis mitgenommen, begnadet? Im Système nouveau de la nature heißt es: ,,Die Rolle, die ein jeder Geist (= Menschenseele) im Universum spielt, muß immer derart sein, daß sie soweit wie möglich beiträgt zur Vervollkommnung der Gemeinschaft aller Geister, in der ihre moralische Vereinigung zum Staate Gottes besteht."

Körper und Seele. Die Bedrohung der Freiheit durch die Mechanistik führt auf das metaphysische Problem der Beziehung zwischen Körper und Seele. Die Menschen, die nicht von der

Naturwissenschaft her kommen, sind oft verwundert, warum
Leibniz und Kant es sich so schwer machen durch die Anerkennung
der exakten Naturforschung und ihrer metaphysischen Folgerungen. Daß Platon und Goethe in ihre Gesamtschau auch die
Naturwissenschaft einbauten, scheint jenen eine Abirrung des
Instinktes, überflüssige Belastung des Denkens. Umgekehrt
halten es die Naturforscher oft für überflüssig und schädlich,
nach metaphysischen Grundsätzen zu suchen, die auch Seele
und Geist umfassen. Leibniz und Kant würden es für unauf-
richtig halten, der mechanisch-exakten Forschung irgend-
welche Fesseln anzulegen. Für Kant ist mathematisch-mecha-
nische Erklärung schlechthin Vorbild aller Wissenschaft. Leibniz sieht ihre Grenzen deutlicher. Seine eigene Entwicklung bis
zur Lösung in der Hypothese der Prästabilierten Harmonie
hat er besonders im Système nouveau de la nature geschildert.

Wir sahen diese Entwicklung, wie ihn der Zug der Zeit, die
gewaltigen Erfolge der Naturwissenschaft mitrissen, deren
geometrische Methode in metaphysische Lösungen zu übersteigern. ,,Ihre schönen Methoden, die Natur mechanisch zu
erklären, entzückten mich, und ich verachtete mit Recht die
Methode derer, die nichts anwenden als Formen und Fähigkeiten,
von denen man nichts begreift." Es ist bedeutsam daß er den
Grund angibt, warum trotz Platon, trotz Thomas, die so unzulängliche Welthypothese des Mechanismus ewig fortbesteht. ,,Im
Anfang, als ich mich vom Joch des Aristoteles befreit hatte,
ergab ich mich dem Leeren und den Atomen, denn diese Anschauung ist es, die am besten die Einbildungskraft befriedigt."
Der Zauber, die Überzeugungskraft dieser Anschauung, gegen
die er im tötlichen Kampf gegen Newton so erbittert stritt wie
Platon im ,,Phaidon", war ihm nichts Fremdes, sondern als
Jugenderinnerung mit ihrem ewigen, aber beschränkten Recht
lebendig gegeben, wie auch Platon an der gleichen Stelle ihren
verführrerischen Zauber bekennt.

Descartes' Lehre förderte ihn als rationale Methode, aber
ihre Einseitigkeit weckte im Widerspruch die Ganzheitsschau.
Wenn jener das gesamte Leben bis an die Grenze der menschlichen Willensentscheidung mechanisch deutete und die Tiere
zu reinen Maschinen ,,umformte und herabwürdigte", so war
damit sein System für Leibniz, der umgekehrt das Seelische bis

in die feinsten Keime aller Dinge verfolgte, abgetan. Aber selbst in der reinen Physik gelangte er weit über Descartes hinaus. Dieser ging von der unglücklichen Annahme aus, der Stoff sei nichts weiter als räumliche Ausdehnung, zu der er natürlich die Bewegung hinzunehmen mußte. Leibniz sah, daß etwas Reales dasein müsse, was den Raum füllt. Alles Zusammengesetzte und Ausgedehnte muß sich aus realen Einheiten, Substanzen zusammensetzen. Diese sind aber durch die Teilung der Materie nie zu erreichen, denn alles Geteilte kann weiter geteilt werden. Materie ist nur wirklich, wenn sie Kraft ist. Auf Kraft muß man aber auch unsere Vorstellungen und Begehrungen zurückführen. So führt der Begriff Kraft dahin, daß Leibniz als die Substanzen die Monaden erkennt, die nicht nur Materie, passive Kraft, sondern auch etwas Formales (gestaltende Kraft) und Aktives an sich haben. ,,Es war also notwendig, die heute so verschrieenen substanziellen Formen zurückzurufen und gleichsam zu rehabilitieren." Er kehrt zu den Entelechien des Aristoteles zurück. Allerdings lehnt er ab, damit die Einzelheiten der körperlichen Vorgänge zu erklären, von diesen her gesehen sind sie nur allgemeine Prinzipien. Die umwälzenden biologischen Entdeckungen des Zeitalters, Darstellung der Organismen aus dem Aufbau von Zellen, Entwicklung des Embryo, Infusorien im Wassertropfen, Metamorphose der Insekten, ganz besonders die Samenzellen belebten Erkenntnis und Phantasie gewaltig in der Richtung auf die Monadenlehre hin. Er kommt schließlich zur Annahme, daß nicht eine reine Seele, sondern eine beseelte ,,organischen Maschine", wenn auch eine unsichtbar kleine, den Tod überdauert.

Die Spaltung der Leiber in Körper und Seele ist also umgangen: die Welt besteht nur aus Monaden, die zugleich Keim des Seelischen wie des Körperlichen sind, die im echten Sinne ,,leiblich" sind. Leib ist Einheit von Körper und Seele. Aber Leibniz erkennt, mit dieser Annahme die Probleme nicht gelöst zu haben: ,,Nachdem ich diese Dinge geordnet hatte, glaubte ich, in den Hafen einzulaufen, doch als ich über die Vereinigung der Seele mit dem Körper nachzudenken begann, wurde ich gleichsam ins offene Meer zurückgeworfen. Denn ich fand kein Mittel zu erklären, wie der Körper irgendetwas in die Seele übergehenlassen kann oder umgekehrt, noch, wie eine geschaffene Substanz mit

einer anderen Substanz in Verkehr treten kann." An dieser
Stelle habe Descartes das Spiel aufgegeben, während seine Schüler sich mit dem System der Gelegenheits-Ursachen behelfen, in
dem sie annehmen, daß Gott bei Gelegenheit der Bewegung des
Körpers in der Seele entsprechende Gedanken entstehen läßt
und umgekehrt, wenn die Seele es will, Bewegungen im Körper.
Diese hätten das Problem richtig gesehen: die Unmöglichkeit der
Wechselwirkung. Aber die Lösung sei unbefriedigend, ein blosser
deus ex machina. „Da ich zugeben mußte, daß unmöglich die
Seele oder irgend eine andere wahre Substanz irgend etwas
von außen aufnehmen kann, es sei denn durch die göttliche
Allmacht, so wurde ich unmerklich zu einer Ansicht (sentiment)
geführt, die mich überraschte, aber unvermeidlich schien und die
in der Tat sehr große Vorzüge und recht bedeutsame Schön-
heiten besitzt. Man muß nämlich sagen, daß Gott von Anfang
an die Seele oder jede andere Einheit derart geschaffen hat,
daß notwendig ihr alles aus eigenem Grunde quillt, durch eine
vollkommene S e l b s t t ä t i g k e i t in Rücksicht auf sie
selber und dennoch mit einer vollkommenen Ü b e r e i n -
s t i m m u n g mit den Dingen draußen. Und da so unsere
inneren Empfindungen (die sich also in der Seele selbst, nicht
im Gehirn noch in feinen Teilen des Körpers befinden), bloße
Phänomene sind, in Entsprechung mit den äußeren Wesen oder
wie wirkliche Erscheinungen und wie wohl geregelte Träume,
so müssen diese inneren Vorstellungen in der Seele selbst ihr
zufließen aus ihrer eigenen ursprünglichen Beschaffenheit, das
heißt aus der repräsentierenden Natur." Das ist das Herz des
Leibnizschen Systems, aber noch nicht ganz ausgereifte Lehre.
Diese Übereinstimmung der Außenwelt mit meinen Vorstellungen ist nicht weiter zu erklären, darf deswegen als prästabilierte Harmonie aufgefaßt werden. Sie erklärt die scheinbare
Wechselwirkung erstens zwischen Außenwelt und Seele im
Erkenntnisvorgang, damit auch die des Körpers auf unsere
Seele, da der Körper nur der Teil der Außenwelt ist, der mit
unserer Seele, der Zentralmonade, besonders innig verknüpft ist.
Ebenso erklärt sie umgekehrt die scheinbare Einwirkung unseres
Willens auf die Bewegungen des Körpers. „Hieraus kann man
verstehen, in welcher Weise die Seele ihren Sitz im Körper hat
durch eine Gegenwärtigkeit, die nicht unmittelbarer sein könnte,

da sie sich zu ihm verhält wie die Einheit zum Ergebnis der Einheiten, welches die Vielheit ist."

Das ist die Darstellung der Lehre 1695. Die quälende, von Descartes aufgerissene Kluft, ist ausgefüllt. Man kann das Glück Leibnizens über diesen Sieg nachfühlen, die persönliche Erinnerung, wie er aus dem stürmischen Meere wirklich in den Hafen eingelaufen ist. „Niemals hat ein System unsere Erhebung in ein helleres Licht gesetzt. Unser Geist ist wie eine Welt für sich, sich selber genügend, unabhängig von jeder anderen Kreatur, das Unendliche einschließend, das Universum ausdrückend", aber sogleich ergibt sich daraus die Verpflichtung, in diesem Sinne zur Vervollkommnung der Gemeinschaft beizutragen. Der Geist des Nominalismus ist „aufgehoben" in einem höheren Sinne: wie das Universum nur aus Monaden erklärt werden kann, so können die Monaden wieder nur als kontrahiertes Universum erklärt werden.

Ist das nun Hypothese? „Abgesehen von den Vorzügen, welche diese Hypothese empfehlenswert machen, darf man sagen, daß sie etwas mehr ist als eine Hypothese, da es kaum möglich scheint, die Dinge in einer anderen begreiflichen Weise zu erklären und da manche große Schwierigkeiten, die bisher die Geister geplagt haben, von selbst zu verschwinden scheinen, wenn man sie recht begriffen hat." Als Bayle im Dictionaire diese Lehre mit Auszeichnung behandelt, aber doch Bedenken äußert, antwortet Leibniz 1698 in einem langen Schreiben (Gerh. 523 f.). Wenn er in der früheren Abhandlung vom Glück der persönlichen Erleuchtung sprach, so stellt er sie hier in den weltgeschichtlichen Zusammenhang seit dem Beginn der europäischen Wissenschaft. „Die geringe substantielle Realität der Sinnendinge, die die Skeptiker, die Zurückführung von allem auf Harmonien oder Zahlen, Ideen und Vorstellungen, die die Platoniker und Pythagoreer gelehrt haben; das Eine und Identische All des Parmenides [1]) und des Plotin, aber frei von allem Spinozismus; die stoische Verknüpfung, die doch mit der Selbsttätigkeit der anderen verträglich; die Lebensphilosophie bei den Kabbalisten und Hermetikern, die überall Empfindung annehmen, die Formen und Entelechien bei Aristoteles und den Scholastikern,

---

[1]) Leibniz versteht Parmenides richtiger als die Forscher des 19. Jahrhunderts.

indessen auch die mechanische Erklärung aller Einzel-Phänomene wie bei Demokrit und den Modernen: dies alles findet sich hier vereinigt wie in einem perspektivischen Zentrum, aus dem der Gegenstand (der von jedem anderen Ort betrachtet wirr erscheint) seine Regelmäßigkeit und die Angemessenheit seiner Teile erblicken läßt. Am schwersten hat man gefehlt durch den Sekten-geist, indem man sich beschränkt machte durch die Verwerfung der anderen." Das ist kein Eklektizismus: es ist Herstellung der Einheit aus der Wurzel, die aus der Sache stammende „Conver-genz". Von der alten Mikrokosmoslehre, von der Präexistenz der Seele im Menon, der Entelechie, dem Spiegel des Universums bei den Neuplatonikern hat Leibniz den folgerichtigen Schritt zur Harmonielehre getan, in der in jedem Augenblick, aber von einem besonderen Standpunkt her perspektivisch, die Seele das Universum repräsentiert, aber so, daß durch diese Gemeinsam-keit sich die scheinbare Wechselwirkung der Seelen, die Wechsel-wirkung zwischen Seele und Körper erklärt. Sehr überraschend, doch wahrhaft erleuchtend für die geistige Sendung ist die Parallele zu Kopernikus: wie Kopernikus und Kepler bewußt im Geiste des Timaios die Platonische Lehre vollenden, wie sie den Standpunkt finden, von dem aus sich die wirren Linien zu schö-nen Kreisbahnen ordnen, so findet Leibniz, Platon vollendend, für die Schau den Mittelpunkt. Den gradlinigen Fortschritt der Formalisten und der Mechanisten, die sich gegenseitig schel-ten, nennt er borniert. Seine Schau ist nicht eigentliche Synthese, denn sie schreitet von Ganzheit zu Ganzheit. Er nimmt auch Goethes Weisheit fast wörtlich vorweg, wenn er verlangt, an Stelle der Annahme des Leeren und der Atome „die wahrhaften Einheiten zu setzen und in Allen das Unendliche zu erkennen und den genauen Ausdruck des Größten im Kleinsten."

Von jetzt an nennt sich Leibniz den Urheber der Lehre von der prästabilierten Harmonie — das ist seine Stellung in der Philo-sophiegeschichte. Aber er weiß, daß damit nur das allgemeine Prinzip, auf das alles Geschehen zuletzt zurückzuführen sei, gegeben sei, noch nicht die metaphysische Deutung, die phy-sikalische Ausführung. Seine Schau war nur wenigen ganz zu-gänglich: er wollte um so deutlicher in das damalige wissen-schaftliche Gespräch eingreifen, sich den begrifflichen Formu-lierungen der Gegenwart anpassen. Den Ausdruck harmonie préétablie wandte Leibniz im „Neuen System" noch nicht an. Hier geht er von dem Bilde aus, daß der Leib, also die Vielheit der Monaden, von Gott so geschaffen ist, daß er den mechanischen Gesetzen folgend doch immer gerade so handelt, wie es dem Fühlen und Willen der Centralmonade entspricht, gleichsam als Automat[1]). Man legt diesem Wort unwillkürlich eine rein mechanische Bedeutung bei, die es an dieser Stelle ausdrücklich nicht hat. Automat heißt das Sich-Selbst-Bewegende, und Leibniz war schon deswegen für Platon begeistert, weil er die Seele als die sich selbst bewegende Substanz, das Autokinumenon, das Automaton, erklärt hatte. Dementsprechend ist nicht nur der Körper, sondern der beseelte Mensch ein Automat, ein geistiger oder formaler (gestaltender) und zugleich durch seine Vernunft freier Automat. Die Harmonie entsteht dadurch, daß alle Monaden das Universum spiegeln. Das ist die metaphysische Grundthese: „Sieht man also die Möglichkeit dieser Hypothese der Gleichstimmung (des Accordes) ein, so sieht man auch, daß sie die vernünftigste ist und daß sie eine wunderbare Idee der Harmonie des Universums und der Vollendung der Werke Gottes gibt." In der Tat, wenn diese Hypothese wunderbar ist, so harmonisiert sie darin mit dem Wunder der Schöpfung, des Lebens, des Geistes.

Wenn nun die Mechanisten statt dessen auch alles lebendige Handeln als Mechanismus erklären wollen, so lag Leibniz, um sich ihrem Gedankenwege anzubequemen — besonders durch den Phaidon geleitet, wo Sokrates dieser mechanischen Erklärung ihr eng beschränktes Recht einräumt, die Ursache der Bewegung aber in der von der Idee des Guten bestimmten Seele erkennt — das Bild sehr nahe, in der freien Seele den freien Herrn, im Körper einen willenlosen dienenden Automaten zu sehen. Dies Gleichnis ist nicht ganz unbedenklich. Foucher, von Descartes herkommend, fragt an Geulinx anknüpfend, ob nicht der Vergleich mit zwei gleichgehenden Uhren passender sei. Leibniz hätte diesen Vergleich, der so bedenklich an Spinozas

---

[1]) Leibniz macht von den Begriffen Centralmonade und Hauptmonade sehr selten Gebrauch. In der Mitte steht Monade als Entelechie, als Individuum. Dieser Begriff wird panvitalistisch in die unendliche Zahl gesteigert und verdrängt so das Atom. Er wird andrerseits auch in die Einheit des Schöpfergottes gesteigert. Wesentlich bleibt immer die erlebte Einheit und Vielheit. Die metaphysischen Konstruktionen, nach denen der Laie zuerst fragt, behandelt Leibniz mit Vorsicht.

Parallelismus rührte, ablehnen müssen. Dennoch ist das Uhrengleichnis, der Parallelismus des geistig-seelischen Geschehens
mit dem mechanisch-körperlichen, sehr vorteilhaft für den nächsten Zweck: das Gespräch mit den exakten Forschern, deren
Begriffe größtenteils in die Geleise Descartes eingefahren waren.
Es bestimmt schematisch das bedingte Recht der mechanischen
Methode — ohne über Seele und Metaphysik etwas auszusagen.
,,Stellt euch zwei Uhren vor, die vollkommen miteinander übereinstimmen. Das kann nur auf d r e i A r t e n geschehen: Die
erste besteht im wechselseitigen Einfluß der einen Uhr auf die
andere; die zweite in der Pflege eines Mannes, der darauf Acht
gibt; die dritte in ihrer eigenen Genauigkeit.'' Da die erste Art,
die der Wechselwirkung, auf Grund der damaligen philosophischen Situation sogleich ausscheidet, ist es um so auffallender,
daß Leibniz scheinbar ganz überflüssig dennoch eine schöne
Beobachtung von Huyghens berichtet. Dieser hatte zwei Pen-
deluhren gleicher Art auf e i n e m Holze befestigt, ,,es kam wie
durch eine Art Wunder dahin, daß selbst wenn man absichtlich
ihre Schlagfolge störte, sie bald wieder von neuem gemeinschaft-
lich schlugen, ungefähr wie zwei Saiten, die auf denselben Ton
gestimmt sind.'' In der Tat sollte man denken, daß diese beiden
Phänomene, das mechanische wie das akustische, wunderbar
in Einklang stehen müßten mit Leibnizens ,,sympnoia panta.''
Doch bleibt ein Bedenken: Dies Symbol konnte auf ein Ver-
schwimmen der Individuen in eine unterschiedslose Einheit
gedeutet werden. Es löschte die Spannungen aus, statt sie zu
deuten. Leibniz lehrt ja die persönliche Gott-Monade im Gegensatz zu einem verschwommenen Pantheismus, einem Gesamtgeist.
Die zweite Art ist die, daß Gott als deus ex machina die beiden
Uhren in jedem Augenblick wieder in Übereinstimmung setzen
muß: die Hypothese der Okkasionalisten. Leibniz lehnt sie ab,
weil sie voraussetzt, daß Gott nicht geschickt genug war, von
Anfang an die Uhren so genau zu arbeiten, daß sie übereinstim-
mend gehen. Für die dritte Art wendet nun Leibniz die Bezeichnung ,,prästabilierte Harmonie'' an, und hier ist sie auch ganz
besonders passend. Aber leider ist das Gleichnis nicht unbedingt
passend für diese Harmonie sämtlicher Monaden. Es bewirkt
die Vorstellung zweier Substanzen, Seele und Körper, wie bei
Descartes, oder zweier paralleler Geschehensreihen, der seelischen

und der mechanischen, wie bei Spinoza — zwei Betrachtungsweisen, die Leibniz überwindet. Es gibt nur Monaden. Jede Monade ist in Übereinstimmung mit dem Universum, und nur als Ausschnitt aus dem Universum kann der Körper hier gefaßt werden.

Das Uhrengleichnis ist mißverständlich, ja falsch, weil es zweierlei Substanz (Descartes) oder zwei parallele Ordnungsreihen (Spinoza) anzuerkennen scheint. Doch sagt Leibniz deutlich, daß es so nicht gemeint ist. Er erklärt seine „Hypothese", daß jede Substanz, also jede Monade, so geschaffen ist, daß sie ihrem eigenen Gesetze folgt, dennoch aber mit jeder anderen im Einklang ist. [1] Nun fährt er fort: „Alles, als wenn es einen wechselseitigen Einfluß gäbe." Man könnte sagen, für die „Erscheinungswelt" ist also die Annahme einer Wechselwirkung zwischen Ich und Außenwelt, zwischen Seele und Leib die natürliche. Erst die philosophische Besinnung sagt uns, daß die Seele selbsttätig das Bild der Außenwelt aufbauen muß. Die Harmonie aller Monaden bleibt die Grundhypothese, wenn auch der Rest einer Hilfshypothese, die dem Spinozischen Parallelismus ähnelt, daneben besteht. In der Monadologie (§ 78, 79) heißt es: „Die Seele folgt ihren eigenen Gesetzen und der Körper ebenso den seinen, und sie begegnen sich kraft der prästabilierten Harmonie unter allen Substanzen, da sie ja alle Vorstellungen eines und desselben Universums sind. Die Seelen handeln gemäß den Gesetzen der Zweckursachen durch Strebungen, Zwecke und Mittel. Die Körper handeln gemäß den Gesetzen der wirkenden Ursachen oder der Bewegungen. Und diese beiden Reihen, die der wirkenden und der Zweckursachen, harmonisieren unter einander." So sehr der Kritizismus als solcher gegen Leibniz polemisiert, so kehrt Kant doch in der Kr. d. U. (§ 86) ausdrücklich zu jener Lehre der Harmonie zwischen dem Reich der Zwecke und dem der physischen Ursachen, wenn auch nur für die reflectierende Urteilskraft zurück. Zu diesem Leibnizgedanken schrieb Goethe sein optime, und Schopenhauer pries ihn hoch, vermutlich ohne an den Urheber zu denken.

Leibniz und Kant stehen an der Grenze des menschlichen Denkens: wenn Gott das ganze Weltgetriebe durchschaut, sieht er es als mechanische Kausalkette, zugleich aber als Kette von

---

[1] Wie nahe das Mißverständnis liegt, beweist die Übersetzung von Buchenau (II, 273), der chacune mit „beide" übersetzt, während es „jede" (Monade) heißt.

Zweck und Mittel. Aber nicht zu vergessen: er hat im Schöpfungsakt die mechanische Welt hergestellt im Dienst der Zweckwelt!
Demnach steht Leibniz' zeitgebundnes („barockes") Uhrengleichnis für den Parallelismus, verzichtet auf die metaphysische Schau.
Es verzichtet auf die Lehre, daß es nur Monaden gibt. Hier aber
spricht er von zwei Substanzen, dem seelischen und dem körperlichen Geschehen. Das wirkt bis heute verwirrend. Warum er-
möglicht Leibniz dies Mißverstehen? Weil er hier zu den Physikern, nicht zu Philosophen spricht. Das Gleichnis erinnert, daß
jede rein-mechanistische Metaphysik absurd ist — weil sie nicht
das Geringste über die wesentliche Weltseite, die seelische,
aussagte. Sie gibt der reinen Körperwissenschaft totalen Anspruch
unter Verzicht auf die anderen Gebiete. Aber warum verzichtet
er auf seine Metaphysik? Besser als Newton, ja besser als Kant
unterscheidet Leibniz zwischen unmittelbarer Erkenntnis und
Hypothese. Die Monade als Ich-Einheit, Du-Einheit ist unmittelbarer gegeben als das Leere und die Atome. Der Physiker ist
befugt, den menschlichen Körper — nicht aber den Menschen —
als körperlich-mechanischen Apparat zu deuten. Aber er wäre
ein Narr, wenn er darum die unmittelbare Erfahrung des Hundes,
der im Blick von Aug zu Auge seinen Herrn, des Säuglings, der
seine Mutter als leibliche Einheit, Seele und Körper ungeschieden
in der Außenwelt erkennt, leugnete. Der Zweifel, ob es eine lebendige Außenwelt wirklich gibt, mag als Begriffsexperiment am
Rande des Denkens erlaubt sein. Grundlage oder Mitte des Denkens kann er nicht sein. Man sieht im Briefwechsel, wie Leibniz
seine liebe Not hat, den erstarrten Boden kartesischer und mechanistischer Denkformen aufzulockern, und wie diese Arbeit mehr
Kräfte verschlingt, als neuen Samen streut. De Volder ist Beispiel
für den mechanistisch-positivistisch gewordenen Geist, dessen
Vorurteile auszurotten Leibniz eine bewundernswerte Geduld,
eine sokratische Urbanität aufwendet. De Volder begreift nicht,
daß man außer der Kartesischen Ausdehnung noch eine Substanz,
eine tätige Kraft erkennen muß. Die substantiellen Formen sind
für ihn „längst widerlegt". Leibniz antwortet 1699: „Aber wir
sind nun einmal so voller Vorurteile, daß wir zwar in der Theorie
die Gegenstände des Verstandes von denen der sinnlichen Anschauung richtig unterscheiden und zu unterscheiden beteuern,
trotzdem aber in der Praxis unbewußt all das, was über die sinn-

liche Anschauung hinausliegt, fast für nichts achten .... Sie
denken doch sicherlich etwas unter dem Cartesianischen Begriff
der menschlichen Seele — dieser ist aber nach mir von den übrigen Entelechien nicht der Art nach verschieden .... Ich sehe
indes, daß Vorurteil und Autorität so mächtig sind, daß viele
eben das, was sie bei Descartes zu verstehen glauben, bei anderen
unverständlich finden." Aus der Tätigkeit der Substanz (Monade)
die Formel für die Messung der Kräfte abzuleiten, scheine ihm die
Pforte zur wahren Metaphysik. Ohne solches Prinzip müsse man
einen Deus ex machina einführen. Allerdings kann er sich des
stolzen Schlusses nicht enthalten: ,,wenn man den Geist unvor-
bereitet in jene heiligen Räume führe, wo er ein ihm ganz neues
Wesen der Substanz und des Körpers erhalte, so sei zu fürchten,
daß er von der Fülle des Lichtes geblendet werde."

Dies also ist die Schwelle von der Physik zur Metaphysik.
(,,Principes ...." § 5, 7). Aber es ist festzuhalten, daß Physik bei
Leibniz Naturwissenschaft, auch Biologie heißt! Daß Ich und Du
Monaden sind, kann kein Mensch bestreiten. Aber daß leblose
Stoffe aus ungeordneten Haufen beseelter Monaden bestehen,
daß Gott ein harmonisches Universum, die Harmonie aller
Monaden geschaffen hat, diese metaphysische Hypothese kann
Leibniz dem bloßen Physiker nicht zumuten. In dieser Physik
muß er Seele und Körper wie zwei Substanzen nebeneinander
stehen lassen: nur soweit ist Parallelismus und Uhrengleichnis
passend. Dem ,,Physiker" gilt also der psychophysische Parallelismus, beide Seiten: Mechanismus und Psychologie. Wie im
toten Körper die Monaden nicht sichtbar werden, so schweigt im
Physiker die metaphysische Schau. Auch Arnauld, der fromme
Theologe, den Leibniz als größten philosophischen Zeitgenossen
ansieht, kann sich schwer von Cartesischen Begriffen lösen, doch
überzeugt ihn Leibniz mehr und mehr. In der großen Abhandlung
September 1687 stellt er für ihn zuletzt das Gottesreich der Gnade
dar und schließt: ,,Man könnte die Fragen (individuelle Substanzen und Atome) auch voneinander abtrennen" oder sie unent-
schieden lassen. ,,Denn man kann selbst den Punkt bestimmen,
an dem man mit seinen Untersuchungen Halt machen will".
Leibniz will also mit den großen Forschern seiner Zeit gemeinsam
arbeiten, auch wenn sie seine Hypothese nicht annehmen. Aber
er verschweigt nicht das Glück seiner Schau: ,,Freilich darf man

andrerseits auf so gutem Wege nicht stehen bleiben, wenn man
zu wahrhaften Ideen vom Universum und der Vollkommenheit
der göttlichen Werke, sowie zu sichern Beweisgründen inbezug
auf Gott und unsere Seele vordringen will."

Am besten folgt der berühmte Mathematiker J. Bernoulli
diesem Gedankenfluge bis zu „Träumereien" vom Unendlichen,
die an Jean Paul erinnern. Und hier schreibt Leibniz (18. XI.
1698) die klar-beweisende Verabredung: „Ich billige durchaus
Ihren Rat, daß wir, wenn wir es mit den Cartesianern und ihres-
gleichen (fast allen Physikern) zu tun haben, von der Erwähnung
der ersten Materie und der substantiellen Form ganz absehen und
lediglich von der an sich passiven Masse und der Entelechie oder
der ursprünglichen Tätigkeit der Seele und dem Lebensprinzip
sprechen wollen." Also für die Fachgelehrten bleiben das parallele
Körpergeschehen und Seelengeschehen. Die metaphysische Vereinigung bleibt für die Philosophen. Nur in der Metaphysik hebt
sich der Dualismus auf. Der psychophysische Parallelismus der
Physiker blieb bis heute der Knoten kaum lösbarer Mißverständnisse — denn Descartes' Vorurteile blühen nach Verdrängung
der Monadenlehre noch überall. Für Leibniz ist der Parallelismus
nicht die metaphysische Lösung: sonst wäre er ja Spinozist —
er ist dessen Gegner. In dieser Fassung ist wohl der Sinn der
prästabilierten Harmonie am handgreiflichsten, aber auch am
gröbsten, teilhaftigsten, ja dem System widersprechend. Zwar
zeigte schon Kuno Fischer, daß der eigentliche Sinn der prästabilierten Harmonie nicht die zwischen Seele und Körper, sondern
zwischen allen Monaden, die universale Harmonie ist (Es gibt
ja nichts als Monaden), und Cassirer, der auf Kants Idealismus
visiert, betont diese Einschränkung noch mehr: und dennoch
bleibt auch für ihn der Parallelismus das Geleise, Leibniz zum
unbedingten Rationalisten zu machen. Ebenso Windelband: er
findet bei Leibniz die Lehre einer „strengen Notwendigkeit alles
Geschehens", eine „mechanische Determination unserer Vor-
stellungsabfolge", Ausschluß der Freiheit, Rationalismus. „Über
aller Wirklichkeit schwebt das Fatum der Logik" [1]). Dies als
Beispiel für viele Deuter, die die Methode der körperlich-mechanischen Erscheinungsreihe auf das gesamte Weltgeschehen

---

[1]) So i.d. letzten Aufl. (1935) seines „Lehrbuches d. Gesch. d. Philos." (S. 357, 412).

übertragen. Und dieser Übergriff wird möglich, weil doch diese
eine Seite, die mechanische Reihe nach schlechtem Sprachgebrauch als die ,,physische" überhaupt und als die Naturwissenschaft überhaupt verstanden wird. Rationalismus und exakte
Naturforschung verbünden sich gegen die lebendige Natur.

Die Schwierigkeit bleibt groß: wie verträgt sich der Parallelismus (Uhren) mit dem Reich der Gnade? Das bloße monotone
Ticken ist keine polyphone Harmonie. Zur höchsten Sicht gelangte Leibniz infolge zweier Durchbrüche. Anfangs glaubte er
als mechanistischer Physiker alles aus toten Korpuskeln erklären
zu können. Dann geht ihm auf, daß mit dieser Methode sich nichts
Seelisches, nichts Lebendiges erklären läßt. Er bleibt ,,Physiker",
versteht aber unter Physik die Betrachtung der ganzen, besonders der beseelten Natur. Er bedient sich dafür auch der Ratio
und metaphysischer Begriffe: denn Substanz und Kraft nennt er
mit Recht metaphysisch. Für den ,,Physiker" gelten also beide
Parallelen: die körperliche, rein mechanische Reihe — und die
seelische aus Zwecken, Entelechien, Seelen. Aber niemals sollen
die Zwecke in den wirklichen körperlichen Verlauf eingemischt
werden. Leibniz scheint hier mechanistischer als Descartes. Daß
die Zwecke nicht einwirken ins mechanische Geschehen, klingt
spinozistisch. Andrerseits reicht die Reihe der Zwecke und der
geistigen Monaden viel weiter und höher als die mechanistische.
Das also ist und bleibt das Schema für mechanistische, biologische physiologische Naturwissenschaft. Aber dieser Parallelismus
ist für den Philosophen unbefriedigend, ja widersinnig. Erst
danach geschieht der zweite Durchbruch: aus der Physik mit metaphysischen Begriffen wird die große metaphysische Schau, die
den Dualismus überwindet. (vergl. oben das Bild ,,im Hafen",
in Nouveau système. Principes § 7) Wohl bleibt der Parallelismus
für die Erscheinungswelt, um die Reinheit der exakten Forschung
nicht zu trüben, neben welcher die Monadenwelt, biologisch,
unleugbar bleibt. Diese Trennung besteht fort. Aber gerade diese
Trennung beweist über Descartes und Spinoza hinaus, daß über
ihr die wirkliche polyphone Harmonie aller Monaden stehen muß,
der gegenüber die ganze Physik nur Erscheinungswelt bleibt. Die
körperliche Erscheinung wird zum bloßen Teil der Substanz, der
Monade. Diese echte Harmonie wird nur dadurch möglich, daß
jede Monade Keim und Spiegel des Universums ist. Nur diese

Monaden, die nicht in Seele und Körper geschieden sind, sondern durch den beseelten Leib dargestellt werden, sind wahrhaft wirklich. Diese Einheit gehört noch zur Naturerkenntnis, nicht als metaphysische Hypothese, sondern als unmittelbare Erkenntnis jeden Kindes. Jener Parallelismus ist also eine Längsspaltung in der Erscheinungswelt, von der die Querteilung in der Wesenswelt fernzuhalten ist: die Teilung in die Welt der dumpfen Monaden und die der geistig-wachen, der schöpferischen Monaden. Glücklicherweise hat Leibniz diese für die Philosophen so grundlegende Erklärung im Brief an jenen Vertrauten, Bernoulli, September 1698, unmißverständlich ausgesprochen. ,,4. Als eine vollständige Monade oder Einzelsubstanz bezeichne ich nicht sowohl die Seele als das gesamte Lebewesen oder etwas in ihm Analoges, nämlich jegliche Form oder Seele, die mit einem organischen Körper behaftet ist. 5. Sie fragen, wie man fortschreiten muß, um zu etwas zu kommen, was eine Substanz, nicht eine Mehrheit von Substanzen ist. Ich erwidere, daß sich uns etwas derartiges unmittelbar und ohne Teilung darbietet, da nämlich jedes tierische Geschöpf etwas Derartiges ist. Auch setzen doch Ich selbst, Sie oder irgend ein Mensch sonst uns nicht aus den Teilen unseres Körpers zusammen''. Das leibhafte Dasein im Du und Ich ist Leibniz unmittelbar, als Wesenserkenntnis, nicht als bloße Erscheinung gegeben. Analytisches Denken reicht nicht zu ihr. Wer ein Tier als ein lebendiges Wesen, als Einheit auffaßt, sieht unmittelbar eine Monade. Er erfährt bei jeder solchen Begegnung eine neue Substanz, eine kontingente Wahrheit. Der mechanistische Physiker aber soll und darf sich beschränken auf die Untersuchung des mechanischen Apparates, den er nach mathematischen Gesetzen analysiert.

Aber wie gesagt: von der Metaphysik der substantiellen Formen will Leibniz den Physikern nicht reden: es genügt, wenn sie neben der mechanischen Reihe auch die psychische Parallele anerkennen, die ihre Betrachtung nicht kreuzt.

Ratio und Weltschau. Auch heute noch gilt Leibniz weithin als Rationalist, und die Logik als der Urgrund seiner Lehre. Ratio im engeren Sinne ist Logik (Schlußverfahren) und Mathematik (Principes § 5), die von der Erfahrung unabhängige Wissenschaft. Im weiteren Sinne ist sie auch Erkenntnis aus Reflexion, also aus innerer Erfahrung: Ich, Substanz, Seele, Geist.

Die reine Ratio gibt die notwendigen, ewigen Erkenntnisse. Descartes Dualismus bleibt rational: die eine Substanz ist Ratio, die andere ist rational auflösbarer Stoff. Die Synthese ist bei Spinoza und Kant das mechanistische Weltgeschehen. Mechanismus ist, wie Kant weiß, die Übertragung der strengen Ratio (Logik und Mathematik) auf die Physik.

Leibniz unterscheidet zwei Erkenntnisarten: Tatsachen-Wahrheiten und Vernunft-Wahrheiten. Dem entspricht bei Kant a-posteriori und apriori, empirisch und rein-rational. Es gibt im realen Erkennen also die untere Stufe der sinnlichen Wahrnehmung und die der rationalen Verarbeitung des Sinnenstoffes. Zusammengefaßt kann man sie beide als rationalistische Erkenntnis der Erscheinungswelt bezeichnen. Für beide Denker gibt es darüber eine dritte Stufe. Bei Kant die der praktischen Vernunft, der Moral, die aber keinerlei theoretische Erkenntnis gibt, dennoch als ein Strahl aus der Wesenswelt gelten kann. Bei Leibniz dagegen gibt es echte Wesenserkenntnis schon in der Erscheinungswelt, nämlich wenn wir uns gegenseitig als Monaden verstehen. Diese Wesenserkenntnis ist also unmittelbare Tatsachenerkenntnis. Was ihm aber kaum ein moderner Denker glauben will, ist, daß die dritte Stufe, die durch die metaphysische Hypothese der Monadenharmonie vervollkommnete Wesenserkenntnis keine Vernunft-Wahrheit sondern eine Tatsachen-Wahrheit ist. Es gibt Eine wirkliche Welt und Einen Schöpfergott. Dies wirkliche Weltall ist kontingent, ist nicht aus Logik oder reiner Ratio herzuleiten. Unsere Wesenserkenntnis ist eine Tatsachen-, keine Vernunft-Wahrheit. Insofern ist Leibniz nicht Rationalist sondern (wie Schelling) Empirist auf höherer Stufe, d.h. nach rationalem Durchdringen der Welt. Doch kommt eine terminologische Schwierigkeit daher: wie Kant neben der eigentlichen ,,theoretischen" Vernunft auch den nicht erkennenden sittlichen Willen als ,,praktische Vernunft" bezeichnet, so nennt Leibniz den schöpferischen Willen Gottes, der unter den vielen rational denkbaren Welten die beste und schönste wählt, Vernunft, raison. Allenfalls insofern dürfte man Leibniz als ,,Rationalisten" bezeichnen. Aber es wäre mißverständlich, da Leibniz hier den freien wählenden Geist, nicht die Verstandes-Ratio, nicht die Erkenntnis der notwendigen Gesetze meint. Das Problem ist also besser gefaßt: herrscht die strenge Ratio (Logik und Mathe-

matik) über das Weltgeschehen? Da ist der Rationalismus durch
den Doppelsinn des Wortes „Herrschen" geschützt. Die Gesetze
der Ratio „herrschen" wie die Spielregeln des Schach: jeder ist
an sie gebunden. Aber sie bewirken das Spiel nicht, der Spieler
bewegt sich frei in ihnen, beherrscht ist er von der Idee des
Angriffs und der Verteidigung. Für die rein-körperliche Seite
allerdings sind die rationalen Gesetze fruchtbar, aber niemals ist
das wirkliche Dasein, Wesen, Substanz daraus abzuleiten und zu
erklären. Das vergessen die Mechanisten. Ja selbst da, wo unsere
Erkenntnis auf der Mathematik beruht, so in den Gesetzen der
Optik, ist Leibniz der Meinung, daß Gott zwar niemals gegen die
Gesetze der Mathematik handeln kann, daß es aber seiner freien
Wahl anheimgegeben war, ob er gerade diese mathematischen
Gesetze zu Grunde legte oder andere. Er schreibt 1714 an Remond: „Die Gesetze der Bewegungen, die auf den Vorstellungen
der einfachen Substanzen beruhen, entstehen aus den Zweckursachen und der Angemessenheit (convenance), die immateriell und
in jeder Monade sind. Wäre dagegen die Materie Substanz, so
kämen sie aus rohen Gründen (raisons brutes) oder aus einer
geometrischen Notwendigkeit, und sie würden ganz anders sein
als sie sind." Die Naturgesetze, soweit sie nicht apriori notwendig
sind, nennt er unübertrefflich schön „gleichsam die Gewohnheiten
Gottes." Zwar läßt Leibniz das mechanistische Gesetz strenger
als Descartes und Newton gelten, das Gesetz der Erhaltung der
Energie wird, nachdem es einmal gegeben ist, nie wieder durch
Zwecke, durch Wahl unterbrochen. Aber er läßt diese Strenge
gelten, weil Gott diese ganze Ordnung von vornherein in den
Dienst der Zwecke der besten der Welten, auch der menschlichen Freude gestellt hat.

Analytik, Logik steht unter dem Satz von Widerspruch, vom
ausgeschlossenen Dritten. Das ist das Prinzip des Rein-Rationalen, des apriori Notwendigen, des mechanischen Geschehens.
Dagegen steht die Erkenntnis der beseelten Welt, des Kontingenten, des schöpferischen Geschehens unter dem Satz des
zureichenden Grundes. Dieser Urgrund ist Gott, er ist die erste
Ursache der unendlichen Ursachenkette. [1]) Es gibt keine rein

---

[1]) Es ist schwer verständlich, daß Huber (l.c. S. 330, 439) die Ursächlichkeit besonders aus Leibniz' Geschichtsbild ausschließt. Für alles wirkliche Geschehen ist
Gott die Ursache, selbstverständlich nicht bloße mechanistische Ursache.

logische Erklärung dafür, daß überhaupt Etwas existiert. Wir schließen diese Ur-Ursache allein aus den kontingenten Tatsachen, wenn auch mittels rationaler Begriffe. Aber ihre Auswirkung erkennen wir nur in der tatsächlichen Welt.

Schreitet der echte Philosoph vom Besonderen zum Allgemeinen, oder vom Einzel-Ganzen zum ebenso konkreten Weltganzen? Wenn ich nicht irre, stammt viele Unklarheit und Vernebelung in der Philosophie aus der Verwechslung des Abstrakt-Allgemeinen mit dem Konkret-Allganzen, des Ewig-Zeitlosen und des Zeitlich-Beharrenden, des jenseitig Transzendenten und des in die Welt eingehenden Ewigen. Die Kenntnis des Konkreten, Kontingenten, beruht auf Anschauung, nicht auf Logik. Mathematik ist notwendig, um das Universum erkennend zu durchdringen, aber Leibniz verlangt nicht die Erscheinungen, noch weniger die Monaden in Begriffe aufzulösen, um ihr Wesen zu erkennen.

Cassirer, der Logiker, beruft sich auf den Aufsatz ,,Über die Freiheit'', aber er läßt das Wichtige aus, die Kontingenz, die Tatsachenerkenntnis [1]). Er findet, daß Leibniz alles herleite aus der Analyse des Begriffes Wahrheit, also aus der Logik. Aber in dieser Analyse unterscheidet Leibniz die Tatsachenwahrheiten von den logischen, rationalen Wahrheiten. ,,Die Tatsachen sind bisweilen beweisbar oder notwendig, bisweilen frei oder zufällig, sodaß sie durch keine Analyse auf die Identität, als ein gemeinsames Maß zurückgeführt werden können.'' Wir sahen oben: die höchste Erkenntnis ist nicht die logische, discursive, sondern die zusammenfassende intuitive, die Erkenntnis der konkreten Welt und der schöpferischen Kraft. So auch in ,,Über die Freiheit'': ,,so unterliegen erst recht die zufälligen oder die unendlichen Wahrheiten dem Wissen Gottes und werden von ihm zwar nicht durch einen Beweis — was einen Widerspruch einschließt — aber doch durch ein unfehlbares Schauen (infallibili visione) erkannt.'' In dieser Schau ist die höchste Vernunft, die Erkenntnis der Ursachen, die rationale Erkenntnis der Möglichkeit und Notwendigkeit, also die Logik eingeschlossen. Mag man sie als Vernunft im weitesten Sinne bezeichnen, so ist sie doch nicht nur Verstandesratio, nicht Logik.

Daß Cassirer als Neukantianer Leibniz' Lehre zu sehr einengt,

---

[1]) l.c. S. 33–52.

ist wohl allgemein zugegeben, aber die Tendenz, Leibniz' Meta-
physik zu logisieren, gehört zum Wesen aller Rationalisten.
Wolffs Fälschung gründet besonders darin, daß er das höchste
Prinzip der überrationalen Tatsachenerkenntnis, den Satz vom
Grunde ebenfalls dem logischen Prinzip, dem Satz vom Widerspruch unterordnet. (Der Logiker Leibniz, nicht der Metaphysiker, kann allenfalls beide vereinen). Darum ist es verwirrend,
Leibniz als Rationalisten, und fälschend, ihn im Wesen als Logiker oder Mathematisierer zu deuten. (Man darf sich nicht auf
Briefe berufen, die sich an Mathematiker und reine Physiker
richten.) Huber, der in ,,Leibniz und wir'' [1]) weit von Cassirer
abrückt, und ihm die materiale Logik, die Kategorialanalyse,
eine transzendentale Logik bei Leibniz, die er weit über die von
Kant schätzt, entgegensetzt, überwindet doch den Spalt von
Logismus und schöpferischer Tatsache nicht. Er verlegt den
Bruch in Leibniz hinein und findet dessen überlogisches Prinzip,
den Satz von zureichenden Grunde unzulänglich.

Die Rationalisten suchen das allgemeingiltige Harmonie-Gesetz — Leibniz und Goethe lauschen auf die konkrete Melodie,
die Gott spielt.

Wesen und Erscheinung. Beide engverbundenen Probleme
Freiheit und Notwendigkeit, Seele und Körper führen den Denker
an die Grenze des Denkmöglichen und lassen im Denken selbst
einen antinomischen Rest zurück. Das Bewußtsein hiervon
führt in die kritizistische Philosophie, die von Descartes begonnen, von Kant durchgeführt wurde. Leibniz' Verhältnis zu ihr
ist das eigentliche ,,Problem'' der neueren Philosophie-Geschichte.

Die Erkenntnisanalyse geht besonders auf Locke zurück,
aber bevor noch dessen grundlegendes Werk erschien, hatte
sich Leibniz über den Eingang zu seiner Forschung und Lehre
ausgesprochen, so etwa 1687 im Brief an Arnauld (Gerh. II,
101): ,,Unser Geist bemerkt oder begreift gewisse wahrhafte
Substanzen, welche bestimmte Modi haben, diese Modi umfassen Beziehungen zu anderen Substanzen, was der Geist zum
Anlaß nimmt, sie im Denken miteinander zu vereinigen und für
alle solche Dinge einen gemeinsamen Namen in Rechnung zu
stellen. Das dient der Bequemlichkeit des Überlegens, nur darf

---

[1]) Zdschr. f. philos. Forschung I, 1. bis. S. 9, Anm. 16. S. 24–28. — Dazu in ,,Leib-
niz'' S. 151, 183, f. 323, 339, 439. Für den ,,Bruch'': 268 (342).

man sich dadurch nicht täuschen lassen, indem man daraus ebensoviele Substanzen oder wahrhaft reale Wesen macht, denn das ist allein Sache derer, die an den Escheinungen haften oder derer, welche Realitäten aus allen Abstraktionen des Geistes machen und welche die Zahl, die Zeit, den Raum, die Bewegung, die Gestalt, die Sinnenqualitäten als ebensoviele besondere Wesen auffassen. Ich dagegen bin der Meinung, daß man die Philosophie nicht besser wieder herstellen, auf eine genaue Grundlage zurückführen kann, als wenn man allein die Substanzen oder vollständigen Wesen anerkennt, denen eine wahrhafte Einheit mit ihren verschiedenen Zuständen, die daraus folgen, zukommt, während der ganze Rest nur Phänomene, Abstraktionen oder Beziehungen sind." In diesem Grundsatz ist der beste Gehalt des Nominalismus ganz entwickelt und eine seiner Gefahren abgewehrt, wenn man in den Individuen, den Monaden — nicht in Atomen — die Substanzen erkennt. Wirklich sind nur die Monaden. Dagegen wird gegen den einseitigen Idealismus, gegen den „Realismus" der Scholastik eingewandt, daß alle anderen Begriffe nicht wahrhaft-reell sind. Es wird damit auf einen ewigen Irrtum noch mehr der Philosophie als des täglichen Lebens hingewiesen: bloße Begriffe als Substanzen zu verstehen. Zahl und Zeit, aber auch Geist und Körper, Freiheit und Natur sind nicht wahrhafte Substanzen. Aber keineswegs heißt das, daß diese Begriffe bloße Worte sind: sie können sein Phänomene — oder Abstraktionen — oder Beziehungen. Wenn hier dem Wort Realismus wieder ein gewisses Recht gegeben wird, so wird der Nominalismus eingeschränkt. Auch im Regenbogen, auch im toten Körper ist in gewissem Sinne Einheit gegeben, aber „dies ist eine Einheit des Phänomens oder des Gedankens, die nicht ausreicht, um das Reale in den Phänomenen zu bezeichnen." [1]).

Der durchaus problematische Begriff, entscheidend für die Philosophie bis heute, ist also „Phänomen." Ist es einfach nur Teil der Erscheinung oder eine Abstraktion, oder kann es auch zum Wesen gehören? Ein Phänomen ist nicht wahrhaft-reales Wesen, ist keine Substanz, aber wohl können Phänomene „reell" sein. Sobald nur ein Zweifel an der Existenz der Substanzen

---

[1]) An Arnauld, September 1687, Nr. 4.

oder an iher Erkennbarkeit aufsteigt, muß die Frage nach der Realität der Phänomene aus dem Gesamt-Zusammenhang beurteilt werden. Newton versteht unter Phänomenen einfach die gegebnen Tatsachen gegenüber deutenden Hypothesen. Kant macht einen unbedingten Unterschied zwischen Phänomenen als Erscheinungsdingen und Ding an sich. Leibniz steht zwischen beiden: Phänomene sind Erscheinungen, die als Vorstellungen gegeben sind — aber die unbedingte Trennung ist mit diesem Begriff nicht vollzogen. Er wendet sich auf die Ursprünge abendländischen Denkens zurück und beruft sich auf Parmenides und Platon. Parmenides erkennt die Substanz, das Beharrende, das scheinbar im Gegensatz zum Wechsel der Phänomene, zum Werden steht. Heraklit erkennt im Kreisen dieses Wechsels selber die Substanz, das Beharrende. Leibniz sieht dasselbe ausgehend vom Individuum. Die Monade ist das Beharrende, in ewiger Identität, und doch stellt sie sich dar in rastlos welchselnden Zuständen, im Ablauf der Vorstellungen: sie besteht also in ,,wahrhafter Einheit'' und in einer stets wechselnden Folge von ,,Phänomenen.'' Die feste Position Leibnizens ist: Phänomene können ebenso der Substanz angehören wie der bloßen Erscheinung, sie können, worüber Goethe jubelt, zugleich innen und außen sein.

Leibniz geht von dem aus, worin Subjekt und Objekt identisch sind: von Vorstellung, Erlebnis. Damit stellt er sich bewußt der Schulphilosophie gegenüber. Die Grundlage seiner Erkenntnislehre stand fest, als er Lockes essai concerning human understanding (erschien 1690) mit Genuß kennenlernte. Hier fand er ausgeführt, was zur psychologischen Vorbereitung seiner Lehre gehörte, sich ihr als Vorstufe unterordnete: die Analyse unseres Bewußtseins. Überall konnte er zeigen, daß die Erfahrung mehr ist als bloße ,,Sinnlichkeit'', daß der menschliche Geist es ist, der den Sinnenstoff formt. Der Kantianer pflegt diese Antwort als Polemik des Idealisten oder Rationalisten gegen den Empiristen zu sehen, aber diese Parteiung lag Leibniz ganz fern: Seine eigene höchste Erkenntnis ist ja Erfahrungswissenschaft. Erfahrung allerdings als Selbsterkenntnis des produktiven Geistes, nicht als positivistische Beschränkung auf den äußeren Sinnenstoff. Er ist Gegner des Sensualismus, aber in Lockes ,,Reflexion'' war die Möglichkeit der Verständigung enthalten.

Da Leibniz jahrelang über solche doctrinären Einseitigkeiten hinausgewachsen war, konnte er wie zur Erholung in mehreren Wochen als Antwort die „nouveaux essais sur l'entendement humain", sein umfangreichstes philosophisches Werk, niederschreiben. Es ist weder polemisch noch schulmeisterlich noch pedantisch grübelnd. Freudig hebt er alle Gedanken Lockes heraus, denen er zustimmt. Wie beiläufige Ergänzungen gibt er seine viel tieferen philosophischen und psychologischen Einsichten. Er hofft ja, Locke zu gewinnen, wie er die Cartesianer und Newton zu gewinnen hofft: denn in sein großes System gehört als Einzelnes, was die anderen zu eigenen Systemen zu erweitern und dogmatisieren versuchen.

Als dies Gelegenheitswerk sechzig Jahre später (1765) erschien, war, wie gesagt, seine Wirkung unabsehbar, denn es stieß mitten in die beginnende schöpferische Geisteskrise hinein, es wirkte tief auf Lessing, Kant, Herder, den Meister und Schüler, die damals noch nicht Antipoden waren. Das Gespräch mit Cartesianern und Physikern verzichtet auf die metaphysische Lösung. Die Theodicee, an die europäische Gesellschaft gewandt, blieb an die kirchliche Zeit-Lage gebunden. Das Gespräch mit den Empiristen aber war die Einleitung der Erkenntniskritik, denn aus der psychologischen Zergliederung schälte Leibniz ein Ewiges, die Struktur des Erkennens selber heraus. Wie seine Sicht noch klarer geworden, sein System gereift ist, zeigt nun die Fortsetzung des Briefwechsels mit de Volder. Der Brief vom 1.10.06[1]) ist in prägnanter Zusammenfassung die metaphysische Erkenntnislehre, die Fortsetzung jenes Briefes an Arnauld: „Im Allgemeinen sucht man in den Schulen Dinge, die nicht sowohl außerweltlich, als nirgendwo sind". Er sei kürzlich befragt worden, welches denn der Grund für die prästabilierte Harmonie sei, welche die Übereinstimmung von Seele und Körperwelt ist, die wir beobachten, so als ob außerhalb dieser Harmonie noch ein weiterer Grund der Vereinigung, ein Grund des Grundes erkannt werden könnte. Er antwortete, der menschlichen Begrenzung bewußt: „Ich weiß nicht von jener metaphysischen Vereinigung, welche die Schule noch jenseits der Übereinstimmung hinzufügt, sie ist kein Phänomen, noch kann es von ihr Begriff oder Erkenntnis geben." Er

---

[1]) Gerh. II. 281.

weiß, daß er mit der Monaden-Harmonie die Hypothese vom Grund der Erscheinung gibt, aber ohne sie gäbe es keine geordnete Erscheinungswelt. Er sucht nicht den Grund des Grundes, er dichtet Gott keine Eigenschaften an: Gott ist in der erscheinenden Welt gegeben als prästabilierte Harmonie und als unsere schöpferische Freiheit — ob er dahinter noch etwas ist, diese Frage sehen Leibniz und Goethe als überschwänglich an. Gott ist natura creatrix — so kann er theologisch als Person außerhalb der Welt, der natura creata gelten. Wenn Leibniz' Lehre problematisch werden kann, wo sie sich an die Peripherie verästelt, so muß man bewundern, wie fest und sicher der Stamm ist. Er erklärt, Masse, mechanische Kräfte, Ausdehnung, Bewegung seien — wenn man sie außerhalb der vorstellenden Wesen denkt — nicht Ding, sondern Phänomen, so wenig Ding wie das Spiegelbild oder der Regenbogen in der Wolke. ,,Nun aber jenseits der Phänomene etwas anderes suchen, das kommt mir vor, wie wenn jemand, dem man den Grund des Spiegelbildes gegeben, sich für unbefriedigt erklärt, als ob noch eine, ich weiß nicht welche, Wesenheit des Bildes zu erklären übrig bliebe. Nach meiner Überzeugung läßt sich keine andere Existenz beweisen als die der vorstellenden Wesen und der Vorstellungen (die gemeinsame Ursache ausgenommen), und alles dessen, was in diesen gesetzt werden muß: nämlich im vorstellenden Subjekt der Übergang von Vorstellung zu Vorstellung, während das Subjekt identisch verharrt, andererseits in den Vorstellungen die Harmonie zwischen den Vorstellenden. Das Übrige heften wir der Natur der Dinge an und kämpfen mit Chimären unseres eigenen Geistes wie mit Gespenstern.''

Gegeben ist damit die Grundlage des philosophischen Systems, gegeben ist die Grundlage von Kants Kritizismus: dennoch ist an dieser Stelle endlich in letzter Klarheit die feine Linie verzeichnet, die aber auf die unüberbrückte Kluft im Wesensgrunde beider Denker deutet in der Warnung, etwas anderes in den Phaenomenen zu suchen als die vorstellenden — aber zugleich die vorgestellten — Monaden. Je tiefer man dringt, um so schwieriger ist der wesentliche Unterschied aller kämpfenden, ernst zu nehmenden Systeme zu erfassen, und man kann wohl sagen, daß in diesem Scheitelpunkt Positivismus, Atomismus, Idealismus, Universalismus zusammentreffen. Zu Unrecht redet man hier von einer unbedingten Phaenomenalisierung, Subjektivierung.

Wahrhaft existent und real sind die Substanzen, die beharrenden Monaden — das ist der Kern, den man immer festhalten muß. Wenn auch im Bewußtsein alles nur durch Phaenomene gegeben ist — jene sind unmittelbarer gegeben als irgend ein Phänomen. Wer mir die Existenz der Monaden bestreitet, weil ihr Atomgewicht nicht gemessen ist, gibt doch, indem er mit mir streitet, das Ich und Du als verharrende Einheiten im wechselnden Bewußtsein zu. Leibniz begeht nicht Kants Grundfehler, Phänomen und unerkennbares Ding an sich unbedingt zu trennen: das erlebte Ich, das erlebte Du sind Dinge an sich, Wesenheiten.

Zwei Wesenstypen der philosophischen Forscher werden sichtbar. Der eine dringt bis zu den Grenzmöglichkeiten des Denkens, hofft gerade in den ewigen Widersprüchen das Rätsel zu lösen, durch Überschreitung der Grenzen sich — gleichsam hintenherum — des Ewig-Transzendenten zu bemächtigen. Der andere, der wahrhaft Weise, versichert sich zuerst der Mitte, von ihr aus schreitet er bis zu den Grenzen vor — aber er hält sich an ihnen nur auf, solange es zweckmäßig ist: immer bleibt er der Mitte verbunden, aus ihr entnimmt er das Maß des Denkens, in ihr erlebt er die Immanenz des Transzendenten, die Begegnung des Menschen mit dem Göttlichen. („Ist nicht der Kern der Natur Menschen im Herzen?")

Erscheinen uns die Monaden in der Reihe von Vorstellungen als Manichfaltigkeiten von Empfindungen, so sind sie unmittelbar als Substanzen gegeben als Selbstbewußtheit der beharrenden Einheit, die in jedem Augenblick die Ganzheit, das repräsentierende Erlebnis ist, während der übrige Gehalt fortwährend wechselt. Nur im Bewußtsein — im Ich und Du — fällt Phaenomen und Substanz zusammen. Das ist die Vertiefung des alten Gedankens von Substanz und Akzidenz. „Nichts als die unteilbaren Substanzen und ihre verschiedenen Zustände sind unbedingt real. Das haben Parmenides und Platon und andere Alte sehr wohl erkannt". [1]) Wie er vorher (Neues System der Natur) im Hylozoismus der Vorsokratiker die Grundlage seiner lebendigen Substanzlehre erkannt hat, so findet er jetzt nicht ohne Recht hier die Grundlage seiner Erkenntnislehre: Physis und Nomos — Wesen und Erscheinung. In diesem Problem ist der entscheidende, meist

---

[1]) Gerb. II. 101 u. 119.

verschleierte Unterschied zwischen Leibniz und Kant präzise zu
fassen. Kant scheidet exakt zwischen Wesen und Erscheinung
— aber er leugnet die Wesenserkenntnis! Mit der Sinnlichkeit
nehmen wir wie das Tier Erscheinungsdinge wahr, mit den Kategorien der Verstandes-Ratio fassen wir sie als Begriffe. Den Unterschied beider Erkenntnisformen verdankt er Platon und Leibniz. Nun aber stellt er fest: diese Kategorien haben Geltung nur
in der Formung der Erscheinungen, und diese Erscheinungswelt
ist mathematisch-mechanistisch. Kant ist der Bahnbrecher der
Phaenomenologie, der Zergliederung der Erkenntnis — aber er
weiß es nicht und zergliedert das von ihm Geleistete. Mit Descartes' Zweifelsucht will er nur das apodictisch Sichere, das Rein-
Rationale gelten lassen und stellt fest, daß dies Leerformen ohne
Wesenserkenntnis sind. Das ist wohl im Zuge einer exakten Forschung sinnvoll, aber ungeheuer ist der Verlust, den dies Opfer
einschließt. Es ist keineswegs apodiktisch sicher, daß nur die
Apriori-Erkenntnis, nicht auch die Kombination dieser mit der
sinnlichen, empirischen Wahrnehmung zu echter Wesenserkenntnis führt. Es ist eine unbegründete Anklage wider den
Schöpfer. Die Bejahung und Verneinung der Wesenserkenntnis
ist der unüberbrückbare Gegensatz der beiden großen Denker.

Eine unbedingte Trennung zwischen sinnlicher Wahrnehmung
und begrifflicher Fassung besteht nicht wirklich. Die Tiere,
die kleinen Kinder, die Menschen überhaupt erkennen unmittelbar Lebewesen, ein fremdes Du, Substanz. Erst der Psychologe
lernt die reinen Sinnesdaten von der lebendigen Gestaltung
absondern. Die Wesenserkenntnis ist die primitive, die unbewußt schon die begriffliche, die gestalthafte Fassung in sich
hält. Der Säugling, der seine Mutter anlacht, erkennt sie als
Leib-Seeleneinheit, als etwas, was ihn wiedererkennt, er erkennt
das Du eher als sein Ich. Das ist Wesenserkenntnis, unmittelbar
gegeben, nicht durch künstlich erdachte Analogieschlüsse
vermittelt, in der sinnlichen Erscheinung. Wenn Mench und
Mensch, Mensch und Tier einen Augenblick Aug in Auge senken,
so kann das ein unmittelbares Erlebnis des Du in Schrecken,
Zorn, Liebe sein. Woran erkennen sie, daß ihre Blicke genau
ineinandertreffen? Der Mathematiker und Physiologe können
schwerlich genau genug den Winkel berechnen, um diese Tatsache festzustellen. In einfacher sinnlicher Erscheinung ist

Wesenserkenntnis, ewige Sinnesqualitäten, gegenseitiges Erkennen der Substanzen gegeben — die Ratio kann es nicht
verstehen, geschweige erklären. Auf die Vermittlung der äußeren
Sinne sind wir angewiesen, um das Außen und Innen anderer
Menschen zu erkennen, aber die Erscheinung ist mehr als Farbe
und Linie: sie ist Wesen. Wer das Wesenserlebnis des Säuglings
bezweifelt, opfert die menschliche Vernunft. Kants Zerreißung
in Verstand und Sinnlichkeit vernichtet den ersten Satz aller
Erkenntnis: daß in der sinnlichen Wahrnehmung des Du weit
mehr gegeben ist als eine Summe von sinnlichen Punkten, nämlich Wesenhaftes und auch Ewiges. Goethe stellt fest, daß jede
Erfahrung mehr als Erfahrung ist. Leibniz nimmt den Grundsatz von Augustin und Descartes „Ich denke also bin ich" als
erste Wahrheit an. Aber dieser allgemeine Satz vermittelt keinen
lebendigen Gehalt. Darum setzt er als gleichwertiges Prinzip
dazu: „Mannichfaches wird von mir gedacht." Das nennt Leibniz
sehr richtig die beiden „primitiven T a t s a c h e n wahrheiten",
auf die alle Erkenntnisse zurückzuführen seien [1]). Der Kritizismus
müßte daraus schließen, daß beide Prinzipien als nur empirische
keine Wesenserkenntnis vermitteln. Zwar sieht Kant phaenomenologisch richtig, daß unsere Vorstellungen auf ein Subjekt
bezogen werden müssen — aber dies Ich ist nichts als ein logisches Denksubjekt, ohne Persönlichkeitsgehalt. Er will Kritizist nicht Phaenomenologe sein, wenn er auch selbstverständlich die empirische Wirklichkeit der Persönlichkeiten nicht
bestreitet. An sich würde auch das zweite Prinzip nicht über
den rein-subjektiven Phaenomenalismus hinausführen, über
den Solipsismus. Leibniz hat wohl am Rande mit solchen Gedanken gespielt, um die Selbständigkeit der Monade recht
deutlich zu machen, daß es außer Gott nur Ein Ich zu geben
brauchte. Aber kaum greift das ein Freund auf, so winkt Leibniz
ab: das sind Absurditäten, mit denen der Weise sich nicht
weiter beschäftigt. Für ihn ist es weitere Tatsache, daß unsere
mannichfaltigen Vorstellungen einer wirklichen und wesenhaften Umwelt entsprechen: „Denn unsere Seele drückt Gott und
das Universum und alle Wesenheiten so gut wie alle Existenzen
aus", heißt es in der „metaphysischen Abhandlung." Das ist,

---

[1]) Bemerkungen zu den Kartesischen Prinzipien. I, Art. 7.

an der Schwelle der metaphysischen Hypothese die Tatsachen-
wahrheit, die aller unserer Erfahrung zu Grunde liegt, — das
Wissen, daß unseren Wahrnehmungen eine Außenwelt entspricht
— diese Tatsachenwahrheit kann dennoch „apriori" genannt
werden. In diesem Punkte schneiden sich die Reihen der Ver-
nunft- und der Tatsachenwahrheiten.

Das erhellt die dem Erkenntniskritiker unzugängliche Platonische Lehre des Menon, auf der Leibniz aufbaut: nicht nur die
reinen (apriori) Vernunftgesetze, nicht nur die angeborenen
Anlagen der sinnlichen Erfahrung, sondern das persönliche
Schicksal, das Weltgeschehen überhaupt sind apriori in der
Monade angelegt. In den Begegnungen, Erfahrungen wird in
ihnen erweckt, was apriori angelegt ist. Das ist richtige Beschreibung der Wirklichkeit. Die Monaden sind nicht einsam:
sie tragen ja alle, wenn auch perspektivisch verschieden, das
Bild des gleichen Universums in sich: Sympnoia panta. Je vollkommener die Umwelt in ihr Bewußtsein tritt, um so reicher
wird die Monade, immer mehr wesensähnliche Monaden erkennt
das Ich in der Umwelt — das ist die Identität, an der Schelling
und Goethe ihre höchste Freude haben: denn was Innen, das
ist Außen. Je reicher sich auf diesem Wege die Ich-Monade
entfaltet, um so tiefer kann das Gemeinsame werden: Kant
erfährt die andere Seite: je strenger er die Seele auf das logische
Denksubjekt beschränkt, um so mechanischer wird die Welt.

Es ist der Nerv abendländischer Philosophie: in Geist und
Seele finden wir den Zugang zum schöpferischen Urgrund, zu
Gott. Auf dem Seelengrunde schauen wir das Wesen der Welt
— seit Heraklit. Daß wir in dieser Selbstbesinnung der Monaden
auch der Urprinzipien, die Platon unter die Ideen zählt, bewußt
werden, sagt Leibniz oft mit etwas wechselnden Ausdrücken,
zuletzt in der Monadologie § 30: „Indem wir solchermaßen an
uns selbst denken, erfassen wir damit zugleich den Gedanken
des Seins, der Substanz, des Einfachen oder Zusammengesetzten,
des Unkörperlichen, ja Gottes selbst, indem wir uns vorstellen,
daß in ihm unendlich ist, was in uns eingeschränkt ist." Aus
dieser Wesenschau leitet er sowohl das kostbare Gut der rein-
rationalen Notwendigkeitsgesetze als Mittel der Erkenntnis
wie das Bewußtsein der unmittelbaren Wesenserkenntnis ab.
Zur Entscheidung, ob es Wesenserkenntnis gebe, ist die soge-

nannte Erkenntnistheorie berufen, als deren Führer Kant gilt.
Aber es ist ein schlechter Wortgebrauch, ihn den Erkenntnis-
theoretiker zu nennen, denn er hat hierin die schöne Tradition
bewahrt, Theorie als Schau zu verstehen, als Erkenntnis des
von ihm mechanisch verstandenen sichtbaren Geschehens. Und
allein die theoretische Vernunft, nicht die praktische, der moralische Wille verleiht Erkenntnis. Erkenntnistheorie wäre Schau
der Schau oder Erkenntnis der Erkenntnis. So könnte man die
Phaenomenologie des Erkennens allenfalls nennen,die von Leibniz gegen die bloße von Locke gegründete psychologische Analyse des Bewußtseins aufgebaute Erkenntniskritik. Aber Kant
findet darin keine echte, keine Wesenserkenntnis, und er entnimmt aus ihr nur einen negativen Gedanken: er steigert die
Kritik zum Kritizismus. Er nimmt zur bedenklichsten aller
metaphysischen Hypothesen seine Zuflucht, um die unmittelbare Erkenntnis des Du zu leugnen. ,,Nun kann ich von einem
denkenden Wesen durch keine äußere Erfahrung, sondern bloß
durch das Selbstbewußtsein die mindeste Vorstellung haben.
Also sind dergleichen Gegenstände nichts weiter als die Übertragung dieses meines Bewußtseins auf andere Dinge, welche
nur dadurch als denkende Wesen vorgestellt werden." (405).
Der Denker rettet sich aus dem Solipsismus durch einen Analogieschluß: denke ich, so werden die mir ähnlichen körperlichen
Gegenstände vermutlich auch denken. Das Gespräch von Monade
zu Monade ist für ihn kein unmittelbares Erlebnis. Er lernt aus
Gesprächen mit geistreichen Erwachsenen und aus Büchern.
Sah er nie einem Kinde ins Auge? Soll dies sein logisches Denk-
subjekt bemerken und dies durch Analogieschluß auf die Mutter
übertragen? Zu diesem sinnwidrigen Analogieschluß wird gezwungen, wer nach mechanistischem Vorbilde die Erkenntnis
allein aufbauen will aus einzelnen sinnlichen Empfindungen,
aus Associationen. Darum fristet er sein Dasein fort, obwohl
Max Scheler auch aus phaenomenologischer Einsicht ihn gründ-
lichtst widerlegte. Ich und Du sind aus reinen Sinnesempfindungen so wenig zu deduzieren wie aus reiner Ratio. Sie sind im
ursprünglichen Erlebnis enthalten: Monadenerkenntnis ist Wesenerkenntnis — oder alle Erkenntnis ist Wahn.

Dagegen kann man in Leibniz' Metaphysik, wie im Menon
echte Erkenntnistheorie finden: eine Begründung der mensch-

lichen Wesenserkenntnis. Kant glaubt solche Metaphysik als
willkürliche Spekulation, als Gedankendichtung zu erweisen,
aber niemals hat sich Leibniz zu so kühnen Spekulationen ver-
stiegen, daß man aus toter Materie den Kosmos aufbauen, aus
toten Atomen Leben, Gefühl, Bewußtsein erklären könne, was
selbst heute manche ,,Positivisten'' glauben. Leibniz gründet
seine Metaphysik aufs Beste — auf die in den Erscheinungen
erkannten Monaden, Substanzen. Dann darf er sie zum Kosmos
zusammenfassen, wie das Ich den unendlichen Fluß der Vorstellungen. Das Mittel dieser gestaltenden Zusammenfassung
ist für die Phaenomene, die als körperliche Dinge nur unselb-
ständige Gegenstände, Teile und Anhäufungen von vollständigen
Gegenständen, Substanzen sind, die Ratio. Aber die Wesenserkenntnis, die die lebendigen Monaden als solche zusammenfaßt, kann nur in metaphysischer Schau gegeben sein. Kant
lehnt diese Schau ab, weil sie nicht apriori beweisbar ist. Um
nicht ins Leere zu fallen, rettet er dennoch manches von ihr
als ,,moralische Postulate.'' In der konstitutiven Erkenntnis
weiß Kant nichts von einem schöpferischen Geist. Zwar ist echte
Erkenntnis zuletzt an Anschauung gebunden, aber nur an die
sinnliche oder mechanische Anschauung: Newtons mathematische Physik ist Norm aller Erkenntnis.

Diese Sicht führt auf ein Urproblem aller Weltdeutungen: das
Prinzip der primären und sekundären Qualitäten. Seit Demokrit
wurzeln die mechanistischen, materialistischen, positivistischen
Deutungen darin, daß sie nur die räumlichen, jedenfalls die mathe-
matisch-quantitativ faßbaren Eigenschaften als die weltauf-·
bauenden, welterklärenden anerkennen, während die nicht räum-
lich meßbaren ,,Qualitäten'', die Sinnesqualitäten und Gefühle
im engern Sinne bloß als sekundäre Qualitäten, nur vorläufig
geduldet werden. Leibniz erkannte die Begrenztheit der mechanistischen Betrachtung und nannte ihren Gegenstand Erscheinung.
Dann aber wird das Problem der Probleme sichtbar: sind denn
die Sinnesqualitäten und vor allen die unsichtbaren, gar nicht
auf einen äußeren Gegenstand bezogenen unmittelbaren Gefühle
von dieser Einschränkung betroffen? Ist nicht das Rot der Rose,
die Freude des glühenden Herzens dem wirklichen Wesen näher,
unmittelbarste Erscheinung des Wesens, für unsern Menschengeist das Wesen selbst? Sehen wir hier nicht ins Innerste der

Dinge, die der Physiker nur von außen betrachtet? Das verneint
Kant unbedingt. ,,Was die Dinge an sich sein mögen, weiß ich
nicht und brauche es auch nicht zu wissen, weil mir doch niemals
ein Ding anders als in der Erscheinung vorkommen kann." (333).
Sein kritizistischer Thron wankt, wenn ein Ich ein Du im Innern
erkennt. Er wird gereizt, grob, er nennt solche Überzeugung
Hirngespinnst, leere Grille. Er konstruiert: Freude ist kein unmittelbares Geschehen. Wie das Auge durch physikalische Vorgänge so affiziert wird, daß die Vorstellung eines äußern Körpers
entsteht, so muß auch irgendwo Etwas geschehen, was meine
Seele affiziert, so daß in ihr die Vorstellung Freude entsteht. Wenn
das Ich aber bloßes logisches Subjekt ist, so ist Freude ein philosophisch völlig gleichgültiges empirisches, aber nur subjektives
Phaenomen. — In Wahrheit sind Freude und Leid Urphaenomene,
unmittelbare Erscheinungen des Wesens. Das widerlegt keine
phaenomenologische Forschung. Wer den am Herrn hochsprin-
genden Hund, wer das hüpfende ,,ich freue mich" rufende Kind
beobachtet, erkennt Freude in andern und in sich. Sie ist durchaus
empirisch, man muß sie erlebt haben, aber sie ist wesenhaft, ist
Zustand der Substanz, der Monade. Daß sie raumzeitlich abläuft,
entreißt ihr nicht das Wesens-Dasein. (Husserls Behauptung,
Freude müsse intentional auf einen Gegenstand gerichtet sein,
ist unbewiesen. Kants Voraussetzung, Erfahrung sei nur in kausaler Zusammenordnung gegeben, gilt nicht für unmittelbare
Gefühle. Wenn ich mich im Traume freue, so ist doch die Freude
wirklich, wesenhaft und kann ins Wachen dauern, wenn die
Illusion verflogen ist.) Platon und Leibniz beweisen die Wesenhaftigkeit der Freude nicht phaenomenologisch — aber sie setzen
sie voraus. Glückseligkeit ist der Sinn des Daseins, das Ziel der
Weisheit. Die Gottheit zu ,,genießen" ist auch für Augustin und
Dante das Höchste. Für Leibniz gilt als Wesen, als Substanz die
Tätigkeit der Monade: diese Aktivität erscheint in der Seele
unmittelbar als Lust, während der bloß passive Zustand als
Unlust erscheint. Die Wesenhaftigkeit der Freude zu bestreiten,
ist ein kühner, aber auch sehr destruktiver Gedanke.

Das führt in die Ethik. Versuchen wir zuvor den Gedanken von
Wesen und Erscheinung an Kants Erkenntniskritik zu klären.
Wie Leibniz sagte, hatte schon Platon im Menon die wahre ko-
pernikanische Wendung vollzogen (wie er sie später in der Astro-

nomie anbahnte): Potentiell ist in den Monaden das Weltgeschehen angelegt. In ihnen stellt sich, wenn sie im zeitlichen Laufe
erweckt werden, trotz aller Beschränkung im Einzelnen, etwas
vom Wesen der Welt dar, zusammen sind sie das Wesen der Welt.
Auch Kant vollzieht diese Wendung, aber nicht um die substantielle Seele, sondern bloß um das logische Denk-Subjekt. — Für
die Mechanisten gelten die Sinnesqualitäten als bloß subjektiv, individuell, also aus dem objektiven Weltbild Auszuschaltendes. In
Wirklichkeit aber kann sich schwerlich jemand der Überzeugung
entziehen, daß auch die reine phaenomenale Farbqualität nicht
individuell, sondern für alle normalen Augen gleich ist. Die
seelische Empfänglichkeit gehört zwar zum Farbphaenomen so
notwendig wie die objektiven Strahlen, ja, die Farbqualität ist
apriori im empfindenden Objekt gegeben — aber ist sie darum bloß
individuell-zufällig? Hier ist Kants nachlässige Terminologie
verwirrend. Subjektiv kann einmal heißen das Subjektiv-Indivi-
duelle, das aus objektiver Wissenschaft ausgeschaltet werden
muß, da es immer nur für das Einzel-Ich gilt, ,,privat" bleibt, in
der Gemeinschaft Anarchie und Chaos stiftet. Demgegenüber
gibt es das Subjektive als die innere Seite des Weltgeschehens
überhaupt. Schaltet die exakte Wissenschaft auch dies aus, so
bleibt, wie Leibniz und Kant erkennen, nur das mechanistische
Gerüst der Natur, das Teil-Phaenomen. Diese so verkrüppelte
Natur als bloßes Phaenomen innerhalb des subjektiven Erkennt-
nisvorganges, in der Innenseite des Weltgeschehens anzusehen,
war der große ,,idealistische" Gedanke von Leibniz und Kant.
Kant und Fichte glaubten das Ur-Ich zu gewinnen, indem sie
aus dem individuellen Ich alles Subjektive, alles nicht Rein-
Rationale austilgten. Das rationale Ich wurde zum Absoluten
überhaupt, zur schaffenden Weltkraft. (Wie leicht war es für
die Romantiker, ihr phantasierendes individuelles Ich dem Welt-
ich gleichzusetzen — von Fichte, aber auch von Kant aus. Diesem
Mißbrauch gegenüber schien es heilsam, sich ganz auf Kants
Erscheinungswelt und damit auf die mechanische Natur zu beschränken, da Kant vom Ich nur Logik und Mathematik gelten
ließ.) Doch sah Goethe, metakritisch: vom Subjekt kann man
nicht zum Objekt, vom Objekt nicht zum Subjekt kommen. Aber
in der Monade ist die Identität: das lebendige Ich wird zum Gegenstand in der Umwelt, und der äußere ,,Gegenstand", der wich-

tigste in der Umwelt, der leibliche Mensch, ist ihm zugleich als anderes Ich gegeben. Monade ist Wesen ohne Subjekt-Objekt-Spaltung. Aber auch die sinnlichen Qualitäten fallen nicht unter diese Spaltung, nicht unter die mechanistischen Gesetze: sie sind Urphänomene, das heißt unmittelbarer Ausdruck des Welt-Wesens.

Die Lehre von den bloß sekundären Qualitäten würde nicht von Demokrit bis heute gelten, wenn sie nicht der klassischen, exakten Methode gemäß wäre. Leibniz wird auf sie gestoßen durch Locke [1]). Dieser meint, daß die sekundären Qualitäten und der Schmerz verbunden sind mit ganz unähnlichen primären Qualitäten, den atomaren Bewegungen in der Materie oder dem Eindringen einer Nadel ins Fleisch. Leibniz, der die Konsequenzen der mechanischen Physik genau so respektiert wie Kant, billigt diese Unterscheidung. Er nennt die mechanischen, mathematisch erklärbaren Eigenschaften nach allgemeinem Sprachgebrauch intelligible Ideen, die sinnlichen Qualitäten aber verworrene. Dennoch verwirft er die völlige Zufälligkeit der Verknüpfung. Weder die mechanische, noch die psychologische Wissenschaft kann das Problem lösen: Die Lösung ist metaphysisch, wenn auch hypothetisch. ,,Man darf sich nicht einbilden, daß Ideen, wie die der Farbe oder des Schmerzes, willkürlich und ohne Beziehung oder natürliche Verbindung mit ihren Ursachen sind; mit so wenig Ordnung und Vernunft zu handeln, ist nicht Gottes Gewohnheit. Ich möchte vielmehr sagen, daß auch hier eine Art von Ähnlichkeit statt hat, zwar nicht eine vollständige und sozusagen in terminis, aber eine ausdrückliche oder im Ordnungsverhältnis: in dem Sinne, in welchem eine Ellipse, ja auch eine Parabel oder eine Hyperbel in gewisser Beziehung dem Kreise ähnlich sind, dessen ebene Projektionen sie sind ....'' Diese Beziehungen haben die Cartesianer übersehen, und Leibniz findet, daß Locke sich zu sehr an diese gehalten habe.

Diese Auffassung entspricht der abendländischen Weltschau von Heraklit bis zum Vorspiel des Faust, die in Keplers Harmonia mundi, aus dem Timaios gespeist, ihre höchste mathematische Ausprägung fand. Goethe faßt sie in den Versen zusammen:

---

[1]) Vgl. Nouveaux essais II, VIII und IV, VI, § 7.

„Wär nicht das Auge sonnenhaft,
Wie könnt die Sonne es erblicken,
Läg nicht in uns des Gottes eigne Kraft,
Wie könnt uns Göttliches entzücken.''

So glaubt Kepler, daß die Sonne das Auge aus der lebendigen
Substanz hervorlockt — und bessere Erklärungen gibt es auch
heute nicht. Aber wie gesagt, in der Diskussion mit Naturforschern bleibt das eine metaphysische Hypothese, die Leibniz im
Gespräch mit Mechanisten und Psychologen möglichst bei Seite
läßt. So war es möglich, daß seine Lehre von Wolff und Kant
logisiert wurde. Vielleicht ist der schönste Gedanke des Phaeno-
menologen Kant die Darstellung der Platonischen Einsicht, daß
unser Geist die reine Anschauung von Ausdehnung, Gestalt, Raum,
Zeit besitzt. Das ist die glückliche exakte Weiterführung des
Leibnizschen Ansatzes. Aber Kants unglücklichster Gedanke
war der kritizistische, auch diese Anschauung apriori als bloße
Sinnlichkeit vom Denken unbedingt abzuspalten. Das ist der
große Unfall der europäischen Geistesgeschichte. Kant leugnet
ex definitione die von den meisten großen Denkern als höchste
gepriesene anschauende Erkenntnis, aber mit dieser anscheinend
nur terminologischen Angelegenheit führt er zu einem wahrhaft
grotesken Mißverständnis. Daß Leibniz die gesamte Sinnenwelt
mit allen Lichtern, Farben, Tönen, Gestalten in diese Wesen-
Schau einbezieht, da die Monade nicht in bloßem Ichbewußtsein
sondern im Spiegeln des Universums besteht, ist eine Vorstellung,
die Kant nicht erst widerlegt, da er für sie, wie für den Menon,
kein Organ hat. Als Rationalist sagt er: da Leibniz das Wesen
erkennen will, so kann er nur abstrakte Verstandeserkenntnis,
den mundus intelligibilis meinen. Der Kritizist fährt fort: der
reine Verstand gibt überhaupt keine gegenständliche Erkenntnis,
denn diese ist nur durch Beziehung auf sinnliche Anschauung
gegeben. Man traut danach seinen Augen nicht, wenn man liest,
Leibniz habe die Quelle der Anschauung nicht gesehen und „die
sinnliche Erkenntnis intellektuiert'', in abstrakte Begriffe verwandelt. Seine eigne Tafel der Reflexionsbegriffe beweise, daß
„der berühmte Leibniz, durch die Amphibolie dieser Begriffe
hintergangen, ein i n t e l l e k t u e l l e s S y s t e m d e r
W e l t errichtet'' habe oder „vielmehr der Dinge innere Beschaffenheit zu erkennen glaubte, indem er alle Gegenstände

nur mit dem Verstande und den abgesonderten formalen Begriffen seines Denkens verglich." (Kr.d.r.V. B 326) Diese groteske Umkehrung beweist, daß Kant nur einen von Wolff logisierten Leibniz kannte. (Selbst vom Standpunkt der Logik her weist Huber nach, daß Leibniz' Logik sich umgekehrt aus weitester Sachkenntnis herleitet). Als Phaenomenologe sieht Kant die Zusammengehörigkeit von Begriff und Sinnlichkeit, als Kritizist trennt er sie dennoch. Wie dankbar nimmt Leibniz die psychologische Analyse von Locke auf und ergänzt sie durch den gestaltenden Geist. Dies Prinzip nimmt Kant auf, sieht aber nun in Locke und Leibniz zwei unbedingte Antithetiker. Leibniz habe die Erscheinungen intellektualisiert, wie Locke die Verstandesbegriffe sensifiziert habe. Jeder dieser großen Männer habe nur Eine Vorstellungsreihe anerkannt, die andere als Verwirrung oder bloße Ordnung angesehen. Leibniz sei also Verächter der sinnlichen Wahrnehmung wie der Anschauung apriori: ,,Gleichwohl wollte er diese Begriffe (Monaden) für Erscheinungen geltend machen, weil er der Sinnlichkeit keine eigene Art der Anschauung zugestand, sondern alle, selbst die empirische Vorstellung der Gegenstände im Verstande suchte und den Sinnen nichts als das verächtliche Geschäft ließ, die Vorstellungen der ersteren zu verwirren und zu verunstalten." (B 332, 327)

Wie ist eine so sinnwidrige, aber heute noch wirksame Mißdeutung des großen Weltbejahers möglich? — In der Tat bestehen Spannungen zwischen der exakten Forschung und der Wesenschau, die wohl niemals gelöst werden können, und Leibniz, der beiden dient, hat nicht immer den glücklichsten Ausdruck gefunden. Es gibt einige Gedanken, an denen Wolff und Kant mißverstehend angreifen konnten. Im Problem der sinnlichen Qualitäten spitzt sich dieser Gegensatz zu [1]). So konnte Kant den grundlegenden Begriff, aber nicht glücklichen Ausdruck der ,,verworrenen" ,,confusen Ideen" allenfalls als Verwirrung, Verunstaltung auffassen, wenn er den Text nicht las. In Wahrheit kann die verworrene Vorstellung durchaus klar sein. Hören wir einen Ton, sehen wir eine Farbe, so erkennen wir sie nicht distinkt, weil wir die Schwingungen nicht diskret wahrnehmen. Die

---

[1]) Eine solche Schwierigkeit liegt in der Theorie der spezifischen Sinnesqualitäten von Johannes Müller, die dieser Goethe-Schüler aber durchaus ,,vitalistisch" gemeint hat.

volle Wesenserkenntnis ist die diskrete Wahrnehmung der verschiedenen Monaden. Aber niemals sagt Leibniz, daß wir Ton und Farbe, die Phaenomene, die Qualitäten in Zahlen auflösen sollen. Diese mathematische Analyse würde auch nur zu Phaenomenen führen. Wenn Gott die Welt augenblicklich als Vision, in intuitiver Erkenntnis zusammenfaßt, sieht er dann das confuse Rot oder zählt er die Schwingungen? Leibniz knüpft mit den Ausdrücken an Descartes an, aber wandelt sie durch ihren Sinn etwas. Das reine Rot, der reine Ton sind nicht distinkt, weil die diskrete Analyse nicht durchgeführt, sie sind confus, die einzelnen Stöße fließen zusammen: aber sie sind „klar." Den Rationalisten gilt als selbst-verständlich, daß wir die Wahrheit durch rechnende Analyse allein finden. Leibniz hat das nicht behauptet. Gott ist die Weltharmonie, wir sollen sie hören, aber nicht in Zahlen auflösen. „Die Ordnung, die Verhältnisse, die Harmonien entzücken uns, die Malerei und die Musik sind ihreMusterstücke." [1] Auf die Idee der Einheit, in der die Vielheit harmoniert, kommt es an. Wir verstehen das Universum, wenn wir die Einfachheit der Monade als sein Abbild ansehen, und der Geist der Monade ist ein Abbild Gottes. Es gibt nichts Leibniz-Fremderes als Kants rationalistische Deutung.

Leibniz sieht wie die Mechanisten eine rationale, anschaulich gedachte, aber doch meist nicht sinnlich wahrgenommene Welt (anschaulich-intelligibel). Er deutet sie wie Kant als bloß phaenomenal, aber sie ist dennoch eine in der Wesenswelt bene fundata. Wir dürfen sagen, sie ist unter allen bloßen Phaenomenen das best fundierte. Ebenfalls Phaenomene, dennoch zugleich echte Wesen sind die Monaden, als sichtbare Lebewesen. Aber zwischen beiden steht eine dritte Welt, die der Qualitäten, der sinnlichen Phaenomene, deren Beziehung zu jenen anderen beiden Welten oft unbestimmt ist. Die Kritizisten, Mechanisten und Positivisten wissen wenig mit ihr anzufangen, sie scheint ja im Ganzen ein Chaos. Die mechanistische, die durch reine Vernunft, besonders Geometrie geordnete Welt der Körper ist im Grunde Eine, aber eine bloß phaenomenale. Aber es sind für Leibniz doch reale Phaenomene, unvollständige Wirklichkeit. Den kritizistischen Skeptizismus an dieser Welt hat Leibniz metakritisch

---

[1] Theodicee Anfang d. Vorrede. Das Beispiel der Musik ausführlich in „Von der Weisheit" S. 2 f. Das Gedicht an Sophie Charlotte u.a.m.

abgelehnt. „Die Skeptiker verderben, was sie Gutes behaupten, dadurch wieder, daß sie ihre Behauptung zuweit treiben und ihre Zweifel selbst auf die unmittelbaren Erfahrungen, ja sogar auf die geometrischen Wahrheiten erstrecken wollen." (Essais IV, II § 14) Echte und vollständige Erkenntnis ist also das Tatsachenwissen um die Monaden, die Substanzen.

Ein großer Vorzug der primären, rein räumlich-körperlichen Qualitäten ist: sie konstituieren exakt eine scheinbar in sich geschlossene Welt, eine großartige, technisch bewährte Wirklichkeit. Dennoch ist diese nur eine Phaenomenale Welt — nicht weil sie im Spiegel der Monaden besteht, das tun die Substanzen auch — sondern weil sie unvollständig ist, eine tote Welt, ohne Träger und Spiegler der Phaenomene. Sollten die sekundären Qualitäten, die sinnlichen, trotz weniger exakter Ordnungskraft doch eine nähere Beziehung entweder zu den beseelten Monaden oder zum ganzen Umfang des Universums haben? Unmittelbar wesenhaft belehrt uns das Tastgefühl über tote körperliche Existenz, aber nur an unserer Haut, der Grenze unserer Monade. In der Tonqualität aber, im Jauchzen des Menschen, im Schmerzensschrei des Tieres erleben wir unmittelbar an der fremden Monade das Urwesen, Freude und Schmerz. Das Licht zeichnet uns lebendige Gestalten oder tote Aggregate wie ein unendlich verlängertes Tastgefühl. Die Farben scheinen oft unabhängig von den Einzel-Gegenständen, aber sie sind Phaenomene, die Eigenschaften des Universums zu sein scheinen. Die Töne fügen sich zur Sprache, die nicht nur Wesensbeziehung zwischen den Monaden herstellt, sondern die Vorstellungen von Körpern und Monaden im Geist erweckt. Die Musik vermag unmittelbar das Wesen des Alls, die göttliche Harmonie auszudrücken. Dichtung, Sprache und Musik vereinend, gibt auf ihrem Gipfel am ehesten ein Abbild des göttlichen Schöpfers. Das ist nur eine etwas weitere Ausführung des bei Leibniz oft Gesagten. Daß Tastsinn und Gesicht das Gleiche erkennend folgerichtig die mechanische Welt aufbauen, beweist, daß durch die Sinnesqualitäten hindurch mehr wahrgenommen als bloße Phaenomene. Aber ohne Gehör würde schwerlich eine weitere lebendige Welt unmittelbar erfaßt. (Daher sind Taube oft unglücklich, Blinde oft heiter.)

Nun erst versteht man die Vermittlung, die Leibniz zwischen mechanistischer und psychologischer Forschung versucht. (IV,

23

VI, § 7) Theophilus wird etwas ungeduldig, daß alle seine metaphysischen Belehrungen an Philalethes wirkungslos abgleiten, der hartnäckig vom Mechanismus aus die sinnlose Zufälligkeit der sinnlichen Qualitäten behauptet. Er sagt apodiktischer: diese sinnlichen Qualitäten drücken die Bewegungen und Gestalten genau aus, wenn sie auch bei der Menge und Kleinheit der mechanischen Anstöße diese nicht einzeln auffassen können. Er erklärt das mit einem ziemlich zweckmäßigen mechanischen Bild. Wird ein Zahnrad schnell gedreht, so verschmelzen für unser Auge die Zähne zu einer durchsichtigen Scheibe, durch die wir etwas verdunkelt den Hintergrund erblicken. Heute setzen wir dafür besser den Kinematographen, der allerdings das von Leibniz Gemeinte etwas weiter ausführt. Im Apparat sehen wir zahllose Einzelbilder, die rein mechanisch niemals das sinnliche, bewegte Bild erklären. Der Mechanist sagt mit Recht: der mechanische Apparat mit Einzelbildern, die ich distinkt erkenne, ist Wirklichkeit. Das bewegte Bild ist damit verglichen Täuschung, Scheinbild, Illusion. Aber diese Zurückführung auf den Mechanismus ändert nichts am Phaenomen, dem bewegten Bild. Will man dies Bild haben, so darf man es eben nicht in die distinkten Einzelbilder zerlegen. Was hat wesenhafteren Wert? Der Mechanismus ist wirklicher, aber unselbständiger Gegenstand, nicht wahres Wesen. Auch die ,,verworrenen" Vorstellungen geben nicht sicher unmittelbare Wesensschau der Monadenwelt. Aber immerhin: wenn sie nicht distinkt sind, wie die mechanistische Erklärung, so geben sie doch wunderbarer Weise weit unmittelbarer die lebendige, ja seelische Anschauung der abphotographierten lebendigen Wirklichkeit. Erinnert man sich der Erkenntnislehre, der Beschreibung der höchsten intuitiven Erkenntnis, die alle distinkten Erkenntnisse in Einen Augenblick zusammenfaßt, so ist die sinnliche Qualität dafür ein einzelnes Beispiel. Das sausende Zahnrad erklärt den Begriff ,,konfus": es ist die ,,Konfusion", das Zusammenfließen vieler Vorstellungen in eine. Das aber ist ein Mittel für die höchste Erkenntnis, die intuitive Zusammenschau. ,,Ein Ausdruck, der darin besteht, daß aufeinanderfolgende Dinge zusammenfließen zu einer erscheinenden Gleichzeitigkeit". Farbe und Ton sind nicht gesetzlos-verworren, sondern unbewußte aber gesetzmäßige Synthese zur intuitiven Erkenntnis. Auch wo sie nicht zur Wesensschau der diskreten Monaden führen, können

sie einer höheren Erkenntnisart als der mechanistischen dienen.
Diese Stelle scheint für die Wissenschaftslehre nicht ausge-
schöpft zu sein. Von der groben Vorstellung zweier gleichlaufender
Uhren (psycho-physischer Parallelismus) und der unbedingten
Sonderung in erscheinungslosen Mundus intelligibilis und wesenlosen Mundus sensibilis im Kritizismus ist die feinere und fruchtbarere Erkenntnislehre Leibnizens gleichweit entfernt. Er sieht
also drei Reihen: das innere wesenhafte Seelenleben — die äußere
mechanische Körperwelt und zwischen beiden die unmittelbar
sinnliche Erscheinung, die rätselhaft an beiden teilhat. Wahre
Philosophie, Schau des existierenden Wesens ist die Zusammenschau der drei Reihen, der Monadenwelt.

In dieser Sicht ist auch Kants Idealismus, sofern er die Phae-
nomenalität aller Erfahrung behauptet, keimhaft enthalten.
Rot ist darum eine ewige Idee, nicht eine individuelle Zufälligkeit, weil es ebenso von allen normalen, genügend entwickelten
Augen auch gesehen zu werden scheint. Aber es ist nun die große
Mißdeutung, Leibniz habe auch den Kritizismus im Grunde
überall gemeint und nur nicht ganz klar ausdrücken können.
Es ist Leibniz leicht, auch einmal an diese Grenze des Denkvermögens zu gehen — aber niemals treibt ihn die Unbedingtheit,
sie zu überschreiten oder auch nur an der Grenze, in der Antino-
mienlehre, das metaphysische Zentrum suchen zu wollen. Er
gibt das Maß, weil sein eigenes Wesen fest in der Mitte steht.
Aber Phaenomen, für den empirischen Denker wie Newton
Wirklichkeit schlechthin, ist auch für Leibniz keineswegs Gegensatz zum Wesen schlechthin. Alle Vorstellungen sind Phaenomene.
Aber es gibt Phaenomene, Urphaenomene, wie Goethe sagt,
die das Wesen unmittelbar ausdrücken, und es gibt andere,
die durch unsere mathematische Betrachtungsweise eingeengt,
nur einen Teil des Wesens erfassen. Daß die sinnlichen Wahrnehmungen trügen können, wußten auch die alten Philosophen.
Aber es ist ein seit Kant kaum ausrottbares Mißverständnis,
daß Platon eine Wesenswelt der Ideen gesondert habe von einer
minderwertigen Erscheinungswelt. Nur Eine Idee, die des Guten
als der schöpferischen Gotteskraft selber steht über der Erscheinungswelt. Vergänglich, minderen Wertes sind die bloßen Wahrnehmungen des Vergänglichen. Aber die Sinnesqualitäten selbst,
im Phaidon das Weiße, das Warme, sind ewige Ideen. Und nächst

dem Schöpfer ist die zweithöchste selige Gottheit das sichtbare, sinnliche Weltall. Es ist zum Schluß enthusiastisch ausgesprochen, nicht die Verallgemeinerung, nicht das Gesetz oder die Harmonie, sondern das konkrete, das kontingente Dasein: Dieser sichtbare Himmel, der schönste und vollkommenste, der einzige (monogenes on). Das ist auch Leibniz' Weltsicht.

Er deduziert nicht, sondern geht aus von der Sachkenntnis der Einzelgebiete, deren Methoden er neu begründet. Er weist Wege der Forschung anstatt doktrinär abzuschließen. Damit hängt es zusammen, daß manches Problematische und Widersprechende in seinem System stehen bleibt und überall Ergänzungen nötig sind. Schwierig ist besonders § 79 der „Monadologie." „Die Seelen handeln gemäß den Gesetzen der Zweckursachen durch Strebungen, Zwecke, Mittel. Die Körper handeln gemäß den Gesetzen der wirkenden Ursachen oder der Bewegungen. Und beide Reiche, das der wirkenden und das der Zweckursachen, sind untereinander harmonisch." „§ 81. Dies System macht, daß die Körper handeln, als ob es... keine Seelen gäbe, die Seelen handeln, als ob es keine Körper gäbe, und beide handeln, als ob sie sich gegenseitig beeinflußten." Das klingt nach Spinozas Parallelismus, der nur in der Analyse der Erscheinungswelt allenfalls gelten kann. Er wird überbaut durch die Wechselwirkung zwischen beiden Parallelen, die doch der grundsätzlichen Erkenntnis unbedingt widerspricht. Die Wechselwirkung wird nur vorgetäuscht durch die Harmonisierung beim Erschaffen der Welt. Kann aber eine Harmonie gestiftet werden zwischen den bloßen Phaenomenen, den Körpern, und den wirklichen Substanzen? — Offenbar kann Seele hier nicht identisch mit Monade sein. Die Monaden liegen auf höherer metaphysischer Ebene als der Parallelismus von Seele und Körper. Aber dieser Unterschied ist hier nicht ausgesprochen. (In den „Principes..." ist diese Unstimmigkeit nicht. Hat Leibniz in der Monadologie Rücksicht genommen auf die exakten Mechanisten?) Jedenfalls ist an diesen Stellen die Unterscheidung der metaphysischen Wesenserkenntnis von der Erscheinungswelt mit den zwei Reihen des Seelischen und des Körperlichen verwischt. Ich habe, ohne damals an Leibniz zu denken, ein Schema, das diese bei Leibniz nicht widerspruchsfreie Formulierung und damit den Vergleich mit Kants und anderen Systemen klärt, 1911 gefunden und 1920 veröffentlicht [1]). Es soll keine metaphysische Lösung des Welträtsels sein, wohl aber ein Denkschema zur Ausschaltung der dauernden Mißverständnisse. Es bewährt sich darin, daß es jene zeitbedingten Unstimmigkeiten in Leibniz System ausgleicht.

Der mathematische Körper ist dreidimensional, der physiche vierdimensional — denn er existiert erst dadurch, daß er auch in der Zeitdimension dauert. Das Schema aller mechanischen Vorgänge ist vierdimensional. Die Quelle der meisten Irrtümer in allen Schlagworten ist die Trennung der Dimensionen. Es existiert nichts in der uns bekannten Welt, was nicht (mindestens) vierdimensional ist. Kant begeht den typischen Fehler, Raum und Zeit auseinander zu reißen. Er nennt die äußere Körperwelt dreidimensional. Aber die dreidimensionale Körperwelt ist bloß gedachtes mathematisches Gebilde, es gibt nur die vierdimensionale physische Welt und keine davon abgesonderte Zeit. Betrachtet das Ich sich selbst, so sieht es sich als zeiträumlichen Gegenstand in der zeiträumlichen Umwelt. Auch Gefühle und sinnliche Qualitäten, bei denen man begrifflich vom Raum abstrahiert, erlebt man zeiträumlich, nicht in reiner Zeit. Die Farbe ist nicht ohne räumliche Ausdehnung vorstellbar, die Musik wird als raumfüllend erlebt, die Angst fühlt man im Schlunde, den Schmerz in den Gliedern, den Kummer im Herzen. Wohl kann man vielleicht den von der Vorstellung losgelösten gegenwärtigen Augenblick der Freude, der Seligkeit erleben — aber dieser mystische Nu wäre von der Zeit gelöst wie vom Raume.

In der anschaulich-denkenden Beschränkung auf die niederen Dimensionen erkennen wir die ewigen Notwendigkeitsgesetze.

---

[1]) ,,Norm und Entartung des Menschen" ,,Norm und Verfall des Staates", beide Bücher Dresden 1920. Beide vereint in der IV. Auflage als ,,Norm Entartung Verfall" 1939 bei Kohlhammer. Die biologische Forschung und philosophische Besinnung wurzelte im Streben, die Spaltung in ,,Natur- und Geisteswissenschaft" zu überwinden. Die ,,Norm-Idee" war ein Protest gegen den Mechanismus der Medicin, das Schema der 5 Dimensionen ein Versuch gegen Kants Analytik eine ganzheitliche Schau durchzusetzen. Anregungen empfing ich (vor 1912) von Bergson, Husserl, Scheler. Leitbilder sind Platon und Goethe. — Daß dies Schema in der philosophischen Fachwissenschaft wenig berücksichtigt wurde, lag wohl daran, daß es ganz in eine biologische Forschung verwoben war. Von Nic. Hartmanns späterer Kategorial-Analyse ist es grundsätzlich dadurch unterschieden, daß dieses den Schnitt mitten durch den lebendigen Wesenskern, die Monade legt, während es mir um die Bewahrung des Menschenbildes, die Leib-Seele-Geist-Einheit geht.

In der höheren Dimension werden die Gesetze der unteren „aufgehoben", aber niemals vernichtet. In der zweidimensionalen Ebene gibt es in einem Punkte auf der Geraden nur Ein Lot, im dreidimensionalen Raum unendlich viele. Ein Punkt kann im dreidimensionalen Raum nur an Einer Stelle sein — ein Neutron im vierdimensionalen Zeit-Raum durch seine Bewegung an unendlich vielen. So gewährt jede höhere Dimension, verglichen mit der niederen Stufe, unendliche Freiheit — doch bleibt das Gesetz der Notwendigkeit, anders gefaßt, in dieser Freiheit erhalten. Diese vierdimensionale Welt ist das mechanische Geschehen. Aber das Lebendige, Seelische, Schöpferische ist aus dessen Gesetzen nicht zu erklären: es bewegt sich in einer fünfdimensionalen Welt. Die neue Freiheit ist uns bewußt im Erlebnis des freien Willens, der sich auswirkt im raum-zeitlichen Geschehen, ohne die Notwendigkeitsgesetze zu zerbrechen, aber in ihren Grenzen Neues erzeugend, gleichsam die neue Dimension, den neuen Raum schaffend. Wir sehen überall in der Welt das mechanistische Gesetz walten — soweit wir von allem Lebendigen und von seiner Freiheit absehen. In diesem Schema klärt sich am einfachsten die zweideutige, tendenziöse, listige Frage, ob die Gesetze der Ratio und Mathematik „herrschen." Wir erleben und erkennen, daß der Wille sich des mechanischen Geschehens bedient, ohne dessen Gesetze zu verletzen — aber auch ohne durch sie in seinem Wesen bestimmt zu sein. „Frei in den bedingten Bahnen."

Das mechanische Geschehen ist gleichsam das Knochengerüst des lebendigen Leibes. Gebunden an die Mechanik der starren Knochen und der begrenzten Gelenkbeweglichkeit kann der Tänzer frei tanzen und schöner als in ungebundener Gestaltungsfreiheit. Die Monade ist dies fünfdimensionale Wesen. Wenn das Leben erlischt, die Centralmonade nicht mehr den Leib beherrscht, so verfällt er den mechanistischen Gesetzen. Die Monade ist kein Wesen der abgelösten fünften Dimension, sondern ein vollständiges Wesen aller fünf Dimensionen. Ist sie vollkommen entschlafen, so ist sie für unsere Betrachtung nur vierdimensional, sie erscheint uns als totes Atom, in ihrer Häufung als toter Stoff, als passive, sekundäre Masse, als derivative Kraft. Dies Schema erhellt, wie Leibniz' Monadenbegriff die psychologisch begründeten, doch unfruchtbaren Gegensätze der andern Systeme überwand. Es gibt nicht eine eindimensionale Seelenwelt neben einer dreidimensionalen Körperwelt, keine geistige Substanz neben einer körperlichen, auch nicht ein Geschehen, das sich in zwei Attributen, einer ideellen und einer körperlichen Reihe, die parallel nebeneinander herlaufen, ausdrückt, so wenig der Mench aus einem lebendigen freibeweglichen Leibe ohne Gerippe und daneben einem toten mechanischen Gerüst besteht. Es gibt nicht zwei gleichlaufende Uhren, wie Leibniz sich ausdrückt, um Cartesianern und Mechanisten verständlich zu werden. Es gibt die eine leibhafte Wirklichkeit und in ihr enthalten, untrennbar, dem Sinn aber nur als notwendiges Werkzeug, den mechanischen Körper. Es ist das Amt des Physikers, von der fünften Dimension abzusehen, er sieht das Naturgeschehen richtig, soweit die lebendigen Kräfte in ihm nicht wirken, aber diese mechanistische Welt ist, verglichen mit der ganzheitlichen, fünfdimensionalen doch nur „abstrakte" Reduktion. Das gesamte unleidlich gewordene sogenannte „Leib-Seele-Problem" ist von Leibniz umgangen: die Seele-Körper-Einheit ist in der leiblichen Monade ursprünglich, braucht nicht erst geschaffen zu werden. Diese Monaden sind ausgesprüht von Gott, wesensgleich, nicht bloß nachträglich harmonisiert. Insoweit ist die Monadenlehre eine möglichst einfache Beschreibung unseres wirklichen leibhaften Lebens. Sie ist sehr viel unmittelbarer, undogmatischer als die mechanistische Hypothese, die doctrinär die fünfte Dimension aus dem Weltgeschehn ausschaltet, oder die kritizistische Hypothese, die die fünfte Dimension abstrakt neben die vierdimensionale Erscheinungswelt stellt.

Über diese unmittelbare Beschreibung hinaus enthält die Monadologie zwei Hypothesen, um die Geschlossenheit eines Systems zu wahren. Die eine, die Leibniz des Kirchendogmas wegen vorsichtig ausdrückt, ist die, daß es keine freien, unkörperlichen Intelligenzen (keine losgelöste fünfte Dimension) gibt. Es gibt nicht Körpersubstanz neben Seelensubstanz, aber die Monade enthält in sich auch das Körperliche. Nach dem Tode bewahrt die menschliche Monade einen unsichtbaren kleinen Leib. (Das ist der Anlaß, daß manche Gegner des panentheistischen Weltgefühles diese Lehre mit gedankenlosen Schlagworten als Pantheismus, Naturalismus, Materialismus kennzeich-

nen wollten.) Seitdem die neue Abstammungstheorie an Stelle
der Genetik Leibniz' und Goethes ihren engen Mechanismus
zu einem metaphysischen Monismus aufblies, ging die Einsicht
dafür verloren, daß Leibniz' Panvitalismus die große abendländische Weltschau im Kampf gegen den rationalen Mechanismus sei. Der neue Vitalismus, im Gegensatz zu Leibniz,
Schellings, Goethes Monismus ein ausgesprochener Dualismus,
versandet im ergebnislosen Streit zwischen Vitalismus und Mechanismus. — Unser Schema soll verdeutlichen, wie die Vorstellung der Monade das Bild des ganzen Menschen, der Leib-Seele-
Geist-Einheit bewahrt. Der Mensch als Ganzes — ein Tout,
wie Leibniz sagt — der in sich auch den mechanischen Körper
enthält, ist kein zufälliges Beispiel, sondern für menschliche
Erfahrung und göttliche Offenbarung die höchste Repräsentation des fünfdimensionalen All, ein Bild der Freiheit und Gebundenheit, das bis an die Grenze unseres Denkens reicht.

Philosophisches Denken quält sich in der ewigen Frage, ob
unser seelisches Geschehen einwirken könne auf körperliches
und dieses umgekehrt auf jenes. Kant kam im Grunde nicht
über Descartes hinaus: unser ganzes Leben unterliegt dem Gesetz der Mechanik, dennoch sollen wir — gegen alle Einsicht
des Verstandes — annehmen, daß der freie Willensentschluß
in dies Geschehen eingreifen kann. Der Wille durchbricht zwar
nicht das quantitative Stoff- und Kraftgesetz, dennoch kann er
die Richtung der Korpuskel beeinflussen. Vom Mechanismus
aus ist diese Hypothese die beste, einzig mögliche — aber sie
durchbricht ihn. Leibniz leugnet aber sogar diese Freiheit: der
Mensch, Gott selber greifen nicht ein in die mechanischen Be-
wegungsverläufe. Er wahrt die Strenge der exakten Forschung
noch enschiedener als selbst Descartes und Kant. Sollte er tatsächlich mechanistischer als sie denken? Über diese dauernde
Schwierigkeit soll unser Schema hinweghelfen. Der Übergang
vom mechanischen zum lebendig-schöpferischen Geschehen soll
durch das Analogon des Übergangs von den Flächengebilden
zu den Raumgebilden, von diesen zu physischen Körpern verständlich werden. So gleichen sich die Unstimmigkeiten in § 79
und 81 der Monadologie aus. Leibniz sieht in der Erscheinungswelt zwei Reihen: das vierdimensionale, das exakt mechanische
Geschehen. Daneben sieht er das reine Bewußtseinerlebnis der

Zwecke, der Seelen. Diese Seelen sind nicht fünfdimensional, sondern eindimensional in der fünften Dimension. Und so tauchen der ihm unmögliche Parallelismus und die ebenso unmögliche Wechselwirkung, und beide im Widerspruch miteinander, auf. Alles sind wichtige Prinzipien der Forschung, aber das Gefüge der Harmonie scheint aufgelöst.

Wie erlösend scheint da der kritizistische Phaenomenalismus von Kant und Schopenhauer: die Erscheinungswelt verläuft (wenn wir auch keinen Grashalm so erklären können) im Grunde mechanistisch. Aber sie hat nichts mit dem Wesen der Dinge zu tun, das wir im Grunde niemals verstehen oder gar erklären können. (Das vielleicht das Nichts ist?) Man versteht, daß dieser einfache Kunstgriff, vielfach mit der Mystik verwandt, bis heute in vielen Abwandlungen immer wieder die Denker verlockt. Aber er bedroht auch das beste Erbe des Abendlandes: Platon, Dante, Leibniz. Goethe hat um seinetwillen sich niemals ganz mit Schiller verständigen können und sich von Schopenhauer getrennt. Dieser Gedanke bedeutet ja eine Entwertung der leiblichen Schöpfung Gottes, er verneint ein irdisches Reich der Gnade, ist Weltflucht. [1]).

Leibniz bleibt den weltbejahenden Mächten im Christentum verwandt. Jene Unstimmigkeiten in der Monadologie sind nicht mit dem kritizistischen Phaenomenalismus, wohl aber mit unserm Schema zu erklären. Die Lösung bei Leibniz ist die metaphysische Wesenserkenntnis, die fünfdimensionale Monade. Der vierdimensionale Körper und die eindimensionale Seele entsprechen realen Phaenomenen der Welt, aber nur teilhaften, nicht das ganze Wesen umfassenden. Wesenserscheinung in metaphysischer Gültigkeit ist nur die ganzheitliche, fünfdimensionale Welt, die von der ganzheitlichen Monade gespiegelt und real repräsentiert wird. Phaenomen (bei Newton die schlichte Tatsache) steht also auch bei Leibniz nicht im Gegensatz zur wirklichen Wesenswelt, es ist nicht „bloß phänomenal", Er-

---

[1]) Es gibt beim weltbejahenden Platon (fast nur im Todes-Dialog Phaidon) weltflüchtige Züge, noch mehr in dem Evangelium: Sehnsucht nach einem reinen Geist, der alles Sinnliche, Gestaltige ausgeschieden hat. Ganz überwiegend bleibt dennoch die Verehrung der Leib-Seele-Geist-Einheit, die Auferstehung des Fleisches. Die völlige Ablösung der fünften Dimension als eines transzendenten mundus intelligibilis vom mundus sensibilis, die Abstraktheit, ist vor allem Merkmal des Kritizismus.

scheinung im Gegensatz zum wirklichen „Wesen", sondern in den Phaenomenen erscheint das Wesen, aber nur unselbständig, teilhaft. In der Monade ist ursprüngliche Kraft und „erste Materie" — erst ihre derivaten Kräfte die zweite Materie geben die ä u ß e r e Erscheinung. Ganz entscheidend, wenn auch noch nicht einfach klar, ist in dieser Grundfrage die Äußerung an Volder (20. VI. 03). „Ich unterscheide also erstens die u r - s p r ü n g l i c h e E n t e l e c h i e oder die S e e l e , zweitens die Materie — nämlich die e r s t e M a t e r i e oder die passive u r s p r ü n g l i c h e K r a f t , drittens die v o l l s t ä n d i g e M o n a d e , in der beide Momente vereint sind, viertens die Masse oder die zweite Materie d.h. die organische Maschine, zu welcher unzählige untergeordnete Monaden zusammenwirken, fünftens das Lebewesen oder die k ö r p e r l i c h e S u b - s t a n z , welche durch die in dem Mechanismus herrschende Monade ihre Einheit erhält." Damit ist die Schwierigkeit gelöst: in der Ersheinungswelt kann ich die seelische Reihe von der körperlichen unterscheiden (und dann Wechselwirkung annehmen), aber diese bewußten Seelen sind nicht die wesenhaften Monaden. Diese „Seelen" beschränken sich auf die fünfte Dimension, während die Monaden alle fünf Dimensionen in sich enthalten. Das Wort Seele und Entelechie bleibt also zweideutig.

In der Monade ist ursprüngliche Kraft und „erste Materie" — erst die derivaten Kräfte, die zweite Materie gehören den äußeren Erscheinungen an. Phaenomen ist nicht „bloße" Erscheinung im Gegensatz zum Wesen, sondern es ist eingeschränktes Wesen, nur vierdimensional. Zeit und Raum sind bloße Vernunftdinge, aber zeitliche und räumliche Ordnung sind dennoch r e a l e Bestimmungen der existierenden Dinge, sie sind nicht absolut, aber relativ real (an de Volder, 23, VI. 99). Zur Monade gehören Trieb, Wille, Vorstellungen als Akte. Aber der Inhalt, die Vorstellungen sind zugleich Phaenomene. Das wird in den letzten Briefen an Remond noch reifer geklärt. Bewegung und Stoß der Körper sind zwar Erscheinung, aber „wohl begründete Erscheinung, die sich niemals widerspricht, sie sind gleichsam exakte und beharrende Träume". Diese realen Phaenomene „Körper" sind nicht bloße Erscheinungsbilder, sondern deren Grundlage. (Entwurf nach Juli 14). Die Materie ist ein „Phaenomen, das sich aus den Monaden ergibt" (11.II.15).

Die Formel aber, die am besten den Leibniz und Kant gemeinsamen sogenannten Idealismus, besser Phaenomenalismus
zusammenfaßt, ist der Schluß der Briefe an de Volder. (19.I.06).
„Ja wir besitzen in den Erscheinungen kein anderes Merkmal der
Realität und dürfen auch kein anderes verlangen, als daß sie
sowohl untereinander, wie mit den ewigen Wahrheiten übereinstimmen." Neben der Realität der Monaden selbst (in Streben
und Vorstellung) gibt es eine zweite reale Wirklichkeit: die
Eigenschaften, die alle wachen Monaden sich in gleicher Weise
vorstellen müssen — also Phaenomen und Realität zugleich,
subjektiv aber nicht individuell. Der Raum als solcher ist nur
„ideell", die räumlichen Eigenschaften sind ideell und reell. Man
darf also auf die Entscheidung verzichten, ob das Objekt Rose
rot ist, oder ob das Rot bloß subjektiv ist. Wenn die Erfahrung
mich überzeugt, daß jede Monade, die durch ein hinreichendes
Sehorgan aufgeschlossen ist, die Rose als rot wahrnimmt, und
wenn kein rein rationales Gesetz widerspricht, so kann ich das
reine Phaenomen Rot als reale Eigenschaft in den Wesenskosmos
aufnehmen. So erleben es Leibniz und Goethe. Was hilft uns die
Bezweiflung? Jene Formel des Kriteriums der Realität, der
Wahrheit ist sehr gehaltreich. Unsere sinnliche Wahrnehmung
besteht immer nur den Augenblick — wir setzen unsere Erfahrung aus vielen erinnerten Vorstellungen zusammen. In ihnen
das Wahre vom bloß Geträumten zu unterscheiden, ist das
Kriterium der Ordnung untereinander, wie der Aufsatz „Über
die Methode, reale Phaenomene von imaginären zu unterscheiden" ausführt. Das weitere Kriterium, die Übereinstimmung
mit den ewigen Wahrheiten, ist nur negativ, ausschließend.
Betrachtet man den Vorstellungsact als solchen, so ist seine
Fünfdimensionalität nicht immer bewußt gegeben, aber sie gilt
in doppeltem Sinne. Er ist einmal psychisches Geschehen, das
uns nicht anders als verbunden mit dem Leibhaften bekannt
und uns oft als solches bewußt ist. Aber oft sind wir ganz dem
Gegenstand hingegeben und sind uns jenes Zusammenhanges
nicht bewußt. Dann aber ist auch dieser Gegenstand selbst
fünfdimensional, wenn er die lebendige Umwelt ist. Andererseits
kann der Inhalt unserer Vorstellungen im abstrakten Denken
sich auf die unteren Dimensionen (mathematische Gebilde)
beschränken, oder im innern psychischen Bewußtsein auf die

reine oder fast reine fünfte Dimension. (Gefühl, moralische Werte etc.).

Wesenserkenntnis wird nicht aus den „ewigen Wahrheitsgesetzen" apriori deduziert, sondern aus der Erfahrung der Existenz, indem wir Monade durch Welt, Welt durch Monaden deuten. Diese Gleichung ist nur durch ihre Fünfdimensionalität möglich. Die Phaenomene sind nicht wesensfremde Bestandteile, die wir — kritisch sichtend, metaphysisch vervollständigend — zur Ganzheit zusammenfügen. Erst so wird jene Antwort an Locke verständlich. Sie geht nicht aus von der Mitte, der metaphysischen Ganzheit, sondern von den zweckmäßig gesonderten Forschungsgebieten: von der mechanistisch gedeuteten vierdimensionalen Körperwelt des Physikers, dem Zahnrad, und von der unmittelbar bewußten Gegebenheit des (rational confusen) sinnlich oder geistig klaren Bildes, das phaenomenologisch-rein nur der fünften Dimension angehört. Beide Reihen laufen nicht parallel, sondern müssen, sich ergänzend, ineinandergreifen — beide sind in der Erkenntnis des Ganzen notwendig. Gründlichere Verleugnung der Leibnizschen Schau kann es nicht geben, als die Unterstellung: er habe das sinnliche Erlebnis als eine verächtliche Verfälschung der Verstandeserkenntnis abgetan: denn die sinnliche Qualität ist es, die aus der vierdimensionalen Welt in die fünfdimensionale führt über die Schwelle zur Wesenserkenntnis.

Die rein-körperliche Reihe widerspricht, wie oft gesagt, niemals, so wenig wie die seelische den Rahmen-Gesetzen der Notwendigkeit, aber beide sind ebensowenig aus ihnen zu erklären. Die Erscheinungswelt ist kontingent. Die seelische Reihe ist unmittelbar mit den wirklichen Substanzen verbunden und die körperliche Reihe, das Gerüst des wirklichen Geschehens ist bei der Schöpfung schon in deren Dienst gestellt. Die Welt ist nicht der Gleichtakt zweier Uhren, sondern die Sinfonie unendlicher Monaden. (Das vierdimensionale Geschehen ist nur ein Sektor des fünfdimensionalen). Leibniz braucht dafür gern das Bild, Gott habe die menschlichen Körper als seelenlose Automaten geschaffen, die aber dem Fühlen und Wollen unserer Seele aufs Genaueste zu Diensten stehen. Das klingt „barock", ist aber Bild für eine wirklichkeitsnahe Hypothese, die unübertroffen ist. Indem sich Muskelapparat und Skelett unmittelbar dem Willen des Tänzers fügen, ohne daß jemals ein Forscher klären kann, wie eine Vermittlung vom Gedanken (V. Dimension) auf die Körperbewegung (vierdimensional) einwirken kann, kann man kaum mehr sagen, als daß in solcher Erscheinung, im scheinbaren Parallelismus, das Wesen, die metaphysische Lebenskraft unmittelbar erscheinen kann. Selbst noch die besonderen mathematischen (etwa optischen) Gesetze erklärt Leibniz als kontingent ausgewählt vom Schöpfungsplan Gottes. ,,Die Gesetze der Bewegung, die auf den Perceptionen der einfachen Substanzen beruhen, haben ihren Ursprung in den Zweckursachen, die immateriell und in jeder Monade einbegriffen sind, wäre aber die Materie eine Substanz, so würden sie schlechthin aus Gründen von geometrischer Notwendigkeit abzuleiten und anders sein, als sie in der Tat sind." [1]. Platon und Leibniz durchdringen das mechanische Sein noch bis zum Rande mit Freiheit, Descartes und Kant das seelische Leben bis zum Rande mit Notwendigkeit. Also auch dies Bild des Automaten, überhaupt das der harmonisierenden Verknüpfung zweier gegebenen Reihen ist nicht unmittelbare ganzheitliche Schau und Ahnung des sympnoia panta, sondern dient nur der Verknüpfung unserer teilhaften Erfahrungen: der mechanischen Außenwelt, zu der auch unser Körper gehört, mit dem rein-seelischen Erleben. Kant ist nicht überzeugt, daß die Monaden wirkliche Substanzen seien. Für die abstrakte vierdimensionale Welt hat er Recht, daß es nicht zu beweisen, es gäbe nicht auch unbedingt gleiche Körper, etwa Wassertropfen. Aber Leibniz, der große Mathematiker, betrachtet die Welt fünfdimensional, biologisch. Und da ist es, wenn wir auch empirisch keine Unterschiede aufweisen könnten, doch phaenomenologisch überzeugend, daß zwei Mücken, zwei Infusorien apriori verschiedene Individuen, echte Substanzen sind [2]. Eine unbedingte adaequate Erkenntnis wäre also die distinkte der unendlich vielen diskreten Monaden. Aber das ist die Grenze unseres Denkens. Auf welche Weise käme in diese

---

[1] Entwurf an Remond. 26. VIII. 14. und 11. II. 15.

[2] Heute haben die Physiker die Grenze der vierdimensionalen Wissenschaft erkannt, auch die kleinsten Korpuskel haben einen gewissen Freiheitsgrad: das ist der erste Schritt zur Monade. Man nennt diese Freiheit akausal, weil sie der mechanistischen Kausalität, dem unbedingten Notwendigkeitsgesetz widerspricht. Die schöpferische Ursache der kontingenten Welt, die hypothetische Notwendigkeit, ist noch nicht in dies Gesichtsfeld getreten. Auffallender Weise sind es oft die Biologen, die an eine mechanistische Notwendigkeit glauben, die von den Physikern preisgegeben ist.

zählende, rationale Erkenntnis das Gesetz der Schau, der visio beatifica, der Harmonie?

Darum werden die Irrationalisten wie die Geistfeinde überhaupt in gleichem Sinne Leibniz und Kant angreifen. Will man die kernhafte Einheit in der fünfdimensionalen Schau bewahren, warum nicht grundsätzlich auf alle mathematische und begriffliche Distinktion, alle psychologische Analyse verzichten, die die sinnlich-intuitive Einheit des Geistes zersetzt? Zeigt doch Leibniz selbst, wie in der mechanistischen Zergliederung die sinnliche Qualität, die Gestalt verloren geht. Ist es nicht weit wesenhafter, den Sonnenuntergang unbefangen zu erleben, als ihn durch Kopernikanische Vorstellungen zu zersetzen? Wer dies behauptet, wird auch an der Naturphilosophie Platons, des Cusaners und Goethes, an der metaphysischen Weltgliederung Thomas und Dantes fremd vorübergehen. Gewiß besteht die Gefahr, daß intuitives Denken durch distinktes geschwächt wird — wo gibt es bloßen Gewinn ohne Preis — aber der große Weise und Schauende vereint die Stücke wieder zur geistigen Schau. Eine Sinfonie quillt aus einem distinkt nicht faßbaren Urerlebnis. Wenn aber der Tondichter es ausgestaltet hat, mit Bewußtsein von Harmonielehre und Kontrapunkt, ist es darum geringer? Und erlebt der Unkundige, der zum ersten Mal ein Orchester hört, wirklich stärker, anschaulicher, unmittelbarer als der Dirigent, der auswendig höchst distinkt alle Stimmen kennt und herauswinken kann? Oder als der Kenner, der die Partitur mitliest?

Wie im Genuß der Sinfonie selbst die aufeinanderfolgenden Töne doch nicht nur diskret bleiben können, zu Melodien, diese zu einem Ganzen auch in einem Augenblick als Gefühl, als Vorstellung, als Intuition zusammengefaßt werden, wenn sie in ihrer Distinktheit nicht in beziehungslose Empfindungen geteilt bleiben sollen, das Distinkte also „konfus" und gerade dadurch klar wird, wie die Luftschwingungen im Ton, so werden in der Erkenntnis der Welt die distinkten Erscheinungen zu gestalthaften Vorgängen, die distinkten Monaden zum Reich der Zwecke zusammengefaßt und zwischen beiden bleiben die nicht-distinkten Töne und Farben, die eine geheimnisvolle Beziehung zum Kosmos, zur Pythagoreischen Weltharmonie und daher eine magische Wirkung, ein „je ne sais quoi" haben. Diesen Gedanken spricht Leibniz an gefühlmäßig betonter Stelle, in den Principes de la nature et de la grâce, zwischen dem Gedanken des Gottesreiches und dem Schlußgedanken des höchsten Glückes, der seligen Vision aus: ,,Die Märtyrer und die Fanatiker — obwohl der letzteren Leidenschaft schlecht geleitet ist — zeigen, was die Freude des Geistes vermag: ja noch mehr — selbst die Sinnesfreuden führen sich zurück auf geistige, verworren erkannte Freuden. Die Musik bezaubert uns, obwohl ihre Schönheit nur in den Entsprechungen von Zahlen besteht und in der Zählung der Schläge und Schwingungen an den tönenden Körpern, die sich in bestimmten Intervallen begegnen, deren wir uns nicht bewußt werden und die die Seele doch unaufhörlich vollzieht. Die Freuden, welche die Schau in den Proportionen findet, sind gleicher Natur und auch die der übrigen Sinne werden auf eine ähnliche Ursache zurückgehen, wenn wir sie auch nicht so distinkt erklären können." Was erkenntniskritisch in den ,,Essais" vorbereitet ist, (Sinnesqualitäten), findet in diesem Zentralsatz seine metaphysische Erfüllung.

Ethik und Moral. Aus Leibniz' ,,Essais...." entnahm Kant die Anregungen zu seiner Phaenomenologie und Erkenntniskritik, aber vom unbedingten Kritizismus aus griff er Leibniz' Metaphysik an. Aber seine gewaltige Wirkung auf den deutschen Geist wäre niemals aus dem reinen Kritizismus hervorgegangen, er wäre Erkenntniskritiker und Theoretiker der reinen Naturwissenschaft und des Positivismus geworden, wenn er nicht auch echter Idealist gewesen wäre. Dies Feuer stammt aus seiner Sittenlehre, aber es bricht am hellsten durch schon in der Kr.d.r. V., zwischen Kritik und Phaenomenologie, in ,,Von den Ideen überhaupt." Mit hohem Pathos spricht er vom Staat des ,,erhabenen Plato" und mit ebenso hoher Verachtung von den reinen Empiristen die solche Normidee verwerfen. ,,Denn nichts kann Schädlicheres und eines Philosophen Unwürdigeres gefunden werden, als die pöbelhafte Berufung auf vorgeblich widerstreitende Erfahrung, die doch gar nicht existieren würde, wenn jene Anstalten zu rechter Zeit nach den Ideen getroffen würden und an deren Statt nicht rohe Begriffe eben darum, weil sie aus Erfahrung geschöpft worden, alle gute Absicht vereitelt hätten." An diesem Idealismus konnte sich Schillers Feuerseele zum zweiten Mal entzünden, als der Rausch des Liedes an die Freude, der aus dem Enthusiasmus von Leibniz stammte, verebbt war. Beides ist ja Platonischer Idealismus, aber er ist von Kant dem Kritisizmus nur sekundär angepaßt und hält nicht dauernd vor. Zwar kommt er in der Kr. d. Urteilskraft auf dem Gebiet der Aesthetik und der lebendigen Natur den Folgern von Leibniz in der Phaenomenologie entgegen, dann aber verhärtet er sich immer mehr im aufklärerischen Kritizismus, er entfernt sich immer weiter vom Idealismus Schillers.

Man könnte diesen sittlichen Idealismus Ideal-Idealismus, den echten Platonischen Idealrealismus nennen zum Unterschiede vom kritizistischen Idealismus, der richtiger Phaenomenalismus genannt wird. Kant selbst will nicht Idealist sein, sondern nennt sich treffend Kritizist. Er sieht die Welt nur als Phaenomen des Ich an, Raum und Zeit sind ,,bloß ideal". Auch dies stammt von Leibniz, wenn auch übersteigert — aber aus den ,,Essais...", der erkenntniskritischen Schrift, die Leibniz der Veröffentlichung nicht für wert hielt, nicht aus seiner idealrealistischen Metaphysik. Es ist bloß ,,ich-idealistisch." Wenn in Leibniz beide Idealismen im Keim gegeben sind, so wird sein Feuer nicht durch die Antithese erkältet, sondern in pythagoreischer Harmonie geschürt. Er studiert Platon unvergleichlich gründlicher, in zunehmender Verehrung, dankbar. Im Geiste Platons hätten sich die beiden versöhnen können, aber Kant wurde zunehmend kritischer auch gegen Platon. Wie aber konnte er trotz einer Moral, die sein größter Verehrer grämlich nannte, fast zum geistigen Führer seiner Zeit werden, und die eigentliche Verjüngungsbewegung hemmen, fast sprengen? Tatsächlich entartete die Leibnizsche Lehre mißdeutet in der rationalen, verwischt in der populären Aufklärung. Harmonie wurde zur schlaffen Rhetorik, Liebe und tendresse zur entnervenden Sentimentalität. Die asketische, soldatisch anmutende Strenge Kants war eine notwendige männlich-ordnende Kraft. Diese frische Luft wußte auch Goethe sehr zu schätzen. Die antithetische Entgegensetzung war eine neue Spannung, welche die forschenden Geister belebte. Die Steigerung der exakten Methode bis zum Mechanismus der Theoretischen Vernunft überzeugte von der Zuverlässigkeit der fortschrittlichen Forschung, von ihrer überragenden Beweiskraft. Und wenn sie sich selber begrenzte, dem Ideal der Freiheit wenigsten den leeren Wohnraum zur Verfügung stellte, so empfing diese Idee damit einen neuen Glanz exakter Bewährung in den

Augen der energischen Neu-Denker. Wenn schöpferische Freiheit in Hybris, Liebe in Sentimentalität entartete, wenn exakte Wissenschaft zum seelenlosen Mechanismus führte: dann schien die einzige Rettung, sich frei dem unbedingten Moralgesetz zu unterwerfen. Hier wurde ein Blick auf das Ewige verheißen, ohne den kein Aufflug ins höhere Leben möglich war.

Nicht Kritizismus, nicht Phaenomenologie, sondern erst Platonischer Enthusiasmus für unbedingte Werte öffnet das Tor des deutschen Idealismus. Ist aber Leibniz echter Idealist? Dazu ist eine terminologische Beobachtung nachzuholen. Der Ideal-Realismus beruht darauf, daß Idee auch Daseins-Ursache, nicht bloßes Erkenntnisprinzip ist. Leibniz nennt Platon den größten Idealisten, Demokrit den größten Materialisten. Dennoch entspricht seine Terminologie mehr dem Erkenntnis-Idealismus. Er geht in den „Essais . . . . " auf Lockes Sprachgebrauch ein, für den Ideen kaum mehr als Bewußtseinsatome und Vorstellungen sind, aber steigert die Ideen doch zu den ewigen Wahrheiten (auch Wesenheiten). Aber sie sind nicht Ursachen, schöpferische Kräfte — sie sind gleichsam tote Gegenstände der Erkenntnis, aber bleibende, ewige und zugleich die eingesehenen Möglichkeiten. Real heißt die Idee, wie auch bei Kant, wenn ihr Gegenstand möglich ist. Die Idee des Quadrates, die Idee einer ausgestorbenen Tierart ist real. Anfangs stand Platon selbst im Phaidon bei diesem phänomenologischen Ideenbegriff: die Rose ist rot, weil sie an der Idee Rot teil hat. Soweit bezieht sich die Idee auf die reine Essenz, nicht auf die Existenz. (Die reine Phaenomenologie, die Selbstbetrachtung der reinen Erkenntnisstruktur als der Seinsgrundlage, ist im Theaitet ausgeführt, den Leibniz besonders gründlich studiert hat). Aber dann steigt Platon zur metaphysischen Bedeutung der Idee. Er führt wie Leibniz und im Grunde auch Kant in den metaphysischen Mittelpunkt, indem er die Reihe der Essenz und die der Existenz soweit verlängert, daß sie sich schneiden: da ist der schöpferische Urgrund aller Dinge. Für diese höchste Idee ist die Sonne das Gleichnis, in deren Sicht wir die Dinge erkennen, deren Strahlen aber zugleich die Entstehung der lebendigen Wesen verursachen. (Politeia) Wie aber ist es dann möglich, daß Leibniz von dieser wahren Idee des Idealrealismus abweicht? — Er weicht nur terminologisch von ihr ab und zwar im gleichen Sinn, wie Platon später selbst, dann Goethe.

24

Denn im Timaios wird die Idee des Guten, die Schöpferkraft, nicht mehr Idee sondern Der Beste, Gott, Demiurg genannt. Der Demiurg sieht die ewigen Möglichkeiten, die ewigen Ideen vor sich, so die vier Geschlechter der lebendigen Arten, und auf Grund dieser Schau wählt er die schönste Möglichkeit zur Existenz. Sei es im mythischen Bilde, sei es unbedingt, stellt sich der Einheitsort von Essenz und Existenz als Persönlichkeit dar. Ebenso gelangt Goethe zur Überzeugung, es sei nicht wohlgetan, von vielen Ideen zu sprechen, eigentlich sei es nur eine: die schöpferische Gestaltungskraft. Der Unterschied ist terminologisch: Goethe nennt die Idee als schöpferischen Urgrund die Idee schlechthin, während der Platonische Timaios und Leibniz rechtmäßig den Namen Idee — angeschaute Form — für die Essenzen, die geschauten Möglichkeiten bewahren und dem Urgrund der Existenzen den Namen Gott verleihen. Goethes Wahl war im geschichtlichen Zusammenhange zweckmäßig: sie sprach vernehmlich die Rückkehr vom subjektiven Idealismus Kants und Fichtes, der unbedingten Ich-Philosophie, zum Idealrealismus, dem Platonischen Idealismus aus. Aber den umfassendsten Ausdruck hatte doch Leibniz gefunden: die Antithese von Subjekt und Objekt vermieden durch unsere Herkunft aus dem Quell aller Ideen, durch unsere Teilhabe am Schöpfersein Gottes. Man darf diesen echten Doppelbegriff der Idee nicht vergessen: Entweder ist die schöpferische Gottkraft Die Idee schlechthin oder es gibt viele ewige Ideen, die erst von Gott in die reale Existenz überführt werden. Beide Begriffe sind Ausdruck des Idealrealismus.

Leibnizens Ethik, die im Wesen begründete Denkart, ist Kant so fremd, daß sie außerhalb seines Blickfeldes bleibt. Nur in der Auffassung der Freiheit, in der die Moral gründet, glaubt er jene Metaphysik vernichten zu müssen. Wir sahen oben diesen Gegensatz, den Kant in der Kritik der pr. V., zugespitzt in jener repräsentativen Stelle vom Bratenwender, in die Mitte rückt (Schluß im „Ersten Buch"). Dies ist, grundlegend für Ethik wie für Metaphysik, vielleicht das klarste Beispiel, wie Kant sich seine fruchtbare und große phänomenologische Aufgabe verdirbt durch sein kritizistisches Dogma. In uns und anderen erleben wir die Freiheit der Entscheidung. Dies Grunderlebnis aller Freiheit nennt Kant einen „elenden Behelf", eine Täuschung, „jenes schwere Problem mit einer kleinen Wortklauberei aufgelöset zu haben, an deren

Auflösung Jahrtausende vergeblich gearbeitet haben." Dies Erlebnis gilt ihm nicht als wesenhaft: denn es sei nur psychologisch nicht transzendent, darum komparativ, nicht unbedingt. Man weiß hier nicht mehr: Kann der Kritizist Leibniz nicht mehr verstehen — oder verhärtet er im Kritizismus, um Leibnizens Metaphysik auszurotten? Er übersteigert die Grundthese, daß der Mensch, als empirisches Wesen, als Leibseele unbedingt dem Mechanismus unterliegt. Jetzt ist die erlebte Freiheit nicht mehr bloß komparativ, sie ist verächtlicher Sinnentrug. Die Vorstellung, daß die Monaden nicht nur passive, sondern auch schaffende Spiegel des All sind, ist ihm unvollziehbar. Ob der Mensch eine bloße Maschine oder ein geistiges Geschöpf, getrieben von Willen und Vorstellungen ist, macht für diesen Radikalismus keinen Unterschied. Noch sagt er vorsichtig-zweideutig: Wenn unsere Freiheit keine andere als die psychologische empirische wäre, so wäre sie kaum besser als die Freiheit eines Bratenwenders, der einmal aufgezogen von selbst seine Bewegungen verrichte. (Das hätte er gegen Newton sagen dürfen). Es könnte immer noch heißen, daß die erlebte Freiheit auch metaphysisch gedeutet werden müsse. Dann aber schlägt der unerbittliche Kritizismus durch: der unbedingte Mechanismus der Erfahrungswelt fordert eine unbedingte Freiheit in der transzendenten Welt. Nur diese reine Antithese kann zuerst dem exakten Forscher, dann dem rigorosen Moralisten genugtun. Er versucht dennoch, das Verhältnis von Ding an sich und empirischer Freiheit zu erklären: durch die transzendente Hypothese einer vorzeitlichen Wahl des eignen Charakters, ähnlich wie Platon (Staat, X). So kühne Hypothesen stellt Leibniz nie auf. Auch ist es Kant nicht wohl dabei. Nachdem er die Metaphysiker zermalmt hat, bekennt er kleinlaut, daß dies ganze Problem einer hellen Darstellung kaum empfänglich sei.

Gerade die Strenge der Mechanistik Kants erinnert an Leibniz, aber der Unterschied ist, wie immer zu betonen, gewaltig: allein die rein-körperliche Seite der Erscheinungswelt verläuft bei Leibniz nach mechanischem Gesetz, aber die freihandelnden Monaden, Substanzen sieht er als Erscheinung und als Wesen zugleich. Darum vermag er vom wesentlichen Ethos zu reden, Kant nur von formalistischer Moral. Dieser faßt die gesamte Erscheinungswelt vierdimensional und stellt ihr die Moral in

einer abgesonderten, der theoretischen Erkenntnis unzugängli-
chen Dimension gegenüber. Freiheit ist bloßes praktisches Postulat, sie ist Abhängigkeit vom abstrakten Sittengesetz, frei nur
negativ in der Unabhängigkeit von der vierdimensionalen Welt.
Die Schöpferische Kontingente Freiheit ist ihm fremd, und so
untersucht er das tatsächliche menschliche Handeln dennoch
nach der Analogie der mechanistischen Wissenschaft, streng
nach der Methode des Chemikers — wie er selbst sagt — der die
Stoffe scheidet. („Encheiresin naturae nennts die Chemie.")
Leibniz aber betrachtet die Welt fünfdimensional, ganzheitlich
und stiftet so eine ethische Betrachtung, obwohl er als Forscher
die Disziplinen nach den fünf Dimensionen am strengsten scheidet. Kant hat gemäß Platons Forderung im Staat (361 c d) und
analog der chemischen Analyse die vollkommene Lehre der reinen
(formalistischen) Moral gegeben, indem er alles Glücksverlangen,
alle Neigung, alle Liebe vom moralischen Menschen ausschied.
Damit ist in der Tat die Wurzel alles Bösen, die Selbstsucht ausgerottet. Kann diese Moral auch nur teilweise in der Erscheinungswelt verwirklich werden, wenn diese doch mechanistisch verläuft?
Hier bewährt sich die kritizistische Zwickmühle: Wir können
nicht einmal Freiheit in der Erscheinungswelt nachweisen —
trotzdem gilt sie in der praktischen Vernunft als Postulat, als
Norm des Handelns und Wertens. Das ist die Wurzel einer Art
von Jenseits-Idealismus (Schiller). Aber wie gewinnen wir aus
dem entleerten Ich, ohne Begegnung mit anderen Wesen, dafür
lebendigen Gehalt? Kant antwortet hoffnungslos: nur aus dem
Dienste an jenem Vernunft-Ich, aus der Autonomie, denn jeder
Dienst an einem anderen Wesen, jede Erfahrung widerspräche
der Reinheit der Vernunft, wäre Heteronomie. Der Mensch selbst
ist in jene furchtbare Zwickmühle geraten: in der Transzendenz
ist erst recht jede Begegnung unmöglich. Zurückverwiesen sind
wir auf das reine Ich. Die unerkennbare Transzendenz fordert
empirisch die unbedingte Ich-Immanenz. Die Ausrottung jeder
selbstischen Regung ist erkauft mit der Fesselung an das rein
egozentrisch-rationale Ich. Dem Gesetz eines Wesens höheren
Ranges aus Liebe zu dienen, diese Heteronomie, wäre Sünde
wider den Geist der Aufklärung, selbstverschuldete Unmündigkeit. Gibt es dann Erlösung von der furchtbaren Einsamkeit des
Ich, wenn es keine wesenhafte Begegnung gibt? Ist der Kritizis-

mus erfunden, um selbstquälerisch zu schweigen und damit zu
beweisen, daß es — abgesehen vom Weltverneinen oder vom
bedingungslosen Gehorsam — kein Seelenheil gäbe, wenn nicht
in Leibniz' Metaphysik: in der Begegnung mit göttlich-schöpferischen Kräften?

Wenn Kant den herrlichen Sternhimmel ehrfürchtig bewundert,
so schaut er doch in den ewigen Kreisbahnen nicht wie Platon
das Gleichnis ethischer Urgesetze, in dem sich unsere verworrene
Seele beruhigt und aufrichtet, sondern er sieht Newtons mechanisches Gesetz. Er fühlt sich als tierisches Geschöpf vor dieser
Grenzenlosigkeit vernichtet — aber wie er sich der Autonomie
seines Ich bewußt wird, die ihn von der ganzen Erfahrungswelt
unabhängig macht, fühlt er sein moralisches Subjekt ins Unendliche erhoben. Nicht die Weltschau, wohl aber Newtons mathematische Erklärung des Kosmos erweckt seine Hoffnung, Weisheits-
lehre und Moral, wenn auch nicht mit mathematischer Gesetzlichkeit, so doch nach Art der Chemie zu begründen. Kritizismus ist
die enge Pforte, welche das reine Achtungsgefühl vor dem abstrakten Sittengesetz ohne Schau, ohne weitere Empfindung
durchschreitet. ,,Dadurch, daß die praktische Vernunft sich in
eine Verstandeswelt hinein d e n k t, überschreitet sie gar nicht
ihre Grenzen, wohl aber, wenn sie sich h i n e i n s c h a u e n,
h i n e i n e m p f i n d e n wollte'' [1]). Solche abstrakte Moral
kann Verbote geben, aber nichts über den schöpferischen Sinn
des Lebens sagen. Nur die Ganzheits-Betrachtung begründet
echte Ethik. Eudaimonismus ist das Glück der Übereinstimmung unseres Wollens und Seins mit dem gefühlten göttlichen
Weltgesetz, und Kant ist der Erste, der diese ethische Norm
leugnet. Auch Leibniz sah die Schwierigkeit, daß jener die Selbstsucht nicht unbedingt ausschließt, aber er fand die Lösung im
Wesen der Liebe. Wenn man Glückseligkeit in Vervollkommnung
und Glück eines anderen erlebt, so ist sie vom Fluch der Selbstsucht erlöst: Eigene Glückseligkeit und die des andern stehen in
harmonischem Gleichgewicht. Lieben und Geliebtwerden ist
höchstes Glückerleben, ist Vorschmack ewiger Seligkeit. Wohl
sehen Platon und Leibniz darin noch nicht die metaphysische,
letzte Lösung: der persönlich erlebte Eros, das Ich-Du-Erlebnis

---

[1]) Grdl. z. M. d. Sitten. IV 317 in Cass. Ausgabe.

ist aber unmittelbar Zugang zum wesenhaften Welterlebnis, zur
Vollendung der Welt — Eros ist kosmische Gotteskraft. Wahrer
Eros ist unerklärbar aus individuellen Gefühlen, aus der Verbindung getrennter Monaden, wenn er nicht wurzelt — wie „Lysis",
„Symposion" und Monadenlehre besagen — im göttlich Guten
selbst. Dies Lebensgefühl fehlt Kant: Liebe und Glück sind bloße
empirische Gefühle, ohne Beziehung auf die Wesenswelt — sie
werden auf dem Altar des Kritizismus geopfert. Er leugnet schlechthin, ohne auf Platon und Leibniz einzugehen, daß man von Eudaimonie her zur Überwindung der Selbstsucht kommen könnte.
Er unterläßt die antike Unterscheidung von Hedonismus, der
im höchsten Lustgewinn das höchste Gut sieht, und Eudaimonismus, der es im Einklang des Gewissens mit unserem Handeln
erlebt, also die unbedingte Geltung der Gerechtigkeit, der Pflicht
in sich aufnimmt. Liebe Gott über alles und deinen Nächsten wie
dich selbst — das ist das Platonische und Alttestamentliche,
von Christus erneuerte, das weltbejahende Gesetz, das aber in der
Deutung des „Nächsten" weltweite Spannung beläßt: Caritas,
Agape, Eros, deren jede Form entarten kann, wenn sie nicht im
Einklang stehen. Leibniz gibt die umfassende Formel in der wie-
derholten Definition: Justitia est caritas sapientis. Welcher
Unterschied zu den Richtern, die Gerechtigkeit als Rache verstehen! Kant findet das Unbedingte, das Recht in der Pflicht des
reinen Ich, Leibniz geht von der Menschenliebe des Weisen, des
Schauenden aus, denn nur aus Schau und Liebe ist Gerechtigkeit
und Pflicht abzuleiten. Schon zwei Jahrzehnte vor der Theodicee
sagt er in der metaphysischen Abhandlung (35 und 36), Gott sei
der Monarch, der die größtmögliche Glückseligkeit in seinem Reich
verbreiten will. Um die Menschen glücklich zu machen, verlangt
er nichts von ihnen, als daß sie ihn lieben. Eine solche „anthropo-
morphe" Gottesdeutung verachtet Kant als philosophiefeindlich.
   Wenn Kant als Lehrer strenger, bescheidener Pflichterfüllung
damals notwendig war, hatte darum jene tendresse in Leibniz'
Metaphysik irgendwie Schuld an damaliger Erweichung? Schon
der Vergleich mit Platon, mit Dante widerlegt das. Niemand
würdigt jenes Verdienst von Kant gerechter als Goethe und
Schiller, aber die Sittenerweichung ist von Rousseau, nicht von
Leibniz herzuleiten. Kants Sittenlehre stammt eingestandener-
maßen aus dem Gefühl, daß das Leben nicht lebenswert sei, eher

asketisch als stoisch, und entbehrt daher einer echten, lebendigen
Ethik. Darum überträgt er gleichsam die Logik der vierdimensionalen Welt auf die Struktur der eindimensionalen Sittenlehre.
Fremd bleibt ihm das „Evangelium im Evangelium", das Gleichnis vom verlorenen Sohn. Das Reich der Gnade wird nicht in
bloßer Pflichterfüllung betreten: der ganze Mensch muß erschüttert sein, und über seine Erweckung (metanoia) ist der
Himmel froher, als über neunundneunzig Gerechte, die keiner
Erweckung bedürfen. Gott fragt ihn nicht nach Buße, sondern
gibt ihm ein Freudenfest, aber der selbstgerechte Bruder steht
mürrisch daneben und rechnet vor, was er selbst geleistet hat.
Einst hatte der bedeutende christliche Gemeindegründer und
Dogmatiker Marcion den alttestamentlichen Gott des Gesetzes
und der Gerechtigkeit dem Teufel gleichgesetzt. In dieser grotesken Übertreibung steckt doch ein richtiger Gedanke: das
reine Pflichtgebot kann ebenso eine teuflische wie eine himmlische Macht sein, und für die hingeschlachteten Bürger ist es
wenig Unterschied, ob sie dem Terror der reinen Vernunft oder
der persönlichen Machtgier zum Opfer fallen. Robespierres und
St. Justs Schreckensherrschaft geschah nicht aus Selbstsucht,
sondern im Idealismus der reinen Staatsvernunft. Kant empfindet sie, wie schon gesagt, selbst 1798 noch fast enthusiastisch als
Beweis der „moralischen Anlage im Menschengeschlecht." Aber
weder aus der mechanistischen Erscheinungswelt noch aus reiner
Vernunft oder Logik läßt sich echte Ethik ableiten: sie ist unmöglich ohne die von Kant geleugnete Wesenserkenntnis.
Ähnlich wie das gelebte Leben niemals den mechanischen Gesetzen widerspricht, wie das fünfdimensionale Geschehen immer
das vierdimensionale widerspruchslos in sich bewahrt, so bewahrt
auch das dem Schöpferdrange, der Liebe entfließende Leben
doch die Geltung des Pflichtgebotes in sich. Das Wesen der
Leibnizschen Ethik wird daher deutlicher in der Entfaltung bei
den großen Dichtern als in Systemstreitigkeiten. Gesteigert zum
Quell des Dionysischen erscheint das Leibnizsche Weltgefühl im
Lied an die Freude:

> Wollust ward dem Wurm gegeben
> Und der Cherub steht vor Gott.

Gesteigert als Enthusiasmus für die schaffende Gott-Natur erscheint sie in Goethes (Toblers??) Naturhymnus. Auch in ihm sind die Individuen die Träger der Eudaimonie, aber dennoch treten sie schweigend zurück, wenn sie im Kampf ums Dasein sich weniger geeignet erweisen oder wenn im Kreislauf von Zeugung und Alter ihre Nachkommen berufen sind, Träger der Eudaimonie zu werden. So weist die schaffende Lebenskraft auf den zeugenden Eros. Die große „optimistisch" genannte Lebensbejahung umfängt auch das tragische Lebensgesetz. Die Folge des zeugenden Eros ist die Vermehrung der Individuen, der „Kampf ums Dasein." Je mehr aber diese Mikrokosmen im Menschen sich steigern zu Repräsentanten des Kosmos, je mehr sie als Kinder Gottes Schöpfer und Herrscher im irdischen Gebiet werden, je mehr sie um Raum kämpfen, um so mehr entfaltet sich im gestauten Machtwillen des Individuums die böse Begierde bis zu teuflischer Herrsucht und Tyrannei. Auf diese Tragik der schöpferischen Vermehrung gibt es noch keine anderen Antworten als die verneinenden des Quietismus, der Askese, der Resignation, die Leibniz' und Goethes Geist widersprechen. Wie dennoch in der schöpferischen Ethik das Pflichtgesetz gelten muß, hat Goethe in den „Wahlverwandtschaften" ganz in Leibniz' Sinne beantwortet. Ottilie und selbst Eduard werden nach ihrem freiwilligen Tode zu Heiligen nicht als Erfüller des Pflichtgebotes, sondern als Sendlinge des Eros. Aber nur darum können sie heilig werden, weil Ottilie trotz dieses Eros doch das Pflichtgebot unbedingt anerkennt. Wo Eros dem Pflichtgebot widerspricht, ist er tragisch.

Im Enthusiasmus der Sympathie bei Schiller und Hölderlin findet das Weltgefühl des sympnoia panta den Gipfel. Allerdings wurde dies Erlebnis bei den Dichtern besonders aus schriftstellerischen Gründen — da die betreffenden Werke wenig zugänglich waren — wohl mehr durch Shaftesbury erweckt. Leibniz lernte das Werk des 25 Jahre Jüngeren noch kennen und stimmte ihm freudig zu. An Prioritätsfragen lag ihm wenig, wenn nicht seine Ehre angegriffen war. Ohnehin konnte hier kein Zweifel über die Priorität sein: der Keim Platon, die Lehre bei dem Stoiker Poseidonius, der den Neuplatonismus vorbereitet, dann bei Plotin [1]). Das Allgefühl in der dynamischen Einigung, nicht die

---

[1]) Karl Reinhardt. Poseidonius. München 1921.

logische und mathematische Analogie ist der Sinn der Leibnizschen Metaphysik, und die Rationalisten, die den Satz vom
Grunde, vom Schöpfer, der sich in der tatsächlichen, der kontingenten Welt spiegelt, unter den Satz vom Widerspruch, also
in die Logik einordnen wollen, sind gegen ihren Willen vielleicht
eine größere Gefahr für diese schöpferische Sicht als die Mechanisten, die Gott wenigstens als Uhrmacher anerkennen. Scheler
hat daher mit Recht gerade von den „Sympathiegefühlen" her
Kants formalistische Ethik widerlegt. Kant schließt trotz allem
mit dem größten moralischen, ja schon ethischen Grundsatz:
„Handle so, daß du die Menschheit sowohl in deiner Person als
in der Person jedes anderen jederzeit zugleich als Zweck (Selbst-
zweck), niemals als bloßes Mittel brauchst..." (Grdl. z. M. d.
Sitten, Cassirer-Ausg. IV 291, 297). Diese Lehre ist nicht kritizistisch, nicht apriori zu begründen, da sie Erfahrung der menschlichen Gemeinschaft voraussetzt. Dies zur Ethik führende Grund-
gebot, dies Urprinzip der Menschenrechte stammt aus der Idee
des Reiches der Gnade: als Gotteskinder sind wir Brüder und
jeder soll nach Möglichkeit den Bruder erwecken. Wenn Kant
sich gerade hier auf „den sehr fruchtbaren Begriff, nämlich
auf den e i n e s R e i c h e s d e r Z w e c k e" bezieht, der
nicht apriori zu entwickeln ist, so gibt er Leibniz die Ehre.
Aus dem Kritizismus hat Schopenhauer (und in seiner Gefolg-
schaft Richard Wagner) folgerichtiger eine Ethik der Weltverneinung geschlossen. Was aber an Kants Philosophie die
großen Männer mitriß, waren viel mehr als der Kritizismus die
aus Leibniz' Lehre geschöpften metaphysischen Postulate. An
dieser Stelle aber ist die Möglichkeit mit Händen zu greifen, daß
Kant seine Philosophie einbaute ins Leibnizsche Gedankenreich.
Uns aber ist aufgegeben, dies besonders zu suchen, worin beide
Denker übereinstimmen — und das ist nie das Kritizistische,
sondern das Phaenomenologische und das Idealrealistische.

DRITTER TEIL

WIRKUNG UND GEGENWIRKUNG

DAS REICH DER ZWECKE UND DES SCHÖNEN

Herder und die Kritik der Urteilskraft. Wenn wir vom Reich
der Gnade sprechen, so ist noch mehr als vorher zur Deutung
der geschichtliche Gegensatz nötig, nicht um der Geschichte als
solcher willen, sondern um Leibniz' Lehre auf diesem Hinter-
grunde klarer abzuheben. Innerhalb des gleichen Bezirkes, der
Auseinandersetzung von Wissenschaft und Metaphysik, ist
Kant sein Gegenspieler. Da wir in dessen System verstrickt uns
immer wieder das Leibniz-Verständnis versperren, so ist eine
freie Sicht schwer zu gewinnen, ohne Kants eigene Entwicklung,
bezogen auf sein wechselndes Verhältnis zu Leibniz darzustellen.
Leider mußte dieser Teil vorläufig aus Raummangel wieder ausgeschieden werden. (Vgl. Einleitung. Ich hoffe ihn später zur
Ergänzung zu veröffentlichen). Nur die Ergebnisse werden
angedeutet.

Gern würde man sich ausdenken, wie ein Briefwechsel zwischen
Leibniz und Kant verlaufen wäre, denn es war ja die Platonische
Artung von Leibniz, im Gespräch die zulänglichen Denker zu
überzeugen und durch sie eine Wirkung ins Weite zu erreichen.
Wie geschickt hatte er den alten eigensinnigen Cartesianer und
Theologen Arnauld für seine Betrachtungsweise gewonnen.
Aber als Kant in seiner Erstlingsarbeit Descartes und Leibniz
vor seinen Richterstuhl rief, war Leibniz fast dreißig Jahre tot,
und er las ihn durch die Brille der Rationalisten und Physiker.
Als er aber die Essais über Lockes Analyse las, entnahm er ihnen
vor allem die Möglichkeit seines Kritizismus. Der pan-entheis-
tische Geist Leibnizens floß durch Lessing und Herder auf
Goethe über und weckte in ihm den schöpferischen Genius und
zugleich den Geist des schöpferischen Geschehens in der Natur.
Diese drei repräsentieren das Ganz-Menschliche und das Dichterische, Kant das Fachwissenschaftliche. 1784, drei Jahre nach
der Kritik d.r.V. erscheint der erste Teil der „Ideen zur Philoso-

phie der Geschichte der Menschheit", die reife Frucht der Zusammenarbeit von Herder und Goethe. Was Kant hier auffallen mußte, war die große Entfaltung der Leibnizschen Schau, tief greifend und aufbauend, Gegensatz zur flachen populären Aufklärung. Nichts war ihm damals unangenehmer als diese Verlockung, der er eben in seiner Krise „Träume des Geistersehers" endgültig entsagt hatte. Aber er findet noch etwas ganz anderes: die höchst fruchtbare, zukunftsreiche Entfaltung der Leibnizschen Entwicklungslehre, der biologischen Genetik. Goethe teilt mit: „Unser tägliches Gespräch beschäftigte sich mit den Uranfängen der Wassererde und der darauf von alters her sich entwickelnden organischen Geschöpfe. Der Uranfang und dessen unablässiges Fortbilden ward immer besprochen, und unser wissenschaftlicher Besitz durch wechselseitiges Mitteilen und Bekämpfen täglich geläutert und erweitert." Selbst Frau von Stein beteiligt sich an den mikroskopischen Untersuchungen. Goethe geht aus von der sehr exakten vergleichenden Morphologie und entdeckt den menschlichen Zwischenkiefer, durchbricht damit die angebliche Scheidewand zwischen Anatomie von Mensch und Tier. Dieser winzige Fund, zuerst kaum sichtbare Spuren von Knochennähten, erfüllt ihn als Ausdruck des Leibnizschen Weltgefühles, als Repräsentation des All im Menschen und Tier, als Ahnung der Metamorphose in der Morphologie, der einheitlichen Organisationskraft in der gesamten Natur, also zum Leibnizschen sympnoia panta, mit kaum glaublichen Enthusiasmus. Der heftigste Stoß in Kants Rezension über Herder richtet sich gegen diese genetische Naturforschung, gegen Leibniz. Kant, dem Mechanisten, fehlt die Sachkunde der vergleichenden Anatomie, dem Kritizisten fehlt grundsätzlich das Verständnis für sie. Er schätzt wohl das Leibnizsche Prinzip der Kontinuität, aber in der Biologie nur als regulatives, formalistisch ordnendes. „Die Kleinheit der Unterschiede, wenn man die Gattungen ihrer *Ähnlichkeit* nach aneinanderpaßt, ist bei so großer Mannigfaltigkeit eine notwendige Folge eben dieser Mannigfaltigkeit." Das heißt also: wenn alle Säugetiere sieben Halswirbel haben, so ist das kein Zeichen objektiver Verwandschaft, sondern ist nur die Folge zahlenmäßiger Zusammenreihung von Zufälligkeiten. Oder daß ein menschlicher Embryo den Zwischenkiefer gesondert besitzt, ist ein belangloser Zufall der Natur. „Nur

eine V e r w a n d t s c h a f t unter ihnen, da entweder eine Gattung aus der andern und alle aus einer einzigen Originalgattung
oder etwa aus einem einzigen erzeugenden Mutterschoße ent-
sprungen wäre, würde auf I d e e n führen, die aber so ungeheuer
sind, daß die Vernunft vor ihnen zurückbebt, dergleichen man
unserm Verfasser, ohne ungerecht zu sein, nicht beimessen darf. .
Die Einheit der organischen Kraft, als selbstbildend in Ansehung
der Mannigfaltigkeit aller organischen Geschöpfe... ist eine
Idee, die ganz außer dem Felde der beobachtenden Naturlehre
liegt und zur bloßen spekulativen Philosophie gehört, darin sie
denn auch, wenn sie Eingang fände, große Verwüstungen unter
den angenommenen Begriffen anrichten würde." Sein kritizistisches Grundgesetz, daß unser Verstand der Natur die Gesetze
gibt, daß es keine ursprüngliche Harmonie zwischen den Lebewesen gibt, ist Darwins Genetik ebenso fremd wie der Leibnizschen.
In der Erfahrung herrscht mathematischer Mechanismus —
biologische Beobachtung gibt keine echte Wissenschaft. Nirgends ist Kant gründlicher widerlegt, denn selbst in der mechanistischen Verengung und Verkrüppelung der pantheistischen Gesamtschau durch Darwin, in der mechanistischen Abstammungslehre, erwies sich diese Genetik im 19. Jahrhundert als fruchtbarste Methode, auch in Sprachforschung und Seelenkunde.
Kant vermißt ,,eine logische Pünktlichkeit in Bestimmung der
Begriffe", findet die Gedanken überschwänglich und beschließt die
wenn nicht gehässige, doch überhebliche, unfreundliche Bespre-
chung mit einer Warnung. Damals hat Goethe den Urfaust, den
Prometheus, den Götz hinter sich. Kant ist von seinem nahen
Freunde Hamann auf den Werther hingewiesen. Goethe dichtet
während dieser naturwissenschaftlichen Studien den Mignon-
Mythos, die ,,Grenzen der Menscheit" — aber Kant sieht damals
nichts von schöpferischen Kräften. Hohe Platonische Symbolik
ist ihm schlechte Einmischung. Er schließt mit der überheblichen
Mahnung an seinen genialsten Schüler, dessen Verehrung ihm
früher wohlgetan hatte, aus seinem Werke die Einbildungskraft
auszuschalten. Diese unglückliche Rezension erscheint in Jena,
das anfangs durch Goethe und Herder in Leibniz' Geist bestimmt,
allmählich zur Hauptstadt der Kantianer wird. Schütz, der Leiter
der Allgemeinen Literaturzeitung ist der Mephisto, der immer
mehr Goethes Werk in der Universität untergräbt und dessen

höchsten Zorn erregt. — Kant war nicht ganz wohl bei diesem
Angriff, der dem Ärger entsprang, daß Herder die kritizistische
Wendung, die er doch höchstens zwei Jahre vor Herausgabe
seiner „Ideen" hätte erfahren können, nicht mitgemacht hatte.
Der Vulgärpsychologie entspricht die Legende, daß Herder,
über diesen Angriff empört, seitdem ewigen Haß gegen Kant
genährt und sich deswegen dann gegen den Kantianer Schiller
gewendet habe. Herder, aber auch Kant waren zu groß dazu.
Dieser Zusammenstoß schien anfangs sogar zu einem fruchtbaren
Ereignis des geistigen Wettkampfes zu werden. Herder antwortet
auf die Rezension und auf die „Idee z.allg. Geschichte i. welt-
bürgerlicher Absicht" (1784) im II. Teil der „Ideen" ohne Diskussion, ohne Namensnennung — aber mit einem großartigen
Bekenntnis zur Leibnizschen Weltschau. Kants Geschichts-
aufsatz, der Schiller fesselte, drückt die mechanistische Ratio
gegenüber dem Reiche der Gnade, dem Glück schöpferischer
Persönlichkeiten aus. Er knüpft an Hobbes, den Leibniz bekämpft. Es gibt nicht Sinneserfüllung in der Vergegenwärtigung:
vielleicht, daß die Geschichte sich listig unserer Selbstsüchte
bedient, um im kaum merklichen Fortschritt sich doch dem Ziele,
einem automatischen Gleichgewicht zu nähern. Schönen geraden
Wuchs erhalten nur die rationell im dichten Wald gehegten
Bäume, indem sie sich oben nach Luft und Sonne drängen, „statt
daß die, welche in Freiheit und von einander abgesondert ihre
Äste nach Wohlgefallen treiben, krüppelig, schief und krumm
wachsen." Freie Natur und große Persönlichkeit bedeuten ihm
nichts. Erfüllung hofft er in der Zukunft, nicht in der Gegenwart,
in der Gattung, nicht in der Persönlichkeit.

Wie mußten Herder und Goethe bei diesen niederdrückenden
Gedanken sich ihres Leibniz-nahen Weltgefühles bewußt werden.
Herder antwortet im 8. und 9. Buch des II. Teiles. „Alle Werke
Gottes haben dieses eigen, daß, ob sie gleich alle zu e i n e m
unübersehlichen Ganzen gehören, jedes dennoch auch für sich
ein Ganzes ist und den göttlichen Charakter seiner Bestimmung
an sich trägt. So ist's mit der Pflanze, mit dem Tiere; wäre es
mit dem Menschen und seiner Bestimmung anders, daß Tausende
etwa nur für Einen, daß alle vergangenen Geschlechter fürs
letzte, daß endlich alle Individuen nur für die Gattung, d.i.
für das Bild eines abstrakten Namens hervorgebracht wären?

So spielt der Allweise nicht: er dichtet keine abgezogenen Schat-
tenträume; in jedem seiner Kinder liebt und fühlt er sich mit
dem Vatergefühl, als ob dies Geschöpf das einzige seiner Welt
wäre. Alle seine Mittel sind Zwecke, alle seine Zwecke Mittel
zu größeren Zwecken, in denen der Unendliche allfühlend sich
offenbart. Und was ist dieses? Humanität und Glückseligkeit
auf dieser Stelle, in diesem Grad, als dies und kein anderes Glied
der Kette von Bildung, die durch das ganze Geschlecht reicht.
Wo und wer Du geboren bist, da bist Du, der Du sein solltest;
verlaß die Kette nicht, noch setze Dich über sie hinaus, sondern
schlinge Dich an sie! Nur in ihrem Zusammenhange, in dem was
Du empfängst und gibst und also in beider Falle t ä t i g w i r s t,
nur da wohnt für Dich Leben und Friede." Das ist Leibniz'
Weltgefühl, Gedanke und Stil in der blühenden Anmut Herders.
Die Genesis der Erde, der Lebewesen, die Humanität der
Iphigenie gehen ein in dies Reich des Schöpferischen, der Gnade.
Goethes Deutung des Zwischenkieferfundes im Brief an Knebel
klingt harmonisch damit zusammen. Und ohne Kenntnis davon,
aber ebenso aus Leibniz' Geist, Schillers ,,Lied an die Freude."
Bei Herder ist der große metaphysische Augenblick der Verge-
genwärtigung, als höchster Gedanke der Humanität der Plato-
nische Enthusiasmus des Heiligen Maßes. Kant schulden wir
Dank, daß er Herder zu dieser Antwort gesteigert hat.

Die Literaturgeschichte überließ das Urteil in diesem Streit den
Spezialisten — und diese waren meist Kantianer: die Ankläger
wurden Richter. Die nächstliegende Deutung, daß in der Philosophie der Fachmann Kant den Laien Herder gründlich besiegt
habe, setzte sich durch. Kant selbst war zu echt und ernst für
solche Illusion: seine Recension des II. Teiles der ,,Ideen" ist
ziemlich kleinlaut. In der unbefahrenen Wüste müsse dem Denker
die Wahl des Weges freistehen — darum müsse auch ihm, Kant,
diese Freiheit zustehen. Dennoch bereitet er jene Legende vor.
Indem er den poetischen Geist lobt, zweifelt er, ob nicht die
Grenze der poetischen und philosophischen Sprache verwischt
sei. Wem Leibniz selige Schau ein unvollziehbarer Begriff ist,
da er Erscheinung und Wesen, Ästhetik und Moral spaltet, der
kennt die schöpferische Sphäre nicht, in der Philosophie, Religion, Dichtung noch nicht gesondert sind. Kant versucht logisch seinen Begriff der Gattung zu rechtfertigen und wirft

25

zum Schluß ein helles Licht auf den metaphysischen Gegensatz, ohne doch den geschichtlichen Vorgang zu durchschauen. Er zitiert Herders Kundgebung: ,,Auf diesem Wege der Averroischen Philosophie soll unsere Philosophie der Geschichte nicht wandeln." Der Name des Aristoteles-Deuters Averroes zeigt auf das große Mißverständnis, das seit dem Sammelnamen Pantheismus die Gespräche verwirrt. Für Leibniz ist Averroes das Symbol des falschen Pantheismus. (Considérations sur la doctrine d'un esprit universel). Er billigt in seiner Sympathie für das mystische Gotteserlebnis die Lehre vom Weltgeist, von der Weltseele, wenn sie nicht wie bei Averroes das Maß überschreitet und die menschlichen Seelen sich auflösen läßt in diesem Ocean. Das Beharren der Persönlichkeit, ihre selbständige Geltung ist die Grundlage seiner Denkart und Lehre. Jenen Averroismus findet er besonders bei Spinoza und den Neukartesianern. Er billigt das mystische Allgefühl, weil es die Existenz Gottes anerkennt und den Materialismus widerlegt. Aber höher steht ihm die Seelenlehre der Pythagoreer und Platoniker. Mit dem Averroismus trifft Herder den Gegensatz Leibniz-Kant. Bei Kant verschwindet die monadische fünfdimensionale Persönlichkeit in der Kluft zwischen vierdimensionaler Natur und dem leeren Denksubjekt der abstrakten fünften Dimension. Ohne das Gefühl des Pantheismus droht dann der nackte Atheismus. Statt an der Aufklärung, die jeden Menschen ,,mündig", autonom, zum Rationalisten machen will, hängt die Entwicklung der Persönlichkeiten an der makrokosmischen Einordnung, der großen Stufenordnung, dem Weltgebäude, wie es Platon, Thomas, Dante schufen. Leibniz gelingt in jenem Aufsatz die denkbar knappste Formel des Kontinuitätsprinzipes: ,,Es gibt eine Unendlichkeit der Stufen zwischen Gott und dem Nichts. So gibt es gleichfalls eine Unendlichkeit von Stufen zwischen einem im höchsten Grade tätigen Wesen und dem vollkommen passiven." Das ist das Prinzip der Leibnizschen Metaphysik, die Treppe zum Reiche der Gnade, Ausgleich zwischen Theismus und Pantheismus: die Überzeugung, daß wir selbst als Zwischenwesen schöpferisch teilhaben an Gottes Werk. Erkenntnis-Prinzip und Existenz-Prinzip bestätigen einander, weil sie in vollem Einklang stehen. Wir verstehen Gott, weil wir in uns selbst schöpferische Kraft erleben. Wir sind schöpferisch, weil wir

Kinder der göttlichen Natur sind. Wenn Kant Herder bezichtigt, daß ihm alle bisherige Philosophie mißfällig sei, so bedenkt er nicht, daß er selber der Alleszermalmer ist, während Herder die abendländische Philosophie bewahrt. Die Verschärfung des Rationalismus schwächte wie eine zu scharfe Brille seine Sehkraft. Er spürt den Gegensatz, er wehrt sich gegen die Wiedererweckung von Leibniz — aber er verläßt das Kampffeld nicht im Bewußtsein des Siegers, sondern mit der Geste notwendiger Verteidigung, in ernster Selbstbesinnung. Unbeirrt verfolgen Goethe und Herder ihren Weg: jener scheint keine Notiz zu nehmen, dieser fühlt sich gesteigert. Aber auch Kant hat hier, wenn ich richtig deute, die fruchtbarste Begegnung seines Lebens erfahren, wenn er sie in sich auch weniger auswirken ließ als die mit Rousseau. Am 25.VI.87 verzichtet er auf die Rezension von Herders Ideen, dritten Teil, weil er alsbald die „G r u n d l a g e d e r K r i t i k d e s G e s c h m a c k s" abfassen will.

Was bedeutet es, daß Kant nach den Jahren der Herder-Rezension sich drei Jahre mit Aesthetik abgibt und dieser dann die Zweckmäßigkeit in der ihm doch ferner liegenden Biologie anschließt? Er sagt ausdrücklich, daß er sein metaphysisches System bereits abgeschlossen hat. Daran ändert der Titel „Kritik der Urteilskraft" nichts. In der Kr. d.r.V. hat er den Baumgartenschen Begriff der Aesthetik hoffnungslos genannt, weil diese Aesthetik empirisch bliebe, jetzt kehrt er zu ihm zurück. (Cassirer stellt fest, daß dies Werk nicht aus den schematischen Bedürfnissen des begrifflichen Systems zu entwickeln sei.) Es hat stark auf Schiller, auf Goethe gewirkt und Schellings System geht von ihm aus. Windelband sagt übersteigernd, es konstruiere „den Begriff Goethescher Dichtung". Hier einmal ist Kant nicht Kritizist, sondern im Positiven meist Phaenomenologe, wenn er auch immer wieder beweisen möchte, er bleibe Kritizist. Niemals war er im Forschen so Leibniznahe. Er bringt Kunst und Natur-Genese in Analogie. Und gerade dieser Gedanke ist es, der Goethe entzückt: die Aesthetik interessiert ihn wenig, aber die Naturphilosophie gefällt ihm. Dies allerdings wegen der Leugnung der Endursachen, der Teleologie. Das paßt wenig zu Kant, es widerspricht Leibniz, aber es ist trotzdem Leibnizisch gemeint. Goethe ist die flachste Teleologie der Aufklärung zuwider, nach der Gott alles zum Nutzen des Menschen geschaffen haben soll, für ihn ist,

ganz Leibnizisch, jede Entwicklung der Monade selbst ein Endzweck. Denn daß die Reihe der Lebendigen ein Ausdruck der
schöpferischen, kontingenten Gott-Natur ist, bleibt dauernd der
Sinn der Metamorphose und eine mechanistische Notwendigkeit
liegt außerhalb seiner Sehweise. Zweifellos ist dies fruchtbarste
und Leibniznahe Werk Kants, soweit es sich um den strengen
Kritizismus handelt, aus der Begegnung mit Herder und der
großen Dichtung hervorgegangen.

Vor 15 Jahren hatte Kant den heftigsten Angriff auf Leibniz
unternommen: Er nannte die praestabilierte Harmonie das unge-
reimteste System, das man nur wählen könne, das jeder Grille,
jedem Hirngespinnst Vorschub gebe. Jetzt scheint er sich einer
Alliance mit Leibniz zu nähern, die Möglichkeit des Wandels
zu spüren. Das ist die Krise des Kritizismus. Die echten Kritizisten damals und heute sehen folgerichtig in der ,,Kritik der
Urteilskraft'' Kants Abfall vom Kritizismus: Er sei damals
umgefallen, das Werk des Fünfundsechzigjährigen sei Ausdruck
seniler Geistesschwäche, er habe die Metaphysik, die er als
Kritizist zertrümmert habe, von neuem aufgebaut. Dagegen
sagen die Verteidiger: Die Kritiken seien nur Vorarbeiten, in
einzigartiger planmäßiger Steigerung bis zur Vorstellung eines
harmonischen Reiches der Zwecke, in dem das Reich der Natur
sich vollendet. Das beweist, daß die Kritik der Urteilskraft der
Metaphysik von Leibniz verwandt ist. Aber in den folgenden
Jahren kehrt er in die Grenzen des Kritizismus zurück. Darum
kann Goethe, der im Labyrinth des Kritizismus die Gefahr für
seine Schaffenskraft spürte, der Kr. d. Urteilskraft eine ,,höchst
frohe Lebensepoche'' verdanken. In dem, was die Kritizisten verwerfen, in der Synthese von Aesthetik und Biologie, fand er die
glückliche Bestätigung seines Forschens und Schauens. ,,Hier sah
ich meine disparatesten Beschäftigungen nebeneinandergestellt,
Kunst- und Naturerzeugnisse, eines behandelt wie das andere....
mich freute, daß Dichtkunst und vergleichende Naturkunde so
nahe miteinander verwandt seien.'' Die Gott-Natur als Künst-
lerin, das war nichts Neues, es war Erbe von Plotin, von Kepler,
von Shaftesbury, unvergänglich ausgedrückt schon in Goethes
Hymnus ,,Natur.'' Publikum und Fachmänner sahen darin ab-
wegige Phantasien eines Dilettanten. Welche Genugtuung, sich

jetzt auf die Führer der philosophischen Bewegung, auf Kant und Schelling, den Leibniz-Erneurer berufen zu können.

Unbefangen gebraucht Kant hier Leibniz' Begriffe und Worte. Das (allerdings mechanisch mißdeutete) Reich der Natur der Architektonik eines verständigen Welturhebers unterzuordnen: das alles „ leistet die teleologische Weltbetrachtung sehr herrlich und zur äußersten Bewunderung" (§ 85 dazu § 57). Aber auch gewaltige Dämonen könnten diese Werke ausführen. Jenes wahre Gottesreich aber, das Leibniz Reich der Gnade nennt, besteht allein im Gebiet der moralischen Wesen und Zwecke. „Aus diesem so bestimmten Prinzip der Kausalität des Urwesens werden wir es nicht bloß als intelligent und gesetzgebend für die Natur, sondern auch als gesetzgebendes Oberhaupt in einem moralischen Reiche der Zwecke denken müssen" (§ 86). Das Reich der Zwecke als das Reich der Kunst ist das schöpferische Gebiet des Menschen und durch Analogie mit der natürlichen Schöpfung wird das menschliche Tun dem göttlichen angereiht: Kant bewegt sich hier freier als je an den Grenzen des Reiches der Gnade. Wenn man aber alles „so denken muß", „an Gott glauben" soll, warum wird dann alles Bejahte alsbald wieder kritizistisch in die Schwebe, die halbe Verneinung gerückt? — Wir müssen uns damit abfinden: bald nach dieser Krise hat sich Kant von Freunden, die ihm zur Vermittlung mit dem Leibniz-Erbe verhelfen wollten, abgewandt und im Kritizismus verhärtet.

Kontinuität und Gestalt. Von der wesenhaften Gesinnung der Philosophen sind zuerst die Begriffsschemata zu unterscheiden, mittels deren sie ihre Gedankenmassen ordnen. Im Wesentlichen nächst verwandte Denker können entgegengesetzte Begriffsschemata benutzen, während umgekehrt im Wesen entgegengesetzte Denker das gleiche Schema anwenden. Das ist die Hauptquelle fruchtloser Debatten. Wenn auch zwischen entgegengesetzten Schematen eine Verständigung schwer möglich ist, so kann die Klärung des Unterschiedes wenigstens unfruchtbare Debatten beenden. Vorläufig können diese beiden Erkenntnisarten, von denen die Begriffsschemata ausgehen, als Kontinuität- und Gestalt-Erkenntnis unterschieden werden. Das Kleinkind, das um sich blickt, empfindet einen gefüllten Raum, ein Kontinuum. Er fesselt es nicht, weil es ihn nicht fassen kann, es träumt. Bewegt sich aber in seinem Gesichtsfeld eine „kon-

krete", geschlossene und begrenzte Gestalt, so wird es an die
Gegenwart gefesselt, seine Tätigkeit erwacht. Die Allganzheits-
schau führt den Denker ins Unendliche, bis ins Raum- und Zeitlose. ,,Wo fass' ich dich, Unendliche Natur." Er schafft sich
abstrakte begriffliche Methoden, um diese Weite zu fassen. Diese
Kontinuität ist die Methode des Mathematikers, des Physikers,
des Musikers — die Gestalt-Erfassung die des Handwerkers, des
Biologen, des bildenden Künstlers. Leibniz ist das größte Genie
der Kontinuitätsmethode, und er darf stolz darauf sein, das
Prinzip der Kontinuität als erster gelehrt zu haben. Wenn er ein
Ganzes sah, sah er den Weg zum unendlich Kleinen wie den
zum unendlich Großen. Phänomenologisch, transzendental-lo-
gisch, nicht formal-logisch, nicht analytisch aus dem Satze des
Widerspruchs abzuleiten, ist die Schau des Mathematikers:
Gleichheit ist ein Grenzfall der Ungleichheit; der Kreis ein Vieleck
mit unendlich vielen Ecken; Parallelität ein Grenzfall der Kon-
vergenz. In der Physik gelten die mathematischen Gesetze. Die
Geometrie zeigt, wie diese Kontinuitätschau die Gestalten durchdringt: ,,Betrachtete man nur die äußere Gestalt der Parabeln,
Ellipsen und Hyperbeln, so wäre man versucht zu glauben, eine
ungeheure Kluft bestehe zwischen den verschiedenen Arten
dieser Kurven. Doch wissen wir, daß sie eng verknüpft sind, so
daß es unmöglich ist, zwischen zwei von ihnen irgend eine andere
mittlere Art einzuschieben, welche uns von der einen zur andern
durch die ganz unmerklichen Abschattierungen übergehen ließe."
Damit, im großen Brief an Varignon,[1]) ist schon das Verhältnis
der beiden Auffassungsarten klassisch bezeichnet. Diese Methode
begründet die Infinitesimal-Rechnung und ihre Gesetze gelten
für die Physik in ihrer vierdimensionalen Gestaltung. Ruhe ist
ein Sonderfall der Bewegung. Leibniz beweist, daß Descartes
Irrtümer über die Bewegungsgesetze aus der Verletzung des
Kontinuitätsprinzips stammen. Da nun aber die lebendigen Wesen als physische Körper erscheinen, so gilt das Gesetz auch in
der Biologie, in der Morphologie. Damit wird es zum Prinzip der
natürlichen Systematik, der vergleichenden Anatomie, der Genetik, der Metamorphose. Hier aber stößt Leibniz schon auf das Kan-

---

[1]) Dieser Brief ist unter dem Titel ,,Über das Kontinuitätsprinzip" erst in der
Auswahl von Cassirer, II, wieder veröffentlicht.

tische Problem: ist die kontinuierliche Stufenreihe in der Biologie bloße heuristische Idee oder Realität? ....

Leibniz trieb die Erforschung des Kontinuitätsprinzipes mit der Leidenschaft des Genies bis zur Grenze. Sie macht ihn zum größten Mathematiker, so daß man seine Monadenlehre, seine Metaphysik aus seiner Differentialrechnung herleiten wollte. Man vergißt, daß diese mathematische Kontinuität unbedingt nur die Zeiträumlichkeit, die Körperwelt betrifft. Die Wesenswelt, die Monaden, die sich doch als leibliche Erscheinungen darstellen, sind diskret und die Seelen fließen nicht ineinander, haben keine Türen und Fenster. Wesenserkenntnis geschieht unmittelbar im Erkennen lebendiger Gestalten. Für das Individuum ist die Kontinuitätsschau nicht das Primäre: auch die Gemeinschaft löst die diskreten Individuen nicht auf. So stehen bei Leibniz beide Erkenntnisarten richtig abgewogen nebeneinander: Distinkte Gestalterkenntnis ist wesenhafter als Kontinuität. Die Größe des schauenden Denkers wurzelt in der Vereinigung beider Prinzipien. Sekundär aber beinahe gleichwertig als Ordnungsmittel, wendet er das Kontinuitätsprinzip auch auf die Wesenwelt an. Da es nicht zwei gleich-geschaffene Monaden gibt, so bilden sie eine unendliche Stufenreihe vom Fast-Nichts bis zum Fast-Göttlichen. Das führt in die Biologie. Im gleichen Brief heißt es: ,,Die Menschen schließen sich also an die Tiere, diese an die Pflanzen und diese wiederum an die Fossilien an, während sich diese ihrerseits an die Körper knüpfen, die uns Sinne und Einbildungskraft als durchaus tot und formlos repräsentieren ... So ist es notwendig, daß alle diese Ordnungen der natürlichen Wesen eine einzige Kette bilden, in der die verschiedenen Klassen, wie ebenso viele Ringe, so eng aneinander schließen, daß es für Sinne und Einbildungskraft unmöglich ist, genau den Punkt zu bestimmen, wo die eine anfängt und die andere endigt." Darum hält er die Existenz von Pflanzentieren für wahrscheinlich ....

Kant hat dies Kontinuitätsprinzip von Leibniz von Anfang an sehr hoch geschätzt und es für alles Mechanische unbedingt gelten lassen. Im strengen Kritizismus erstarrt dagegen das Kontinuitätsdenken zum rein Mechanischen, denn zwischen intelligibler Welt und Erfahrungswelt gibt es keine Übergänge. Gerade aber für das Seelenleben war Leibnizens Kontinuitätsdenken von unerschöpflicher Fruchtbarkeit. Der Unendlichkeit im Makrokosmos entspricht genau die im Mikrokosmos, in den Vorstellungsreihen der Monaden. Diese Vorstellungen, verbunden mit Strebungen, bilden unendliche Reihen in allen Bewußtseinsgraden von der klaren Bewußtheit bis zum Nullpunkt schlafender Stofflichkeit. Die Früchte der genetischen Weltdeutung und der Psychologie des Unterbewußten und Unbewußten, das Verständnis der Monaden aus Vorstellungen, die sachlich unmittelbar die Zusammensetzung der wirklichen Welt aus Monaden repräsentieren, bestätigten sich gegenseitig: Das ist die metaphysische Harmonie von Weltgeschehen und Welterleben. Diese ungeheure Sicht des Unbewußten begründet eine unvergleichlich tiefere Psychologie und Erkenntnislehre als die mechanistische Associations-Psychologie, die alles Unbewußte leugnet. Kant, durch Leibniz' Essais erweckt, bezieht nun als bahnbrechender Phaenomenologe auch Unbewußtes ein. Aber er weiß nicht, was er geleistet hat, und versucht das Phaenomenologische in eine transzendentale Logik zu verwandeln.

Die höchste Vereinigung der diskreten morphologischen Gestaltenschau mit der kontinuierlichen ,,konfusen'' Schau des schöpferischen Stromes ist die Vollendung der Leibnizschen Genetik in Goethes Metamorphose. Aber Goethe, der schlechthin schöpferische Mensch, hütet sich vor dem Rückgang auf Bewußtseins- Analyse, Logik, Mathematik, er verharrt im ganzheitlichen Erleben, im fünfdimensionalen, seine Pole bleiben Einzel-Gestalt — und All-Ganzheit, Monadenwelt. Verzichtet er damit auf das großartige Mittel von Leibniz, die Mathematik, so ist er in der Biologie, in der Genetik, der Vereinigung von Gestalt und Gestaltwandel zur Metamorphose Leibniz reinster Vollender.

Das war in der Zeit der Leibniz-Ferne für Kant ein unvollziehbarer Gedanke. In der Reihe der lebendigen Gestalten durfte das Kontinuitätsprinzip nur ein ,,formaler'', heuristischer Gedanke sein: Der Weg zu einem künstlichen Ordnungsystem mittels abstrakter Begriffsbildung, bloße Klassifikation. Jede reale Anwendung verwarf er in der Herder-Rezension diktatorisch. Aben welcher Wandel in der Kr. d. Urteilskraft! (Sollte er inzwischen den Leibniz-Brief an Varrignon wieder gelesen haben?) ,,Diese Analogie der Formen, sofern sie bei aller Verschiedenheit einem gemeinsamen Urbilde gemäß erzeugt zu sein scheinen, verstärkt die Vermutung einer wirklichen Verwandtschaft derselben in der Erzeugung von einer gemeinschaftlichen Urmutter, durch die stufenartige Annäherung einer Tiergattung zur anderen, von derjenigen an, in welcher das Prinzip der Zwecke am meisten bewährt zu sein scheint, nämlich dem Menschen, bis zum Polyp, von diesem sogar bis zu Moosen und Flechten und zu der niedrigsten uns merklichen Stufe der Natur, zur rohen Materie: aus welcher und ihren Kräften, nach mechanischen Gesetzen (gleich denen, wonach sie in Kristallerzeugungen wirkt) die ganze Technik der Natur, die uns in organisierten Wesen so unbegreiflich ist, daß wir uns dazu ein andres Prinzip zu denken nötig glauben, abzustammen scheint." (§ 80). Berührt er nach diesen wörtlichen Anklängen auch die Bedeutung der Fossilien, so ist die Vermutung zu erwägen, daß er und vielleicht ebenso Herder von jenem Brief ausgegangen sind. In der Tat hatte dieser vorher eine bedeutende Rolle in der wissenschaftlichen Diskussion gespielt. Maupertuis, als Präsident der Berliner Akademie ein Nachfolger von Leibniz, hatte die Bewegungsgesetze aus dem „metaphysischen" Prinzip der kleinsten Wirkung abgeleitet. Samuel König veröffentlichte jenen Brief, um zu beweisen, daß Leibniz in seiner Kontinuitätslehre einen ähnlichen Gedanken ausgesprochen habe. Die Akademie erklärte den Brief für eine Fälschung, weil König nur eine Abschrift vorlegen konnte. Da diese Entscheidung zu Gunsten des französischen Präsidenten an die Entscheidung der Londoner Akademie zu Gunsten des englischen erinnert, so seien auch die großen und echten Leibniz-Worte am Schluß des Briefes wiederholt. Leibniz erklärt, daß er jene Mittelwesen, die Pflanzentiere, nicht nur für möglich halte: „sondern ich bin sogar überzeugt, daß es solche geben muß, daß es der Naturkunde vielleicht eines Tages gelingen wird, sie kennen zu lernen, wenn sie diese Unendlichkeit von Lebewesen studiert haben wird, deren Kleinheit sie den gewöhnlichen Untersuchungen entzieht und die sich in den Eingeweiden der Erde und in den Abgründen der Gewässer verborgen finden. Das Prinzip der Kontinuität steht bei mir also außer Zweifel und könnte dazu dienen, mehrere wichtige Wahrheiten in der wahrhaften Philosophie zu begründen, die, indem sie sich über Sinne und Einbildungskraft erhebt, den Ursprung der Phänomene in den geistigen intellektuellen Regionen sucht. Ich schmeichle mir, einige Ideen davon zu haben — aber dies Jahrhundert ist durchaus nicht geschaffen, sie aufzunehmen."

Diese letzte Erfahrung machte Goethe gerade damals, 1784, mit der Entdeckung des Zwischenkieferknochens, dann mit der Metamorphosenlehre. Und als er 1830, kurz vor dem Tode, an den Sieg glaubte, wurde Geoffroy durch Cuvier überwunden. Cuvier erkannte sehr richtig, daß diese Lehre mit dem deutschen Pantheismus, der Naturphilosophie zusammengehöre. So war es folgerichtig, daß die Lehre der Genese erst ein weiteres Menschenalter danach siegte, indem Darwin auf diese philosophische Schau unbedingt verzichtete und ein Bündnis mit ihrem Gegensatz, dem Mechanismus schloß. Von Goethes Lehre wußte er durch Hörensagen, von der Beziehung zu Leibniz und Kant anscheinend nichts. Von jener „wahrhaften Philosophie" war man weit entfernt ...

Jene Schrift von Maupertuis, die den großen Streit veranlaßte, den schweren Konflikt zwischen Voltaire und Friedrich dem Großen hervorrief, war 1746 erschienen —, der Brief an Varrignon 1753 veröffentlicht. Zweifellos hat Kant, damals sehr für den Physiker Leibniz interessiert, daran lebhaften Anteil genommen und wohl auch seinen Schüler Herder davon unterrichtet. Trifft dies zu, dann wäre die Rezension über Herder zugleich ein bewußter Angriff auf den fraglichen Leibnizbrief.

Klingt nun aber jene Stelle in der Kr. d. Urteilskraft wie ein Bekenntnis zur Leibnizschen Idee im realsten Sinne, nämlich als reale Entstehung der Arten auseinander, so berichtigt Kant doch nicht sein Unrecht an Herder und Leibniz, fügt aber eine etwas einschränkende, durch Goethe berühmt gewordene Anmerkung an. „Eine Hypothese von solcher Art kann man ein gewagtes Abenteuer der Vernunft nennen; und es mögen wenige, selbst von den scharfsinnigsten Naturforschern sein, denen es nicht bisweilen durch den Kopf gegangen wäre." Ungereimt sei es nicht. Was aber bedeutet das seltsame „selbst"? Offenbar sympathisiert Kant doch mehr mit den scharfsinnigen nüchternen Ordnern wie Cuvier, die solche schwärmerischen Ideen nicht aufkommen lassen. Die berauschende Kraft dieser Schau, spürbar im Pathos Leibnizens, Herders, Goethes ist ihm fremd wie dessen mystische Glut, die ihn der All-liebe Franziskus nähert:

> „Du führst die Reihe der Lebendigen
> Vor mir vorbei und lehrst mich meine Brüder
> Im stillen Busch, in Luft und Wasser kennen."

Doch soll man Kant nicht vergessen, daß er eine kleine, gleichwohl „mythische" Anekdote von Leibniz überliefert, eine anmutige Gebärde, die keimhaft das pantheistische Allgefühl des indischen tat twam asi, der biologischen Forschung, der zarten Freude am Kleinen andeutet. „Leibniz brachte ein Insekt, welches er durchs Mikroskop sorgfältig betrachtet hatte, schonend wiederum auf sein Blatt zurück, weil er sich durch seinen Anblick belehrt gefunden und von ihm gleichsam eine Wohltat empfangen hatte" (Kr. d. pr. V. S. 286). Wieviele Kantleser vergaßen, daß hier in vielen Paragraphen gegen Leibniz polemisiert wird, aber dieser kleine Satz, die bezeichnende Geste hat sich ihnen eingeprägt .... Auf jene zweideutige Anmerkung vom „Abenteuer der Vernunft" gibt Goethe später die Antwort. („Anschauende Urteilskraft"), wenige Sätze, aber die wichtigste Äußerung, in der Goethe sich auf den Gipfel philosophischer Bedeutung stellt. Nicht ohne Ironie behandelt er den einengenden quälenden Kritizismus, nimmt das für sich in Anspruch, was Kant a priori leugnet — den intellectus archetypus und schließt: „so konnte mich nunmehr nichts weiter verhindern, das A b e n t e u e r d e r   V e r n u n f t, wie es der Alte vom Königsberge selbst nennt, mutig zu bestehen" ....

Doch ist damit die Frage, wie weit die Kontinuität für die lebendigen Formen real ist, nicht ganz geklärt. Unbedingt gilt sie für die rein-körperlichen Bewegungen [1]. Aber gilt sie für die Genese der lebendigen Wesen, real im Sinn des Darwinismus, als bluthafte Abstammung? Goethes sonst unklare, ja widerspruchsvolle Haltung dieser Hypothese gegenüber ist nur von Leibniz her zu verstehen, dessen Ansicht in den Essais geklärt ist. Locke äußert auffallender Weise sehr Leibniznahe Ansichten. (III, VI, § 12). Leibniz bezieht sich nicht auf seine früheren Äußerungen, sondern ist erfreut, daß Locke diese Dinge besser sage als er selbst. Was er leichthin als Ergänzung zufügt, ist nun gerade das Problem des Idealismus. Vom Kontinuitätsprinzip her ergibt sich die Frage: existieren alle denkbaren Arten, so daß sie ein Kontinuum bilden, etwa wie das Zahlsystem? Leibniz erklärt, daß nicht alle

---

[1] Weder die Quantentheorie, noch die „sprunghaften" Mutationen widersprechen dem Leibnizschen Prinzip: sonst wäre ja schon der Haufe aus diskreten Sandkörnern oder der springende Floh die Widerlegung. Aber in der geschichtlichen „Bewegung" legt man wie im mechanischen Sprunge ein Kontinuierliches zugrunde.

denkmöglichen Arten existieren. Es gibt mögliche Arten, Ideen, die niemals existiert haben oder existieren werden. Er macht hier die wichtige Unterscheidung zwischen possible und compossible: „Im Universum, so groß es ist, sind alle denkmöglichen (possibles) Arten keineswegs existenz-möglich (compossible)", denn viele denkmögliche Arten „vertragen sich nicht mit der Folge der Geschöpfe, die Gott erwählt hat".

Im Schema Idealismus gegen Empirismus scheint Kant Gegner Lockes, und Leibniz Vorläufer Kants. Aber hier, bei der Metamorphose, steht Kant näher bei Locke. Locke und Leibniz sehen die Unzahl der Arten und ordnen sie nach der Kontinuität. Aber Leibniz' Gedanken dringen ins Zentrum: er weiß, daß er aus der mechanischen Welt in die Wesenswelt getreten ist, er ordnet sie nicht nach dem mathematischen Prinzip, er erkennt in ihr den Ausdruck der kontingenten Macht des schöpferischen Gottes. Possible ist alles, was im Rahmen der Notwendigkeitsgesetze denkmöglich ist, der Verstandes-Ratio nicht widerspricht. Compossible, was in der Gestalten-Welt, etwa als Keimkraft, potentiell gegeben ist. Kontinuität bleibt Mittel der Erscheinung, aber die lebendige Kontinuität nimmt gleichsam einen konkreteren Sinn an. Die lebendigen Wesen gehören nicht nach allen Seiten verknüpft in ein Schema wie die Zahlen ins unendliche Zahlensystem, sondern in den kontinuierlichen Wuchs des sich verästelnden Baumes — nicht im Matrizen-Schema, sondern in lebendiger Gestaltung. Der Sinn der Metamorphose ist es, die dauernden Äste als Werk des schaffenden Gottes zu begreifen: aus der homogenen Kontinuität sondert er das Gestaltenreich. Das mathematische Gebiet schränkt sich auf das biologische ein: „Das G e s e t z d e r K o n t i n u i t ä t bringt es mit sich, daß die Natur nichts leer läßt in der Ordnung, der sie folgt, aber nicht paßt jede Form oder Art in jede Ordnung." Die Natur macht keine Sprünge. Heuristisch bedeutet das, zwischen zwei verwandten Arten immer noch Übergangsformen zu suchen. Die heute oft angefeindete Idee des Stammbaumes ist für Leibniz und Goethe Realität, nicht bloße regulative Idee, sondern Realität als Ausdruck der göttlichen Schöpfung. Darwins und Haeckels Tendenz, diese Schöpfung der Arten mechanistisch zu erklären, aus der freien Schöpfung Gottes einen notwendigen oder zufälligen (Hazard) Ablauf zu machen, ist der klare Gegensatz zu jener

Überzeugung. Das sympnoia panta, das mystische Allgefühl, ist bestimmend. Die systematische Ordnung drückt den schöpferischen Plan, die Allnatur aus. Wie weit diese Genese eine wirklich bluthafte Abstammung ist, wird nicht klar entschieden. Auffallend und doch wieder gewöhnlich ist es, daß der Positivist Locke weit bedenkenloser in metaphysischen Hypothesen ist als der echte Metaphysiker. Er nimmt an, daß es zwischen dem niedersten Tier und der vollkommensten Pflanze unmittelbare Übergänge gibt, während Leibniz die Übergänge unter dem Mikroskop zu finden hofft, das heißt den Übergang zwischen dem niedersten Tier und der niedersten Pflanze mit Recht vermutet.

Ob nun diese schöpferische Welt monistisch zu verstehen oder dualistisch, überschreitet das menschliche Denken und versandet leicht in unfruchtbaren Schlagworten wie Geist und Natur, Seele und Stoff. Mag man sich Geist und Stoff als zwei Substanzen vorstellen und den Geist einströmen lassen, wo der Stoff die geeignete Form angenommen hat, oder mag der Geist den Stoff formen, oder mag der Stoff nur der geronnene Geist sein (dies ist die Ansicht, die Schelling auf Leibniz zurückführt und die von Bergson erneuert wurde) — das alles sind Versuche, das Unerkennbare zu erkennen. Aber diese Forderung muß gegenüber solchen Versuchen für uns Menschen gelten: die Ganzheit des beseelten Menschen nicht anzutasten. Sie allein öffnet uns die Erkenntnis von Welt, Seele, Geist. Bedient man sich aber zur Klärung der Zerlegung in Seele und Körper, dann gilt die zweite Forderung: die Seele ist mehr als der Körper, sie formt den Körper. In der Monade sind Seele und Körper Eine Substanz ähnlich wie im vor-sokratischen Hylozoismus. (Goethe empfindet so Leibnizisch, daß er sogar Kants Teleologie in der Kr. d. Urteilskraft als Hylozoismus versteht, obwohl Kant diesen Begriff als widersinnig ablehnt, weil Leblosigkeit den Charakter der Materie ausmache. (§ 72). Er glaubt die Monadenlehre aus seiner Wortdefinition zu widerlegen.) Nicht im Begriffsstreit, sondern im Wecken lebendiger Seelen erfüllt sich Philosophie. Und höchste Erkenntnis wird nur dem Ganzen Menschen, in der Teilnahme am schöpferischen Geschehen selbst. ,,Wesen und Erscheinung'' — wer diese Weltformel faßt, dem ist es gleich, ob man das Transzendente ins Immanente sich einsenken oder das Immanente ins Transzendente sich heben sieht, da der Weg von oben und unten der glei-

che ist, wenn der Funke die Spannung ausgleicht. Transzendentes wirkt nicht, ist nicht erfahrbar, wenn es nicht immanent wird.
In manchen Weltzeiten erscheinen die großen Männer wie Boten
aus dem Transzendenten, wie furchtbare Richter und Rächer —
in anderen als die liebevollen Deuter, welche die schlafenden
Kräfte erwecken. Wie Leibniz sich liebenswürdig noch dem kleinen Insekt gegenüber verhält, wenn er es einmal als Individuum,
als Monade kennen lernte, betrachtet Goethe, glühend für die
schöne Gestalt, doch die Schlange — die den Hofdamen als ein
ekles Gewürm scheint — mit freundlicher Rührung, weil er in ihr
das Ringen nach höherer Gestaltung, die Sehnsucht nach Erweckung wahrzunehmen glaubt. So mögen denn Hofdamen und
Moralisten beide Naturalisten schelten. Der Geist der großen Reformatoren hatte sich in wilden Religionskriegen ausgewirkt,
war danach zu Kämpfen von geistigem Hochmut, starrer Dogmatik, liebloser Zanksucht, dunkelster Teufelsbeschwörung entartet,
als Leibniz in eine friedenssüchtige Zeit eintrat. Dies Leibniz-
Alter der Stufenleiter vom Wurm bis zum Cherub, der gnaden-
reichen Harmonie endet mit der großen Revolution und Kants
Kritizismus. In Kant selber beginnt die Spaltung in asketische
Moral und exakte Naturwissenschaft. Aber in Goethe, Hölderlin,
Schelling lebt Leibniz' schöpferisches Reich fort.

Bei Platon und Paulus, bei Dante und Leibniz ist Gott selbst
Natur, schöpferische Allkraft. Erst wo das schöpferische Wirken
verebbt, spaltet es sich in Geist und bloße Körperwelt, und diese
allein wird dann „Natur" genannt. Erst wenn es soweit gekommen ist, schelten oft gerade die Geistigen die, die noch vom Schöpferischen sprechen, „Naturalisten." Danach spaltet sich der
Geist weiter in Moral und „Aesthetik". Das ist das von Kant
stabilisierte Prinzip der Verstandesaufklärung. Moral wird forma-
listisch-rein wie die Logik. Das Schöne aber wird Sache allein
der ä u ß e r e n Sinnlichkeit, der Wahrnehmung und Lust ohne
seelischen Gehalt, losgelöst von der ethischen Kraft der Seele.
Was aber ist das Schönste, der dichterische Gipfel in der grausa-
men Ilias? Helena — oder die Versöhnung Achills mit Priamos?
Wie die Odyssee die leibliche Rückkehr in die Heimat ist, so ist
die Ilias die Rückkehr der Seele in ihre Heimat, ins Reich der
Versöhnung, der Gnade. Man verneint die Dichtung durch Spaltung in Moral und „Aesthetik", Denken und Sinnlichkeit, Frei-

heit und Natur. Als Nietzsche sich aufbäumte gegen die quälende
Entartung des Lebens, die ebenso bestimmt war durch naturlose
Moral wie seelenlosen Betrieb, und keinen andern Ausweg fand,
als die Moral überhaupt zu schmähen, gewann der Kritizismus
sein Spiel mit der Behauptung: Nietzsche hat bloß an die Stelle
der moralischen Werte die ästhetischen gesetzt. Damit kann auch
ein puritanischer Bildersturm gegen alles Schöne, alles Gestaltige
begründet werden. Wie gedankenlos. Nietzsche suchte verzweifelt
den Weg zum schöpferischen Urgrund und damit zur höhern
Ethik, und wo er eine Unmoral des reinen Machtwillens predigt,
selbst da sucht er im Grunde Leibnizisch eine ethische Rangordnung der Monaden.

Descartes Dualismus trennte die fünfte Dimension als bloßes
Denken von der vierdimensionalen mechanistischen Welt. Will
man den Gegensatz von Moral und Ästhetik, innerhalb der geis-
stigen Dimensionen klären, so muß man das vorläufige Schema
weitergliedern, in der lebendigen Welt, der fünfdimensionalen,
wiederholt sich die Schichtung. Platon und Aristoteles unterscheiden drei Schichten in der menschlichen Seele: die vegetative — die
animalische — die geistige. Das ist die Grundlage aller ganzheitlichen Psychologie: in der menschlichen Seele die Schichten des
irdischen Lebens, in der bewußten Seele die Schichten des Unbewußten zu finden. Diese Sicht hat Leibniz mit den unbewußten
Vorstellungen, den petits perceptions, erneuert und vervoll-
ständigt. Über das vierdimensionale Dasein, in dem wir kein
Leben wahrnehmen, baut sich das pflanzliche, tierische, menschliche Leben in fünf, sechs und sieben Dimensionen auf. Der Sinn
des Schemas ist es, die Unterschiede der Schichten konkret zu
fassen, nirgends zu verwischen, vor allem aber ihren lebendigen,
ganzheitlichen Z u s a m m e n h a n g dennoch zu bewahren.
Das entspricht der Leibnizschen Lehre, daß Geist (Gott ausgenommen) nicht ohne Seele, Leib, Körper existiert, andererseits
das Höhere nicht aus dem Niederen wie das Niedere nicht aus
dem Höheren, wenn es nicht das Ganze ist, abgeleitet werden
kann. Jede andere Auffassung versagt vor dem Problem des
Menschen überhaupt: wie gelangt der Geist zum irdischen
Geschöpf — oder dies zum Geist? Wenn so das Erwachen zur
obersten Dimension zum Lebenssinn wird, wirkt in Religion,
Mystik, Philosophie die hohe Verführung, den Geist ganz loszu-

reißen von den unteren Dimensionen, aufzugehen im universalen Geiste, dessen berauschende Kraft man erlebt hat (Averroes). Das christliche Leben kennt diesen Spiritualismus, aber Kirche und Dogma haben ihm meist widerstanden. Christus ist ganz Gott und ganz leiblicher Mensch. Aber die Vollendung in der siebenten Dimension führt trotzdem oft zur Entwertung des Leibes. Dann aber geht der Schnitt so, daß er den Geist oder die Geist-Seele trennt vom seelisch-leiblichen Leben der sechs übrigen Dimensionen.

Descartes und Kant vollziehen einen ganz anderen Schnitt: sie betrachten die erkennbare Welt als mechanistisch, vierdimensional, ziehen den Geist auf die VII. Dimension zurück und lassen die V. und VI. Dimension mit in der mechanischen Masse verschwinden, so daß das schöpferische Leben in der breiten Kluft versinkt. Nicolai Hartmann hat in subtiler Kategorial-Analyse eine Schichtungslehre aufgebaut, die vom Idealismus zum Realismus führt. Aber die Spaltungen, die das Schema der Dimensionen verbinden soll, hat er nicht überwinden, sondern bestätigen zu müssen geglaubt, da er vom Kritizismus aus an Leibniz vorbei ging. Es ist wissenschaftlich berechtigt, auf Leibniz Hypothese zu verzichten, daß es nur fünfdimensionale Monaden, keine vierdimensionalen Atome gibt. Aber dieser Verzicht umfaßt dann auch die Genese des Lebendigen, die lebendige Einheit der Natur, die geist-leibliche Einheit des sinnerfüllten Lebens. Für diese darf man nicht auf die eine unteilbare Ganzheit des Menschen, die fünfdimensionale Monade verzichten. Hartmann legt den Schnitt mitten durch das Herz des Menschen, Seele und Körper trennend, die Substanz aufhebend. Er lehrt die reale Trennung, während unsre Dimensionen die wesenhafte Einheit verdeutlichen sollen. Hartmanns untere Schichten sind selbständig, die oberen nicht, sie sind nur den unteren aufgelagert. Daraus folgt, daß die oberen schwächer sind als die unteren. Aber sie sind weder schwächer noch stärker, denn es existiert kein Gebilde der oberen Dimensionen für sich. Und gerade die stärksten Gebilde entfalten sich siebendimensional. Im Samenkorn, das einen Wald erzeugt, ist mehr Kraft als im bloßen Erdboden oder im toten Sande. Hartmann gibt also den Idealismus von Leibniz und Kant auf, behält aber den Kritizismus zum Teil bei. Sein Ziel ist beschreibende Analyse, nicht Leibnizsche Zusammenschau, die alle Monaden bis zum Grunde führt, aus dem eine gemeinsame und darum schöpferische Ethik und Lehre der Kunst quellen kann .... Es ist nicht einfach das „animal rationale," das Leibniz im Reich der Gnade sieht, er meint nur die Gotteskinder, die am Göttlich-Schöpferischen, sei es empfänglich, sei es selber schöpferisch teilhaben. Schellings Potenzenlehre verdeutlicht, wie jede seelische Spiegelung nicht nur den Gegenstand wiederholt, sondern eine neue Dimension erschließen, ein neues Organ entfalten kann. In diesem übertragenen Sinne schafft jeder wahrhaft schöpferische Vorgang neuen Raum. In freier Bewegung lebt das Tier eine neue Dimension gegenüber der festgewurzelten Pflanze. Der Mensch erlebt eine neue Dimension, wenn der Schrei zur Sprache wird, ein geistiger Raum gegliedert wird, eine weitere Dimension, wenn das Gehen zum Tanz, das Sprechen zum Gesang wird. Im Künstler — um vom religiösen Menschen zu schweigen — wird das Schöpferische, Raumschaffende offenkundig. Und doch wird alles schöpferische Ereignis wieder gewohnt, mechanisch, stofflich. Was im Erwachen ein höheres Erleben war, sinkt mechanisierend ins Unterbewußte — damit die Kraft für Neues frei wird. Auch der Schöpfer ist an diese Ordnung gebunden, die Lebensvorgänge werden zu Naturgesetzen — sie sind „Gewohnheiten Gottes". Erst darüber hinaus, wo Neues entsteht, waltet der Schöpfer ganz frei. Dies freie, kontingente Schaffen sucht Goethe als Höchstes in der Metamorphose. Auch die christlichen Gründer Paulus und Origenes sahen nicht die Menge der gläubigen Christen als wahrhaft erleuchtet an, sondern nur die wenigen Pneumatischen, Geistigen, schöpferisch im Geistigen Reich. [1].

Der Kritizismus muß darin eine Überschreitung der rationalen Grenzen sehen. Kants Verhältnis zur Kunst ist nicht geistlos, doch kühl, literarisch. Aber die zweite Begegnung mit Herder bringt ihn soweit, dem Dichter Anerkennung zu zollen: Genie ist die angeborene Gemütsanlage (ingenium), d u r c h welche die Natur der Kunst Regel gibt. Dies Friedensangebot nehmen Herder und Goethe an. Wohl spürten sie den Moralismus: das Genie ist nur Werkzeug, es handelt unbewußt. Das war ihnen

---

[1]) I. Kor. II, 14. III 1–3. Gegensatz zu diesen Geistigen sind nicht, wie Luther falsch übersetzt, die natürlichen Menschen, sondern die „seelichen", denn Träger der schöpferische Natur sind gerade jene „Geistigen", die sich frei im universalen Pneuma bewegen.

gleichgiltig: denn wer die schöpferische Freiheit im Auftrage
Gottes besitzt, dem ist es gleichgültig, ob er methaphysisch frei
oder Werkzeug ist: ,,Hier ist Notwendigkeit, hier ist Gott.'' Die
von Gott gesetzte, d.h. hypothetische Notwendigkeit. Kant verzichtet als Gegengabe auf den Anspruch des Genies — er rechnet
sich nicht zu jenen Günstlingen der Natur, sondern zu den großen
Köpfen, er ist zu stolz — sein Ich i s t ja Ratio — um Gunst,
um Charis zu wünschen, ins Reich der Gnade zu treten. Er sieht
einen ,,großen Vorzug'' der großen Köpfe vor den Genies darin,
daß jene ihre Geschicklichkeit lehren und weitergeben können,
während das Genie ein unmittelbares Geschenk der Natur bleibt.
Er spielt seinen großen Trumph aus: ,,weil für diese (die Genies)
die Kunst irgendwo stille steht, indem ihr eine Grenze gesetzt
ist, über die sie nicht weiter gehen kann, die vermutlich auch
seit lange her erreicht ist und nicht weiter mehr erweitert werden
kann.'' Damit der polemische Zweck nicht verborgen bleibe,
nennt er die Namen an dieser Stelle: Newton, Homer, Wieland:
Newton ist der große Kopf, dessen Schule er selber fortsetzt. Die
Dichtung hat in Wieland ihre Vollendung gefunden, sie hat nicht
mehr viel zu hoffen. Ja Muster der redenden Künste können nur
in alten toten Sprachen klassisch werden. Don Carlos, Iphigenie,
Egmont waren erschienen: Kant aber sagt sich los von unserer
klassischen Dichtung, von Goethe, Schiller, Hölderlin. Der Verzicht
auf Dichtung und Kunst kostet ihn wenig: er fühlt sich beheimatet im Leben der rationalen fortschrittlichen Wissenschaft. Es
ist ,,der große Vorzug'' der Gelehrten, daß ,,ihr Talent zur immer
fortschreitenden größeren Vollkommenheit der Erkenntnis und
allen Nutzens, der davon abhängig ist, insgleichen zur Belehrung
anderer in eben denselben Kenntnissen gemacht ist.'' Wer als
Mensch ins irdische Paradies tritt, ist jeden Augenblick gewärtig
aus ihm vertrieben zu werden. Wer die Gnade gern den Günstlingen der Natur überläßt, nur mit objektiven, rationalen Ergebnissen am geistigen Leben mitwirkt, sichert sich auch vor
dem notwendigen Rückschlag, indem er die Vollendung auf
einen unpersönlichen nie zu endenden Fortschritt verschiebt.
Descartes und Kants Ideal der fortschreitenden Wissenschaft ist
sein Trost.

Die Lehre von der Kunst. Leibnizens nicht mehr zu steigerndes

Weltbild ist immer von dieser Tragik bedroht. Eben daß es das Tragische zu überwinden scheint, indem es im Blick auf die göttliche Vollkommenheit selbst das Böse und das Leiden rechtfertigt, die Disharmonie in Harmonie auflöst, ist Anlaß, daß es im Rationalismus der Schule, in der Verstandes-Aufklärung als verwässerter Begriff des Schönen zu Tode gepflegt wird. Leibniz' Gedanken verbreiten sich im 18. Jahrhundert, aber ihre Glut wird lau. Die berühmteste Darstellung der Lehre vom Schönen, ganz aus Wolffschem Verstande, sind die Bücher Sulzers über „die schönen Künste", die schicksalhaft in die Jahre 1771 und 72, in den Durchbruch Herders und Goethes ragen. Sulzer ist von Leibniz aus der Epigone, neben Kant aber zugleich der Freund, der ihn vor dem Schritt in den Kritizismus warnt. Bedeutungsvoll wird seine Ästhetik durch den Widerspruch, zu dem sie den jungen Prometheus-Dichter aufreizt. (Recension in den Frankfurter gelehrten Anzeigen 1772/73). Für die Rationalisten zwar klingt's Leibnizisch, was Sulzer lehrt. Die zärtliche Mutter Natur überschwemmt uns mit Annehmlichkeiten, die wir zur Glückseligkeit brauchen, besonders in der seligen Vereinigung der Gattenliebe. Doch ist des Künstlers Aufgabe nicht, diese harmonische Natur nachzuahmen, sondern zu „verschönern". (Von da ist zu verstehen, daß die Künstler — widersinniger Weise — von Zeit zu Zeit „das Schöne" verleugnen wollen). Der dreiundzwanzigjährige Goethe setzt dieser „Tugend, Wohltätigkeit, Empfindsamkeit" die Natur, auch mit ihren Widerwärtigkeiten, entgegen. Zuerst ist es ihm um die Dynamik zu tun. Auch Leibniz lebt ja nicht in ästhetischen Zirkeln, sondern wirkt dynamisch in politischen Wirren. Goethe lebt zeitweis im Reich der Gnade: wirken will er im Zwischenreich der Menschen, in dem Licht und Finsternis streiten. Instinktiv trifft er genau den Punkt der Entartung von schöpferischer Kunst zum passiven Geschmack der Ästhetik — bis heute. Die Tragik erweist sich in der Langenweile, die viel Könige in ihrer Herrlichkeit zu Tode fraß. „Denn wenn es nur auf Kennerschaft angesehen ist, wenn der Mensch nicht mitwirkend genießt, müssen bald Hunger und Ekel, die zwei feindlichsten Triebe, sich vereinigen, den elenden Pococurante zu quälen."

Hellseherisch weisen diese Worte auf das Elend der sogenannten Ästhetik, dieser begrifflichen Mißgeburt, die nur möglich war, weil Leibniz von den Rationalisten notwendig mißverstanden wurde. Hunger und Ekel — das ist die Folge, wenn die Kunst nur vom Standpunkt des Genießenwollens, des Passiven, ästhetisch erlebt wird. Zwar sahen die Wolffianern, daß mit Syllogistik der Kunst nicht beizukommen sei, und es war nicht schlecht, wenn sie für das Leibniz'sche je ne sais quoi den — irrationalen — Begriff „Geschmack" einsetzten. Aber nun setzt sogleich das Grundmißverständnis ein, von Kant systematisch verfestigt: sinnliche Erscheinung ist unwesentlich, willenlos, rein körperlich; äußerliche Erfahrung, Moralisches ist nur der Vernunft zugänglich. Nun gibt es also ein echtes höheres Erkenntnisvermögen: Wissenschaft, Logik, die das Moralische, das Gute erkennt. Daneben gibt es ein Analogon, mit dem der Denker nicht viel anfangen kann: den Geschmack, ein niederes Erkenntnisvermögen. Das ist der unglaubliche Fehler: als ob Hamlet, Iphigenie nur sinnliche Erscheinungen des Körperlichen wären, nicht Erscheinungen der wirklichen Substanz, der schöpferischen Seele. Selbstverständlich konnte sich Kant mit diesem Ansatz, der die Kunst auf bloße sinnliche Dekoration beschränkt hätte, nicht begnügen. Er fand den Ausweg, der wenigstens in etwas die Richtung wies: Kunstwerk ist Symbol des moralischen Ideales. Dieser idealistische Weg deutet auf Leibniz, auf Platon zurück. Nun aber werden die Folgen des Frevels gegen die Platonische Einheit sichtbar. Das Zerschnittene läßt sich nicht wieder fügen. Eine aus abstrakter Vernunft entwickelte Moral findet nicht zum schöpferischen Grunde. Der Künstler wehrt sich mit Unrecht gegen die Ethik, mit Recht gegen die rationalistische Moral. Sulzer schelte — so findet Goethe — wie es einem Propheten zieme, wacker auf sein Jahrhundert, schelte die großen Künstler, weil sie zur m o r a l i - s c h e n B e s s e r u n g des Volkes nicht brauchbar seien. Aber das Elend aller Ästhetik liegt darin, daß sie von Geschmack, Genuß, also vom passiven Publikum ausgeht, nicht vom schöpferischen Feuer. „Wenn irgend eine spekulative Bemühung den Künsten nützen soll, so muß sie den Künstler gerade angehen, seinem natürlichen Feuer Luft machen, daß es um sich greife und sich tätig erweise. Denn um den Künstler allein ist's zu tun, daß der keine Seligkeit des Lebens fühlt als in seiner Kunst, daß, in sein Instrument versunken, er mit allen seinen Empfindungen

und Kräften da lebt. Am gaffenden Publikum, ob das, wenn's
ausgegafft hat, sich Rechenschaft geben kann, warum's gaffte
oder nicht, was liegt an dem?" Ist das l'art pour l'art? Es ist
Kunst als höchstes Erleben, als Gemeinschaft im schöpferischen Geist, als Werkgemeinschaft, nicht als privates Erlebnis
des Künstlers. „Wer also schriftlich, mündlich oder im Beispiel,
immer einer besser als der andere, den sogenannten Liebhaber,
das einzig wahre Publikum des Künstlers, immer näher und
näher zum Künstlergeist aufheben könnte, daß die Seele mit
einflösse ins Instrument, der hätte mehr getan, als alle psychologischen Theoristen." Im Kampf gegen die Rationalisten, die sich
für Leibnizianer halten, ist Goethe — unbewußt — der echte
Leibnizianer. Er stellt nicht gegen das genießende Publikum
die Technik der Künstler, nicht gegen die Kritiker und Psychologen die schaffenden Künstler, aber er stellt die lebendige Schaf-
fensgemeinschaft aus Künstler und empfänglichem Liebhaber,
den Zeugungsakt gegen die ungeordnete, nicht geistbelebte
Gesellschaft, gegen wesenlose Teilbegriffe. Klingt es nicht wie
eine seherische Warnung an den spätern Kant, wenn er fortfährt:
„Die Herren sind so hoch droben im Empireum transzendenter
Tugend-Schöne, daß sie sich um Kleinigkeiten hienieden nichts
kümmern, auf die alles ankommt... Gott erhalt unsre Sinnen
und bewahre uns vor der Theorie der Sinnlichkeit und gebe
jedem Anfänger einen rechten Meister!" Er schließt, daß Künstler u n d Liebhaber (von Kritikern ist so wenig die Rede als vom
gaffenden Publikum) von seinen Bemühungen und Erlebnissen
schreiben möge (Grundlage der Phänomenologie), bis er den
Geist darstelle, der in gewissen Augenblicken über ihn gekommen
und ihn auf sein Leben erleuchtet, „bis er zuletzt, immer zunehmend, sich zum mächtigen Besitz hinaufgeschwungen und als
König und Überwinder die benachbarten Künste, ja die ganze
Natur zum Tribut genötigt." So würden wir „zum w a h r e n
E i n f l u ß d e r K ü n s t e a u f H e r z u n d S i n n eine
lebendige Theorie versammeln, würden dem Liebhaber Freude
und Mut machen und vielleicht dem Genie etwas nutzen." —
   Leibniz schrieb keine Ästhetik — diesem Mißbegriff war
er unzugänglich! Leider schrieb er nicht viel — non multa sed
multum über Kunst. Er beherrscht seit der Schulzeit mit Leichtigkeit die Technik des Hexameters, aber er ist Denker, nicht Dich-

ter. Er spricht nicht ohne Gefallen, aber doch mit anmutiger
Selbstironie von seinen Versen. Die berühmte Mdm. de Scuderie
nahm seine französischen Verse günstig auf. Er rühmt einige
deutsche Romane. Den weltlichen Geist der großen Oper nimmt
er mit Wohlgefallen in Schutz gegen den bigotten Puritaner-
geschmack. Wir sahen, wie er in Wien mitwirkt am großen
Baugedanken der Kaiseridee Joseph I. In der Theodicee (§ 215)
äußert er sich zum Baudenken. Auch Bayle geht in seiner Kritik
des Barock von der Person, von der wahren Seelengröße des
Fürsten aus, aber als echter sophistischer Aufklärer, als skep-
tischer Vorläufer des 19. Jahrhunderts stellt er den Götzen der
Bequemlichkeit gegen den großartigen Stil, gegen das „magnifique." Er bezeichnet den Barock als großartig, kühn, sonderbar
(magnifique, hardi, singulier) — im Persönlich-Dynamischen
drohe die individuelle Willkür. Von der Seelengröße fordert er
dagegen die niederste Art der Nützlichkeit: die Bequemlichkeit.
Kant würde einwenden, daß die Schönheit gänzlich von dieser
Frage der Nützlichkeit abstrahieren müsse — Leibniz versetzt
sich in die Seele des Bauherren und Baumeisters, indem er ein-
wendet, man müsse wohl die Schönheit des Palastes der Bequemlichkeit einiger Bediensteten vorziehen. Er fordert nicht einen
großartigen Stil ohne Rücksicht auf die socialen Forderungen:
er setzt voraus, daß eine gesundheitschädigende Bauweise schlecht
sei. Klassisch ist das Maß, nicht das Prächtige, Großartige an
sich. Die beste Bauart ist die, die Schönheit, Bequemlichkeit,
Gesundheit in sich vereinigt. Die „beste" — der ethische Wert
ist an die Spitze gestellt, die Begriffe Gut und Schön gehören
Platonisch nahe zusammen. Die höchste Weltformel des Timaios
sieht den erscheinenden Kosmos als das schönste Werk Gottes
und darum selber göttlich. Aber im erscheinenden Werk kann
man wohl das, was vorzugsweise die sinnliche Erscheinung ist,
als schön bezeichnen, dagegen das untergeordnet Zweckmäßige
(Gesundheit, Bequemlichkeit) als gut. Für das Werk im Ganzen
ist sowohl die Bezeichnung gut wie schön angemessen. Aber das
Gute im vollen Sinn ist das Übergeordnete, Schöpferische, das
sein Wesen bezeugt allein in der Schöpfung des Schönen. Darin
sind Platon und Leibniz einig, das ist die ewige Theodicee.
„Schön" aber allein auf die Körperlichkeit der Erscheinung zu

beziehen, ist Zerstörung des schöpferischen Sinnes: Der Palast soll Ausdruck der großen Seele des Erbauers sein.

Die Lehre vom Schönen, von der Kunst ist unmittelbar in der Religion verwurzelt. Die wichtigste Stelle über Religion und Liebe, betont am Anfang der Vorrede zur Theodicee, enthält zugleich das Prinzip der Schönheit. ,,Ordnung, Ebenmaß, Harmonie bezaubern uns. Malerei und Musik sind Beispiele dafür. Gott aber ist ganz Ordnung, er bewahrt immer die Richtigkeit der Proportionen, er beherrscht die Weltharmonie: alle Schönheit ist ein Erguß seiner Strahlen.'' Wie schwer ist dem Kantianer der Zugang zu dieser Platonischen Schau, wieviel leichter dem Thomisten. [1]) Die schöpferische Kraft, die Idee des Guten ist die Sonne, die Religion und Philosophie, Ethik und Kunst durchstrahlt. Das Ziel des Schauens und des ihm angemessenen Tuns ist die Vollkommenheit. Überzeugende Wahrheit glänzt heute, nach so vielen Mühsalen der ringenden Philosophie, dadurch aus der Gestalt Leibnizens, daß seine schlechthin zentrale Schrift, in der kritisches Erkennen, Metaphysik und Lehre, ganz menschlich eins sind, nicht an die Denker, sondern an den Menschen, nicht an die Masse, sondern an die zum Werk berufenen Fürsten gerichtet ist — in deutscher Sprache. Es ist jene Erweckungsschrift ,,Von der Weisheit'' oder ,,Glückseligkeit'', die wir oben (,,Reich der Gnade'') zu Grunde legten. Sie nimmt das Beste des Deutschen Idealismus, die Rückwendung auf die Seele (das Herz, nicht das rationale Ich) vorweg: ,,Die F r e u d e ist eine Lust, so die Seele an ihr selbst empfindet.'' Dieser methodische Gedanke ummklammert die ganze Schrift. Die höchste Glückseligkeit beruht im Schaffen: ,,Die L u s t ist eine Empfindung einer Vollkommenheit oder Vortrefflichkeit, es sey an uns oder etwas anders; denn die Vollkommenheit auch fremder Dinge ist angenehm als Verstand, Tapferkeit und sonderlich Schönheit eines andern Menschen, wohl auch Tieres, ja gar eines leblosen Geschöpfes, Gemäldes oder Kunstwerkes.''

Aber mit dem Urphänomen der Lust steht Leibniz mitten im eigentlichen ,,Problem'' der Moral und ,,Ästhetik.'' Auch er

---

[1]) Im Schicksalsjahr 1945 sagte der Papst vor einer Gruppe von Theaterautoren: ,,Es ist die Leidenschaft einer recht ausgeübten Kunst, durch die Darstellung der Schönheit den Geist zu einer Höhe jenseits der Fassungskraft, jenseits der Gefühle und jenseits des Reiches der Materie zu erheben, bis zu Gott, dem Höchsten Gut der absoluten Schönheit, von dem alles Gute und alles Schöne ausgeht.''

unterscheidet die höhere Lust von der niederen. Der Unterschied
ist dadurch erkennbar, daß die niedere Lust den „Verstand",
Geist und Erkenntnis, nicht erfreut. „Wenn aber die Lust und
Freude so bewandt, daß sie zwar die Sinnen, doch aber nicht den
Verstand vergnüget, so kann sie ebenso leicht zur Unglückselig-
keit, als zur Glückseligkeit helfen, gleichwie eine wohlschmecken-
de Speise ungesund seyn kann. Und muß also die Wollust der
Sinnen nach den Regeln der Vernunft wie eine Speise, Arznei
oder Stärkung gebraucht werden." Verstand und Vernunft
sind hier empirische Welterkenntnis in allen Dimensionen.
Nicht wird Verstand gegen Lust gesetzt, sondern Lust des voller-
wachten Lebens, des Gnadenreiches gegen das nur animalische
Reich. Der mundus intelligibilis umfaßt in vollem Sinne den
mundus sensibilis. „Aber die Lust, so die Seele an sich selbst
nach dem Verstande empfindet, ist eine solche gegenwärtige
Freude, die uns auch fürs Künftige bei Freude erhalten kann."
Alle Freude an fortschreitender Erkenntnis ist wesenlos, wenn
der Mensch nie die Freude in einem gegenwärtigen Augenblick
erlebt hat. Auch Geistesfreude ist Lust der Seele an sich selbst.
Nur wenn die Seelenganzheit bewahrt ist, ist der Weg des Erkennens ein Weg zur Glückseligkeit. Um höhere Lust von niederer
zu unterscheiden, ist Weisheit notwendig und ihre Anwendung,
die in der niederen Lust Gift und Arznei unterscheidet, ist Tugend. Was allgemein-begrifflich klingen könnte, wird höchst
lebendig in konkreter Anwendung — nicht auf ein Beispiel,
sondern auf die wesentliche Aufgabe. Denken ist Vorstufe des
Tuns, ist selbst schon Tun. Die Fürsten sind am meisten begünstigt für ein schöpferisches Tun: „so viel ist unser Leben zu
schätzen, als man darin wohltut." Aber ebenso sind sie am meisten
von der Versuchung bedroht. „Inzwischen kann man sagen,
daß niemand leichter zu einer hohen Staffel der Glückseligkeit
steigen könne, als hohe Personen, und doch niemand in der Tat,
wie Christus selbst gesagt, schwerlicher dazu gelangen, als eben
sie. Dessen Ursach ist, daß sie zwar viel Gutes tun können, aber
selten ihre Gedanken darauf richten. Denn weilen sie stete
Gelegenheit zu sinnlichen Ergötzungen haben, so werden sie
gewohnt, ihre Freude meist in der Wollust zu suchen, so vom
Leib herrühret." Kant führt von der Lust am Schönen den Weg
zum Idealismus nur dadurch, daß er das Schöne als Symbol

des Wesentlichen, der moralischen Freiheit auffaßt. Diese Freiheit fordert auch Leibniz, aber sie ist nicht bloßes moralisches Postulat, sondern sie ist lustvolle Erfahrung der Selbsterkenntnis. Diese Freude gründet in der Selbsterkenntnis, in der Erkenntnis gleich wie in der vorgeburtlichen Seele des Timaios: „als ob wir aus den Sternen herab die irdischen Dinge unter unsern Füßen sehen könnten." Dies aber heißt nicht stoisch oder Spinozistisch die Notwendigkeit erkennen und sich ihr unterordnen, — das würde nur ein Schlaftrunk gegen unsere Schmerzen sein, sondern die Person findet sie „durch Erweckung in sich selbst einer großen Freude, so diese Schmerzen und Unglücksfälle überwieget." Die Erkenntnis selbst ist schöpferisch, sie ist Erweckung, ist Teilhabe an der Ganzheit, am schöpferischen Weltgeschehen: „Denn das ist eins der ewigen Gesetze der Natur, daß wir der Vollkommenheit der Dinge und der daraus entstehenden Lust nach Maaß unserer Erkenntniss guter Neigung und vorgesetzten Beitrages genießen werden."

So spricht Leibniz zu den Fürsten, die er für Weisheit und Tugend, vor allem doch für die Förderung der Wissenschaft, die Akademien gewinnen will: Schönheit der All-Natur, unsägliches Glück des Erkennens. Aber nicht spricht er hier von Förderung der Kunst. Und nun ist das Wunderbare: die Kunst, die hier nicht als Aufgabe erscheint, steht am Anfang als metaphysische Begründung, als Ausstrahlung der Gotteskraft: sie ist Erscheinung der Vollkommenheit. Lust ist Empfindung der Vervollkommnung, Erweckung eigner Seele — nach außen gewandt „sonderlich Schönheit eines anderen Menschen, auch wohl eines Tieres, ja gar eines leblosen Geschöpfes, Gemäldes, oder Kunstwerkes." Monadenlehre ist nicht nur Prinzip der Entelechien, der Persönlichkeiten als leiblicher Gestaltungen, sondern im Gleichgewicht damit in urgegebener Wechselbeziehung Prinzip des Universums, der Weltharmonie. Goethes Kontraktion und Expansion, Verselbstung und Entselbstigung, Einzelgestalt und Weltharmonie sind Prinzipien wie der Erkenntnis so der Kunst. Das Gestaltprinzip, Wunder des Eros, Liebe zum andern Menschen, ist sichtlich als schöpferisches Prinzip der Natur gegeben, daß es eben als „Natur" hingenommen wird. Das universale Harmonie-Prinzip aber ist im eigentlichen Sinne das Wunder, die Magie der Kunst. Bildende Kunst betont die

Einzel-Gestalt, Musik die kosmische Harmonie, Baukunst und Dichtung schaffen das Gleichgewicht. Unterscheidung von Rationalismus und Irrationalismus ist hier unfruchtbar und nichtig. Der Nerv der Lehre vom Schönen ist im Zuge der Metaphysik die Erweckung und Schöpfung: wie die Schönheit Erweckung jener Kraft ist, so erweckt sie und steigert sie zugleich — der erkennende Spiegel wird zum schaffenden. ,,Denn das Bild solcher fremden Vollkommenheit in uns eingedrücket, macht, daß auch etwas davon in uns eingepflanzet und erwecket wird, wie denn kein Zweifel, daß wer viel mit trefflichen Leuten und Sachen umgehet, auch davon trefflicher werde.'' (Das ist die wichtigste Ergänzung der Monadenlehre, der ,,Fensterlosigkeit.'' Für uns als lebende Wesen gilt Wechselwirkung — nur der Metaphysiker macht sich Platonisch bewußt, daß alles Pflanzen, alles Schöpfen zuletzt nur ein ,,Erwecken'' sein kann). Da die Gestalt-Schönheit im Eros schöpferisch wird, betont Leibniz für die Kunst überwiegend das andere Prinzip, die kosmische Harmonie, die Beziehung auf das (auch für Kepler) Göttliche Gesetz der Weltharmonie, der Sphärenmusik. Diese Beziehung konnten die Verstandes-Aufklärer von Grund aus umkehren, als Auflösung der Empfindung und Lust in nackte Ratio, Rechnung umdeuten, gleichgiltig, ob diese aus reiner Vernunft deduziert oder aus sinnlicher Erfahrung induziert wurde: der rechnende Verstand löste das Schöpferische Mitleben auf. Niemand war empfänglich, das hinzunehmen, was Leibniz schlicht und anschaulich sagte. Analyse und Mathematik enden nicht in der Rechnung, sondern in der Kosmischen Harmonie aller Proportionen. Darum erinnert Leibniz an den Gipfelstellen seiner Metaphysik an diese magische Harmonie. Die Welterkenntnis aus dem Gestaltprinzip, also aus der Wesenerkenntnis der einzelnen Monaden ist das unendliche Feld der Erfahrung — die sinnlich empfundene Harmonie ist dagegen der unmittelbare, unvermittelte Aufstieg zum Göttlich-Schöpferischen. Beides vereint führt zum rauschhaften Gedanken und Gefühl der Kosmischen Sympathie. Das sympnoia panta der ,,Monadologie'', Grundgedanke dieser Sympathie, ist Quell der Magie in der Kunst. ,,Man merkt nicht allezeit, worin die Vollkommenheit der angenehmen Dinge beruhe, oder zu was für einer Vollkommenheit sie in uns dienen, unterdessen wird es doch von unserm

Gemüte, obschon nicht von unserm Verstande empfunden. Man sagt insgemein: es ist, i c h w e i ß n i c h t w a s, so mir an der Sache gefällt, das nennet man *Sympathie,* aber die der Dinge Ursache forschen, finden den Grund zum öftern und begreifen daß etwas darunter stecke, so uns zwar unvermerket doch wahrhaftig zu Statten kommt. Die Musik gibt dessen ein schönes Beispiel." Und nun führt er aus, wie die bebende Saite schon im Einzeltone diesem Gesetz der Ordnung folgt. Der Zusammenklang der anderen Instrumente, Takt, Rhythmus, Kadenz ,,und sonst dergleichen Bewegungen nach Maaß und Regel haben ihre Angenehmlichkeit von der Ordnung." Diese Ordnung weckt durch Gehör den Widerhall in unserm Gemüt und regt unsere Lebensgeister an. Dasselbe Gesetz wirkt in der Dichtung, deren Verse im Wechsel langer und kurzer Silben, im Zusammentreffen der Reime ,,gleichsam eine stille Musik, auch ohne Gesang, in sich halten." Das Auge ist hier wohl zufällig vergessen, denn sowohl in der Theodicee wie in den ,,Prinzipien der Natur und der Gnade" ist unmittelbar neben der Musik die Malerei genannt. ,,Die Freuden, die das Gesicht in den Proportionen findet, sind von gleicher Natur." (§ 17) In dieser Fassung greift das Harmonie-Prinzip auf Baukunst und Gestalten der bildenden Kunst über. Daß aber die Farbe als solche mitgemeint sei, ist aus der Einbeziehung der Sinnesqualitäten zu schließen: ,,Und ist nicht zu zweifeln, daß auch im Fühlen, Schmecken und Riechen die Süßigkeit einer gewissen, obschon unsichtbaren Ordnung und Vollkommenheit.... bestehe."

Was im Gespräch mit Locke als erkenntnistheoretische Hypothese von der Wahrhaftigkeit der Sinnesqualitäten auftrat, enthüllt sich hier metaphysisch als Urgrund: sinnliche Eigenschaften sind an der Monade bloße Accidenzen, aber sie sind andrerseits ewige Eigenschaften der kosmischen Allheit, wesentliche Bestandteile der höchsten All-Intuition.

> Du hirte hast das beste teil erwählt,
> Denn alles menschenwissen ist verborgen
> Im weiß der lilien und im duft der rosen. (Gerardy)....

So faßt Leibniz die Lehre vom Schöpferisch-Schönen in wenigen ewigen Grundgedanken: ihre blühende Ausgestaltung fand sie erst im Kreise Goethes. Der Hauch des titanisch-erregten Genies zerblies mit echtem Leibniz-Enthusiasmus dessen in

Sulzer erscheinende verblassende Entartung. In Weimar, wieder im Bunde mit dem Leibnizianer Herder, legte sich der titanische Sturm und das Ideal reiner Menschlichkeit trat an seine Stelle. (Gedicht „Zueignung") Im Ideal der Humanität geht der griechische Humanismus mit dem Leibnizschen Vervollkommnungsstreben die Verbindung ein, in der sich der Kern der Leibnizschen Lehre rein offenbart: das heilige Maß. Kants aufstachelnde Rezension begegnet der Einsicht ins Göttliche Maß. „Edel sei der Mensch, hilfreich und gut". Liebe zur Gestalt und Streben ins Kosmisch-Unendliche verschmolzen zum Ur-Schmerz, zum Ur-Erlebnis der Sehnsucht: Mignon-Lieder. Goethe wurde sich der Musik, der Magie seines Verses bewußt:

„Mir gab ein Gott zu sagen was ich leide."

In Rom schlossen sich beide Prinzipien zur Lehre von der schöpferischen Schönheit zusammen. Schöpferischer Geist in der Natur, der Metamorphose, und in der Kunst sind dieselbe göttliche Kraft. Das ist die Vollendung, wie er enthusiastisch an Herder meldet. Das ist die Lehre vom Schönen, die er gemeinsam mit Karl Philipp Moritz in Rom 1786 ausdenkt. Sie ist die Wiedergeburt der Leibnizschen Lehre. Wenn Leibniz die Gestaltenlehre nicht als Lehre der Kunstwerke entwickelt hatte, so war der metaphysische Grund doch in der Monadenlehre der Vervollkommnung, der Harmonie gegeben, der Weg für den Künstler gewiesen. Das Kunstwerk muß wie der Mensch gleichsam erscheinende Monade, Repräsentation des All-Ganzen sein. Karl Philipp Moritz, philosophisch gebildet, aber nicht kritizistisch belastet, führte seine Gespräche mit Goethe systematisch aus. Sie übernehmen nicht das Wort Monade, sondern sprechen wie Herder von Organ und Organisation, aber das Wesen „Monade" wird aufs schönste entfaltet. „Von den Verhältnissen des großen Ganzen, das uns umgibt, treffen nämlich immer so viele in allen Berührungspunkten unsers Organs zusammen, daß wir dieses große Ganze dunkel in uns fühlen, ohne doch selbst es zu *sein*. Die in unser Wesen hineingesponnenen Verhältnisse jenes Ganzen streben sich nach allen Seiten wieder auszudehnen; das Organ wünscht, sich nach allen Seiten bis ins Unendliche fortzusetzen. Es will das umgebende Ganze nicht nur in sich spiegeln, sondern, soweit es kann, selbst dies umgebende Ganze sein." Das Thomistische gratia perficit naturam wird durch die drei Dimensionen

des Lebendigen verfolgt. Jede höhere Organisation ergreift die
untere und überträgt sie in ihr Wesen: die Pflanze den bloßen Stoff
ins Wachsen, das Tier die Pflanze ins Wachsen und den Genuß,
der Mensch aber faßt zugleich alles, was seiner Organisation sich
unterordnet, durch die unter allen am hellsten geschliffene spie-
gelnde Oberfläche seines Wesens in den Umfang seines Daseins auf
und stellt es, wenn sein Organ sich bildend in sich selbst vollendet,
verschönert außer sich wieder dar." Das „verschönert," das bei
Sulzer öde und „ästhetisch" klang, verjüngt sich jetzt aus der
schöpferischen Kraft, die Leibniz entsprechend die tätige Kraft,
die Tatkraft genannt wird. „Alle die in der tätigen Kraft bloß
dunkel geahnten Verhältnisse jenes großen Ganzen müssen notwendig auf irgend eine Weise entweder sichtbar, hörbar oder doch
der Einbildungskraft faßbar werden; und um dies zu werden, muß
die Tatkraft, in der sie schlummern, sich nach sich selber, aus sich
selber bilden. Sie muß alle jene Verhältnisse des großen Ganzen
und in ihnen das höchste Schöne, wie an den Spitzen seiner
Strahlen, in e i n e m Brennpunkt fassen. Aus diesem Brennpunkt muß sich, nach des Auges gemessener Weite, ein zartes
und doch getreues Bild des höchsten Schönen runden, das die vollkommensten Verhältnisse des großen Ganzen der Natur ebenso
wahr und richtig, wie sie selbst, in seinem kleinen Umfang faßt."
Die Kunst, die in ihrem A und O, in der menschlichen Gestalt
sich vollendet, ist so zugleich der höchste Vollzug der Mikro-
Makrokosmos-Lehre. Wie die Natur sich nur in Individuen
verwirklicht, so muß das Kunstwerk ein Analogon des Individuums sein. „Weil nun aber dieser Abdruck des höchsten Schönen notwendig an etwas haften muß, so wählt die bildende Kraft,
durch ihre Individualität bestimmt, irgend einen sichtbaren,
hörbaren, oder doch der Einbildungskraft faßbaren Gegenstand,
auf den sie den Abglanz des höchsten Schönen im verjüngenden
Maßstabe überträgt."

Dies ist die Vollendung der Leibnizlehre übertragen auf das
Kunstwerk. In diesem Augenblick fühlt Goethe sich fast bis zur
Identität einverstanden mit Herders „Ideen", deren III. Teil er
in Rom mit höchster Freude las, gleichzeitig mit dessen Schrift
„Gott". Herders „Ideen" — das ist die Entfaltung der 78 Jahre
vorher erschienenen Theodicee und Kosmodicee, wieder ein
Lesewerk für die Gebildeten Europas, aber nicht mehr in den

Dogmenstreit jener Zeit verhaftet, belebt durch die Fülle neuer
Erfahrungen und Forschungen, verjüngt durch das Herder-Goe-
the-Erlebnis. Herder stellt gleichsam den Kosmos der erkennenden Spiegel dar, Moritz schreibt aus der Seele des Künstlers
Goethe, des schaffenden Spiegels. Er sagt: die Verjüngung Europas kann nur durch schöpferische Tat vollzogen werden. Schönheit ist Gotteskraft, Kunst ist Gottesdienst. ,,Wenn wir nun alle
Stufen hinaufsteigen, so finden wir das Schöne auf dem Gipfel
aller Dinge, das wie eine Gottheit beglückt und elend macht,
nutzt und schadet, ohne daß wir sie deshalb zur Rechenschaft
ziehen können und dürfen." Das Kunstwerk soll als heiliges
Symbol die Stelle dieser Gottheit vertreten. Das Symposion, der
Phaidros hatten die Religion des Eros, der menschlichen Schönheit gefordert — so kann aus Leibniz' Denken auch die Schönheit des Kunstwerkes zur Religion werden. Mit diesem Wandel
der ,,ästhetischen" Kunst zur Religion im hellenischen Sinne
wandelte sich das Lebensgefühl, schien eine Verjüngung möglich.

Gleichzeitig entstand Kants Kritik der praktischen Vernunft,
bald nach ihr die Kritik der Urteilskraft. Goethe und Moritz
versuchten in gedrängten, dunklen Gesetzen das zu verkünden,
was Kant in zwei Hauptwerken der Philosophie ausführen möchte. Wie kann der Geschmack, das selbstsüchtige Genießen des
Aestheten zusammengehen mit der Heiligkeit der Kunst? Die
zulängliche, ethische, von Kant angebahnte Lösung ist: Schöpfung ist zwar höchster Genuß, aber der Künstler darf an ihn
nicht denken, ihn nicht suchen. Er bewährt sich als schöpferischer Künstler dadurch, daß er die Vorstellung des Genusses,
die Selbstsucht verbannt, daß er das Kunstwerk selbst dann
zu vollenden strebte, wenn er es erst mit seinem letzten Atemzu-
ge vollenden würde. Das ist die phänomenologische Erkenntnis
des reinen Schöpferwillens in der eigenen Seele. Wie aber kann
dieser Wille ein geistiges Reich schaffen? Ist er nicht Rückwendung auf das reine Ich des subjektiven Idealismus? Soll in jedem
Menschen die individuelle Bildungskraft als das allein Wesentliche angereizt werden? Erst in Rom, selbst noch tastend als
Denker, Dichter, Maler erlebt Goethe die Lösung, als er in Moritz
den jüngeren Bruder, den Wesensverwandten, den Jünger findet,
der dem gleichen Gotte dient, aber in Goethe den Erwecker, den
Vollender sieht: der höheren Idee unterordnet er sich selbstlos,

entsagend, glücklich. Wie im Phaidros folgen die Verwandten, Erwecker und Erweckter, dem gleichen Gotte. Die fensterlosen Monaden finden ihre Gemeinschaft in der Erkenntnis des gleichen Gottes, in Freundschaft, im gemeinsamen Dienst am Schönen. Das sind die wenigen, höchst merkwürdigen Jahre deutscher Geistesgeschichte, in denen Goethe und Kant (dieser an der Kr.d. Urteilskraft arbeitend) sicher ohne dies von einander zu wissen, um das gleiche höchste Ziel ringen. Dies Ringen ist nicht unbedingter Gegensatz von Irrationalismus und Rationalismus, denn gerade dies ist das Erregende, daß sie sich, von verschiedenen Orten ausgehend, im erstrebten Ziel einander nähern: Rationalismus und „Irrationalismus" scheinen sich glücklich auszugleichen. Kant kommt zur Lehre vom Genie, das ohne Ratio, unbewußt, der Kunst die Regeln gebe. Goethe gründet die philosophische Theorie für jene Kunst. Erst auf dem Gipfel wird die Entscheidung notwendig, wer das übergeordnete Prinzip in sich trägt: Leibniz oder Kant. Dieser setzt auf den Thron die Ratio, aus der allein die Moral, der Grund des höchsten Gutes nach Analogie der Logik zu schöpfen sei. Die Kunst, die Schönheit ist bestenfalls fähig, als Symbol dieses Ideals zu dienen. Goethe sieht dagegen mit Leibniz in der schöpferischen Freiheit der Monade das Höchste. Diese Urkraft enthält drei Kräfte: 1) die Bildungskraft, die eigentlich die gesamte Tatkraft repräsentiert: sie ist die hervorbringende produktive Kraft. 2) die Empfindungskraft, die jener hervorbringenden Kraft zugeneigt ist. 3) die Denkkraft, die Ratio, die das Wesen jener Kräfte wohl spiegelt und die, mit jener zweiten Kraft vereint, den reinen Genuß am Kunstwerk zu erhöhen vermag. Dies aber ist Leibniz Grundsatz: nicht die reine, begriffliche Ratio, sondern nur die intuitive Schau, die tätige Teilnahme am schöpferischen Vorgang kann das Wesentliche erkennen und vollziehen. Goethe-Moritz drücken es so aus: „Da nun aber jene großen Verhältnisse, in deren völligem Umfange eben das Schöne liegt, nicht mehr unter das Gebiet der Denkkraft fallen, so kann auch der lebendige Begriff von der bildenden Nachahmung des Schönen nur im Gefühl der tätigen Kraft, die es hervorbringt, im ersten Augenblick der Entstehung stattfinden, wo das Werk, als schon vollendet, durch alle Grade seines allmählichen Werdens, in dunkler Ahnung auf einmal vor die Seele tritt und in diesem Moment der ersten Erzeugung gleichsam vor seinem wirklichen Dasein da ist; wodurch alsdann auch jener unnennbare Reiz entsteht, welcher das schaffende Genie zur immerwährenden Bildung treibt.''

Wie glänzend lösen Goethe-Moritz die quälenden Skrupel des Kritizismus, nach denen das Schöne weder empirisch noch apriori erklärt werden kann, und wie nahe dem höchsten Platonischen Stil klingt diese Indentitäts-Lösung: ,,Die Natur des Schönen besteht ja eben darin, daß sein inneres Wesen außer den Grenzen der Denkkraft, in seiner Entstehung, in seinem eignen Werden liegt. Eben darum, weil die Denkkraft beim Schönen nicht mehr fragen kann, warum es schön sei, ist es schön. Denn es mangelt ja der Denkkraft völlig an einem V e r g l e i c h u n g s p u n k t e, wonach sie das Schöne beurteilen und betrachten könnte. Was gibt es noch für einen Vergleichungspunkt für das echte Schöne, als mit dem Inbegriff aller harmonischen Verhältnisse des großen Ganzen der Natur, die keine Denkkraft umfassen kann? .... Das Schöne kann daher nicht erkannt, es muß h e r v o r g e b r a c h t oder e m p f u n d e n werden.''

In einem neuen Gedanken vollendet Goethe in dieser Freundschaft das bei Leibniz noch Unbewußte. Bildungskraft kann nicht ohne Empfindungskraft sein, wie siebendimensionales Leben nicht ohne das sechsdimensionale (während die abstrahierende Denkkraft nicht notwendig ist.) Diese Ganzheit gehört zum Wesen des Künstlers. In Rom erweitert sich diese Einsicht: in schöpferischer Gemeinschaft, in Werkgemeinschaft kann der Künstler nicht wirken ohne den entsagenden Kunstliebhaber, den Empfänglichen, den Deutenden. Dieser aber ist immer versucht als Nachahmender, die Schöpfung Genießender, selbst schaffender Künstler werden zu wollen. Es ist nun der Gedanke der Heiligkeit des künstlerischen Schaffens, der religiösen Repräsentation des Kunstwerkes, der diese Entsagung des Empfindenden zum fruchtbaren ethischen Prinzip macht. Aus Platonischer Freundschaft versteht Goethe nun diese Werkgemeinschaft als Zeugung und Empfängnis. ,,Bildungskraft und Empfindungsfähigkeit verhalten sich zueinander wie Mann und Weib. Denn auch die Bildungskraft ist bei der ersten Entstehung ihres Werkes, im Moment des höchsten Genusses, zugleich Empfindungsfähigkeit und erzeugt wie die Natur den Abdruck ihres Wesens aus sich selber.'' Damit sind ganz im Sinne von Leibniz die Elemente von dessen Lehre in Eins gefaßt. Er sah das höchste ethische Prinzip in der Liebe, deren höchste Freude die Vervollkommnung des Du ist. Er fand die Magie der Kunst in ihrer Beziehung auf die Gott-Harmonie. Dies schließt sich bei Goethe (wie bei Platon) zusammen: das künstlerische Schaffen selbst ist Zeugung, ist Eros, ist Vermittlung zwischen den Monaden im Schöpfer-Gott. Anstelle eines leeren Pflichtbegriffes und kritischen Dogmas tritt der Gottesdienst der Schönheit, dem sich Künstler und Kunstliebender gemeinsam hingeben.

Diese einfach-große Lehre bleibt für die Wissenschaft dunkel, solange sie nicht analysierend und systematisierend ausgeführt wird. Wer blättert nicht in der Italienischen Reise über diese gedrängte Abhandlung als „zu schwer, zu philosophisch" weg? Nur Schelling konnte diese Lehre auswerten, aber das 19. Jahrhundert ging an ihr vorbei, denn seiner abstrakten Wissenschaft entsprach es mehr, von Kants Analysen und Kategorien auszugehen als von der Schau des Schönen, vom schöpferischen Erlebnis.

DIE ENTWICKLUNG DER RELIGIONS-IDEE

Bis zu Schiller und Fichte. Goethes Zustimmung zu der Kr.d.
Urteilskraft beweist, daß eine Versöhnung zwischen Kant und
Leibniz möglich gewesen wäre. Sie wäre erreicht, wenn Kant in
dieser Krise verzichtet hätte auf den unbedingten Kritizismus:
Denken gegen Anschauung, Ding an sich gegen Erscheinung.
Statt dessen müht er sich dauernd zu beweisen, daß diese Leibniznahe Synthese trotzdem kritizistisch sei. [1]). Aber er entschließt
sich am Kreuzweg für die andere Seite: Er wendet sich wieder um
so kritizistischer gegen Leibniz, verläßt seine glühenden Anhänger an der Universität Jena, die von ihm Erfüllung des Idealrealismus verlangen: Reinhold, Schiller, Fichte, und verbündet
sich mit der Berliner Aufklärung . . . .

Wenn nach Diltheys Wort das 18. Jahrhundert geistig von
Leibniz beherrscht wird, so suchen wir hier nicht geschichtlich
die unmittelbaren Beeinflussungen. Uns ist zu tun um die ent-
thusiastische Wiedergeburt, die in Goethe und Hölderlin gipfelt
und deren größter Vorläufer Leibniz ist, zu der aber auch wesentlich verwandte, doch selbständige Kräfte gehören. Shaftesbury
wurde genannt. Winckelmann, ein Jahr nach Leibniz' Tode geboren, bedürfte als Gegenbild zu Leibniz in der Geschichte der
bildenden Kunst eine eigene Darstellung. Er wurzelt wie Leibniz
in den Platonischen Dialogen, im Enthusiasmus des Gastmahl
und des Phaidros. Anstelle der Monade steht ihm der schöne
Mensch, anstelle der Barock-Dynamik eine „klassisch" gebändig-
te, die hohe Ruhe ausdrückende. Wie Leibniz trennt er nicht
Denken und Anschauen, nicht Logik und Aesthetik, darum bleibt
ihm die pedantische und die flach-populäre Aufklärung fremd.

---

[1] Ähnliches wiederholt sich in Cassirers wichtiger Darstellung „Freiheit und
Form". Cassirer steht hier Leibniz näher als Kant und stellt in diesem Sinne Schiller
und besonders Goethe dar. Aber er hält Kant die Treue und belastet sein Buch mit
dem vergeblichen Versuch, im Kritizismus die höhere Lösung zu finden.

Er ist leidenschaftlich hingerissen von leiblicher Schönheit, aber
diese ist ihm ganz unmittelbare Erscheinung der übersinnlichen
und überrationalen Idee. Das heißt, sein Denken bleibt anschaulich. ,,Der gleichsam unerschaffene Begriff der Schönheit ....
jene Schönheit, die da ist wie eine nicht durch Hülfe der Sinne
empfangene Idee, welche in einem hohen Verstande und in einer
glücklichen Einbildung, wenn sie sich anschauend bis zur göttlichen Schönheit erheben könnte, erzeugt worden.'' ,,Die Beschreibung des Apollo erfordert den höchsten Stil und eine Erhebung über alles, was menschlich ist.'' Goethe hat in einem
Panegyrikus, dessen Enthusiasmus ihrer gemeinsamen Leibniz-
Verwandtschaft entspricht, gesagt: ,,Er muß Poet sein, er mag
daran denken, er mag wollen oder nicht.'' Goethe gibt zu, die
neue Philosophie könne nicht an Kant vorbei gehen, aber er
fährt fort, daß der Archäologe davon ausgenommen sei, denn in
seiner Welt beschäftige er sich nur mit dem Schönsten und Besten
und erreiche dabei Kenntnisse, Urteile, Geschmack von solcher
Sicherheit, daß er Kants Philosophie nicht bedürfe. Und Goethe
steigert Leibniz' Weltbejahung, wenn er die Sinneserfüllung des
ganzen Kosmos darin sieht, daß sich zuletzt Ein glücklicher Mensch,
als Ganzer im schönen Ganzen, in einem harmonischen Behagen
sich seines Daseins freue. Herder und Winckelmann nennen
einander ,,pindarisch'', also dionysisch. — Wir sahen, wie Lessing im Begriff stand, der Erbe von Leibniz zu werden, als er
viel zu früh, im Jahre der Kr.d.r. Vernunft starb. Von Hamann,
dem Freunde des frühen Kant, dem Gegner des kritizistischen,
empfing Goethe den Grundsatz seines Lebenswerkes, den echten
Monadengedanken: daß nur der Mensch als Ganzes, nicht als
Denksubjekt, schöpferisch wirken könne.

Den wirksamsten Ausdruck der Steigerung des enthusiastischen Allgefühles bis zur dionysischen Bewegung gab Schiller in
seinem ,,Lied an die Freude.'' Die Wirkung auf Hölderlin, Wagner,
Nietzsche ist nicht abzuschätzen und in Beethovens Chorlied in
der IX. Sinfonie wirkt es fort. Um so dringender kehrt die Frage
zurück: wie konnte Schiller von Leibniz abfallen zu Kant.
Schien er doch berufen, beide zu vereinen. Das findet seinen
Ausdruck noch in den Julius-Briefen, in seiner Theosophie, die
doch zugleich Schwanengesang ist. ,,Was hast du aus mir gemacht, Raphael? .... Selige, paradiesische Zeit, da ich noch mit

verbundenen Augen durch das Leben taumelte wie ein Trunkener .... Ich empfand und war glücklich. Raphael hat mich denken gelehrt, und ich bin auf dem Wege, meine Erschaffung zu
beweinen." Das ist der Mythos seiner Vertreibung aus dem Reich
der Gnade, seine Metamorphose zum Manne, und die geistesgeschichtliche Krise zwischen Leibnizens Harmonie und Kants
Disharmonie. Die Grenzen des Reiches, die bei Leibniz nur die
Grenze zwischen geistigen und ungeistigen Geschöpfen bezeichnen, sind nun die Grenzen, aus denen jeder einmal verstoßen wird
und über die er durch geistige Bildung zurückzukehren versucht.
Körner hat ihn mit der Weisheit Kants belehrt: ,,Glaube niemand als deiner eigenen Vernunft. Es gibt nichts Heiliges als die
Wahrheit." Newton, Kant lehren die Natur mechanistisch begreifen. Dieser Mechanismus stürzt die lebendige Schöpfung ein,
in der Schiller gewohnt hat. ,,Du hast mir den Glauben gestohlen .... Tausend Dinge waren mir so ehrwürdig, ehe deine traurige Weisheit sie mir entkleidete .... Raphael, ich fordere meine
Seele von dir." Körner-Raphael antwortet, es sei ihm nichts
übrig geblieben ,,als diese unvermeidliche Seuche durch Einimpfung unschädlich zu machen." Aber wenn der schwärmerische
Jüngling zum nüchternen Manne geweckt werden sollte, war es
dann zweckmäßig, den Dichter zum Kritizisten zu machen? —
Doch war in den Julius-Briefen die große Sicht enthalten, auf
höherer Stufe die Harmonie herzustellen, ins Reich der Gnade
zurückzukehren. Durch den kritischen Widerspruch fühlte
Schiller die Schönheit des schöpferischen Reiches um so glühender. ,,Ich bin überzeugt, daß in den glücklichen Momenten des
Ideals der Künstler, der Philosoph und der Dichter die großen
und guten Menschen wirklich sind, deren Bild sie entwerfen."
Das ist die schöpferische Ebene bei Leibniz, die der Fachmann
Kant nicht sucht. Schiller sucht den Aufstieg nicht durch die
Ratio, nicht durch sinnenfeindliche Moral, sondern wie Leibniz
in der Liebe. Er glaubt an die uneigennützige Liebe. ,,Ich bin
verloren, wenn sie nicht ist." Der Gedanke ,,der süßen Sympathie"
ist das tragende Lebensgefühl. Nicht der Ich-Idealismus der
Kantisch-Fichteschen Bewegung, sondern die Leibniz-Harmonie
der Monaden steht in der Mitte und am Schluß dieser Theosophie.
,,Alle (Elemente) mischen sich millionenfach anders wieder;
aber e i n e Wahrheit ist es, die gleich einer festen Achse ge

meinschaftlich durch alle Religionen und alle Systeme geht. —
Nähert euch dem Gotte, den ihr meint." ¹) Ein Gedicht in der
Theosophie ist Symbol dafür, daß Schiller in diesem Leibniz-
Enthusiasmus gefühlsmäßig den vollendeten (sog. objektiven)
Deutschen Idealismus — Hölderlin, Schelling, Hegel — vorweg-
genommen hat.

> Freundlos war der große Weltenmeister,
> Fühlte Mangel; darum schuf er Geister,
> Selge Spiegel seiner Seligkeit.
> Fand das höchste Wesen schon kein Gleiches,
> Aus dem Kelch des ganzen Weltenreiches
> Schäumt ihm die Unendlichkeit.

Diese Verse hat Hegel (Erinnerung an die Jugendfreundschaft
mit Hölderlin und Schelling?) zitiert und damit auf die Ahnen
des echten metaphysisch-religiösen Idealrealismus, Leibniz und
Schiller, gewiesen. Ohne Gefühl für solche großen Möglichkeiten,
kritizistisch befangen, anwortet Körner auf die erschütternden
Julius-Briefe. (1788) Wie Kant läßt er zwar die Leibnizsche
Harmonie als unbestimmtes, irrationales Postulat gelten, aber
er zieht sich auf das aufklärerische Ideal zurück: Man muß zuerst
die unbedingte Freiheit des Denkens erwerben, darum muß man
jede menschliche Führung ablehnen, man muß durch die ,,etwas
trockene Untersuchung über die Natur der menschlichen Erkenntnis" gehen, um reif zu werden für die demütigenden Wahrheiten
von den Grenzen des menschlichen Wissens." Das ist Kants
Kritik, wie Schiller auch versteht. Ob aber das Labyrinth des
Kritizismus, der Analyse der beste Weg war, wieder zur eigenen
schöpferischen Tätigkeit zu gelangen? Der idealistische Zug
Kants wurde aufgewogen durch die unglückliche, komplizierte
Form des Kritizismus. Schiller verfuhr genial konstruierend mit
scharfsinnig gefaßten Begriffen, aber aufs Ganze gesehen mehr
eklektisch als folgerichtig, systematisch-umfassend. In den
Julius-Briefen sagt er: ,,Ich habe keine philosophische Schule
gehört und wenig gedruckte Schriften gelesen." Wenn er die
Leibniz-Goethesche Zuversicht hat: ,,Jede Fertigkeit der Vernunft, auch im Irrtum, vermehrt ihre Fertigkeit zu Empfängnis
der Wahrheit", so hat er doch nicht Goethes fruchtbaren In-

---

¹) An dieser Stelle weist die Erwähnung des Tarquinius deutlich auf den Schluß
der Theodicee.

stinkt, der entschlossen am Labyrinth der Erkenntnis-Analyse vorbeigeht. 1791, in Jena, im Verkehr mit Reinhold, nimmt er die Kr.d. Urteilskraft in die Hand, um sie gänzlich zu durchdringen, selbsttätig in ihrem Geist weiterzuarbeiten. Er[1]) hatte vor Kant den umfänglicheren Blick voraus als schaffender Künstler, als früherer Leibniz-Schwärmer und nun belehrt durch Moritz, durch dessen Lehre vom Schönen, in der die Leibniz-Lehre von Goethes Geist erfüllt war. Er schwankt zwischen ihr und dem Kritizismus. Kant sei subjektiv, aber Moritz „nur" objektiv. Er findet die glückliche Synthese: Schönheit ist Freiheit in der Erscheinung. Die Erscheinung ist das Objektive, aber sie stellt die subjektive Freiheit dar. Damit sind die beiden Begriffe Kants vereint: die moralische Idee der Freiheit und das Gefühl des Schönen. Aber auch Kant und Leibniz sind vereint: in der sinnlichen Erscheinung schaut man das ewige Wesen, die Freiheit. Das Problem scheint in dieser Formel gelöst. Aber nun wirkt Kants Antithese fort, sie gehört zum Wesen Schillers: die Formel bleibt zweideutig.

Dilthey sagt: „die rationale Aesthetik begreift das Schöne als die E r s c h e i n u n g   d e s   L o g i s c h e n   i m   S i n n l i c h e n und die Kunst als eine sinnliche Vergegenwärtigung des   h a r - m o n i s c h e n   W e l t z u s a m m e n h a n g e s." Das ist die prägnante Formel für die Entwicklung von Leibniz bis Hölderlin, aber das Problem, der Gegensatz Kants zu Leibniz ist durch dies „und" versteckt oder geleugnet. Wenn die Weltharmonie, die schaffende Kraft sich tatsächlich im Kunstwerk vergegenwärtigt, unmittelbar repräsentiert, dann hat das vollendete Kunstwerk religiöse Bedeutung. Wenn aber das Schöne nur das Logische, und damit auch das Moralische vermittelt darstellt, so ist es bloße vermittelte, sekundäre Allegorie auf das Wesen, das Gute, die Wahrheit. Vielleicht will Schiller den Doppelsinn nicht klären, die Spannung bestehen lassen. Sein leidenschaftliches Ringen findet den unübertrefflich klaren Ausdruck im Kalliasbrief: „Es ist gewiß von keinem sterblichen Menschen kein größeres Wort noch gesprochen worden als dieses Kantische, was zugleich der Inhalt seiner ganzen Philosophie ist: B e s t i m m e   d i c h a u s   d i r   s e l b s t; sowie das in der theoretischen Philosophie:

---

[1]) Aus den aesthetischen Vorlesungen 1792/93.

Die Natur steht unter dem Verstandesgesetze. Diese große Idee der Selbstbestimmung strahlt aus gewissen Erscheinungen der Natur zurück, und diese nennen wir Schönheit." Von diesem Gipfel ist der Gedankenflug — aber auch der Widerspruch seiner Werke zu begreifen. Er sucht den Weg von Kants Verstandesreich zu Leibniz' Gnadenreich, er nimmt auch von Moritz-Goethe die Platonische Einsicht, daß wir das Schöne auch in wahrer Wesenserkenntnis erreichen, weil die Seele, der Charakter, das Urschöne sein kann. Er berichtet von Moritz: „Der s c h ö n e (Gegenstand) ist ohne alle äußeren Beziehungen und besitzt seinen Wert in sich selbst. E d e l heißt das Moralisch-Schöne". Aber er selbst schwankt: woher quillt der bestimmende Wert — aus dem Wahren, Moralischen oder aus dem Erscheinenden, Schönen?

Dies Problem der Epoche bricht in vielen Gegensätzen auf: Schillers Bruch mit Herder, mit Hölderlin. Auch nach dem Tode des unersetzlichen Freundes hat Goethe niemals diese Kluft verschwiegen: Schiller vertrat die Kantische Freiheit, Goethe die Natur. Aber weil Goethe für die Diskussion Schiller zuliebe die Kantische, nicht die Leibnizsche Formel wählte, wurde der Sinn dieses Gegensatzes verschleiert. Kant sieht die Natur unschöpferisch, mechanistisch vierdimensional — losgerissen davon transcendent das rationale Sittengesetz. Diese unbedingte Trennung begründet in der Tat die Erhabenheit und Unbedingtheit des Sittengesetzes. Das ist Kritizismus. In der Kritik der Urteilskraft läßt Kant nun daneben die ganze siebendimensionale Natur gelten, aber nur subjectiv, reflectiv. Für Schiller, der das Schöne in die Metaphysik, ins wesenhafte Weltgeschehen einbeziehen will, liegt hier ein kaum lösbarer Widerspruch. Er sieht jetzt von der Moral her die Natur vierdimensional, mechanistisch, als toten Stoff. Von der Kunst her aber sieht er die lebendige Natur als das Zwischengebiet, in dem moralische Freiheit mit sinnlichem Dasein sich in Einer Erscheinung begegne. Nun schwankt er selber zwischen jener dualistischen Trennung und der pantheistischen Einheit: Erscheinung als bloße Allegorie des Wesens — oder als dessen erlebte Vergegenwärtigung. Von Kants naturloser Moral führt kein Weg ins irdische Paradies. In „Anmut und Würde" verweist Schillers Klage auf Leibniz' Begriff vom Reich des gütigen Vaters: „Womit aber hatten es die K i n d e r

d e s H a u s e s verschuldet, daß er nur für die K n e c h t e
sorgte? Weil oft sehr unreine Neigungen den Namen der Tugend
ursurpieren, mußte darum auch der uneigennützige Affekt in der
edelsten Brust verdächtig gemacht werden?'' Das Verdienst
Kants erkennt Schiller in seiner Echtheit und Reinheit. ,,Aus
dem Sanktuarium der reinen Vernunft brachte er das fremde und
doch wieder so bekannte Moralgesetz, stellte es in seiner ganzen
Heiligkeit aus vor dem entwürdigten Jahrhundert und fragte
wenig darnach, ob es Augen gibt, die seinen Glanz vertragen.''
Aber die Ablehnung ist nicht weniger klar. Kant war der Drako
unserer Zeit — jetzt bedarf sie eines Solon [1]). Ein herber Vorwurf
gegen die kritizistische Moral: ,,Es erweckt mir kein gutes
Vorurteil für einen Menschen, wenn er der Stimme des Triebes
so wenig trauen darf, daß er gezwungen ist, ihn jedesmal erst vor
dem Grundsatz der Moral abzuhören.'' Er setzt dem reinen Moralisten den Menschen entgegen, der seinen Trieben nicht gänzlich mißtraut. Ihn nennt er die ,,Schöne Seele.'' Das entspricht
der Lehre von Platon, Leibniz, Goethe-Moritz, daß das Gute der
Seele angeboren sein muß. Er rückt die Ethik des Schönen an die
Stelle der Aesthetik.

In dieser Verehrung der Huldgöttinen scheint die Einigung mit
Leibniz und Goethe vollzogen: Das Göttliche kann sich in der
schönen Erscheinung vergegenwärtigen. Aber mit dieser harmonischen Lösung findet Schiller sich nicht ab. Moritz hat sie nicht
abstract deduziert, sondern er ist selbst im Sinne dieser Lehre
durch Goethe persönlich gestaltet. Schillers Freiheitswille empört
sich gegen ,,solches Wesen''. Im Begriff der Würde, der aus der
Moral stammt, findet er doch wieder etwas der Anmut Fremdes.
Kant und Körner drängen ihn, jederlei Autorität zu verachten.
Selbstdenker der reinen Vernunft zu sein, ist die wahre Heiligkeit
des Aufklärers, die Unmündigkeit im Denken seine schlimmste
Schuld. Man pflegt in dieser Epoche der übersteigerten Ichheit
die titanische Hybris mehr in Goethes Prometheus und Faust zu
sehen als in Kants und Fichtes Idealismus. Dabei vergißt man,
daß Prometheus, der schöpferische Bildner des Schönen, der
liebende Vater der Menschen, sich im Trotz gegen den Gewaltherr-
scher Zeus empört, um ein irdisches Paradies zu schaffen. Faust

---

[1]) Peter de Große wünscht Leibniz zum Solon Rußlands.

aber ist ein Bild der übersteigerten Menschenkraft, die aus dem Paradiese an den Abgrund der Hölle drängt. Selbst in diesem Verbrechertum sieht Goethe noch etwas vom Willen zum Göttlichen, der der göttlichen Gnade bedarf, um nicht der Hölle zu verfallen. Aber auch der gnadenlose Kant begründet durch die unbedingte Herrschaft des reinen Vernunft-Subjektes auch die Hybris der Ichheit mit. Schiller aber, der Brutus-Idealist, gibt der Hybris der Aufklärung ohne Leibniz und Goethes Frömmigkeit den titanischen Ausdruck: ,,Bloß organische Geschöpfe sind uns ehrwürdig als G e s c h ö p f e; der Mensch aber kann es uns nur als S c h ö p f e r (d.h. als Selbsturheber seines Zustandes) sein. Er soll nicht bloß wie die übrigen Sinnenwesen die Strahlen fremder Vernunft zurückwerfen, wenn es gleich die göttliche wäre, sondern er soll, gleich einem Sonnenkörper, von seinem eigenen Licht glänzen." Aber nicht die Schöpferkraft, sondern der moralische Wille steigert das Ich zum Gott. ,,Der moralische (Wille) erhebt ihn zur Gottheit." Erst aus diesem Zusammenhang wird der titanische Sinn der Verse verständlich:

> Nehmt die Gottheit auf in euren Willen
> Und sie steigt von ihrem Weltenthron.

Fichte, im Geleise Kants, fordert diese Abdankung. Schillers Aufsatz zeigt eindringlich, wie diese Überhebung des Idealismus der Freiheit aus der unseligen Ich-Befangenheit, der Verschlossenheit gegen das Zusammenspiel der Monaden stammt. Wie Leibnizisch klingt es: ,,Die Liebe allein ist also eine freie Empfindung: denn ihre reine Quelle strömt hervor aus dem Sitz der Freiheit, aus unserer göttlichen Natur . . . . es ist der Gesetzgeber selbst, der G o t t in uns, der mit seinem eigenen Bilde in der Sinnenwelt spielt!" Aber der antithetische Schluß hebt das auf: ,,Liebe ist zugleich das Großmütigste und das Selbstsüchtigste in der Natur; das erste: denn sie empfängt von ihrem Gegenstande nichts, sondern gibt ihm alles . . . . das zweite: denn es ist immer nur ihr eigenes Selbst, was sie in ihrem Gegenstande sucht und schätzet." Die Lehre Platons und Leibniz', daß die Liebe das Du und Ich in der Gotteskraft vermittelt, ist dem Ich-Idealismus gewichen.

Wohl bekennt er sich zum Leibniz-Ideal höchster Humanität, das Zusammenstimmung zwischen dem Sinnlichen und Sittlichen fordert. Aber im gleichen Satz stellt er Kants Moral über Leibniz'

kosmische Schau: jenes Ideal ist nur Kantischer Vernunftbegriff, ist ewig unerreichbar. Es gibt keine Vergegenwärtigung des
Gottes in der Erscheinung, im schönen Erlebnis — göttlich ist
allein der moralische Wille. (Eine solche Behauptung konnte
Goethe ,,ganz unglücklich'' machen). Würde, Erhabenheit beruht
auf Widerstreit, auf Überwindung, und schließt Zusammenstimmung aus. ,,Strenggenommen ist die moralische Kraft im
Menschen keiner Darstellung fähig, da das Übersinnliche nie
versinnlicht werden kann.'' Damit siegt der Kritizismus über die
unbefangene Wesen-Erkenntnis des Du. Kant ist in Schillers
Spannung der Stärkere: er wird nicht ein-, sondern überge-
ordnet. Wie Kant betrachtet er das Genie als ,,bloßes Natur-
erzeugnis'' und setzt dabei Natur als die Kraft der unteren
Dimensionen, geistlos, beinahe seelenlos. Er nennt es, deutlicher
als Kant, eine verkehrte Denkart, das Genie, das Charisma der
Natur, das ,,durch kein Verdienst zu erringen ist,'' höher zu bewundern als ,,die erworbene Kraft des Geistes.'' Etwas Neid gegen
die ,,Günstlinge der Natur'' kann er nicht ganz unterdrücken.
Damals ist er weniger Künstler als Moralist und Gelehrter — er
glaubt, als Philosoph unsterblich zu werden. So sehr Goethe
den Angriff auf die gnadenlose Knechts-Moral hätte billigen
müssen — niemals hat er den Angriff auf die Gott-Natur, die kosmische Schau und zugleich auf seine eigene Person verziehen.

Aus dieser Ichbefangenheit, die anfangs sich Goethe gegenüber
in triebhafter Haßliebe äußerte, wurde Schiller auf dem schicksalhaften Gipfel der Deutschen Bewegung erlöst durch seine
Werbung um Goethe, die Freundschaft mit ihm. Das war nicht
mehr die uneigennützige Liebe, die das selbstsüchtige Ich von
den anderen fordert, das war eine wechselseitige Liebe im Geistigen, im Gott-Suchen, in der er viel schenkte, viel empfing. Die
erste Kantianische Fassung der ästhetischen Brief, die — welch
Omen! — verbrannt waren, wurde durch das beglückende Erlebnis neugeformt. Aber die Antithese war nicht ganz zu überwinden: Kant — und das Leibniz-Ideal in Goethes Gestalt. Die Briefe sind daher noch schwieriger zu durchdringen als es den Anschein hat. Wechselnd herrscht die Idee der moralischen Vollendung als der Wahrheit, für die die schöne Erscheinung nur Gleichnis, Vorbereitung, eben nur Sinnenwelt ist, und die Idee des
Schönen, die Sinnenwelt und Sinnlichkeit vereinigt, in ihrer

Erscheinung die Vergegenwärtigung, die Vollendung, die wirkliche Wahrheit. Hätte sich Schiller rückhaltlos dem Leibniz-Ideal hingegeben, so hätte er sich Goethe unterwerfen müssen. Kurz, gefaßt ist die ungeschlichtete Antithese: Schöpferische Freiheit— die sich in allen sieben Dimensionen auswirkt, und doch das Sittengesetz so wenig zu verletzen braucht wie das mechanische — und das reine Sittengesetz, das seine Erhabenheit dadurch steigert, daß es sich als Gegensatz zur ganzen (mechanisch mißdeuteten) Natur auffaßt. Welches war der Weg zum Göttlich-Schöpferischen? Stellte Schiller sich in den Dienst des damals wirkenden Schönen, so fühlte er seine Freiheit beengt — stellte er sich in den Dienst der Kant-Moral, so begab er sich des höchsten Künstlertums. Diese fortdauernde Antithese hemmte und steigerte seine Kraft. Im Rein-Aesthetischen wirkt die kritizistische Antithetik als Hemmnis. Besonders von Reinhold her übernahm Schiller die Antithese Form und Stoff, verschlechtert bisweilen zu Form und Inhalt. Für Leibniz und Goethe gab es nur wachende und schlafende Monaden. Erweckung ist der Sinn des Weltgeschehens, ist Puls zwischen Mikrokosmos und Makrokosmos. Diesen Sinn hatte — mehr synthetisch als antithetisch — Aristoteles Lehre von Form und Stoff. Stoff ist Dynamis, Potenz, das heißt zugleich Möglichkeit und Kraft. Er vollendet sich in der Form als gestalteter Stoff, als Verwirklichung der Idee: die Vergegenwärtigung, Erfüllung in der Erscheinung. Der Kosmos ist die ganze Stufenreihe dieses geformten Stoffes. Kant und Schiller zerreißen diesen Zusammenhang: Leere Form und toter Stoff. Wenigstens ist Schiller immer in Gefahr, die leere Form in der Kunst zu heiligen wie den leeren Imperativ in der Moral. Die „Form", die Idee bleibt, das Abstrakte, das sich — man weiß nicht wie — einen toten Stoff als Inhalt suchen geht. Das sind sprachliche Entscheidungen von hoher Bedeutung, weil sie philosophische Vorentscheidungen enthalten. Wie der Begriff „Natur" durch Descartes Dualismus allmählich denaturiert ist bis zur toten mechanischen Unnatur, so ist der Begriff Form, besonders durch Kant, deformiert bis zur reinen Formalität, ja Formlosigkeit. Der leere Raum ist das schlechthin Formlose und darum für Leibniz Nicht-Reale. Für Newton ist er das Sensorium Gottes,

für Kant die Form schlechthin, die reine Form, aus der Anschauung und Realität der Erscheinungswelt stammt [1]).

Der wahre Formbegriff wurzelt in Religion und Metaphysik.
Der christliche Scholastiker sah, aristotelisch, die ewige Form
und die echte Substanz in der ewigen Seele. Leibniz sah mit nicht
minderem Recht in der leibgestaltenden Entelechie diese forma
substantialis. Nachdem er die modernen exakten Methoden und
Theorien durchdrungen hatte, stellte er, als ob er die gesamte
geistige Entartung voraussähe, diesen Begriff der Form schlechthin, die die Substanz selber ist, auf den Gipfel — mit ausgesproche-
nem Bewußtsein, daß er damit im exakten Zeitalter seinen Ruf
gefährdete, als Rückschrittler, als Scholastiker erschien. Niemand
fand einen großartigeren Ausdruck für die substantielle Form,
die Monade, als Goethe in den orphischen Urworten.

> Und keine Zeit und keine Macht zerstückelt
> Geprägte Form, die lebend sich entwickelt.

(Diese erschienen zuerst in den Heften zur Morphologie, die
Leibniz Genetik fortführen, danach unter der Gruppe „Ethisches"
zugleich mit dem Kommentar. „Der Dämon bedeutet hier die notwendige, bei der Geburt unmittelbar ausgesprochene, begrenzte
Individualität der Person, das Charakteristische, wodurch sich
der Einzelne von jedem andern bei noch so großer Ähnlichkeit
unterscheidet." Das ist das von Kant angefochtene Gesetz, daß
sich nicht zwei Monaden gleichen können.) Wenn Goethe die
Astrologie verwirft, so dient sie doch in jener Strofe dem dichterischen Bilde für den Einklang von Makrokosmos und Mikrokosmos. Daß Goethe nicht Leibniz besonders nennt und statt
dessen von orphischer Überlieferung spricht, ist dessen Bedeutung als Repräsentant des Abendlandes gemäß.

Wie erschwert sich Schiller, die von Kant gelernte Scheidekunst
ausübend, den Weg zu dem, was er doch sucht, dem Irdischen
Paradiese. So tadelt er Winckelmann, der an der hohen griechischen Plastik die „himmlische Grazie" findet, die „die Bewe-

---

[1]) Unsere Sprache kann diesen falschen Begriff der Form kaum noch entbehren,
doch hat sie (auch abgesehen von Leibniz und Goethe) den echten nicht völlig preisgegeben: ein „förmlicher" Akt ist nicht formell, äußerlich, sondern ein vollendeter,
wirklich vollzogener. Das ist noch Aristotelisch-scholastische Form als vollendete
Wirklichkeit. Diesen echten Sinn hat auch das „in Form sein". Daß dieser Begriff
aus dem Sport stammt, nicht aus dem Geist, ist ein Vorwurf für den abstrakt gewordenen Geist. In philosophischen Wörterbüchern sucht man diesen echten Wortbe-
griff Form (Idee, Eidos) meist vergebens.

gungen der Seele in sich verschließt" und „sich der seligen Stille
der göttlichen Natur nähert." Denn, sagt er, Winckelmann habe
Grazie und Würde nicht unterschieden, da doch Würde die Grazie
einschränke. Was würde er zu Beatrices Lächeln sagen, in dem
höher und höher die Seligkeit der Himmelssphären sich spiegelt?
Schiller baut überraschender Weise weniger auf der Leibniznahen
Kr.d.Urteilskraft als auf der reinkritizistischen Kr.d.pr. Vernunft
auf. Diese ist ja konstitutiv, jene bloß reflektiv, und Schiller
denkt jetzt unsterblicher Philosoph zu werden. Er geht nicht
mehr vom schöpferischen Kosmos aus, sondern glaubt Newton
und Kant, daß die Welt ein totes Uhrwerk (also bloß vierdimensional) ist. Dann bekommt das Moralgesetz, das außerhalb dieser
Welt steht und allein im Gewissen des Subjektes wirkt, eine um
so höhere Würde. Um diese ist es ihm zu tun, und nur Kant
gewährt sie. Kants Freiheit kann im höheren Sinne kaum Freiheit genannt werden, denn sie ist nur negative Freiheit vom
mechanistischen Gesetz und unbedingte Unterwerfung unter
das Moralgesetz. Die Männer der schöpferischen Freiheit, im
Reich der Gnade, finden ihre Seligkeit im göttlichen Muß, im
Dienst der „hypothetischen Notwendigkeit", als schaffende
Spiegel, als von Gott Geliebte. Aber Schiller zieht dennoch Kants
Freiheit vor, obwohl er im Wesen kein asketischer Moralist ist.
Sie gab ihm die ausladende pathetische Gebärde, da das Vernunft-
Subjekt sich allein das Gesetz gibt und die empirische Welt als
unfreie Masse gering schätzen kann. Schiller verachtet die Masse
und aristokratisch will er lieber ein großer Verbrecher sein als ein
moralischer Gevatter Schneider und Handschuhmacher. Gewiß
wird ihm die reine Moral immer wichtiger — weil sie im Einklang
mit seiner dynamischen Dramatik steht.

Fichte, der 1794 in Jena auf Reinhold folgte, schien als kunst-
fremder Moralist zu Kants Erben berufen. Anfangs verbinden
ihn mit Schiller starke Interessen. Die Moral selbst wird nun die
weltschaffende Kraft, die empirische Welt ihr bloßer Stoff, damit
sie sich in seiner Überwindung moralisch bewähren kann. Aber
Kant mochte die Gefahr spüren, daß diese schöpferische Deutung
zu Leibniz zurückführen werde. Beide Denker nannten sich gegenseitig Scholastiker. Am 7. August erließ Kant eine Bannbulle
von höchster Schärfe gegen seinen Jünger, nannte die Wissenschaftslehre ein unhaltbares System, pochte darauf, daß seine

kritische Philosophie das endgiltige System sei, dem kein Wechsel der Meinungen, nicht einmal Nachbesserungen bevorstünden. Kein Wunder, denn die Jahre vorher hat er sich wieder zur scharfen Leibniz-Polemik gewandt. Jetzt nennt er die Freunde, die eine Versöhnung des Kritizismus mit Leibniz versuchen, tölpisch, betrügerisch, hinterlistig. Man mag davon als vom Fehlgriff eines reizbaren Greises absehen, so bleibt doch die Tatsache: nach der Kr.d.Urteilskraft, der Leibniznähe, seit 1791, wendet sich Kant ab von den Jenenser Anhängern, dem Ideal-Realismus, der auf der Kr.d.praktischen Vernunft eine Art religiöses System aufbauen will. Er sieht wohl bei jenen Reinhold, Schiller, Fichte doch etwas wie religiösen oder metaphysischen Idealismus, aber er selbst hält doch am lieblosen Imperativ fest. Goethe faßt sein skeptisches Urteil zusammen, daß sich „auf das bischen Moral" keine große Weltschau gründen lasse. Andererseits konnte sich Kant noch weniger mit denen verständigen, die sich mehr auf seine Kr.d.Urteilskraft, die schöpferische Natur und Kunst, gründeten oder anderswie die Verbindung mit Leibniz herstellen wollten, wie Garve, Maimon, Beck und Schiller nocheinmal. Schillers Grazien, die zum Reich der Gnade vermitteln, nannte er Buhlschwestern, wenn sie sich in den Bereich der Moral einmengen. Der Gott Platons und Leibniz', der nur eine schöne Welt wählen und schaffen kann, bleibt ihm fremd. Aber für seine Gegenwart hatte er seine geistige Macht weit überschätzt. Der bis dahin so ehrfürchtige Fichte antwortet grob und er stellte nur die Tatsache fest: die produktive Philosophie war über Kant hinweggeschritten, ohne sein Erbe zu verleugnen.

Hölderlins und Schellings Wendung zur Identitätslehre. Fichtes Lehre bot manche Anknüpfung an die von Leibniz, anfangs aber überwog entschieden seine Übersteigerung Kants, seine einseitige Moral. Wie er Kant vom Throne stieß, so stürzte ihn sein junger Schüler Schelling durch die immer klarere Wiederweckung Leibnizens. Aber Schelling selbst war erweckt zu dieser Wendung durch Hölderlin. Hölderlin, Schillers glühendster Schüler, hielt sich für berufen, Schillers Widersprüche zu lösen und diesen zur schöpferischen, dichterischen Weltschau zurückzuführen. Er entzündet sich gerade an Schillers Leibnizreich, am Lied an die Freude und anderen kosmisch-idealistischen Gesängen, an der

Julius-Theosophie [1]). Hölderlin war besser als Schiller für diese Aufgabe ausgestattet. Wie sein Freund Schelling stand er früh unter den Sternbildern der Platonischen Mythen, die sicherer leiten als begriffliche Dogmen. Weiter hatte er den Vorzug, eben durch den Gedankenflug seines Landsmannes Schiller begeistert zu sein. Das beherrschende seiner Jugend-Gedichte, die man Hymnen an die Ideale der Menschheit nennt, ist die „Hymne an die Göttin der Harmonie." Er begann sie als „Hymne an die Wahrheit." Da aber Leibniz damals „in seinem Capitolium haust", so genügt ihm Schillers Begriff der Wahrheit nicht mehr. Ist sie bloße Ratio? oder äußere Erfahrung? Die Göttin der Harmonie, die weltschaffende Kraft, die Myriaden von Seelen mit Liebe und Freude erfüllt, tritt an ihre Stelle. Sie grüßt und lockt den ersten Menschen, den Eros:

Meine Welt ist deiner Seele Spiegel,
Meine Welt, o Sohn! ist Harmonie,
Freue dich! zum offenbaren Siegel
Meiner Liebe schuf ich dich und sie.

Das ist der Enthusiasmus des Jünglings, auf den Schiller im Übergang zum Manne, unter Kants und Körners Leitung verzichtet. Hölderlin sucht wie er Hilfe in der Philosophie. In den gleichen Jahren wie Schiller (das heißt also elf Jahre jünger als dieser), im geregelten Universitätsstudium bemächtigt er sich der Kantischen Philosophie, wie das Zeugnis der Universität besonders hervorhebt. Aber auch als Schiller ihm die Hauslehrerstelle vermittelt, bleibt ihm für diesen Beruf das Studium der Kantischen Moral bedeutend. Wie aber könnte dem durch Platon und Leibniz Gesteigerten die Kantische Enge genugtun? Unbedingtheit der Pflicht, reine Uneigennützigkeit sind das Rückgrat des heroischen Pathos, des erzieherischen Ernstes, führen aber nicht in die schöpferische Freiheit. Wenige Jahre danach bezeichnet er Kants Stellung in der Geistesgeschichte: „Kant ist der Moses unserer Nation, der sie aus der ägyptischen Erschlaffung in die freie einsame Wüste seiner Spekulation führt, und der das energische Gesetz vom heiligen Berge bringt." Dies Bild knüpft an Kants Antwort auf Schiller. Die großen Dichter hatten Kants strenge Antwort nicht mißbilligt: das Sittenge-

---

[1]) Vgl. meine Darstellungen: „Hölderlin" (Stuttgart 1939), „Goethe", (Leipzig 1941) Auch „Goethes Naturerkenntnis" (Hamburg 1948).

setz gilt unbedingt — aber es ist nicht die schöpferische Kraft
selbst. Es ist heilig, — aber es ist die einsame Wüste des reinen
Ich, ist nicht das Reich der Gemeinschaft. Das durch Schiller
veröffentlichte Hyperionfragment beginnt: ,,Es gibt zwei Ideale
unseres Daseyns: einen Zustand der höchsten Einfalt, wo unsere
Bedürfnisse mit sich selbst, und mit unsern Kräften, und mit
allem, womit wir in Verbindung stehen, durch die b l o ß e
O r g a n i s a t i o n der Natur, ohne unser Zutun, gegenseitig
zusammenstimmen, und einen Zustand der höchsten Bildung,
wo dasselbe stattfinden würde bei unendlich vervielfältigten
und verstärkten Bedürfnissen und Kräften, d u r c h d i e
O r g a n i s a t i o n, d i e w i r u n s s e l b s t z u g e b e n
i m S t a n d e s i n d.'' Das Paradies des Kindes — die wieder-
erworbene Harmonie der Bildung — dazwischen die im Bildung-
suchen erlebte Disharmonie. Nicht Thesis, Antithesis, Synthesis,
sondern: Ein Ganzes, Spaltung, ein neues Ganzes. Schon die
Juliusbriefen waren eine einzige Klage über die Spaltung, den
Sprung von Harmonie zu Disharmonie. Aber Hölderlins. Ausdruck Organisation rückt die Formel mehr an Herder, Moritz,
Goethe heran, ist Leibnizisch. Schiller und Hölderlin schreiten
gemeinsam im Sinne von Leibniz über diesen hinaus: sie befrie-
digen sich nicht in ,,optimistischer'' Weltschau, sie wollen durch
die Zerrissenheit der Zeit hindurchgehen, um jene wieder zu
erkämpfen. Aber Schiller verharrt in der Disharmonie — Hölderlin gewinnt in Philosophie und Dichtung den harmonischen
Ausgleich.

Diese Trennung vollzieht sich 1794/95, als Hölderlin in Jena,
von Schiller freundlich aufgenommen bei Fichte Philosophie
studiert. Bald erkennt er, daß Fichtes Antithese von Moral und
Natur, die Verachtung der Natur seinem eigenen Willen zur
Versöhnung der Disharmonie widersprach. Die Jenenser Hyperion-Fragmente des Fünfundzwanzig-Jährigen sind im Gedanken nichts Geringeres als die philosophische Überwindung des
subjektiven Idealismus, der einseitigen Moralität. Hölderlin
dichtet die ersehnte Gestalt des Lehrers, den Platonischen Weisen, (später Adamas). Sich selber stellt er als den von Fichtescher
Unbedingtheit ergriffenen Jüngling dar, der hart und streng die
Mitmenschen für mehr tierisch als göttlich hält. Der Weise aber
belehrt ihn, daß wir mit solcher übersteigerten Forderung das

Menschliche in uns töten, die Welt (wie Kant vom Sinai) um uns zur Wüste machen, ins Böse verzerren. Hier fällt die Entscheidung: der Weise richtet die Leibniz-Lehre gegen die kritizistische Verzerrung auf. Während die Ich-Moral erkennendes Ich und unerkennbare Welt, Subjekt und Objekt auseinanderreißt, lehrt Leibniz Gleiches durch Gleiches erkennen: wir begegnen in der Welt nur wesensgleichen Monaden.

> .... wir rechnen selbst im Kampfe
> Mit der Natur auf ihre Willigkeit.
> Und irren wir? Begegnet nicht in allem,
> Was da ist, unserm Geist ein freundlicher
> Verwandter Geist?

Das ist wahrlich die harmonische Lösung, die menschliche, die nie das heilige Sittengesetz schwächt, vielmehr dessen lebendige Wurzel ist. Die himmlische Anmut, in deren Begriff Schiller einen logischen Fehler sieht, ist Erscheinung nicht als Schein, sondern als Offenbarung des Wesens.

> Verborgnen Sinn enthält das Schöne! — deute
> Sein Lächeln dir! — Denn so erscheint vor uns
> Das Heilige, das Unvergängliche.
> Im Kleinsten offenbart das Größte sich.

Warum aber geht Schiller nicht mit? Er war ja keineswegs einig mit dem Kantianer Fichte, weniger als mit dem Leibnizianer Goethe. Seine stärkste Werbung um Goethe, der Brief vom 31. Aug. 1794, erleichtert das Verständnis. Er unterscheidet antithetisch, Kantisch zwei Reihen: kalter Verstand, technischer Kopf, Abstraktion, Begriff, Regel, Spekulation, Philosophie — auf der andern Seite Einbildungskraft, Genie, Anschauung, Empfindung, Dichtung. In Goethe erkennt er unbefangen das Höchste, die Leibnizsche Synthese. „Ihr Geist wirkt in einem außerordentlichen Grade intuitiv und alle Ihre denkenden Kräfte scheinen auf die Imagination, als ihre gemeinschaftliche Repräsentation gleichsam kompromittiert. Im Grunde ist dies das Höchste, was der Mensch aus sich machen kann, sobald es ihm gelingt, seine Anschauungen zu generalisieren und seine Empfindung gesetzgebend zu machen.'' Leibnizisch, ganz Kantwidrig sind es die denkenden Kräfte, die in die höchste Imagination zusammenschießen, die die angeblich doch nur sinnlichen, zufälligen, individuellen Anschauungen zu einer generalisierenden

Anschauung erhöhen, in ihr das Seelische, die Empfindung
bewahren und diese gesetzgebend machen. Indem Schiller im
Studium der Werke Goethes diese zur Goetheschen Gestalt zusammenfaßt, steigt er selber zur höchsten philosophischen Schau.
Nun scheint ihm der Dichter weit mehr als der „Philosoph."
Von diesem augenblicklichen Gipfel schaut er auf sich selbst,
den Antithetiker. „Mein Verstand wirkt eigentlich mehr sym-
bolisierend und so schwebe ich, als eine Zwitter-Art, zwischen
dem Begriff und der Anschauung, zwischen der Regel und der
Empfindung, zwischen dem technischen Kopf und der Genie."
Er klagt, daß ihn der Poet übereile, wo er philosophieren sollte, der
philosophische Geist, wo er dichten sollte. Dann wechselt er
überraschend die Ebene: er beurteilt sich selber nicht wie Goethe
aus der Leibniz-Ganzheit, sondern aus der Kant-Analyse. Er
müsse sein Ziel erreichen, indem er in Freiheit die Grenzen dieser
beiden Kräfte zu bestimmen lerne. Im Glück der Goethe-Freund-
schaft hofft er sich Kants ganz zu entledigen, dann wieder bedarf er Kants, um sich eine Position neben Goethe zu sichern.
(„Naive und sentimentalische Dichtung"). Er stellt sich als
Moral-Idealist neben den vermeintlichen Realisten, den echten
Idealrealisten. Das Festhalten Kantischer Begriffe erweist sich
als verwirrend. In jenem Brief braucht er die für sein konstruk-
tives Denken so bezeichnende Formel: er müsse „eine Manig-
faltigkeit, die dem Inhalt fehlt, durch die Form erzeugen." Das
ist der heillose Mißbegriff der „Form". Der tote Vernunftbegriff,
die Kantische unplatonische „Idee" soll nun den Stoff selber
zeugen. Bei Platon und Aristoteles ist die Gestalt, das Eidos, die
weltdurchdringende Kraft, als Inhalt gestaltet, dagegen der
reine Stoff kaum mehr als das Nichts. Das vollendet Leibniz
dem Künstler förderlich. Dieser auf seiner höchsten Stufe empfindet den „Stoff", in dem er zeugt, nicht als das Tote, sondern
als das Schlafende, das er weckt, das ihm liebend entgegenkommt,
wie Michelangelos Adam dem Gott. Stoff ist Dynamis, ist Po-
tentia — wie unsere Seele. Entgegengesetzt ist die Denkart, die
den toten Stoff-Begriff aufschwellen läßt zum „Inhalt", zur ganzen erfahrenen Welt, den nun der „Formkünstler", ein reines
Subjekt, willkürlich aus freischwebender Form „formt", ja
willkürlich zeugt. Wohl konnte diese Spannung der feurigen
Seele dienen, den Willen ins Erhabene, Transzendente zu steigern

— aber der Preis für diese Ich-Steigerung war der seelenhafte Zusammenhang mit der Umwelt. Es ist begreiflich, daß er in dieser Zeit des aufwühlenden Gespräches mit Fichte kein Gehör für den jungen Hölderlin hatte und es nicht ernst nahm, als dieser die Versöhnung in der Metaphysik gefunden hatte. Diese Verbindung Schiller, Kant, Fichte trieb Hölderlin in die Flucht aus Jena....

In ,,Anmut und Würde'' erkannte Hölderlin sogleich die Keime der versöhnenden Lehre: ,,In der Anmut hingegen wie in der Schönheit überhaupt sieht die Vernunft ihre Forderung in der Sinnlichkeit erfüllt, und überraschend tritt ihr eine ihrer Ideen in der Erscheinung entgegen.'' Hat Schiller nicht im ,,Phaidros'' den metaphysischen Grund aller Schönheits-Lehre gefunden, den Wegweiser seiner Aufgaben? Dieser Mythos aber war die erlebte, die innig-vertraute Heimat der Seele Hölderlins. Was Schiller im Gedankenfluge einmal streift, darin lebt Hölderlin unmittelbar. Schiller, in Kant befangen, weicht von diesem Wege ab. Schon vor Jena, am 10.X.94, schreibt Hölderlin vertraulich seine klare philosophische Entscheidung. Schiller habe wohl in ,,Anmut und Würde'' einen Schritt über Kant hinausgetan, aber er habe sich nicht soweit gewagt, wie er sich hätte wagen sollen. Sein eigener Aufsatz, an dem er arbeite, könne geradezu als Kommentar zum ,,Phaidros'' gelten. Er bemißt das Gewicht dieses Ausspruchs: Der Freund möge nicht lächeln — er habe geprüft, lange und mit Anstrengung geprüft. Dieser Strahl durchleuchtet die Jenenser Hyperion-Fragmente. Als jener Platonische Weise wahrnimmt, daß Hyperion den Sinn der verwandten Monaden verstanden hat als Überwindung der Kant-Fichte-Lehre, fährt er fort:

> ...Als unser Geist
> ...sich aus dem freien Fluge
> Der Himmlischen verlor, und erdwärts sich
> Vom Äther neigt', und mit dem Überflusse
> Sich so die Armut gattete, da ward
> Die Liebe.

So eint er den Mythos des Phaidros mit dem des Gastmahls... Mit Kant und Fichte ist er fertig.

Schiller hofft er zu gewinnen, aber dieser verschließt sich ihm ganz. Das ist der Schiffbruch, der Grund tiefsten Grames —

aber auch die Quelle neuer Kräfte im Agon. Energisch denkt er
in Nürtingen seinen philosophischen Gedanken zu Ende: den
großen Gedanken, der die Wende vom subjektiven Idealismus
Kants und Fichtes zum sogenannten „objektiven" vollzieht, der
in Wirklichkeit die Leibnizsche Lehre der Identität vollendet.
Noch einmal wirbt er (4.IX.95) um Schiller. „Ich suche zu zeigen,
daß die unnachlässige Forderung, die an jenes System gemacht
werden muß, die Vereinigung des Subjekts und Objekts in einem
absoluten — Ich, oder wie man es nennen will — zwar ästhetisch
in der intellektualen Anschauung, theoretisch aber nur durch
eine unendliche Annäherung möglich ist, wie die Annäherung
des Quadrats zum Zirkel, und daß, um ein System des Denkens
zu realisieren, eine Unsterblichkeit ebenso notwendig ist, als sie
es ist für ein System des Handelns. Ich glaube dadurch beweisen
zu können, in wie fern die Skeptiker Recht haben, und in wiefern
nicht."

Vereinigung von Subjekt und Objekt — daß ist Identität,
nicht bloße Objektivität. Sie ist dem irdischen Menschen weder
in der objektiven Wissenschaft, der theoretischen Vernunft zu
erreichen, noch in der moralischen Vollendung. Diese Vollendung wäre nur in einem jenseitigen ewigen Leben denkbar.
Insofern hat Kant mit seinem Skeptizismus recht — aber es
kann dann auch kein abgeschlossenes System in Kants Sinne geben.
Vollendung gibt es nur in der intellektualen Anschauung, die
Kant mit aller Energie leugnete. Allerdings hatte Fichte diesen
Weg bereits eingeschlagen, aber er hatte ihn sinnwidrig auf das
reine Sittengesetz beschränkt. Was bedeutet Anschauung in
bloßer Moral als abstraktes Ziel, ohne Darstellung der schöpferischen Tat in Kunst und Natur? Auch Fichtes System des
Handelns verfällt dem Skeptizismus. Die Vollendung erlebt
der Mensch nur in der schöpferischen Anschauung, in der Repräsentation, im Intellectus archetypus, der nach dem damaligen Sprachgebrauch am ehesten als die ästhetisch-intellektuale
Anschauung zu bezeichnen wäre. Das ist die Idee, in der sich
Goethe — viel später — als teilhabend an der Schöpfung, als
Sieger über Kant fühlt. (Anschauende Urteilskraft). Was Hölderlin an Schiller als echter Philosoph schüchtern, allzu knapp
mitteilt, das schreibt er gleichzeitig an Neuffer als Dichter, das
wird ein Grundgedanke im Hyperion: in der Dichtung erfüllt

sich der Sinn der Philosophie. Auf Schiller wirkte jener Brief
nicht. Ein neues „System" wäre nötig gewesen, aber diesen Weg
ging Hölderlin nicht, er wurde deshalb in der Philosophiegeschichte kaum bemerkt — er vollzog dennoch die Wende: durch seinen
noch jüngeren Freund Schelling.

Dieser ist, als der geflüchtete Hölderlin ihn im Tübinger
Stift besucht, am Ende seines Studiums. Er hat 19 jährig sich
der Philosophie Kants bemächtigt und den Ruhm als bester
Interpret Fichtes erworben. Auch ihm ist einsichtig, daß nur in
der von Kant verbotenen intellektualen Anschauung wahre
Philosophie gründet — aber diese Anschauung ist für ihn Fichtes
moralisches Ich. Es scheint, daß an diesem Tage auf dem gemeinsamen Gang nach Nürtingen das geschichtliche Ereignis
sich vollzog [1]). Schelling äußert seine Ungeduld, endlich Fichte
persönlich hören zu dürfen und es wird ihm Hölderlins Bescheid:
„Sei nur ruhig, du bist gerade so weit wie Fichte; ich habe ihn
ja gehört." An jenem Tage hat wahrscheinlich der Dichter im
Philosophen, im Platoniker die metaphysische, Fichte überwin-
dende Erkenntnis erweckt. Nicht im moralischen, nicht im wissenschaftlichen (unendlichen) Fortschreiten, also im unerreichbaren
Ziel erfüllt sich der Sinn des Lebens und Denkens: das geschieht
nur in der Gnade des großen Erlebens, der dichterischen Schau.
Im erst 1917 bekannt gewordenen „Älteste Systemprogramm des
deutschen Idealismus" finden wir den großen Plan, der nach
jener Erleuchtung und Wendung — der höchsten intuitiven
Erkenntnis bei Leibniz entsprechend — in Schelling aufging und
sein ganzes Lebenswerk formte. Er beginnt mit der Naturphilosophie, die durch Herder und Goethe angeregt ist. Er schreitet
zur Staatsphilosophie, indem er dem gesamten rationalen Staats-
und Kirchensystem in Kants und Fichtes Sinne die schöpferische
Freiheit überordnet. Er steigt auf zur höchsten, alles vereinigen-
den Idee, der Platonischen Idee der Schönheit. Der höchste
Akt der Vernunft ist „der ästhetische Akt", denn allein in der
Schönheit einigen sich Wahrheit und Güte. (Das ist die Lösung,
die Schiller streift, aber abwehrt). Nur aus dieser Idee kann
Geschichte verstanden werden. Genau wie im Hyperion soll die
Dichtung, was sie anfangs war, (Hamann, Herder) auch am Ende

---

[1]) Vgl. dazu mein Buch „Hölderlin" S. 65–101.

wieder werden: Lehrerin der Menschheit. Das ist die Idee, die
Goethe, Schiller, Hölderlin umgreift. Dann aber spricht der Plan
die vierte Idee aus, in der Hölderlin und der späte Schelling über
dies Ziel hinaussteigen: die Idee der mythischen Religion, die
Sinnlichkeit und Vernunft eint. Von Kants Polemik gegen
Fichte ließ Schelling sich nicht beeinflussen: er zeigt schlicht,
wie sie sich gegenseitig ergänzen müssen. (I. 231 f.) Nach den
naturwissenschaftlichen Studien in Leipzig festigt sich sein Urteil
über Kant, das auch Hegel die Richtung weist: Kant ist der große
Vorläufer, aber er bleibt der bloß Reflektierende, die einseitige
Verstandes-Ratio. Leibniz wird zum Maß, an dem auch Kant
gemessen wird. Schelling deutet wohl Spinoza von Leibniz her
als ersten Philosophen der Identität, aber er löst danach die
Verbindung der beiden, die — sehr gegen Leibniz Willen —
gerade jene geistige Epoche bestimmt. „L e i b n i z kam und
ging den entgegengesetzten Weg. Die Zeit ist gekommen, da
man seine Philosophie wieder herstellen kann. Sein Geist ver-
schmähte die Fesseln der Schule — kein Wunder, daß er unter
uns nur in wenigen verwandten Geistern fortgelebt hat, und
unter den übrigen längst ein Fremdling geworden ist." Das ist
weit mehr als ein gefühlsmäßiger Ausdruck persönlicher Sympathie: er kennt Leibniz bestens und löst ihn ganz aus den herkömmlichen Bindungen mit den rationalistischen Aufklärern.
Kants Angriffe auf Leibniz gehen ihn nichts an, aber unerträglich sind ihm Kants Versuche, aus Leibniz einen Kantianer zu
machen. „Er hatte in sich den allgemeinen G e i s t d e r W e l t,
der in den manigfaltigsten Formen sich offenbart und wo er
hinkommt Leben verbreitet. Doppelt unerträglich ist es daher,
daß man jetzt erst für seine Philosophie die rechten Worte
gefunden haben will, und daß die kantische Schule ihm ihre
Erdichtungen aufdringt — ihn Dinge sagen läßt, von denen allen
er gerade das Gegenteil gelehrt hat." Er findet bei Leibniz die
Grundgedanken des deutschen aber nicht des kritizistischen
Idealismus. „Der erste Gedanke, von dem er ausging, war:
„daß die Vorstellungen von äußeren Dingen in der Seele kraft
ihrer eigenen Gesetze w i e i n e i n e r b e s o n d e r e n
W e l t entstünden, als wenn nichts als Gott (das Unendliche)
und die Seele (die Anschauung des Unendlichen) vorhanden
wären." In diesen Sätzen in der Einleitung zu den „Ideen zu

einer Philosophie der Natur" (II, 20) ist Kant von Leibniz her
widerlegt, wenn auch die Trennung von Fichte noch nicht ausgesprochen wird. Nicht das Fichtesche absolute Ich, sondern die
Gemeinschaft der Monaden trägt die Wirklichkeit. Wenn Kant
diese Monaden als Grille, als Hirngespinnst bezeichnet, so fällt
nun die Kritik auf ihn zurück: die Dinge an sich, die unerkennbar doch Ursache unserer Vorstellungen sein sollen, nennt Schelling spekulative Hirngespinnste. Jacobis Kritik wird anerkannt.
(II, 17) Schelling sieht den Unterschied des Platonisch-Leib-
nizschen Apriorismus vom kritizistischen: nicht nur das Rein-
Rationale, sondern der ganze Ablauf der Vorstellungen kann
nur aus dem inneren Prinzip hervorgehen. ,,Als Leibniz dies sagte,
sprach er zu Philosophen.... Jetzt gilt es für Philosophie, zu
glauben, daß die Monaden Fenster haben, durch welche die Dinge
hinein und heraussteigen." Was Schiller in den Juliusbriefen
so emphatisch ersehnt und später doch nie ganz erreicht, die
Wiederherstellung der ursprünglichen durch das Denken zer-
störten Harmonie, wird hier fast übersteigert. Schelling redet —
was Goethe sogleich gegen Schiller aufnimmt — vom philosophischen Naturzustande, in den große Philosophen so gern
zurückkehren. Mythisches Bild dafür ist Sokrates, der einem
Gedanken nachhängend im Felde die Nacht durch stehen bleibt,
bei Aufgang der Sonne zu dieser betet und dann heimkehrt. Es
ist der Hyperion-Gedanke: die Reflexion, die tote Verstandes-
Philosophie trennt den Menschen von der Umwelt, spaltet ihn
selbst in Subjekt und Objekt. Sie darf nur Mittel, nicht Zweck
sein. ,,Die b l o ß e Reflexion also ist eine Geisteskrankheit des
Menschen, noch dazu, wo sie sich in Herrschaft über den ganzen
Menschen setzt, diejenige, welche sein höheres Daseyn im Keim,
sein geistiges Leben, welches nur aus der Identität hervorgeht, in
der Wurzel tötet." (II 13) Erst aus den schaffenden Spiegeln,
nicht aus dem Reflectieren der bloß reflectierenden Monaden
entsteht schöpferischer Geist. So spricht später auch Hegel von
Kant ohne große Ehrfurcht als von einem bloßen Vorläufer. Diese
Entwicklung mochte Kant vorausgesehen haben, als er verspätet,
in ohnmächtigem Zorn seine Erklärung gegen Fichte erließ.
Schellings und Hegels Identitätslehre bleibt unverständlich,
wenn man sie einseitig von Kant her entwickelt.

Ebenso klar wie vor 12 Jahren Goethe erkennt Schelling Spinozas Mangel. Gewiß lehrt auch er die Identität, er ist methodisch interessant, aber seine Lösung ist verfehlt. Leibniz geht den umgekehrten Weg zur Identität: er geht aus von der Individualität. „Im Begriff der Individualität allein ist ursprünglich vereinigt, was alle übrige Philosophie trennt, das Positive und das Negative, das Tätige und das Leidende unserer Natur .... Leibniz ging also weder vom Unendlichen zum Endlichen, noch von diesem zu jenem über, sondern beides war ihm auf einmal — gleichsam durch eine und dieselbe Entwicklung unserer Natur — durch eine und dieselbe Handlungsweise des Geistes wirklich gemacht." (II, 37) Durch Leibniz überwindet Schelling den Ich-Idealismus. „Denn daß alle Wesen unserer Art die Erscheinungen der Welt in derselben notwendigen Aufeinanderfolge vorstellen, läßt sich einzig und allein aus unserer gemeinschaftlichen Natur begreifen." Diese Übereinstimmung sei in keiner Weise zu erklären: sie ist der unmittelbare und wesentliche Inhalt der praestabilierten Harmonie. Systematisch vollzieht Schelling den Wandel der Philosophie, den Goethe schon in sich vollzog. Uns ist nicht gegeben, die Gesetze des Seins zu erkennen, wir betrachten das System der Vorstellungen „in seinem Werden. Die Philosophie wird *genetisch*, d.h. sie läßt die ganze notwendige Reihe unserer Vorstellungen vor unsern Augen gleichsam entstehen und ablaufen. Von nun an ist zwischen Erfahrung und Spekulation keine Trennung mehr." Man versteht, wie froh und erhoben der Leser Goethe sich fühlt, wie Schellings Schriften im Gespräch mit Schiller in den Mittelpunkt rückten. Er veranlaßte, daß Schelling, 23 jährig, Professor in Jena wird. Schelling endlich erfüllt nun die Aufgabe der systematischen Philosophie: die Verschmelzung des Kant-Fichteschen Idealismus mit Leibniz Metaphysik. 1800 ist das Werk vollzogen mit dem Erscheinen des „System des transzendentalen Idealismus." Die Literaturgeschichte übersieht bisweilen, daß dies Werk von Schelling, nicht von Kant stammt, denn erst mit ihm ist der eigentliche „Idealismus" begründet, der im philosophischen Sinne Herders und Schillers Enthusiasmus aufnimmt. Dilthey stellt das Werk und seinen Sinn in den Mittelpunkt der geschichtlichen Entwicklung und läßt von ihm Schleiermacher, Hegel und selbst den so ablehnenden Schopenhauer(?) ausgehen.

Der Titel Idealismus ist mißverständlich, wenn man übersieht, daß dies System nur die eine Seite der neuen Lehre ist: die andere ist die Naturphilosophie. Das ist ja der Sinn der Identitätslehre, daß nur beide Seiten zusammen die Metaphysik ergeben. Nicht den Kritizismus, das Ding an sich, wohl aber die Phaenomenologie des Erkennens von Kant und Fichte wandte Schelling auf die gesamte Natur an. Das entspricht der Leibnizschen Lehre von der Kontinuität und vom Unbewußten, von den kleinen Perceptionen. Wir erleben in uns den Übergang vom Unbewußten in Bewußtes und sehen in der Umwelt Übergänge von dumpfesten pflanzlichen Lebensstufen in höhere. Kants und Fichtes Entdeckungen beschreiben keine bloße subjektive Spiegelung einer äußern Erscheinungswelt, sondern ein wesenhaftes seelisches Geschehen .... Warum sollen wir diese innere Wesenserkenntnis nicht auch auf die Substanzen, die Monaden anwenden? Nicht vom reinen Ich, sondern vom Innen- und Außen-Erlebnis, von der Identität aus ist die Welt zu deuten. „Wie zugleich die objektive Welt nach Vorstellungen in uns, und Vorstellungen in uns nach der objektiven Welt sich bequemen, ist nicht zu begreifen, wenn nicht zwischen den beiden Welten, der ideellen und der reellen, eine v o r h e r b e s t i m m t e H a r m o n i e existiert. Diese vorherbestimmte Harmonie aber ist selbst nicht denkbar, wenn nicht die Tätigkeit, durch welche die objektive Welt produziert ist, ursprünglich identisch ist mit der, welche im Wollen sich äußert, und umgekehrt." (III, 348). Grundgebrechen des Kritizismus ist die Beschränkung der Wesenserkenntnis auf reine Ratio, auf das Apriori. Schelling entnimmt Leibniz die Einheit der Erkenntnisquelle. „Alle diese Verwirrungen lösen sich durch den Einen Satz, daß unsere Erkenntnis ursprünglich ebensowenig a priori als a posteriori ist, indem dieser ganze Unterschied bloß und lediglich in Bezug auf das philosophische Bewußtsein gemacht wird." Er schon erkennt, daß Leibniz' Uhrenbeispiel überflüssig ist, wenn man diese Identität verstanden hat. (III, 531) Er kann daher nicht wie die echten Kantianer und wie Fichte ausgehen von der Moral, sondern legt das Schema der Kr.d. Urteilskraft zu grunde, die im Grunde Leibniz näher als dem Kritizismus steht, die darum, wie wir betonten, Kant ausdrücklich vom metaphysischen Grundbau ausschloss. Was bei Kant episodisch „nur" vermittelnd war, wird jetzt erst schöpferische Mitte: Erkenntnis wird Ausdruck der schöpferischen Kraft selbst. An-

stelle der reinen Ratio und des Sittengesetzes tritt die schöpferische Kraft, der beides entstammt. Schönheit gilt jetzt metaphysisch, nicht ästhetisch: sie ist stellvertretende Erscheinung für
die Allkraft. „Das Unendliche endlich dargestellt, ist Schönheit.''
Das ist Fortsetzung der Lehre von Goethe und Moritz. Wenn die
Kunst diese metaphysische Aufgabe erfüllt, wird sie zur heiligen
Norm. „Die Kunst ist eben deswegen dem Philosophen das Höchste, weil sie ihm das Allerheiligste gleichsam eröffnet, wo in ewiger
und ursprünglicher Vereinigung gleichsam in Einer Flamme
brennt, was in der Natur und Geschichte gesondert ist.'' (II, 627f)
So findet die systematische Philosophie Abschluß und Vollendung im Satz: „die Kunst ist das einzig wahre und ewige Orga-
non zugleich und Dokument der Philosophie.''

Goethe drückt sein Siegel unter diese Lehre. Als der Weise
und Forscher, nicht als Dichter bedurfte er dieser Bestätigung
durch den damals siegreichen Philosophen. „Seitdem ich mich
von der hergebrachten Art der Naturforschung losreißen und,
wie eine Monade, auf mich selbst zurückgewiesen, in den geistigen
Regionen der Wissenschaft umherschweben mußte, habe ich
selten hier- oder dorthin einen Zug verspürt; zu Ihrer Lehre ist er
entschieden. Ich wünsche eine völlige Vereinigung, die ich durch
das Studium Ihrer Schriften, noch lieber durch Ihren persönlichen
Umgang, sowie durch Ausbildung meiner Eigenschaften ins
Allgemeine, früher oder später, zu bewirken hoffe . . . .'' Schon
das Wort Monade, bei Schelling selten, beweist, daß Goethe
Schellings Lehre unmittelbar Leibnizisch aufnimmt. Goethe kann
in dieser Metaphysik Vollendung des eigenen Sinnes sehen, aber
auch Schiller, der Kantianer erkennt an, daß der hochgemute
Jüngling die Lösung gefunden hat. Ja er gibt ihm seine ästhetischen Briefe, auf die er sechs Jahre früher seinen ewigen Ruhm
zu gründen hoffte, bescheiden zur Kritik. Den großen Gedanken
Hölderlins, dem er sich vor fünf Jahren eisern verschloß, erkennt
er nun in der systematischen Ausführung des von ihm erweckten
Philosophen an.

Herders Metakritik. Als Kants Verehrer Herder im Einklang
mit dessen (Kants) nahem Freunde Hamann bewußt die große
Verjüngungsbewegung beginnt, weiß er noch nichts von dessen
kritizistischer Wendung gegen Leibniz. Der Verjüngungsgeist,
der folgerichtig hinter die gesamte Aufklärungsphilosophie

zurückgriff, nährte sich aus den Wurzeln des Christentums und des Hellenentums. Herders Frühwerk „Älteste Urkunde des Menschengeschlechtes", die die biblische Schöpfungsgeschichte dichterisch und überzeugend aus dem Erlebnis der Morgen-dämmerung deutet, begrüßt Goethe als „ein so mystisches weitstrahlsinniges Ganze, eine in der Fülle verschlungener Geäste lebende und rollende Welt." Leibnizsche Philosophie kehrt als Dichtung wieder, wie es Hölderlin und Schelling später formu-lieren. Damals — Kant ist 51, Herder 30 und Goethe 25 Jahre alt — schieden sich wie in der Erhellung durch einen Blitz die Fronten, nach Hamanns und Goethes Ausdrücken: auf einer Seite das Magistervolk „der Fachwissenschaft," „Philologen, Textverbesserer, Orientalisten" — auf der anderen die enthu-siastische Verjüngungsbewegung. Ehe noch die Kritik der reinen Vernunft öffentlich erschien, hatte Hamann, der sie aus der Handschrift kannte, die Aufgabe der notwendigen Metakritik erkannt. Aber, selbst zu unsystematisch, überließ er sie Herder. Dieser, auch keineswegs nachhaltig verbittert durch den Angriff von 1785, arbeitete im Sinn der deutschen Bewegung an der Versöhnung, und während Kant mißtrauisch und feindlich blieb, überwand er jede persönliche Gekränktheit. Wie konnte man den Sinn der Versöhnung, der deutschen Synthese größer aus-drücken, als in den Worten persönlicher Erinnerung an die Ge-stalt des vorkritischen Kant: „Ich habe das Glück genossen, einen Philosophen zu kennen, der mein Lehrer war . . . . Er, in sei-nen blühenden Jahren, hatte die Munterkeit eines Jünglings, die wie ich glaube, ihn auch in sein Alter begleitet." Konnte die-ser gewinnender eingeladen werden, doch nicht um kritizistischer Rechthaberei willen das Erbe jener blühenden Zeit preiszugeben? Die von Hamann übernommene Aufgabe der Metakritik ist nur sehr leise angedeutet. Wenn es heißt: „Ich glaube" so liest der Eingeweihte „ich hätte gewünscht." Und weiter: „Er munterte auf zum Selbstdenken . . . . Despotismus war seinem Gemüt fremd" — ist er ihm jetzt noch fremd? . . . . So schrieb Herder 1792, veröffentlicht 1795, ein Jahr nach dem Goethe-Schiller-Bündnis in den Humanitätsbriefen.

Da aber betraf wieder ein Zufall das Schicksal des Geistes: durch Schillers Verhalten wurde Herder zurückgestoßen und verwundet. Es mußte ihn schon reizen, wenn der Kritizismus

sich in Jena als Modephilosophie auswirkte, und seine theologischen
Prüflinge sich weniger um den menschlichen Gehalt der Religion
sorgten, als auf erkenntniskritische Subtilitäten versteiften. Nun
erst war er wirklich verbittert — gegen die Kantianer, kaum
gegen Kant. Zu spät nahm er nach Hamanns Tode die gemeinsame Aufgabe allein vor: 1799 erschien die ,,Metakritik zur Kritik
der reinen Vernunft", 1800 die ,,Kalligone", eine Metakritik zur
Kritik der Urteilskraft. Goethe sah das Unzeitige, den Mißgriff,
denn Kant war damals immerhin der Bundesgenosse gegen die
Dunkelmänner, und Herder hatte sein Werk nicht genügend
durchdrungen: aber in der Metakritik aus Leibniz' Geist ist er
noch heute im Recht. Wie Kant alles ablehnte, was nichtkritizis-
tisch war, so wollte Herder alles ablehnen, was von Kant herkam.
Er haßte Fichte, begrüßte aber die Anfänge von Schelling, also
die Wendung zu Leibniz. Doch war er, wohl infolge des Ressenti-
ments gegen Goethe und Schiller, nicht mehr im Stande, die
Entwicklung in Hölderlin, in Schelling, die Synthese zu verstehen. Soviel dieser geistige Strom ihm verdankte — er floß nun an
ihm vorbei. Selbst Jean Paul, der so Schönes von Leibniz zu
berichten weiß, rückte durch seinen Meister Herder in eine schie-
fe Stellung zu Goethe und Schiller. Auf Grund der Synthese
Leibniz-Kant vollzog Schelling, was in Hölderlin Urerlebnis des
Sehers war, in philosophischer Betrachtung: er sah die Vollendung der systematischen Philosophie, die auf der Ebene rein-ra-
tionaler Forschung nie ganz zu erreichen ist, in der Gestalt des
gegenwärtigen Dichters und Lebens-Weisen Goethe. Solange
Metaphysik nicht echte Wissenschaft ist, ist sie nicht echte Philosophie — sobald sie reinrationale Fachwissenschaft wird, bleibt
sie nicht echte Philosophie: Philosophie heißt weises Suchen nach
schöpferischem Geist. War mit dieser Jahrhundertwende nicht
das Höchste erreicht mit Kant, Fichte, Schelling? — Und doch —
diese Philosophie, auf die die Deutschen mit Recht stolz sind, dies
Europäisch-Universale, dies Sprache-Werden des Weltgrundes,
war nicht geschützt vor Pedanterie, Schwerfälligkeit, begriffli-
chem Grübeln, erkenntniskritischer Hypochondrie, wenn die
schulmeisterliche Strenge sich anmaßte, die klare Durchsichtig-
keit, die schöne Anschaulichkeit der Darstellung bei andern
Nationen als oberflächlich, leichtfertig zu verachten. Auch Schelling belud seine hohe Schau mit schwerfälliger, nie vollendbarer

Systematik. Nur Ein Philosoph fand den Stil der abendländischen Synthese, die klare klassische Darstellung ohne Verkauzung. Schopenhauer gelangte zu dieser Weltweite, indem auch er Platon und Goethe neben Kant setzte. Aber da sich in ihm Kants Skeptizismus zur religiösen Weltverneinung steigerte, so baute er auf den Kritizismus, den Mechanismus der erscheinenden Welt, die Gestaltlosigkeit des ewigen Wesens. Der Idealrealismus war ihm unzugänglich. Er war nicht fähig, den Glanz der Leibnizschen Weltbejahung zu ertragen und wollte vom kritischen Idealismus aus Goethes Lehre ein wenig korrigieren. Dieser, als großer Philosoph, erkannte den unheilbaren Gegensatz und sprach die Trennung aus. Jene Schwerfälligkeit, Unverdaulichkeit, Rechthaberei der großen Idealismus-Systeme in der Blütezeit der Dichtung stammt noch aus der Illusion unbedingter matematischer Beweisbarkeit, und die Hoffnung, für immer das Welträtsel zu lösen, treibt zu immer beschleunigter Jagd nach dem endgiltigen System. Von dieser drohenden Last konnte Leibniz befreien durch seine Schau von der Kontingenz, der Gnade des Schöpferischen. Aus ihr konnte sich strengste Wissenschaft zu freier Anmut verbinden mit dem Sinn für lebendige Erfahrung. Gegen die damit verbundene Gefahr setzt Kant seine strenge Ratio: er erschwert seine phänomenologische Aufgabe durch ihre reine logische Ableitung aus dem unfruchtbaren Nichts. Davon zeugt das Kapitel „von der Deduktion der reinen Verstandesbegriffe", deren Dunkelheit, Schwierigkeit, Mißverständlichkeit er selbst beklagt. Leibniz wird das Schwere leicht — Kant macht das Leichte schwer. Es ist die deutsche Schwere, alles aus dem Anfang, den Anfang aus dem Nichts her nachweisen zu wollen. Fichte ist im Alter von 28 Jahren im innersten Kern davon erschüttert und sieht die Aufgabe: „diese Philosophie ist über alle Vorstellung schwer und bedarf es wohl, leichter gemacht zu werden." Das mißlang: er nahm die ganze Schwere in sich auf, vergeblich bemüht, das Geschehen aus dem Nichts logisch „auszurechnen", wie er sagt. Während Leibniz von der schöpferischen Mitte des wirklichen Erlebens, vom Kern der Persönlichkeit her entwickelt, den logischen Anfang, der an der Grenze menschlicher Möglichkeit liegt, in seinem System an den Rand rückt, wollen Kant und seine Folger die Welt vom Rande des Denkens her entwickeln. An dieser gesteigerten Schwierigkeit ging nach Hegels Tode die

große System-Philosophie zu Grunde. Ihre große Anziehungskraft
erlosch, als sie nicht mehr als endgültige Lösung des Rätsels galt
sondern im Geist des 19. Jahrhunderts als bloße Einzelstücke
methodischen Forschens. Leibniz dagegen will Auge und Herz
aufschließen für das schöpferische Leben. Auch diesen Gedanken
der geistigen Region hatte Schiller, wenn auch nur im Fluge,
berührt, als er in der Julius-Theosophie tragischen Abschied
nahm vom Leibniz-Enthusiasmus. Ganz Leibnizisch sagt er, daß
wir uns dem Schöpfergott nähern durch Vorstellung seiner Vollkommenheit, daß wir die Vollkommenheit der Menschen, der
Geister begehren, weil wir in ihrem Glück uns selber glückselig
fühlen. ,,Also liegt mir daran, diese Vorstellungen zu erwecken,
zu vervielfältigen, zu erhöhen.'' Aber sogleich regt sich der männ-
liche Skeptizismus der Epoche: ob denn ,,bei vielen'' diese Begeisterung nicht bloß eine unnatürliche Steigerung sei, die um so
größere Ermattung und Erniedrigung zurücklasse? Goethes
Antwort, daß es zuerst auf die ankomme, welche am schöpferischen Leben teilhaben, nicht auf die ,,vielen'', fand er damals
nicht. So stand Herder in der Ungunst des Schicksales allein
und die notwendige Metakritik blieb wirkungslos.

Hölderlins mythischer Gott. Schelling fand die Lösung, daß erst
Dichtung und Kunstwerk den Sinn der Philosophie erfüllen:
Goethe, nicht die Gelehrten, war die Erfüllung. War damit das
Ziel erreicht? Er brauchte nur auf sein ,,System-Programm'' zu
blicken, um an den vierten Teil erinnert zu werden: die mythologische Religion. Das Reich der Gnade ist kein Reich, wenn es nur
aus den Seltenen, den schöpferischen Menschen selbst besteht: es
muß auch die für den Geist Empfänglichen, die durch ihn erschüt-
terbaren Menschen in sich aufnehmen. Denn der Sinn des Schöpferischen ist, das gemeinsame Werk, das Gebäude, in dem geistige
Menschen atmen können, die den höheren Gedanken repräsentieren für das wahre Volk: erst die größere Gemeinschaft wird religiös.
Diese Stufe hat die Dichtung auch in Goethe nicht erreicht. Hölderlin betrat sie im schöpferischen Erlebnis, aber ohne verstanden
zu werden. Er ist Seher wie Goethe, aber er ist der Beauftragte,
der Vermittler des Göttlichen. Er ist der Dichter, der berufen ist

> Des Vaters Strahl, ihn selbst mit eigner Hand
> Zu fassen und dem Volk ins Lied
> Gehüllt die himmlische Gabe zu reichen.

Was verleiht ihm das Recht, so von sich zu reden? Wer darf zu den ganz ins zeitliche Leben verhafteten Menschen reden als Gesandter der Gottheit, als Seher, der ins Transzendente schaut? Der Glaube der Verstandes-Aufklärung sah in der reinen Ratio selbst die Göttin. Und als diese Gesinnung zur mechanischen Welterklärung, zur Unfreiheit des Willens geführt hatte, da wurde Kants praktische Vernunft, der Begriff der Freiheit als Erlösung, als Ideal erlebt. Schiller und Fichte sind mehr die Träger dieses Kantischen Idealismus, der bis in die Freiheitskriege wirkenden begeisternden Kraft als der Kritizist Kant selbst, der diesen von ihm entfachten Idealismus mißtrauisch betrachtet, schließlich im Zorn verwirft.

Der sittliche Ernst dieses Idealismus konnte sich sehr wohl verbinden mit der Schriftgläubigkeit der Theologen, da sie hier gegenüber der wertlosen Welt des Materialismus doch ein Transzendentes anerkannt fanden. Da dies aber nur der abstrakte Imperativ war, so konnten sie keine Frucht aus ihm ernten. Wenige Philosophen und Dichter freuten sich dieser Vermischung, die oft in der Weltverachtung, in der Weltauflösung scheitert. Leibniz' Reich der Gnade meint etwas Anderes: die wirkliche gelebte Teilhabe an der Gott-Natur. Nur der ist Seher, der den Gipfel dieses Erlebnisses, das irdische Paradies Dantes (dessen Größe Leibniz kennt) erreicht hat, wo der Dichter und Weise, in die Freiheit entlassen, mit Mitra und Krone gekrönt wird. Es ist das Welt-Ereignis der kritizistischen Wende, der Julius-Verzweiflung, daß man die Echtheit des göttlichen Erlebens nicht mehr glaubt, daß man lieber noch Disharmonie will als harmonische Illusion. Und das ist das Geheimnis der Verjüngung, der Wende, die von Herder und Goethe ausgeht, sich aber erst in Hölderlin bewußt wird: Hölderlins Diotima-Erlebnis war echte Dichtung, weil es wirkliches Erlebnis war. Gequält von Kant, Fichte, Schiller konnte Hölderlin dies Einswerden von Innen und Außen, von Ich und Du, diese unergründliche Tiefe des Leibnizschen sympnoia panta ganz erleben. Hyperion lehrt am Schluß dies All-und-Eins-Gefühl, Pantheismus, wie man sagte, aber nicht ohne Wahrung der Persönlichkeit, der erlebten Gestalt: das All nimmt Gestalt, Gesicht, Ton Diotimens an. Der Diotima umgebende Gedichtkreis ist unmittelbares Zeugnis, daß der Dichter Diotimen und sich ins göttliche Leben gehoben fühlt.

> Ist nicht heilig mein Herz, schöneren Lebens voll
> Seit ich liebe? Warum achtetet ihr mich mehr,
>   Da ich stolzer und wilder,
>   Wortereicher und leerer war?

> Ach! der Menge gefällt, was auf den Marktplatz taugt,
> Und es ehret der Knecht nur den Gewaltsamen;
>   An das Göttliche glauben
>   Die allein, die es selber sind.

Gerade dies schönste Gnaden-Erlebnis scheint Schiller abzustoßen. Die Kantianer können die Leibnizsche Identität nicht begreifen: wie Schopenhauer in Goethes Metaphysik nichts als naiven Realismus sieht, so kann sich Schiller nicht genug über Hölderlins „Subjektivität" beschweren. In der Tat wäre Religion und Philosophie überflüssig, wenn jedes verliebte Paar sich selber vergottete. Das reine Ich ist der Zugang zur reinen, allgemeingiltigen Vernunft: das persönliche Erlebnis muß ausgeschieden werden als bloß empirisch, bloß zufällig. Die Weigerung Schillers, das Gedicht „Diotima" zu veröffentlichen, war die härteste Kränkung. Der Hyperion läuft aus in die Pantheismus-Lehre im Sinne von Goethe und Lessing, nicht ohne Gefahr des Übermenschentums. Hölderlin aber erfüllt am schönsten die Leibnizsche Forderung des heiligen Maaßes. Er findet die wahre Lehre: nicht der Mensch, nicht der große Einzelne wird göttlich, sondern allein das höchste Erlebnis. Wahre Gnade ist nur der schöpferische Augenblick, als solcher gegenwärtige Augenblick: Erscheinung Gottes ist zugleich Ewigkeit. Wer ihn bewußt erlebt, hat gelebt für alle Zeiten. Damit gräbt Hölderlin die in Leibniz verborgene, von der Aufklärung ganz verschüttete Erfahrung aus:

> Nur zu Zeiten erträgt
> Göttliche Fülle der Mensch.

Das ist das heilige Maaß gesteigerter Humanitas — gleich entfernt von spannungsloser humanitärer Harmonisierung wie von titanischer Übersteigerung: gottnahe nur im tragischen Bewußtsein der Grenze, der Geschöpflichkeit, des Gebundenseins der Erfüllung an den Tod. So hebt sich das Reich göttlicher Gnade über der Ebene menschlichen, doch stumpferen Lebens. Seit Dante hat niemand mit so dionysischem Feuer, mit so himmlischer Helle des Lichtes das irdische Paradies der Kindheit (Liebe zur Allnatur), der Jugend (Eros und Freundschaft), des Mannes (Erweckung des Volkes) und selbst des Alters (Erweckung der Jugend. Alkibiades, Dion) besungen. Das ist ,,mythologische Religion'' des Schelling-Planes, deren Symbol der Phaidros-Mythos ist. Die Seele, die im chaotischen Wirbel der Flügel-Gespanne auch nur ein einziges Mal aufsteigt zum Blick auf die Idee des Guten, die Vision der Gottheit, ist gerettet für einen Weltumlauf: das ist der paradiesische Augenblick ewiger Gegenwart, selbst wenn danach die Seele mit zerbrochenen Schwingen auf den irdischen Boden zurück gestürzt ist. Entzündet vom Feuer, durchleuchtet vom Licht Homers und Platons, Goethes und Schillers erlebte Hölderlin im Eros seinen paradiesischen Augenblick. Vom Hyperion stieg er damals zum Empedokles: zum pantheistischen Erlebnis der Einzelperson, die wie Goethe und Lessing gefühlt hatten, das Universum in sich repräsentiert: aber das heilige Maaß verlangte, daß dieser höchste Augenblick sich im göttlichen Tode bewährte. Als aber der Dichter endlich die Lösung fand, daß dieser Opfertod die religiöse Verjüngung des Volkes bedeute, war er zugleich über diese Ebene des Fremd-Mythos hinausgestiegen: nun war er gewürdigt, in seinen Hymnen selber der Mythos, die gottgesandte Gestalt, die heilige Stimme zu werden.

Die Feststellung ist unwichtig, ob Hölderlin oft den Namen Leibniz erwähnt. In der Jugendhymne ,,An die Göttin der Harmonie'', die nach seiner Mitteilung von Leibniz beherrscht ist, blüht dessen Weltschau in vollem Enthusiasmus auf. Darum konnte er sich nicht lange mit Schillers Übergang zum Kritizismus und Fichtes Naturfeindschaft verständigen. Dichterisch repräsentiert er den Kampf für Leibniz, unbewußt und bewußt. Seine sehr schwierigen philosophischen Fragmente versucht man vergebens durch angebliche Einflüsse von Zeitgenossen zu erklären: Leibniz und Hölderlin erhellen sich gegenseitig, wenn man ihre Gedanken genau aufeinander bezieht. Zeugnis ist vor allen der ,,Über Religion'' bezeichnete Aufsatz, vielleicht an Schelling gerichtet, als dieser im ,,System-Programm'' seine Wende vollzogen hat. Nicht Mathematik und Moral, erst die Erkenntnis des Kontingenten, der Zugang zum Schöpferischen führt ins Reich der Gnade. Das ist die Frage der Philosophie schlechthin,

29

der entscheidende Leibniz-Gedanke, den die rationale Aufklärung verschüttet hat. So lichtet sich der Aufsatz zur klarsten
Metakritik des Kritizismus, ja aller bloßen Systemphilosophie,
bloßen Gesetzeswissenschaft. Kants Lehre, sein mechanistisches
Natur- und liebloses Sittengesetz ist in die kürzeste Formel
gebannt: ,,das physisch und moralisch Notwendige'', wofür
Hölderlin bezeichnend ,,Notdurft'' sagt. Über diesen ,,mechani-
schen Zusammenhang'' (zu dem also auch das Moralgesetz, die
sogenannte Freiheit gehört) führt nur die Begegnung des Kontingenten hinaus. Das Notdürftige, das Gesetzmäßige wird vom
,,Gedanken'', von der begrifflichen Ratio erfaßt, die also der
theoretischen und der praktischen Vernunft zusammen entspricht.
Das ist das Reich der Natur, der elementaren, lebendigen, aber
unerlösten Natur. Darüber baut sich auf das Reich des Geistes,
der Religion, der Kunst als das schöpferische Reich der Gnade.
Es entspricht also der abendländischen Sprache seit Heraklit,
Paulus, Origenes, daß der ,,G e i s t'' die schöpferische Gotteskraft ist, während Hölderlin für die bloß menschliche Vernunft,
Ratio, Begrifflichkeit das Wort ,,G e d a n k e'' braucht. Der
Gedanke, die Wissenschaft kann also, wie Kant beweist, so edel
sein, daß sie auch über das Sittliche redet, sie könnte sogar selbst
über Liebe und Freundschaft reden, aber sie vermag ,,diese zarten
Verhältnisse'' nicht als ,,religiöse'', geistige, schöpferische zu
betrachten. Gnadenlos wird sie zur ,,arroganten Moral'', zur
,,echten Etiquette'', schalen Bestimmungsmaßregel, ,,zu eiser-
nen Begriffen'' der Aufklärung. Das ist Hölderlins Metakritik.
,,Denn der bloße Gedanke, so edel er ist, kann doch nur den
n o t w e n d i g e n   Z u s a m m e n h a n g,   nur die unver-
brüchlichen, allgültigen, unentbehrlichen Gesetze des Lebens
wiederholen.'' Unerhörte Kraft logischer Konzentration! Der
,,b l o ß e Gedanke'' = rationale Wissenschaft, ,,Nur Wiederholen'' = Gegensatz zum Schöpferisch Neuen. ,,Nur ewige all-
gültige Gesetze'' das scheint bis heute das höchste Ziel der Philosophie, des Menschengeistes. Für Leibniz und Hölderlin langt
es nicht zu, es führt nicht über die Kausalgesetze der Notdurft
hinaus. Ins Schöpferische führt nur die kontingente Erfahrung,
also (außer dem Urerlebnis) die einmaligen Bilder der Geistesgeschichte. Es gibt wohl höhere Gesetze, die den ,,unendlichen
Zusammenhang des Lebens bestimmen'', aber das sind überra-

tionale, es sind „ungeschriebene göttliche Gesetze", hypothetische Notwendigkeit. Mit dem Gegensatzpaar Rationalismus und Irrationalismus ist wenig gesagt. Bei Nietzsche blieb es unklar, bei Klages einseitig bis zum Widersinn. Niemand hat den Grundgedanken der Theodicee, daß Glaube und Wissen sich nicht widersprechen, sondern daß Glaube Ausdruck des Höheren, des Überrationalen ist, woraus Erkennen und Wirken, Denken und Tun quillt, nachdrücklicher ausgesprochen als Hölderlin in diesem fast unbemerkten Aufsatz. Systematisch klar geht er vom Problem aus, das durch den Grundirrtum des Kritizismus unlösbar geworden ist: die Zerreißung des Geistes in rationales Denken und sinnliche Anschauung. „Ihrer Natur nach" erheben sich die Menschen zu einem höheren Leben. Oberhalb jener Trennung muß sich der Geist „eine Idee oder ein Bild machen." Zur höchsten Erkenntnis im Leibnizschen Sinne, der Intuition, die weder durch die Ratio noch durch äußere Erfahrung allein gegeben wird, führt nur das „Geschick", welcher Ausdruck so schön das Kontingente als das Begegnende, aber nicht bloß „Zufällige" benennt. Dies „höhere Geschick" ist die Begegnung der Monade mit der Wesenswelt, ist „die mannigfaltigere und innigere Beziehung" der Menschen „mit ihrer Welt". Weder im reinen Ich, noch in der Erkenntnis der ewigen Gesetze, erst im höheren Zusammenhange beider, im Ereignis, in der Vergegenwärtigung des Wesens, in welcher es zeitliche Erscheinung wird, ist der höchste Gehalt gegeben, der nicht im Begriff, sondern nur in der Idee, im Bild zu fassen ist. Darum ist dieser Zusammenhang das Heiligste der Menschen. Die Wissenschaftslehre von Descartes und Kant, die sich so überzeugend als die ewige, apodiktisch-herrschende Lehre gibt, eben weil sie nur das Apodiktische, das apriori Sichere gelten läßt, ordnet Hölderlin in suveräner Schau als besondere, eingeschränkte Denkart dem Ganzen ein. Diese Denkart hat „den eigentümlichen Charakter, bloß das Notwendige, Gesetzmäßige," Unschöpferische zu denken. Dies Denken ist abstrakt, es erkennt nicht das Höhere, den „innigeren Zusammenhang." Dieser höhere Zusammenhang, und damit die Wesensschau ist aber dem Menschlichen Geist allein gegeben in der konkreten gegenwärtigen Erscheinung. Die Wissenschaft gibt „doch immer nur die Bedingungen, um jenen Zusammenhang möglich zu machen, und nicht den Zusammenhang selbst." So ist die

Grenze zwischen kritischer Wissenschaft und schöpferischem Dasein bestimmt. Ist damit der Philosophie der Aufstieg zur schöpferischen Ebene verschlossen? Nur, soweit sie sich auf exakte Gesetzeswissenschaft beschränkt und alles Schöpferische ausschaltet. Hölderlin mit seinem höheren Schauen, schaltet den Verdacht bloßer Schwärmerei aus mit zwei höchst glücklichen Ideen: Mythos und Sphäre. Die erste, allgemeinere und konkretere zugleich, gab ihm der Platonische Mythos, der auch zu Leibniz Ursprüngen gehört. Die andere, philosophisch bestimmtere, kosmisch allgemeinere, kann er wohl nur von Leibniz selbst haben.

Kant hatte in seinem Hauptwerk den idealistischen Schwung aus Platons Politeia genommen, aber Kritizismus heißt Mißdeutung der Ideenlehre. Das mythische Denken selbst konnte der Rationalist nicht als überrational erkennen: es galt ihm als irrational. Kants und des frühen Fichte Wurzeln verbreiten sich durch die Schicht der Aufklärung. Leibniz treibt tiefe Wurzeln durch das Mittelalter bis in Platons Werk, Hölderlin treibt sie noch weiter bis zu Sophokles, Heraklit, Homer. Hört man nicht einen Ton geschichtlicher Ironie, wenn Kant im gleichen Jahr 1795, in dem Hölderlin und Schelling sich innerlich von Fichte lösen, weil sie sich ganz ihrer tieferen abendländischen Verwurzelung bewußt werden, auch gegen Platon eine öffentliche Erklärung erläßt und — längst vom Jenenser Idealismus zur Berliner Aufklärung gewandt — ganz in seinem Dogmatismus erstarrt, den Hölderlin in jenem Aufsatz sprengt?

Schlosser, Goethes Schwager, Jacobis Freund, hatte den Kritizismus angegriffen aus Platonischen Gedanken heraus. Indem Kant diesen ,,neuerdings erhobenen vornehmen Ton in der Philosophie" verspottet, trifft er anfangs verhüllt, dann immer nackter Platon selbst, ja mit ihm die gesamte Philosophie des schöpferischen Geistes, Leibniz' Gottlehre, Jacobis Gefühlslehre, Goethes Schöpferlehre. Er schreibt gewissermaßen die Biographie der reinen Vernunft. Despotisch regiert die kritizistische Formel: Zwar ist es der Sinn der Philosophie, das Übersinnliche zu erkennen, aber von ihm ist ,,als einem solchen, keine theoretische Erkenntnis möglich." ,,Also gibt es keinen theoretischen Glauben an das Übersinnliche". ,,Ahnung des Übersinnlichen" ist ,,Verstimmung der Köpfe zur Schwärmerei." Das Erlebnis des überrationalen geistigen Gestaltens ist negiert. Den Idealrea-

lismus hatte Leibniz selbst in der Gestalt, daß wir nur in Gott
erkennen, nur in ihm die wahre Gemeinschaft der Menschen sich
vollzieht, wie ihn Malebranche in christlich-dogmatischer Form
lehrt, geschätzt. Schlosser berührt die Wunde des Kritizismus, die
unbedingte Autonomie, den Gott nur im Ich, im eignen Begriff
anzuerkennen. Kant antwortet, radikal wie der gehaßte Fichte,
daß wirklich das Urbild nur der „von uns selbst gemachte Begriff" sein könne — sonst wäre ja die Gewißheit nicht apodiktisch! (VI, 485f. 490 Cass. Ausg.) Uns ist keine andere Gottheit
gegeben als das unbedingte „moralische Gesetz in uns". Philosophie heißt, dies Gesetz „auf deutliche Begriffe nach logischer Lehr-
art zu bringen." Erst wenn der Kritizismus vollendet und anerkannt ist, ist es — vielleicht — entschuldbar, daneben die Platonische Denkart als „ästhetische Vorstellungsart" anzuwenden, die
aber weiter in sich die Gefahr birgt, „in schwärmerische Vision zu
geraten, die der Tod aller Philosophie ist." Kants Verdienst
gegenüber einer verantwortungslosen „Popular-Wissenschaft",
erworben durch ehrwürdige Entsagung, soldatische Disziplin,
erklärt auch sein Ressentiment, wenn er jenseits des Grenzbaches
Schöpferische Gestalten wandeln sieht. Schlosser hat den VII.
Brief übersetzt, den Bericht vom Feuer der Ideenerkenntnis, vom
Erleben des Übersinnlichen in sinnlicher Erscheinung. Von diesem höchsten Bilde der Identitätslehre spürt Kant nichts und
wiederholt Platons Sätze mit höhnischen Parenthesen. Weil er
nicht die Monade versteht, die sich in allen Kräften und Vorstellungen entfaltet, wenn die begegnende Umwelt ihre Organe auf-
knospen läßt, müht er sich fruchtlos, alle Erkenntnis durch
apriorische Begriffe zu filtrieren. Er bestreitet das Recht der
Homer, Platon, Dante, Goethe — der Höchstbegnadeten Denker.
Leibniz' Schau des schaffenden All bleibt ihm ein versiegeltes
Buch. Er findet: „Die Philosophie des Aristoteles ist dagegen
Arbeit." Aber weder läßt sich aus dem Wert der bloßen Arbeit
seine Moral, noch aus dieser der Wert bloßer Arbeit erweisen.
Der Kritizismus kann ebenso Schopenhauers Quietismus wie
Mephistos Urteil folgern: „Denn alles, was entsteht, Ist wert, daß
es zugrunde geht." Die reine Vernunft ist eine despotische Göttin.
Während Kant die Macht der politischen Polizei so bitter emp-
findet, verheißt er im Gebiet des Geistes eine unduldsame rationale Polizei, deren Diener die Gelehrten sind. „Der Philosoph der

V i s i o n (wenn man einen solchen einräumt) .... könnte unbe-
merkt einen großen Anhang um sich versammeln (wie denn die
Kühnheit ansteckend ist): welches die Polizei im Reiche der
Wissenschaft nicht dulden kann." Im rationalen Reich schlägt
moralische Freiheit um in geistige Knechtung.

Ist Hölderlins Fragment ,,Über die Religion" die bewußte Antwort auf Kants Platon-Verhöhnung? Sachlich und logisch greift
sie aufs Genaueste ein. Kant behauptet, daß nur die rationale
Arbeit zum Ziele führt, daß dagegen ,,nur das dogmatische oder
historische Wissen aufblähet." Goethe sieht umgekehrt in der
Aufblähung des rationalen Ich zum Absoluten, in Fichte, die vollendete Hybris. Hölderlin wird durch diese metaphysische Frage
bis in alle Wurzelfasern erschüttert, denn er kämpft in Jena mit
Fichte, mit Schiller um seine geistige Existenz. Er gab philosophisch die höchste Antwort, schwer verständlich in ihrem gedrängten Stil. Er überschaut das Geleistete, greift ein, ohne sich
doch abhängig zu machen von damaliger Formulierung. Im 19.
Jahrhundert reizt die Einseitigkeit des apodiktischen Rationalismus zur Gegenbewegung, zum empirischen Historismus: Hölderlin hatte im voraus die Gegensätze überwunden. Das Rationale, einbegriffen das Moralische und das Recht, nennt er nach
Kants und Fichtes Sprachgebrauch das Intellektuelle. Aber im
Sittengesetz vermißt er wahre Freiheit, die schöpferische: es
bleibt in der Notwendigkeit, in der Notdurft. Die Synthese von
Ratio und Empirie war allerdings schon durch die Aufklärung
vollzogen als klassische positivistische Wissenschaft. Aber bloße
Synthese genügt so wenig wie dialektischer Umschlag zum Heil,
zum ,,Heiligsten." Sie begriff unter Erfahrung allein die äußere,
Aufbau der Sinnesempfindungen, ohne seelischen Gehalt. Kant
und Fichte glauben Freiheit und Wesenserkenntnis zu gewinnen
durch Negation: schließt man nur alle Erfahrung aus, so bleibt
Wesen, bleibt Freiheit. Diese Ausschließung geschieht nicht
durch mystischen Aufschwung (der wäre Selbstmord der Ratio):
also bleibt nur die unbedingte logische Arbeit, die kritizistische
Deduktion aus inhaltloser Intelligenz. Das ist die Frage des Zeitalters, ja des Abendlandes: genügt das rastlose, rationale Wei-
terarbeiten, hochbewährt in der Ausbeutung der ,,Natur"? Ist
Aristoteles höchstes Vorbild als Arbeiter, Analytiker des Erkennens? Ist Platon bloßer Aesthet, der zu unrecht den Philosophen

spielt[1])? Hölderlin, der Seher, gibt bald danach das Orakel des
Teufelreiches, vor dem kein Ich-Idealismus schützt.

Aber weh! es wandelt in Nacht, es wohnt, wie im Orkus,
Ohne Göttliches unser Geschlecht. Ans eigene Treiben
Sind sie geschmiedet allein, und sich in der tosenden Werkstatt
Höret jeglicher nur und viel arbeiten die Wilden
Mit gewaltigem Arm, rastlos, doch immer und immer
Unfruchtbar, wie die Furien, bleibt die Mühe der Armen.

Die Ratio ist, wie ihr kräftigstes Kind, die Technik, bloßes
Werkzeug, wie Leibniz sagt, in der Hand des Menschen. Beruft er
sie zur Diktatur, so wird sie teuflisch. Führt aber die andere Seite, die Erfahrungswissenschaft, die Historie weiter? Sie beschreibt
wirklich das Erlebnis — aber an sich nicht wesenhaft. Bedeutet
Kontingenz hier nur Zufälliges, begreift sie das Geschehen nicht
als sinnvoll, als schöpferisch — so bleibt sie im Reich der unerlösten Natur. Wesenserkenntnis gibt es nur in der Ganzheit, gibt
es nur ,,wenn unsere Vorstellungen weder intellektuell noch historisch, sondern intellektuell-historisch, d.h. mythisch sind.''
Erst diese Wesenserkenntnis führt ins Überrationale, ins Religiöse. Mytisch aber ist nicht mystisch-entsagend, sondern ist
schöpferisch-gestaltend. Damit ist erklärt, warum wir — im Widerspruch zum Rationalismus — uns ,,eine Idee oder ein Bild
machen müssen.'' Es ist der Raum betreten, in dem schöpferische Tätigkeit, vor allem die Dichtung möglich wird. ,,So wäre
alle Religion ihrem Wesen nach poetisch.'' (Hamanns und Herders Gedanke der Poesie als unserer Muttersprache ist hier vollendet) .... Im folgenden unphilosophischen Jahrhundert lebt
der Kritizismus etwa in der Formel weiter: Geist oder Natur.
Davor schob sich die Frage: ist Geist nicht das bloß Gedachte,
Natur die Wirklichkeit? Der Streit zwischen Vitalismus und Mechanismus erwies sich als unfruchtbar. Gab es ein Schöpferisches, Gestaltendes? Das war alles in diesem ungedruckten Fragment, im Zuge von Platon, Thomas, Leibniz, Goethe beantwortet:
Wirklichkeit ist die schöpferische Gott-Natur. Hölderlin aber
geht von der Leibnizschen Lehre vom Schönen (Goethe, Moritz)
mit dem Begriff der ,,Sphäre'' zu dem über, was er als Seher
und Dichter in Wirklichkeit vollziehen wird. Sphäre umfaßt die

---

[1]) ,,Von einem neuerdings erh. vornehmen Ton ....'' Cass. Ausg. VI 482, 493, 495.

in sich geschlossene Monade in ihrer Ausdehnung zur Merkwelt,
zur Wirkwelt, als ganzheitlich geründete Fülle, als Mikrokosmos.
Jeder Mensch hat die eigene Sphäre, den eigenen Gott. Wenn
aber die Menschen ihre Ichbefangenheit sprengen, dann können
mehrere, es können viele eine gemeinschaftliche Sphäre bilden,
,,dann haben sie alle eine gemeinschaftliche Gottheit[1])." Das ist
,,der Gott der Mythe"! Dazu müssen sie sich im Wirken und
Leiden über die Ebene der Notdurft erheben. Das ist unverhüllt
die praestabilierte Harmonie: Diese gemeinsame Sphäre ist möglich, weil alle Mikrokosmen den Einen Makrokosmos spiegeln.
Weder vom Ich noch von der real erkannten Umwelt her ist diese
Einigung zu vollziehen, die Gottheit zu beweisen: das geschieht
allein aus dem Einklang unseres höheren Lebens mit der Umwelt.
Diese Sphärenharmonie ist keine bloße Schwärmerei für den,
der von Leibniz' sympnoia panta einmal etwas erlebt hat.

Jederlei Spaltung zerstört die Gott-Natur: das ist die verschüttete Einsicht. Spaltung in Ich und Umwelt, Subjekt und Objekt
vernichtet die gestaltende Kraft. Hölderlin unterscheidet überraschend aber treffend auf der einen Seite intellektuale, moralische, rechtliche Verhältnisse, auf der andern physische, mechanische, historische. Aber lebendiger Geist besteht nur in ihrer
Einheit. Dies Universale wird Wirklichkeit, wahrhaft humane,
nur in Einzelpersonen. Das steht in der ,,Verfahrungsweise des
poetischen Geistes": in der poetischen Individualität ,,allein
ist die Identität der Begeisterung und die Vollendung des Genies
und der Kunst, die Vergegenwärtigung des Unendlichen, der
göttliche Moment gegeben." [2]) Was helfen alle erkannten Gesetze
ohne die tatsächliche (nicht bloß vorgestellte) ,,Vergegenwärti-
gung." Hölderlin hat sie erlebt, als Dichter, als Liebender, als
Seher. Der begnadete Mensch erhebt sich über die Notdurftstufe
zuerst durch das Gedächtnis, Homers Muse Mnemosyne, wenn er
sich mit Leibnizscher Lebensbejahung ,,seines Geschicks e r -
i n n e r t, daß er für sein Leben d a n k b a r seyn kann und
mag." Höhere Befriedigung nach der des mehr animalischen Lebens, unendlichere ist die geistige, in der sich die Menschen vereinen ,,zu einer Religion, wo jeder seinen Gott und alle einen
gemeinschaftlichen in dichterischen Vorstellungen ehren, wo

---

[1]) Hellingraths Ausgabe[I] III 264.
[2]) IV 291, 267.

jeder sein höheres Leben und alle ein gemeinschaftliches höheres
Leben, die Feier des Lebens mythisch feiern."

Schellings Religionsphilosophie. Die beiden großen Leitgedan-
ken, Sphäre und Mythos gehören zusammen wie Religion und
Dichtung, sie vereinen sich zu „dem Gott der Mythe." Höher
kann das Denken nicht steigen als zu diesem Denken des
Gottesdienstes in mythischer Lebensfeier, in Religionsgemein-
schaft. Der Aufsatz spricht von dichterischer Verwirklichung
in Roman Drama Lyrik, von dem, was im „wissenschaftlichen"
Stil „Aesthetik" heißt. Aber „Hyperion" hatte wenig Wirkung,
„Empedokles" blieb unvollendet, die Hymnen unverstanden.
Vielleicht las niemand vor 1906 das Fragment „Über Religion." Schelling aber, schon als Knabe im Platonischen Mythos
beheimatet, war nun durch Hölderlin zur Einsicht erweckt, daß
man damals nur durch Dichtung auf die schöpferische religiöse
Ebene gelangte, und daß Leibniz, nicht Kant und Fichte, den
philosophischen Weg dorthin bahnte [1]). Folgerichtig stellte er,
im nahen Verkehr mit Goethe, allein diesen in seinem System
als die Vollendung der Philosophie dar: Weder erkannte er
Hölderlin tief genug, noch war er selber zum Dichter berufen.
Goethe erlebte das Kunstwerk als Stellvertretung des göttlichen
Universums und deutete es Leibnizisch: aber es war die Zeit
nicht, daß er das Religiöse, das Heilige in Gehalt und Gestalt
einer europäischen Gemeinschaft darstellen konnte. Schelling hatte
systematisch die dritte Folgerung seines „Programms" erfüllt,
in der Dichtung die Stufe zum geistigen Reiche, die Lehrerin
der Menschheit gezeigt, (wie der „Hyperion") aber wie konnte
er die wahre Vollendung, die vierte Forderung erfüllen: die
sinnliche, die mythologische Religion, die Versöhnung des Volkes mit Weisen und Priestern, „das letzte größte Werk der
Menschheit"?

Wenn wir die Kontinuität der abendländischen Seele von den
Ursprüngen in Homers Epen und in den Evangelien suchen, so
ist eine geschichtliche Parallelität denkwürdig. Der schlechthin
repräsentative Mensch ist Dante. Leibniz erkannte in ihm den

---

[1]) Wie Leibniz in Schellings Werk weiterlebt, darzustellen, ist eine Arbeit für
sich. Anfangs ist die Einwirkung durch den Kritizismus, danach durch den Spinozismus gehemmt, später wird die dankbare Zustimmung immer überwältigender.
Ich nenne wahllos die Stellen: I 250 f. II. 19, 37ff. 46f III. 378. 453. 516f VII. 376ff.
396. VIII. 341. X. 48–60. XI. 425f.

Vorläufer der europäischen Wiedergeburt. Zwar sagt er nicht
viel über ihn und seine Dichtung, dennoch ist er für ihn und
seine Deutung, von uns her gesehen, die beste Vorbereitung.
Merkwürdig ist nun dies: Schelling erfüllt, was Leibniz noch
fehlt — die Deutung von Dantes divina commedia, und zwar
ganz in Leibniz' Sinn. ,,Über Dante in philosophischer Beziehung.''
(1803) Der bescheidene Titel verschweigt, daß Schelling auf dieser
Ebene der Platonischen Weisheitsliebe Dichterisches und Religiöses, das Schöpferische umfaßt. (Schellings Übersetzungen
waren bis in unsre Zeit die zulänglichsten, und die Dante-Lite-
ratur enthält bis heute vielleicht nichts Großartigeres als diesen
Aufsatz). Alles Gerede von einer u n b e d i n g t e n Sonderung
der Fächer und der Kunstgattungen verstummt vor der Tatsache Dante. ,,Nicht ein einzelnes Gedicht, sondern die ganze
Gattung der neueren Poesie repräsentierend und selbst eine
Gattung für sich, steht die göttliche Komödie so ganz abgeschlossen, daß die von einzelnen Formen abstrahierte Theorie für sie
ganz unzureichend ist, und sie als eigene Welt auch ihre eigene
Theorie fordert.'' Dies Werk ist nicht Drama, Epos, Lied, ja
Lehrgedicht, weil es alles in Einem ist. Aber es darf nicht etwa
zur synthetischen Nachahmung empfohlen werden. Schelling
überwindet den Begriff mechanischer Synthese durch den orga-
nischer Keimkraft. ,,Es ist also nichts von alledem insbesondere,
auch nicht etwa eine Zusammensetzung, sondern eine ganz
eigentümliche, gleichsam organische, durch keine willkürliche
Kunst wieder hervorzubringende Mischung aller Elemente dieser
Gattungen, ein absolutes Individuum, nichts anderem und nur
sich selbst vergleichbar.'' Der Gedanke, der Goethes und Moritz
Lehre zu Grunde lag: das Kunstwerk als Analogon der Leibnizschen Monade zu betrachten, ist geklärt. Damit verbindet sich
Hölderlins Gedanke, daß diese Steigerung im höheren, unendliche-
ren Zusammenhange in der ,,geistigen Wiederholung des wirklichen Lebens'', die mehr ist als bloßer Gedanke, ja mehr als
Gedächtnis, geschieht. Schelling steigert das ins ,,Allgemein-
giltige, ins Urbildliche.'' Im Begriff des Allgemeingiltigen muß
sich der Unterschied des rationalen (subjektiven) Idealismus
vom schöpferischen, identischen enthüllen. Jener will das Ich
zum Absoluten steigern durch Ausschaltung alles Empirischen
— Leibniz und Schelling durch Einverleibung des Welterlebens.

Dieser fährt fort: „Der Stoff des Gedichts ist im Allgemeinen
die ausgesprochene Identität der ganzen Zeit des Dichters, die
Durchdringung der Begebenheiten derselben mit den Ideen der
Religion, der Wissenschaft und der Poesie in dem überlegensten
Geist jenes Jahrhunderts." Kant wollte nicht Leibnizens, Fichte
wollte nicht Goethes Überlegenheit anerkennen: nur als Vertreter der reinen Ratio, die jede zeitliche Persönlichkeit ausschaltet, beanspruchten sie unbedingte Autorität. Dante dagegen
gewann die überzeitliche „Allgemeingültigkeit und Urbildlich-
keit" im Werk dadurch, daß er in seinem Jahrhundert „der
überlegenste Geist" war. Das ist der Grund, aus dem Leibniz
sein System gegen den Spinozismus schuf: die Bewahrung der
Persönlichkeit im Weltgeschehen, die Erhebung der Person
durch Blick auf das Weltgeschehen. Wenn für Kant und Fichte
das schöpferische Geschehen tot auseinanderfiel in natürliche
Notwendigkeit und moralische Freiheit, wenn für Herder und
Goethe Schöpfersein und („hypothetische") Notwendigkeit
eins blieb, so findet Schelling die Formel: „Eben durch das
schlechthin Individuelle, nichts anderem Vergleichbare seines
Gedichtes ist Dante der Schöpfer der modernen Kunst, die ohne
diese willkürliche Notwendigkeit und notwendige Willkür nicht
gedacht werden kann."

Das ist die Schöpferkraft auf der Ebene des Leibnizschen
Überrationalen, mehr als das eiserne Gesetz der Notwendigkeit,
mehr als bloßer Zufall und chaotische Willkür. Schelling übersieht nicht, daß Dante damit an das Wissen seines Jahrhunderts
gebunden ist. Die Erkenntnis des Ewigen als eine rationale kann
nur Vorstufe sein. „So ist überhaupt die ganze logische und
syllogistische Gelehrsamkeit jener Zeit für ihn nur Form, die
ihm zugegeben werden muß, um zu derjenigen Region zu gelangen, in welcher sich seine Poesie befindet." Jene ist die Ratio,
aus der auch Kant, Fichte und später trotz aller Mühsal selbst
Hegel sich nicht ganz befreien. Der Dichter muß also das histo-
risch-empirische, das zeitgebundene Wissen aufnehmen, dazu
die künstlerischen Mittel seiner Zeit. Dantes Dichtung ist fähig,
Wissenschaft und Poesie, „die drei großen Gegenstände der
Wissenschaft und Bildung, Natur, Geschichte und Kunst in
sich zu fassen". Dadurch wird sie „urbildlich" Ausdruck eines
„mythologischen" Reiches. Das ist Übereinstimmung mit Höl-

derlin. Tiefer als Schiller in begrifflichen Konstruktionen sichtet
Schelling die antike und christliche Weltlage. In der Antike
existiert zuerst die mythologische Welt, die in der neueren Zeit
fehlt, da ,,der Geist der Welt gegen das Unbegrenzte hintreibt
und mit unwandelbarer Festigkeit jede Schranke niederreißt.''
In dieser Zeit muß das Individuum eintreten, in schlechthin
freier Erfindung ,,der Mischung der Zeit dauernde Gestalten
abzugewinnen suchen.'' ,,Die Ideen der Philosophie und Theologie in Symbolen darzustellen, war unmöglich, denn es war
keine symbolische Mythologie vorhanden.'' Darum ist gerechtfertigt, was die ,,Ästhetik'' verdammt: die Allegorie. Soweit ein
reines Symbol der Idee noch nicht möglich, vermittelt die Allegorie zwischen historischer Erscheinung und ewigem Sinn. Nur
die größte schöpferische Person kann solche Erfindung hervorbringen. Ob er aus der Geschichte nimmt, (Ugolino) oder frei
erfindet (Ulysses Ende): diese Gestalten erhalten Ewigkeit durch
ihre Einordnung, haben ,,eine wahrhaft mythologische Gewißheit.'' Diese Deutung hat für die Lage Hölderlins und Schellings
hohe, mindestens ,,allegorische Wahrheit.'' Sie deutet, was
damals ,,an der Zeit wäre.'' (Goethes ,,Märchen'') Dante ist es
niemals um die ,,gemeine poetische Wahrscheinlichkeit'' zu tun:
es ist die schicksalhafte Begegnung, die Kontingenz im höchsten
Sinne, die ihn ins aetherische Reich erhebt. In der physisch-
metaphysischen Tatsache des leiblich-geistigen Auges wird sie
ihm bewußt: ,,Seine Erhebung durch die Augen der Beatrice,
durch welche die göttliche Kraft sich an ihn gleichsam fortleitet,
drückt er in einer einzigen Zeile aus: das Wunderbare seiner
eignen Begegnisse verwandelt er unmittelbar selbst wieder in
ein Gleichnis von Geheimnissen der Religion''...
Dantes Gedicht ist das erhabenste metaphysische Bild des
Reiches der Gnade. Die Dreiteilung ist altes Gut, so auch bei
Böhme, im Faust: Hölle und Himmel, die Reiche des ewigen
Seins als Finsternis und Licht, Gottferne und Göttlichkeit.
Aber das mittlere Reich, die Mischung von beiden, das Fegefeuer,
ist zugleich mythisches Bild des Werdens Gestaltens Erweckens
des menschlichen Lebens. Die Sphären im Himmel sind Allego-
rien des mystischen Seins in Gott. ,,Das Leben und die Geschich-
te, deren Natur stufenweises Fortschreiten ist, ist nur Läuterung,
Übergang zu einem absoluten Zustand. Dieser ist nur in der Kunst

gegenwärtig, welche die Ewigkeit antizipiert, das Paradies des
Lebens und wahrhaft im Centro ist." Für Dante ist die Schau
des Himmels Gleichnis für den höchsten Augenblick mystischer
Ekstase, der bei Leibniz nur die höchste Erkenntnis, die intuitive
Zusammenfassung aller unserer Kenntnisse entspricht. Das volle
Licht ist menschlichem Auge zu hell: in ihm löst sich die Gestalt
auf. Es ist reine göttliche Harmonie, sinnlich darzustellen als
Musik. ,,Das Paradies ist eine wahre Musik der Sphären." In
Vereinigung mit Gott bedürfte der Mensch weiter keiner Gnade:
das wahre Reich der Gnade und der Kunst zugleich ist das irdische Paradies auf der Höhe des Lebens, des Läuterungsberges.
Das Reich des Werdens, der Mischung von Licht und Finsternis,
ist, nach Goethe, das Reich der Farbe, der Erscheinung, ,,die
höchste Pracht der Malerei und Farbe." Dante aber durchdringt
alle drei Reiche, denn sein Lied ist plastische Gestalt, ist Farbe,
ist durch Maaß und Reim ein Wiederklang ewiger Harmonie.
Das irdische Paradies ist nicht nur Reich der Farbe, der Erscheinung, denn durch Dantes neue Liedkunst, dargestellt in Mathilde,
wird das Ewig-Göttliche vermittelt. Der Mensch ist noch nicht
im Centro, wohl aber auf der Ebene des Schöpferischen, der
Begegnung mit der göttlichen Erscheinung.

Wenn für Dante Aristoteles der göttliche Weise ist, so weiß
Schelling, daß dieser im Gedicht vor allem Träger der Platonischen Idee ist. Er stellt den Irrtum Kants, Schillers, Fichtes
richtig, die im Erhabenen das Moralische, im Schönen das Ästhetische sehen wollen: ,,Aber es ließe sich für jeden einzelnen
Fall zeigen, daß er (Dante) niemals aufhört erhaben und demnach wahrhaft schön zu sein." Das war nur dadurch möglich,
daß sein Werk ganz eins blieb mit derschöp ferischen Persönlichkeit. Es gibt kein anderes Tor als dies, das Kant und Fichte
schließen wollen: das Welterlebnis in konkreter Zeit, in konkreter Person. Er ist im Gedicht nicht Allegorie einer ewigen Gerechtigkeit, sondern ehrt und liebt persönlich manche, die Gott
verdammt hat. Er verheißt sich selbst im kosmischen Gedicht,
daß die undankbare Heimatstadt nach Vollendung seines heiligen Gedichtes ihn zurückrufen und mit dem Lorbeer krönen
werde. Im Anfang der Abhandlung steht: ,,Im Allerheiligsten,
wo Religion und Poesie verbündet, steht Dante als Hohepriester
und weiht die ganze moderne Kunst für ihre Bestimmung ein."

Und am Schluß heißt es: Ich glaube gezeigt zu haben, daß es prophetisch, vorbildlich ist, für die ganze moderne Poesie," da es für uns die Mittel enthalte, „die Ganzheit der neueren Zeit zu umfassen." Unserm protestantischen und demokratischen Geist fällt die Vorstellung schwer, daß Eine schöpferische Persönlichkeit die Ordnung der Welt wiederherstellen, das Wohngebäude für die Völker aufrichten will: man machte sich das einzigartige Genie zugänglich, indem man unterstellte, was es für sich als den Gottbegnadeten in Anspruch nahm, sei als Norm für alle Durchschnittsmenschen gemeint.

Schelling ehrte Goethe, in dem er den Faust neben der Commedia nannte, aber er wußte, daß der Faust in diesem letzten Sinne nicht das Heiligtum, Goethe nicht der Hohepriester sei. (Der „Prolog im Himmel", der auf Dantes Ebene rückt, war nicht veröffentlicht. Wenn Goethe später die irdische Tragödie mit Dantes Mythologie im Himmel schließt, so ist in der Rechtfertigung des Strebens nach Vervollkommnung, ja selbst noch des Verbrechens der Geist der Theodicee lebendig und gesteigert, aber als schöpferischer Dichter und Seher im Reich der Gnade lebt und erschafft er doch nicht den „Gott der Mythe.") Das deutet Schelling hier sehr zart an. Er sieht in diesem einzigen deutschen Gedicht wohl „die ganz eigentümliche Erfindung einer partiellen Mythologie" und es könne „in anderm mehr poetischen Sinne göttlich heißen als das Gedicht von Dante." Er vermißt also die höchste religiöse Selbstdarstellung des Göttlichen, denn Goethe lebt ja nicht in mythologischer Umwelt. Da aber Schelling auch Hölderlins Weg als Dichter, Seher, Profet nicht zu gehen vermochte, den Mythos nicht schaffen konnte, versuchte er es auf dem Weg der Religionsphilosophie, der Theosophie. Dies ist nun die große zweifelhafte Frage: ist dieser Weg aus Philosophie zur Religion möglich? Es war ja Hölderlins und Schellings vollendete Erkenntnis, daß die Philosophie zuerst in die Dichtung zurückkehren müsse — dann gibt es für unsere Zeit nur den von Dichtung aus enthusiastischer Schau. Das war Dantes und Hölderlins Weg, der Gipfel der Kurve: erst jetzt konnten sich Leibniz' höchste Gedanken ganz entfalten. Die neuplatonische Rückkehr in Gott und Spinozas zweifelhafte Gott-Natur untergruben gemeinsam die Bedeutung der Persönlichkeit. Leibniz' umwälzende, aber im Rationalismus unverstandene, im Titanismus übersteigerte Macht war die Wahrung der Persönlichkeit im panentheistischen Allgefühl. Hölderlins Empedokles-Drama und Schellings Dante-Aufsatz gaben ihr den großen Ausdruck und wahrten ihr heiliges Maaß. Erst Schelling erfaßte Leibniz' den Rationalisten unbegreiflichen Erkenntnisgrundsatz: Kontingenz Erfahrung Begegnung führt höher als bloßes Notwendigkeitsgesetz. Wissenschaftliche Gesetzeserkenntnis allein genügt nicht zur schöpferischen Gestaltung, führt nicht auf die Ebene göttlicher Begegnung. Jetzt ist Schelling mit Kant und Fichte, mit dem Rationalismus ganz fertig. Er kehrt bewußt zu Leibniz' Monaden-Ganzheit, zur Lehre vom Unbewußten zurück. „Nichts trübsinniger als das Geschäft der Rationalisten jeder Art, die vernünftig machen wollen, was sich selbst über aller Vernunft gibt." „Man könnte den Gutmütigen, die durchaus einen vernünftigen Gott nach ihrem Sinn haben wollen, mit J. G. Hamann antworten: ob sie denn noch nie bemerkt, daß Gott ein Genie sey, der wenig danach frage, was s i e vernünftig oder unvernünftig nennen." (XIV, 24) Er lachte über Fichtes aufklärerische Schrift „Sonnenklarer Bericht an das größere Publikum ... Ein Versuch, die Leser zum Verstehen zu zwingen." Das bezeichnet den Descartesschen Grundsatz unbedingter Beweisbarkeit, der Denknotwendigkeit, verbunden mit der Gewaltsamkeit des Ich, das zwingen, nicht erwecken, geschweige vom Du geweckt werden will. Das sind die Aufklärer, die alle Überlieferung, alles Gewachsene, jede Autorität abwerfen im Dienst reiner Ich-Vernunft. Es ist das gnadenlose Reich von Autonomie, Solipsismus und Gleichheitslehre, des Individuum infecundum, der gleichen individua infecunda, der Individuen ohne Persönlichkeit, der Welt ohne Sphären, ohne die vom schöpferischen Zentrum bestimmte Rangordnung — ein Notwendigkeitsdenken ohne schöpferische Möglichkeit. Schöpferisches im hohen Sinn setzt neues Wesen in Erscheinung, ist darum aus bekannten Gesetzen nicht abzuleiten. Gesetzeserkenntnis im strengen Sinn ist „negativ", wie Hölderlin und Schelling sagen. Das ist der große Einschnitt in die Geschichte der Systeme: Leibniz siegt über den Rationalismus. Hölderlins und Schellings Kennzeichnung der rationalen Philosophie als der „negativen" begünstigte die bis heute wirksame Verkennung jeder nicht rein-rationalen Philosophie als einer irrationalen. Wenn Schelling immer tiefer in Leibniz' Überrationales eindringt, so soll er vom „Ästhetizismus" zum „Irrationalismus" übergegangen sein. Aber er greift nur die rein-rationale Metaphysik an, die trotz aller Worte von Tat, Freiheit, Absolutem niemals zum Wesen führt... Zwar kam Fichte im Wettkampf mit Jacobi und Schelling dahin, wie Leibniz die „Zufälligkeit" der existierenden Welt einzusehen. (1801). Aber dies ist entscheidend: Die negative Philosophie findet nicht, wie Leibniz, Goethe, Hölderlin im „Zufälligen" das göttliche uns zustoßende Geschick, nicht den Grund der Weltbejahung, sondern der Weltverneinung: „d i e W e l t i s t d i e a l l e r - s c h l i m m s t e , d i e d a s e i n k a n n, sofern sie an sich selbst völlig nichtig ist." Ist das wahr, dann ist Gott nichts anderes als das Gesetz einer weltverneinenden Moral. Seine Schöpfung ist mißlungen, die schöpferische Kraft entheiligt. Das ist auf religiösem Gebiet der Punkt der Leibnizferne. Und Schelling betrachtet später ausdrücklich die Lehre Kants und Fichtes als Punkt größter Gottferne. Er bekennt gern, wieviel er Kant und Fichte verdanke: seine positive Aufgabe wird ihm erst durch den Ernst deutlich, mit dem jene sich auf die negative beschränken. Er nennt später seine eigene Naturphilosophie, auf die auch Hegel sein System aufbaut, „negative Philosophie." Damit will er sie nicht ausscheiden, sondern er lehrt sie weiter — aber nur als Grundlage für seine positive, die mythologische Philosophie. Negative Philosophie reicht wohl, da er wie Leibniz keine vierdimensionale, tote Welt anerkennt, in die fünfdimensionale, bleibt aber negativ als bloße Gesetzlichkeit der unerlösten, nicht geistig-schöpferischen Natur. (Erst die siebendimensionale Natur, die Stufe schöpferischer Bewußtheit vermittelt Gotteserkenntnis.) Ausdrücklich und mit Recht setzt Schelling (XIV, 17) seinen Übergang von der negativen Wissenschaft zur positiven Philosophie der Offenbarung dem bei Leibniz vom Reich der Natur zum Reich der Gnade gleich.

Jacobi, Goethes Freund-Feind hatte diesen Schritt ins Überrationale bereits vollzogen, aber sein Mittel ist nicht Leibnizsche Genesis, sondern der religiöse salto mortale. Er sah den Rationalismus, der die Erscheinungswelt mechanisch, atheistisch deutet, als wissenschaftlich unausweichlich, aber er gab die (existentielle) Lösung: der Sinn der Philosophie ist „Dasein

enthüllen." Er liebte die Spinozisten, die Atheisten, denn allein
dieser Nihilismus der Wissenschaft rechtfertigt seinen verzwei-
felten Sprung in den reinen Gefühlsglauben. Er findet das Wesen,
das Göttliche nicht in der Erscheinungswelt, er ist empört, wenn
es jemand findet: darum bleibt er Leibniz, Herder, Goethe,
Hölderlin, Schelling fremd.

Auch Schelling vermag die mythologische Religion nicht zu
begründen: so sehr er als künstlerisch, religiös, erotisch empfänglich am schöpferischen Reiche teilhat, ist er doch nicht
Schöpfer des Mythos. Er vergißt Hölderlins von ihm anerkann-
tes Gesetz, daß Philosophie in die Dichtung zurückkehren soll
und glaubt als wissenschaftlicher Forscher das wirklich leisten
zu können, was Platon, Goethe, Hölderlin als Dichter und Seher
erlebten, obwohl er hellsichtig das Bedenken sieht (XI, 380-83):
„Das Schönste und Größte im Platon erscheint wie eine beseli-
gende Vision, die ihm zuteil geworden..." Er weiß die Tragik
der Vollendung: sie ist an den Augenblick gebunden, der nur
durch das Gefühl der Erfüllung und durch seine geistige Gestaltung verewigt werden kann. „Eine Erscheinung wie Platon
konnte, wie das Höchste in griechischer Kunst und Poesie, nur
Moment seyn..." Mit Aristoteles hat „Di Sonne der Kunst
über Griechenland ihren Mittagspunkt überschritten": er
„mußte an der Zerstörung des Spezifischen der griechischen
Philosophie arbeiten." Wie Platon der Gipfel des echten Hellenentums ist, so „hat die alexandrinische Epoche den Aristoteles
zu ihrem ersten unsichtbaren Haupt." (Nietzsche hat diese
Sicht nicht vertieft, wenn er das Alexandrinertum bei Sokrates
beginnen läßt.) Jetzt, nach Goethes Tode erkennt der das sechste
Jahrzehnt vollendende Schelling das Gesetz der Gezeiten:
Aristoteles ist doppelgesichtig — er setzt die mythische Vision
Platons in Lehre, in negative Philosophie um — und ist damit
zugleich auch Gegner Platons. „Groß war in allen Zeitaltern
Platons Wirkung, der eigentliche Lehrer des Morgen- wie des
Abendlandes war Aristoteles." Die Platonische Epoche inner-
halb der Deutschen Bewegung hat Schelling überlebt: Er ver-
mittelt zwischen Platon und Aristoteles. Ganz kann er nun
Leibnizens tiefstes Lebensgefühl, Monadologie, Geltung der
Persönlichkeit, höchste Weltbejahung, nicht mehr mitleben.
Jetzt zweifelt er sogar wie die Aufklärer, ob diese Monadenlehre

30

ganz ernst gemeint sei. Aber das ist kein Abrücken, nur ein
Accent-Verschieben: er rückt jetzt den Gedanken, der bisher
als zeitgebunden, populär, am wenigsten ernst genommen wurde,
in den Mittelpunkt: die Theodicee: „Gewiß sah Leibnizens
Geist weiter, als er zu erkennen gab. Er war gleichsam mit einem
magischen Blick begabt, einem Blick, dem jeder Gegenstand,
auf den er sich heftete, wie von selbst sich aufschloß. Leibniz
wird durch die Weite und Umfassung seines Geistes, die Fruchtbarkeit seiner Ideen, die ungemeine Gabe sinnreicher Erfindung,
die ihm beiwohnte, und die in der Philosophie etwas so seltenes
ist als in der Poesie oder in irgend einer Art menschlicher Bestrebungen — er wird durch dies alles immer ein Stolz der deutschen Nation bleiben..." Das in rastloser Tätigkeit doch Ruhende, Vermittelnde, Weisheit mehr Ausstrahlende als Aussprechen-
de zeigt besonders die Theodicee. Es ist aber wohl kein Zufall,
wenn Schelling, da er das Schönste und Beste der Leibnizschen
Lehre in der Schrift über das Reich der Gnade findet, diese
zitiert als ein Werk der Freundschaft durch den Titel: Theses
in gratiam principis Eugenii." Den Spinozismus unterscheidet
er treffend als das Notwendigkeitssystem (X, 53—60). Die
Theodicee war gegen Bayle geschrieben, der zwischen Vernunft
und Glauben eine Kluft aufreißt. Jacobi, pietistisch fromm,
geht philosophisch von der gleichen Scheidung aus: sein Salto
mortale erinnert an das credo quia absurdum des Tertulian.
Leibniz und Schelling sind dagegen einig, die Antithese von
Rationalismus und Irrationalismus nicht anzuerkennen, die
Ganzheit zu bewahren im überrationalen Denken, in der mythologischen Religion.

Mit dem historischen Bewußtsein, daß die persönlich-schöp-
ferische Epoche für diesmal beendet ist, rückt das Lebensgefühl
Schellings aus der Daseinsfreude stärker in die Betonung des
Transzendenten, Eschatologischen: aus dem Platoniker wird
der Neuplatoniker, der sich nach Heimkehr ins Göttliche sehnt.
Aber die irdische Aufgabe bleibt die Vermittlung des Groß-
Erlebten an eine empfängliche Gemeinschaft. Jetzt kann Religion
so wenig wie Wissenschaft auf die individuelle Vision gegründet
sein: Schelling gründet sie auf die Offenbarung im Evangelium,
auf Johannes, wie schon Hölderlin, vielleicht durch Herder
angeregt, ein Menschenalter früher in „Pathmos", der Johannes-

insel gesungen hatte von der Pflege des festen Buchstabens, der
Deutung des Bestehenden. Aber was hatte der Philosoph zu
sagen über das Evangelium? — Goethe hatte die Genetik Leibnizens angewandt, um im Gestaltwandel, der Metamorphose,
die schöpferische Tätigkeit Gottes, besonders wo sie noch nicht
zu seiner „Gewohnheit", zum bloßen Gesetz geworden ist, zu
enthüllen. Diesen Gedanken wandte jetzt Schelling auf Geistes-
und Religionsgeschichte an. Gegen den Gedanken der utilisti-
schen Aufklärer von einem dauernden moralischen Fortschritt
im Zeit-Verlauf waren Leibniz (auch Kant, Goethe, Schelling)
sehr skeptisch. Der neue Gedanke von Schelling ist ein ganz
anderer: in den mythischen Vorstellungen der Urzeit, in den
religiösen Erlebnissen offenbart sich die Gottheit, begegnet sie
uns: Begegnung ist kontingent, nicht rational — positiv, nicht
negativ. (Insofern ist Schelling ein Vorläufer Bachofens). In den
mythologischen Religionen entfaltet sich das Göttliche bis zum
Monotheismus, im Evangelium offenbart sich der erlösende
Gott. Also auch Gott offenbart sich allmählich im Gestaltwandel,
in der Metamorphose. Unbewußt hatte Goethe auch im Religiösen diesen Weg gebahnt. Im „Prometheus", auch in der „Pan-
dora" war in unmittelbarer Berührung mit dem persönlichen
Erleben zugleich der Gestaltwandel der Gottheit das Anliegen.
Jupiter ist der unmenschliche Tyrann, Prometheus der Künstler,
der Menschenschöpfer, der liebende Vater — der Übergang zum
Christen-Gott. Immer wieder heben sich Menschen ins Reich
des schöpferischen Erlebens über dem Gewohnheitsreich alltäglichen Daseins. Gott-Begegnung ist nur Augenblick, aber
diese Vision kann ausstrahlen in weitere Lebensräume durch
geistiges Wort und Werk, ein geistiges Reich bilden. Wie Leibniz
will Schelling den Gegensatz der Konfessionen überwinden: er
vertraut weder auf die von Petrus noch auf die von Paulus gestiftete Kirche — seine Hoffnung ist die Johanneskirche der Zukunft. Überraschend ist wieder die Analogie zu Leibniz: der
Versuch zur Reunion der Konfessionen. Leibniz versucht sie
als Kompromiß, Schelling aus dem christlichen Urprinzip, aber
auf der höheren Stufe des Johannesevangeliums. Die katholische
Kirche bewahrt die lebendige Kontinuität, steht aber oft in
Gefahr der Veräußerlichung. Der Protestantismus verwandelt
das Äußere wieder ins Innere, aber er sichert nicht vor Rationa-

lismus, Deismus, Atheismus. Schelling versucht so durch die Philosophie das Christentum zu erneuen: diese Künftige Kirche erst wird „wahrhaft öffentliche Religion — nicht als Staatskirche, nicht als Hochkirche, sondern als Religion des Menschengeschlechtes sein, das in ihr zugleich die höchste Wissenschaft besitzt."

Wie Leibniz wird auch Schelling von den Protestanten beschuldigt, er sei heimlicher Katholik — von den Katholiken, daß durch sein Prinzip dem Katholischen mehr Abbruch geschehe als durch aufklärerische Großsprecher. Er will nicht konvertieren, will nur die Versöhnung fördern. Die Forderung Bossuets, an der Leibniz' Réunionsverhandlungen scheiterten, daß es keine Synthese, sondern nur eine Bekehrung der Protestanten geben könne, nimmt Schelling zum Anlaß, die echte Synthese zu fordern. Die Kirche der Liebe kann nur die der Erweckung, der freien Überzeugung sein. Gregor VII. hat mit der äußeren weltlichen Macht, mit dem Zwange dies Prinzip zerstört. (Vgl. Dantes „Monarchie"). „Mit dem jugendlichen Gefühl eines m ü t t e r l i c h e n   C h r i s t e n t u m s war es vorbei, kein Papst vermochte es wieder zu erwecken." Schelling will die geistigen Kämpfe nicht erneuen, er will nur geben, erwecken, verjüngen... In der Jugendfreundschaft mit Hölderlin, im Verkehr mit Goethe, in der Liebe Carolinens lebte er auf der höchsten Ebene, die er selbst bezeichnet als die, in welcher Religion, Kunst Philosophie Eines sind. Der Leibniz-Gedanke der Herder- und Goethe-Bewegung schien der Verwirklichung nahe. Damals aber bereitete sich in Hegel der Abfall vom schöpferischen Geist der Epoche vor, den er 1806 mit der „Phaenomenologie" öffentlich aussprach. Er war der mächtige „Lernende", der die geistigen Erträge des Abendlandes zusammenzutragen wußte, der mächtige Verstand, der sie in ein begriffliches System ordnete: er wurde jetzt auf höherer Ebene der Fortsetzer der rationalen Aufklärung. Diese Synthese machte ihn zum geistigen Herrscher der Wissenschaft wie kaum jemals einen Philosophen. Er ordnete Mythos, Religion, Kunst, Dichtung genetisch in sein Weltbild ein — aber deren Zeiten seien überholt. Anschauung war ihm wie dem Rationalismus die niedere Stufe: jetzt erfülle sich der Weltgeist in der Wissenschaft, im Begriff (als dialektisches System): Schelling erkannte sofort, daß dieser Bruch unheilbar sei. Die rationale, die negative Philosophie blieb ihnen gemeinsam, denn Hegel baute auf Schellings Identitäts-System auf — aber Schelling setzte sich in seinen ,,Untersuchungen über das Wesen menschlicher Freiheit...'' von aller bloß Negativen, rationalistischen, spinozistischen Philosophie ab und suchte die religiöse Vollendung. Hegel vollzog im Begriff die Synthese des Rein-Rationalen mit der metaphysisch gedeuteten geschichtlichen Erfahrung — aber im Wesen kehrte er zum Geist der Aufklärung von Wolff, Kant, Fichte zurück. Gesetz-Erkenntnis, nicht die Gestaltungskraft war sein Ziel. Er ist Platon-Kritiker wie Kant: er versteht nicht, daß die wahre Wirklichkeit, das Überrationale, das Supramundane dem Menschen nur im Mythos sagbar ist. Er erklärt die Platonischen Mythen, die Vorstufe der Dichtung Dantes wie Goethes und Hölderlins für überholt durch begriffliche Wissenschaft. Daher weiß er über Leibniz nur Dürftiges zu sagen. Um so überraschender, daß sein Unbedingtes, eben der Begriff des ,,Begriffes'' sich nur von Leibniz her verstehen läßt. In jenen Stellen über Darius und Alexander, die den Irrtum veranlassen, Leibniz' Metaphysik sei aus der Logik abzuleiten, sagt Leibniz, daß Gott in der Seele, im Begriff Alexanders Anzeichen von seinem ganzen Leben, ja Spuren vom ganzen universalen Geschehen erkennen würde. Kant verneint diesen Begriff des Begriffes entschieden, denn ein Begriff könne wohl in unendlich vielen Dingen sein, aber unmöglich könne er eine unendliche Menge von Vorstellungen in sich enthalten. Hegel geht wie Leibniz vom weltumfassenden, nicht wie Kant vom analytischen Begriff aus. Darum kann er anfangs den Weltgeist in einem großen Manne repräsentiert sehen, wie die bekannte Äußerung über Napoleon besagt. (1806) Trotzdem wird allmählich dieser weltgefüllte ,,Begriff'' immer abstrakter, wenn abstrakt der Gegensatz zur konkreten Persönlichkeit ist. Der gelehrte Begriffsphilosoph erklärt sich selbst zum Gipfel der Welt: Kunst Dichtung Religion sind bloß geschichtliche Vorstufen. Den größten Repräsentanten der Zeit, Goethe, behandelt er mit Achtung und Verständnis, aber doch auf gleicher Stufe. Die Platonischen Mythen, der Mythos überhaupt ist überholt — Hegel entsagt Leibniz' Platonismus. Schließlich gelten ihm die großen schöpferischen Männer nicht mehr als Mitwerker Gottes, als seine Stellvertreter, sondern als bloße ,,Geschäftsträger'' des

Weltgeistes. Auch der Begriffs-Philosoph gleitet von seiner Höhe: er hat bloß noch die gottlose Entwicklung des „Avance-Riesen" klug zu beobachten, der alles nieder tritt, was sich ihm nicht anpaßt. Die Philosophie schlägt dialektisch um in Kollektivismus, in Marxismus.

Schelling hat schon im „Programm" seinen höchsten Gedanken ausgesprochen: die mythologische Religion, die volkumfassende, die volkschaffende. Das war Kühnheit des Jünglings. Als aber seine Hoffnung auf den dichterischen Seher zurücktrat, kehrte er zwar oft zu Leibniz' schönstem Gedanken, daß die Monaden Efulgurationen aus Gott seien, zurück. So ernst und echt ist sein religiöser Wille, daß er seit 1815 seine Philosophie nicht mehr veröffentlicht und nur noch mündlich weiterwirkt: er spürt, daß in einer von Hegel beherrschten Geistigkeit kein Raum für echte Religion ist. Aber als er 1841, ein Jahrzehnt nach Hegels Tode, nach Berlin berufen wird, glaubt er — irrend wie Goethe 1830 beim Streit von Geoffroy und Cuvier — daß seine Zeit gekommen sei. Die Bosheit seines früheren Amtsbruders, des aufklärerischen Theologen Paulus, der gegen seinen Willen Kollegnachschriften veröffentlichte, verschloß ihm auch diese Wirkung. Aber 1850 las er in der Akademie die „Abhandlung über die Quelle der ewigen Wahrheiten" vor. Hier war nicht Raum für Offenbarungsreligion sondern für die rationale, also negative Philosophie. Schelling will diese ja nicht ausschalten, sondern — wie Platon und Leibniz — unverkürzt in sein Weltbild einbauen, sie als die Grundlage (als sechs Dimensionen) der Offenbarungsphilosophie ausbauen. Deren zweiter Teil ist die mythologische, der dritte Teil, die eigentliche Offenbarungsphilosophie. Jene Abhandlung, der Schlußstein der negativen Philosophie, in der sie sich kritisch begrenzt, ist, wie es sich ziemt, ein klares Bekenntnis zu Leibniz.

Wie mag der nun fast 75 Jährige, Goethes Freund, der Überwinder Fichtes und Jacobis, der von Hegel anerkannte Vorläufer, der schwärmerisch verehrte Erzieher des Bayernkönigs in dieser Versammlung gewirkt haben? Man mag ihn halb ehrfürchtig, halb neugierig angestaunt haben wie das Mammutgerippe aus dem Diluvium im Museum. Welche Leistungen und politischen Revolutionen hatte er mit gelebt! Schon war Hegels, seines Überwinders Schule durch die Dialektik des Begriffes zersprengt.

1835 hatte Strauß durch sein Buch mit dem unschönen Titel „Das Leben Jesu, kritisch bearbeitet" eine Umwälzung hervorgerufen. Er berief sich auf die Arbeit des 18 jährigen Schelling „Über Mythen...", aber dessen großer fruchtbarer Mythosgedanke, aus Leibniz, Herder, Goethe erwachsen, war ins Gegenteil verkehrt. Bei Schelling brachte der Mythos „in ungebildete Menschenhorden Harmonie und Einheit, und ward ein sanftes Band, durch welches die Gesellschaft zu Einer Familie, zu Einer Lehre, zu Einem Glauben, zu Einer Tätigkeit verbunden wurde." Mythos war Steigerung, nicht Verneinung des Lebens Christi. Das war der Keim für Schellings und Hölderlins Bund, der mythische, überrationale Geist. Mythische Geschichte beruht auf Tradition, gleichgiltig, ob die erzählte Begebenheit wirklich oder erdichtet ist. „Die gelehrte Interpretation der Buchstabenmenschen" ist Versündigung gegen jene. Hegels Verneinung des Mythos, Kants Kritizismus, wirken jetzt mittelbar auch als zerstörende Kritik auf manchen Gebieten. Mythos heißt jetzt willkürliche Erdichtung, Lüge, Köhlerglaube. Der andere Hegelianer Feuerbach entwickelte folgerichtig den zweifelhaften, begrifflichen Pantheismus zur reinen Stoffgläubigkeit. Verzichtete der Positivismus auf die schöpferische Wurzel der Welt, dann war die gewaltige Last der „idealistischen Systeme" überflüssig, spendete Steine statt Brot, die Wendung auf reale, stoffliche Gegebenheiten siegte überhall: in der Politik, Wirtschaft, Wissenschaft. Die exakte Naturwissenschaft warf mit vollem Recht die anmaßende Bevormundung durch die Hegelianer ab, nur leider überzeugt, Hegelianismus sei Die Philosophie. Leibniz' Prinzip von der Erhaltung der Energie wurde das höchst fruchtbare Prinzip exakter Naturwissenschaft — nur durfte niemand seinen metaphysischen Ursprung verraten: es galt jetzt als hypothesenfreie neueste Erfahrung. Bald blühte die frohe Überzeugung, im Wesentlichen seien alle Welträtsel durch die Physik gelöst, Gott wurde sarkastisch als „gasförmiges Säugetier" definiert.

Richard Wagner, der umfassende geniale Denker schritt von Schellings Ideen, Hegels weiter Ordnungswissenschaft zur politischen Revolution, zur Begeisterung für den Kommunismus, dann zum Atheismus Feuerbachs fort; wenige Jahre später vermag er diesen wegen seiner entsetzlichen Trivialität nicht mehr zu ertragen und geht zu Hegels Antipoden Schopenhauer, zur Willensverneinung über. Die Vollendung des kritischen Bildersturms, zugleich den Umschlag ins durchaus Stoffliche hatte Marx mit seinem kommunistischen Manifest vollzogen. Das deutsche Volk war politisch ungeheuer belastet, weil der Ausgleich zwischen partikularen Dynastien und demokratischem Willen der Nation nicht gelang. Während andere Nationen sich die Welt verteilten, war es machtlos in seiner Zerrissenheit. Nun waren seine geistigen Repräsentanten in der Paulskirche zu kaum lösbarer Aufgabe versammelt. In der philosophischen Erschlaffung des Volkes, des schöpferischen Willens nach allzu hoch gespannten Hoffnungen, wandten sich viele geistigen Talente notgedrungen auf äußere Aufgaben. Und nun schien auch diese Anspannung im Augenblick gänzlich fruchtlos, gescheitert, vom Terror der Dynastien zerschlagen.

In dieser Weltstunde also spricht Schelling noch einmal zur Nation wenn auch nur zu ihrem wissenschaftlichen Ausschuß, der Berliner Akademie. (XI, 573) In großartiger Kürze faßt er die abendländische Idee von Homer bis Leibniz, bis zur wissenschaftlichen Schwelle der Offenbarungsreligion zusammen, aber in äußerster Zuspitzung auf den politischen Augenblick, nicht im historischen Rückblick, nicht in Richtung der Expansion sondern der Kontraktion im Leibniz-Goetheschen Sinne, ,,als Sammlung des Geistes zur unmittelbaren Tat" in Hölderlins Sinne. Seine letzte öffentliche Aussprache schließt mit einem Verse Homers.

Nur eines wirft er der Paulskirche vor, daß sie ,,eine so lange, lange Zeit, unbekümmert um das Daß, mit dem Was einer Verfassung sich beschäftige." Dies aber ist das Unerhörte: in diesem sehr kurzen politischen Nachwort wird die ,,unselige Unproduktivität" der deutschen Philosophie gleichgesetzt der der Politik. Beide kommen vor der Sorge um das Was nicht zum Dasein in der Erscheinung, vom Denken nicht zum Tun, von der Phaenomenologie nicht zur Existenz. Das Was ist die Essenz, das Daß die Existenz. Diese Unterscheidung ist der Sinn der ganzen Abhandlung. Was die spätere Philosophie sich von nordischen zerrissenen Überprotestanten, Übermoralisten holen wollte, das sah sie damals, in Kantischer Tradition befangen, nicht wie Schelling in Leibniz' Weltbejahung.

Wenn Schelling diese Leibniz-Lehre nicht noch klarer durchführt, so deswegen, weil er sie nach Einer Seite steigert. Auch er gründet seine Lehre aufs Persönliche, aber jetzt mehr transzendent auf die Persönlichkeit Gottes. Aber der Widerstand gegen das stoffgläubige technische Jahrhundert ist vergebens: die Zeit ist längst an Schelling vorbeigegangen, die große schöpferische Epoche ist verebbt: Niemand außer Schelling versteht Leibniz. Begriffsgläubigkeit und Stoffgläubigkeit schließen ihren Bund unbekümmert um die Seele und das Überrationale. Der Geist und Ungeist, der, wie Leibniz und Schelling, den ,,allgemeinen Begriff'' sucht, meint nicht wie diese die Zusammenschau der lebendigen Welt, des einmaligen konkreten Kosmos, sondern den abstrakten Begriff. Wenn Lessing zweifelt, ob Leibniz mehr theistisch oder mehr pantheistisch denkt, so waren Goethe und Hölderlin die Leibniz-Nächsten geblieben, indem sie Gespräche über Urteile vermieden, die dem Menschen nicht möglich und nicht nötig sind. Die Zweifler, ob seine pantheistische Weltfreude nicht gegen den christlichen Schöpfergott verstieße, suchte Hölderlin schon früh mit der Anmerkung zu beschwichtigen: der Künstlergott werde es nicht übelnehmen, wenn der Dichter über das Werk die Person des Schöpfers vergesse. Schöpferisches Tun war sein Gottesreich, das Reich der Gnade. Schelling steigerte dagegen den Leibniz-Gedanken nach der anderen Seite, der Persönlichkeit Gottes. Aber seitdem verstand man die Sprache der beiden Philosophen so wenig wie die der vermittelnden Dichter.

Übergang zur Gegenwart. Wenn wir um der gegenwärtigen Philosophie, weniger um der Geschichte selbst willen, Leibniz' Kampf gegen Mechanismus und Rationalismus, dann den Kampf des Kritizismus gegen ihn darstellten, so ist sein Weiterwirken in den Humboldts, Schleiermacher, Herbart für unseren Zweck weniger wichtig [1]). Für den Gang der Leibniz-Entfernung seit

---

[1]) Die Brüder Humboldt teilten sich in die beiden Seiten der Leibnizschen Weltschau, welche bei Goethe (ohne das systematische Gerüst) ganzheitlich die eine blieb: Wilhelm führt die Geist-, Alexander die Naturforschung weiter — aber sie verfahren nicht antithetisch, sondern ergänzen sich harmonisch. Wilhelm versucht unter Schillers Einfluß anfangs, die Philosophie mit Kants Begriffen zu systematisieren. Die Pariser Briefe zeigen, wie lästig ihm dies ist. Sprangers Darstellung (Wilhelm von Humboldt, Berlin 1910) zeigt, dass Wilhelm im Grunde Leibniz' Lehre bewahrt. Goethe führt ihn zu Schelling, was seinem Platonischen und Leibnizischen Wege entspricht. Leibniz' zwei Forschungsziele im Verkehr mit Peter dem Großen wurden von ihnen übernommen: die Erforschung des magnetischen Nordpoles von Alexander,

Hegel ist Kierkegaard Träger und klärendes Beispiel. Wie es der Zeit entspricht, ist er Hegelianer und wird Anti-Hegelianer in dialektischem Umschlag wie Strauß, Feuerbach, Marx. Als der greise Schelling 1841 in Berlin seine Vorlesungen aufnimmt, reist Kierkegaard mit höchster Erwartung dorthin. Hier könnte ihm sein wesentlicher philosophischer Gedanke aufgegangen sein. Was bei Leibniz der Erkenntnis des zureichenden Grundes, Gottes als Schöpfer aller Existenzen, dem schöpferischen kontingenten Geschehen entspricht, das wird bei Schelling positive, religiöse, mythologische Philosophie. In Leibniz und Schelling gründet die Existenz-Philosophie. Kein Wunder, daß Kierkegaard bei den Vorlesungen in frohe schwärmerische Begeisterung gerät: Seine philosophischen Qualen sind gestillt, Hegel ist überwunden. Aber dies Glück dauert nicht lang. Leibniz und Schelling überwinden die Antithese, sie bauen das Gehäuse, in dem glückliche Menschen tätig sein können — Kierkegaard will die Kluft erweitern. Einige Monate später erklärt er Schelling für einen Schwätzer[1]). Die Widersprüche liegen in seiner individuellen Existenz. Er ist der Ich-Befangene, der Erbe des Absoluten, wie es der Ich-Idealismus von Kant und Fichte forderte. Wie Kant in der Aufklärung (nicht im abendländischen Geist), so verengt das 19. Jahrhundert in der Philosophie immer mehr das geistig-seelische Gesichtsfeld und beschränkt sich auf Erkenntniskritik und Allgemeinbegriffe, soweit es noch echte Philosophie treibt.

Dieser Abfall von Schelling steht mit dem europäischen Geschehen im Einklang. Das 19. Jahrhundert versteht nicht mehr Leibniz, Hölderlin, Schelling, doch scheinen Kierkegaards ältere Freunde den Weg dahin zu suchen. Dieser glaubt ihnen folgen

---

die der chinesischen und indischen Kulturen, zumal der genetischen Zusammenhänge der Sprachen, von Wilhelm. Schleiermacher geht im Pantheismus der Frühzeit von Jacobis Pantheismusstreit und von Schellings Indentitätslehre aus. Er kann diese, deren erste Stufe auch Schelling bei Spinoza findet, als Spinozistisch bezeichnen. Da er aber das Wesentliche in der einmaligen unwiederholbaren Individualität sieht, so denkt er Leibnizisch, nicht Spinozistisch. Herbart scheint mit seiner Lehre von den „Realen" in der Wendung gegen Kant zwar auf Leibniz' Monaden zurückzuweisen, doch indem er dessen schöpferische Seelenlehre in seiner Assoziations-Psychologie mechanisiert und rationalisiert, bleibt er Leibniz-fern.

[1]) Harald Höffding („Sören Kierkegaard als Philosoph" deutsch Stuttgart 1922, 3. Auflage) sagt dazu: „man kann in seinen philosophischen Schriften (besonders im ‚Begriff der Angst') Schellings Einfluß, zum Teil auch dessen Terminologie, deutlich erkennen".

zu können, wenn er Paul Möller, den Lehrer des Griechentums, der Freude, ja die Freude selbst glücklich pries, wenn er an Sokrates, Lessing, Hamann, Jacobi anknüpfen möchte. Das wäre der Weg zur Leibniz-Erneuerung gewesen. Schon mit 22 Jahren hat er den Gedanken der Existenzphilosophie, die ihn mit Schelling und Leibniz gegen Hegels begriffliches System verbündet hätte: „mit den tiefsten Wurzeln meines Daseins, wodurch ich sozusagen mit dem Göttlichen verwachsen bin". Er verlangt dazu nach „einem vollen menschlichen Leben", er will nicht auf „ein sogenanntes Objektives aufbauen." Aber damals schon spricht er eine bedenkliche Maßlosigkeit, eine egocentrische Unbedingtheit aus: „Und ob auch die ganze Welt in Trümmer stürzte." Er ist der im Weltleben Versagende, Zerrissene, Gnadenlose und leugnet darum den Sinn der Gnade überhaupt. Die Weltbejahung Leibniz' ist ihm fremd, er gründet sich auf das Unbedingte Kants, das Absolute Fichtes, ja er steigert es zur Weltverneinung [1]). Er verwirft als Schriftsteller das irdische Leben: er ist der große Ankläger schlechthin. Goethe hat im Faust-Prolog die Gestalt des kritizistischen Verneinens, des Anklägers ja Verleumders und Querulanten als Diabolus plastisch gefaßt:

Der Herr:

> Hast du mir weiter nichts zu sagen?
> Kommst du nur immer anzuklagen?
> Ist auf der Erde ewig dir nichts recht?

Mephisto:

> Nein Herr! Ich find es dort, wie immer herzlich schlecht.

Als Denker und „Christ" spricht Kierkegaard auch über Gottes Schöpfung, über den Menschen seinen Fluch aus: das natürliche Menschenleben sei in seiner innersten Wurzel verpfuscht und verderbt. Mit seinem Werke ist auch der Schöpfer selbst verurteilt: Der Verfasser der Theodicée, der Anwalt Gottes, hat den Prozeß verloren. Allerdings ist es der Kläger, der

---

[1]) Höffding nennt ihn „einen der ersten in der Reihe von Denkern, die die Rückkehr zu der kritischen Philosophie einleitete, die der letzten Generation eigentümlich ist. Höffding, der Verehrer Kierkegaards, sieht in diesem Rückgang auf Kant einen Gewinn. Er faßt herkömmlich in der „romantisch-spekulativen Periode" Schellings auch die Gedanken Goethes, Leibniz', Platons zusammen und setzt ihr die moderne fortschrittliche Wissenschaft als gültig entgegen. Er verneint die deutsche Verjüngungsbewegung.

das Urteil spricht. Kierkegaard hat Recht — Gott und die
Welt haben Unrecht. Darin sind Kierkegaard und Kant einig,
das Egoistische im Menschen als das Böse zu überwinden, und
ihr Weg ist egozentrisch, denn sie gehen aus vom reinen Ich, doch
ihr Weg dahin bleibt individuell. Sie führen zur Weltverneinung,
die wohl ins Christentum eingehen kann, ihm aber nicht wesens-
notwendig, eher syrisch als abendländisch ist: der Säulenheilige,
die Vernichtsung, der Nihilismus. ,,Die eigentliche ethische Wirklichkeit des Individuums ist die einzige Wirklichkeit.'' Mit diesem Wort könnte Kierkegaard den Weg zu Leibniz finden, aber
er bleibt im Einzel-Ich und denkt nicht an ein Gottesreich auf
Erden. ,,Soweit meine Erinnerung zurückreicht, war ich über
eines mit mir im Reinen: daß für mich bei andern kein Trost
und keine Hilfe zu suchen sei.'' Überprotestantisch, überindivi-
dualistisch widerstrebt er dem geistigen Reiche von Dante
Leibniz Hölderlin. Das Ich geht es nichts an, ob auch andere
selig werden! Kierkegaard zitiert Adams Gebet in einer islami-
tischen Legende: ,,Ach Herr! rette nur meine Seele; ich kümmere
mich weder um Eva noch um Abel.'' So kann er selbst an Feuerbachs trivialem Atheismus manches billigen. Gott, der den Asketen Resonanz verleiht, ist ein moralisches Postulat. Trotzdem
ist seine Wirkung damals groß, heute weit größer: er ist der große
Geißler des gehobenen Bürgertums, dessen heillose Mittelmäßigkeit und selbstzufriedene Gebildetheit er verdammt, weil er
die tiefe seelische Bewegung fordert. Sein Asketeneifer will
zugleich Philosophie und Religion reinigen. In dieser Leidenschaft, in seiner Hauptformel ,,entweder-oder'', die den Menschen
vor die Entscheidung zwingen soll, sah man eine Verwandtschaft mit dem ein Menschenalter späteren, so ganz andersartigen
Nietzsche. Welche Formel ist die höhere, wesentlichere — Kierkegaards ,,Entweder-oder'' oder Leibniz' ,,Sowohl-als-auch''? Als
Menschen sind wir geworfen in ein ,,aut-aut.'' Hat aber der
Kritizismus die Frage richtig gestellt: Entweder Moral, Weltverneinung — oder Liebe, Sünde, Weltbejahung? Leibniz' Weltbejahung, die im Bösen bloß Mangel und Verneinung sieht,
könnte zur Abstumpfung, Vermittelmäßigung, Erstarrung des
Lebens mißbraucht werden. Der Mensch muß sich entscheiden:
entweder Gott oder Satan. Aber das setzt auch Leibniz voraus,
denn rastlos tätig ruft er immer wieder zum Kampf für Licht

Freude Liebe auf. Die Polarität von Licht und Finsternis ist die Spannung, die das Weltgeschehen in Bewegung hält. Aber Leibniz' Schau ist zugleich die übergeordnete, das Göttlich-Schöpferische et-et. So ordnet Goethe die irdische Schau in die göttliche ein: Satan ist vom Menschen her gesehen die fürchterlich zerstörende Macht, von Gott her gesehen die untergeordnete, wider Willen doch auch dem Schöpfer dienende Macht. Anstelle des ewigen Gegensatzes von Ormuzd und Ahriman tritt die Platonische und christliche Zuversicht auf die Durchdringung der Welt mit dem guten Geist, auf Vervollkommnung der Individuen. Mephisto, der das Böse will, ist der Geprellte. Wohl bleibt die Polarität wirksam, aber das aut-aut ordnet sich dem et-et unter. Hölderlins „harmonische Entgegensetzung" überwölbt die Antithese.

Immer wieder sind in Zeiten der Erschlaffung und der Entstaltung die Antithetiker notwendig, die mit der Welt unzufrieden das Ganz-Andere suchen: Kierkegaards und Nietzsches Kampf gegen die Vermittelmäßigung war sinnvoll. Aber dem Trägheitsgesetz folgend verbreitete sich diese Geltung, während der Sinn dieser Forderung schon erlosch. Mit den Weltkriegen war die Macht des gehobenen Bürgertumes und seines Bequemlichkeitskultes gefallen. Anstelle eines charakterlosen vermittelnden et-et war das furchtbare aut-aut zwischen den organisierenden und terroristischen Gewalten und den ihnen hilflos ausgelieferten Massen getreten. Zwar setzte diese Weltgeschichtliche Wende das Wertvolle an Kierkegaard und Nietzsche, den Kampf gegen die Vermassung, den Glauben an die Persönlichkeit in helles Licht. Nietzsche wird als Gestalt gegen diese entstaltende und bilderstürmende Gewalt ehrwürdig bleiben, aber der neue Grundstein ist damit noch nicht gelegt. Beide Vertreter des aut-aut haben nicht sinnlos, doch auch nicht gerecht gegen den Teufel der Vermassung den Beelzebub der Maßlosigkeit aufgerufen. Die Vermassung ist ja darum die Weltgefahr, weil sie das Mittel ist, die Maßlosigkeit des persönlichen Diktators mit einer brutalen Macht zusammenzuschweißen. Die Übersteigerung im Lebenswillen der einzelnen Völker, die Selbstsucht mit der sie andere Völker als Schlachtfeld und Beutegut mißbrauchen, führten immer wieder zur Maßlosigkeit, der auch Kierkegaard und Nietzsche aus rein geistigem Willen verfielen.

Leibniz erkennt in dem freudigen Blick auf das Universum
das wahre Maß ohne die Idee des Volkes und die Idee des Abendlandes in blassem Weltbürgertum abzuschwächen. Die Maßlosigkeit der beiden neueren Denker kann ihren großen existenziellen
Unterschied nicht verdecken. Kierkegaard muß, da dem Weltverneiner das lebendige Maß versagt ist, die unbewußt einge-
schlagene Richtung auf Leibniz hin gänzlich verfehlen. Bei
Nietzsche aber ist es überwiegend die Bindung durch die Zeit,
daß er den ihm gemäßen Schelling und Leibniz nicht kennt und
darum von Schopenhauer ausgeht, der ihn in Abwehr und Übersteigerung doch auch an den Kritizismus fesselt. Vielleicht ist
seine Maßlosigkeit mehr Schicksal als Charakter, denn seinem
Werke mangelt das Suchen nach dem Apollinischen Menschen-
bilde, nach dem heiligen Maß und der neuen Mitte nicht, und
seine Gebundenheit an Goethe nähert ihn unbewußt Leibniz [1]).
Kierkegaard fordert streng kritizistisch: entweder moralisch
oder ästhetisch. Das Ästhetische gehört der geringwertigen
Erscheinungswelt, das Moralische dem transzendenten Wesen.
Dagegen ist Nietzsches Leidenschaft, die unbedingte Trennung
in menschliche Natur und unmenschliche Moral, die der Tod
der göttlichen Schöpferkraft ist, zu heilen. Das höchste ethische
Wesen kann Erscheinung werden im Schönen Leben. Er sah,
daß lieblose Moral zu Heuchelei und Nihilismus führt, aber es ist
ein Unglück, daß er sich, um den Gegensatz der asketischen Moral
recht sichtbar zu machen, teils angeblich, teils wirklich in einen
Immoralismus steigerte. Von der kritizistischen Begriffsbildung
her wäre seine wurzelhafte Einheit von Ethik und ,,Ästhetik''
unbegreiflich.

Auf Nietzsches ,,Lebensphilosophie'', die strenger fachlicher
Grundlagen entbehrte, folgte gleichzeitig Bergsons Philosophie
des Schöpferischen (die auch auf Schellings und somit auf Leibniz
Geist zurückgeht) und Husserls Phaenomenologie, die Wiederbe-
lebung der Ideen- oder Wesensschau aus strenger Analyse. Husserls Beschränkung auf das Essentielle, Ideelle, seine Einklam-
merung der Existenz, der Wirklichkeit führt zu verfeinerter

---

[1]) Seine Verehrung Platons ist ebenso groß wie sein Neid auf ihn. Daß seine Philosophie, wenn man versucht, sie systematisch auf Grundsätze hin zu ordnen, mit
ihren Kraftzentren, ihrer Rangordnung der Leibnizschen Monadologie am nächsten
verwandt ist, habe ich dargelegt in: ,,Deutung und Einordnung von Nietzsches
System'' Kantstudien 1938.

Wissenschaft, verzichtet aber auf Lebensweisheit, auf Weltschau, auf vollendete Philosophie. Diese ist Erkenntnis der
existierenden Welt, nicht Beschränkung auf die reine, apriorische Vernunft. Das erkannte Husserl und suchte später seine
Weltschau nach Leibniz' Vorbild. Wirkungsvoller aber waren die
Richtungen, die das von der Phaenomenologie Ausgeschlossene,
die existierende, aber im Essentiellen wurzelnde Wirklichkeit
programmatisch ins Zentrum stellten. Alle große Philosophie
strebt nach dem Schnittpunkt von Essenz und Existenz, dem
schöpferischen Urgrund von Maß und Mitte, mag sie ihn im über-
weltlichen Gott oder im schöpferischen Menschen selber erfassen.
Vor diese Entscheidung sind die Philosophen gestellt, und gegenwärtig stehen sie in der Entscheidung zwischen dem gnadenlosen
Kierkegaard und dem begnadeten Leibniz. Sie ist kein unbedingtes aut-aut, aber noch weniger ein verschleierndes et-et. Kierkegaards Wendung gegen Hegels Idealismus der Begriffe war die
Entscheidung, vor die der denkende Mensch immer wieder gestellt
wird: der Ruf zur individuellen Existenz. Wenn diese aber keinen
Halt bietet gegen das Chaos der unseligen Vereinzelung, dann
verheißt uns Leibniz' Werk wie die Werke großer Dichter, denen
gleich ihm Platonische Gesinnung nicht fremd war, aus der
lebendigen Schau der abendländischen Kultur eine geistige Welt
aufzubauen, in der sinnvolles und hohes Leben möglich ist.

Glaube und vernunft. Die Zerfächerung der Wissenschaft,
die Zerspaltung des seelischen Lebens erschwert den Philosophen, trotz aller Verfeinerung der Methoden, mit Leibniz zum
Blick auf das Ganze, zur wahren ,,Weltanschauung" zu gelangen.
Sein Bild ist kein Mosaik von Einzelheiten sondern Blick auf
die Ganzheit, weil er in ihr zugleich den schöpferischen Kern sah.
Wenn er den Streit der Protestanten und Katholiken beilegen
wollte, so war das Anliegen der Theodicee noch mehr, den philosophischen Geist zu versöhnen mit dem religiösen. Da beide
Fachgebiete, Theologie und Philosophie, die um das Höchste im
Geistigen ringen, teils in fruchtbarer, teils in feindlicher Wechselwirkung stehen, so schien nach der Zeit der sinnwidrigen Religionskriege allein in der Philosophie die Hoffnung gegründet,
Grundsatz und Maß für die Einigung zu finden. Leibniz große
geistige Leistung ist erst zu verstehen, wenn man jene fachliche
Spaltung überwindet und diese auf dem Hintergrund geschicht-

licher Gemeinschaft der christlichen Dogmen und abendländischen Philosophie betrachtet.

Paulus, der gewaltige Gründer der Weltkirche, der die Schranken der jüdisch-christlichen Sekte durchbrach, wurde dennoch
nicht unmittelbares Vorbild für Verschmelzung der antiken
Kultur mit der neuen Jenseits-Religion. Er betrachtet die römische Welt als feindlichen Gegensatz und gründet die Kirche auf
seine Lehre von Erbsünde, vom rachsüchtigen Gott, auf die
Ablösung von der Welt. Diese Botschaft geht den Philosophen des
Maßes und der Menschlichkeit schwer ein. Leibniz verehrt statt
dessen das ursprüngliche Evangelium des lebendigen Christus,
in dem von Sünde, Buße, Jenseits nicht sehr viel die Rede ist. Als
der Bußprediger und Weltverneiner Johannes an Jesus irre wird,
läßt dieser ihm sagen, daß er hier und jetzt das Gottesreich ver-
wirkliche, nicht durch Dogma und Institution, sondern in leiblicher Vergegenwärtigung, in reiner und vollkommener Humanitas.
,,Darum sollt ihr vollkommen sein, gleichwie euer Vater im Himmel vollkommen ist.'' Göttlich ist Christus als der edelste weiseste
schönste Mensch, nicht als Sohn der Jungfrau. ,,Vater unser . . . .
Dein Reich komme'' das ist Leibniz' Gesinnung wie später der
drei großen Tübinger. Seine Idee vom Reich der Gnade harmoniert mit dem Ur-Evangelium. Christus selbst ist Schriftge-
lehrter und lebendigster Deuter der Schrift, aber wer ihn sieht
und hört, bedarf der forschenden Erkenntnis nicht unbedingt:
er dankt Gott, daß er in seiner menschlichen Erscheinung Kindern und Unmündigen das Geheimnis offenbart. Doch was war zu
tun, als Er persönlich die Erde verlassen hatte, ohne seine Ge-
treuen leiblich mit in den Himmel zu nehmen? Das Urevangelium
schien unbestätigt, das göttliche Erdenleben begann zu schwin-
den und das Wort Christentum umfaßt seitdem viele neue Wege
der Heilsucher. Von vielerlei Verflechtungen abgesehen sind drei
Wege bezeichnend. Der eine ist das enthusiastische Glaubenserlebnis des Pfingstwunders, die unmittelbare Inspiration der
Einzelnen, die doch zu fanatischen Sektenbildungen mitreißen
und in Zügellosigkeit der Selbstvergottung umschlagen kann.
Um so nötiger schien der zweite Weg: die Gründung der Einen
Kirche als Dauerinstitution, die allen Einzelnen, selbst dem
Säugling, durch Sakramente magisch das Heil versichert. Aber
da die Beschränkung auf diesen Weg auch die Gefahr der er-

starrenden Institution, der „Mauerkirche" in sich birgt, so wird
immer von neuem auch jene Bewegung des Pfingstenthusiasmus,
die „spiritualistische" notwendig, wenn sie auch im Ketzergeist
die Ordnung selbst zu zerstören droht. Der ordnende Geist fand
innerhalb der einen Kirche den dritten Weg: den theologischen
Aufbau des Dogmas, und schloß im Kampf gegen Sektengeist
oder Phantasterei der Ketzer ein Bündnis mit seinem früheren
Feinde, dem Geist der antiken Philosophie, denn in Neuplatonismus und Stoa fand er vieles Verwandte. — In diesem weiten
abendländischen Zusammenhange steht Leibniz: er durchschaut
den Verfall und versucht ihn zu heilen. Wenn Gott wirklich ist,
dann ist der Gedanke an ihn das gemeinsame höchste Anliegen
von Philosophie und Theologie. Als Leibniz in der Zerrissenheit
Europas jene drei Wege bedachte, konnte ihn der erste, der
spiritualistische des überschwenglichen Gefühles nicht locken. Er
ist nicht Erneuerer der Religion, als welcher er nur eine neue
Sekte unter anderen gegründet hätte. Aber auch die Erneuerung
der Institution (wie die Machtkirche der Jesuiten) und die Kon-
stituierung eines allgemeingiltigen Dogmas bewertet er sehr
nüchtern. Jede unbedingte Zentralisierung der Macht, jeder
Zwang war in diesem Kampf der Nationen Konfessionen Dogmen
von Übel, und nur eine Art föderalistischer Lösung war denkbar.
Das einigende Maß war allein in philosophischer Weisheit und
überragender Weltkenntnis zu finden. Er war berufen, den
Ausgleich der menschlichen Kräfte zu finden in Glaube und Wissen, Freiheit und Bindung. Innen und Außen, wie der Anfang der
Vorrede der Theodicee, diese ebenso monumentalen wie schlichten
Sätze beweisen. Er sieht die Gefahr der Vermassung, denn die
Masse sieht nicht das Innere, wozu Denken notwendig, sondern
begnügt sich mit dem Äußerlichen. Beide Wege: Kirche als
Institution oder Dogma gelten Leibniz als äußerlich. Frömmig-
keit ist innere Erleuchtung und frommes Tun — das Dogma
ahmt die innere Erleuchtung, den Glauben nach, der ceremonielle
Dienst das fromme Tun. Beide sind zu loben, wenn sie die echte
Frömmigkeit bewahren. Die Kirche und ihre Zucht sind keine
Mauer sondern bloße Hecke gegen das Laster, zur Gewöhnung
an das Gute. Dogmen sind Formeln, die teilweise mit der Wahrheit übereinstimmen. Beide großen Heiligtümer, Kirche und
Dogma sind Symbole und Mittel echter Frömmigkeit, des hohen

Platonischen Guts als Gleichgewicht zwischen Innen und Außen.

Aber die wesenhafte Frömmigkeit wurde zweifelhaft, das ausgleichende Maß war zu suchen in der philosophischen Weisheit. Wenn die von Christus geoffenbarte Liebe nicht mehr unmittelbar wirkt, muß sie durchglüht werden von der Erkenntnis. Diesen Weg hatte die Kirche früh eingeschlagen. Nach der Zeit des Hasses gegen die Philosophie, dem credo quia absurdum des Tertullian, begann der Bund von Theologie und Philosophie, von Christus und Platon, wie er in Origenes und im folgenden Jahrtausend in Thomas und Dante seine Erfüllung fand. (Wenn sie von Aristoteles sprechen, meinen sie den Platoniker Aristoteles.) Folgerichtig empfindet Leibniz seine Verwandtschaft mit Origenes. Die Kirchenväter, auf die er sich besonders beruft, sind in der Theodicee Augustin und Origenes. Aber den gerade damals so viel berufenen Augustin nennt er oft mit Kritik, während er sich auf Origenes seltener aber mit großem Nachdruck bezieht. Nur die wahrhaft Geistigen, die Philosophen gelangen durch die Offenbarung bis zur wahren Gottes-Erkenntnis. Die Menge, der dieser Weg verschlossen ist, ist angewiesen auf die schlichte Belehrung in der Kirche. Doch werden durch sie im Raum der Kirche die Gläubigen mittelbar auch vom geistigen Licht der Philosophie bestrahlt. Dagegen fehlt der Raum für dogmatisches Gezänk. Aber nach dieser Fülle im geistigen Bunde folgt die Kampfzeit um ein einheitliches Dogma zur Abwehr der Sektenbildung und des freien philosophischen Denkens: das Dogma steht im Dienst des Kampfes der Machtzentren innerhalb der Institution der Kirche. Jetzt steht weniger das Gotteserlebnis als das Dogma über aller menschlichen Vernunft. Jene Einheit von Philosophie und Religion hatte echte mystische Gottesschau und große Theologie erzeugt, wie es sich im gotischen Zeitalter wiederholt. Aber als die Fülle von Origenes Thomas Ekkehart Dante sich wieder löste, ging aus der Theologie die Dogmatik hervor, die über Religion und Philosophie zu herrschen begann. Zwar behelfen sich bis heute manche mit der Legende, die Platonisch-Aristotelische Philosophie sei intelektualistisch und nur die Theologie sei wahrhaft lebendig. Das widerspricht der Geschichte und verdeckt auch den Denker der europäischen Reunion und den großen Menschen Leibniz. Ohne selbst den Weg der Mystik zu gehen, bewahrte er ihr eine gewisse Neigung, weil sie

Philosophie und religiöses Denken vereint. Sein gründliches Studium der Dogmatik aber dient nur der Versöhnung.

Die Platonisch-Aristotelische Theoria ist, wie der Name sagt, nicht abstrakt-rational, nicht dogmatisch sondern: wissenschaftlich begründete Anschauung, Vision. Nicht Origenes, sondern die theologischen Dogmatiker haben den Gedanken von der Dreieinigkeit, der zwischen philosophischem Symbol und kirchlichem Dogma vermittelt, haben das ,,heilig-öffentliche Geheimnis'' aus der Ebene der Mysterien auf die des begrifflichen Streitens und dann des politischen Machtkampfes heruntergezogen. Der große Athanasius, der Heros des Dogmas, zehrte noch vom Erbe Platons und Origenes — stellt er doch mit dem Begriff der Theopoiesis, der Vergöttlichung, den obersten vereinenden Gedanken der Vervollkommnung des Menschen, an dem moderne Theologen Anstoß nehmen, in die Mitte. Aber schon mangelt ihm das Platonische Staunen vor dem Mysterium, denn er ist weniger Erwecker als dogmatischer Lehrer, der Recht haben will. Und wie behält man Recht? Durch Mehrheitsbeschluß, durch Konzile — vom Kaiser, von der weltlichen Gewalt einberufen. Mochte er selbst noch durch seinen Geist wirken — seine Folger kämpfen mit geistfeindlichen Mitteln um ihre Macht. Als sein Lehrer den Streit gegen Arius beginnt, greift Konstantin der Große ein und warnt: dieser spitzfindige Streit widerspreche der Würde ernster Männer und raube ihm selber die Ruhe seiner Nächte. Er will durch das Konzil die Einheit der Kirche herstellen. Die Weltgeschichte wäre anders verlaufen, hätten die Bischöfe sich belehren lassen, anstatt die staatlichen Mächte ihrem Streit dienstbar zu machen. Als die Kirche den staatlichen Apparat in die Hand genommen und die bedrohlichen großen Ketzer-Sekten unterdrückt hat, entwickelt sie den grenzenlosen Willen zur Macht im eigenen Bereich. Ihre Waffe ist der Dogmenstreit. Was heute bejubelt war, wird morgen verketzert. Der mächtige Patriarch von Alexandria sucht Roms Bündnis gegen Byzanz und Antiochia, und das Mysterium der Dreieinigkeit wird zersetzt durch den absurden Streit über die zwei Naturen, die zwei Willen, die zwei Energien in Christus. Den anders Denkenden verdammt man im Konzil unter Krokodilstränen und verheißt ihm ewige Höllenqualen. Das zweite Ephesische Konzil (449) wird offiziell die Räubersynode genannt, aber das vorangehende war kaum besser. Der Dogmatismus zerstückelt das griechisch-römische Kulturreich, das ursprüngliche Abendland. Die griechische Kirche entfremdet sich der römischen, die vorderasiatische, die ägyptische, abessinische fallen vom Griechentum ab und verständigen sich vielfach mit dem Islam. Das griechische Neue Testament wird weit zurückgedrängt vom lateinischen und koptischen. Cyrill, der bedeutende Kirchenvater, ist Beispiel dieser Korruption. Als Patriarch von Alexandria, als Erbe der Theorie des Origenes ist er doch zugleich dessen Widergeist, denn um der äußeren Macht willen zerrt er das Mysterium der Geistigen auf die Gasse und hetzt den frommen Pöbel zur Ermordung der Hypathia, Platons echter Erbin, der Lehrerin des christlichen Hymnendichters Synesios. Disziplinierte Mönchshorden entscheiden mit ihren Fäusten die dogmatischen Fragen, deren Unlösbarkeit der Philosoph erkennt [1]). Der schöpferische Geist ist kollektiven Mächten preisgegeben [2]).

Hätte Leibniz mit Arius und Athanasius, mit Apollinaris und Nestorius zu verhandeln gehabt, so hätte er wohl jedem gedankt, am Edelstein der Gotteserkenntnis eine neue Facette geschliffen zu haben, doch sie wohl auch gemahnt, gemeinsam schweigend das letzte Mysterium zu ehren, statt sich gegenseitig zu verdammen. Er hätte wie Platons Timaios mit dem Finger aufs Universum gedeutet. Aber es siegte keine ausgleichende Vernunft. Der Gewalts-Dogmatismus führte zum folgerichtigen Entscheid: Origenes wurde als Ketzer verdammt. In der Tat hatte jener Dogmatismus, der das christliche Weltreich sprengte, das Recht verwirkt, sich auf Platon und die Neuplatonischen Kirchenväter zu berufen. Dogmatismus ist Verzicht auf freie Vernunft, und Leibniz ist der Vorkämpfer der Vernunft gegen diesen verhängnisvollen Verzicht. Allerdings ist diese Vernunft nur Schiedsrichter zwischen Philosophie und Religion, aber nicht von Grund

---

[1]) Die kritische Fachwissenschaft klärt auch heute jene verworrenen Widersprüche nicht auf. Die besten, der gleichen Konfession angehörigen Kenner dieser Dogmatik, gleichzeitig am gleichen Orte wirkend, kamen zum entgegensetzten Urteil. Harnack sah im Monophysitismus (Apollinaris), R. Seeberg im Dyophysitismus (Antiochener) die richtige Lösung: der Streit kann von vorne beginnen. — Auch heute berauscht sich mancher Kanzelredner an der Erinnerung des heiligen Bildersturmes, der griechische Tempel und Götterbilder zertrümmerte.

[2]) Auf dem Konzil zu Chalcedon verweigerten die Gesandten Alexandrias die Unterschrift aus Furcht vor dem Terror der eignen fanatischen Gemeinde. „Wir werden getötet, wenn wir es tun .... Erbarmt euch unser, wir sterben lieber durch den Kaiser und durch euch als zu Hause''.

aus erneuende Kraft. Die beiden Männer, die aus tiefem religiösen Urerleben nach jener Spaltung in Philosophie und Theologie die Kirche erneuern, sind Augustin und Luther, die vergleichbaren Weltzeiten angehören. Beide waren empfänglich für neuplatonisch-mystischen Geist, beide anfangs Lehrer der Philosophie und beide tief erschüttert durch die Angst um ihr privates Seelenheil. Im Innern erlebten sie die Gnade und lehrten eine Religion der unbedingten Verinnerlichung. Aber wie ließ sich darauf die Kirche gründen, da nur Ausnahmemenschen dieses Erlebens in seiner echten Tiefe ganz fähig sind! Jene lebten in der Zeit der schwersten Erschütterung der Geister, in der großen Bewegung der Schwarmgeister. Augustin unter den Donatisten, die von allen Priestern Heiligkeit verlangten und aus dieser Unbedingtheit heraus schließlich in grauenhaften Rachezügen die Institution der Kirche bedrohten — Luther in den vergleichbaren Bewegungen der Wiedertäufer und der Bauernkriege. Beiden fehlte in ihrer Unbedingtheit, was Leibniz besaß: die schöne Ausgeglichenheit des Innen und Außen, die Pythagoreisch-Platonische Proportion, (Schlußgebet im Phaidros), das Maß der Harmonie. Was blieb dann in ungeheuren Wirren übrig, als eine neue Mauerkirche zu begründen auf dem Fundament eines neuen Dogmatismus? Versucht man das Glaubenserlebnis allgültig mitzuteilen, so wird es Lehre, Dogma. Die erlebte Gnade verknöchert zur unbedingten Prädestination, die den Selbstzufriedenen überheblich, den Ängstlichen überängstlich macht. Die Kirche wird gegründet auf das Dogma der Erbsünde, auf die Angst der Verdammung. Augustin ist Rückhalt für viele Scholastiker, für Luther, Calvin, Jansenisten. Aber folgerichtig hat er das Dogma entwickelt, das die ungetauften Kinder wie die vorchristlichen Heiden zur ewigen Höllenqual verdammt. Gegen dies übersteigerte Dogma lehnt Leibniz sich auf. Hier scheidet sich der Glaube des Denkers, dem Christus der vollkommene, der göttliche Mensch ist, vom düsteren Dogma des Paulus, daß Gott um der unvermeidlichen Schuld aller Menschen willen aus Gerechtigkeit seinen eigenen Sohn am Kreuz opfern muß.

Leibniz hat für Luthers Größe volles Verständnis, denn dieser schien berufen, den Ausgleich von Innen und Außen zu vollziehen, da er die Welt als schönen Garten begriff, dessen Pflege uns aufgetragen ist. Er verachtete die sinnlichen Genüsse nicht und er-

warb als Neuschöpfer der deutschen Sprache unsterbliches
Verdienst, das niemand besser würdigte als Leibniz. Aber in der
Unbedingtheit seines Dogmas der reinen Innerlichkeit, in seiner
verwirrenden Geringschätzung der guten Werke fand er den harmonischen Ausgleich nicht in der Lehre, geschweige im geschichtlichen Leben und versteift sich auf seine Katechismen. Er geht
aus von der egozentrischen Sündenangst wie Augustin und endet
wie Paulus als Dogmatiker: wie dieser versichert er, seine Lehre
bleibe wahr, auch wenn ein Engel vom Himmel komme, um anders zu lehren. Er beschimpft die Vernunft, die Philosophie, besonders die des Aristoteles, des göttlichen Philosophen Dantes,
wenn auch Melanchthon seinen Zorn mildert. Aber dieser hatte
noch nach Luthers Tode furchtbar unter dessen dogmatischem
Erbe zu leiden. Weil er den Krebsschaden der protestantischen
Bewegung, den Kampf der Lutheraner gegen die Reformierten
zu heilen versuchte, wurden seine Anhänger als Kryptocalvi-
nisten dem Henker überantwortet. Er war erst zufrieden, als er
den Tod nahen fühlte, der ihm Befreiung von der Rabies, der
Raserei der Theologen verhieß. Mit Recht kritisiert Leibniz
Luthers Haß der Philosophie, der zur doppelten Wahrheit führt.
Wahrheiten können sich nicht widersprechen, und es ist Aufgabe
der Philosophie, scheinbare Widersprüche zu klären. Nun ist das
Überraschende: die gleiche Spaltung zwischen Glaube und Vernunft setzt sich durch die Philosophie der Aufklärung fort. Die
meisten Philosophen schließen das Religiöse von der Wissenschaft aus und nähern sich dem Mechanismus. Den Reiz dieser
folgerichtigen Methode empfand Leibniz als Student, aber bald
erkannte er ihre engen Grenzen. Jetzt im Ringen um die höchste
Wahrheit interessiert er sich gerade für die anderen Philosophen,
die sich in ihrer rationalen Wissenschaft nicht ganz befriedigt
fühlten und darum forderten, daß die Vernunft vor dem Glauben,
die Wissenschaft vor der Offenbarung die Waffen strecke, die
also Luther und manchen Kirchenvätern folgten. Ein solcher
schien Bayle in seiner zweideutigen Wirkung. Leibniz sah die
Gefahr. Wenn die Widervernünftigkeit der Glaubenslehre bewiesen würde, so würden Theologie wie Philosophie des höchsten
Wertes beraubt, Bayles Lehre mußte — entgegen seiner Forderung — die meisten Denker veranlassen, jedem Offenbarungsglauben den Rücken zu kehren. Die Philosophie selbst mußte an

Tiefe verlieren, wenn der Glaube entweder rationalisiert oder aus der Philosophie ausgeschieden wurde. Vernunft und Offenbarungsglaube können sich fruchtbar erst vereinigen, wenn beide richtig begrenzt sind. Leibniz ist der große Vernunftkritiker, der die reine Vernunft, die Ratio im engen Sinn begrenzt. Diese erkennt apriori, apodiktisch das unbedingt Notwendige, unterscheidend was möglich und was selbst Gott unmöglich ist. Ihre Kritik gilt gegenüber allen Glaubenslehren nur negativ: was ihr widerspricht ist unwahr. Die Monaden aber spiegeln das existente Universum: je reicher ihre sinnlichen Erfahrungen werden, um so richtiger wird auch ihre Welterkenntnis. Zwar kann äußere sinnliche Wahrnehmung trügen, zwar bleibt die reine Vernunft leer: aber in der inneren Erfahrung, die jene beiden vereint, weil sie ja beide aus ihr stammen, entsteht die höchste schöpferische Erkenntnis. Sie ist Wesenserkenntnis der tatsächlichen Welt. Das beseelte Wesen nimmt in der sinnlichen Erscheinung auch Unsichtbares, Seelisches, Wesentliches wahr. Bloße Spiegelung des Universums ist noch nicht Wesenserkenntnis im Grunde. Nur die Menschen sind berufen, mehr als das lebendige Universum zu spiegeln: auch den schaffenden Gott, weil sie bewußt, ja tätig am schöpferischen Vorgang teilnehmen. Sie treten ein ins Reich der Gnade: Gott ist ihr Fürst, ihr Vater. Erst dadurch wird die Natur vollkommen, der Mensch zum Träger des Ruhmes Gottes. Gottes Existenz ist aus Vernunftgründen beweisbar, sein Wesen aber wird erst erkannt in der tätigen Teilnahme des existierenden Menschen an seinem Werk, im philosophischen oder künstlerischen oder religiösen Schaffen. Dies unmittelbare Gott-Erlebnis wird nur Auserwählten zuteil. Die Menge der Unschöpferischen aber doch Empfänglichen ist angewiesen auf die Offenbarung des Schöpferischen. Die Theodicee spricht von der Offenbarung im engeren kirchlichen Sinn: Evangelien und Glaubenslehre. Offenbarung ist ein Mysterium, das nicht aus Vernunftgründen beweisbar ist. Beide, Offenbarung und Vernunft (lumen naturale) sind göttliche Geschenke und ein Zwiespalt zwischen ihnen würde Gott selbst mit sich selber vereinigen. Leibniz, der angebliche Rationalist, verehrt das Mysterium. Er weiß, daß es geschwächt würde durch den Versuch, es zu rationalisieren, aber er weiß auch, daß es entwertet würde, wenn man es in Widerspruch setzte zur Vernunft. Die Offenbarung ist überrational, aber nie darf sie widerrational sein. Das unterliegt der Prüfung durch den Philosophen. Höher als Glaube allein, höher als Vernunft allein ist die Harmonie zwischen beiden. — Um diese Harmonie tatsächlich herzustellen begibt sich Leibniz auf den dornigen Pfad des historischen Dogmenstreites. Er sieht das Elend, das der fanatische Dogmatismus über die Welt bringt. Er ist der furchtbare Gegner gegen sein Werk, die Konfessionen zu versöhnen. Leibniz beendet für die Denkenden diesen Streit, indem er die Dogmen ernst nimmt, das Richtige in ihnen zeigt, aber, ihre Widersprüche aufweisend, sie relativiert und dadurch die schlichtende Gewalt der Vernunft bestätigt. Nicht die r e i n e Vernunft, aber die Vernunft, die den geschaffenen Kosmos und die schöpferische Kraft spiegelt, erkennt in Gott außer der Weisheit auch Gerechtigkeit und Güte. Dogmen, die dieser Einsicht widersprechen, sind falsch — mögen sie auch von Augustin oder den Reformatoren stammen. In dieser Relativierung findet sich Leibniz auch mit den Jesuiten, wo sie weltordnende Kräfte bewähren [1]). Nur nach dieser Relativierung der Dogmen wäre die einheitliche Kirche möglich. Diese Haltung ist nicht pragmatistisch, sie ist nur Vorbereitung für die innere Erleuchtung. Leibniz' Religiosität ist rein und echt: Das Glaubens-Erlebnis kann rational so wenig erklärt werden wie irgend ein schöpferischer Akt und daher auch die Existenz der Welt. Rational begreiflich wäre nur das Nichts. Auch aus dem gewohnten Gang der Erfahrung ist das einmalige Mysterium unbegreiflich. Leibniz gibt tiefe Wesensdeutung des Glaubens. Auch wer Schreckliches erlebt, braucht an Gottes Güte nicht zu zweifeln. Es wäre denkbar, daß ein Mann, der allem Anschein nach des Verbrechens überführt ist, von allen Richtern freigesprochen wird, weil er ihnen als heilig bekannt ist. Dieser Glaube, die echte fides, stammt aus der Erfahrung, aber er übersteigt die bloße äußere Erfahrung, er ist Wesenerkenntnis. Aber auch wer nicht die Stärke dieser Bejahung und Zuversicht hat, muß aner-

---

[1]) In China hatte die jesuitische Mission außerordentliche Erfolge durch ihre weltliche Anpassungskraft. Sie stellte ihre Lehre als Wiederherstellung des Konfuzius dar und nahm chinesische Riten auf. Die Herrscher gewann sie durch ihre mathematische und technische Wissenschaft. Im „hundertjährigen Accomodationsstreit" widersetzte sie sich gewaltsam den päpstlichen Befehlen. — Leibniz stellte sich auf die Seite der Jesuiten! Deren Erfolg war weit größer als der der übrigen Missionen und ihre Ethik nicht geringer als die der folgenden Colonisation.

kennen, es wirken auch gute und schöpferische Kräfte in unserer Welt. Selbst wenn diese nicht siegen, dürfen wir sie göttlich nennen und die zerstörenden Gegenkräfte teuflisch. Wir können die Welt bejahen, soweit jene wirken. Auch daß Leibniz die christliche Offenbarung unbedingt anerkennt, ist nicht pragmatisch. Ob er wirklich die anderen Religionen für falsch hält, oder an die Fabel von den drei Ringen glaubt, ist zweifelhaft. Aber was er dazu sagt, läßt durchblicken, daß er neben dem ethischen Gehalt einer Religion auch deren mythisch-lebendige Gestalt schätzt: ,,Doch ist der göttliche Glaube, wenn er einmal die Seele entzündet hat, mehr als eine bloße Meinung und hängt nicht mehr von den Meinungen und Motiven ab, die ihn erweckten; er geht über den Verstand hinaus, bemächtigt sich des Willens und Herzens, und wir tun mit Wärme und Freude, was uns das göttliche Gesetz befiehlt, ohne an besondere Gründe zu denken oder uns mit logischen Schwierigkeiten, die der Geist sich vor Augen stellt, aufzuhalten." Das heißt: Leibniz ist Christ von Herzen und Willen, weil sein Leben in dieser Gemeinschaft mit allen Fasern verwurzelt ist. Die verstandesmäßige Untersuchung, ob nicht für andere Völker andere Religionen ebenso wertvoll sein können, hält er für unfruchtbar.

Leibniz greift im zerrissenen Europa zurück nicht auf die Dogmenkirche, nicht auf die urchristliche Kirche, sondern auf das Evangelium Christi, des Gottmenschen, der den liebenden Vater, das irdische Reich der Gnade verkündet. Wenn dieser Liebes-Geist einschläft, dann wecken Bußprediger, von Johannes dem Täufer bis Kierkegaard die Vorstellung vom rachsüchtigen Gott, der ohne Blutopfer des Liebsten nicht verzeihen kann. Aus tiefster individueller Seelenangst, im egozentrischen Glaubens-Erlebnis, haben Augustin und Luther die schwer bedrohte Kirche erneuert als eine dogmatische, gegründet auf das Sündengefühl der verängsteten Iche. Leibniz erneuert Christi Gesetz der Nächstenliebe. Weder Lehre noch Kult noch Buße sind das Entscheidende, sondern innere Schau und nach außen wirkende Nächstenliebe. Da Gott die Welt liebt, will er in ihr Liebe und Freude wecken. Wenn Augustin die Platonisch-Christliche Kirche zur lateinischen, Luther die Augustinische zur protestantischen verengt, so bleibt der Grund des gesamt-abendländischen Christentums das Gefühl des Jüngers Johannes. ,,Ihr Lieben, lasset uns

untereinander liebhaben; denn die Liebe ist von Gott." Die Johanneskirche wird das Symbol der Erben von Leibniz. Während
aber die Nächstenliebe Christi die Armen und Einfältigen bevor-
zugt, stellt Leibniz die Verbindung mit dem griechischen Geiste
her. Der strenge Katholik mag einwenden, daß Platon und Dante,
der Cusaner und Leibniz, Goethe und Hölderlin nicht heilig
gesprochen seien, doch werden die Katholikoi eines Gesamt-
Abendlandes, solange sie auf eine umfassende Versöhnung und
Reunion hoffen, sie als geistige Führer verehren. Verzeihung,
Erlösung, Verdammung sind notwendige Vorstellungen der
Kirche, wenn sie die Welt ordnen, das Verbrechen unterdrücken
will. Aber wahres Heil ist die Erneuung der Liebe, der schöpferischen Welt-Kraft. Des Menschen Weisheit ist die Erkennung
der schöpferischen Kraft im Weltgeschehen. Gottes Liebe ist, den
Menschen bewußt mitwirken zu lassen an seinem Plan und Werk,
der Pflege der Erde, der Schöpfung eines schönen Lebens.

SCHLUSS

Der Mensch kennt nur sich selbst insofern er die Welt
kennt, die er nur in sich und sich nur in ihr gewahr wird.
Jeder neue Gegenstand, wohl beschaut, schließt ein neues
Organ in uns auf. GOETHE.

Den Menschen, welche die Hölle miterlebt haben, kann es
unglaublich scheinen, daß diese wirkliche Welt doch die beste
der möglichen Welten sein solle. Hat doch auch Goethe die
schöpferische Kraft als ein Dämonisches, in dem Göttliches und
Teuflisches zusammenwirken, gedeutet. Aber es ist nicht Aufgabe der Philosophie, unlösbare Probleme zu entscheiden, sondern
unsere Organe für die Erkenntnis des schöpferischen und des zerstörenden Geschehens aufzuschließen und die Gestaltungskräfte
des Menschen zu fördern. Ob es ein positives Böses gibt oder ob nur
das Einschlafen des Göttlichen die Welt zur Hölle macht, ist bloße
Deutung des Vorgefundenen. Wo aber die Erkenntnis versagt,
dürfen wir als höhere Wahrheit anerkennen, was den schöpferischen Vorgang fördert, den zerstörenden hemmt. Das ist kein Sub-
jektivismus, kein Pragmatismus: es ist nur Selbstbejahung der
schöpferischen Kraft, die auch im Menschen wirkt. Wenn zeitweise die Hölle siegt, so erweist sich das als Folge der Freiheit des
Menschen, der selbstsüchtig an sich reißt, was dem Wohl des
Ganzen gehört. Gestaltende Kräfte werden zu Sprengkörpern,
wenn sie sich aus dem Sinn des Ganzen lösen. Die Rückkehr zur
Frühzeit ist verschlossen, und gedankenlose Ausflüchte, die nur
den Bedürfnissen der nächsten Jahre dienen, fördern den Verfall.
Heilung ist vielleicht möglich, wenn der abendländische Mensch
sich auf sein Haben und Sein besinnt, wie es sich im Werden von
dreitausend Jahren ausgedrückt hat.

Leibniz ist in aller Förderung der rationalen Erkenntnis, der
mathematischen Naturforschung, der nützlichen Technik, doch
der Bewahrer dieser abendländischen Sinnganzheit des Lebens,
denn er sieht die Gefahr einer mechanistischen Weltdeutung und

einer Entgötterung der geschaffenen Welt. Je größer die Ratlo-
sigkeit wird, um so höher wird der Wert des weisen Denkers, der
das Geheimnis des Maaßes bewahrt hat. Wenn heute die Grundsätze der klassischen mathematischen Physik zusammenbrechen,
so hat Leibniz die Formeln gegeben, die am ehesten dem neuen
Ausgleich dienen. Was hilft uns die pragmatistische Behauptung,
daß alle Wissenschaft, die doch in der Technik zu fast unglaublichen Erfolgen geführt hat, nicht auf Wesens-Erkenntnis,
sondern nur auf Arbeitshypothesen beruhe, deren Berechtigung
allein der praktische Erfolg beweise. Ohne Wesenserkenntnis
kein Lebenssinn. Leibniz zeigt uns den Sinn des göttlichen Wesens,
wenn er das Weltgeschehen als schöpferisches Werk Gottes
darstellt. Alles rein-körperliche Geschehen verläuft mechanisch
nach Notwendigkeits-Gesetzen, aber das Entstehen des Kosmos
ist nicht aus ihnen erklärbar: es ist kontingent, es ist ein sinnge-
mäßer, schöpferischer Vorgang, der auf Gott, den Welt-Baumeis-
ter schließen läßt. Selbst Kant, der nur mechanistische Erklärung
als wahre Erkenntnis gelten läßt, hält es für aussichtslos, daß
jemals wirklich das Leben mechanistisch erklärt werden kann,
und das Scheitern einer rein-mechanistischen Abstammungslehre
gibt ihm Recht.

Leibniz gründet die Weltschau, die Goethe zum Chor der Erz-
engel steigert: ,,Die unbegreiflich hohen Werke Sind herrlich
wie am ersten Tag.'' Für den Kosmos, soweit wir an ihm lebendige
Erscheinungen nicht nachweisen können, bleibt der schöpferische Vorgang hypothetisch, aber für alles Lebendige ist er evi-
dent. Der Versuch, auch im Lebewesen alle körperlichen Vorgänge rein mechanisch zu erklären, ist nach Leibniz nicht nur methodisch zweckmäßig, sondern auch grundsätzlich giltig. Aber
sobald ein gestaltendes Prinzip, eine wachsende Form durch diese
körperlichen Erscheinungen hindurch erkennbar wird, nehmen
wir unmittelbar das Wesen, das schöpferische Geschehen wahr.
Sehen wir an Sträuchern unzählige Knospen sprossen, begrifflich weniger gleich als die Atome und doch in der Formung
ein höheres Einigendes enthaltend als die Gleichheit des Stoffes;
sehen wir den tanzenden Mückenschwarm, so sind wir auch ohne
mathematische und experimentelle Beweise überzeugt, daß jede
Mücke ein Individuum, eine einmalige unwiederholbare Selbst-
Existenz ist. Keine Betrachtungsweise drückt das besser aus als

die Monadentheorie, die kaum verschieden ist von der natürlichen, sachnächsten Beschreibung. Sie erschließt ein Organ, um
das, was jedes Kind unmittelbar erfährt, in größerer Breite und
Tiefe zu erkennen. Die biologische Erkenntnis der Zellen, die den
Organismus zusammensetzen, der Keimzellen, die potentiell seine
Gestalt in sich tragen, gründen in der Monadenbetrachtung wie
sie umgekehrt diese stützen.

Wenn der Mechanist Monade und Entelechie leugnet, weil sie
sich der mikroskopischen Wahrnehmung entziehen, so müßte er
auch Gefühl Gedanken Willen Leben leugnen. Aber indem er mit
dem Gegner streitet, erkennt er die beiden Unterredenden als
Bewußtseinseinheiten, als Monaden an und die Möglichkeit einer
übereinstimmenden Überzeugung, einer sie beide umfassenden
Wahrheit enthält weit mehr als die Registrierung der körperlichen Vorgänge, sie umfaßt das Leben, ein sinnvolles Denken,
einen Lebens-Sinn, der ohne einen natürlichen Zusammenhang
der Lebewesen nicht bestehen könnte. Wer die Monaden für eine
überflüssige Hypothese hält, dessen Augen sind durch alltägliche
Gewohnheit verklebt: er sieht die Rätsel nicht mehr, die um uns
weben. Wenn ein einziger Same in Jahrhunderten aus gestaltlosen
Stoffen ungeheure Wälder erzeugen kann, so entspricht es der ver-
einheitlichenden Methode der Naturwissenschaft, alle Materie als
schließlich zum Leben erweckbar zu deuten. Weckung schlafender Kräfte ist unsrer unmittelbaren Erfahrung gegeben, während
Entstehung des Lebendigem aus totem Stoff ewig unvorstellbar
bleibt [1]. Wenn heute die Physiker den Elektronen einen geringen
Freiheitsgrad anerkennen zu müssen glauben, so sind sie auf dem
Wege zur Monade. Aber aus den beseelten Atomen ließe sich
niemals eine gestaltete Welt, ein lebendiges Geschehen aufbauen:
sie ergeben ein chaotisches Durcheinander. Leibniz aber nimmt

---

[1] Max Planck, der das Gesetz der klassischen Physik erschütterte, wollte doch
weder die exakt-kausale Begründung der Wissenschaft noch die religiöse Wirklichkeit aufgeben. Er findet im „Prinzip der kleinsten Wirkung" eine teleologische Ursächlichkeit und erkennt als dessen Urheber Leibniz an, der darin mit Begeisterung
das Zeichen einer waltenden höheren Vernunft erkannt habe. Dennoch sei damit
„nichts Neues oder gar Gegensätzliches in die Naturgesetzlichkeit" hineingetragen.
(„Gibt es eine vernünftige Weltordnung?") Planck bleibt bei dem Parallelismus
Spinozas. Vielleicht wäre er, wenn er vom Schema der fünf Dimensionen Kenntnis
genommen hätte, zu Leibniz übergegangen. Die lebendige Erscheinung ist niemals
aus dem Parallelismus zu verstehen, kann aber mittels der Hilfshypothese der
Wechselwirkung zwischen der seelischen und der körperlichen Reihe beschrieben
werden.

das alte Prinzip auf, daß jede Monade das Weltall spiegelt, vom
All beeinflußt wird. Mag gerade diese Hypothese, die Mikrokos-
mos-Makrokosmoslehre, eine kühne Übersteigerung erscheinen,
so entfaltet doch sie allein in uns das Verständnis für den Synoikis-
mus in der Natur, für das Zusammenwirken der Tierhorden, der
Tiergruppen mit anderen Tieren, der Tiere und Pflanzen in der
Landschaft, in Wald und Moor, Wiese und See. Das Gleichgewicht kann gestört werden, pflegt sich aber wiederherzustellen.
Zwar verschlingt das Stärkere das Schwächere, aber diese Grausamkeit der Natur gegenüber den Individuen, obwohl sie lebendig
doch nur in ihnen ist, kann durch den Blick auf das Ganze überwunden werden: die Monaden der niedern Art haben die Möglichkeit, wenn sie der höheren Art einverleibt werden, zu Monaden der höheren Art erweckt zu werden und als solche im zeugenden Lebensstrom aufzutreten. Goethe (Tobler?) hat in seinem
Naturhymnus die Mutter Natur enthusiastisch gepriesen, indem
er ihre Grausamkeit gegen die Individuen gelassen hinnahm.
Leibniz' herrschender Grundsatz, das sympnoia panta, das
pantheistische Weltgefühl ist der große bis zu Goethe und Hölderlin gesteigerte Grundgedanke des Kosmos.

Für den weltbejahenden Willen gibt es keine beglückendere
Schau als die der Monadenwelt. Sehen wir uns umgeben von
unendlich vielen im toten Stoff schlafenden Monaden, von unzäh-
ligen Pflanzen- und Tiermonaden, die sich vom bewußtlosen
Haften am Boden allmählich zur freien Bewegung lösen und zur
sinnlichen Wahrnehmung der Umwelt und dem Gefühl von Lust
und Schmerz erhöhen, sodaß sie zunehmend als Spiegel das Welt-
Dasein darstellen: dann können wir es als unermeßliches Glück
erleben, daß uns selbst das unbegreifliche Los fiel, uns bewußt in
der schönsten Landschaft vorzufinden und mit Selbstbewußtsein
den Lauf der leuchtenden Himmelskörper zu schauen. Ein solcher Augenblick, ganz im Bewußtsein geklärt, sich seines ewigen
Wesens bewußt — wie Goethe ihn in Winckelmanns Leben als
Sinn des gesamten kosmischen Geschehens versteht — könnte
genug sein, das Dasein der Welt, unser bewußtes Dasein in ihr
für immer zu bejahen, auch wenn wir von Beschränktheit und
Leid der Kreatur nicht befreit sind.

Aber der Mensch ist nicht geschaffen, in dieser Expansion seiner Merkwelt bis zum astronomischen Universum, in seelenloser

zunehmender Wissenschaft dauernde Befriedigung zu finden. Auf
höheren Stufen des Denkens lernt er Umwelt und Ich, Objekt und
Subjekt immer schärfer zu unterscheiden. Dann kann er meinen,
alles Geschehen sei sinnlos und es sei bloße subjektive Illusion des
Menschen, ihm Sinn zu verleihen. So höhlen das Cogito ergo sum
und der gesamte Ich-Idealismus den Gehalt des Lebens und Erlebens aus. Zur wirklichen Repräsentation der Welt gedeiht der
Mensch nur, wenn auf jene Expansion seiner Merkwelt die
Beschränkung auf die sehr viel engere Wirkwelt und die Kontraktion in die wirkende leibliche Gestalt folgt. (Das ist, was Goethe,
von Leibniz angeregt, als Rhythmus von Entselbstung und
Verselbstigung, als Diastole und Systole zur Grundlage seiner
Weltschau und seines Lebens macht.) Die Verdichtung in diesem
Rhythmus ist Eros: die gegenseitige Spiegelung des Ich und Du,
das Bewußtsein der gegenseitig sich steigernden Stellvertretung
der Welt, die Heilung des verderblichen Risses zwischen Objekt
und Subjekt, zwischen Körper und Geist, die Einheit von Leib
und Seele. Kein Liebender zweifelt am Dasein der Außenwelt,
denn Innen- und Außenwelt gleichen sich aus. Dies Erlebnis hat
Leibniz nicht dichterisch dargestellt wie Platon und Dante,
Hölderlin und George, aber ein Schimmer des geistigen Eros
zwischen ihm und der Königin, als echter Eros, als Liebe zur
Leiblichen Gestalt geht aus vom Gedicht an die Gestorbene und
der Vorrede zur Theodicee. In seiner Klärung der Gottesliebe
als Innigkeit, tendresse, ist etwas von dieser zärtlichen Neigung
zu spüren. Man hat Leibniz nicht glauben wollen, daß seine Liebe
echt sei, da er ja die Wechselwirkung zwischen Monaden leugne.
Aber ihm danken wir die tiefste Deutung der Liebe, daß die
erlebte Wechselwirkung, die Sprengung der Monaden-Einsamkeit,
wie alles wesentliche Geschehen im schöpferischen, göttlichen
Urgrunde der Welt geschieht. Die menschliche Beziehung besteht
darin, daß Gott in der Schöpfung das Tun und Leiden der Monaden untereinander abgestimmt hat. Dieser Gesamtsicht gibt
Goethe die vollendete, wenn auch nur aphoristische Fassung.
„Im Innern ist ein Universum auch." Die unmittelbare Beziehung der Monade zum Universum ist der Grundsatz aller Erkenntnis. „Nichts ist drinnen, nichts ist draußen: Denn was innen
das ist außen." Das Wahre Wesen besteht vor der Scheidung
in Subjekt und Objekt. Daß die Vollendung des Ich in der Liebe

zum Du geschieht, sagt er am Schluß des Sonettes an die Liebende:

> So stand ich einst vor dir, dich anzuschauen
> Und sagte nichts. Was hätt ich sagen sollen?
> Mein ganzes Wesen war in sich vollendet.

Dies irrationale Erleben steht im Einklang mit Leibniz' tiefer
Erkenntnis, daß nur ein kleiner Teil unseres unbewußten Seelen-
lebens sich erhebt ins Bewußte, Rationale, Zweck-Wollende.
Diese Erkenntnis hat immer wieder zu antirationalistischen
Bewegungen geführt, zur Überzeugung, daß alles Bewußtsein
wesenlos, alles Zweckdenken verderblich und schließlich der
Geist überhaupt „der Widersacher der Seele" sei. Aber diese
Einseitigkeit ist verderblicher als der Rationalismus. Leibniz ist
der große Lehrer, Rationalismus und Irrationalismus, besser
denkendes und fühlendes Leben im anschauenden Leben zu vereinen. Das Unbewußte, die Wildnis ist ewig der fruchtbare Boden,
aber die Gestaltung geschieht nicht ohne das schöpferische Licht.
Nur in der Liebe zum Menschen und in der Ganzheit des leiblichen Daseins hält sich der Geist lebendig, denn wenn er seine
Wurzeln abschneidet, abstrakt oder rein-objektivistisch wird, so
bildet er nur noch unfruchtbare Gespinnste und stirbt ab. Doch
ist dies bloß ein geistiges Bild, da es Geist nur in den erwachten
Monaden gibt.

Wenn es Leibniz nicht gegeben war, das Ganz-Menschliche
unmittelbar darzustellen wie die Dichter, wenn er führend war
in wissenschaftlichen Einzelfächern, in diesen gesonderten Orga-
nen des Geistes, so bleibt er doch zum Führer des ganzen Menschen berufen, weil er als Metaphysiker im Ich-Du-Erlebnis die
Wurzel aller Erkenntnis, das Zentrum der Merk- und Wirkwelt
bewahrt. Indem er die Natur genetisch als Werdevorgang betrachtet, versteht er sie als göttliche Schöpfung. Mit dem sympnoia panta lehrt er uns nun den erhöhten Bereich der Natur, die
schöpferische Gestaltungskraft selber verstehen. Auch dies klärt
sich in seiner hohen Freund chaft. Wie im geschlechtlichen Eros
die schlafenden Monaden zur leiblichen Vollendung geweckt
werden, so werden im Platonischen Eros die noch schlafenden
Geister zu einem höheren, schöpferischen Dasein geweckt. Auch
diesem Gedanken gab Goethe die vollendete Prägung. Als er die
Pflanzengenese in Leibniz' Geist als Metamorphosenlehre, als

Gestaltwandel ausgeführt, zeigt er der Bettgenossin die Steigerung bis zu den pflanzlichen Geschlechtsorganen als Gleichnis
der Liebes-Erfüllung. Aber als Kant den intellectus archetypus,
den schöpferischen Geist für das menschliche Denken als bloßen
leeren Begriff erwiesen zu haben glaubt, da erklärt Goethe, nicht
ganz ohne ironische Überlegenheit, daß er selber durch dies
genetische Verständnis des Schöpfungsganges wirklich zur Teilnahme an dieser göttlichen Gestaltungskraft berufen sei. Das
entspricht dem krönenden Gedanken der Leibnizschen Philosophie: dem schöpferischen Reich der Gnade. Alle lebendigen
Geschöpfe spiegeln das Universum, aber die Menschen können
auch Gott selber spiegeln. Sie werden zu seinen Kindern, die
berufen sind, an seinem Schöpfungswerk mitzuwirken. Er singt
nicht wie Hölderlin als Bote Gottes, aber er gibt seinem Amt
gegenüber den mechanistischen Denkern jenen anmutigen Ausdruck, wenn er findet, diese seien nur ins Vorzimmer des Schöpfers, er selbst aber in das Audienzzimmer gelangt. So steht er da
als die Gestalt, die uns in gleicher Weise vor reinem Rationalismus,
vor einseitigem Mechanismus, vor subjektivem Ich-Idealismus,
vor dürrem Spezialistentum warnt.

Die Dichter haben aus großem Erleben gestaltet, wie Eros und
schöpferische Leistung aus Einer Wurzel stammen. [1] Im Faust
steigert sich der rastlose Machtwille der Monade ins Unbedingte,
so daß er ungebändigt die Freuden der Erde überspringt. Diese
Maßlosigkeit und Disharmonie widerspricht der Gesinnung von
Goethe und Leibniz, denn aus dem sympnoia panta schöpfen sie
das edle Maß für die Einordnung in den Stufenbau der Welt und
für die Freuden an ihrer Schönheit. Zeugnis für den Ausgleich
des Menschlichen und Göttlichen ist Goethes Gedicht „Das
Göttliche". Der Mensch, wenn er edel, hilfreich und gut ist, leistet
das Unmögliche: ein Bild des nur geahnten Gottes zu geben.
„Objektive" Wahrheit der Außenwelt geben, wie Kant weiß, nur
sinnliche Wahrnehmung und formale Ratio gemeinsam. Aber

---

[1] Schillers „Lied an die Freude". Jean Paul im Titan: „Es gibt ja nichts Reineres
und Wärmeres als unsere Freundschaft, unsere erste Liebe, unser erstes Streben nach
Wahrheiten, unser erstes Gefühl für die Natur. Wie Adam werden wir erst aus Unsterblichen Sterbliche". Auch durch die Enttäuschung kann dies Erlebnis von
Freundschaft nicht ausgelöscht werden. „Und wer beide nie suchte ist tausendmal
ärmer, als wer beide verlor. O liebe Eines rein und warm, so liebst du alle nach,
und das Herz in seinem Himmel sieht wie die wandelnde Sonne vom Tau bis zum
Meere nichts als Spiegel, die es wärmt und füllt".

auch dies Außen ist zugleich ein Innen. Wirkliche Wahrheit, die
überrational und überindividuell ist, ist das schöpferische Geschehen, das Innen und Außen ist, „Ich bin die Wahrheit und
das Leben." Dies Geschehen, nicht das individuelle „Subjekt"
meint der Dichter unseres Jahrhunderts:

> Alles seid ihr selbst und drinne:
> Des gebets entzückter laut
> Schmilzt in eins mit jeder minne
> Nennt sie Gott und freund und braut!

Nicht vom Ich sondern vom Wir der Minne reden die Verse.
In diesem Sang höchster Weltbejahung ist die Außenwelt so
wahr wie die Innenwelt und nur in dieser Gewißheit wird das
Wirkliche schöpferisch: Wir-Idealismus und Wir-Realismus
sind eins allein in dieser Schau des sympnoia panta.

> Hegt den wahn nicht: mehr zu lernen
> Als aus staunen überschwang
> Holden blumen hohen sternen
> EINEN sonnigen lobgesang.

Schöpferisch ist das Innen aber im Erlebnis des Du und Ich,
des Außen und Innen, wenn das Wir mit dem Universum im
Einklang steht. Leibniz forscht wie Goethe zuletzt nicht nach
den ewigen, notwendigen Gesetzen der Harmonie, sondern er
lauscht auf die freie Melodie des zeitlich-schaffenden Gottes.
Was kann der Philosoph Höheres tun, als uns das Organ für
das göttliche Dasein zu erwecken. Kepler hat die Entstehung
unserer Augen so erklärt, daß die Sonne in den Geschöpfen das
Organ hervorruft, das ihr Licht schauen kann und die genetische
Naturforschung hat diese Theorie kaum erreicht, niemals übertroffen. Sie setzt die Beziehung zwischen Monade und Universum
voraus und wird von Leibniz ins Geistige gesteigert.

Das Reich der Gnade entspricht dem irdischen Paradies Dantes, denn auch dies ist das Reich des Schöpferischen [1]). Uns

---

[1]) Dante besaß noch, was Leibniz aus der abendländischen Kontinuität im Kampf
gegen die einseitige geometrische Methode wieder herstellen will. Griechische Philosophie und antike Dichtung führt jenen bis an die Grenze des irdischen Paradieses.
Hier wird er durch Virgil von aller kirchlichen und staatlichen Herrschaft losge-
sprochen und zum freien Schöpfer erklärt. Am andern Ufer sieht er Matelda im
Tanzschritt und hört sie singen — sie ist das Sinnbild seiner eigenen Dichtkunst.
Als dann im achten Himmel sein höchster Lehrer Johannes, der Evangelist, ihn
über die Liebe geprüft hat und Dante im Blick auf ihn erblindet, tröstet ihn dieser,

würden die Begriffe der unbedingten Wahrheit, Sicherheit, Freiheit nichts helfen, wenn sie nicht getragen und concret gefüllt sind von schöpferischer Gestaltung. Der Glaube an den Ganz-Andern, an den transcendenten Gott hilft uns nichts, wenn er nicht immanent in uns wirkt. Auch die Bibel, die Psalmen sind reich am Preise der geschaffen Welt, und diese weltbejahende Seite des Christentums schmilzt Leibniz in seine Philosophie. Wer in sich schöpferisches Wollen spürt, der erkennt in ihm den Urgrund der Welt und kann mitwirken, es wieder in die aufbauende Mitte des Geschehens zu stellen. Leibniz hat die heroische Gelassenheit, in allem Leiden und Scheitern des Ich auf die schaffenden Kräfte der Gemeinschaft zu vertrauen, wenn jeder sich müht, zum Gliede in der umfassenden Werkgemeinschaft zu werden. Es ist kein Wahn, kein leerer Optimismus, die aufbauende Kraft zu bejahen, die im Herzen des Menschen gegeben ist. Zwar vermittelt nur der große schöpferische Mensch der Gemeinschaft sichtbar ein Göttliches, aber Leibniz verführt uns dennoch nicht zum Geniekult. Die Gnade ist nicht auf das führende Genie beschränkt. Die Prometheischen, die Leibniz von der gnadelosen Menge sondert, sind nicht allein die Seltensten, in denen der Funke zum großen Feuer flammt, sondern auch die Empfänglichen, die die Glut nähren. Und wieder hat Goethe den Gedanken am schönsten ausgeführt: in der Sulzer-Besprechung und in seiner und Moritz' Lehre vom Schönen. Die Gnade, die schöpferische Kraft wirkt in der Entsprechung des Ideenträgers und seiner Werkhelfer, nicht in der Spannung zwischen Künstler und gaffender genießender Menge. So heißt in jenen Dante-Versen, was wir als Dank und Gnade übersetzten, grazia

---

daß Beatrice, das Sinnbild der Liebe Gottes, seine Augen wieder sehend machen werde. Er belehrt ihn über den Wert der Ratio, des Gespräches — sie möge ihm dienen, solange ihm die Schau verwehrt ist. Erkenntnis der Wahrheit aber gibt es nur im Bereich der schöpferischen Liebe. Darum preist Dante in der Mondsphäre Beatrice:

> O Liebe du des ersten Liebenden,
> O Göttin deren Rede mich umflutet
> Und wärmt, daß mehr und mehr ich mich belebe,
> Noch ist Ergriffenheit in mir so tief nicht,
> Daß ganz mein Dank ensreche Eurer Gnade. (Par, IV 118f).

Der Augenblick höchster Gnade wird getragen und bestätigt durch die Harmonie aller Seligen. (Par. XXIV—XXVI) Dante sieht dies Ziel aller Erkenntnis durch unsere Sehnsucht nach ihm gesichert, von der er nicht glauben kann, daß sie ganz vergeblich sei. (Par. IV 129).

per grazia, und grazia heißt drittens in der Begegnung, was wir Anmut nennen, ebenso wie im Griechischen Charis diesen dreifachen Sinn hat. Der Weltverneinende sucht die Gnade anderswo. Leibniz aber will wie Dante die diesseitige Welt in Ordnung bringen. Dazu gehört Macht, die als unbedingtes Streben doch böse ist. Der Gesetzgeber kann das begrenzende Gesetz nicht unmittelbar im Eros zum Schönen Menschen schauen, aber er kann es herleiten aus der Liebe zur Schönheit des Lebens. Platon will den Staat auf die Gerechtigkeit gründen, aber diese Gerechtigkeit strebt zum Göttlich-Guten, zum Schöpferischen, das in der Erzeugung des schönen Menschen das Ziel sieht. So lehrt uns auch Leibniz: Gerechtigkeit ist die Menschenliebe (caritas) des Weisen.

Dieser bewundernswerten Schau des Gnadenreiches ordnet sich alle fachliche Einzelleistung ein. Gott berief seine Kinder, an der Schöpfung dieses Reiches mitzuwirken, und der Verfall des irdischen Reiches erinnert sie an den göttlichen Auftrag, den sie so schändlich versäumten. Die Sorge für die Erde ist ihnen in den geschöpflichen Grenzen anvertraut. Nur außerordentliche Menschen werden zu Trägern des Heiligen Maaßes und ihr Werk erfüllt den göttlichen Auftrag, wenn es zwischen Helfern und Mitwirkenden geschwisterliche Liebe stiftet, denn jeder, der in seinem engen Kreise an der Erfüllung des schönen Lebens mittätig ist, fühlt seinen Anteil an der Gnade.

NAMENVERZEICHNIS

Cursiv sind die Hauptstellen, a Anmerkungen. Bloße Nennungen sind nicht verzeichnet.

Alexander d. Gr. 95
Alexander, Papst 90
Anaxagoras 223, 315
Anaximander 79
Angelus Silesius 279
Apollinaris 484
Aristoteles 16, 23, 50 f, 139 f, 197, 250, 262, 279, 294, 321, 386, 399, 427 f, 453 f, 465, 483 ff
Arius 300, 483 f
Arnauld 191, 243, 267, 286, 329, 339, 381
Athanasius 483 f
August II. von Polen 125
Augustin 51, 146 f, 233 a, 241 f, 247, *250–53*, 263–65, *294 f*, 300, 343, 347 f, 485, 488 f
Averroës 60, 262, 386, 400
Azo von Este 82

Bach 104, 217, 268
Bachofen 457
Bacon 137 f, 207
Basilius d. Gr. 264
Baumgarten 387
Bayle *98–101*, 191, 237, 247, 249, 263 f, 286, 295 f, 298, 301, 303, 314, 319, 323, 485
Beatrice 279, 429, 461, 499a
Beck 430
Beethoven 419   ,
Benz 131
Bering 131
Bergson 357, 478
Bernhard von Clairvaux 279
Bernoulli, Jacob 159, 164, 331 f,
Biot 159
Bischof von Lincoln 167
Boehme, Jacob 311
Boineburg, J. Chr. *36–39*, 43, 45, 65, 67
Bolingbroke, 183
Bossuet 67, 75
Bouvet 90
Boyle 168, 174 f

Brewster 163a, 214a
Buchenau 12, 288a, 239a
Buffon 206

Cantor 163a, 164
Calvin 69. 128, 247 f, 250, 300, 485.
Caroline Schelling 468
Cato von Utica 319
Caesar 248, 317 f
Caspar 173a
Cassirer 12, 155, 169 f, 190, 228a, 315a, 335, 387, 418a
Christina von Schweden 298 f, 316
Churchill 133
Claudian 108
Colbert 111
Corneille 128
Cuvier 394

Dankelmann 121
Dante 3 f, 6, 32, 107, 133, 198, 237, 239a, 242, 249, 252, 267, 276, *278–81*, 312, 347, 386, 395, 398, 447, *457–462*, 482, *498–500*
Darwin 31, 383
Demokrit 5, 19 f, 66, 152, 157, 186 f, 272, 310, 324, 346
Descartes 5, 19 f, 24, 46–51, 66, 136, 139, 146 f, 154, 174, 177, 182, 195, 213, 221, 223 f, *240–43*, 245, 248–52, 257, 273, 275 f, 295, 321 ff, 325 f, 329, 343, 352, 365, 381, 390, 400, 463
Dilthey 3 f, 58, 94, 114, 173, 418, 422, 440
Dion 65
Diotima (Hölderlin) 447
Duillier, Fatio de 161
Duns Scotus 278
Dürer 90, 118

Eckermann 292
Eckhardt, Prof. 201–03
Ekkehart 265, 297, 482

Epikur 252, 268, 274
Ernst August von Hannover 62, 92, 123, 136
Ernst von Gotha 129
Erwin von Steinbach 289
Eugen von Savoyen 88, 96, *133–35*, 165, 219a, 221 f, 234, 280, 312

Feuerbach, Ludwig 471, 474, 476
Fichte 145 f, 248, 292, 343, 370, 418, 420, 424, *429 f*, 432, 434–41, 444 ff, 447, 449, 452 ff, 459, 461, 463
Fischer, Kuno 12, 163 a
Fischer von Erlach 219–21
Ficinus 231
Fontenelle 205 f
Foucher 325
Francke 121
Franziskus 394
Friedrich III, König Fr. I. 93–96, 121–125
Friedrich d. Gr. 95 f, 98 ff, 107, 110. 120, 124 f, 135, 206
Friedrich Wilhelm der grosse Kurfürst 41

Galilei 68, 172 f, 179, 224
Garve 430
Gassendi 139
Geoffroy d. St. Hilaire 394
Gerardy 411
George 495 f
Geulinx 325
Georg Ludwig von Hannover, Georg I von England 84, 96, 123, 165, 183, *200–06*, 293
Goethe 3 f, 8 f, 22, 34, 48, 73, 80 f, 108, 199, *211–17*, 225, 229, 236, 249, 253–55, 287 f, 290–97, 304 f, 308 f, 320, 324, 327. 336, 340 f, 343, 348 ff, 370, 381–85, 388, 392, *394–98*, *401–05*, 409, 412, 419, 422, 430, 439, 443–49, 457 f, 473, *491–96*. — (Faust) 110, 145, 212 f, 216, 233, 254, 269, 273, 279 f, 282, 295, 309–11, 462, 475, 497. — (Genetik) 31, 77 ff, 150. — (Newton) 157, 167, 172, 198, 207. — (Pantheismus) *53–60*. — (Schiller) 434, 438, 443
Gregor VII. 458
Grimaldi 90
Grimmelshausen 212
Grotius 242
Guhrauer 163a

Haeckel 471
Hagen, Werner 219a, 220 f
Hamann 9, 128, 383, 419, 442 ff, 463, 475

Händel 104, 202, 217, 268
Harnack 231a, 263
Hartmann, Nicolai 357a, 400
Hegel 237 f, 294, 421, 438 ff, 459, *468–70*, 474 f, 479
Heine 293
Helmholtz 181
Heraklit 57, 223, 253, 255, 338, 344, 349 450, 452
Herbart 473 f a
Herder 8 f, 27, 54, 128, 130, 133, 140, 254, 288, 339, *381–89*, 392–94, 401, 403, 419 *442–46*, 459
Hess 258, 285
Hildebrand, Lucas v. 135, 221 f
Hildebrandt, Kurt 11, 356 f, 431a, 478a
Hippokrates 155
Hobbes 18, 49, 58, 66, 137 f, 141, 152, 167, 177, 237, 252, 258, 343
Hofmann, J. E. 163a
Höfding 474 f a
Hölderlin 133, 150, 265, 376, 398, 418, 421, 423, *430–41*, 443, *446–58*, 462–69, 471, 473, 494 f
Homer 2 f, 315, 398, 449, 452, 457, 472
Huber, Kurt 12, 334a, 336
v. Humboldt, Brüder 473
Hume 288, 293, 295
Husserl 347, 357a, 478 f

Jacobi *53–60*, 255, 439, 452, 464, 466, 474
Jaquelot 191
Jansenismus 243, 249 f, 264 f, 295, 300, 485
Jean Paul (Richter) 330, 444, 497,
Johannes d. Täufer 480, 489
Johannes d. Evangelist 265 f, 300, 466, 489, 498
Johann Friedrich von Braunschweig 61 f
Joseph I, Kaiser 133, 219, 221, 406
St. Just 375

Kabitz 12, 163a
Kant 5 ff, 12, 19 f, 49, 59, 73 ff, 79, 126, 138, 140, *142–45*, 152 ff, 156 f, 166, 180, 213–15, 224, 236, 241–45, 247 f, 250, 254, 267, 269, 272, 275, *288–93*, 301–04, 320, 336, 355 ff, 359, 363, 365, 367, 392–96, 398, 400 f, 407 f, 412, 433–41, 450–54, 459, 461, 473 ff, 492, 497. (Gegen Herder) *381–89*, 392–94, 442–45. (Gegen Leibniz) 93, 152 f, 178, 315, *333–52*, 370–77. (Kr. d. pr. V.) 73 102, 281, 307, 318, 338, 447. (Kr. d. r. V.) *225*, 237 f, 254, 367. (Schiller, Fichte) 417–30, 434, 447. (Kr. d. U.) 74, 240, 327, 368, 392–94, 441

Karl d. Gr. 221a
Karl II. von England 111
Karl XII. 126, 130, 132
Karl VI, Kaiser 134, 221
Karoline, Prinzessin von Wales 165, 167
   193 f
Katharina II. 130
Keil 162 f
Kepler 19, 48, 113, 172 f, 176, 179, 224,
   227, 255, 273, 282, 295, 303, 317, 324,
   349 f, 388, *498*
Ker of Kersland 204
Kierkegaard *474–78*, 489
Klages 451
Klopstock 296
Knebel 385
König 393
Konstantin 483
Körner 420 f, 424, 431
Krüger, Gerhard 12, 245 f, 249
Kyrill 264, 484

Laplace 78, 180
Lavater 60
Leeuvenhoeck 52
Lenard 7
Leopold, Kaiser 40–43, 84–90, 120, 134,
   218 f
Lessing 8–10, *54–60*, 66, 70 f, 132, 140,
   255, 294 f, 304, 339, 381, 419, 448 f,
Liselotte v. d. Pfalz 85, 92, 204
Locke 49, 105, *136–57*, 170 f, 194, 198,
   238, 245, 263, 294, 336, 338 f, 345, 349,
   351, 354, 364, 369, 381, 395 ff, 411
Ludolf 121
Ludwig XIV. 39–44, *63*, 75, 84 ff, 96 f,
   105, 130, 133, 168, 218 f, 222, 318
Lullus 118
Luther 32, 34, 50, 66, 69, 71, 242, 247,
   252, 265, 295, 297, 300 f, 485 f
Mahnke 4
Maimon 430
Malebranche 139, 182, 263 f
Mani 263
Marcion 375
Marlborough 133
Marx 474
Mathilde (Dante) 279 f, 461, 498
Matzat 267
Maupertuis 393
Maximilian II. von Bayern 470
Mayer, Robert 181
Melanchthon 71, 263, 485
Molière 128
Möller, Paul 475
More, Henry 167, 174, 176, 179
Moritz, Karl Philipp 412–17, 422, 499
Moses 280

Mourevel 285

Napoleon 44, 469
Nestorius 484
Neuplatoniker 324, 376, 481, s. Plotin
Newton 9, 47, 82, 136, *156–99*, 202, 205–
   07, 214, 221, 224, 245, 300, 310, 315,
   320, 338 f, 346, 371, 373
Nicolas von Cuës 15, 47, 50, 57, 132, 154,
   175 f, 224, 247a, 249, 255, 297
Nietzsche 6, 86, 97, 114, 137, 145, 211,
   234, 268, 270, 303, *399*, 451, 476 ff,
Nizolius 28

Oldenbarneveldt 242
Oldenburg 159
Opitz 33
Origines 250a, 263–65, *299 f*, 304, 401,
   454, 482 ff
Ovid 107

Paracelsus 51, 79, 116, 175, 297
Parmenides 242, 310 f, 323, 338, 341
Pascal 237, 243
Paulus 246 f, 265, 299 f, 400, 450, 480,
   485 f
Paulus, Theologe 470
Paulus Diaconus 110
Peter d. Gr. 126 f, *130–33*, 192, 473
Petrus 300
Planck, Max 493
Platon 3 f, 16, 19, 22, 47, 50, 73, *139 f*,
   149–52, 177, 182, 233, 249, 257, *262–
   65*, 270 f, 283, 292 ff, 298, 341, 367 ff,
   371 ff, 376, 383, 399, 457, 469, 483.
   (Menon) 20, 142, 153, 223, 227, 247 a,
   287, 324 f, 344 f, 347. (Phaidon) 21 f,
   66, 99, 320, 325, 355, 369. (Phaidros)
   418, 435, 449, 485. (Politik) 43 f, 65,
   142, 149, 177, 182, 233, 249, 257, 262–
   65, 270 f, 283, 292 ff, 298, 372. (Protagoras) 161, 168 f. (Symposion) 154,
   226a, 239, 274, 418, 485. (Timaios) 23,
   104, 173, 176, 179, *198 f*, *231 f*, 252 f,
   270, 282, 295, 300, 302 f, 324, 349,
   355, 370, 406 f, 410, 412, 432, 452 ff,
   484
Plinius 308
Plotin 16, 177, 323, 375, 388
Poseidonios 376
Prandtauer 221a f
v. Printzen 123
Prometheus 120
Pythagoreismus 19, 97, 323, 366, 386,
   485

Ranke 83, 94
Reinhardt 376a

Reinhold 422, 427, 430
Remond 205, 222, 231a, *258–63*, 288, 302, 365
Richelieu 111, 113
Richter s. Jean Paul
Robespierre 142, 293, 375
Rößler, H. 219a
Rousseau 288, 292, 387

Saladin 132
Scheler 345, 357a
Schelling 48, 51, 57, 113, 133, 139, 143, 304 f, 344, 360, 387, 389, 397, 401, 417, 421, *430–41*, 443 f, 446 f, 449, *457–74*, 478
Schieblich 219 a
Schiller 126, 137, 144, 180, 272, 293, 361, 374 ff, 384 f, 387, *418–30*, 432–40, 443 f, 449, 454, 473a
Schleiermacher 440, 473a,
Schlosser 452 f
Schlüter 94, 96, 121
Schmalenbach 60a
Schmidt-Kowarzik 111
v. Schönborn, J. Philipp 36–43, 45
Schopenhauer 105, 216, 267, 302 f, 327, 361, 377, 440, 445, 453, 471
Schütz 268, 383
Schwenkfeldt 265
Sedlmayr, Hans 219a
Seeberg, Arnold 250a, 265a, 484
Shaftesbury 167, 180, 376, 388, 418
Sokrates 21, 191, 263, 269, 272, 388, 439, 475
Soliman 132
Sophie von Hannover 84, *92*, 99, 136, 177
Sophie Charlotte von Preußen *93–110*,

121–25, 149, 151, 165, 257, 266 f, 280, 352
Sophokles 452
Spener 121
Spinola 67
Spinoza 49, *53–60*, 103, 136, 149, 175, 195, 237, 245, 251 f, 255, 258 f, 318, 323, 327, 330 f, 355, 386, 457
Spranger 121
Strauß, David 471, 474
Suarez 278
Sulzer 403
Synesios 264, 484

Tarquinius, Sextus 311 f, 314, 421a
Tertullian 247, 466, 482
Thomas von Aquino 147, 154, 237, 250, 264, 278, 295, 307, 320, 386, 407, 412, 482
Thomasius, Christian 121
Toland 107, 149, 151

Uexküll 11

Varignon 390, 392–94
Vergil 132, 279
de Villars, Marschall 285, 300
De Volder 328, 339, 363
Voltaire 10, 79, 114, 166, 194, 206, 243, 297, 303

Wagner 377, 471
Wawilow 163a
Winckelmann 31, 90, 418f, 428, 494
Windelband 180, 330, 387

Zelter 104
Zocher 247

ZEITTAFEL

Hobbes	1588–1679
Descartes	1596–1650
Spinoza	1632–1677
Locke	1632–1704
Newton	1642–1727
Bayle	1647–1705

1646,1. Juli Gottfried Wilhelm Leibniz geboren

1661–66 Studium Universität Leipzig

1662 Disputatio metaphysica de principio individui

1666–67 In Nürnberg

1666 Dissertatio de arte combinatoria

1667 Promotion zum Dr. jur in Altdorf

1667–72 In Frankfurt und Mainz. Im Dienst Boineburgs und des Erzkanzlers

1669 Confessio naturae contra atheistas

1669 Flugblatt zur polnischen Königswahl

1672–76 In Paris. Versuch, Ludwig XIV. auf Aegypten abzulenken. Mathematikstudium

1670 Denkschrift über Sicherung des Reiches

1671 Hypothesis physica nova

1673 Jan., Febr. in London. Aufnahme in die Royal Society

1672 Abhandlungen über den ägyptischen Plan

1676 Erfindung der Differentialrechnung Okt.: über London, Holland (Spinoza) nach Hannover.

1676–1716 Im Dienst Hannovers

1676–79 Unter Herzog Johann Friedrich

1677–85 Bemühung um Bergwerke i. Harz

1680 Schriften zur „Characteristica"

1679–98 Herzog Ernst August, seit 1692 Kurfürst. Gemahlin Sophie

1681 Ludwig XIV. raubt Straßburg

1683–1702 Reunionsverhandlungen

1683 Die Türken vor Wien

1683 Ermahnung an die Deutschen (Verstand, Sprache)

1683 Mars christianissimus

1684 Erste Publication über Differentialrechnung

1685–1716 Welfengeschichte

1687–90 Reise nach Süddeutschland und Italien (87 Hessen, Franken, 88 München, Wien, 89 Venedig, Rom, Neapel, Rom, Florenz, Modena

1686 Metaphysische Abhandlung

1688 Geschwinde Kriegsverfassung

1686–90 Briefwechsel mit Arnauld

1688 Sept. Verheerung der Pfalz. Okt. Leibniz(?) verfaßt Kaiserliche Antwort auf Ludwigs Kriegsmanifest

(1691)–93 Protogäa

1695 Neues System der Natur

1697 Einige patriotische Gedanken

1697 Unvorgreifliche Gedanken (deutsche Sprache)

1697–1705 Freundschaft mit Sophie Charlotte, Preussens Königin

1698 Georg Ludwig Kurfürst von Hannover, seit 1714 König von England

(1701)–03 Neue Abhandlungen über den menschlichen Verstand

1700 Gründung der Berliner Akademie

1705 Theodicee

1711 Nahe Beziehung zu Peter d. Gr.

1712 Royal Society entscheidet für Newton gegen Leibniz

1712–14 in Wien

1714 Prinzipien der Natur und der Gnade. — „Monadologie"

1712–16 Freundschaft mit Prinz Eugen

1714–16 Briefe an Remond

1716,14. Nov. Leibniz Tod

1715–16 Briefwechsel mit Clarke

1765 „Neue Abhandlungen" veröffentlicht

Bauermeister.
14th April 1953.